Bodo von Greiff · Claus Koch · Helmut König (Hrsg.)

Der Leviathan in unserer Zeit

Leviathan

im Westdeutschen Verlag

Bodo von Greiff · Claus Koch
Helmut König (Hrsg.)

Der Leviathan in unserer Zeit

Westdeutscher Verlag

Der Westdeutsche Verlag ist ein Unternehmen der Bertelsmann Fachinformation GmbH.

http://www.westdeutschervlg.de

Umschlaggestaltung: Christine Huth, Wiesbaden
Druck und buchbinderische Verarbeitung: Druckerei Hubert & Co., Göttingen
Gedruckt auf säurefreiem Papier
Printed in Germany

ISBN 3-531-13148-6

Inhalt

Bodo von Greiff / Claus Koch / Helmut König

Vorwort

Welchen Sinn macht eine „Zeitschrift für Sozialwissenschaft", so der Untertitel des *Leviathan*? Welche „Tendenz" verfolgen ihre Herausgeber? Und welchen Einfluß, welche „Macht" hat sie? Zum fünfzigsten Jahrestag des Westdeutschen Verlages, der zugleich der fünfundzwanzigste Jahrestag des *Leviathan* ist, wollen wir zurückblicken und in einem Jubiläumsband „Vorzeigestücke" aneinanderreihen – begleitet vom Versuch, unserem Verleger, unseren Abonnenten und uns selbst die genannten drei Fragen zu beantworten.

Die letzte Frage, die Frage nach der Macht der Zeitschrift, ist rasch geklärt. Im Leviathan des Thomas Hobbes, der unserem Journal seinen Namen gab, heißt es kurz und klar: „Die Wissenschaften sind eine geringe Macht, da sie nicht auffallen und deshalb nicht von jedermann anerkannt werden." Ob sich Hobbes hier nicht getäuscht hat? Oder hat er sein Wissen über die soziale Bedeutung der Wissenschaft als Ironie verkleidet? Es ist evident, daß die Entwicklung des menschlichen Wissens zur Wissenschaft seit Hobbes' Tagen eine einzigartige Erfolgsgeschichte darstellt und daß die natürliche und soziale Welt inzwischen durch und durch quantifiziert und verwissenschaftlicht ist. Die „Legitimität der Neuzeit" (Blumenberg) ist ihre Wissenschaftlichkeit. An dieser Erfolgsgeschichte haben inzwischen auch die Sozialwissenschaften großen Anteil. Eingebettet in die europäische Kultur des Rationalismus ist es die Aufgabe der letzteren, „den gesellschaftlichen Wandel mit Forschungsprogrammen zu begleiten, die industrielle Dynamik zu deuten und zu kompensieren, den bürokratischen Machtapparat zu vervollkommnen und zu kritisieren – und bisweilen auch, die Gesellschaft über die ambivalente Rolle der Wissenschaften selbst ins Bild zu setzen" (Editorial des *Leviathan*, Heft 1/1993).

In einer Hinsicht indes sollte Hobbes recht behalten: Bis heute hat sich in den Wissenschaften eine sonderbare Organisationsform erhalten, zu der auch Zeitschriften gehören – viele mittlere, kleine und noch kleinere Journale, die die Weitergabe des wissenschaftlichen Wissens betreiben, ohne materiellen Profit zu machen. Eines davon ist der *Leviathan*. Er ist tatsächlich, wie Hobbes schrieb, eine geringe Macht, er fällt nicht auf und wird nicht von jedermann anerkannt; er ist kein Massenblatt, es gibt ihn nicht am Kiosk, er enthält wenig Werbung und zahlt kein Honorar.

Die Wissenschaft ist auch am Ende des zwanzigsten Jahrhunderts nicht als reines Geschäft organisiert; in der Buchherstellung hat sich vielmehr eine Frühform der kapitalistischen Produktion erhalten – eben das „Verlagswesen" mit unabhängigen Produzenten statt Verlagsangestellten. Ob das im Zeitalter der elektronischen Kommunikation mit Internet und schnellen Vervielfältigungstechniken so bleiben wird, ist ungewiß. Denn die Neuorganisation der geistigen Arbeit, ihre Maschinisierung und Industrialisierung, ist in vollem Gang, und niemand weiß, ob die wissenschaftliche Zeitschrift der Zukunft überhaupt noch die Form bedruckten Papiers haben wird. Solange das so ist, ergibt sich die „Macht" einer Zeitschrift aus zwei Funktionen: Sie veröffentlicht Wissen, indem ihre Herausgeber auswählen, was wissenswert ist. Und sie verhindert Veröffentlichungen, indem sie den Rest „entsorgt". Letzteres wird mit der zunehmenden Wissensproduktion immer wichtiger. Kein Abonnent ahnt, was alles nicht gedruckt wird. Er darf von seiner Lieblingszeitschrift mit Recht erwarten, daß sie ihm diese Entsorgungsarbeit abnimmt.

Wieder zu Hobbes und damit zur zweiten Frage: Welchen „Sinn" macht gegenwärtig die Edition einer sozialwissenschaftlichen Zeitschrift? Unmittelbar vor dem zitierten Satz heißt es bei Hobbes: „Schönheit ist eine Macht, denn da sie Gutes verspricht, erwirbt man dadurch leicht die Gunst von Frauen und Fremden." Ob der *Leviathan* dank seiner schönen Machart diesem ästhetischen Kriterium gerecht wird und die besondere Gunst von „Frauen und Fremden" findet, müßte die Abonnentenkartei erweisen. Doch davon abgesehen: Wissen und Ästhetik, Kunst und Wissenschaft gehören seit Beginn der Neuzeit verschiedenen Sphären an, „Sinnlichkeit" und „Verstand" sind getrennt, wie Kant formulierte, und damit hat sich auch der „Sinn" der Wissensproduktion gewandelt. Es geht in der Wissenschaft nicht um das gute Leben, die wahre Natur oder den Weg zum Glück, sondern um die Verwirklichung des rationalistischen Glaubens, „daß man, wenn man nur wollte..., alle Dinge – im Prinzip – durch Berechnung beherrschen könne." Dies ist Webers berühmte Definition des Rationalisierungsprozesses, in den die Wissenschaft eingebettet ist, und ihn zu entziffern und zu beschreiben, macht nach Max Weber die Aufgabe der Sozialwissenschaft aus.

Immer noch? Es lohnt sich, für einen Moment bei Weber zu verweilen und zu prüfen, ob und wie sich diese Aufgabe gewandelt hat. Max Weber selbst hat hier keinen Zweifel gelassen. Kurz vor seinem Tod sprach er vom Kapitalismus als der „schicksalsvollsten Macht unsres modernen Lebens", und schon 1904, als er die Herausgeberschaft im „Archiv für Sozialwissenschaft und Sozialpolitik" übernahm, formulierte er für die Editionsarbeit in einem Geleitwort die programmatischen Sätze: „Die 'Arbeiterfrage' hatten ... auch vorher schon zahlreiche Zeitschriften in Deutschland und im Auslande gepflegt, aber der Schritt, den das 'Archiv' über seine Vorgänger hinaustat, war der..., daß es die 'Arbeiterfrage' in ihrer Kulturbedeutung erfaßte, als den äußerlich am deutlichsten wahrnehmbaren Ausdruck eines viel größeren Erscheinungskomplexes: des grundstürzenden Umgestaltungsprozesses, den unser Wirtschaftsleben und damit unser Kulturdasein überhaupt durch das Vordringen des Kapitalismus erlebten. Den aus dieser weltgeschichtlichen Tatsache sich ergebenden praktischen Problemen die Dienste der

Wissenschaft zur Verfügung zu stellen, sollte die Aufgabe der neuen Zeitschrift bilden."

Hat sich der „Sinn" einer sozialwissenschaftlichen Zeitschrift seither verändert? Fast einhundert Jahre sind seit Webers Überlegungen vergangen. Die Themen der Forschung haben sich vervielfacht, aus sozialwissenschaftlichen Spezialisten für die allgemeine gesellschaftliche Entwicklung sind Experten für die exakte Analyse von Tausenden von Einzeltatsachen geworden. Was es nicht mehr gibt, ist ein organisierender historischer Begriff, der, Webers Kapitalismusbegriff vergleichbar, die vielen einzelnen Studien bündeln und zusammenfügen könnte. Denn die Sozialwissenschaft ist „nachmethaphysisch" geworden und geradezu stolz darauf, geschichtsphilosophische Spekulationen (auch über die Zukunft des Kapitalismus) hinter sich gelassen zu haben. Dem grenzenlos angewachsenen Stoff fehlt gleichsam die theoretische Beseelung.

Der Blick auf Webers Geleitwort vom Anfang des 20. Jahrhunderts macht die dünne geschichtslose Luft spürbar, in der sich die Sozialwissenschaft am Ende des 20. Jahrhunderts bewegt. Der Kapitalismus und der mit ihm verbundene „grundstürzende Umgestaltungsprozess", aus dem Weber sein Erkenntnisprogramm begründete, ist so weit vorangeschritten und gediehen, daß es zu ihm auch gedanklich keinen Gegensatz mehr gibt. Er ist zur Normalität geworden. Wer heute über Transformation in den osteuropäischen Staaten spricht oder forscht, spricht immer von Transformation zur Marktwirtschaft, vulgo Kapitalismus. Der Gedanke an eine Alternative hat sich aus der Welt der Forschung und der Politik verabschiedet. Der bereinigte Zentralbegriff der Sozialwissenschaften für historische Prozesse lautet nun „Modernisierung".

Doch die gesellschaftlichen und politischen Konflikte sind seit Anfang des Jahrhunderts weder verschwunden noch geringer geworden. Der Kapitalismus selbst hat sich differenziert und existiert heute nicht mehr im Singular, sondern in ganz unterschiedlichen Formen. In den massiv veränderten Kontexten stehen heute die Probleme, die die Sozialwissenschaft seit ihrem Beginn beschäftigt haben, erneut auf der Tagesordnung: Der Aufstieg des Kapitalismus zum Weltsystem ohne Gegensatz gibt der Frage nach dem Verhältnis von Marktökonomie und Demokratie neue Nahrung. Die Revolution der Produktivkräfte, die den Marxismus theoretisch und politisch inspirierte, setzt sich weiter fort und bewirkt mit den neuen Informationstechnologien eine erst in Umrissen erkennbare Umwälzung der Sozialstruktur und der Lebenszusammenhänge, die an Radikalität den Brüchen des 19. Jahrhunderts kaum nachstehen wird. Der Wohlfahrtsstaat, mit dem der Kapitalismus lange Zeit seine Deformationen erfolgreich kompensierte, ist an seine Grenzen gestoßen. Gleichzeitig nimmt die Spaltung zwischen reich und arm im Weltmaßstab wie im Innern der einzelnen Gesellschaften weiter zu. Nur im „Glücksfall" wird der Arbeiter noch ausgebeutet – die in den Sozialwissenschaften verwendeten Skandalbegriffe lauten nicht mehr Klasse und Ausbeutung, sondern Unterklasse, Ausgrenzung und Marginalisierung.

Die verschärfte Wiederkehr der sozialen Frage und die gleichzeitige Rückkehr des Krieges nach Europa führen deutlich vor Augen, wie dünn die Decke der Zivilisation immer geblieben ist. Staat und Politik, einmal dazu „erfunden", Gewalt und Schrecken zu beenden, soziale Sicherheit herzustellen und politische Freiheit zu garantieren, stehen am Ende des Jahrhunderts aufs neue vor alten Fragen.

Als „Zeitschrift mit Tendenz" wurde der *Leviathan* gegründet. Dabei hatten die sechs Gründer Webers Geleitwort von 1904 ebenso im Sinn wie das Vorwort von Max Horkheimer zum ersten Band der „Zeitschrift für Sozialforschung" aus dem Jahre 1932. Die Arbeit an der „Theorie der gegenwärtigen Gesellschaft", hieß es dort, habe sich von „bloßer Tatsachenbeschreibung wie von empiriefremder Konstruktion" gleich weit entfernt zu halten. Es bedurfte vielleicht einer gewissen Unbefangenheit, in diesen großen Stiefeln wandeln zu wollen. Doch die Auswahl, die wir nach 25 Jahren präsentieren, scheint der Unbefangenheit Recht zu geben. Das Programm des *Leviathan* war und ist die Realanalyse kombiniert mit Gesellschaftstheorie, die Untersuchung der sozialen Phänomene in ihren vielen Verzweigungen und Gegensätzen, ohne die Hoffnung, daß aus der Vielfalt der Studien je die *eine* Theorie hervorgehen werde. Der Traum der Einheitstheorie war uns stets ein Alptraum. Heute hat die Zeitschrift elf Herausgeber und fünf Beiräte; der *Leviathan* hat sich verjüngt; von den Gründern sind drei weiterhin dabei. Bis heute verbindet sie bei aller Unterschiedlichkeit der Fachrichtungen und Temperamente die Überzeugung, daß es zur Aufklärung mit wissenschaftlichen Mitteln keine Alternative gibt.

Ein Wort zur Auswahl der Aufsätze: Schade, daß der Jubiläumsband nicht dicker, viel dicker sein kann. Negativ gesprochen hat er zweifellos den Makel der „informierten Willkür" – wir konnten vieles nicht unterbringen, was uns wichtig erschien. Doch hat die Kürze auch eine positive Seite: Wer den Jubiläumsband in die Hand nimmt, kann auf wenig Raum erfahren, was die Sozialwissenschaft unter dem Signum *Leviathan* in den letzten fünfundzwanzig Jahren zustande gebracht hat.

Literaturhinweis

Thomas Hobbes' Bemerkung über die Wissenschaft steht im *Leviathan*, 1651; deutsch Neuwied und Berlin 1966, S. 67. – Das zitierte *Geleitwort* Max Webers findet sich im *Archiv für Sozialwissenschaft und Sozialpolitik*, Bd. 19, 1904, S. I-VII. – Max Horkheimers *Vorwort* leitet den ersten Band der *Zeitschrift für Sozialforschung* ein, 1932, S. I-IV.

Editorial

Beginnen wir die Begründung dieses Projekts einer Zeitschrift mit der Begründung ihres Titels. Wenn eine Zeitschrift für Sozialwissenschaft, die nach Absicht der Herausgeber immer auch eine politische Zeitschrift zu sein hat, den Namen Leviathan in Anspruch nimmt, so mag das da und dort Befremden auslösen. Solches Befremden dürfte vor allem darauf zurückzuführen sein, daß hierzulande, anders als etwa in den angelsächsischen Ländern oder in Frankreich*, der Leviathan als das Kennwort für ein Rechtfertigungsmodell galt, mit dem sich zumeist reaktionäre Strategien verbanden. Wenn heute auf den Namen jenes Systementwurfs zurückgegriffen wird, der vor mehr als dreihundert Jahren aus philosophischem Kalkül die finale Struktur der bürgerlichen Gesellschaft vorgezeichnet hat, so könnte dies gar als angstvolle Beschwörung ihrer Erfüllung verstanden werden. Um nichts weniger kann es sich hier handeln.

Messen die Herausgeber in der Tat dem Leviathan eine besondere Aktualität bei, so nicht zuletzt wegen der Doppelgesichtigkeit der mit ihm verbundenen Erscheinungen. Sie ließen sich zum einen zusammenfassen in der knappen Charakterisierung, die einmal Hannah Arendt der Hobbesschen Vision — und Programmschrift zugleich — gegeben hat: In der vom Staat akkumulierten und monopolisierten Macht, deren ständiger Erweiterung alle Vergesellschaftungsprozesse unter dem Kapitalismus zustreben. Der heutige Staat als interventionistischer Wohlfahrtsstaat, so wäre hinzuzufügen, läßt sich jedoch nicht mehr allein als der zentrale Machtapparat begreifen, sondern als die Gesamtheit bürokratisch organisierter Herrschaftsfunktionen, die mit ihm vermittelt sind — auch dort, wo sie in formell „nicht-politischen Organisationen des Kapitals wie der Arbeit" verselbständigt scheinen. Zum anderen: Je mehr die Machtakkumulation in den zentralen Apparaten voranschreitet, desto schärfer kommen die Widersprüche und die Brüchigkeit der ‚herrschenden Unordnung' im leviathanischen Staat zum Vorschein. Auch treibt gerade der Planungszwang im interventionistischen Wohlfahrtsstaat die Wahrnehmung hervor, wie groß der Abstand zwischen dem möglichen Niveau von Zivilisationsleistungen aufgrund der technischen Naturbeherrschung und deren tatsächlicher Verfügbarkeit ist, die durch die Institutionen gebunden wird.

---

* Zu erinnern ist hier an die Zeitschrift der New Left in den USA, die unter diesem Namen zwischen 1968 und 1970 erschien; zu erinnern ist auch an den Serientitel ‚le nouveau leviathan', unter dem der französische Soziologe Pierre Naville seine Analysen der sowjetischen Gesellschaft (editions anthropos, Paris) erscheinen läßt.

Damit ist bereits ein zentrales Interesse der in dieser Zeitschrift zu führenden Diskussion angedeutet, das Interesse an einer neuen politischen Ökonomie. Diese hätte, kategorial und material, einer Entwicklungsstufe der bürgerlichen Gesellschaft Rechnung zu tragen, in der die politische Gewalt integrierender Bestandteil von Produktions- und Lebensverhältnissen geworden ist.

Diese Diskussion beschäftigt die Linke, soweit sie nicht auf organisatorisch sanktionierte Interpretationen festgelegt ist, erst wieder seit neuerer Zeit. Erst seit kurzem werden auch die Funktionen und Apparate des Staates wieder differenzierter betrachtet, ebenso die ohne sie nicht zu erklärenden Strukturen der Produktivkräfte und die Produktionsverhältnisse. (Die These vom staatsmonopolistischen Kapitalismus scheint hier freilich so unzureichend wie die Technokratie-Theoreme der fünfziger Jahre, deren Kehrseite sie gewissermaßen ist.) An dieser ‚Verspätung' mögen noch einmal die spezifischen Schwächen der kritischen Sozialwissenschaften rückwärts sich reflektieren lassen. Wichtiger scheint uns die Einsicht, daß sich mit dem wiederentdeckten traditionellen Instrumentarium der Kritik der klassischen politischen Ökonomie die heutigen gesellschaftlichen Krisenbewegungen nicht vollständig erklären und daß sich damit auch keine politischen Strategien entwickeln lassen.

Zumindest kontrapunktisch bleiben Krisenprognosen und Strategie-Diskussion, wo sie konkret und spezifisch werden wollen, das heißt auf Realanalyse aufbauen müssen, nach wie vor auf die Ermittlungen und Befunde herkömmlicher Sozialwissenschaften und Ökonomie angewiesen. Das gilt nicht nur für die Analyse der staatlichen Apparate, sondern ebenso zum Beispiel für Industriesoziologie und Arbeitsökonomie. Diese haben ihrerseits, obwohl ihnen doch unter den Erfordernissen einer Klassenanalyse das besondere Interesse der studentischen Bewegung galt, während des letzten Jahrzehnts kaum neue Impulse erhalten.

Auch die Imperialismus-Diskussion, die erst neuerdings aus ihrer jahrelangen Stagnation auszubrechen beginnt, mußte sich im wesentlichen auf das Material stützen, das in dem Bezugsrahmen und in der Methodik traditioneller Sozialwissenschaft zusammengetragen worden war. Das gilt schließlich bis heute für die Untersuchung der realen Bedingungen der Auseinandersetzung zwischen den Weltmächten und ihres Rüstungswettlaufs, für die Untersuchung des Zusammenhangs zwischen Abschreckungsstruktur und Rüstungskomplexen mit deren jeweiligen Funktionen. Hier haben die sich als kritisch verstehenden Sozialwissenschaften über die Kapitalverwertungs- und ökonomischen Imperialismus-Theorien hinaus es zu keinen neuen Konzepten gebracht, mußten Aufklärung und Auseinandersetzung den engagierten ‚bürgerlich-liberalen' Wissenschaftlern überlassen, wie unzureichend immer deren theoretische Ansätze und Methoden waren.

Mit dieser Beschränkung hängt unter anderem zusammen, daß die Versuche, die die politische Soziologie zur Erklärung der als spätkapitalistisch bezeichneten Gesellschaft unternahm, fast ausschließlich von den USA und der Bundesrepublik ausgingen. Darin spiegelte sich, konzeptuell wie methodisch, das Abhängigkeitsverhältnis der akkreditierten deutschen Sozialforschung von der amerikanischen, deren herrschende Richtungen nach wie vor auf besondere Weise historisch bewußtlos sind. Noch in zahlreichen der neueren marxistischen Analysen, vergleicht man sie mit ähnlich gerichteten Bemühungen in Frankreich, Großbritannien oder Italien, wirkt diese historische Bewußtlosigkeit und damit jenes Abhängigkeitsverhältnis nach.

Die Gründe dafür liegen in der deutschen Nachkriegsgeschichte und im Fehlen eines genuinen Marxismus ebenso wie in den Traditionen der deutschen Sozialwissenschaften. Dies hat jedenfalls dazu geführt, daß die heutigen Versuche zu einer politischen Ökonomie sich weiterhin auf die USA und die Bundesrepublik hin provinzialisieren, ohne doch die Analyse dieser nationalen Systeme einer historisch-materialistischen Kapitalismus-Theorie einordnen und ihre ‚nationalen Besonderheiten' aus ihr bestimmen zu können.

Um so wichtiger erscheint es den Herausgebern, den Blick auch auf die anderen europäischen Gesellschaften zu lenken, was nicht nur angesichts der multinationalen Konzentration des Kapitals und der politischen Gewalt selbstverständlich sein müßte. Eine Beschäftigung mit den politischen Ökonomien und Gesellschaftsstrukturen Frankreichs und Englands etwa, die immer auch eine Beschäftigung mit deren Sozialwissenschaften einschließen müßte, hätte zu erweisen, welche Gemeinsamkeiten und Regelmäßigkeiten der heute verwandte Begriff vom Kapitalismus umfassen kann. Da der Provinzialismus der Sozialwissenschaften in diesen Ländern kaum geringer ist als hierzulande, müssen wir uns freilich im klaren darüber sein, daß eine solche Vermittlung auf erhebliche Schwierigkeiten stoßen wird und daß es sich fürs erste um nicht viel mehr als um eine Absichtserklärung handeln kann.

Die Studentenbewegung und ihre Folgen haben die erzwungene Fixiertheit kritischer Sozialwissenschaft auf die Problemstellungen, Modelle und Arbeitsfelder der verwertbaren Sozialwissenschaften nur partiell brechen können. Was als Herrschaft neu entdeckt wurde, mußte zumeist an deren sekundären Manifestationen dingfest gemacht werden, Herrschaftskritik konnte kaum, wenn sie noch wissenschaftlichen Anspruch erhob, aus dem Kontext der von den Verwertungswissenschaften systematisierten Phänomene ausbrechen. Das zeigte sich etwa auch daran, daß die ideologischen Programme und Selbstdarstellungen der Institutionen häufig für die Wirklichkeit dieser Institutionen genommen wurden, daß den von ihnen verkündeten Strategien bereits die Trends realer Entwicklung abgelesen wurden.

So dringlich nun die Forderung ist, die Problemstellungen selbst zu emanzipieren — und zwar in zweifacher Hinsicht —, so wird sie sich doch der Grenzen ihrer Verwirklichung bewußt bleiben müssen. Sie liegen vor allem an den Beschränkungen der Möglichkeit, begriffliche Konstruktion und Realanalyse miteinander zu verbinden. Wenn wir die Herstellung dieser Verbindung in den Beiträgen dieser Zeitschrift im Prinzip anstreben, so sehen wir auch die Grenzen. Es wird häufig genug sein müssen, die Erfordernisse der Realanalyse genau zu erklären oder theoretische Blindstellen offenzulegen. (Wir werden deshalb versuchen, den einzelnen Beiträgen, wo dies nötig und möglich ist, Kommentar und Kritik unmittelbar folgen zu lassen.) Diese Zielsetzung schließt jedenfalls eine Systemkritik aus, die sich rein ideologiekritisch bescheidet.

In der Begründung des Titels dieser Zeitschrift wurde bereits darauf hingewiesen, daß im Mittelpunkt dieser Arbeit die Frage nach dem Krisenzusammenhang der als spätkapitalistisch bezeichneten Gesellschaften und ihrer selber krisenhaften Unterdrückung durch zentralistische Apparate stehen wird. (Dazu gehört auch die Frage nach dem Zusammenhang ihrer Krisen mit den gegenexistenten, den staatssozialistischen Systemen.) Denn nur wenn immer wieder von dieser Frage ausgegangen wird, kann jene Verbindung von begrifflicher Konstruktion und Realanalyse sinnvoll angestrebt werden, scheint Theorie erst möglich. Das gilt etwa für Theorien über die Dynamik von Rüstungswettläufen ebenso wie für Theorien über das Bewußtsein von Abhängigen, über die Trends staatlicher Wissenschaftspolitik oder über die wirtschaftliche und administrative Konzentration in der EWG.

Das besondere Interessè der Zeitschrift wird sich dabei auf den ‚Staat' richten, das heißt auf die Widersprüche und Konflikte zwischen seinen Hauptfunktionen, der Sicherung von wirtschaftlichem Produktionswachstum und der Sicherung von Herrschaft, die die Staatsmaschinerie zu vermitteln und zu verarbeiten hat; den Widersprüchen zwischen dem Imperativ kapitalistischen Wachstums und Produktionsfortschritts und dem Imperativ der Sicherung ‚sozialen Friedens' und bürokratisch geregelter Herrschaft; den Konflikten, die daraus entstehen, daß das Erfordernis der Wachstumsgarantie als wichtigste Quelle von Legitimität qua Sicherung von Massenloyalität zur Vernachlässigung der Infrastruktur, mehr noch, zum extensiven Raubbau an den zivilisatorischen und den natürlichen Grundlagen führt; den Widersprüchen und Konflikten also insgesamt, welche die wachsende Politisierung aller Aspekte der Arbeit und ihrer Verwertung wie schließlich der natürlichen Lebensbedürfnisse zur Folge haben — was an die Steuerungskapazität und die Legitimationserfordernisse der zentralen Apparate ständig expansionstreibende Ansprüche stellt.

Unter die Generalfrage nach dem Krisenzusammenhang, in dem die Funktionen des Staates, die Glieder des Leviathan, sich entfalten, reproduzieren und bekämpfen, werden wir also die jeweiligen Themen dieser Zeitschrift zu stellen suchen.

Dies gilt zunächst für die Sphäre der Produktion, ihre Gleichgewichtspostulate und deren Manipulation durch den Staat: Was bedeutet unter den Bedingungen wohlfahrtsstaatlicher Dauerintervention heute das ‚Überschießen der Produktivkräfte über die Produktionsverhältnisse'? Welches sind die Chancen und die Konsequenzen eines Übergangs vom expansiven zum intensiven Wachstum, den die wissenschaftlich-technische Revolution ebenso gebietet wie grundsätzlich möglich zu machen scheint? Welche Krisen und Änderungen innerhalb der Struktur der Produktivkräfte löst diese Revolution aus und wie verändert sie den Charakter menschlicher Arbeit? Welches sind die Erfordernisse einer Theorie der Produktivkräfte, die durch die These von der Eigendynamik der wissenschaftlich-technischen Revolution herausgefordert wird? Was erlaubt überhaupt, von wissenschaftlich-technischer Revolution zu sprechen, wenn sie erst als Umwälzung auch der Produktionsverhältnisse, ihrer Institutionen und Herrschaftsmittel wirklich Revolution wäre?

Die spezifischen Krisen der Produktionssphären werden vor allem im Bereich der Infrastruktur zu untersuchen sein. Gerade hier, wo die Widersprüche und die Ohnmacht staatlicher Steuerung am deutlichsten zutage treten, ist freilich auch der Mangel an empirischer Arbeit der Sozialwissenschaften, erst recht der Mangel an Theorien spürbar, ebenso wie es an stringenten Bestimmungen des tertiären Sektors fehlt.

Selbst in jenen Bereichen der Infrastruktur, in denen seit bald einem Jahrzehnt die Krisenbewegungen am heftigsten ausschlagen, nämlich im Ausbildungs- und im Wissenschaftssystem, sind trotz der von oben und von unten vorangetriebenen Politisierung gründliche Analysen unter den Aspekten der Verwertung und der staatlichen Steuerung spärlich geblieben. Es wäre bereits als Erfolg dieser Zeitschrift zu betrachten, wenn es ihr gelänge, die strukturellen Bedingungen zu kennzeichnen, von denen eine solche Analyse auszugehen hätte. Solches Bedenken gegenüber dem Leistbaren wird uns jedoch nicht hindern, mit unserer Kritik, selbst wenn sie vorläufig bleiben muß, auch aktuelle Fragen der Ausbildungs-, der Wissenschafts- und der Technologiepolitik anzugehen.

Es versteht sich, daß ein besonderer Schwerpunkt unserer Arbeit auf der Analyse staatlicher Organisationen und der dem Staat vorgelagerten Institutionen liegen wird, auf ihren Funktionen der Planung und des präventiven Krisenmanagements in ihren Widersprüchen zu ihren Funktionen der Herrschaftsverwaltung. Schließlich werden von den Erscheinungen offener Repression, wie sie sich in der Praxis des politischen Strafrechts und der Polizei zeigen, und den Erscheinungen der Gegengewalt her die Krisen staatlicher Legitimitätsbehauptung und ihrer Instrumentalisierung in den Apparaten der Macht zu diskutieren sein.

Vor allem unter den Aspekten zunehmender organisatorischer Verflechtung (z. B. multinationaler Firmen) werden wir auch die Probleme internationaler Politik behandeln und die Diskussion etwa über Imperialismus und Rüstungswettlauf führen. Nicht nur eine Kapitalismus und Sozialismus vermittelnde Systemkonkurrenz, auch die Kontrastwirklichkeit des bürokratischen Sozialismus machen heute — im Unterschied zur frühkapitalistischen Leviathan-Konstruktion — eine Reflexion auf die Erscheinungen internationaler Politik unerläßlich. Untersuchungen der Entwicklungsländer oder der verschiedenen Imperialismen interessieren dabei vor allem insofern, als mit ihrer Hilfe die von den Industrieländern induzierte ‚Entwicklung von Unterentwicklung' und die Vermittlung von Abhängigkeit in einer von krassen Disparitäten gekennzeichneten Schichtung der internationalen Gesellschaft transparent gemacht wird.

Unsere Arbeit wird schließlich auch Fragenkomplexe einschließen, in denen, aus unterschiedlicher Perspektive, das Schicksal des ‚subjektiven Faktors' und dessen politischen Funktionen unter den Bedingungen des Leviathan analysiert werden. Um nicht den Fehler der implizit rationalistischen, um nicht zu sagen idealistischen Anthropologie des historischen Materialismus zu tradieren und damit politischem Illusionismus zu huldigen, müssen die Modellvorstellungen über die psychische Struktur und die damit verbundene Art der Handlungsbereitschaft im Sinne einer nichtsubjektivistischen, historischen Theorie des Subjekts entwickelt werden.

Das spätestens seit dem Faschismus evidente Ende des bürgerlichen Individuums bedeutet weder das Ende bewußt politisch handelnder Subjekte noch daß das Legitimationsproblem obsolet geworden ist. Zu klären wird unter anderem sein, nach welchen Prinzipien und in welchen Formen Sozialisation erfolgt, damit der subjektive Faktor nicht als fiktive Größe ins politische und wissenschaftliche Kalkül eingeht, damit er in Gestalt der Prinzipien und Formen der Sozialisation kritisiert werden kann. Dazu gehört auch die Untersuchung der Bedeutung von Arbeit in ihren verschiedenen Ausprägungen für Struktur und Dynamik des psychischen Haushalts und seiner politischen Wirkung. Schließlich wird uns zu interessieren haben, welche Formen von Subjektivität und politischer Handlungsbereitschaft sich in den Ländern der Dritten Welt unter dem Einfluß ihrer Selbstverwaltung und Industrialisierung entwickeln.

Kurz, die Subjekte als Funktion des Leviathan und die Strategien ihrer rationalen Repolitisierung werden Themen dieser Zeitschrift sein.

Klaus Horn
Claus Koch
Wolf-Dieter Narr
Claus Offe
Dieter Senghaas
Winfried Vogt

Martin Dannecker/Reimut Reiche

Die kollektive Neurose der Homosexuellen

Vorbemerkung

Die Untersuchung, aus der hier berichtet wird, richtet sich auf den gesamten Lebenszusammenhang der männlichen Homosexuellen in der Bundesrepublik — also nicht nur auf im engeren Sinn sozialpsychologische, psychopathologische, subkulturelle oder sexualwissenschaftliche Aspekte. Dies findet auch im Aufbau der abschließenden Studie[1] seinen Ausdruck. Diese umfaßt 6 Teile:

1. Das Trauma des Coming Out — des Zeitabschnittes vom ersten Gewahrwerden homosexueller Empfindungen bis zur subjektiven Gewißheit, homosexuell zu sein.
2. Die Bedeutung der homosexuellen Subkultur für die soziale, innerseelische und sexuelle Anpassung der Homosexuellen.
3. Die festen Freundschaften der homosexuellen Männer.
4. Sexuelles Verhalten und Analyse besonderer psychosozialer Aspekte dieses Verhaltens.
5. Berufsmobilität und soziale Aufstiegsbewegung bei Homosexuellen.
6. Fragen der innerseelischen Anpassung.

Bei dem nachstehenden Vorabdruck handelt es sich um einen Auszug aus dem letzten Teil der Studie.

Die Studie basiert auf einer Fragebogenuntersuchung. Die Fragebogen wurden mit Hilfe eines nach dem Schneeball-Prinzip aufgebauten Netzes von homosexuellen Kontaktpersonen in den Monaten Dezember 1970 bis April 1971 verteilt. Das „Kontaktnetz" umfaßte 139 Kontaktpersonen und drei Clubs für Homosexuelle, die insgesamt 1 617 Fragebogen verteilten. Davon wurden 801 Fragebogen ausgefüllt zurückgeschickt, von denen schließlich 789 ausgewertet werden konnten. Die Rücklaufquote betrug demnach 50 Prozent brutto und 49 Prozent netto.

---

1 erscheint im Herbst 1974 — voraussichtlich unter dem Titel: Der gewöhnliche Homosexuelle — im S. Fischer Verlag, Frankfurt.

Einleitung

Bis vor kurzem wurde die Homosexualität von der Schulmedizin zu den Psychopathien gerechnet. Da die Verwendung des Begriffs Psychopathie in der Medizin an den Tatbestand — angeborener oder erworbener — „krankhafter" Organprozesse gebunden ist, mußte die Homosexualität, unter dem Druck fortschreitender naturwissenschaftlicher und psychologischer Erkenntnisse, mehr und mehr aus dieser Klassifikation herausgelöst werden. Innerhalb der Medizin und der Schulpsychologie rangiert die Homosexualität nunmehr für gewöhnlich als Abnormität oder, was nur ein moderner Ausdruck dafür ist, als Deviation. Das heißt nicht, daß die Homosexualität in der medizinischen und psychologischen Praxis nicht mehr als „Krankheit" begriffen — und vor allem behandelt würde. Gerade die technisch avanciertesten Therapien, denen die Homosexuellen ausgesetzt werden — Aversions-Therapie, Hormon-Therapie, stereotaktische Eingriffe im Tuber cinerum, etc. — verfolgen als Ziel, die gesamte Triebrichtung radikal zu entfernen[2]. In kaum einer der betreffenden fachwissenschaftlichen Publikationen wird je gefragt, ob und warum die Homosexualität eine Krankheit ist: Homosexuelle *sind* krank, weil sie homosexuell sind.

Der Krankheitsbegriff der Psychoanalyse — soweit er sich auf sexuelles Verhalten bezieht — wurde von uns in einem anderen Kapitel dargestellt. Wir brauchen an dieser Stelle nur an die von Freud programmatisch formulierte Aufgabe zu erinnern: sich „von der Möglichkeit der genannten Perversionen und von ihrem Zusammenhang mit der sogenannt normalen Sexualität volle theoretische Rechenschaft zu geben." (Freud 1916[3]; 317) Klinische Praxis und theoretische Literatur der Psychoanalyse lassen solche Rechenschaft oft vermissen; auch hier werden die Homosexuellen für gewöhnlich *qua Homosexualität* als Kranke behandelt. Dabei kommt in der Regel eine wissenschaftlich unzulässige Gleichsetzung in Anwendung: Die Anthropomorphisierung (Homosexueller) eines klinisch beschreibbaren Syndroms (Homosexualität). So heißt es etwa bei Socarides: „Alle Homosexuellen, Männer wie Frauen, leben an der Schwelle der sie vernichtenden persönlichen Katastrophe." (Socarides 1971; 74) Ein anderer, von Analytikern vielfach verwendeter Mechanismus ist die blanke Übertragung von Begriffen und Funktionsweisen des psychischen Apparates auf den Bereich der sozialen Realität. So ist, wiederum bei Socarides, „die homosexuelle Perversion ein Versuch, soziale Erfahrung auf regressivem Niveau zu machen". (Socarides 1971; 110)

Man fragt sich, was daran regressiv ist, daß so viele Homosexuelle Abendschulen besuchen, zwei Berufe lernen usw. usw., um auf solche Weise ihr soziales Erfahrungsniveau zu erweitern.[3] Sehr beliebt, in der Psychiatrie ebenso wie in der Psychoanalyse, ist auch die Verknüpfung der „Krankheitsbilder" von Homosexuali-

---

2 Eine zusammenfassende Kritik der entsprechenden Fachliteratur findet sich in: Martin Dannecker: Warum die Therapie der Homosexualität die Lage der Homosexuellen verschlechtert.

3 Solche Mechanismen und Gleichsetzungen haben wir am Beispiel von Socarides' Werk dargestellt und kritisiert (Reiche 1972).

tät und Schizophrenie. Offensichtlich kommt diese Gleichsetzung einem affektiven Bedürfnis mancher Analytiker entgegen[4], denn sie ist nicht durch noch so viele gegenläufige Ergebnisse experimenteller und vergleichender Untersuchungen aus der Welt zu schaffen. So heißt es in einem der neuesten Lehrbücher der Psychoanalyse für Mediziner: „Das Ich des Homosexuellen ist schwach, die Objektabhängigkeit ist groß . . . Sie gleicht der in der Schizophrenie." (Loch 1967)

In der vergleichenden Untersuchung homosexueller und heterosexueller Analyse-Patienten von I. Bieber et al. nehmen Fragen der Differentialdiagnose *besonderer* neurotischer oder pathologischer Züge von Homosexuellen eine zentrale Stellung ein. In allen Einzelfragen müssen sich Bieber und seine Mitarbeiter mit sehr vorsichtigen Einschätzungen begnügen. Außer der konstitutiven Angst vor der Heterosexualität — also dem, was wir Zwangshomosexualität nennen — und den sich an diese Angst anschließenden Sekundärmeachanismen scheinen, Bieber zufolge, die Homosexuellen keine gemeinsamen und besonderen neurotischen Komplexe aufzuweisen. Insgesamt klassifizieren Bieber et al. die Homosexualität dennoch als *schwere Störung:* „In unserer Sicht hat der Mensch eine Fähigkeit zur Homosexualität, aber eine Tendenz zur Heterosexualität (a capacity for homosexuality but a tendency toward heterosexuality). Die Fähigkeit zur Beantwortung heterosexueller Stimuli ist angeboren. Sexuelles Werbungsverhalten und Begattungstechniken werden erlernt. Homosexualität andererseits wird erworben und entdeckt als Umgehungsmaßnahme (circumventive adaption), um mit der Angst vor der Heterosexualität fertig zu werden. . . . Jede Anpassung, die im Kern auf unrealistische Angst gründet, ist *notwendig pathologisch* (Hervorhebung durch M. D. u. R. R.); die fortbestehende Angst des erwachsenen Homosexuellen vor der Heterosexualität ist seiner gegenwärtigen Realität unangemessen. Wir unterscheiden uns von anderen Forschern, die die Position eingenommen haben, daß die Homosexualität eine Art Variante des ‚normalen' sexuellen Verhaltens sei." (Bieber 1962; 303 f., 305)

Wir möchten der Bieber'schen Position, daß es eine notwendige Pathologie der Homosexualität gibt, gern zustimmen, fürchten aber, daß diese Zustimmung bei Bieber — und nicht nur bei ihm — auf Ablehnung trifft: Man kann die Pathologie der Homosexuellen nicht aus ihrer Heterosexualitäts-Angst begründen, ohne sich zugleich über die Homosexualitäts-Angst der Heterosexuellen Rechenschaft zu geben. Für die kollektiv herrschende Integrationsform der Triebe und der Objekt-

4 Diese falsche Gleichsetzung verdankt sich einem Umkehrschluß aus der richtigen Beobachtung, daß bei Psychosen, besonders solchen vom paranoiden Typus, sehr oft eine homosexuelle Problematik nachzuweisen ist. Aber weil viele Schizophrene eine homosexuelle Problematik haben, müssen die Homosexuellen noch längst keine schizophrene Problematik haben. Im übrigen dürften die in Frage stehenden sexuellen Manifestationen und Phantasien von Schizophrenen eher „chaotisch" (Diffusion der Geschlechterrollen) als spezifisch homosexuell sein.
Daß es einen spezifischen Zusammenhang von Homosexualität und Schizophrenie nicht gibt, wird von allen empirisch-klinischen Untersuchungen zu diesem Gebiet bestätigt. Vgl. u. a.: Hooker (1957), Kendrick and Clarke (1967), Klaif and Davis (1960), Planansky and Johnston (1962). Auch I. Bieber sagt über sein psychoanalytisches Patienten-Sample: „Diejenigen Patienten, die in der Homosexuellen-Gruppe als schizophren diagnostiziert wurden, glichen mehr den schizophrenen Heterosexuellen als den anderen nicht-schizophrenen Homosexuellen." (Bieber 1962; 307)

beziehungen, die in unserer Kultur als „normale Heterosexualität" gilt, ist die Verdrängung der homosexuellen Strebungen konstitutiv und, als Konsequenz daraus, die unbewußte Angst vor der Homosexualität. Die kulturell vorherrschende Form der Heterosexualität ist notwendig pathologisch.

Zu dieser Pathologie gehört u. a. eine gewaltsame kulturelle Überzeichnung der biologischen Geschlechter-Rollen; gehört eine kulturell ausgestanzte Hypertrophie des genital-sexuellen Bereichs und eine entsprechende gesellschaftlich produzierte Verkümmerung der übrigen, biologisch angelegten erogenen Zonen; gehört eine latent homosexuell gefärbte kollektive Identifizierung der Männer untereinander. Diese Identifizierung nimmt als Gefühl und Bewußtsein der Überlegenheit des Mannes über die Frau soziale Gestalt an, schlägt sich in allen Poren ökonomischer und sozialer Herrschaft nieder und befestigt diese. Alle solche „Pathologien" sind konstitutiv für das, was im Resultat normale heterosexuelle Anpassung genannt wird. Weil nur die jeweils individuelle Unterordnung unter die herrschende kulturelle Sexualmoral einer geschichtlichen Entwicklungsepoche als „normal" bezeichnet wird, fällt es so schwer, die *kollektive Pathologie* herauszuarbeiten, in der jede *individuelle Normalität* gebrochen ist.

Als Gegenpol zu Biebers Theorie sei eine Untersuchung zitiert, die, bei ähnlichen Vergleichsmethoden wie Bieber, zu konträren Resultaten gelangt. Evelyn Hooker hat homosexuelle und heterosexuelle Vergleichsgruppen auf Unterschiede in der psychosozialen „Anpassung" untersucht. Die vor ihr angewandten Verfahren — Rorschach, TAT, MAPS — haben in keinem Fall irgendwelche signifikanten Unterschiede zwischen homo- und heterosexuellen Männern erbracht. Hooker kommt zu dem Schluß, daß es „keine immanente Beziehung zwischen Pathologie und Homosexualität gibt". (Hooker 1957; 23) Obwohl z. B. der Rorschach-Test in der psychoanalytischen Praxis allgemein angewendet wird und theoretisch akzeptiert ist, zweifelt Bieber die Ergebnisse von E. Hooker mit der Begründung an, „daß die Tests selbst oder die geläufigen Methoden der Interpretation und Bewertung unangemessen für die Aufgabe sind, zwischen Homosexuellen und Heterosexuellen zu diskriminieren". (Bieber 1962; 306) Wir geben Bieber wiederum unsere Zustimmung, aber nur, indem wir seine Kritik an den Methoden und Interpretationen von Hooker auch für seine eigenen Methoden und Interpretationen geltend machen. In ihrer psychosozialen Anpassung sind die Homosexuellen weder so „ununterscheidbar" von Heterosexuellen, wie Hooker postuliert, noch sind sie ihnen so „pathologisch" gegenübergestellt wie Bieber et al. dies postulieren. Dabei liegt die Antwort auf die Frage der Pathologie keineswegs in der Mitte zwischen beiden Positionen; die Antwort ist überhaupt nur zu finden, wenn man zuvor die ganze Frage stürzt.

Sigmund Freud hat in seiner Religionskritik die individuelle Zwangsneurose als pathologisches Gegenstück zur kollektiven Religionsbildung dargestellt und „die Neurose als eine individuelle Religiosität, die Religion als eine universelle Zwangsneurose" (Freud 1907[1]; 139) bezeichnet. Die kollektiv-neurotischen Bildungen sind für die von ihnen Betroffenen ebenso „sinnvoll" wie die individuell-neurotischen Symptome für das betreffende Individuum: „Der Schutz gegen neurotische Erkrankung, den die Religion ihren Gläubigen gewährt, erklärt sich leicht daraus, daß sie ihnen den Elternkomplex abnimmt, an dem das Schuldbewußtsein des einzelnen wie der ganzen Menschheit hängt, und ihn für sie erledigt, während der Ungläubige mit dieser Aufgabe allein fertig werden muß." (Freud 1910[2]; 195) An anderer Stelle schreibt Freud: „Es stimmt auch gut dazu, daß der Frommgläubige *in hohem Grad gegen die Gefahr gewisser neurotischer Erkrankungen geschützt ist; die Annahme der allgemeinen Neurose überhebt ihn der Aufgabe, eine persönliche Neurose auszubilden.*" (Freud 1927[4]; 367. Hervorhebung durch M. D. u. R. R.) Freuds Religionskritik ist u. E. *das* Kernstück für jede materialistische Psychologie; in ihr ist, gewissermaßen in Keimform, die „andere", psychologische Seite der Ideologiekritik angelegt, deren ökonomische Seite — aus den Produktionsverhältnissen hergeleitete Bestimmung der Ideologie als „notwendig falschem Bewußtsein" — von Karl Marx in der Kritik der politischen Ökonomie herausgearbeitet wurde.[5]

Von der neueren — aus der Optik der psychoanalytischen Theorie revisionistischen — Sozial- und Ich-Psychologie ist die Dimension, die in dieser Religionskritik angelegt ist, reaktionär zurückgebogen worden. Zum Beispiel sprechen Bettelheim und Janowitz ganz affirmativ von der „identitätsstiftenden Funktion des Vorurteils". Rassismus oder militanter Antikommunismus, einmal aus ihrem privaten Dasein als paranoide Wahnvorstellungen herausgenommen, zur Norm erhoben und zur Praxis der Herrschenden geworden, kann in konsequenter Anwendung solcher Theorien nicht mehr als pathologisch, sondern muß als normal, ja mehr, als identitätsstiftendes, Anpassung förderndes Verhalten beschrieben werden.[6] Orthodoxe psychoanalytische Theorien mit „Normalitäts"-Konzepten, wie sie Bieber, Socarides u. a. zugrunde liegen, befinden sich in unerkannter und gefährlicher Nähe zu derart reaktionären Anpassungs-Konzeptionen. Zur Konstitution der normalen Heterosexualität der gegenwärtigen gesellschaftlichen Epoche gehört unabdingbar die Verdrängung homosexueller Gefühlsregungen, gehören, als Resultat

5 Ideologie könnte man in diesem Sinn als säkularisierte Religion bezeichnen — Liberalismus des Bürgertums, Antisemitismus des Kleinbürgertums, Ausländerhaß des Proletariats usw. Die Funktion der Ideologie ist es, nach Bewußtsein und Veränderung drängende Bedürfnisse zurückzubiegen und einem „vorbewußten" revolutionären Interesse einen konterrevolutionären Ausdruck zu verleihen. Psychologisch gesprochen sorgt die Ideologie für einen dynamischen Ausgleich zwischen einem Bedürfnis und dem gegen dieses Bedürfnis stehenden gesellschaftlichen Herrschaftsinteresse — auf Kosten des Bedürfnisses. Die Ideologiebildung ist darin dem Mechanismus der Neurosenbildung sehr ähnlich, und zwar nicht nur strukturell, sondern auch im engeren Sinne triebdynamisch ähnlich. Das individuelle neurotische Symptom sorgt für einen dynamischen Ausgleich zwischen Verdrängtem und zu Verdrängendem, bzw. zwischen Trieb und Moral (gesellschaftlich herrschendem Realitätsprinzip) — auf Kosten des Triebs. Wie das neurotische Symptom seinem Träger auf Umwegen, im Ausagieren der Symptomhandlung, einige Befriedigung verschafft, wenn auch gerade nicht die ursprünglich angestrebte — so schafft auch die Ideologie den an sie gebundenen Massen auf Umwegen eine vom realen Bedürfnis zielabgelenkte Befriedigung. Eine Ideologie ist, auch darin dem neurotischen Symptom vergleichbar, nur solange und nur dort „durchschlagkräftig", wo sie die nach Entladung drängenden Affekte bzw. die nach Erfüllung drängenden Bedürfnisse zugleich anspricht, bindet und auf eine „falsche" Fährte lenkt. Aus solchen — auf begriffliche Zusammenfassung wartenden — Gründen kann man eine herrschende Ideologie auch als *kollektive Neurose* bezeichnen, wenn man die psychische und massenpsychologische Seite des betreffenden Geschehens kennzeichnen möchte.

6 Zur Darstellung und Kritik dieses Komplexes siehe: Klaus Horn 1971; 108 f.

und Garant des Verdrängungsprozesses, verschiedene Formen des dynamischen Ausgleichs, die vor der Wiederkehr des Verdrängten schützen sollen: das projektive Ausagieren unbewußter homosexueller Gefühlsregungen als Homosexuellen-Haß, die Bindung dieser Gefühlsregungen in latent homosexuellen Massenbildungen usw. Zum Konstitutionsprozeß der kulturell normalen Heterosexualität gehören unabdingbar *kollektiv-neurotische* Elemente. Weil sie kollektiv vorherrschen und weil sie unabdingbar für den gesellschaftlichen Funktionszusammenhang (mindestens für den der gegenwärtigen kapitalistischen Gesellschaften) sind, geraten diese kollektiv-neurotischen Elemente auch der psychoanalytischen Orthodoxie zunehmend aus dem Blick; schließlich sind sie — in moderner sozialpsychologischer Diktion — anpassungsfördernd.

Wir wollen dem theoretischen Drang Einhalt gebieten: Es ist nicht die Aufgabe einer empirischen Untersuchung über Homosexuelle, eine Grundlegung zur „kollektiven Neurose der individuellen Normalität“ vorzulegen. Schließlich ist die verdrängte homosexuelle Komponente des heterosexuellen Mannes nicht das triebdynamisch wichtigste und vor allem nicht das übergreifende Element dieser kollektiven Neurose. Hier ist vielmehr herauszuarbeiten, warum die Homosexuellen in ihrer Mehrheit so außerordentlich „gut angepaßt“ sind. Bezogen auf beide Pole — auf die fragilen Resultate ihrer individuellen, traumatischen Sozialisationsgeschichten und bezogen auf ihre soziale Lage — lautet die nunmehr gestürzte Frage: Wodurch erhalten Homosexuelle den Schutz gegen offene neurotische Erkrankungen, den sie offensichtlich in hohem Grade haben? In der Formulierung Freuds: Welche allgemeine Neurose enthebt sie der Aufgabe, eine persönliche Neurose auszubilden? Die Frage greift über auf den gesamten Lebenszusammenhang der Homosexuellen. Die *übergreifenden* „Schutz“-Mechanismen sind in den Organisationsprinzipien der homosexuellen Subkultur und in den Gesetzmäßigkeiten der kollektiven Berufsbiographie der Homosexuellen zu suchen. An dieser Stelle sollen nur einige besondere Mechanismen dargestellt werden. Hierher gehört an erster Stelle der Homosexuellen-Haß der Homosexuellen. Sodann ist der konstitutive kollektive Bruch im Selbstwertgefühl der Homosexuellen am Beispiel des Behandlungswunsches nachzuzeichnen.

Der Homosexuellen-Haß der Homosexuellen

Die einzig projektiv angelegte und zugleich offen formulierte Frage unseres Fragebogens lautet:

> „In der Öffentlichkeit wird, wenn von Homosexuellen die Rede ist, häufig von besonders weibischen Typen gesprochen: Würden Sie bitte kurz schildern, was Sie von sogenannten Tunten halten?“ (Frage Nr. 143)

Die Formulierung der Frage sollte es den Befragten leicht machen, alle etwa bestehenden Vorbehalte, Idiosynkrasien, rational begründeten Ablehnungsformen usw. gegenüber „Tunten" möglichst frei zu äußern. Der Ausdruck „Tunte" hat in der homosexuellen Subkultur einerseits eine sehr feste Bedeutung, andererseits wird er sehr locker und vieldeutig verwendet. Als besonderer projektiver Verstärker wurde, nach den Tests in der Pilot-Study, die affekt-mobilisierende Wendung „in der Öffentlichkeit ..." in die Frage eingebaut.

Das Problem der Validität dieser Frage kann methodisch mit den uns zur Verfügung stehenden Mitteln nicht völlig geklärt werden. Wohl aber läßt sich an einer anderen Frage aus dem Fragebogen demonstrieren, daß nicht an dem Problem vorbeiformuliert wurde, das die Frage 143 erfassen sollte. In der Auswertung der offenen Frage nach dem Ideal-Typ (Frage 21) wurden in einem speziellen Code alle Nennungen zusammengefaßt, die in direkter oder wenigstens umschriebener Weise von ihrem „Idealbild"-Mann verlangen, er dürfe „keine Tunte" sein. Nach der Rangfolge der Nennungen geordnet rangiert „nicht tuntig" an 5. Stelle. Häufiger als „nicht tuntig" werden nur die allgemeinsten gesellschaftlichen Partner- und Charakterstereotype genannt: schlank, intelligent, männlich usw. Äußerungen wie „weich", „mädchenhaft", „feminin" und ähnliche, die in irgendeiner Form „Weiblichkeit" ansprechen, rangieren in der Rangfolge der Nennungen zum „Idealbild" ganz unten. Sie wurden nur 24mal genannt gegenüber 113 Nennungen von „nicht tuntig". Da man annehmen darf, daß die allermeisten Befragten die Frage 21 beantworteten, bevor sie die Frage 143 (nach den „Tunten") gelesen hatten, kann man folgern: Die Frage 143 mobilisierte, wie das ihr Zweck war, wirklich existierende Gefühle und/oder Einstellungen gegen „Tunten". Suggestiv, in einem für Fragebogenerhebungen methodisch unzulässigen Sinn, ist die Formulierung nicht.

Die „Tunten"-Frage wurde nach verschiedenen Kriterien codiert; die einzelnen Merkmale lassen sich in bezug auf die *Form* der Zustimmung/Ablehnung folgendermaßen zusammenfassen:

76 % ausschließlich ablehnende Einstellungen und/oder negative Affekte gegenüber „Tunten".

7 % genuin indifferente Einstellung gegenüber „Tunten" — z. B. „es gibt solche und solche", „sind mir gleichgültig". Dabei muß aus dem Kontext hervorgehen, daß die Indifferenz „einigermaßen" glaubwürdig ist.

5 % überwiegende oder pauschale „Zustimmung" gegenüber „Tunten" — z. B. „ich mag sie", „sind im Bett die Besten".

6 % „kritisch reflektierte" oder „differenzierte" Einschätzung des Tunten-Problems durch den Befragten; dabei ist durchaus möglich, daß sich unter der „kritischen" Oberfläche ein Abwehr-Affekt verbirgt — z. B. „ihr Verhalten wird durch die Gesellschaft provoziert".

5 % glaubhafte Äußerungen von der Art: „Ich habe persönlich nichts gegen Tunten, aber sexuell sind sie für mich nicht attraktiv".

1 % keine Antwort.

Das Resultat unseres Versuches, aus den 76 Prozent ablehnenden Antworten eine quantifizierbare Typologie zu bilden, befriedigt uns nicht vollständig. Viele Antworten schreien geradezu nach einer psychoanalytischen Interpretation. Aus methodischen Gründen aber haben wir auf eine psychoanalytisch zentrierte Typologie verzichtet. Bei der Aufstellung des Code-Plans für diese Frage haben wir nicht versucht, so „tief" wie möglich zu gehen, sondern im Gegenteil, einer Fragebogen-Erhebung angemessen, möglichst nahe an der „Oberfläche" der einzelnen Antworten zu bleiben. Manche Befragte begründen ihre Ablehnung der „Tunten" in mehrfach sich überlagernden affektiven, scheinrationalen und rationalen Schichten. Manche Befragte sprechen verschiedene affektive Bereiche an (z. B. Ekel *und* Mitleid). In der folgenden Zusammenstellung ist jeweils eine komplette Antwort dem „Typus" zugeschlagen worden, die in dem betreffenden statement dominiert. Die folgende Typisierung der „Tunten"-Ablehner summiert also auf 76 Prozent:

30 Prozent Pauschalablehnungen: Die in dieser Gruppe erfaßten Befragten antworten pauschal und ohne weitere Begründung mit „nichts", „absolut nichts", „unmöglich".

13 Prozent gemilderte Pauschalablehnungen: Die hier erfaßten Antworten unterscheiden sich von der vorherigen Gruppe nur dadurch, daß die Ablehnung in einen etwas milderen oder vornehmeren Ausdruck eingekleidet ist: „nicht viel", „finde ich nicht sympathisch" usw.

11 Prozent manifeste Ekel-Reaktionen: „Widerlich", „zum Kotzen", „Scheiße", „greulich", „übel", „grauenvoll" sind die häufigsten Nennungen in dieser Gruppe. Alle diese Antworten strahlen eine „ganz normale" Selbstsicherheit aus — als wollten sie sagen: daß Scheiße Scheiße ist, ist doch selbstverständlich und bedarf keiner näheren Begründung.

1 Prozent offen aggressive Äußerungen: In diese Gruppe wurden nur statements aufgenommen, in denen die Aggression eindeutig den Ekel- oder „Mitleid"-Affekt überstrahlt und — im Grenzfall — bis zur tödlichen Konsequenz verbalisiert wird. „Würde alle umbringen, wenn es ginge" (Nr. 122) schreibt einer; ein anderer: „Nichts. Müßten zur Ordnung gerufen werden" (Nr. 138).

9 Prozent versteckt aggresive Äußerungen: Auch Homosexuelle sind von der gegenwärtigen Toleranz-Strömung gegenüber Homosexuellen erfaßt worden und dürfen, mindesten in einer Fragebogen-Erhebung, ihren Haß auf die Abweicher nicht offen ausleben. Nur darum ist die Gruppe der „offen Aggressiven" so klein geraten. Im Durchschnitt verbergen die Homosexuellen ihren Haß auf die „Tunten" — und was dafür steht — hinter einer Fassade von Mitleid. Die Differenz zwischen dieser Gruppe und der vorigen sei an zwei Antworten dargestellt, die beide den gleichen Gedanken ansprechen: die Therapie bzw. die Kastration der „Tunten". „Es sind geistig arme, geldgierige Geister oder Menschen, die mittels Operation geschlechtlich umgewandelt werden sollten" (Nr. 667) — diese Äußerung wurde als „offen aggressiv" eingestuft. „Sie gleichen hilflosen Kindern; wirken auf die anderen Homophilen und auf die sog. Normalen unsympathisch. Ihre auffällige Existenz beeinträchtigt die Verständigung zwischen Homophilen und

Heterophilen. Wegen ihrer schwachen Selbstidentität bedürfen sie weitgehend einer therapeutischen Führung" (Nr. 439) — diese Äußerung wurde als „versteckt aggressiv" codiert.

Dieses Beispiel zeigt, daß nicht so sehr versucht wurde, Inhalt und Bedeutung der Aggressivität festzuhalten als vielmehr die Äußerungs*form* der Aggression. Diese ist selbstverständlich durch viele Einflüsse modifiziert, die in dieser Codierung nicht erscheinen; u. a. durch den generellen Umgang mit der eigenen Aggression (unabhängig von den speziellen Aggressionen gegen „Tunten"), u. a. auch durch die sozialökonomische Lage, die ihrerseits über Bildungsniveau und Verbalisierungsvermögen mitentscheidet.

Im affektiven Zentrum dieser Gruppe stehen Mitleids- und Toleranzgefühle. Typische Äußerungen sind: „Lehne sie ab, aber toleriere sie" (Nr. 341). „Ich dulde sie, aber nicht in meinem Freundes- und Bekanntenkreis" (Nr. 518). „Man sollte sie tolerieren" (Nr. 708). „Tun mir zwar leid, ich lehne sie aber entschieden ab, sie ekeln mich an" (Nr. 362). Die Zitate zeigen, wie brüchig die Grenzen zwischen Mitleid und Ekel, Ekel und Toleranz, Toleranz und Totschlag sind. Wäre es wirklich so selbstverständlich, daß man einen Menschen, den man innerlich „ablehnt" nicht gleich umbringen möchte, so müßte man nicht eigens betonen, daß man ihn „toleriert".

1 Prozent vordergründig affektleere Ablehnungen: Zu diesem Typus wurden nur Antworten wie „sind ein notwendiges Übel", „die übliche Ausnahme von der Regel, die es auch bei Homos gibt" usw. gezählt. Wahrscheinlich würden viele Befragte, die bei uns in der Gruppe „Pauschalablehnungen" rangieren, in einem direkten Interview zunächst ähnliche affektleere Begründungen liefern und dann — bei intensiverem Nachfragen — zunächst Mitleid, dann Ekel, dann Haß produzieren. Was schließlich der Haß abdeckt, wäre nur durch analytisch orientierte Interviews aufzudecken.

7 Prozent unverstellter Frauen-Haß: In diese Gruppe wurden nur Antworten aufgenommen, bei denen Versatzstücke aus dem Arsenal der „typisch weiblichen Eigenschaften" zentral gegen die „Tunten" gerichtet wurden. Dazu gehören:

1. Attitüden, die gemeinhin als negative weibliche Charaktereigenschaften gelten: Tunten sind verlogen, feige, klatschsüchtig, dumm, selbstgefällig
2. Eigenschaften, die an Frauen geheftet werden, um sie in ihre Schranken als Sexualobjekte zu weisen, gleichzeitig Eigenschaften, die sie als Sexualobjekte haben müssen. „Tunten" sind dann „aufgedonnert", „amüsant — aber sonst auch nichts" usw. Ein Befragter drückt sich sehr klar aus: „Ab und an sehr nett zu poppen; ansonsten nichts" (Nr. 163).

4 0/0 Prozent ausschließliche Nennung der „Öffentlichkeit": Insgesamt begründen 13 Prozent der Befragten ihre Ablehnung der „Tunten" unter anderem mit dem Argument, die „Tunten" schaden dem Ansehen der Homosexuellen in der Öffentlichkeit. In die Vier-Prozent-Gruppe wurden nur solche Antworten aufgenommen, die *nur* dieses Argument enthalten. Daß sich unter der Oberfläche der „Öffentlichkeit" alle möglichen Affekte verbergen können, bedarf kaum der Begründung. Ein Befragter verrät sich im Eifer des Schreibens: „Sie sind es, die auffallen und uns dadurch in Schwierigkeiten bringen, durch sie werden die Vorurteile geprägt. Sie schaden uns mehr als jeder andere Homosexuellen-Hasser." (Nr. 409) Warum mehr als jeder „andere" Homosexuellen-Hasser? Sprachlogisch bezieht sich das „andere" auf „sie" (die Tunten). Beim Wort genommen heißt das: Die Tunten sind Homosexuellen-Hasser. In dieser Fehlleistung deutet sich der monströse kollektive Projektions-Mechanismus an, der dem ganzen Tunten-Haß der Homosexuellen zugrunde liegt.

Was ist eine „Tunte"? Wie hoch ist der Anteil der „Tunten" unter den Homosexuellen? Auf diese Fragen gibt es keine Antwort. Gewiß gibt es unter Homosexuellen das, was in der Sexualpsychopathologie als „extrem effeminierter Mann" firmiert. Es gibt Homosexuelle, die aus dem Repertoire der „Weiblichkeit" für sie selbst wichtige, von außen betrachtet unzusammenhängende Elemente herausbrechen, diese Elemente ins Groteske überzeichnen, in ihr Verhalten integrieren und zwanghaft agieren. Die Menge der herausgebrochenen „Weiblichkeits"-Versatzstücke und die Art ihrer Aneignung durch den betreffenden Homosexuellen scheinen dann darüber zu entscheiden, ob dieser Homosexuelle in der homosexuellen Öffentlichkeit als Tunte wahrgenommen wird. In Wirklichkeit entscheidet darüber ein kollektives Wahrnehmungsraster, das auf die feinsten Schwankungen der jeweils herrschenden Männlichkeits- und Weiblichkeits-Rollen reagiert und, von den einzelnen unbemerkt, sich in der Zeitdimension sehr schnell verändern kann.

Als Tunte oder mindestens als tuntig kann prinzipiell jeder Homosexuelle jederzeit von jedem anderen Homosexuellen wahrgenommen werden. Eine Tunte, das ist stets der Andere; nämlich derjenige, der im Moment, wo ihn der eine als solche wahrnimmt, die Norm stärker verletzt als dieser. Anders ausgedrückt: Je stärker die Identifikation eines Homosexuellen mit den Männlichkeits-Idealen und Rollen-Normen seiner Gesellschaft, desto größer ist die Anzahl der Tunten in seinem Kopf.

Die Meinung ist weitverbreitet, das Homosexuelle in der Regel „weibisch" oder „tuntig" seien. Der reale Anknüpfungspunkt, an dem dieses Vorurteil sich festmacht, ist die Doppelexistenz der Homosexuellen: daß sie in der Öffentlichkeit zwanghaft unauffällig agieren (und also gerade *nicht* auffallen) und nur in ihren Ghettos sich als Homosexuelle zeigen — und daß einige wenige Homosexuelle dieses zwanghafte Rollenspiel ebenso zwanghaft umkehren und in der Öffentlichkeit ausagieren, was als „weibisch" wahrgenommen und zu dem Stereotyp „alle Homosexuellen sind weibisch" verarbeitet wird.

Die psychisch treibende Kraft dieses Stereotyps dürfte in den Projektionen aus verdrängten homosexuellen Strebungen der Normalen, besonders der normalen Männer, und in der verdrängten „Weiblichkeits"-Sehnsucht der Männer zu suchen sein. Die „Weiblichkeits"-Sehnsucht der Männer, triebdynamisch vielleicht noch wichtiger als die verdrängte homosexuelle Komponente im engeren Sinn, hat zwei Aspekte. Der eine ist bezogen auf die sexuellen Wünsche und Phantasien, die eine Frau wohl haben darf, nicht aber ein „richtiger" Mann: sich „wie eine Frau" exhibitionistisch als Sexualobjekt darzustellen, Bewunderung und Anbetung nicht nur in der müden Brechung des sozialen und beruflichen Erfolges zu genießen. Der andere Aspekt ist bezogen auf die sozialen Geschlechter-Rollen: sich auch einmal „wie eine Frau" gehenlassen zu dürfen, nicht immer Initiative ergreifen zu müssen usw.

Die „Tunten" führen den Heterosexuellen *und* den Homosexuellen gleichermaßen diese Sehnsüchte als „abstoßende" Verfremdung vor. Kreischen, plappern, sich aufdonnern, exzentrisches Gebaren, lügen, nicht arbeiten, auf Parties immer im Mittelpunkt stehen wollen — all das sind direkte Zitate aus den Antworten auf die Frage 143.

Was hassen die Homosexuellen in den Tunten? Das Gleiche, was die Heterosexuellen in den Homosexuellen hassen. Dabei wäre es korrekter nicht vom Homosexuellen-Haß der Heterosexuellen und vom Tunten-Haß der Homosexuellen zu sprechen, sondern von Homosexualitäts-Angst und von Weiblichkeits-Angst bei homosexuellen *und* bei heterosexuellen Männern. Der Haß ist nur die Form, in der die Angst, die unbewußt bleiben muß, nach außen abgeführt wird. Und doch ist der Tunten-Haß der Homosexuellen etwas anderes als der Homosexuellen-Haß der Normalen. Er trägt zwar dessen Stempel, hat aber eine andere affektive Bedeutung. Die einen sind homosexuell, die anderen nicht. Die einen sind wegen ihrer Triebrichtung geächtet und leben in einem normativen Vakuum, die anderen dagegen wissen, wie sie zu sein haben, und daß es damit seine Richtigkeit hat. Der Tunten-Haß der Homosexuellen wird außer dem oben beschriebenen noch durch einen anderen Mechanismus konstituiert, für den es bei den Heterosexuellen keine Entsprechung gibt. Diesen Mechanismus bezeichnen wir, in Anlehnung an einen von Anna Freud geprägten Terminus, als Identifikation mit dem heterosexuellen Angreifer (A. Freud 1964). Der Terminus soll zum Ausdruck bringen, daß das gesellschaftlich vorgeprägte und im Über-Ich verankerte Schuldgefühl, homosexuell zu sein, auf dem Wege der projektiven Identifikation an einen schuldigen Dritten weitergegeben wird. Indem die Homosexuellen ihre „Schuld" auf die „Tunten" projizieren, werden sie so normal, wie die gesellschaftliche Norm — in ihrer eigenen projektiven Wahrnehmung — es von ihnen verlangt.

Die Identifikation mit dem heterosexuellen Angreifer läßt sich auch an den Antworten auf eine geschlossene Frage aus dem Fragebogen verdeutlichen. In der Frage (Nr. 147) „Von welchem Typ Mann fühlen Sie sich sexuell besonders angezogen?" — wurde nach 9 Typen gefragt. Die Befragten konnten den einzelnen Typen ihre Zustimmung oder ihre Ablehnung geben. Das dritte statement lautete:

> „Von einem ganz normal aussehenden Typ, dem man möglichst nicht ansieht, daß er homosexuell ist."

Dieser Antwortkategorie gaben 9 von 10 Befragten (86 %) ihre Zustimmung. In der Rangfolge der Nennungen steht der „ganz normal aussehende Typ" an erster Stelle unter den 9 von uns formulierten „sexuell anziehenden Typen". Diese Kategorie sagt, im Gegensatz zu den anderen wenig über tatsächliche bestehende

Vorlieben oder Fixierungen in der *sexuellen* Objektwahl im engeren Sinne aus. Wie andere Menschen, so fühlen sich auch die meisten Homosexuellen von Typen angezogen, die mindestens eine erotische, wenn nicht eine direkt sexuelle Ausstrahlung haben. Davon aber ist die neutralisierte Charakter- und Verhaltensfassade weit entfernt, die der „ganz normal aussehende Mann" auf der Straße vorführt.

Der Bruch im Selbstgefühl

1. Behandlungswunsch

Zur Anwendung kommende Abwehrmechanismen wie die der Projektion oder Identifikation mit dem Angreifer sind an sich noch nicht pathologisch; diese Mechanismen gehören auch zur „normalen" Abwehrtätigkeit des Ichs im Umgang mit inneren und äußeren Konflikten. Bevor man die Diagnose „pathologisch" oder „neurotisch" trifft, muß man fragen, welche Mechanismen gegen welche realen oder „inneren" Gegner in welcher Dichte eingesetzt werden. Ob und bei welchen Befragten das, was in dieser Untersuchung als „76 Prozent Tunten-Haß" erscheint, ein individuell neurotisches Symptom ausdrückt, läßt sich durch eine Fragebogen-Untersuchung nicht klären. Das „nichts" als Antwort auf die Frage, was man von sogenannten Tunten halte, kann in dem einen Fragebogen für eine wohlbegründete Ablehnung stehen, in der überhaupt keine Projektion von Schuld gebunden ist; im nächsten Fragebogen ist das „nichts" vielleicht nur die sprachliche Oberfläche eines paranoiden Wahnsystems, von dem das gesamte Fühlen und Denken des betreffenden Befragten beherrscht wird und in dem die „Tunten" die Rolle des Verfolgers der Homosexuellen zu spielen haben.

Uns kam es in erster Linie darauf an, das Moment der „kollektiven Neurose" im Tunten-Haß aufzudecken. Offensichtlich hat der Tunten-Haß für viele Homosexuelle eine identitätsstiftende Funktion: Die „Tunten" ziehen gleich einem Magneten alle Eigenschaften, Ängste, Gefahren und verbotenen Wünsche auf sich, die die Homosexuellen an sich selbst nicht wahrnehmen und nicht wahrhaben dürfen. Affekt-dynamisch hat der Tunten-Haß die Aufgabe, das Selbstwertgefühl der Homosexuellen aufzubessern. Insofern er diese Aufgabe erfüllt, gehört er zum Komplex der „allgemeinen Neurose", von der Freud sagt, daß sie den einzelnen der Aufgabe überhebt, eine persönliche Neurose auszubilden.

Der Tunten-Haß bildet zwar einen gut funktionierenden und in sich geschlossenen psychischen Komplex; er ist aber natürlich bei weitem nicht so geschlossen wie eine Religion und bietet längst nicht deren Schutz. In diesem Abschnitt ist an einigen Beispielen zu zeigen, daß solche kollektiv-neurotischen Komplexe wie der Tunten-Haß ihre Aufgabe nur höchst unvollständig erfüllen.

Auf die Frage 151

„Wenn es eine sichere Methode geben würde, mit der Homosexualität behandelt werden könnte und die nicht viel kosten würde: Würden Sie sich behandeln lassen?"

antworteten

13 Prozent mit „Ja"
22 Prozent mit „Vielleicht"
65 Prozent mit „Nein".

Die Frage zielt unmißverständlich auf das „Wegmachen" der Homosexualität und wurde, wie in der Pilot-Study getestet, auch durchweg so aufgefaßt. Wir dürfen ohne Hemmung die Ja- und Vielleicht-Antworten zusammenziehen und sagen: Jeder dritte Befragte ist so uneins mit seiner Homosexualität, daß er selbst in einer Fragebogen-Untersuchung ohne Umschweife zugibt, seine Homosexualität sich lieber wegmachen zu lassen als ein Homosexueller zu bleiben.

Dieses Ergebnis verweist auf einen Störungszustand im Selbstwertgefühl der Homosexuellen. Wir vermeiden es absichtlich, in diesem Zusammenhang von „narzißtischer Störung" oder von „gestörter Identität" zu sprechen. Mit Begriffen wie Identität sollte man vorsichtig umgehen; hinter ihnen verbirgt sich oft ein Konzept von „Gesamtpersönlichkeit", das nicht analytisch sondern ideologisch ist und in dem „seelische Gesundheit" mit sozialer Angepaßtheit in eins gesetzt wird. Der Gebrauch des Begriffs Narzißmus andererseits ist in der Psychoanalyse an das Triebkonzept gebunden — oder sollte es wenigstens sein. Was wir „Bruch im Selbstwertgefühl" nennen, verweist zwar auf eine narzißtische Störung, darf aber damit nicht gleichgesetzt werden. Der Begriff Selbstwertgefühl wird hier so gebraucht wie in der neueren psychoanalytischen Metapsychologie: zur Kennzeichnung der Gefühlszustände des Selbst, also den die Affekte betreffenden Teilbereich der „narzißtischen Regulation"[7]. Was an dem Selbstwertgefühl eines Homosexuellen, der sich die Homosexualität wegmachen lassen will, *gebrochen* ist, läßt sich am besten durch die Definition des seelischen Schmerzes nach Joffe und Sandler erläutern: „Seelischer Schmerz, so wie wir diesen Ausdruck verstehen und gebrauchen, spiegelt eine erhebliche Diskrepanz zwischen der seelischen Repräsentanz des aktuellen, derzeitigen Selbst und einer Idealform des Selbst wider. Mangelnde Selbstachtung, Minderwertigkeits- und Unwertgefühle, Scham und Schuld sind alles spezielle, differenzierte Abkömmlinge des Grundgefühls Schmerz." (Joffe und Sandler 1967; 163) Dieselben Autoren bestimmen als narzißtische Störung: „Als ihr Hauptmerkmal würden wir einen offen zutage tretenden oder latenten Schmerzzustand bezeichnen, mit dem sich das Ich ständig auseinandersetzen muß; und die reaktiven Abwehr- und Anpassungsmanöver können pathologische Formen annehmen. Die entwicklungsmäßigen Ursachen dieses Schmerzzustandes können sehr verschieden sein, und der betreffende Mensch kann fast ausschließlich darauf konzentriert sein, den Schmerz zu bewältigen oder zu verhindern, daß er auftritt." (Joffe und Sandler 1967; 163)

7 Siehe hierzu S. E. Pulver (1972; 50).

Diese Zitate sollen deutlich machen, daß die Gefühle, die sich in dem Wunsch bündeln, sich die Homosexualität wegmachen zu lassen, zwar einen Bruch im Selbstwertgefühl anzeigen. Die „Ja"- und „Vielleicht"-Antworten auf die betreffende Frage sagen aber nichts über die „Tiefe" der narzißtischen Störung der so Antwortenden aus. Ebensowenig sagen die „Nein"-Antworten an sich etwas über seelische Gesundheit, ich-syntone Verarbeitung der Homosexualität und die Abwesenheit narzißtischer Störungen aus. Aus diesen Gründen hüten wir uns vor einer psychoanalytisch zentrierten Interpretation dieses Ergebnisses. Das heißt aber nicht, daß für den Bruch im Selbstwertgefühl vornehmlich die soziale Diskriminierung im erwachsenen Leben verantwortlich zu machen ist.

Tabelle 1:

Behandlungswunsch in Abhängigkeit vom Coming out und vom Alter der Befragten

„Wie alt waren Sie, als Sie zum ersten Mal auf die Idee kamen, daß Sie homosexuell sind oder mindestens bemerkten, daß Sie sich von anderen Männern unterscheiden?"

bis 13 Jahre (N = 152)	14-17 Jahre (N = 420)	über 17 Jahre (N = 214)	Grundgesamtheit (N = 789)	„... Würden Sie sich behandeln lassen?"
10 %	12 %	16 %	13 %	Ja
19 %	21 %	25 %	22 %	Vielleicht
71 %	66 %	59 %	65 %	Nein
—	1 %	—	—	k. A.
100 %	100 %	100 %	100 %	

„Wie alt sind Sie?"

bis 20 Jahre (N = 37)	21-25 Jahre (N = 153)	26-30 Jahre (N = 250)	31-35 Jahre (N = 141)	36-40 Jahre (N = 76)	41-50 Jahre (N = 59)	über 50 Jahre (N = 68)	Grundgesamtheit (=789)	„... Würden Sie sich behandeln lassen?"
28 %	14 %	9 %	13 %	10 %	19 %	10 %	13 %	Ja
22 %	24 %	27 %	16 %	16 %	22 %	19 %	22 %	Vielleicht
50 %	61 %	64 %	70 %	74 %	59 %	71 %	65 %	Nein
—	1 %	—	1 %	—	—	—	—	k. A.
100 %	100 %	100 %	100 %	100 %	100 %	100 %	100 %	

Die in der Tabelle präsentierten Alterskorrelationen zeigen den Behandlungswunsch in seiner Abhängigkeit von der Entwicklungsgeschichte der Homosexualität und der Lebensgeschichte der Homosexuellen: Je später ein Befragter auf die Idee gekommen ist, homosexuell zu sein, desto größer ist die Wahrscheinlichkeit, daß er sich im erwachsenen Leben die Homosexualität „behandeln lassen" will. Bis zum 40. Lebensjahr nimmt der „Behandlungswunsch" ständig ab. Anders ausgedrückt: Der Kampf um die Selbstakzeptierung als Homosexueller ist mit Abschluß des coming out nicht abgeschlossen, sondern wird während des gesamten Lebenszyklus weitergeführt. Ab dem kritischen Alter „über 40", das identisch ist mit dem Einsetzen der ersten Alterskrise der Homosexuellen, nimmt auch der „Behandlungswunsch" wieder zu. Interessanterweise lassen sich korrelationsstatisstich überhaupt keine Zusammenhänge zwischen „Behandlungswunsch" und den Faktoren soziale Schicht bzw. Bildungsgrad nachweisen. Einzig die Söhne von einfachen oder mittleren Beamten machen hier eine Ausnahme. Von ihnen würden sich 42 Prozent mindestens „vielleicht" behandeln lassen, wenn es eine sichere Methode geben würde, die nicht viel kosten würde.

2. Selbstmordversuche

Insgesamt haben 13 Prozent der von uns Befragten mindestens einen Selbstmordversuch unternommen (10 Prozent einen, 3 Prozent zwei oder mehr). Es ist nicht leicht, für diese, unseres Erachtens sehr hohe Quote eine Vergleichszahl über Selbstmordversuche in der „normalen" Bevölkerung zu finden. Nach einer Schätzung von K. J. Linden unternehmen in der BRD jährlich 95 von 100 000 Personen (0,1 ‰) einen Selbstmordversuch. Selbst wenn man, um eine Annäherungszahl zu erhalten diese Angabe mit einem Lebensalter von 60 Jahren multipliziert, erhält man eine Quote von „nur" 6 Prozent. Linden zufolge liegt das Maximum der absoluten Häufigkeiten der Selbstmordversuche zwischen dem 19. und dem 40. Lebensjahr. Nach einer anderen empirischen Untersuchung von Bochnik et al. liegt der Häufigkeitsgipfel zwischen dem 22. und dem 40. Lebensjahr.

Die Selbstmordversuche der von uns Befragten weisen eine ganz andere Altersverteilung auf. Bei Homosexuellen liegt der Häufigkeitsgipfel zwischen dem 16. und dem 18. Lebensjahr; der Median für den ersten Selbstmordversuch liegt bei 20 Jahren; der Median für den letzten Versuch — für die 28 Befragten, die zwei oder mehr Selbstmordversuche unternommen haben — liegt bei 21 Jahren. 35 Prozent aller Befragten, die überhaupt jemals einen Selbstmordversuch unternommen haben, hatten diesen im Alter von 17 Jahren bereits hinter sich. Dieser relativ zur übrigen Bevölkerung in die Jugendzeit vorverlegte Häufigkeitsgipfel weist eindeutig auf das Sozialisationstrauma des coming out. Die Angaben der Befragten zu der offenen Frage nach dem Grund für den ersten Selbstmordversuch sprechen dieses Trauma nur indirekt an: Sie sind nachstehend in der Rangfolge der Nennungen aufgeführt:

Grund für den ersten Selbstmordversuch
(N = 103)

32 % *Liebeskummer;* der Befragte wird von seinem Freund betrogen oder verlassen; der Befragte wird von seinem Liebesobjekt nicht erhört;

28 % Depression, Einsamkeit, Labilität, „war am Ende“, „Gleichgewicht verloren“ und ähnliche Nennungen; nur Nennungen, die *nicht* in einem Zusammenhang mit der Homosexualität des Befragten gebracht werden;

18 % Konflikte mit und Angst vor Eltern, Schule, Lehre, Beruf, Bundeswehr;

16 % Angst vor der Homosexualität, religiöse oder andere Konflikte wegen der Homosexualität; Ausweglosigkeit, Einsamkeit, Depression etc.; insgesamt nur Nennungen, die in einen Zusammenhang mit *inneren* Konflikten wegen der Homosexualität gebracht werden;

6 % äußere Konflikte im Zusammenhang mit der Homosexualität; Verurteilung und/oder latente Kriminalisierung, berufliche Schwierigkeiten, soziale Diskriminierung usw.

An dieser Verteilung sind zwei Komplexe besonders hervorzuheben: erstens, daß der „Liebeskummer“ an erster Stelle rangiert. Bochnik et al. beispielsweise kommen in der Analyse ihres Materials zu dem Schluß: „Bis zum 21. Lebensjahr werden die Liebeskonflikte interessanterweise von den Berufskonflikten überflügelt. Mit anderen Worten: Um die Liebe ernst zu nehmen, muß man erst etwas älter geworden sein.“ (Bochnik, et al. 1967, 120) Zweitens ist zu betonen, daß auch in den Angaben der befragten Homosexuellen die „äußeren“ Konflikte — soziale Diskriminierung, Kriminalisierung usw. — erst an letzter Stelle aufgeführt werden.

Wir verzichten in diesem Abschnitt absichtlich auf eine Präsentation und Analyse unserer korrelationsstatistischen Vergleiche der Befragten mit und ohne Selbstmordversuche. Homosexuelle mit und Homosexuelle ohne Selbstmordversuche unterscheiden sich — auf der Ebene von Fragebogen-Antworten — in bezug auf tendenziell alle Aspekte der aktuellen Lebensgestaltung. Solche Vergleichstabellen ließen sich endlos aneinanderreihen. Sie verdoppelten aber nur auf öde Weise, was bereits der Akt des Selbstmordes bzw. des Versuchs ausdrückt: das *nichts* mehr so glatt läuft. Außer einigen wenigen Fällen, die zu den unmittelbar äußerlich bedingten „Grenzsituationen“ zu rechnen sein mögen (Verfolgung, Inhaftierung), haben alle Selbstmordversuche einen Zusammenbruch des Selbstwertgefühls zum Zentrum. Dabei spielt es keine Rolle, ob es sich eher um einen „akuten“, nachträglich als Kurzschlußhandlung interpretierten Zusammenbruch handelt, der bewußt mit der Homosexualität nichts zu tun hat, ob es sich eher um einen gut kalkulierten Versuch handelt, auf diesem letzten Umweg „narzißtische Zufuhren“ von der Außenwelt zu erhalten, oder ob es sich eher um einen sogenannten echten Versuch, Resultat einer suicidalen Entwicklung handelt.

3. Ärztliche Hilfe

Im Zusammenhang mit ihrer Homosexualität haben 25 Prozent der Befragten jemals „einen Arzt, Psychologen, Psychiater oder sonst jemand aufgesucht, der sich berufsmäßig mit menschlichen Problemen beschäftigt" (Frage 166). Den größten Anteil an solch professioneller Hilfeleistung hat immer noch das Fach, das den Homosexuellen seit jeher am wenigsten Hilfe gegeben hat: die Schulmedizin.

Art der Behandlung/Konsultation
(N = 200)

34 %	nicht aus der Antwort zu entnehmen
29 %	Konsultation/Behandlung bei Arzt, Nervenarzt, Psychiater
23 %	psychotherapeutische Beratung/Behandlung
2 %	psychoanalytische Behandlung
3 %	Gespräch/Beratung bei Pfarrer, Telefonseelsorge
4 %	nur Attest für die Bundeswehr
5 %	andere

19 % dieser Befragten hatten nur wenige Konsultationen bzw. Gespräche; 19 % haben sich einer längeren Behandlung unterzogen. Die längeren Behandlungen gehen fast alle auf das Konto von Psychotherapie und Psychoanalyse. Bei diesen Behandlungsarten ist auch die Erfolgsquote nach den Angaben der Befragten — definiert als „Richtung auf Selbstbejahung der Homosexualität (siehe 4. und 5. Position der folgenden Aufstellung — am größten:

Erfolg der Behandlung/Konsultation
(N = 200)

32 %	nicht aus der Antwort zu entnehmen
42 %	„kein Erfolg" ausdrücklich genannt
7 %	vom Befragten „abgebrochen" ausdrücklich genannt
13 %	Richtung auf Akzeptierung der Homosexualität: „Lebensbejahung", „Selbstbejahung", „komme besser mit mir zurecht" usw.
6 %	sonstige „positive Einsichten"

Die klassische Konsultation beim praktischen Arzt oder Nervenarzt zieht relativ die meisten „keinen Erfolg"-Angaben auf sich. Wer mit Praxis und Ideologie der allgemeinärztlichen und nervenärztlichen Sprechstunde vertraut ist, wird das kaum verwunderlich finden. Der Gerechtigkeit halber muß aber erwähnt werden, daß die meisten Homosexuellen erfahrungsgemäß während des coming out zum Arzt gehen oder besser, von ihren Eltern dorthin geschickt werden. Das ist natürlich keine günstige Prognose für einen „Erfolg" welcher Art auch immer.

Insgesamt sind oder waren 37 Befragte in einer länger dauernden Behandlung wegen ihrer Homosexualität. Bezogen auf die Grundgesamtheit sind das 5 Prozent. In dieser Gruppe muß das homosexuelle Selbstwertgefühl, soweit es sich in dem Wunsch ausdrückt, die „Homosexualität behandeln" zu lassen, besonders stark gebrochen sein: „Von diesen 37 antworteten auf die Frage 151 („Homosexualität behandeln") nur neun mit „nein"; 12 antworteten mit „ja" und 16 mit „vielleicht". Für diese äußerst hohe Quote an „ja"- und „vielleicht"-Antworten gibt es verschiedene Erklärungsmöglichkeiten. Es könnte sein, daß sich diesen Befragten im Gang der psychotherapeutischen oder psychoanalytischen Arbeit die Heterosexualität als reale persönliche Möglichkeit eröffnet hat. Es könnte auch sein, daß sie die Formulierung aus der Frage 151 nicht im Sinne des Heterosexuell-Werdens, sondern ganz spezifisch im Sinne einer psychoanalytischen Durcharbeitung der Konflikte mit der Homosexualität verstanden haben. Gegen beide Möglichkeiten spricht, daß gerade diese Befragten aus eigener Erfahrung wissen, daß es eine „Methode, die nicht viel Geld kostet", nicht gibt. Wir neigen eher zu der Annahme, daß sich diese Gruppe besonders stark aus Homosexuellen zusammensetzt, die es mit ihrer Homosexualität und darüber hinaus so schwer haben, daß sie nach jedem Angebot greifen, das ihnen eine Befreiung von der Homosexualität verspricht.

Literatur

Bieber, Irving et al., 1962: Homosexuality: A psychonalytic Study. New York: Basic Books.

Bochnik, Hans-Joachim, 1962: Verzweiflung. Eine multifaktorielle Studie ihrer Abwege in Suizidversuchen, Alkoholismus und Versagenszuständen. In: Randzonen menschlichen Verhaltens. Stuttgart: Enke.

—, 1967: Ärztliche und soziale Aspekte des heutigen Lebens. In: Karl Saller, Sexualität heute. München: Nymphenburger Verlagsbuchhandlung.

Dannecker, Martin, 1972: Warum die Therapie der Homosexualität die Lage der Homosexuellen verschlechtert. Vortragsmanuskript.

Freud, Anna, 1964: Das Ich und die Abwehrmechanismen. München: Kindler.

Freud, Sigmund, 1907: Zwangshandlungen und Religionsübungen. Ges. Werke, Bd. VII, S. 127—139.

—, 1910: Eine Kindheitserinnerung des Leonardo da Vinci. Ges. Werke, Bd. VIII, S. 127—211.

—, 1917: Vorlesungen zur Einführung in die Psychoanalyse. Ges. Werke, Bd. XI, S. 317.

—, 1927: Die Zukunft einer Illusion. Ges. Werke, Bd. XIV, S. 323—380.

Hooker, Evelyn, 1957: The adjustment of the male overt homosexual. Journal of Projective Techniques 21; S. 18—31.

Horn, Klaus, 1971: Insgeheime kulturistische Tendenzen der modernen psychoanalytischen Orthodoxie. In: Psychoanalyse als Sozialwissenschaft. Frankfurt/Main: Suhrkamp.

Joffe, W. G., und Sandler, Joseph, 1967: Über einige begriffliche Probleme im Zusammenhang mit dem Studium narzißtischer Störungen Psyche 21; S. 152—165.

Kendrick, D. C., und Clarke, R. V. G., 1967: Attitudinal differences between heterosexually and homosexually oriented males. British Journal of Psychiatry 113; S. 95—99.

Klaif, F., und Davis, C. 1960: Homosexuality and paranoid schizophrenia. American Journal of Psychiatry 116; S. 1070—1075.

Linden, Karl Joachim, 1969: Der Suizidversuch. Versuch einer Situationsanalyse. Stuttgart: Enke.

Loch, Wolfgang (Hrsg.), 1967: Die Krankheitslehre der Psychoanalyse. Stuttgart: Hirzel.

Planansky, K., und Johnston, R., 1962: The incidence and relationship of homosexual and paranoid features in schizophrenia. Journal of mental Science, 108; S. 604—615.

Pulver, Sydney E., 1972: Narzißmus; Begriff und metapsychologische Konzeption. Psyche 26; S. 34—57.

Reiche, Reimut, 1972: Socarides, der versteckt Anti-Homosexuelle Psyche 26; S. 476—484.

Socarides, Charles W., 1971: Der offen Homosexuelle. Frankfurt/Main: Suhrkamp.

Claus Offe

Rationalitätskriterien und Funktionsprobleme politisch-administrativen Handelns

Als Max Weber die „rein bürokratische Verwaltung“ als die „rein technisch zum Höchstmaß der Leistung vervollkommenbare“ und daher „formal rationalste Form der Herrschaftsausübung“ (Max Weber 1964, 164) kennzeichnete, hatte er eine Situation vor Augen, in der formale Rationalität gleichbedeutend war mit der lückenlosen und unerbittlichen Anwendung von Rechtsnormen. Die Vorzüge einer solchen Verwaltung („Präzision, Stetigkeit, Disziplin, Straffheit und Verläßlichkeit“, „Berechenbarkeit für den Herrn wie für die Interessenten“) beruhen auf einer Struktur, die sich mit Hilfe der modernen politischen Systemtheorie folgendermaßen beschreiben läßt: in jedem Augenblick untersteht das Handeln Prämissen, die dem Handelnden selbst nicht zur Disposition stehen: das Handeln ist an ‚inputs‘ gebunden, die weder erweitert noch modifiziert noch unterlaufen werden können. Das Prinzip der „Aktenmäßigkeit“ (eines der Definitionsmerkmale für bürokratische Herrschaft) ist dafür ein Beispiel: nicht, was er vom Hörensagen, von vertraulicher Mitteilung, kraft eigener Vermutung oder selbständiger Erkundigung weiß, ist für das Handeln des Beamten von Bedeutung, sondern allein das, was in Schriftform vorliegt und jedermann (mindestens jedem Vorgesetzten) insofern einsehbar ist. Hierarchie und Arbeitsteilung sind andere Aspekte derselben Grundstruktur: zu jedem Zeitpunkt liegt fest, wer wem in welcher Hinsicht Anordnungen zu erteilen hat, so daß die Möglichkeit des Verhandelns, der Interpretation, des Zu-Rate-Ziehens usw. ausscheidet. Ein weiterer Aspekt ist die Tatsache, daß bürokratische Verwaltung nur unter der Voraussetzung eines Steuerstaates, eines (in aller Regel Pensionsansprüche einschließenden) Beamten- und Versorgungsrecht (verbunden mit dem Verbot von Streiks und anderen Formen des Arbeitskampfes) zustandekommt: dadurch wird seine eigene ökonomische Subsistenz für den Beamten nicht zum Thema von Handlungen, d. h. er wird unbestechlich.

Das Gleiche gilt von Ausbildungszertifikaten als den (ausschließlichen) personalen Mitgliedschaftsvoraussetzungen des Beamten in der Verwaltung: er braucht seine fachliche Kompetenz nicht dauernd unter Beweis zu stellen oder gar gegen Zweifel zu verteidigen, sondern agiert unter zeitlich generalisierten Kompetenzvermutungen. Am wichtigsten aber ist die Unumstößlichkeit der inhaltlichen Prämissen des Handelns, der Gehorsam gegenüber den allgemeinen Regeln des positivierten Rechts: „Die Legalität ist der Funktionsmodus der Bürokratie“ (C. Schmitt).

In all diesen und einigen weiteren Hinsichten können wir sagen, daß bürokratische Verwaltung diejenige (unwahrscheinliche und voraussetzungsreiche) Organisationsform sozialen Handelns ist, der ihre eigenen Prämissen nicht zum Thema werden können. Darauf beruht vor allem auch die im bürokratischen Idealtypus vorgesehene strikte Trennung von Verwaltung und Politik.

Da wir heute gewöhnt sind, etwa auftauchende Anzeichen für die Realisierung eines solchen Modells mit negativen Attributen wie Inflexibilität, Konservatismus und Rigidität zu assoziieren, ist kurz zu resümieren, in welchem Sinne Max Weber von der (formalen) Rationalität[1] eines solchen Handlungssystems sprechen konnte. Dies ist insofern einleuchtend, als staatliche Herrschaftsausübung dann und nur dann die größte Durchsetzungschance (und damit „Effizienz") haben, wenn ihre Implementation so organisiert ist, daß das Risiko ihrer Kontamination durch abweichende oder zusätzliche Motive ausgeschaltet wird. Dieser Rationalitätstypus unverfälschter Normdurchsetzung kommt durch die vollkommene Disjunktion zwischen den Handlungsprämissen einerseits und dem Apparat, der sie vollzieht, andererseits zustande. Eine andere und ganz außerhalb dieses Rationalitätskriteriums liegende Frage ist, ob eine dem Weberschen Idealtypus bürokratischer Herrschaft entsprechende Organisation staatlicher Herrschaft auch in dem Sinne rational ist, daß sie den *funktionalen Erfordernissen* und Bedürfnissen einer hochentwickelten kapitalistischen Industriegesellschaft, insofern jene durch staatliche Verwaltung erfüllt werden müssen, genügetut; hier geht es also um die Rationalität (oder funktionale Zulänglichkeit) eines Handlungstypus, dem unter dem (engeren) Bezugspunkt der Durchsetzung abstrakter Regeln Rationalität nicht abgesprochen werden kann. Die Unterscheidung dieser beiden (übrigens gleichermaßen *formalen*) Rationalitätskriterien erlaubt uns also zu fragen, wie „rational" (i. S. v. „funktionsadäquat") die Rationalität des Weberschen Bürokratiemodells ist.

Daß Weber zwischen diesen beiden Problemebenen nicht unterschieden, vielmehr ein begriffliches Kontinuum zwischen der Rationalität bürokratischen Handelns und einem welthistorischen Rationalisierungsprozeß hergestellt hat, ist bis in jüngste Zeit Anlaß zu philologischen und theoretischen Debatten gewesen (Marcuse 1964, Luhmann 1964). Als Ergebnis dieser Debatten kann festgehalten werden, daß die beiden Rationalitätsbegriffe: der bürokratiesoziologische, der die Subsumtion bürokratischen Handelns unter allgemeine Regeln zum Gegenstand hat, und der politikwissenschaftliche, der das Verhältnis zwischen dem „Beitrag" von Systemen und den funktionalen Erfordernissen ihrer gesellschaftlichen Umwelt untersucht, nicht ohne weiteres in Übereinstimmung stehen. Bürokratische Rationalität verbürgt nicht, sondern konterkariert möglicherweise unter Bedingungen des entwickelten kapitalistischen Wohlfahrtsstaates politische Systemrationalität. Bürokratische Herrschaft ist gerade nicht, wie Weber annahm, das unwiderrufliche Strukturmerkmal aller künftigen Gesellschaften, sondern erweist sich als an bestimmte historische Phasen gebunden und als unter übergeordneten „systemischen" Rationalitätsgesichtspunkten überwindbar. Kongruent sind beide Rationalitätskriterien nur unter gesellschaftlichen Bedingungen, unter denen die im höchsten Maße unverfälschte

1 Auf die Schwierigkeiten des Weberschen Begriffs der „Rationalität" sowie die Mißverständnisse, die einer „empirischen" Überprüfung der Rationalität bürokratischer Verwaltung zugrundeliegen, kann hier nicht eingegangen werden; vgl. dazu Mayntz (1965), Albrow (1970) und Schluchter (1972).

Anwendung abstrakter Regeln ausreicht, zugleich die dem Subsystem staatlicher Verwaltung zukommenden gesellschaftlichen Funktionen zu erfüllen.

Die Argumentation ist hier und im folgenden in dem Sinne „unempirisch", als sie *nicht* versucht, die tatsächlich wirksamen Handlungsdeterminanten, die die Operationsweise bestimmter Bürokratien in Vergangenheit und Gegenwart beherrsch(t)en, ausfindig zu machen. Vielmehr befassen sich unsere Überlegungen mit den Strategien, die den Systemen politisch-administrativen Handelns als Leitbilder oder Sollschemata ihrer eigenen Strukturen und Prozesse zur Verfügung stehen. Solche strategischen *Leitbilder* oder Rationalitätskriterien spielen in jeder sozialen Situation eine Rolle – unabhängig davon, ob sie und zu welchem Grade sie im Handeln tatsächlich *realisiert* werden. Zugleich unterliegen diese maßgeblichen strategischen Sollwerte politisch-administrativer Organisationen nicht dem Zufall oder der Willkür ihrer Mitglieder, sondern sie müssen mit den Imperativen ihrer sozialökonomischen Umwelt in Übereinstimmung sein. Wenn sie dies nicht tun, kann es sich um „irrationale" Rationalitätskriterien handeln, die von staatlichen Institutionen verfolgt werden. Man spricht in solchen Fällen, in denen eine Organisation ihrem zum Sollschema erhobenen strategischen Modell recht nahekommt, aber gerade dadurch ihren Umweltbezug gefährdet, von bürokratischen Pathologien. Sie bezeichnen ein Mißverhältnis zwischen Binnenstruktur und Umweltbeziehung, oder schlicht zwischen Struktur und Funktion.

Solche Situationen werden häufig von der Organisationssoziologie unter dem theoretischen wie auch präskriptiven Gesichtspunkt untersucht, wie es zur Wiederherstellung des Gleichgewichts kommen könne; dies sei durch Lernprozesse innerhalb der Organisation bzw. durch aufgezwungene Lernprozesse, nämlich Reformen der Organisationsstruktur, zu bewerkstelligen. Immer wird bei solchen Überlegungen die *Organisation* als rückständig, veränderungsbedürftig und defizitär vorgestellt, – eine Position, die man nur im Vertrauen darauf beziehen kann, daß „im Prinzip" adäquater Rationalitätskriterien des Verwaltungshandelns nicht nur denkbar, sondern auch praktizierbar seien, auf deren Erfindung und Einführung dann alles ankommt. Genau diese Prämisse wird in den folgenden Überlegungen hypothetisch fallengelassen; denn es könnte ja sehr gut der Fall sein, daß das Mißverhältnis zwischen interner Operationsweise und externen Funktionsanforderungen an die Staatsverwaltung in der Beschaffenheit nicht der „rückständigen" Bürokratie, sondern einer *sozio-ökonomischen Umwelt* seinen Grund hat, die einerseits die Staatsverwaltung auf bestimmte Operationsweisen *festlegt*, sie aber gleichzeitig über die Leistungsfähigkeit ihrer so definierten Strukturen *hinaus in Anspruch nimmt*. Es liegt auf der Hand, daß einem auf diese Weise begründeten Mißverhältnis zwischen Soll-Schema der Verwaltung und externen Funktionsanforderungen nicht durch eine Reform der Verwaltung, sondern allein durch eine „Reform" jener Umweltstrukturen zu erreichen wäre, die den Widerspruch zwischen Struktur und Leistungsfähigkeit der Staatsverwaltung in derselben hervorrufen.

Ich kann an dieser Stelle die historischen, theoretischen und empirischen Evidenzen und Argumente nicht resümieren, die auf eine historisch zunehmende Diskrepanz zwischen beiden Rationalitätskriterien hinweisen. Vor allem die verfassungstheoretische, verwaltungssoziologische und politischsoziologische Literatur hat schon früh auf das ungelöste Spannungsverhältnis hingewiesen, das zwischen administrativer und systemischer Rationalität staatlichen Handelns zustandekommt. Der Umstand, daß Autoren der unterschiedlichsten politischen und wissenschaftstheoretischen Observanz heute die Disjunktion von Politik und Verwaltung problematisieren, berechtigt uns, ohne weiteren Nachweis von der Realität und Relevanz sozialstaatlicher Verwaltungspolitik auszugehen, die den Typus der legal-bürokratischen Herrschaft jedenfalls zum Teil ablöst. Jener Funktionsmodus läßt sich – wiederum nicht auf der Ebene empirischer Diskription, sondern des institutionalisierten „Sollschemas" – von dem legal-bürokratischer Verwaltung durch eine genau *entgegengesetzte Richtung des Konversionsprozesse* abheben.

Unter dem Begriff „Umkehrung der Richtung des Konversionsprozesses" soll folgendes verstanden werden. In einer legal-bürokratischen Verwaltung bedeutet, wie wir gesehen haben, Effizienz die zuverlässige Subsumtion von Handlungen unter Prämissen: die *Inputs* des Verwaltungshandelns präjudizieren und steuern den Output, und je ungetrübter und ausschließlicher diese Prämissen sich im Entscheidungshandeln durchsetzen, desto rationaler ist die Verwaltung. Ihre Outputs sind im Idealfalle ein für alle Beteiligten kalkulierbarer Reflex von Rechtsnormen, Organisationsprogrammen, kodifizierten Verfahrensregeln und Routinen.

Genau umgekehrt verhält es sich im Strukturmodell sozialstaatlicher Verwaltungspolitik: hier sind die Handlungsprämissen, im Hinblick auf die sich das Verwaltungshandeln rationalisiert, bestimmte und *konkrete Ergebnisse*, die zwar oft in der Form allgemeiner Gleichgewichtsvorstellungen gefaßt sind, aber nach Maßgabe spezifischer, situationsabhängiger Randbedingungen eine ganz konkrete Bedeutung gewinnen. Aufgabe der Verwaltung ist es in dieser Situation, oft gerade unter Überwindung bisher geltender Handlungsprämissen und Routinen, die Inputs zu beschaffen oder herzustellen, die zur Erfüllung dieser konkreten Aufgaben geeignet sind. Während also im ersten (bürokratischen) Modell die Inputs in der Funktion des allein maßgeblichen ‚Impulsgebers' für denkbare Outputs stehen, stehen im Strukturtypus der sozialstaatlichen Verwaltungspolitik die projektierten Resultate des Verwaltungshandelns (Aufgaben bzw. ihre Erfüllung) als Beurteilungskriterium für verwaltungsinternes Handeln und Entscheiden an erster Stelle: von ihnen hängt es ab, welche Inputs man zu gewinnen und zu nutzen bestrebt sein muß. Effizienz ist hier nicht mehr durch Befolgung von Regeln, sondern durch Bewirken von Wirkungen oder durch Erfüllen von Funktionen definiert. Unter den Gesichtspunkten konkreter Ordnungsaufgaben muß die Verwaltung ihre eigenen Inputs und Prämissen variabel gestalten, und effizient ist sie in dem Maße, wie ihr das gelingt; Prämissen des Verwaltungshandelns sind jetzt nicht mehr unabweislich zu befolgende *Regeln*, sondern unter dem Gesichtspunkt ihrer Eignung für bestimmte Aufgaben reflektierte *Ressourcen*.

Das gilt auch und gerade für die Rechtsnormen: Behörden wie das Bundeskriminalamt, die großstädtischen kommunalen Administrationen, die Arbeitsverwaltung u. ä. drängen den zentralstaatlichen parlamentarischen Körperschaften förmlich eine Deutung ihrer eigenen Probleme auf, der zufolge die Erfüllung ihrer Ordnungsaufgaben die Erweiterung und Reform ihrer gesetzlichen Handlungsvollmachten erforderlich macht. Eine analoge Umkehrung der Handlungsrichtung wird in einer

Praxis der Etataufstellung sichtbar, in der nicht die zu erwartenden Einnahmen, sondern die für definierte Aufgaben erforderlichen Ausgaben zum Kriterium werden. Parallele Entwicklungen zeigen sich auf der Ebene der Personalstruktur und Rekrutierungspolitik der Verwaltung: die Eignung von Personen einer bestimmten Ausbildung, die Eignung von bestimmten Dienst- und versorgungsrechtlichen Bestimmungen, selbst die Eignung bestimmter Ausbildungsgänge für die Vorbereitung auf den Dienst in der öffentlichen Verwaltung wird jetzt zum Problem; mit anderen Worten, auch die personellen Prämissen der Verwaltung werden unter funktionalen Gesichtspunkten zur Disposition gestellt. Daß das gleiche von den Organisationsstrukturen der Verwaltung gilt, bedarf in einer Zeit permanenter Bemühungen um organisatorische und regionale Verwaltungsreform keines besonderen Hinweises. Schließlich kann sich die Verwaltung nicht darauf verlassen, daß die in den Köpfen ihrer Mitglieder vorfindbaren Informationen und Fachkenntnisse geeignet sind, bevorstehende Aufgaben zu lösen, und man ist daher gezwungen, ad hoc externe Experten, Gutachten, eigene Forschungsstäbe und Informationssysteme heranzuziehen bzw. aufzubauen.

Freilich kommt es beim Umschalten von „Konditional"- auf „Zweckprogramm" zu einem Dilemma, das wir paradox so beschreiben können: die Umwelt erlaubt dem Verwaltungssystem nicht, jenes Sollschema *zweck*gerichteter Rationalität vollständig auszubilden, welches sie ihm selbst abfordert. Auf der einen Seite versagt die Steuerung des Verwaltungshandelns durch fixierte und situations-unabhängige Regeln bei allen solchen Materien, die nicht-standardisierbar sind und ihrer Natur nach keinen allgemeinen Routinen unterworfen werden können: sozialstaatliche Steuerungsaufgaben zeichnen sich meist dadurch aus, daß sie zeitlich, sachlich und sozial „ad hoc" gelöst werden müssen, und damit entziehen sie sich verallgemeinerten Zuständigkeitsregeln, Personalprogrammen, Anweisungsverhältnissen, die nun jeweils unter Berücksichtigung der Besonderheiten des Falles und aufgrund von Expertenwissen erfunden werden müssen. Auf der anderen Seite ist jedoch der Dispositionsspielraum, innerhalb dessen sich die Verwaltung auf „Aufgaben" konzentrieren und ihnen durch Erfindung sach-adäquater Regeln gerecht werden kann, durch institutionelle und fiskalische Restriktionen begrenzt. Diese Prämissen setzen sich in einer Weise durch, daß die Verwaltung, trotz ihrer zunehmenden Beanspruchung durch Zweckprogramme, aus ihrer „konditionalen" Bindung an legale Prämissen nicht entlassen wird. Es kommt daher zu einer Verschränkung, oder besser zu einer Interaktion und wechselseitigen Durchkreuzung von zwei Richtigkeitskriterien im administrativen Handeln. Dieses muß in einem Zuge normadäquat *und* zweckmäßig sein. Es ist deshalb auf eine Doppelstrategie seiner Selbstlegitimation angewiesen, die nicht selten zu Notlösungen führt, die keinem der beiden Kriterien angemessen sind. Auf der Ebene der Personalrekrutierung führt dieses Dilemma zum Schwanken zwischen „Juristenmonopol" und der Öffnung von Kassierern für „Generalisten", von denen man sich ein „effektives Verwaltungsmanagement" erwartet (Scharpf 1973b, 88). Bei der Haushaltsplanung schlägt sich die gleiche Problematik in der Zwiespältigkeit zwischen Einnahme-Orientierung und Aufgaben-Orientierung nieder (Naschold 1972). Ein weiteres Beispiel für denselben strukturellen Konflikt ist die Debatte zwischen den „Zentralisten" und den „Dezentralisten" in der Verwaltungsorganisation (vgl. dazu zuletzt Mayntz / Scharpf 1973 bzw. Levine 1972). Gemeinsame Grundlage dieser Alternativenpaare, die inzwischen in der wissenschaftlichen Diskussion von Verwaltungsproblemen gut institutionalisiert sind, ist der widersprüchliche Sachverhalt, daß in der kapitalistischen Gesellschaftsformation der Staat einerseits ein ausgesondertes und in seinen Dispositionsmöglichkeiten beschränktes Dasein führt (dessen Identität von Juristen bewacht, zentralistisch zusammengehalten und nach vorgegebenen Kriterien des Steueraufkommens finanziell alimentiert wird), aber andererseits und zunehmend selbst den sozio-ökonomischen Funktionszusammenhang organisieren und regeln muß (was Experten, entsprechende Investitionsmittel und situationsadäquate Dezentralisierung verlangt). Im Hinblick auf dieses strukturelle Problem scheint es, daß die Suche nach neuen, adäquaten Problemlösungsstrategien innerhalb der Verwaltung nur immer wieder die eine oder die andere Seite dieses Dilemmas akzentuieren, diesem selbst aber nicht beikommen kann.[2]

Kurz möchte ich in diesem Zusammenhang das Problem streifen, was die beschriebene partielle Umkehrung der Aktionsrichtung der Verwaltung (von input-bestimmten Entscheidungen zur funktions-bestimmten Beschaffung von Ressourcen) für den Grundsatz der Rechts-Gebundenheit und damit für die *legale* Legitimation des Verwaltungshandelns bedeutet. Wenn Rechtssätze unter dem Gesichtspunkt ihrer Eignung für bestimmte Ordnungsaufgaben kontingent gesetzt und im übrigen durch Opportunitäts- und Auslegungskriterien in ihrer abstrakten Allgemeinheit virtualisiert und durchlöchert werden müssen, werden sie natürlich untauglich für die Legitimation eines in dieser Weise sich zur Legalität reflexiv verhaltenden Verwaltungshandelns. Mit andere Worten: sobald Rechtsnormen unter dem Gesichtspunkt ihrer *Eignung* für konkrete Aufgaben disponibel werden, verlieren sie insoweit ihre Fähigkeit, als Legitimationen, d. h. aufgrund ihrer *Geltung* die Auswahl und Erfüllung dieser Aufgaben selbst zu decken. In einer Situation beispielsweise, die von der Gewißheit gekennzeichnet ist, daß die nächste Novelle des betreffenden Hochschul-, Steuer- oder Rentengesetzes bestimmt kommt, geht nicht nur die von Weber hervorgehobene Voraussehbarkeit und Kalkulierbarkeit des bürokratischen Handelns für alle Beteiligten verloren, sondern die Verwaltung beraubt sich selbst der legalen Legitimation für Zeitpunkt und Inhalt der von ihr initiierten Novellierung. Uns interessiert hier nicht so sehr die verfassungsrechtliche Problematik, die sich hier im Hinblick auf das Rechtsstaatspostulat ergibt, sondern ein spezifischer Zwang, der sich aus der gleichsam in Klammern gesetzten Verbindlichkeit von Rechtsnormen für die Verwaltung ergibt: der Zwang nämlich, daß sie die durch Gesetze verbürgten Handlungsvollmachten und Legitimationen durch solche zumindest ergänzen muß, die – unter Umgehung der Rechtsform – unmittelbar aus Kriterien der politischen Durchsetzbarkeit und Akzeptabilität resultieren. Indem sie

2 Vgl. hier auch die Kapitalismus-theoretische Interpretation des *doppelten* Funktionsmodus der staatlichen Verwaltung bei Preuß 1973, S. 71, 81. Dort wird der Nachweis unternommen, „daß der staatlichen Bürokratie jene in der Weimarer Verfassung ausdrücklich konstitutionalisierte doppelte Funktionsweise der regelhaften Anwendung staatlicher Gewalt und des Ergreifens konkreter, zweckbestimmter Maßnahmen strukturell eigentümlich ist". . . . „Staatliche Gewalt wurde und wird stets sowohl nach Maßgabe allgemeiner Regeln als auch nach Maßgabe konkreter und ungeregelter situationsbestimmter Notwendigkeit angewendet."

die input-Orientierung an Rechtsnormen suspendiert und diese unter dem Gesichtspunkt ihrer Eignung disponibel macht, setzt sich sozialstaatliche Verwaltungspolitik in Abhängigkeit von nicht-legalen Legitimationen, nämlich *entweder* von überlegalen und substanzialisierten Ordnungsvorstellungen *oder* von empirischen Konsensprozessen.

Eine dritte Quelle für mögliche Kriterien der „Richtigkeit" des administrativen Handelns ist neben denen der legalen Norm-Konformität und der Zweckmäßigkeit (beide liegen, wie gezeigt, bereits ihrerseits miteinander in Konflikt) die des *politischen Konsens*. Der Rekurs auf diesen dritten Rationalisierungsmodus wird durch verschiedene Umstände nahegelegt. Wo es aufgrund des oben erläuterten Dilemmas zu Friktionen zwischen legalen und zweckbezogenen Methoden der Geschäftserledigung durch die Administration kommt, bietet sich der Versuch an, statt der legalen Normen eine substanzialisierte Wertfestlegung als Berufungsinstanz für exekutives Handeln heranzuziehen, für die dann ein allgemeiner Konsens nur postuliert wird (vgl. Preuß 1973, S. 22 ff.) Unabhängig von der Nutzung dieses „Ausweges" kann die Verwaltung ihre konkreten, zweckbezogenen Funktionen, mit denen sie auf die Notwendigkeit der Ordnung spezifischer gesellschaftlicher Problemlagen reagiert, oft nur dann erfüllen, wenn sie sich auf die Bereitwilligkeit ihrer gesellschaftlichen Bezugsgruppen verlassen kann, bei der Erreichung der Verwaltungszwecke mitzuwirken. Dafür ein Beispiel: die Einführung des „freiwilligen Berufsgrundschuljahres" in Bayern im Jahre 1972/73 hatte zur Folge, daß zahlreiche Absolventen dieses zusätzlichen Schuljahres von den Betrieben entweder überhaupt nicht zur betrieblichen Berufsausbildung angenommen wurden oder daß bei der Einstellung das absolvierte Schuljahr nicht wie vorgesehen als Teil der Lehre anerkannt wurde. Eine solche Schwierigkeit läßt sich seitens der Verwaltung nur dadurch ausräumen, daß sie sich in Verhandlungen bemüht, den Widerstand der Interessen, auf deren Kooperation sie angewiesen ist, zu beschwichtigen und notfalls durch Subventionen aus dem Wege zu schaffen. Dementsprechend sind dann auch laut Kultusministerium „die Berufsschulleiter angewiesen worden, daß nur noch dort das freiwillige Berufsschulgrundjahr eingeführt werden darf, wo sich die Schulleitung zuvor mit den in Frage kommenden Ausbildungsbetrieben abgesprochen" hat. (SZ, 29. 5. 1974) An diesem Beispiel wird zweierlei deutlich: erstens stoßen auch Kombinationen von Konditional- und Zweckprogrammen ins Leere, wenn die Verwaltung nicht bereit ist, jedenfalls einen Teil ihres hoheitlichen Gestaltungsanspruches in Verhandlungen mit relevanten Gruppen aufzuopfern und dadurch deren Prämissen ins Verwaltungshandeln hineinzunehmen; und zweitens, daß jene insbesondere von Luhmann vorgeschlagene Konzeptualisierung zweifelhaft ist, derzufolge im politisch-administrativen System eine Arbeitsteilung derart herrscht, daß die „Politik" für generalisierte Konsensbeschaffung und die „Verwaltung" für Programmentwicklung und -durchführung zuständig sind, beide Systeme sich also gegenseitig entlasten. (Luhmann 1971, 74/75) Eine solche Arbeitsteilung scheint, je spezifischer und konkreter die Eingriffe der Verwaltung sind, so nicht mehr zu funktionieren – mit der Folge, daß die Verwaltung sich nun selbst darum kümmern muß, daß ihre Programme auf Verständnis und Kooperationsbereitschaft stoßen.

Die Aufgabe eigener aktiver Interessenabstimmung und Konsensbildung stellt sich für die Verwaltung nicht nur dann, wenn – wie im obigen Beispiel – bestimmten, mit Erpressungsmacht ausgestatteten „Veto-Gruppen" ihr Widerstand abgehandelt werden muß, sondern ebenso im Verhältnis zu ihren Klienten (dazu s. unten) wie schließlich im Verhältnis zur „inneren Umwelt" ihrer Mitglieder und deren professionellen, wirtschaftlichen und politischen Wertvorstellungen und Interessen (vgl. dazu Rein 1973).

So betrachtet ist die „Politisierung der Verwaltung" nicht so sehr das Ergebnis neuer Relevanzkriterien, die sie in sich aufgenommen hätte, sondern das Resultat des Unzuverlässigwerdens der alten, rechtsstaatlichen, eben strikt konditionalen Handlungsprogramme. In dem Maße wie öffentliche Verwaltung dieser ihrer Handlungsprämissen entraten muß, bleibt ihr gar kein anderer Ausweg als der, sich andere als legale Legitimationen für ihr Handeln zu beschaffen. In dem Augenblick, in dem der Rechtsstaatsgedanke seine Fähigkeit, Verwaltungshandeln zu programmieren, einbüßt (nicht nur, weil es nicht mehr das Parlament ist, welches die Gesetze konzipiert und ändert, sondern die Ministerialverwaltung selbst, sondern vor allem deshalb, weil diese den Gesetzgebungsprozeß nach ihren eigenen, sozusagen logistischen Bedürfnissen steuert und unter Eignungskriterien stellt), lassen sich alternative Legitimationen nur in einer von zwei Weisen beschaffen: entweder durch Ausweichen auf die *über*legale Ebene konkreter Ordnungsvorstellungen, mit denen dann Begriffe wie der von der „freiheitlich-demokratischen Grundordnung" ausgefüllt werden können, oder durch Ausweichen auf die *unter*legale Ebene von Konsensprozessen.

Ich möchte mich im folgenden nur der zweiten dieser beiden Möglichkeiten zuwenden, zumal jene überlegalen „Wertfestlegungen" wohl nur eine *prohibitive* Nutzanwendung haben können: Ordnungskonzepte wie das der „freiheitlich demokratischen Grundordnung", der „freien und sozialen Marktwirtschaft", der „Wissenschaftsfreiheit" usw. werden empirisch eigentlich nur dann aktiviert, wenn es um die Brandmarkung von Grenzverletzungen und deren juristische, politische oder administrative Ausschaltung geht (vgl. Preuß 1973, 24/25). Eine nur noch lückenhaft rechtsförmig *programmierte*, vielmehr die von ihr benötigten Rechtsinstitute selbst *programmierende*, insbesondere *planende* Verwaltung dürfte in solchen werthaften Ordnungskonzepten keinen instruktiven Orientierungspunkt finden; sie ist deshalb auf die „unterlegale" Ebene der Konsensbildung als Berufungsinstanz und als Quelle für ihre Legitimationen angewiesen. Dies gilt insbesondere im Hinblick auf ihre Klienten. Meine These ist, daß die öffentliche Verwaltung sich heute in vielen ihrer Aufgabenbereiche einer Situation gegenübersieht, in der der Vollzug staatlicher Planungen und Funktionen gar nicht mehr von der Verwaltung allein übernommen werden kann, sondern der einzelne Bürger und seine gesellschaftlichen Organisationen selbst in eine exekutive Funktion einrücken.

Dies läßt sich am besten an den spezifischen „Produktionsverhältnissen" von *Dienstleistungen* demonstrieren. Ein allgemeines Kennzeichen fast aller Dienstleistungen ist, daß Produktion und Konsumtion zeitlich und räumlich *zusammenfallen*: man kann sich weder aus der Ferne noch „auf Vorrat" die Haare schneiden lassen. Ein weiteres Merkmal vieler staatlich organisierter Dienstleistungen ist überdies, daß bei ihrer Produktion die Trennung von Produzenten und Konsumenten unscharf wird. Die „Produktion" nämlich, zu deren Zweck Schulen, Krankenhäuser, Gefängnisse, aber auch Wohlfahrtssysteme und Verkehrssysteme eingerichtet sind, vollzieht sich grundsätzlich im *Zusammenwirken* ihrer Agenten mit ihren Benutzern, und folglich hängt ihre „Produktivität" von Merkmalen beider Seiten und der Interaktionen, die zwischen ihnen zustandekommen, ab. Der Bearbeitungs„gegenstand", nämlich die Klientel, läßt sich eben nicht in der gleichen Weise vergegenständlichen, wie das in der materiellen Produktion der Fall ist; vielmehr vollzieht der „Gegenstand" (z. B. der Schüler) die „Produktion" (nämlich den Erwerb von Wissen und Fähigkeiten) unter administrativ getroffenen Bedingungen *an sich selbst*, wobei – anders als bei jeder Güterproduktion – diese Bedingungen selbst nicht ausreichen, das Zustandekommen des Produkts zu gewährleisten. Zusätzliche Voraussetzung ist immer die Bereitschaft des Klienten, sich auf bestimmte „produktive" Interaktionen überhaupt einzulassen.

Der Bürger wird zum letzten und entscheidenden Vollzugsorgan staatlicher Politik überall dort, wo die anstehenden Aufgaben von Politik und Verwaltung von einer Art sind, daß sie mit den klassischen Mitteln von Strafandrohung und Zuteilung von Sachwerten, also mit positiven und negativen Anreizen, nicht gelöst werden können, sondern wo es auf eine aufgabenspezifische Mobilisierung der „Basis" und deren Kooperationsbereitschaft ankommt. Verhaltensvariable der „Basis" werden dann zum entscheidenden Kriterium dafür, ob und zu welchen fiskalischen und administrativen Kosten die Verwaltungspolitik ihre deklarierten Ziele einlöst. Beispiele, bei denen dieses Abhängigkeitsverhältnis der Verwaltung sichtbar werden dürfte, sind Probleme wie die Erhöhung der Straßenverkehrssicherheit, die Erweiterung einer präventiven Gesundheitsfürsorge, die Erhöhung der Durchlässigkeit und die Vereinheitlichung des Bildungswesens, die Umschaltung des städtischen Nahverkehrs auf Massenverkehrsmittel, die Verbesserung des Umweltschutzes, die Wahrung der Geldwertstabilität usw. Auf allen diesen Aufgabengebieten der öffentlichen Verwaltung entscheidet eine sozusagen „politikfreundliche" Rollendefinition von Kraftfahrern, Patienten, Eltern, Schülern, Studenten, Verkehrsteilnehmern, Einkommensbeziehern, Konsumenten usw. über Erfolg, Kosten und die Länge der zeitlichen Problemstrecke der Verwaltungspolitik.

Dieser die sozialstaatliche Verwaltungspolitik kennzeichnende Bedarf an Kooperationsbereitschaft von Instanzen außerhalb des politischen Systems erstreckt sich nicht nur auf das Verhalten des einzelnen Bürgers, sondern ebenso auf gesellschaftliche Kollektive und Organisationen: Gewerkschaften und Verbände, die Assoziationen der freien Berufe ebenso wie die Medien werden zu unverzichtbaren Vollzugsorganen oder Hilfstruppen der Verwaltungspolitik.

Man könnte nun argumentieren, daß der Aufbau von Verhaltenskomplementarität bei den Handlungspartnern der Verwaltung weder ein neues noch ein besonders schwerwiegendes Problem deshalb sei, weil die Verwaltung nur die Parameter oder Randbedingungen zu setzen brauche, innerhalb deren die kalkulierbaren Eigeninteressen der gesellschaftlichen Partner sich auf die gewünschte Verhaltenslinie einspielen werden. Ein Beispiel sind Sonderabschreibungen oder Stillegungsprämien; sie sind zweifellos geeignet, das Investitionsverhalten bestimmter Branchen oder Regionen innerhalb kurzer Zeit in Übereinstimmung mit staatlichen Planungen zu bringen. Hier ist zwar *auch* der Bürger vollziehende Instanz der Planung, aber die Verwaltung kann sich darauf verlassen, daß er durch Wahrnehmung seiner *eigenen* interessengebundenen Verhaltensstrategien aufgrund der vorgegebenen und manipulierbaren Randbedingungen die staatlichen Ordnungsvorstellungen *mit*vollzieht. Die Begrenztheit eines solchen Abstimmungsmodells liegt allerdings in der Tatsache, daß es nur bei *tauschförmigen* Interaktionen mit klardefinierten interessengebundenen Handlungsstrategien funktioniert; anders liegt das Problem, wenn die Interessen und Motive der Handlungspartner nicht nur unter funktions-adäquate Randbedingungen gestellt, sondern selbst erst *konstituiert* werden müssen, die motivationale Besetzung für konkrete Gemeinwohldefinitionen also erst zu generieren ist. Besonders schwierig, zeitraubend und kostenreich ist dieser Konstitutionsprozeß vermutlich dann, wenn bisher anerkannte Prioritäten bzw. Dimensionen der Nutzenkalkulation (z. B. Individualeinkommen, Individualverkehr) zu Posterioritäten herabgestuft werden müssen.

In dem Maße, wie sozialstaatliche Verwaltungspolitik genötigt ist, sich – um der Erfüllung ihrer konkreten Ordnungsaufgaben willen – von den Instruktionen *legaler* Handlungsprogramme zumindest teilweise zu emanzipieren und sich damit in eine nicht mehr rechtsförmig vermittelte, direkte Abhängigkeit von *Konsens*prozessen zu begeben, zeichnen sich zwei analytisch unterscheidbare Risiken ab, die im Ergebnis die Effizienz des Verwaltungshandelns gleichermaßen bedrohen. Zum einen kann der Aufbau einer konsentierten Handlungsgrundlage durch die Heterogenität der betroffenen Interessen und Motive und durch die in eine kapitalistische Ökonomie eingebauten Machtstrukturen und Erpressungschancen so weit blockiert werden, daß die entsprechenden Verwaltungsprogramme in den Anfängen ihres Vollzuges steckenbleiben. Es gelingt dann nicht, eine allen relevanten Handlungspartnern und Bezugsgruppen akzeptable Formel zu finden, von der die Ordnungspolitik ihren Ausgang nehmen könnte; die sachliche, soziale oder (vor allem) zeitliche Spannweite des Konsensus ist *zu gering*, um eine den jeweiligen funktionalen Erfordernisssen des Gesellschaftssystems entsprechende Problemlösungs- und Anpassungsstrategie tragen zu können. Die Verwaltungspolitik steht dann vor der Alternative, entweder den dissentierenden Gruppen und Interessen ihren Widerstand „abkaufen" zu müssen (also z. B. die strukturerhaltenden Subventionen im gleichen Maßstab ansteigen zu lassen wie die strukturverändernden, wobei die Schwellenwerte fiskalischer Belastbarkeit rasch erreicht werden dürften), oder aber die Programme, für die sich der breiteste Konsens findet, offen und erklärtermaßen auf dem Rücken der dissentierenden Gruppen auszutragen (was mit schwer kalkulierbaren Kosten an politischen Konflikten verbunden sein wird).

Das zweite Hauptrisiko der die legalistische Form sprengenden und in diesem Sinne zwangsläufig „bürgernah" werdenden Verwaltungspolitik sehe ich in einer *Verselbständigung* von Konsensbildungsprozessen, deren inhaltliche Resultate die Verwaltung unter Prämissen stellen, die sie eindeutig überfordern: dies ist die Gefahr, die konservative Autoren wie Schelsky mit einer gewissen Plausibilität von der Ausbreitung von Demokratisierungs- und Partizipationsforderungen erwarten, ohne freilich zu sehen, daß die Virulenz solcher Forderungen nicht denkbar wäre ohne die strukturelle Angewiesenheit sozialstaatlicher Verwaltungspolitik auf eine maximale Konsensbasis und ohne ihre entsprechenden Anstrengungen, sich dieselbe zu verschaffen.

Diese beiden Kategorien von Risiken sind es, mit denen es eine konsensabhängig gewordene sozialstaatliche Verwaltungspolitik zu tun hat: sie kann sich weder gegen die Gefahr zu begrenzter und partikulärer, noch gegen die umgekehrte Gefahr „zu weit" gehender und zu anspruchsvoller, d. h. ihre institutionellen und fiskalischen Handlungschancen überfordernder Resultate versichern. In diesem Sinne ist etwa auch Scharpf (1973a) in seiner These zuzustimmen, daß die hauptsächlichen Schwierigkeiten staatlicher Steuerung unmittelbar in konkurrenzdemokratischen und pluralistisch vermittelten Über-Beanspruchungen der Leistungs- und Verteilungsfähigkeit des Staates bzw. in der aus dieser politischen Struktur resultierenden Fragilität und Begrenztheit der politischen Konsensgrundlage sozialstaatlicher Politik liegt. Ich meine jedoch, daß diese Diagnose selbst als Symptom gewertet werden muß, als Symptom nämlich für die kapitalismus-theoretisch zu erklärende Unfähigkeit sozialstaatlicher Verwaltungspolitik, ihre unverzichtbaren Ordnungs- und Interventionsfunktionen mit dem hierfür ebenso unverzichtbaren Konsensbedarf zur Übereinstimmung zu bringen.

Wo und solange diese Abstimmung allerdings gelingt, da dürften zwei Kontrollmechanismen eine zentrale Rolle spielen. Ich meine, erstens, die Wissenschaften, insbesondere die Sozialwissenschaften in ihrer politischen Funktion als Beratungswissenschaften. Als wissenschaftlich gelten ja, einem herrschenden Verständnis zufolge, nicht solche Aussagen, die die Problematisierung gesellschaftlicher Verhältnisse und Zusammenhänge vorantreiben und *verallgemeinern*, sondern vielmehr gerade solche, die den Konsensus *substituieren* können, weil sie keine Widerrede dulden und den Dissens des Normalbürgers als inkompetent disqualifizieren. In dieser Funktion und solange sie sie wahrnehmen, eignen sich Sozialwissenschaften als Richtliniengeber, die die Funktion von Legalprogrammen übernehmen und das Verwaltungshandeln dabei gleichzeitig gegen die unwägbaren Risiken direkter Konsensabhängigkeit und Politisierung abschirmen können. Der Dynamik ihres eigenen Erkenntnis- und Methodenfortschritts gemäß geraten aber auch die in dieser Abschirmungsfunktion eingesetzten Beratungswissenschaften beständig in die Situation, mehr Handlungsalternativen zu *produzieren,* als sie mit eigenen Mitteln *hierarchisieren* können. In dieser Situation schiebt die Wissenschaft der Verwaltung dann wieder zusätzliche Entscheidungslasten zu: sie muß jetzt entscheiden, in welchen Angelegenheiten sie sich von wem wissenschaftlich beraten lassen will und als wie verbindlich sie die jeweiligen Ergebnisse behandeln möchte.

Der andere Kontrollmechanismus, der in begrenztem Umfang geeignet ist, die Risiken auszuräumen, denen eine unvermittelt an Konsensprozesse angekoppelte Verwaltung ausgesetzt ist, besteht in der Erzeugung eines *krisenhaften Realitätsbildes*, sei es durch Krisenprozesse fiktiver oder realer Art. Unter dem Gesichtspunkt der Vereinfachung von Entscheidungssituationen weisen Krisen einen doppelten Vorteil auf: sie liefern klare Kriterien dafür, was zu tun ist, und sie lassen Ansprüche, die sich nicht im Bezug auf die Krisensituation formulieren können, in den Hintergrund treten oder jedenfalls als vertagbar erscheinen. Diese Vereinfachung der Entscheidungssituation gelingt aber nur dann und nur so lange, wie eine

„funktionale" Deutung der Krisensituation (d. h. „eine Krise ist eine Situation, in der ‚X' getan werden muß") den Vorrang behält vor einer „kausalen" Krisendeutung („die Situation ist durch bestimmte Interessen, Handlungen, Versäumnisse, Machtverhältnisse verursacht worden"); m. a. W., nur Krisen, für die es keinen Schuldigen gibt und die in diesem Sinne *anonym* sind, haben den genannten Vereinfachungseffekt. Es ist sicher kein Zufall, daß drei der bedeutendsten politisch-administrativen Innovationen in der Bundesrepublik der letzten 10 Jahre, nämlich die Weichenstellungen für eine expansive Bildungspolitik, das Stabilitätsgesetz und die politische Bearbeitung vom Umweltproblemen, aus Situationen hervorgingen, die als Krisen gedeutet wurden; aber die Benutzung dieses Vereinfachungs-Schemas birgt immer die Gefahr in sich, daß sich die Anonymisierung nicht halten läßt und daß sich kausale Interpretationen der Krisensituation durchsetzen, die zur Polarisierung statt zu Konsens führen.

Wenn ich abschließend die Knotenpunkte der Argumentation resümiere, so zeichnet sich ein dreistufiger und widersprüchlicher Rationalitätsbegriff ab, der für Verwaltungshandeln unter den Bedindungen sozialstaatlicher Verwaltungspolitik maßgeblich ist. Auf einer *ersten* Stufe unterliegt das Verwaltungshandeln einem *legalen Richtigkeitstest*, dessen Forderungen am zuverlässigsten durch Bedingungen Genüge getan wird, wie sie im Weberschen Bürokratiemodell idealisiert sind. Hier werden Entscheidungsprämissen appliziert, nicht aber – dem Selbstbewußtsein der Verwaltung nach – Funktionen erfüllt. Auf der *zweiten* Stufe unterliegt das Verwaltungshandeln einem *funktionalen Wirksamkeitstest*; die Richtung des Konversionsprozesses kehrt sich um, und die Auswahl *geeigneter* rechtlicher, organisatorischer, personeller Handlungsprämissen wird jetzt zum Problem der Verwaltung. Dadurch daß sämtliche Prämissen disponibel werden, entfallen aber nun auch die Prämissen, nach denen über sie disponiert werden könnte: die Trennwand der Verwaltung zur Politik bricht zusammen. Weil zudem die parlamentarischen Körperschaften ebenso wie die politischen Spitzen der Ministerien selbst von der Verwaltung abhängig werden (anstatt sie mit Richtungskontrollen und operativen Instruktionen versorgen zu können), bleibt die Verwaltungspolitik auf die gesellschaftliche Basis verwiesen: dort unterliegt sie – *drittens* – einem unvermittelt wirkenden *politischen Konsenstest*. – Diese Stufen werden nicht in einem historischen Nacheinander durchlaufen, obwohl ich eine Schwerpunktverlagerung auf die Stufen (2) und (3) für eine plausible Annahme halte. Das Problem der Verwaltungspolitik besteht gerade darin, daß sie diesen widersprüchlichen Tests gleichzeitig ausgesetzt ist: sie muß sich simultan mit ihren Rechtsgrundlagen, mit ihren Funktionen und mit den deklarierten Interessen ihrer Klienten und Bezugsgruppen in Übereinstimmung setzen. In dieser Situation ist kein überwölbendes Rationalitätskriterium in Sicht, das erlauben würde, die jeweiligen Prämissen der drei Stufen in ein hierarchisches Verhältnis zu bringen; so lange das so ist, sind wir zu dem Schluß berechtigt, daß nur *kontingente* Umstände es sind, die verhindern, daß die Verwaltungspolitik entweder den gesamtgesellschaftlichen Bedarf an administrativen Steuerungsleistungen oder ihren eigenen Bedarf an konsensgestützten Legitimationen manifest verfehlt.

Literatur

Albrow, M., 1970: Bureaucracy, London.
Levine, R. A., 1972: Public Planning, Failure and Redirection, New York.
Luhmann, N., 1964: Zweck – Herrschaft – System; Grundbegriffe und Prämissen Max Webers, Der Staat 3 (1964), S. 129–158.
Luhmann, N., 1972: Politische Planung, Opladen: Westdeutscher Verlag.
Marcuse, H., 1964: Industrialisierung und Kapitalismus im Werke Max Webers, in: Kultur und Gesellschaft, Frankfurt: Suhrkamp.
Mayntz, R., 1965: Max Webers Idelatypus der Bürokratie und die Organisationssoziologie, KZfSS 17, S. 493–502.
Mayntz, R., und Scharpf, F. W., 1973: Planungsorganisation, München: Piper.
Naschold, F., et al., 1970/71: Untersuchung zur mehrjährigen Finanzplanung des Bundes, Konstanz.
Preuß, U. K., 1973: Legalität und Pluralismus, Frankfurt: Suhrkamp.
Rein, M., 1973: Sozialplanung: auf der Suche nach Legalität, in: Naschold / Väth (Hrsg.), Politische Planungssysteme, Opladen: Westdeutscher Verlag.
Scharpf, F. W., 1973 (a): Planung als politischer Prozeß, Frankfurt; Suhrkamp.
Scharpf, F. W., 1973 (b): Politische Durchsetzbarkeit innerer Reformen im pluralistisch-demokratischen Gemeinwesen der BRD, Berlin und Konstanz.
Schluchter, W., 1973: Aspekte bürokratischer Herrschaft, München: List.
Weber, M., 1964: Wirtschaft und Gesellschaft, Studienausgabe, Köln.

Uwe Wesel

Das Gericht und die Krise

Warum Sibylle Plogstedt nicht an der Freien Universität arbeiten darf

Seit den Beschlüssen des Bundes und der Länder zu den sogenannten Radikalen im öffentlichen Dienst, seit Januar 1972 also, sind ungefähr dreihundert Bewerber als Radikale wirksam abgelehnt worden. Die politische Diskussion darüber hat sich langsam erschöpft, und auch die juristische Literatur dazu ist in einem kurzen Überblick nicht mehr zu fassen. Die schwerfällige Apparatur der staatlichen Verwaltung hat sich an die neue Aufgabe der politischen Überprüfung aller Bewerber für den öffentlichen Dienst gewöhnt, neue Stellen sind dafür geschaffen worden, neue Formulare und Aktenwege entwickelt und die Ämter für Verfassungsschutz in die normale Einstellungsprozedur hineingewachsen. Was vor fünf Jahren undenkbar war, ist heute trivialer bürokratischer Alltag, verbunden mit manchen noch nicht erkennbaren Nachteilen für das Selbstverständnis von politisch neutraler Verwaltung, mit den allgemeinen Ängsten bei denen, die noch in der Berufsausbildung stehen und sich auf die Überprüfung ihrer künftigen Bewerbung einstellen, und mit dem unmittelbaren Schaden für die zur Zeit schon Betroffenen. Das Undenkbare ist Normalität geworden. Und inzwischen sprechen die Gerichte, teils für, teils gegen die Verwaltung. Die Zahl ihrer Entscheidungen ist ebenfalls kaum noch festzustellen. Ein Urteil von vielen soll hier besprochen werden, das Urteil des Verwaltungsgerichts Berlin vom 19. Dezember 1974. Es betrifft die Einstellung von Sibylle Plogstedt an der Freien Universität Berlin.

Zu erörtern ist hier einmal die juristisch-dogmatische Argumentation dieses Urteils, zum andern seine bemerkenswerte Basisbegründung, die es gewissermaßen „wegweisend" macht: Das ist die Argumentation mit der Krise. Wohl zum erstenmal hat sich ein deutsches Gericht in diesen Fragen über juristische Bedenken hinweggesetzt mit dem Hinweis auf die drohende Krise, selber sozusagen den Notstand ausgerufen und dementsprechend entschieden. Damit hat das Recht eine neue politische Qualität erhalten, über die hier kurz zu sprechen ist.

Die Vorgeschichte

Als Sibylle Plogstedt 1965 in Berlin ihr Studium begann, begann dort auch die Studentenrevolte. Das Schicksal der Studentenbewegung ist ihr eigenes geworden. Sie studierte Soziologie, ging 1969 nach Prag, wurde dort verhaftet, zu einer Gefängnisstrafe verurteilt, weil sie zusammen mit tschechischen Studenten Flugblätter und andere Schriften verbreitet hatte, die „geeignet waren, Widerstand gegen die sozialistische Gesellschaftsordnung hervorzurufen", und nach eineinhalb Jahren 1971 vorzeitig aus der Tschechoslowakei ausgewiesen. 1972 machte sie ihr Examen und bewarb sich im nächsten Jahr um eine Anstellung als wissenschaftliche Angestellte („BAT IIa") an einem Forschungsinstitut der Freien Universität Berlin. Sie wurde dem Präsidenten im Januar 1974 zur Einstellung bis zum 31. Dezember 1974 vorgeschlagen.

Präsident Rolf Kreibich wußte, was auf ihn zukam. Sibylle Plogstedt ist Mitglied der Gruppe Internationaler Marxisten, GIM, des deutschen Verbandes der trotzkistischen IV. Internationale. 1972, zwei Jahre vorher, hatte der Berliner Senat sich geweigert, Ernest Mandel an die Freie Universität zu berufen, und die Bundesregierung das durch ein Einreiseverbot ergänzt. Die Begründung des Berliner Senats: Mandel könne nicht eingestellt werden, weil die von der IV. Internationale angestrebte Rätedemokratie verfassungswidrig sei und im übrigen seine Organisation den „bewaffneten Kampf zum Sturz der internationalen Bourgeoisie" ausgerufen habe. Die Einwände waren schon damals: Auch die Rätedemokratie sei mit dem Grundgesetz vereinbar, und das mit dem „bewaffneten Kampf" sei eine bewußte Irreführung einer ohnehin schon böswilligen Öffentlichkeit. Rolf Kreibich hatte alles durchgestanden, den Ärger draußen und die Unruhe drinnen. Ernest Mandel blieb in Brüssel. Sein Fall, ärgerlich bis heute, wurde zur cause célèbre der „Radikalen im öffentlichen Dienst", sehr willkommen damals kurz nach den entsprechenden Vereinbarungen des Bundes und der Länder im Januar desselben Jahres. Im Frühjahr 1972, als Ernest Mandel am Frankfurter Flugplatz zurückgewiesen wurde, war Sibylle Plogstedt schon wieder in Berlin. Zwei Jahre später war sie selbst zum Fall geworden.

Der Präsident ließ durch seinen Kanzler mit ihr ein Einstellungsgespräch führen, wie man das heute nennt. Es verlief für sie positiv. Also sollte sie eingestellt werden. Aber durch eine Aufsichtsmaßnahme des Berliner Wissenschaftssenators wurde das der Universität im Februar 1974 verboten. Gegen diesen Verwaltungsakt hat der Präsident im März vor dem Verwaltungsgericht Anfechtungsklage erhoben. Mit dem Urteil vom 19. Dezember 1974 hat das Gericht diese Klage abgewiesen, dem Senator Recht gegeben und erklärt, Sibylle Plogstedt dürfe nicht eingestellt werden.

In der Zeit zwischen der Klageerhebung im März und dem Urteil im Dezember 1974 hatte neben diesem Verfahren in der Hauptsache noch ein anderes Verfahren über eine einstweilige Anordnung stattgefunden, die der Präsident beim Verwaltungsgericht beantragt hatte. Bis zur Entscheidung in der Hauptsache wollte er Sibylle Plogstedt wenigstens vorläufig einstellen. Das Verwaltungsgericht lehnte das ab. Das Oberverwaltungsgericht hob diesen Beschluß im April auf und gestattete dem Präsidenten mit einer einstweiligen Anordnung bis zur rechtskräftigen Entscheidung des Verfahrens in der Hauptsache die vorläufige Einstellung. Eine rechtskräftige Entscheidung ist bis heute noch nicht ergangen, denn der Präsident hat gegen das

Urteil vom 19. Dezember 1974 Berufung eingelegt, über die nun vom Oberverwaltungsgericht entschieden werden muß. Deshalb war Sibylle Plogstedt bis Ende Dezember 1974 an der Freien Universität als wissenschaftliche Angestellte beschäftigt und ist es noch heute, nach einer vorläufigen Verlängerung dieses vorläufigen Arbeitsverhältnisses.

Die Bedenken des Oberverwaltungsgerichts

Die vorläufige Entscheidung des Oberverwaltungsgerichts ist nicht ohne Bedeutung auch für das Urteil des Verwaltungsgerichts in der Hauptsache. Derartige einstweilige Regelungen werden nämlich zu Recht auch davon abhängig gemacht, wie die Erfolgsaussichten der Klage in der Hauptsache sind. Das Verwaltungsgericht hatte sie sehr gering eingeschätzt und deshalb den Erlaß der einstweiligen Anordnung abgelehnt. Es hat diese Einschätzung im Urteil vom 19. Dezember 1974 bestätigt. Das Oberverwaltungsgericht hatte es aber anders gesehen. Es hatte dabei, im Grunde an die Adresse des Verwaltungsgerichts, zu bedenken gegeben, daß bei der Beurteilung der sogenannten Verfassungstreue von Bewerbern für den öffentlichen Dienst wohl unterschieden werden müsse nach der Art und Bedeutung der Einstellung.

Grundlage für die Ablehnung von Einstellungen sind in allen diesen Fällen gleichlautende Vorschriften in den Beamtengesetzen des Bundes und der Länder. Danach darf nur eingestellt werden, wer, wie es wörtlich heißt, „die Gewähr dafür bietet, daß er jederzeit für die freiheitlich-demokratische Grundordnung eintritt". In diesen Vorschriften konkretisiert sich das Prinzip der abwehrbereiten Demokratie: „Toleranz – außer gegen Intoleranz." Das Prinzip ist gut, aber seine Durchführung hat schon immer Schwierigkeiten bereitet. Es läßt sich eben im Einzelfall nur sehr schwer bestimmen, wer intolerant ist. Die Schwierigkeiten werden dadurch verstärkt, daß sich der Anwendungsbereich der Vorschriften ständig ausdehnt. Immer mehr Beschäftigte stehen im öffentlichen Dienst. 1973 waren es dreieinhalb Millionen von 26,5 Millionen Beschäftigten in der Bundesrepublik.

Das Oberverwaltungsgericht Berlin hat nun versucht, diese Schwierigkeiten dadurch zu mindern, daß es nach der Art der Beschäftigung differenziert. Es meinte, an einen befristet einzustellenden Angestellten seien in bezug auf die Verfassungstreue nicht so hohe Anforderungen zu stellen wie an einen Beamten, der auf Lebenszeit eingestellt wird, zumal es für die Arbeiter und Angestellten im öffentlichen Dienst im Gegensatz zu den Beamten dafür keine ausdrücklichen gesetzlichen Bestimmungen gibt. Wahrscheinlich müsse man auch nach der Art der Aufgabe unterscheiden, also höhere Anforderungen stellen an jemand, der als Polizeioffizier angestellt werden soll als an einen künftigen Straßenbahnschaffner. Folgt man diesem Gedanken, dann wäre das für die Anstellung von Sibylle Plogstedt von einiger Bedeutung. Sie sollte nämlich nur als Forschungsangestellte für befristete Zeit, und nicht auch für die Lehre eingestellt werden. Und im Grundgesetz wird für die Verfassungstreue ausdrücklich zwischen Forschung und Lehre unterschieden. Es heißt dort in Art. 5 Abs. 3: „. . . Forschung und Lehre sind frei. Die Freiheit der Lehre entbindet nicht von der Treue zur Verfassung.“ Man muß also davon ausgehen, daß die Freiheit der Forschung von der Treue zur Verfassung entbunden ist. Und es gibt dafür auch einleuchtende Gründe.

Sibylle Plogstedt sollte nun eingestellt werden in ein zeitlich befristetes Angestelltenverhältnis, und zwar nur für Aufgaben der Forschung. Deshalb meinte das Oberverwaltungsgericht in dieser Entscheidung über die einstweilige Anordnung, die Aussichten, daß die Klage in der Hauptsache Erfolg haben werde, seien nicht so schlecht, wie das Verwaltungsgericht es angenommen hatte. Es erließ die einstweilige Anordnung über ihre vorläufige Beschäftigung.

Undifferenzierte Treupflicht

Nur vor dem Hintergrund dieser Entscheidung des Oberverwaltungsgerichts vom April 1974 ist das Urteil des Verwaltungsgerichts vom Dezember zu verstehen. Das Oberverwaltungsgericht hatte in gewisser Weise Richtlinien angedeutet, nach denen zu entscheiden sei. Das Verwaltungsgericht hatte sich damit auseinanderzusetzen. Der normale Gang des Verfahrens ist der, daß ein Untergericht sich an derartige Empfehlungen seines Obergerichts hält, auch wenn es dazu wegen der Unabhängigkeit seiner Richter natürlich nicht verpflichtet ist. Wenn es anders entscheidet, muß es eben damit rechnen, daß seine Entscheidung später aufgehoben wird. Das möchte man vermeiden.

Das Verwaltungsgericht Berlin hat anders entschieden. Es mußte also Gründe nennen, die gegen die Differenzierung bei der Treupflicht sprechen, mußte also begründen, warum man die gleichen Anforderungen an die Verfassungstreue des künftigen Straßenbahnschaffners zu stellen hat wie an die des künftigen Polizeioffiziers oder eines Regierungsrats in einem Innenministerium, und es mußte auch begründen, warum es hier von der ausdrücklichen Unterscheidung des Grundgesetzes zwischen Forschung und Lehre abgeht. Die Gründe werden im folgenden noch genauer dargestellt. Hier soll zunächst nur ein Überblick gegeben werden.

Das Gericht begründet zunächst, warum eine Differenzierung in den Anforderungen an die Treupflicht zwischen Beamten und Angestellten nicht gemacht werden kann. Es beruft sich auf Art. 33 Abs. 2 des Grundgesetzes. Danach hat jeder Deutsche nach seiner Eignung und Befähigung und fachlichen Leistung gleichen Zugang zu jedem öffentlichen Amt. Die Verfassungstreue, sagt das Verwaltungsgericht, sei ein Teil der für die Einstellung in den öffentlichen Dienst erforderlichen Eignung. Unter öffentlichem Amt sei sowohl das Beamtenverhältnis als auch die Einstellung als Angestellte zu verstehen. Das Grundgesetz fordere also auch für die Angestellten eine Eignung. Da die Verfassungstreue ein wichtiger Bestandteil der Eignung sei, werde sie vom Grundgesetz also auch für die Angestellten gefordert. Danach begründet das Verwaltungsgericht, warum man für die Verfassungstreue trotz des Wortlauts in Art. 5 Abs. 3 des Grundgesetzes keinen Unterschied zwischen Forschung und Lehre machen könne. Die Einstellung als wissenschaftlicher Angestellter begründe nämlich nicht nur die Verpflichtung zur Arbeit in der Forschung, sondern auch allgemeine Rechte und Pflichten im öffentlichen Dienst, zum Beispiel das aktive und passive Wahlrecht zu den Hochschulgremien. Für die Ausübung dieser über die reine Forschung hinausgehenden Rechte und Pflichten sei wieder die Erfüllung der allgemeinen Verfassungstreue notwendig.

Nachdem das Gericht in dieser Weise die Frage der Differenzierung zunächst getrennt behandelt, für die Unterscheidung von Beamten und Angestellten den Art. 33 Abs. 2 und für die von Forschung und Lehre den Art. 5 Abs. 3 des Grundgesetzes interpretiert hat, nachdem es also mit anderen Worten in den Art. 33 Abs. 2 etwas hineininterpretiert hat, was nicht drinsteht, und aus Art. 5 Abs. 3 etwas weginterpretiert, was im Wortlaut enthalten ist, gibt es noch eine allgemeine Begründung dafür, warum es überhaupt Differenzierungen dieser Art für falsch hält. Man könne nämlich nie ausschließen, daß es Krisenzeiten gibt, politische oder wirtschaftliche Krisen, in denen man sich auf alle im öffentlichen Dienst Beschäftigten verlassen können müsse. Deshalb dürfe man auch in ruhigen Zeiten keine Unterscheidungen machen.

Das ist der erste Teil der Argumentation. Der zweite Teil betrifft die Frage, ob Trotzkisten verfassungswidrige Ziele verfolgen oder nicht, ob jedes Mitglied sich diese allgemeinen Ziele anrechnen lassen muß, also die Frage des Parteienprivilegs und die entsprechende Frage für andere politische Organisationen, die keine Parteien sind. Es ist dies alles in der allgemeinen Diskussion schon häufig behandelt worden. Deshalb sollen hier kurze Andeutungen genügen. Das Urteil bringt dazu nichts grundsätzlich Neues. Bemerkenswert ist nur, mit welcher Ausführlichkeit es seine Auffassung begründet, die Ziele der Trotzkisten seien „verfassungsordnungswidrig“. Ein neues Wort übrigens, worauf noch einzugehen ist. Diese Darlegungen sind jedenfalls weit ausführlicher als die Begründung des Berliner Wissenschaftssenators für seine damalige Ablehnung der Berufung Ernest Mandels, auch ausführlicher als die Begründung des Bundesinnenministers für das darauffolgende Ausweisungsverbot, allerdings ebensowenig abgewogen wie die damaligen Darstellungen der politischen Ziele der IV. Internationale und mit den gleichen Fehlern von damals. Einer sei hier nur genannt. Auch das Verwaltungsgericht Berlin geht davon aus, in den Statuten dieser Organisation werde aufgerufen zum „bewaffneten Kampf zum Sturz der internationalen Bourgeoisie“. Dieser Satz stammt aber aus den Statuten der III. Internationale, nicht aus denen der IV., die 1938 in der Präambel zu ihren Statuten zwar sehr allgemein in historischer Betrachtung die Grundsätze der III. Internationale und die Gründe für deren Scheitern genannt, diesen Satz aber nie zu ihrem Programm gemacht hat. Die Identifizierung dieses Satzes mit den Statuten der IV. Internationale durch das Gericht wird auch nicht dadurch weniger skandalös, daß bereits der Berliner Senator und der damalige Bundesinnenminister ebenso argumentiert haben. Das Gericht führt dann aus, daß nach den Statuten der GIM nur Mitglied sein könne, wer sich zu ihren „verfassungsordnungswidrigen“ Zielen bekenne. Da Sibylle Plogstedt Mitglied der GIM ist, ergäben sich daraus Zweifel an ihrer Verfassungstreue. Wenn sich solche Zweifel ergeben, trage der Bewerber für den öffentlichen Dienst die Beweislast dafür, daß er trotzdem jederzeit bereit ist, für die freiheitlich-demokratische Grundordnung einzutreten. Die Beweise dafür habe Sibylle Plogstedt nicht erbracht, deshalb der Wissenschaftssenator ihre Einstellung zu Recht verboten.

Zu diesem zweiten Teil des Urteils soll hier nicht weiter Stellung genommen werden. Die Bemerkungen beschränken sich auf den ersten Teil, der die entscheidenden Weichen für den zweiten gestellt hat. In ihm erscheint eine neue Qualität juristischer Argumentation, nämlich das Argument der Krise. Es trägt die ganze Entscheidung, denn man muß davon ausgehen, daß sie trotz der ausführlichen Darlegungen zu der „Verfassungsordnungswidrigkeit" der Bestrebungen der IV. Internationalen anders ausgefallen wäre, wenn es seine Anforderungen an die Verfassungstreue differenziert hätte. Das Argument der Krise ist also der Wendepunkt im Zentrum der Entscheidung. Kann man für die Treupflicht unterscheiden zwischen Beamten und Angestellten, zwischen Forschung und Lehre? Das hatte das Oberverwaltungsgericht gefragt. Das Verwaltungsgericht antwortete: Nein, man kann es nicht. Bevor es den eigentlichen Grund, das Motiv für seine Entscheidung nennt, gibt es die Antwort zunächst im – notwendigen – Gewand der juristischen Dogmatik.

Die Angestellten

Das Oberverwaltungsgericht hatte eine Differenzierung zwischen Beamten und Angestellten erwogen. Diese Unterscheidung bietet sich schon deshalb an, weil tatsächlich die Verfassungstreue als Einstellungsbedingung gesetzlich ausdrücklich nur für die Beamten festgelegt ist. Nur für sie gibt es gesetzliche Bestimmungen, die verlangen, daß der Bewerber bereit sein muß, jederzeit für die freiheitlich-demokratische Grundordnung einzutreten. Das ist auch sinnvoll, denn die Stellung der Beamten ist insgesamt besser als die der Angestellten. Das mag man rechtspolitisch für falsch halten. Aber man muß davon ausgehen. Nur sie werden zum Beispiel auf Lebenszeit angestellt. Da es also immer noch wesentliche Unterschiede gibt in der Rechtsstellung von Beamten und Angestellten, ist es auf der Grundlage der gegenwärtigen Regelung vernünftig, auch verschiedene Anforderungen an ihre Einstellung zu stellen. Eine einfache und logische Argumentation.

Wenn man das aber nun nicht will, kann man auch anders argumentieren. Es ist ein bißchen komplizierter, aber es geht. Wenn man aufgrund anderer Überlegungen – aus Furcht vor einer drohenden Wirtschaftskrise mit ihren politischen Folgen – meint, es sei richtig, daß politisch links orientierten Bewerbern, also etwa Trotzkisten, auch die Möglichkeit genommen werden soll, als Angestellte im öffentlichen Dienst zu arbeiten, dann braucht man sich juristisch nur auf die nächsthöhere Ebene der Abstraktion zu begeben, wie es das Verwaltungsgericht tut. Man geht dann von der Einstellungsvoraussetzung der Verfassungstreue der Beamten einen Schritt höher zum Oberbegriff „Eignung". Man sagt: Verfassungstreue ist ein Teil ihrer Eignung für das Amt. Oder anders ausgedrückt: Wenn sie nicht verfassungstreu sind, sind sie als Beamte für ihren Dienst nicht geeignet. Diesen Oberbegriff „Eignung" wählt man, weil er sich in einer Verfassungsnorm für den gesamten öffentlichen Dienst findet, nämlich in Art. 33 Abs. 2 des Grundgesetzes: „Jeder Deutsche hat nach seiner Eignung, Befähigung und fachlichen Leistung gleichen Zugang zu jedem öffentlichen Amte."

Wenn man sagt, die Verfassungstreue ist ein Teil der persönlichen Eignung des Beamten, und wenn die Eignung in Art. 33 mit dem gesamten öffentlichen Dienst in Verbindung gebracht ist, zu dem auch die Angestellten gehören, dann kann man vom Oberbegriff Eignung wieder heruntersteigen zu den Angestellten und argumentieren: Zur Eignung für den öffentlichen Dienst gehört allgemein auch die Verfassungstreue. Also ist die Verfassungstreue auch Einstellungsvoraussetzung für die Anstellung von Angestellten im öffentlichen Dienst, ohne daß es dafür besonderer gesetzlicher Vorschriften bedarf, wie sie für die Beamten bestehen. Also kann man nicht zwischen Angestellten und Beamten unterscheiden. Das ist die Argumentation des Verwaltungsgerichts Berlin, das damit einer in der juristischen Literatur verbreiteten Meinung folgt.

Exkurs: Treupflicht und Parteienprivileg

Wie man sieht, ist auch diese juristische Konstruktion möglich. Sie hat im übrigen noch einen weiteren Vorteil. Damit hat man nämlich das Prinzip der Verfassungstreue aus dem niederen Rang der Formulierung in einfachen Gesetzen erhoben in den Adel einer Verfassungsnorm. Auch die Verfassungstreue der Angestellten, die noch nicht einmal in Gesetzen formuliert ist, erhält dadurch Verfassungsrang. Über den Begriff der Eignung im Art. 33 des Grundgesetzes kann dann diese Treupflicht auch konkurrieren mit einem Hindernis auf dem Weg zur Durchsetzung der Radikalenbeschlüsse, das nun ausdrücklich in der Verfassung genannt ist, nämlich mit dem Parteienprivileg des Artikels 21 Abs. 2 des Grundgesetzes, in dem bestimmt ist, daß die Verfassungswidrigkeit von Parteien nur vom Bundesverfassungsgericht festgestellt werden darf und von niemand anderem. Wenn man diesen unaufhaltsamen Aufstieg der Treupflicht weiter verfolgt, kann man auch feststellen, daß sie in dieser Frage inzwischen nach der im Vordringen befindlichen Meinung und nach der Meinung des Verwaltungsgerichts Berlin nicht nur mit dem Parteienprivileg verglichen werden darf, sondern es schon überholt hat, im Range also höher bewertet wird als die ausdrückliche Vorschrift des Art. 21 Abs. 2 Satz 2 des Grundgesetzes. Auch die Bundesregierung hat vor kurzem erklärt: „Treupflicht geht vor Parteienprivileg."

Dieser Satz beruht lediglich auf der Identifizierung der Verfassungstreue mit der „Eignung" für den öffentlichen Dienst in Art. 33 des Grundgesetzes (für die Beamten kommt noch Art. 33 Abs. 3 hinzu, in dem die „hergebrachten Grundsätze des Beamtentums" genannt werden; er ist aber keine geeignete Grundlage, weil man nicht zwischen Beamten und Angestellten differenzieren will). Nur dadurch kann die Treupflicht Verfassungsrang erhalten und mit dem Parteienprivileg des Art. 21 konkurrieren. Sie hat, wie viele juristische Konstruktionen, die zum Zweck aktueller politischer Maßnahmen gegen politische Gruppen durchgeführt werden, auch ihre juristischen Schwächen. Die größte Schwäche besteht darin, daß Art. 21 ausdrücklich zum Schutz der Parteien erlassen ist, als Rechtsgrundlage auch systematisch mit seinem Schutzzweck als Verfassungsprinzip „Parteienprivileg" übereinstimmt. Man sieht das sehr leicht am Wortlaut: „Über die Frage der Verfassungswidrigkeit entscheidet das Bundesverfassungsgericht."

Zwei Subjekte erscheinen hier: die Parteien und das Bundesverfassungsgericht. Auf die Frage, wen will die Verfassung hier begünstigen, will sie das Bundesverfassungsgericht oder die Parteien begünstigen, ist nur eine Antwort möglich: Das Verfassungsgericht ist hier Mittel zum Schutz der Parteien. Niemand anders soll ihre Verfassungswidrigkeit geltend machen dürfen.

Anders der Art. 33 Abs. 2 des Grundgesetzes. Er lautet: „Jeder Deutsche hat nach seiner Eignung, Befähigung und fachlichen Leistung gleichen Zugang zu jedem öffentlichen Amte."

Auch hier sind wieder zwei Subjekte genannt: Der Bewerber für das öffentliche Amt und der Staat als Einstellungsbehörde. Auf die Frage, wen will die Verfassung hier begünstigen, den Bewerber oder den Staat, ist ebenfalls nur eine Antwort möglich: Es ist eine Schutzvorschrift für den Bewerber. Über die Identifizierung der Treupflicht mit der Eignung wird diese Schutzvorschrift außerordentlich stark eingeschränkt. Das ist systematisch noch gerechtfertigt. Denn das Vorhandensein von Eignung, Befähigung und fachlicher Leistung ist vom Verfassungsgeber durchaus als einschränkende Voraussetzung für die Gleichbehandlung bei Einstellungen genannt worden. Was nun allerdings systematisch und aus dem Zweck dieser Vorschrift nicht mehr ableitbar ist, das ist die Erhebung dieser Einschränkung einer Verfassungsnorm in den Rang eines selbständigen Verfassungsprinzips „Treupflicht", das mit dem Parteienprivileg des Art. 21 zum Nachteil der Bewerber konkurrieren kann. Mit anderen Worten: Es ist systematisch unzulässig, aus der Einschränkung einer Schutzvorschrift für Bewerber (Art. 33 Abs. 2) ein Verfassungsprinzip zu ihrem Nachteil abzuleiten, das dann im Rang sogar noch höher stehen soll als eine andere Vorschrift mit Verfassungsrang, die ebenfalls zu ihren Gunsten erlassen und ausdrücklich als Schutzvorschrift in das Grundgesetz aufgenommen worden ist (Art. 21 Abs. 2).

Es ist eine Schwäche der Konstruktion. Aber sie fällt im Ergebnis nicht ins Gewicht. Die herrschende Meinung der Juristen wird sich ihr zuwenden. Die herrschende Meinung ist eine Art Abstimmungsmechanismus in der Jurisprudenz. Sie bildet sich aus der Addition von Entscheidungen der Obergerichte und von Äußerungen in der juristischen Fachliteratur. Auch in der Fachliteratur wird dabei allerdings nicht so sehr demokratisch abgestimmt, also nach dem Prinzip „one man one vote", sondern es kommt eher auf die Autorität derjenigen an, die sich dort äußern. Das Gewicht der Stimme von Herrn A kann sehr viel größer sein als das der Stimme von Herrn B. Auch hier gibt es eine Art Rangordnung, wie zwischen Obergerichten und

Untergerichten, und es ist nicht verwunderlich, daß diejenigen, die dort an der Spitze stehen, häufig eine stark konservative Grundhaltung zeigen. Zu einem großen Teil sind sie Hochschullehrer und stehen in ihren Universitäten auch im Zentrum der Phalanx, die der Bund Freiheit der Wissenschaft gegen die Einstellung von linken Bewerbern an den Hochschulen aufgebaut hat. Auch die Hochschulen gehören zum öffentlichen Dienst. Hier schließt sich im übrigen auch der Kreis um die Bewerberin Sibylle Plogstedt. Die herrschende Meinung der Juristen ist gegen sie und bestimmt auch die Meinung des Gerichts. Es ist eine herrschende Meinung, die sich im Kreise derjenigen bildet, die in ihren Universitäten die Vorgänge um die Auswahl von Bewerbern sehr genau beobachten und die dann die staatliche Aufsicht anrufen. Einer dieser Streiter an der Spitze des Bundes Freiheit der Wissenschaft ist der ehemalige Rektor der Universität Köln. In der Westdeutschen Rektorenkonferenz hat er gemeinsam mit seinem juristischen Kollegen, dem ehemaligen Rektor der Universität Bonn, vor drei Jahren erfolgreich die dort heute vorherrschende stark konservative und restriktive Politik dieses ehemals progressiven Plenums der deutschen Hochschulen durchgesetzt. Im letzten Jahr hat er nun ein Buch veröffentlicht zur Frage der Einstellung von sogenannten Radikalen im öffentlichen Dienst. Es wird auch die herrschende Meinung der Juristen zu dieser Frage und die Haltung der Gerichte weitgehend mitbestimmen: Klaus Stern, Zur Verfassungstreue der Beamten, 1974. Es ist die Geschichte vom Hasen und dem Igel. Der politische Igel in der Universität, aus der Sibylle Plogstedt ferngehalten werden soll, ist der Bund Freiheit der Wissenschaft. Sie rennt zum Gericht (in diesem Fall als Beigeladene). Und in Gestalt einer wissenschaftlichen Monographie ist der Bund als juristischer Igel längst schon dort gewesen.

Exkurs: Das Wort „verfassungsordnungswidrig"

Wird auf diese Weise das Parteienprivileg des Art. 21 Abs. 2 des Grundgesetzes aufgehoben, muß man versuchen, dem Buchstaben der Verfassung gegenüber eine gewisse Rücksicht zu wahren. Art. 21 Abs. 2 lautet vollständig: „Parteien, die nach ihren Zielen oder nach dem Verhalten ihrer Anhänger davon ausgehen, die freiheitliche demokratische Grundordnung zu beeinträchtigen oder zu beseitigen oder den Bestand der Bundesrepublik Deutschland zu gefährden, sind verfassungswidrig. Über die Frage der Verfassungswidrigkeit entscheidet das Bundesverfassungsgericht."

Damit ist die Feststellung, eine Partei sei „verfassungswidrig" oder sie verfolge „verfassungswidrige" Ziele, wenn sie von einer staatlichen Stelle oder einem Verwaltungsgericht getroffen wird und nicht vom Bundesverfassungsgericht, doch ein wenig indezent. Deshalb gebraucht man in der Bundesrepublik in politischen Diskussionen seitens der staatlichen Stellen seit einiger Zeit das Wort „verfassungsfeindlich". Dieses Wort ist eine Neuschöpfung. Sie hat ihre Grundlage weder in einem Gesetz noch in der Verfassung, sondern allein in der Höflichkeit gegenüber dem Grundgesetz und dem Bundesverfassungsgericht. Es kommt zwar in der Sache auf dasselbe heraus, aber der juristische Anstand ist gewahrt. Das Verwaltungsgericht Berlin verwendet nun in seinem Urteil das Wort „verfassungsordnungswidrig". Soweit ersichtlich, ist das seine eigene Erfindung. Sie ist deswegen besser als die bisher übliche Sprachregelung, weil man auf diese Weise die Höflichkeit nicht nur gegenüber der Verfassung und ihrem obersten Gericht bewahrt, sondern auch gegenüber denjenigen, die von der Aufhebung des Parteienprivilegs betroffen sind. Sie sind nun nicht mehr „Verfassungsfeinde", sondern nur noch Bewerber, die verfassungsordnungswidrige Bestrebungen verfolgen. Auch ihnen gegenüber ändert das in der Sache nichts. Sie werden nicht eingestellt. Aber es wird wenigstens doch der Vorwurf, sie seien Feinde der Verfassung und damit doch des Staates und der Gesellschaft, nicht unerheblich gemildert.

Nochmals: Treupflicht der Angestellten

Die Argumentation des Verwaltungsgerichts Berlin zur Frage der Gleichbehandlung von Beamten und Angestellten hat übrigens eine ähnliche juristische Schwäche wie die Erhebung der Treupflicht über das Parteienprivileg. Sie soll noch kurz dargestellt werden.

Das Verwaltungsgericht sagt: Die Verfassungstreue des Beamten ist Teil ihrer Eignung zum öffentlichen Dienst. Die Eignung ist in Art. 33 des Grundgesetzes für Beamte und Angestellte in gleicher Weise genannt. Also gilt für Angestellte auch im Hinblick auf die Verfassungstreue dasselbe wie für Beamte.

Die Argumentation ist logisch soweit in Ordnung. Aber sie ist eben doch keine ausreichende Begründung für die Zurückweisung der Bedenken des Oberverwaltungsgerichts, das eine Differenzierung in den Anforderungen an die Treupflicht für möglich gehalten hat. Der logische Schluß des Verwaltungsgerichts lautet doch nur: Auch für die Einstellung von Angestellten wird die Verfassungstreue vorausgesetzt. Damit ist ja aber nicht entschieden, ob nicht innerhalb der für Beamte und Angestellte gleichermaßen zu fordernden Verfassungstreue doch noch zwischen Beamten und Angestellten in den Einzelanforderungen unterschieden werden kann, nämlich in dem Sinne, daß für die Einstellung von Angestellten die Anforderungen nicht so hoch anzusetzen sind wie für die Beamten. Das ergibt sich einfach daraus, daß es immer noch sehr starke Unterschiede in der Rechtsstellung von Beamten und Angestellten gibt. Mit anderen Worten: Das Verwaltungsgericht hat nur – übrigens in juristisch sehr angreifbarer Weise – dargelegt, daß die Verfassungstreue für beide Gruppen Einstellungsvoraussetzung ist. Aber nicht, daß man nicht doch noch zwischen Beamten und Angestellten unterscheiden darf und muß. Genau das war der Einwand des Oberverwaltungsgerichts.

Es ist ja auch kein Zufall, daß sich die Vorschriften über die Verfassungstreue in gesetzlichen Vorschriften nur für Beamte finden. Sie sind zugeschnitten auf den Beamten alten Typs, der sich im wesentlichen im Bereich der alten Eingriffsverwaltung findet. Sie passen nicht mehr für die moderne Leistungsverwaltung, die die Struktur der Beamtenschaft stark verändert hat. Hier besonders ist die Verwaltung expandiert. Hier ist die große Masse der Angestellten tätig. Die richtige Folgerung daraus wäre, die notwendige Angleichung des Dienstrechts zwischen beiden Gruppen in die Richtung zu planen, daß in Zukunft im wesentlichen nur Angestelltenrecht gilt, so daß die Rechtsstellung der dreieinhalb Millionen Beschäftigten des öffentlichen Dienstes im wesentlichen der der übrigen dreiundzwanzig Millionen angeglichen wird. Allerdings scheint die Tendenz zur Zeit in die andere Richtung zu gehen. Man will sie alle zu Beamten machen (Bericht der Kommission zur Reform des öffentlichen Dienstrechts, 1973), was verständlich wird auf dem politischen Hintergrund der Ausweitung der Treupflicht.

Im übrigen spricht für die Meinung des Oberverwaltungsgerichts die Praxis der Verwaltung. Dort wird tatsächlich nach der Art und Bedeutung der Beschäftigung unterschieden. Denn die sicherheitsrechtlichen Überprüfungen betreffen nur die Beamten und Angestellten und nicht die Arbeiter im öffentlichen Dienst, und bei den Beamten und Angestellten auch nur diejenigen, die für eine Anstellung vorgesehen sind, die über einer staatlichen Reizschwelle liegen, nämlich ab Inspektor aufwärts (und bei den Angestellten ab der Besoldung BAT Vb, was dem etwa entspricht). Man differenziert also im Hinblick auf die Bedeutung der angestrebten Tätigkeit. Deshalb schon ist es falsch, wenn das Verwaltungsgericht meint, es gebe Mindestanforderungen für alle Beschäftigten im öffentlichen Dienst.

Die Forschung

Die Problematik ist sehr ähnlich wie bei der Unterscheidung von Beamten und Angestellten. Das Verwaltungsgericht sagt, ein Unterschied zwischen Bewerbern für die Arbeit in der Forschung und solchen, die auch oder in erster Linie für die Arbeit in der Lehre eingestellt werden sollen, könne man nicht machen. Denn auch diejenigen, die nur in der Forschung tätig sind, befinden sich in einem allgemeinen dienstrechtlichen Verhältnis zur Universität mit Rechten und Pflichten, die über die Forschung hinausgehen. Also zum Beispiel mit dem aktiven und passiven Wahlrecht für alle Gremien der Hochschulselbstverwaltung, in denen nicht nur über die Forschung, sondern auch über die Lehre mitbestimmt wird (wobei man allerdings bedenken muß, daß die Mitbestimmungsrechte der Angestellten, und zwar auch der Angestellten in der Forschung, als sogenannter anderer Dienstkräfte inzwischen nach der Novellierung von 1973 und 1974 auch in der Freien Universität auf ein Minimum beschränkt worden sind).

Im Grunde ist das angesichts der ausdrücklichen Vorschrift des Art. 5 Abs. 3 des Grundgesetzes eine erstaunliche Argumentation: „. . . Forschung und Lehre sind frei. Die Freiheit der Lehre entbindet nicht von der Treue zur Verfassung.“

Dort wird im Hinblick auf die Verfassungstreue klar unterschieden zwischen Forschung und Lehre. Diese Unterscheidung der Verfassung betrifft den wesentlichen

Inhalt des für Sibylle Plogstedt angestrebten Arbeitsverhältnisses, nämlich die Arbeit in der Forschung. Daneben existieren in der Tat noch andere dienstliche Rechte und Pflichten. Sie sind aber im Vergleich mit ihrer Aufgabe zur Arbeit in der Forschung nur von untergeordneter Bedeutung. Also liegt doch auch hier nichts näher als die Entscheidung: In der Tat, im Hinblick auf die neben der Forschungsarbeit bestehenden allgemeinen dienstlichen Rechte und Pflichten muß man davon ausgehen, daß auch für die Einstellung zur Arbeit in der Forschung Verfassungstreue vorausgesetzt wird, wie für die Einstellung zur Arbeit in der Lehre. Aber in den Anforderungen an den Nachweis der Verfassungstreue macht man Unterschiede je nachdem, ob der Bewerber für die Lehre oder nur für die Forschung eingestellt werden soll. Denn nur das entspricht der in der Verfassung in Art. 5 Abs. 3 des Grundgesetzes getroffenen Unterscheidung.

Das Gericht und die Krise

Die Vorfragen sind nun geklärt. Der Sachverhalt ist dargestellt und auch die juristisch-dogmatische Argumentation des Verwaltungsgerichts. Wir kommen zum eigentlichen Thema.

Das Verwaltungsgericht hat nicht differenzieren wollen, weder zwischen Beamten und Angestellten, noch zwischen Forschung und Lehre. Es hat seine Ablehnung der Erwägungen des Oberverwaltungsgerichts für die Angestellten begründet mit dem Hinweis auf die Eignung in Art. 33 Abs. 2 des Grundgesetzes und für die Forschung mit dem Hinweis auf die allgemeinen Rechte und Pflichten aus dem Dienstverhältnis, die neben der Forschungsarbeit bestehen. Wir haben gesehen, daß diese Argumentation in ihrer juristischen Dogmatik nicht zwingend ist, im Gegenteil eher die andere Haltung richtig wäre. Also muß es noch andere Gründe haben.

Derartige Gründe neben der rein juristisch-dogmatischen Argumentation gibt es meistens. Einer der Großen unter den Juristen, die sich mit methodischen Fragen beschäftigen, Josef Esser in Tübingen, spricht in diesen Fällen vom „Vorverständnis". Selten wird es offengelegt. Meistens versteckt es sich hinter der formalen juristischen Argumentation, gleichgültig, ob sie juristisch-dogmatisch gelungen ist oder nicht. Hier, im Zwischenreich zwischen Recht und Politik, fühlt sich der Jurist, zumal der deutsche, nicht wohl. Hier ist er nicht ausgebildet und kann er selten klar argumentieren. Hier verwischt sich die klare Webersche Grenze zwischen Sein und Sollen, zwischen positivem Recht und politischem Ziel. Also spricht man nicht darüber, entscheidet sich schweigend für die eine oder andere Lösung, sucht dann die juristische Argumentation und beginnt erst wieder zu sprechen, um sie zu begründen, nachdem man sie gefunden hat. Das Verwaltungsgericht Berlin hat da eine Ausnahme gemacht. Es hat seine Gründe, seine Motive genannt. Es schreibt:

„Namentlich bei Berücksichtigung politischer, sozialer oder wirtschaftlicher Krisen, deren Eintritt nie ausgeschlossen werden kann, erweist sich die Forderung nach Verfassungstreue der öffentlichen Bediensteten als notwendig (vgl. Stern a.a.O. S. 18). Dies gilt auch für die Bediensteten der Universität. Denn gerade in derartigen Situationen muß Verlaß darauf sein, daß wenigstens nicht die Universitätsbediensteten selbst innerhalb der Hochschule verfassungsfeindliche Aktivitäten entfalten, derartige Bestrebungen unterstützen oder ihrer Durchsetzung infolge einer gleichgültigen Haltung gegenüber der freiheitlich-demokratischen Grundordnung den Boden bereiten. Diese Gefahren machen deutlich, daß die Auffassung, an die Verfassungstreue seien unter der Berücksichtigung des Grundsatzes der Verhältnismäßigkeit je nach Bedeutung und konkreter Ausgestaltung des wahrzunehmenden Amtes unterschiedlich hohe Anforderungen zu stellen . . . nicht vertretbar ist . . .".

Es ist also die Gefahr, die Krise, deren Eintritt nie ausgeschlossen werden kann. Das Urteil ist erlassen am 19. Dezember 1974. Es hat vorher in der verwaltungsrechtlichen Literatur und Rechtsprechung eine solche Einbeziehung von möglichen Krisen nicht gegeben. Was hat das zu bedeuten?

Es ist, sehr grob gesprochen, der Einwand gegen Differenzierungsversuche des Oberverwaltungsgerichts: Das mag ja sein, daß man unterscheiden könnte. Aber es geht jetzt nicht, denn wir sind in einer Krise. In ihr kann man sich Unterscheidungen, wie sie etwa auch vom Grundgesetz gemacht werden, nicht mehr leisten. Jetzt heißt es nur noch „Alle Mann an Deck!"

Sicher, der Einwand gegen diese Deutung ist vom Gericht vorweggenommen. Es spricht von „Krisen, deren Eintritt nie ausgeschlossen werden kann". Es sagt nicht: Wir sind jetzt in einer Krise, deshalb geht es zur Zeit nicht. Es spricht allgemein. Aber jedermann kann sich davon überzeugen, daß wir zur Zeit in einer Wirtschaftskrise leben, die leicht eine politische zur Folge haben kann. Und von Wirtschaftskrisen spricht das Verwaltungsgericht ausdrücklich. Also kann es sich auf die einschränkende Klausel – „deren Eintritt nie ausgeschlossen werden kann" – nicht berufen. Es hat geurteilt im Hinblick auf die auch von ihm für die Gegenwart festgestellte Krise. Nun ist es aber durchaus etwas anderes, ob ein Bürger, eine Partei oder eine Regierung in der allgemeinen wirtschaftlichen und politischen Diskussion die Feststellung trifft, daß wir uns in einer Krise befinden, oder ob es ein Gericht tut. Es ist auch noch etwas anderes, wenn ein deutscher Bundeskanzler immer wieder festgestellt hat: „Die Lage war noch nie so ernst." Es kommt ein wenig schon in diese Nähe. Aber es hat noch eine andere Qualität. Denn trifft ein Gericht diese Feststellung, betrifft es das Recht. Und dieses Recht, das es dann spricht, ist Ausnahmerecht, ist Notstandsrecht. Es ruft damit allgemein den Notstand aus.

Dieser Umschlag in der Qualität von der Politik in das Recht ist nicht so sehr ein juristisches Problem, sondern vielmehr ein politisches. Es betrifft auch nicht die Kompetenz des Gerichts, wenn man etwa meinen könnte, zur juristischen Festellung des Notstandes sei nur das Parlament oder eine Regierung und nicht ein Gericht legitimiert. Selbstverständlich ist das Verwaltungsgericht legitimiert, in dieser Form zu argumentieren. Und es ist gut, daß es wenigstens seine Gründe nennt. Denn so läßt sich der Schaden vielleicht noch wieder beheben.

Versuchen wir, seine Gründe etwas genauer zu analysieren. Das Oberverwaltungsgericht hatte gemeint, man müsse doch wohl etwa zwischen der Einstellung eines Polizeibeamten und eines Straßenbahnschaffners unterscheiden. Nein, sagt das Verwaltungsgericht, das geht nicht. Warum nicht? Das Verwaltungsgericht sagt es nicht ausdrücklich, aber wir dürfen seine Gedanken ergänzen: Weil in der Krise ein linker Schaffner genauso gefährlich ist wie ein linker Polizist, oder vielleicht sogar noch gefährlicher. Man denke an die Arbeiter im öffentlichen Dienst, also etwa an einen Arbeiter in einem Elektrizitätswerk. Was kann der alles anrichten, wenn er den Betrieb stillegt oder seine Anlagen zerstört. Also brauchen wir überall zuverlässige Leute. Linke sind überall gefährlich. Also kann man nicht unterscheiden zwischen Beamten und Angestellten und Arbeitern. Solche Unterscheidungen können wir uns jetzt nicht mehr leisten.

Die politische Bedeutung dieser Entscheidung ist also eine doppelte. Sie läßt zum einen den allgemeinen Charakter der Versuche erkennen, die politische Linke vom öffentlichen Dienst fernzuhalten, und erweist dies jedenfalls ganz eindeutig für eine Rechtsprechung, die die von der Verfassung gebotene Differenzierung ablehnt: Es ist Ausnahmerecht gegen die politische Linke.

Ausnahmerecht bedeutet, daß normalerweise geltende Regeln für Krisenzeiten außer Kraft gesetzt werden. Dieser Weg ist gefährlich. Wir sind ihn in Deutschland schon einmal gegangen. Wenn die bürgerliche Gesellschaft akut und unmittelbar in Gefahr gerät, daß das Eigentum an Produktionsmitteln aufgehoben wird, pflegt sie in totalem Umfang auf diese Krise zu reagieren. Es werden dann alle normalerweise geltenden Regeln des staatlichen und politischen Lebens außer Kraft gesetzt. Das ist die Ordnung des Faschismus. Die Entscheidung des Verwaltungsgerichts Berlin bedeutet einen ersten Schritt auf diesem Weg. Einen ersten Schritt, der ohne Zweifel nicht vergleichbar ist mit der menschenvernichtenden Maschinerie des Faschismus und mit dem freiheitsfeindlichen Zynismus der Faschisten. Niemand kann das behaupten. Und um nicht mißverstanden zu werden, sei ausdrücklich betont: Diese Entscheidung des Verwaltungsgerichts ist weder in ihrer objektiven noch in ihrer subjektiven Tendenz in irgend einer Weise faschistisch. Die deutsche Verwaltungsgerichtsbarkeit ist im Gegenteil in ihrer Entwicklung nach dem Zweiten Weltkrieg als Reaktion gerade gegen den faschistischen Staat im ganzen eine der am besten gelungenen Errungenschaften des politischen Liberalismus der Bundesrepublik.

Aber hier ist Ausnahmerecht gegen Linke geübt worden. Ausnahmerecht ist gefährlich. Es bedeutet zum einen auch eine gewisse Krisis der Rechtsstaatlichkeit selbst, der Gleichmäßigkeit und Berechenbarkeit staatlichen Handelns. Und es ist der erste Schritt auf einem Weg, der in den totalen Ausnahmezustand führen kann, wenn sich die politischen Gegensätze dadurch verstärken sollten. Bei der zahlenmäßigen Entwicklung, die wir gegenwärtig bei den Einstellungsverweigerungen gegen die politische Linke der Bundesrepublik erleben, und bei einer Verschärfung der Rechtsprechung, wie wir sie in dieser Entscheidung sehen, und angesichts einer sich nun möglicherweise wirklich ausweitenden Wirtschaftskrise ist das nicht mehr auszuschließen. Es bleibt als eine Hoffnung, nicht nur für Sibylle Plogstedt, das Oberverwaltungsgericht Berlin. Videant iudices, ne quid detrimenti res publica capiat. Oder auf deutsch: Und er sprach zur Tochter Isis, mein Kind, wir sind in einer Krisis.

Ulrich K. Preuß

Legalität – Loyalität – Legitimität

I.

In Zeiten, in denen Treuebekenntnisse zur Verfassung und unverlangt abgesandte Bekundungen der Distanzierung von Terror und Gewalt die politischen Verkehrsformen überwuchern und den Horizont des politischen Denkens abstecken, ist es mehr als eine akademische Spielerei, den verdrängten Zusammenhang zwischen Legalität, Loyalität und Legitimität in Erinnerung zu rufen. Eine gesellschaftliche Ordnung, der es aus welchen Gründen auch immer nicht gelingt, die von ihr beanspruchte Legitimität in ein Legalitätssystem zu übersetzen, wird genötigt, ihren Anspruch auf andere Weise in das gesellschaftliche Alltagsleben zu vermitteln; Verfassung und Verfassungspraxis der Bundesrepublik dokumentieren deutlich eine derartige Entwicklung, deren Tragweite in dem – im buchstäblichen Sinne – Kriegsgeschrei des Jahres 1977 verkannt zu werden droht. Die Forderungen nach Kriegs- und Sonderrecht gegenüber Terroristen und ihren „Sympathisanten" zeugen eher von jener abstrakten Entschlossenheit, die man häufig bei Gutwilligen findet, die angesichts ihr theoretisches Fassungsvermögen überschreitender Ereignisse an das Ende ihrer Geduld geraten, als von politischer Weisheit, in der Reflexion die politische Leidenschaft zu bändigen vermag. Davon ist hier nicht zu handeln, sondern von jenen tiefgreifenden Wirkungen auf unser Verfassungsleben, die wir nicht erst seit dem Phänomen des Terrorismus beobachten können, die sich aber mit ihm voll entfalten. Gemeint ist die Transformation unseres Legalitäts- in ein Loyalitätssystem, durch die das Problem der politischen Legitimität eine neue verfassungsrechtliche Dimension erhält. Ich will versuchen, den Zusammenhang zwischen Legitimität, Legalität und Loyalität zu rekonstruieren.

II.

Die Legalität ist die politische Ordnungsform des Gesetzgebungsstaates. Das Gesetz ist der höchste Ausdruck des politischen Ordnungswillens, weil der Gesetzgeber der Repräsentant des souveränen Volkes ist. Nicht eine bestimmmte inhaltliche oder formale Qualität verleiht ihm diesen hervorgehobenen Status, sondern ausschließlich sein (durch das Parlament vermittelter) Ursprung in der Volkssouveränität. Sein Gerechtigkeitsanspruch – also seine inhaltliche Qualität – gründet also nicht in wie immer gearteten materialen Gerechtigkeitsprinzipien, sondern in der Tatsache der Entstehung des Gesetzes aus dem Volkswillen. Die Legalität ist daher nicht ein bloß technisch-formales Regelungsinstrument, sondern eine Erscheinungsform dessen, was man heute Verfahrens- oder prozedurale Gerechtigkeit[1] nennt: eine Entscheidung ist unabhängig von ihrem Inhalt und ihren Auswirkungen gerecht, weil sie in einem bestimmten Verfahren zustandegekommen ist. So ist ein Strafurteil gerecht und der ihm zugrundegelegte Sachverhalt wahr, weil (und soweit) das Verfahren der Sachverhalts- und Schuldfeststellung eingehalten worden ist, wobei freilich ein „faires Verfahren" vorausgesetzt wird. Der Grund für die Anwendung dieses Typus von Gerechtigkeit liegt in der Ungewißheit über die „Wahrheit" (im Verfahren der Feststellung eines Sachverhalts) oder in dem Fehlen einer unbezweifelten Offenbarungsgewißheit (im Falle der verbindlichen Entscheidung von Wertungsfragen), – letzteres ein Charakteristikum der bürgerlichen Gesellschaft und ihrer politischen Formen gegenüber feudalen Gesellschaftsformationen. Hier zeigt sich im übrigen ein erster systematischer Zusammenhang zwischen Legalität sowie Gewissens- und Geistesfreiheit, auf den unten noch zurückzukommen sein wird: die Ungewißheit und Offenheit der Fragen sowohl der menschlichen Existenz schlechthin wie aber auch der politischen Existenz einer Gesellschaft und die Kraftlosigkeit gemeinsamer Sinndeutungen führten in einem historisch weitgehend parallelen Prozeß sowohl zu prozeduralen Formen der Erkenntnisfindung, Sinndeutung und politischen Entscheidung wie auch zur Proklamation religiöser und geistiger Toleranz als Ausdruck der Privatisierung und Pluralisierung von Wertüberzeugungen.

Die wichtigste Leistung des Legalitätssystems liegt indessen in der Beseitigung des Widerstandsrechts[2]. Wenn das Gesetz höchster Ausdruck des Volkswillens ist und hieraus sein Geltungsanspruch resultiert, so kann es kein „höheres" oder „besseres" Recht des Einzelnen geben, das kraft einer behaupteten überlegenen inhaltlichen Qualität gegenüber dem Gesetz zum Ungehorsam oder zum Widerstand berechtigt. Zum Widerstand berechtigt allein die Tatsache, daß das Gesetz nicht Ausdruck des Volkswillens ist, d. h. daß das Verfahren der Transformation der Volkssouveränität in einen verbindlichen politischen Ordnungswillen verletzt worden ist. Ein „Gesetz", das von einem Diktator erlassen worden ist – und sei es inhaltlich noch so „gerecht" – verpflichtet nicht zum Gehorsam, weil ihm der Verpflichtungsgrund für den Gehorsam fehlt: sein Ursprung im Volkswillen, der sich in einem geregelten Verfahren ausdrückt.

Nicht nur den Individuen ist gegenüber der Legalität die Berufung auf ein „höheres", „besseres", „legitimeres" Recht, kurz: auf materiale Rechtsprinzipien verwehrt, welche den Status privater und damit öffentlich nicht verbindlicher Werte erhalten, sondern auch die staatlichen Organe und Funktionsträger sind ausschließlich an das Gesetz gebunden. Die nach Imperativen und Kriterien der Zweckmäßigkeit agierende Verwaltung steht unter dem Vorbehalt des Gesetzes, d. h. sie darf nur kraft gesetzlicher Ermächtigung ihre Zwecke verfolgen, und unter den für sie verbindlichen Rechtsnormen haben wiederum die Gesetze Vorrang. Und auch die Rechtsprechung gründet nicht in der Weisheit eines das „gute" Recht findenden

Richterstandes, sondern in der Bindung an das vom Gesetzgeber statuierte Recht, das die Richter lediglich letztverbindlich auzulegen haben. Auch hier ist ein Appell an ein „höheres", „besseres" oder „legitimeres" Recht ausgeschlossen.

Die Legalität basiert auf einem rationalistischen Prinzip der Rechtsproduktion: nicht jenes Recht hat den höchsten Geltungsanspruch, das am ältesten und ehrwürdigsten ist und folglich die längste Zeit in Geltung ist – wie für die mittelalterliche Gesellschaft charakteristisch –, sondern das jüngst erzeugte hat Vorrang vor inhaltlich widersprechendem älteren – lex posterior derogat legi anteriori. Nicht die Vergangenheit, ihre Traditionen, „wohlerworbene Rechte" und ihre Ordnungsnormen beherrschen die Gegenwart und die Zukunft, sondern der gegenwärtige Wille des souveränen Volkes hat in der Form der Legalität ein Instrument, stets neue Rechtsverbindlichkeiten zu statuieren, ohne durch die Existenz tradierter Gerechtigkeitsvorstellungen behindert zu sein. Das Gesetz entscheidet daher auch nicht letztverbindlich Gerechtigkeits- und andere Wertfragen, sondern steuert Verhalten, es verlangt Gehorsam, aber keine Überzeugungen. Zu Recht ist daher immer wieder betont worden, daß die Legitimität des Gesetzgebungsstaates in seiner Legalität liegt – jenseits des Legalitätssystems gibt es keine Gerechtigkeit (als öffentliches Normensystem).

Es wird behauptet – und dies hat nachgerade den Charakter einer unbezweifelten Wahrheit angenommen –, daß ein derartiges Legalitätssystem blutleer, werterelativistisch, formalistisch etc. sei, weil es prinzipiell allen inhaltlichen Gerechtigkeitsvorstellungen Eingang in das Gesetz verschaffe, wenn eine Partei nur die dazu erforderliche Mehrheit zustande bringe. C. Schmitt sprach in bezug auf die Weimarer Verfassung von einem „blutleeren Mehrheitsfunktionalismus", weil die Tatsache, daß für eine Sache 51 % Mehrheit vorhanden sei, nichts darüber aussage, ob nicht die Sache, für die nur 20 % eines Parlaments zu gewinnen seien, gerechter sei. Und die Addition von Stimmblöcken in einer Abstimmungskoalition nach vorgängigem bargaining über heterogenste Angelegenheiten – Interessen der Landwirtschaft werden z. B. zugunsten von Beamteninteressen zurückgestellt, wenn eine andere Fraktion ihrerseits bestimmte industrielle Interessen berücksichtigt erhält – könnten zu keinem inhaltlich verpflichtenden Geltungsanspruch des derart zustandegekommenen Gesetzes führen. In der Weimarer Republik führte das dazu, daß im Zusammenwirken zwischen einem Teil der Staatsrechtslehre und der hohen Richterschaft eine Appellationsinstanz gegen den Gesetzgeber herausgebildet wurde, die im Namen materieller Werte einen dem Legalitätssystem überlegenen Legitimitätsanspruch anmeldete; diese Appellationsinstanz war die Verfassung, genauer: es waren die materiell-rechtlichen Festlegungen der Weimarer Verfassung über die „Grundrechte und Grundpflichten der Deutschen".

Verfassungsändernde Gesetze bedurften gem. Art. 76 der Reichsverfassung einer Zweidrittelmehrheit, um sicherzustellen, daß fundamentale Rechte des Volkes nicht zur Disposition der gerade herrschenden Parlamentsmehrheit standen, sondern nur auf breiter politischer Basis beschränkt werden konnten; es handelte sich bei dieser Vorschrift also um eine der inneren Logik des Legalitätssystems entsprechende Erschwerung der verfahrensmäßigen Bedingungen, unter denen eine besonders wichtige Entscheidung allgemeine Verbindlichkeit beanspruchen können sollte.

In der Verfassungstheorie und -praxis wurde diese legalitätskonforme Regelung zum Ausgangspunkt der Auflösung des Satzes, daß die Legalität des Gesetzgebungsstaates in seiner Legalität liegt. Aus der verfahrensmäßigen Erschwerung der Änderbarkeit der Verfassung wurde der Schluß gezogen, daß jedenfalls der materiell-rechtliche Teil der Verfassung ein Wert- und Kultursystem darstelle, in dem die werthaft-politische Identität des Deutschen Volkes zum Ausdruck komme[3]; der verfassungsrechtliche Ort dieser politischen Identität war damit nicht mehr der Gesetzgeber als Repräsentant der Volkssouveränität, sondern die Verfassung als kodifiziertes Wertsystem. Die Verfassung ist indessen lediglich ein Dokument, das einen politischen Willen fixiert und darin die politische Identität des Volkes zum Ausdruck bringt, so daß genau genommen der verfassungsrechtliche Ort der politischen Identität des Volkes das Volk selbst als Verfassungsschöpfer ist, das seine Identität in der Verfassung ausgedrückt hat. Diejenige Instanz, die berufen ist, authentisch und verbindlich die Verfassung auszulegen und auf die aktuellen politischen Probleme anzuwenden, etabliert damit einen Legitimitätsanspruch auf der Grundlage fixierter inhaltlicher Werte; sie konkurriert nicht nur mit dem auf prozeduraler Legitimität beruhenden Legalitätssystem, sprich: dem Gesetzgeber, sondern sie ist ihm auch konstitutionell überlegen, weil sie beanspruchen kann, gegenüber dem prozeduralen Funktionalismus des Legalitätssystems die Substanz der politisch-kulturellen Identität des Volkes zu repräsentieren.

Die Kontrolle des Gesetzgebers im Namen einer der Legalität übergeordneten Legitimität ist die politische Ratio der Auflösung der legalitätsgebundenen Legitimität; ihr politischer Hintergrund waren die vielfältigen sozialpolitischen Verheißungen der Weimarer Verfassung, die im Gegensatz zu den selbstexekutiven Garantien überkommener Besitzstände und Rechtstitel – vor allem des Eigentums, des Erbrechts und der „wohlerworbenen Rechte" der Beamten – aktiver umverteilender legislatorischer Aktivitäten bedurften, so daß sich in etwas vergröbernder Weise sagen läßt, daß die bürgerliche Vermögensordnung mit ihren selbstexekutiven Rechtstiteln sich gegenüber den im Gesetzgeber verkörperten Tendenzen zur sozialen Reform in den Schutz einer ihm übergeordneten Legitimität geflüchtet hatte.

Praktisch bedeutete dies die Unterwerfung des Gesetzgebers unter die Kontrolle der richterlichen Bürokratie, ein Vorgang, auf den hier nicht weiter eingegangen werden kann[4]. Verfassungstheoretisch sollte mit der richterlichen Kontrolle des Gesetzgebers im Namen einer „höheren" Gerechtigkeit der Erkenntnis Rechnung getragen werden, daß das Legalitätssystem nicht voraussetzungslos funktioniert. Dies ist auch durchaus richtig. Denn der Gesetzesbeschluß ist nicht eine formale Dezision einer durch welche Absprachen auch immer zustandegekommenen 51 %igen Mehrheit im Parlament, die beliebige Inhalte haben kann und daher eines „Unterfutters" materieller Gerechtigkeitsprinzipien entbehrt, also das Ergebnis eines inhaltslosen Mechanismus der Stimmauszählung, als den ihn Carl Schmitt hingestellt hat. Tut man dies, so ist es in der Tat konsequent, nach materiellen Prinzipien der Gerechtigkeit zu suchen und diese zur immanenten Schranke des Gesetzgebungsprozesses zu erklären, wie dies in der Bindung des Gesetzgebers an die materiellen Werte der Verfassung – kontrolliert durch eine richterliche Bürokratie – tatsächlich geschah.

Der Gesetzgebungsstaat hat Funktionsvoraussetzungen, aber sie können nicht in einer dem Legalitätssystem übergeordneten und den Gesetzgeber bindenden Legitimität liegen, wenn man nicht das Widerstandsrecht einführen, und das heißt unter den heutigen Bedingungen die Möglichkeit des Bürgerkriegs herbeiführen will. Die Bindung des Gesetzgebers an ein inhaltliches Legitimitätsprinzip bedeutet ja, daß das Verfahren der Rechtserzeugung durch den Repräsentanten des souveränen Volkswillens das im Namen jenes Legitimitätsprinzips notwendige Ergebnis verfehlen und daß dieses Ergebnis im Namen eines „besseren" oder „höheren" Rechts kassiert werden kann. Dann liegt in letzter Konsequenz die Legitimität des Gesetzes nicht in seinem Ursprung – dem souveränen Volkswillen –, sondern in der Übereinstimmung mit den höchsten, aus der Verfassung interpretierten inhaltlichen Gerechtigkeitsprinzipien. Welches rechtliche oder außerrechtliche Prinzip vermag aber auszuschließen, daß sich Einzelne oder Gruppen demgegenüber auf ein noch „besseres" oder „höheres" Recht berufen und in dessen Namen die Verbindlichkeit des positivierten Rechts bezweifeln und ihm gegebenenfalls den Gehorsam aufkündigen?

Sicherlich läßt sich sagen, daß es die Verfassung selbst ist, die bestimmte inhaltliche Gerechtigkeitsprinzipien unverbrüchlich fixiert hat, wie das für das Grundgesetz der Fall ist. Das Grundgesetz wird nach dem heute herrschenden Verfassungsverständnis als eine gegenüber der als „werterelativistisch" abqualifizierten Weimarer Verfassung bessere Verfassung angesehen, weil sie das in Weimar lediglich in der Verfassungsrechtslehre entwickelte und partiell von der Rechtsprechung realisierte Prinzip der Bindung des Legalitätssystems an höchste, in der Verfassung fixierte inhaltliche Prinzipien positiviert und in einer Anzahl von Einzelbestimmungen konkretisiert hat. Hierzu gehört vor allem die Bindung auch des Gesetzgebers an die Grundrechte und an die verfassungsmäßige Ordnung (Art. 1 Abs. 3, 20 Abs. 3), die Unzulässigkeit einer Änderung des Grundgesetzes überhaupt, „durch welche die Gliederung des Bundes in Länder, die grundsätzliche Mitwirkung der Länder bei der Gesetzgebung oder die in den Artikeln 1 und 20 niedergelegten Grundsätze berührt werden" (Art. 79 Abs. 3) sowie die Möglichkeit der Aberkennung staatsbürgerlicher Rechte im Falle ihres legalen, aber illoyalen Gebrauchs (Art. 18, 21 Abs. 2).

Es kommt hier nicht auf den Inhalt jener Prinzipien an, in deren Namen das Legalitätsprinzip außer Kraft gesetzt ist, sondern auf diesen Tatbestand selbst und seine verfassungsstrukturelle Bedeutung. Gibt es einen Grund – um die oben aufgeworfene Frage wieder aufzunehmen –, in dessen Namen Einzelne oder Gruppen legitimerweise daran gehindert werden können, sich ihrerseits auf ein sowohl gegenüber der Legalität wie auch gegenüber der Legitimität der in der Verfassung fixierten inhaltlichen Werte „höheres" Recht zu berufen? Wie wir gesehen haben, liegt der Grund in einem voll durchgeführten Legalitätssystem in der Tatsache der demokratischen Repräsentation des Volkswillens – von den Unzulänglichkeiten dieses Repräsentationsvorganges durch das Parlament will ich hier absehen –, d. h. in dem

Tatbestand eines „fairen Verfahrens" der Repräsentation des souveränen Volkswillens, in dem jedes Mitglied des politischen Verbandes dieselben effektiven Chancen der Beteiligung hat. (Auch hier soll von den Restriktionen auf die unterschiedlichen gesellschaftlichen Klassen und Gruppen nicht die Rede sein.) Die Tatsache der gleichen Beteiligungsmöglichkeit an dem Verfahren der politischen Organisation des souveränen Volkswillens legitimiert dessen Gesetzgebung und schließt die Berufung auf ein „besseres" Recht aus.

Liegt die Legitimität eines Gesetzes indessen in seiner Übereinstimmung mit inhaltlichen Verfassungsprinzipien, also mit einem inhaltlichen Gerechtigkeitsmaßstab, so kann dieser im Namen eines noch „höheren" Gerechtigkeitsprinzips in Zweifel gezogen werden. Die Frage, welches Recht denn nun das „legitimere" ist, ist letztlich durch Urteile nicht entscheidbar, und sie ist auch folgerichtig im Grundgesetz durch den Rückgriff auf das zentrale Strukturelement des Legalitätssystems gelöst worden: durch den Hinweis, daß die Verfassungswerte durch den Verfassungsgesetzgeber fixiert worden sind, d. h. durch den Hinweis auf ihren demokratischen Ursprung.

Dies ist aber nur eine Scheinlösung. Denn dieses verfahrensorientierte Ursprungsprinzip setzt voraus, daß die durch seine Anwendung legitimierten Gesetze jederzeit durch ein späteres Gesetzgebungsverfahren geändert werden können, weil der souveräne Volkswillen stets präsent ist und keinerlei inhaltlichen Beschränkungen unterliegt. Beruft man sich hinsichtlich der Verfassungswerte auf das Ursprungsprinzip, um es nach deren Fixierung außer Kraft zu setzen, so liegt der Legitimationsgrund für sie in Wirklichkeit nicht in ihrem Ursprung, sondern in ihrer inhaltlichen Qualität; Ursprungsprinzip und jederzeitige Änderbarkeit der Gesetze – wenn auch für gewisse Angelegenheiten unter erschwerten Voraussetzungen, z. B. einem erhöhten Quorum – bilden eine untrennbare Einheit; ohne die Änderbarkeit vermag das Ursprungsprinzip keine andere Verbindlichkeit zu erzeugen als diejenige, die aus dem Inhalt der Gesetze resultiert; der Gerechtigkeitsgehalt der Gesetze ist stets bezweifelbar; das wird vom Legalitätssystem auch geradezu vorausgesetzt, denn Gesetze haben zwingenden Charakter, und wozu bedürfte es der Ausstattung der Gesetzlichkeit mit Zwangsbefugnissen, wenn sie sich in unbezweifelbarer Übereinstimmung mit den höchsten von jedermann akzeptierbaren inhaltlichen Gerechtigkeitsprinzipien befinden?

Diese Vermischung zweier unterschiedlicher Legitimitätsprinzipien – des der Legalität mit dem inhaltlicher Verfassungswerte – hat vor allem eine Schwächung jener Voraussetzungen zur Folge, auf denen das Legalitätssystem beruht. Ich habe bereits mehrfach darauf hingewiesen, daß die Legalität ein Typus prozeduraler Legitimierung politischer Herrschaft ist, und dementsprechend hängt die Legitimationskraft der Gesetze davon ab, in welchem Ausmaß der souveräne Volkswillen sich in dem Verfahren des Rechtsschöpfungsprozesses artikulieren kann. Inwieweit die verfassungsrechtlichen Konstruktionen der parlamentarischen Repräsentation befriedigende Formen der Transformation des souveränen Volkswillens in ein System rechtlich verbindlicher Regeln hervorgebracht haben, kann hier nicht erörtert werden;

die Verantwortung des Abgeordneten ausschließlich gegenüber seinem Gewissen z. B. – ein zentrales Element des politischen Formprinzips der Repräsentation – wird nicht nur durch Forderungen nach dem sogenannten imperativen Mandat in Frage gestellt, sondern erscheint inzwischen offenbar auch den Führungen der „Verfassungsparteien" problematisch. So definierte der Vorsitzende der SPD anläßlich des ablehnenden Votums einiger Bundestagsabgeordneter seiner Partei zu dem Ende September 1977 verabschiedeten Kontaktsperrengesetz die Verantwortung des Abgeordneten vor seinem Gewissen als die Verantwortung für die Regierungsfähigkeit der Mehrheitspartei; das personale Gewissen des Abgeordneten wird hier gleichsam zugunsten politischer Machtgruppen kollektiviert.

Lassen wir aber die Frage des Parlamentarismus beiseite. Es bleiben signifikante Defekte eines demokratischen Willensbildungsprozesses, die sich überwiegend als Abgaben des Legalitätssystems an den Legitimierungstypus kraft Wertefixierung darstellen und insoweit strukturellen Charakter haben. Sie lassen sich mehr oder minder deutlich als Restriktionen zugunsten einer Orientierung des politischen Prozesses an den materiellen Wertefixierungen der Verfassung erkennen.

Hierzu gehören in erster Linie die in der Verfassung selbst vorgesehenen Möglichkeiten der Aberkennung staatsbürgerlicher politisch fungierender Grundrechte in Gestalt der Grundrechtsverwirkung (Art. 18) und der Parteienillegalisierung (Art. 21 Abs. 2) wegen „politischen Unrechts"; es handelt sich hier um Möglichkeiten, die weniger wegen ihres faktischen Vollzuges bedeutsam sind – bislang hat es keine vom Bundesverfassungsgericht ausgesprochene Grundrechtsverwirkung gegeben, und das Verbot der KPD ist wegen der noch legalen Existenz der DKP von geringer unmittelbarer praktischer Bedeutung –, sondern wegen der darin vorgenommenen Positivierungen einer vom Legalitätssystem abgekoppelten „zweiten Verfassung", die durch das aus ihr abgeleitete Konzept der „wehrhaften Demokratie" sich allmählich zur einzigen zu entwickeln im Begriff ist. Hierzu gehören aber auch die Einführung der 5 %-Klausel, die Erhebung der politischen Parteien zu „Verfassungsorganen", die weitgehende staatliche Finanzierung der Parteien und die Qualifizierung der Funktion des Bundestagsabgeordneten als „Beruf" – alles dies Tatbestände, die zur Etablierung eines abgehobenen politischen Betriebes mit dem Effekt einer hochwirksamen Filterung politischer Impulse aus den Alltagsbedürfnissen der Bevölkerung geführt haben. Hinzu kommen die tief in den Prozeß vor allem der politischen Kommunikation eingreifenden strafrechtlichen und administrativen Sanktionen für „illoyale" Meinungsäußerungen wie die §§ 86, 86a, 89, 90a, 90b, 130, 130a, 131, 140 StGB oder die Verhängung einer Zugangssperre für Berufe im öffentlichen Dienst, Sanktionen, welche bereits auf der Ebene der ersten Artikulation eines politischen Willens ganz politische Theorien ausschalten. (Es gibt strafrechtliche Verurteilungen wegen § 90a StGB wegen Bezeichnung der Bundesrepublik als „Ausbeutungssystem").

Auf Details ist hier nicht einzugehen; es handelt sich bei den Beispielen lediglich um stichwortartige Hinweise, um zu belegen, daß das Legalitätssystem von innen ausgezehrt wird und seine Legitimierungsfunktion nicht vollständig wahrnehmen kann, wenn der politische Willensbildungsprozeß Restriktionen unterworfen wird, die zweifellos in der besten Absicht der Stärkung der Legitimität des politischen Systems eingeführt werden, im Effekt aber den Kern seiner Funktionsvoraussetzungen zerstören, weil sie allein einem konkurrierenden Legitimitätstypus zu dienen bestimmt sind, der mit der Legitimität kraft Legalität unvereinbar ist.

III.

Nun gibt es freilich eine Brücke zwischen diesen beiden Legitimitätstypen, die den Transfer des Legitimationspotentials des Legalitätssystems in das System der Legitimierung politischer Herrschaft kraft inhaltlicher Werte auf den ersten Blick plausibel erscheinen läßt. Die Umorientierung des bürgerlichen Verfassungsstaates auf den prozeduralen Legitimitätstypus und die damit verbundene Verflüssigung des Widerstandsrechts im Legalitätssystem bedingen, wie oben dargelegt, die jederzeitige Änderbarkeit des Rechts durch einen neuen Gesetzgebungsakt, vor allem, wenn sich die Mehrheitsverhältnisse im Gesetzgebungsorgan geändert haben. Das Legalitätssystem setzt die Möglichkeit der Änderung der Mehrheitsverhältnisse und damit die gleiche Chance jeder politischen Strömung, die Mehrheit zu erringen, voraus, diese Möglichkeit gehört zu den Merkmalen eines „fairen Verfahrens" und ist eine zentrale Funktionsvoraussetzung des Legalitätssystems.

Das Legalitätssystem verlangt also, daß die am politischen Willensbildungsprozeß beteiligten politischen Strömungen den Wechsel von Mehrheiten akzeptieren, konkret: die Regierungsgewalt abgeben, wenn eine konkurrierende politische Richtung die Mehrheit errungen hat. Wir sind damit beim Problem der politischen Loyalität. Denn es stellt sich die Frage, welchen Status im Legalitätssystem jene politischen Strömungen haben sollen, die sich zwar am legalitären Willensbildungsprozeß beteiligen, um die politische Macht zu erringen, die aber, einmal die Macht errungen, explizit erklären oder zumindest den Verdacht erregen, daß sie sie nicht wieder gewaltlos abzugeben bereit sind und das Legalitätssystem mit dem ihm verbundenen Prozeß der für alle unter gleichen Bedingungen ablaufenden politischen Konkurrenz außer Kraft setzen werden.

Im Grundgesetz ist diese Frage dahingegend entschieden worden, daß der verfassungsrechtliche Status des „Illoyalen" geschaffen wurde: in einem rechtsförmlichen Verfahren können Einzelnen oder politischen Parteien, und, unter weniger erschwerten Voraussetzungen, auch sonstigen Vereinigungen die auf den politischen Prozeß bezogenen staatsbürgerlichen Rechte aberkannt und sie damit in den Status des „Illoyalen" versetzt werden (Art. 9 Abs. 2, 18, 21 Abs. 2), wenn sie gegen das Wertsystem der Verfassung kämpfen. Damit ist jenes mit dem Legalitätssystem konkurrierende Strukturelement der Legitimierung politischer Herrschaft konstitutionalisiert worden, das eine starke Sogwirkung auf die Formen der Legalität ausübt und sie zu unterspülen droht. Denn die bloße Schaffung des verfassungsrechtlichen Status des „Illoyalen" gibt den herrschenden politischen Gruppierungen den Hebel in die Hand, die legale, d. h. mit erlaubten Mitteln kämpfende Opposition in diesen Status zu versetzen und damit aus der politischen Konkurrenz auszuschalten. Die verfassungsgerichtlich abgesegnete Praxis in der Bundesrepublik zeigt darüber hinaus, daß die rechtliche Konstruktion der Illoyalität auch außerhalb der dafür vorgesehenen und streng begrenzten Verfahren in die Legalstruktur einsickert und die Geltung der Legalität unter einen allgemeinen Loyalitätsvorbehalt stellt, wie die sich einbürgernde Unterscheidung zwischen einem loyalen und einem illoyalen Gebrauch rechtlich zulässiger Handlungsmöglichkeiten zeigt.[5]

Wir stehen also in der Bundesrepublik in einer Situation, in der das politische Mißtrauen geradezu konstitutionalisiert worden ist: die herrschenden politischen Gruppierungen begegnen dem Mißtrauen, politische Fundamentalopposition als illoyal zu stigmatisieren, und die oben skizzierten Restriktionen der freien Entfaltung eines alle politischen Strömung umfassenden politischen Willensbildungsprozesses unterliegen in der Tat deutlich der Zielsetzung, Fundamentalopposition möglichst aus dem politischen Prozeß auszuschalten und sie zumindest in den Grauzonen der Illoyalität anzusiedeln. Andererseits wird diese Praxis mit dem Verdacht begründet, daß fundamentaloppositionelle Gruppen die Funktionsbedingungen des Legalitätssystems nur solange anerkennen, wie sie selbst noch die politische Macht zu erringen trachten, und sie außer Kraft setzen werden, wenn sie diese einmal errungen haben.

Das hierin liegende verfassungspolitische Problem ist allerdings in Wirklichkeit komplexer. Denn das System der Legalität ist keineswegs lediglich eine soziale Technik des politischen Machtwechsels, sondern ein Formprinzip gewaltloser gesellschaftlicher Veränderungen, es basiert auf dem Axiom, daß die Gesellschaft über ihre eigene geschichtliche Entwicklung verfügen kann und daß überzeitliche, d. h. aus der Immanenz des gesellschaftlichen Prozesses herausfallende Leitlinien nicht existieren. Daher gehört die jederzeitige Änderbarkeit der Gesetze, d. h. der zwangsweise durchsetzbaren gesellschaftlichen Verhaltensregeln, zum Wesen der Legalität. Wäre der geschichtliche Prozeß eine Rechenaufgabe oder ein Nullsummenspiel, so wäre der Optimismus berechtigt, daß mit zunehmender Verwirklichung der gleichen Chance jedes Individuums und jeder gesellschaftlichen Strömung, die Gesellschaft in ihrem Sinne zu verändern, sich die Wahrscheinlichkeit verringert, daß zu einer Veränderung der gesellschaftlichen Verhältnisse Gewalt angewendet wird. Sicherlich wird man einen solchen Satz nur mit größten Vorbehalten aufstellen können, da sowohl der Begriff der Gewalt äußerst undeutlich ist wie aber auch über die Ursachen der Gewaltanwendung in gesellschaftlichen Beziehungen sich heute nichts Abschließendes sagen läßt. In der Umkehrung hat indessen dieser Satz eine gewisse Plausibilität: je weniger institutionalisierte Chancen gewaltloser gesellschaftlichter Veränderungen ein gesellschaftliches System bietet, desto stärker wird sich die Tendenz ausprägen, solche Veränderungen gewaltsam herbeizuführen – unter der heute gegebenen Voraussetzung, daß objektive gesellschaftliche Veränderungspotentiale – vor allem technologische, ökonomische und kulturelle – vorhanden sind, welche den Gedanken der planvollen Gesellschaftsveränderung erst denkbar machen. Man kann sagen, daß das Legalitätssystem geradezu auf dieser Denkmöglichkeit beruht, weil seine innerste Voraussetzung in dem Prinzip der rationalen Rechtsproduktion und damit der planvollen gesellschaftlichen Entwicklung besteht.

Die Festschreibung von Strukturen, die einer Disposition im Medium der Legalität entzogen sind, bedeutet die Blockierung bestimmter gesellschaftlicher Veränderungsmöglichkeiten und provoziert die Gefahr, daß diejenigen gesellschaftlichen Kräfte, deren Veränderungsinteressen dadurch unberücksichtigt bleiben, das institutionalisierte System gewaltloser gesellschaftlicher Veränderungen, das alle Veränderungen ermöglicht, nur gerade die in ihrem Interesse liegenden nicht, selbst in Frage zu stellen. Sie werden geradezu auf die Selektivität der Interessenwahrnehmung und -verarbeitung des politischen Apparates gestoßen und werden dem geltenden Recht ihr „besseres" entgegensetzen.

Nun gibt es gute Gründe für die Vermutung, daß jedes denkbare politische Institutionensystem strukturell bestimmte Gruppen und Interessen privilegiert und damit eine ungleiche Verteilung gesellschaftlicher Lebens- und politischer Einflußchancen vornimmt. Insofern hat die Feststellung, daß die für die kapitalistischen Industriestaaten charakteristischen repräsentativen Regierungsformen in der Berücksichtigung gesellschaftlicher Interessen klassenspezifisch selektiv sind[6], nichts Dramatisches. Verfassungstheoretisch und praktisch-politisch entsteht erst ein Problem, wenn das auf dem Prinzip gesellschaftlicher Veränderbarkeit beruhende Legalitätssystem nicht auch auf diese Selektionsstrukturen selbst angewendet werden kann – wenn also der souveräne Volkswille nicht auch die Grundlagen seiner eigenen Transformation in politische Gewalt festlegen und jederzeit ändern kann. Denn je nach dieser Funktionsweise ergeben sich unterschiedliche Selektionsvorgänge in bezug auf gesellschaftliche Interessenberücksichtigung, und umgekehrt: bestimmte Interessen lassen sich nur bei veränderter Selektionsstruktur der politischen Institutionen und damit nur unter der Voraussetzung ihrer auch grundlegenden Veränderung durchsetzen. Das Legalitätssystem impliziert m. a. W. auch die Möglichkeit grundlegender Verfassungsänderungen mit erheblichen Konsequenzen für die Berücksichtigungsfähigkeit von Interessen und für den Zugang zur politischen Macht.

Im Gegensatz zu vielen anderen historisch bekannten politischen Regelungssystemen erlaubt das auf der Volkssouveränität beruhende Legalitätssystem nicht nur einen Regierungswechsel, der häufig lediglich einen Austausch des leitenden politischen Personals bedeutet, sondern auch grundlegende Veränderungen in bezug auf die Berücksichtigung unterschiedlicher gesellschaftlicher Interessen, indem durch Veränderung der Institutionen deren interessenselektive Funktionsweise grundlegend umgewälzt wird. Sieht man die Verfassung nicht als eine überzeitliche Wertetafel an, an der sich die gesellschaftliche Entwicklung zu orientieren hat, sondern als ein politisches Formprinzip für den gesellschaftlichen Lebensprozeß, so sollte die Einsicht nicht schwierig sein, daß ebensowenig wie der gesellschaftliche Entwicklungsprozeß nach normativen Leitprinzipien voranschreitet eine Verfassung an unabänderliche Werte gebunden werden kann.

Damit wird keinem normlosen, allein machtlegitimierten gesellschaftlichem Interessenkampf das Wort geredet, es soll lediglich die Selbstverständlichkeit in Erinnerung gerufen werden, daß grundlegende gesellschaftliche Veränderungen stets durch die Depossedierung und z. T. Deklassierung sozialer Klassen und Schichten, kurz: durch umfassende Sozialentwährungen gekennzeichnet waren und auch durch Fixierung ewiger Werte nicht aufgehalten wurden. Dies ist in der Regel mit mehr oder minder scharfen gesellschaftlichen Konflikten verbunden, vor allem aber mit der Herausbildung neuer Normensysteme, die in der Regel die bislang privilegierten Klassen und Interessen diskriminieren. Auch dieser Vorgang ist mit dem System der Legalität vereinbar, ja, es ist zu wiederholen, daß permanente gesellschaftliche Änderung und damit auch Sozialentwährungen geradezu die Ratio des Legalitätssystems sind. Man denke an die Herausbildung der bürgerlichen Gesellschaft im Preußen des 19. Jahrhunderts, die auf der umfassenden, wenn auch über Jahrzehnte sich erstreckenden Beseitigung feudaler Rechtstitel aufbaute und in dem neu geschaffenen Rechtssystem für diese Titel keinen Raum ließ, so daß ein ausgezeichneter Kenner dieser Materie zu Recht von einer „sozialen Revolution auf legalem Wege“ sprach[7]. So konnte der wohl bedeutendste Kommentator der Preußischen Verfassung von 1850 noch im Jahre 1912 widerspruchslos feststellen: „Für den Gesetzgeber ist das Eigentum nicht unverletzlich“[8], und das bedeutet: er kann auch umfassende Sozialentwährungen vornehmen. Erst als dank der veränderten gesellschaftlichen Verhältnisse dieser Satz nicht mehr nur akademische Bedeutung hatte und die Gesetzgebung nach dem Ersten Weltkrieg zum Instrument derartiger Sozialentwährungen zu werden drohte, geschah die große juristische „Entdeckung“ der werthaften Unverbrüchlichkeit der Verfassungsgarantien, insbesondere des Eigentums, auch gegenüber dem Gesetzgeber.

Hält man sich diese Bedeutung des Legalitätsprinzips gegenwärtig, so wird deutlich, daß es eine wahrhaft revolutionierende Errungenschaft der bürgerlichen Gesellschaft ist, weil es ein Formprinzip ist, durch das die Gesellschaft ihre eigene Geschichte planvoll und gewaltlos gestalten kann. Man verfälscht seine Bedeutung, wenn man es an der Voraussetzung des bürgerlichen repräsentativen Parlamentarismus bindet, so wie auch niemand auf den Gedanken kam zu behaupten, daß durch die Abweichung vom Preußischen Drei-Klassen-Wahlrecht zugunsten der allgemeinen und gleichen Wahl im Reich die Basis des Legalitätsprinzips entfallen sei, obwohl es durch diesen Vorgang durchaus einen grundlegend anderen sozialen Inhalt erhielt. Um es zu wiederholen: das Legalitätssystem impliziert auch die Möglichkeit der grundlegenden und dauerhaften Veränderung der Verteilung von Lebensgütern einschließlich der Chancen des Zugangs zur politischen Macht, die sich als Konsequenz sozialentwährender Umverteilungen darstellt, es erlaubt auch die Schaffung einer „anderen Republik“, von der gegenwärtig zuweilen die Rede ist, wohingegen das Grundgesetz auch bei weniger enger Auslegung als sie bei den herrschenden Interpretationen vorzufinden ist hier durchaus Grenzen setzt.

IV.

In dieser Sicht verliert das oben angesprochene Problem der politischen Loyalität an Schärfe, wenn es auch durchaus nicht gelöst ist. Es ist weniger bedeutsam, wenn man anerkennt, daß das Legalitätssystem nicht lediglich ein formaler Mechanismus des geregelten Regierungswechsels infolge veränderter Mehrheitsverhältnisse in den gesetzgebenden Körperschaften ist, sondern ein politisches Formprinzip, das selbst die gesellschaftlichen Voraussetzungen der Mehrheitserlangung regelt und damit die Definition der zu berücksichtigenden und der zu vernachlässigenden Interessen und Titulierungen vornimmt. Es konstruiert m. a. W. den Filter, durch den gesellschaftliche Interessen laufen müssen, um im politischen System Berücksichtigung finden zu können. Unter dieser Voraussetzung gibt es starke Motive, dieses Formprinzip anzuerkennen und sich seiner gesellschaftsveränderten Kraft anzuvertrauen. Die Legalität ersetzt freilich nicht den gesellschaftlichen Kampf und die politische Anstrengung, aber dadurch, daß sie zum Gefäß für kraftvolle Veränderungen werden kann, weist sie dieser Anstrengung einen Weg.

Auch dies schließt aber keineswegs aus – und dies ist der ungelöst bleibende Rest –, daß gesellschaftliche Gruppen sich der Legalität nur bedienen, um nach Ergreifung der politischen Macht Verhältnisse zu schaffen, die nicht nur irreversibel sind – dies gilt für viele legal durchgesetzte Veränderungen –, sondern die zur Verletzung fundamentaler menschenrechtlicher Standards führen – z. B. die Einführung der Folter, die Psychiatrisierung abweichenden sozialen Verhaltens, die Einführung der Zwangsarbeit oder dergleichen mehr. Vor allem aber, es ist nicht auszuschließen, daß die legal an die Macht gekommene Gruppe ihre politische Macht dazu einsetzt, konkurrierende politische Strömungen zu unterdrücken, das Legalitätssystem, das untrennbar mit ihr verbundene System freier politischer Auseinandersetzung und die für alle gleiche Chance der Mehrheitserlangung außer Kraft zu setzen und eine Diktatur zu etablieren. Auf der Vorstellung derartiger Möglichkeiten beruhen die Begründungen, daß der Gesetzgeber selbst gewissen inhaltlichen Wertstandards unterworfen ist, die seinem Zugriff entzogen sein sollen. Und sie hat auch die vielfältigen verfassungs- und strafrechtlichen Vorkehrungen motiviert, welche bereits weit im Vorfeld des „klassischen" Staatsschutzes gegen Hoch- und Landesverrat[9] die Sphäre des politischen Willensbildungsprozesses unter die kontrollierende Aufsicht des Staates gestellt haben.

Eine theoretische, restlos aufgehende Lösung dieses Problems wird es nicht geben. Der Mensch ist kein primär instinktgeleitetes Wesen, und seine Beziehung zur Natur wie zu seinesgleichen muß er sich in mühevoller kultureller Arbeit ohne Zutun einer außermenschlichen Instanz selbständig aufbauen. Hat die Menschheit erst einmal den Schritt getan, ihre eigene Geschichte selbst zu machen, so gibt es keine Rückversicherung gegen die Risiken und Gefahren dieser geschichtlichen Existenz; auch Verfassungen sind – um ein in einem anderen Zusammenhang gebrauchtes Wort von Horst Ehmke zu zitieren[10] – keine politische Lebensversicherung; auch sie können die Tatsache nicht beseitigen, daß Menschen, wie wir es gerade im 20. Jahrhundert besonders deutlich vor Augen geführt bekommen haben, eben auch zu unmenschlichen Handlungen fähig sind.

Diese Feststellung begründet keinen politischen oder ethischen Agnostizismus, sondern soll verdeutlichen, daß auch eine mit noch so viel Ewigkeitswert ausgestattete Verfassung uns nicht die Anstrengung abzunehmen vermag, menschliche gesellschaftliche Verhältnisse herbeizuführen. Die Legalität ist in der Tat ein höchst riskantes politisches Formprinzip, weil sie das gesellschaftliche Dasein ohne das Netz unverrückbarer und überzeitlicher normativer Fixpunkte organisiert, zugleich aber auch Entwicklungen zu freien gesellschaftlichen Beziehungen ermöglicht, die im Rahmen werteorientierter politischer Formprinzipien nicht möglich sind. Die Etablierung einer vom Legalitätssystem abgekoppelten inhaltsorientierten Sphäre der Legitimität stellt den Versuch dar, die gesellschaftlichen Vorteile des Legalitätssystems zu genießen, ohne deren spezifischen politischen Risiken tragen zu wollen.

Eine redliche wissenschaftliche Betrachtungsweise muß daher die Gefahren eines konsequent institutionalisierten Legalitätssystems denjenigen Risiken gegenüberstellen, die aus der Einführung eines mit der Legalität konkurrierenden Legitimierungstypus in die Verfassung resultieren. Die bisherige Diskussion des bundesrepublikanischen Verfassungssystems hat darunter gelitten, daß der angebliche Werterelativismus des Legalitätssystems den hohen Werten der Menschenwürde, der politischen Freiheit und einer vom Recht gesteuerten Staatsgewalt entgegengehalten wurde, wobei die hohe affektive Besetzung dieser Werte jede Betrachtungsweise zu erschlagen droht, die nach der gesellschaftlichen Funktionsweise dieser beiden Legitimierungsstrategien fragt und sie kritisch gegenüberstellt.

Beachten wir zunächst, daß das Problem einer guten Verfassung nicht in der Qualität der Werte besteht, die sie fixiert, daß also eine Verfassung nicht um so besser ist, je mehr und je höhere Werte sie zum Ziel des politischen Gemeinwesens erklärt. Das Problem, mit dem es Verfassungen zu tun haben, liegt in der prekären Beziehung zwischen (öffentlicher) Gewalt und den gesellschaftlichen Werten, zu deren Verwirklichung sie eingesetzt werden kann; die historisch abschreckende Kombination von Wertansprüchen und hoheitlichen Zwangsbefugnissen ist die Inquisition, und es gehört daher zu den unaufgebbaren Errungenschaften der bürgerlichen Aufklärung, daß sie unbeeindruckt von der Hoheit postulierter Werte ganz nüchtern zunächst deren materielle Seite betrachtete, nämlich den hoheitlichen Zwang.

Kant bezeichnete als Republik ein Gemeinwesen, in dem Gewalt durch Gesetz und Freiheit vermittelt ist; dies war ein radikaler Gedanke, weil in ihm die Jahrhunderte alte Frage, durch welche Werte die Anwendung von Gewalt legitimiert werden könne, nicht durch die Entdeckung eines neuen Wertes beantwortet wurde, sondern durch die Zurückweisung dieser Frage. Die öffentliche Gewalt muß sich unabhängig von den Sinndeutungen des individuellen und gesellschaftlichen Daseins legitimieren können, weil das heraufkommende bürgerliche Zeitalter umfassende kollektive Gewißheiten gar nicht mehr ermöglichte. Die Legalität erlaubt die Anwendung hoheitlichen Zwanges, weil sie der sozialen Ordnung freier Individuen dient; als soziales Organisationsprinzip freier Individuen hat sie auf den ersten Blick einen widersprüchlichen Charakter: sie soll zum einen Bedingung individueller Freiheit sein, andererseits nimmt sie, wie wir gesehen haben, dem Individuum das Widerstandsrecht, unterwirft es dem Mehrheitsprinzip und mutet ihm damit zu, sich bedingungslos dem Gesetz und der es vollstreckenden öffentlichen Gewalt zu unterwerfen. Diese Zumutung ist aber nur erträglich, weil und solange das Gesetz eine revidierbare soziale Ordnungsform ist und letzte Fragen nicht letztverbindlich entscheidet. Die Revidierbarkeit des Gesetzes und die Freiheit, über seine Revision nachzudenken, zu kommunizieren und durch politisches Handeln darauf hinzuwirken, sind komplementäre Elemente einer auf dem Prinzip politischer Freiheit beruhenden Ordnung und entlasten seine Institutionen von dem Zwang, ewige Gewißheiten durchzusetzen.

Die öffentliche Gewalt wird dadurch rationalisiert, und in dieser Rationalität liegt ihre Legitimität. Wir wissen, daß diese Rationalisierung von Herrschaft erst auf der sozial-ökonomischen Grundlage der entstehenden bürgerlichen Gesellschaft möglich wurde, weil erst sie den gesellschaftlichen Lebensprozeß in ein System von Beziehungen isolierter Individuen aufgelöst hat und vermittelnde Formen entwikkeln mußte, durch die gleichsam eine soziale Mechanik ihrer ausschließlich von individuellen Interesse angetriebenen sozialen Aktivitäten geschaffen wurde. Die Logik dieses Ordnungsinstrumentariums, in erster Linie der Legalität, bestand in der wechselseitigen Ab- und Ausgrenzung individueller Sphären subjektiven „Eigenhabens", und sie schloß daher eine den Individuen gemeinsame gesellschaftliche Perspektive und Praxis aus; die Emotionen, Gedanken, Wertvorstellungen waren Privatangelegenheiten privater Subjekte, und das, was ihren gesellschaftlichen Zusammenhang konstituierte und zusammenhielt, war die formelle öffentliche Gewalt. Insofern ist das geschichtliche Auftreten der Legalität an gesellschaftliche Voraussetzungen gebunden, deren liberales Pathos spätestens nach den Katastrophen des 20. Jahrhunderts gründlich verflogen ist.

Das in ihr enthaltene Prinzip weist aber keineswegs nur die sozialen Beschränkungen seines geschichtlichen Ursprungs auf. Die oben referierte Auffassung, daß für den Gesetzgeber das Eigentum nicht unantastbar sei und er auch Sozialentwährungen, d. h. grundlegende gesellschaftliche Transformationen vornehmen könne, ist natürlich am frühen Morgen des bürgerlichen Verfassungsstaates geboren worden, richtete sich in erster Linie gegen obsolet gewordene feudale Rechtstitel und reflektierte auch den bürgerlichen Optimismus in die zeitlose Gerechtigkeit der bürgerlichen Gesellschaftsordnung; aber das Prinzip der gesellschaftlichen Veränderung im Medium der Legalität ist nicht mehr revozierbar, ohne die Geschichte für beendet zu erklären und damit nur noch gewaltsame Änderungen zu ermöglichen; denn gesellschaftliche Umwälzungen folgen materiellen Ursachen und nicht sozialen Philosophien, die deduzieren, daß alle Veränderungen nur dem status quo dienen dürfen.

Ebenso verhält es sich mit der Beziehung zwischen öffentlicher Gewalt und gesellschaftlichen Werten: unabhängig davon, wie eine Gesellschaft aussehen wird, in der der Einzelne nicht die Schranke der Freiheit des anderen, sondern in der ihre wechselseitigen Beziehungen die Bedingung der Freiheit jedes von ihnen ist, unabhängig also von einem konkreten Begriff sozialer Freiheit, wird es nicht möglich sein, die Subjektivität des Einzelnen in einem zur öffentlichen Norm erhobenen Wertbewußtsein zwangsweise zu kollektivieren, ohne die Möglichkeit sozialer Freiheit selbst zu zerstören. Die Legalität legitimiert gesellschaftlichen Zwang gegenüber dem Einzelnen, aber nur, weil sie gesellschaftliche Veränderungen legitimiert, sie kann dies nur, weil sie freie soziale Kommunikation und geistige Freiheit ermöglicht, indem sie nicht zu einem verbindlichen kollektiven Wertbewußtsein (unter der Drohung von hoheitlichen Zwangsmaßnahmen) zwingt, sondern der freien gesellschaftlichen Praxis der Individuen überantwortet. Nur deswegen ist legaler Zwang erträglich und kann in glücklichen Zeiten zur Bedingung von Freiheit werden.

Loyalität ist das subjektive Element der Legalität, ihre verpflichtende Kraft resultiert nicht aus der individuellen Teilhabe an einem durch die öffentliche Gewalt zusammengehaltenen kollektiven Wertbewußtsein, sondern aus der Erkenntnis der gesellschaftlichen Funktionsbedingungen der Legalität. Aber diese Erkenntnis ist selbst legal nicht erzwingbar, kann nicht zum Inhalt einer gesetzlich angeordneten Verpflichtung werden, weil sie dadurch notwendig öffentlichem Zwang unterläge und als subjektive Eigenleistung des Individuums zerfiele. Ohne diese subjektive Eigenleistung aber wird die in einem langwierigen geschichtlichen Prozeß durchgesetzte Trennung zwischen öffentlichem Zwang und gesellschaftlichem Wertbewußtsein aufgehoben, das Ergebnis ist eine säkularisierte Version der Inquisition. Dies ist die unerbittliche Logik des Legalitätssystems.

Es hat den Individuen das Widerstandsrecht genommen, aber gleichsam als Gegengabe eine Leistung erbracht, die eine volle Entschädigung darstellt, weil sie das Widerstandsrecht unter Bedingungen eines funktionierenden Legalitätssystems überflüssig gemacht hat. Ein Staat, der sich im Zeitalter pluralistischer und konkurrierender Wertvorstellungen, gesellschaftlicher Perspektiven und Sinndeutungen mit einem Wert – und sei es auch in der Sicht der herrschenden gesellschaftlichen Gruppen der höchste überhaupt – identifiziert, schafft unweigerlich das Problem konkurrierender Loyalitäten für die Staatsbürger. Sein Wertanspruch ist mit hoheitlichem Zwang bewehrt, aber auch andere gesellschaftliche Institutionen – z. B. Kirchen, aber auch politische Parteien oder Gewerkschaften – haben Mittel, die Gemeinsamkeit der Werte des Verbandes mit mehr oder minder scharfen Sanktionen durchzusetzen. Im Extremfall, so im Kirchenkampf des 19. Jahrhunderts, muß sich das Individuum entscheiden: zwischen einem gleichberechtigten staatsbürgerlichen Status unter Verzicht auf seine Wertüberzeugungen und dem Insistieren auf diesen Überzeugungen bei einem diskriminierten staaatsbürgerlichen Status.

Heute kann auch ein gläubiger Katholik, für den die Unauflöslichkeit der Ehe eine fundamentale Glaubensüberzeugung ist, gleichwohl Scheidungsrichter werden, weil der Staat in dieser Frage die Loyalitätsfrage nicht stellt und keinen Gewissenszwang ausübt. In anderen Fragen sind wir hinter die Errungenschaften des Kulturkampfes zurückgefallen: ein Anhänger des Marxismus-Leninismus, aber auch ein gegenüber dieser Theorie indifferentes Mitglied einer kommunistischen Partei kann hierzulande nicht einmal Lokomotivführer werden, geschweige denn Richter.

Das Legalitätssystem kann möglicherweise nicht verhindern, daß es mit seinen eigenen Mitteln außer Kraft gesetzt wird, obwohl das immer wieder angeführte Beispiel der Weimarer Republik für einen derartigen Fall wenig beweiskräftig ist. Die Weimarer Republik ist u. a. daran gescheitert, daß eine der wesentlichen Funktionsbedingungen der Legalität im Namen einer Werteordnung beseitigt wurde, nämlich die freie Verfügung des Gesetzgebers über den gesellschaftlichen Prozeß. Er hat die Chance nicht gehabt, eine in die Krise geratene kapitalistische Wirtschaftsordnung auf legalem Wege in eine sozialistische Gesellschaft zu transformieren, was ohne umfassende Entwährungen des privaten Eigentums nicht möglich gewesen wäre. Dagegen kann man bereits heute mit Gewißheit sagen, daß eine Ordnung, die ihre eigenen sozialen Voraussetzungen und ihre politische Funktionsweise in Gestalt einer „Verfassungstreue" tabuiert und der Veränderung entzieht, sich zu einer Zwangs-Wert-Ordnung rückbildet und damit nicht nur die Loyalität ihrer Bürger zerstört, sondern sich nicht länger als rationale Herrschaftsform einer freien Gesellschaft legitimieren kann. Es entbehrt daher nicht einer gewissen Logik, daß das in Art. 20 Abs. 4 GG konstitutionalisierte Widerstandsrecht nicht als ein Recht des Volkes gegen eine illegitim gewordene Regierung, sondern als ein Recht jedermanns gegen „Illoyale" ausgestaltet worden ist. Ein Wert-Zwangsverband findet seine Identität nicht zuletzt in dem Kampf gegen Dissidenten. Die weitere Entwicklung ist vorgezeichnet: die öffentliche Gewalt als Organ der zwangsweisen kollektivierten Wertüberzeugungen der Bürger wird auch deren übriggebliebene Rechte zwangsweise kollektivieren und treuhänderisch im Namen der gemeinsamen Werte verwalten, um endlich zu einer vollkommenen Kongruenz von objektiver Wertordnung und subjektivem Wertbewußtsein zu gelangen.

V.

Wenn Verfassungsfragen in das Zentrum der politischen Auseinandersetzungen geraten, dann hat die streitbefangene Verfassung bereits aufgehört, ihre gesellschaftliche Funktion zu erfüllen. Sie reguliert dann nicht mehr die Formen, in denen *alle* gesellschaftlichen Kräfte ihre Ansprüche politisch durchzusetzen trachten, sondern wird zum Kampfinstrument, und diejenige Partei obsiegt, die sich als Verfassungspartei ausgeben kann. Die Verfassung ist dann zu einem Instrument der politisch-moralischen Ausbürgerung geworden. Dies ist der Grund, warum die Linke sich des politischen Themas annehmen muß, denn sie ist konkret von der Ausbürgerung bedroht. Diese einleitenden Bemerkungen, in denen ich die Funktionslogik der Legalität darzustellen versucht habe, umschreiben daher lediglich minimale konstitutionelle Voraussetzungen, unter denen gesellschaftsverändernde Politik überhaupt nur möglich ist. Eine Analyse der gesellschaftlichen Bedingungen, unter denen sich die Transformation des Verfassungsstaates vollzieht, konnte in diesem Rahmen nicht geleistet werden, weil sie nicht die brennende Dringlichkeit hat wie die Erhaltung der legalen Voraussetzungen, unter denen allein sie unbefangen angestellt werden kann.

Anmerkungen

1 Vgl. hierzu J. Rawls: Eine Theorie der Gerechtigkeit. Frankfurt 1975, S. 106 ff. m. w. N.
2 O. Kirchheimer: Legalität und Legitimität, in: Die Gesellschaft. Internationale Revue für Sozialismus und Politik, 1932, S. 8 ff., hier S. 10 (abgedr. in ders.: Politische Herrschaft. Fünf Beiträge zur Lehre vom Staat. Frankfurt 1967, S. 7 ff.); C. Schmitt. Legalität und Legitimität (1932), in ders.: Verfassungsrechtliche Aufsätze aus den Jahren 1924–1954. Materialien zu einer Verfassungslehre. Berlin 1958, S. 263 ff., hier S. 264, 270, 285, 338.
3 R. Smend: Verfassung und Verfassungsrecht. München-Leipzig 1928, S. 164 (abgedr. in ders.: Staatsrechtliche Abhandlungen und andere Aufsätze. Berlin 1955, 2. Aufl. 1968, S. 119–276).
4 Vgl. hierzu H. Ridder: Die soziale Ordnung des Grundgesetzes. Leitfaden zu den Grundrechten einer demokratischen Verfassung. Opladen 1975, S. 37 ff.
5 Vgl. neuestens das Art. des BGH vom 9. Aug. 1977 bezüglich der Veröffentlichung der Biographie von „Bommi" Baumann, Az. 1 StR 74/77.
6 Vgl. hierzu C. Offe: Strukturprobleme des kapitalistischen Staates. Frankfurt 1973.
7 R. Koselleck: Staat und Gesellschaft in Preußen 1815–1848, in W. Conze (Hrsg.): Staat und Gesellschaft 1818–1848. Köln-Berlin 1962, S. 79 ff., hier S. 96.
8 G. Anschütz: Die Verfassungs-Urkunde für den Preußischen Staat vom 31. Jan. 1850. Ein Kommentar für Wissenschaft und Praxis. I. Bd., Berlin 1912, Anm. 5 zu Art. 9, S. 161.
9 Vgl. hierzu die instruktive Analyse von H. Copic. Grundgesetz und politisches Strafrecht neuer Art. Tübingen 1967.
10 H. Ehmke: Prinzipien der Verfassungsinterpretation, in: Veröffentlichungen der Vereinigung d. dt. Staatsrechtslehrer, H. 20 (1963), S. 53 ff., hier S. 72.

Georg Vobruba

Keynesianismus als Politisches Prinzip

*Zur Theorie des instrumentellen Gesellschaftsbildes**

1. Einleitung

Die Krise hat alle erstaunt. Die einen, die Kapitalismus zur krisenfreien „sozialen Marktwirtschaft" gebändigt sahen, mußte schon ihr Erscheinen wundern. Für die anderen wiederum kam überraschend, daß die Krise nicht hielt, was sie sich von ihr versprochen hatten. Weder wurde das – bewundernswert starrsinnige (Vgl. Mattik 1974) – Insistieren auf orthodoxen Marx'schen Positionen belohnt, noch vermochten die Theoretiker, die sich um Weiterentwicklung Marx'scher Krisentheorie bemüht hatten, ihre Theoreme bestätigt finden. Denn was sich ereignete, verdient es kaum, „Krise" genannt zu werden: Die ökonomische Entwicklung seit 1974 zeitigte keinerlei Handlungsfolgen bei den Betroffenen, die auch nur irgendwie die Perspektive auf eine gesellschaftliche Entscheidungssituation eröffnet hätten. Hat die Krisentheorie eine Chimäre zu ihrem Gegenstand gemacht?

Gerade um die Fragestellung sozialwissenschaftlicher Krisentheorie – und damit: kritischer Sozialwissenschaft – zu erhalten ist es notwendig, nach den Ursachen der derzeitigen Systemstabilität zu fragen. Ich versuche also den Spieß umzudrehen: Es geht in dieser Arbeit nicht um die Identifikation von Krisenbedingungen, sondern um die Frage, wie, trotz Funktionsstörungen im ökonomischen System, die offenkundige derzeitige gesellschaftliche Stabilität zu erklären ist. Thema ist die Analyse gesellschaftlicher Stabilitätsursachen in krisentheoretischer Absicht. Dazu ist es notwendig, jene Stelle in der krisentheoretischen Argumentation zu bestimmen, an der Krisentheorie ihren Gegenstand aus dem Griff verlor. Es geht also vorerst darum, diesen Schritt in der krisentheoretischen Argumentation explizit zu machen und damit den (krisen)theoretischen „Ort" dieser Arbeit zu bestimmen.

Sozialwissenschaftliche Krisentheorie (vgl. Jänicke 1973) basiert auf dem folgenden Grundmuster von Argumentation: Aus systemstrukturellen (makrotheoretisch ausmachbaren) Unvereinbarkeiten resultieren systemische Funktionsstörungen. Diese Funktionsstörungen schlagen sich für die Gesellschaftsmitglieder in Veränderungen ihrer Lebensbedingungen nieder – in der Weise, daß eine Differenz zwischen

* Erweiterte Fassung eines Referats, das auf der Frühjahrstagung 1979 des Arbeitskreises POLITISCHE ÖKONOMIE in Berlin gehalten wurde.

gegebenem (erworbenem) Anspruchsniveau und realisierbaren Ansprüchen an die Gesellschaft entsteht. Diese Differenz zulasten der Realisierbarkeit wird als „relative Deprivation" erfahren. Daran knüpft die Krisentheorie dann handlungstheoretische Konsequenzen. Die Erfahrung relativer Deprivation führt zu Verhaltensweisen, die ihrerseits auf die Funktionszusammenhänge des Systems derart zurückwirken, daß eine Verschärfung der Störung hin zu einer Krise (wenigstens) als möglich erscheint. Indem strukturelle Unvereinbarkeiten innerhalb des Systems Handlungsweisen generieren, die selbst funktionsstörend wirken, werden diese Unvereinbarkeiten als Widersprüche innerhalb eines Gesellschaftssystems „ausgetragen".

Innerhalb der krisentheoretischen Diskussion richtete sich das Interesse bisher hauptsächlich auf die Frage adäquater Analyse von „Systemdefekten". Man interessierte sich in erster Linie für die Analyse struktureller Unvereinbarkeiten, welche Funktionsstörungen plausibel erscheinen ließen. Die krisentheoretische Diskussion siedelte sich also überwiegend auf der Makro-Theorieebene an. Diese Gewichtung hatte praktische Ursachen. Die – kritisch motivierten – Versuche zu einer sozialwissenschaftlichen Krisentheorie standen allesamt unter dem Eindruck der Erfahrung ökonomischer Dauerprosperität und grundsätzlichem Zweifel an der weiteren Erklärungstüchtigkeit Marx'scher Krisentheorie, jedenfalls als ökonomischer Krisentheorie. Diese Zweifel mündeten in die Frage, ob nicht vielleicht „die ökonomische Krise auf die Dauer abgefangen werden kann, obgleich nur in der Weise, daß die kontradiktorischen Steuerungsimperative, die sich im Zwang zur Kapitalverwertung durchsetzen, eine Reihe anderer Krisentendenzen erzeugen." (Habermas 1973:60) Folgerichtig wurden erhebliche Anstrengungen gemacht, um derartige Verschiebungen und gewandelte Formen möglicher Krisenmöglichkeiten zu identifizieren (vgl. Offe 1972, Habermas 1973).

Die im krisentheoretischen Argumentationsgang nachgeordnete Frage nach dem Zusammenhang von Funktionsstörung einerseits und deren subjektiver Aufnahme samt daraus resultierenden Handlungsfolgen bei den krisenbetroffenen Gesellschaftsmitgliedern andererseits, blieb im Schatten der theoretischen Suche nach Systemdefekten. Über dieses Vermittlungsproblem, die Verknüpfung von Makro- und Mikro-Theorieebene (bzw. von „Stuktur" und „Handeln") wurde damit, implizit oder explizit, mitentschieden: Sind einmal die strukturellen Unvereinbarkeiten manifest, so werde dies von den Krisenbetroffenen schon als Widerspruch ausgetragen werden.

Offes krisentheoretische Überlegungen z.B. setzen bei der Analyse der „aus der Warenform herausgefallenen und in diesem Sinne ‚dekommodifizierten' Strukturelemente kapitalistischer Industriegesellschaften" (Offe 1972:40) an. Um von diesem strukturellen Merkmal die Vermittlung zum Handeln zu schaffen, rekurriert Offe sodann auf personale Entsprechungen: Das Eindringen systemfremder Strukturelemente in die prinzipiell warenförmig strukturierte Gesellschaft führt zur Erosion der sozialintegrativen Kraft des Äquivalententauschs und damit zu Konflikten, deren „Träger soziale Gruppen sind, die generell oder im Hinblick auf spezifische Konfliktmaterien der Warenform entkleidet sind." (ebd.; 59) Und schließlich: „Die sozialen und politischen Konflikte, die sich auf der Grundlage dieses Strukturwiderspruchs auskristallisieren und das Ende des legitimatorischen Gleichgewichtszustandes ankündigen, sind offenkundig." (ebd.: 57) Indem Offe seine auf der Makroebene formulierten Krisenmöglichkeiten auf der Mikroebene durch nicht weiter geprüfte handlungstheoretische Unterstellungen zu bestätigen sucht, geht der krisentheoretische Ansatz der Mehrdeutigkeit verlustig, welche in der Vermittlung zwischen krisenträchtigen Strukturbedingungen einerseits und krisenhafter Zuspitzung im Handeln andererseits besteht. Offe „erschleicht" sich so „eine Lösung über die Annahme einer ungebrochenen Beziehung zwischen systembezogenen Enttäuschungserfahrungen und ihrer systemgefährdenden organisatorischen Repräsentanz." (Allert 1976; 226)

Wohlgemerkt: Es geht hier nur darum, die aus ihrer Entstehungssituation verstehbare Einäugigkeit der Krisentheoreie zu skizzieren. Um nicht mehr. Billig wäre es, zeigen zu wollen, daß wir heute klüger sind; und unberechtigt wäre dies noch dazu: denn unsere neuerdings erworbene „Klugheit", mit Vorhersagen über ein allfälliges „Ende des legitimatorischen Gleichgewichtszustandes" vorsichtiger zu sein, verdankt sich der schieren politischen, theoretisch jedoch weitestgehend unbegriffenen, Entwicklung.

1974 war es soweit. Die Krise kam. Und sie kam als ökonomische. Sie bedeutete vorübergehenden Stillstand des Wirtschaftswachstums; die Lohneinkommen gerieten im Verteilungskampf ins Hintertreffen; Arbeitslosigkeit erreichte die Höhe von einer Million und verfestigte sich zum Dauerproblem. An Verhaltenszumutungen, enttäuschten Erwartungen, Unterbefriedigung der Ansprüche der Krisenbetroffenen – insgesamt: an potentiellem sozialem Zündstoff gab es genügend. Doch krisenverschärfendes Konfliktverhalten seitens der Betroffenen blieb aus.

Diese unabweisbare Erfahrung verweist das theoretische Interesse auf eben jenes Vermittlungsglied der krisentheoretischen Argumentation, das ich soeben versucht habe explizit zu machen. Dies Interesse muß sich in der Frage kanalisieren, in welcher Weise „Krise" im Erfahrungshorizont der Betroffenen interpretativ verarbeitet wird; die Frage richtet sich auf die Mehrdeutigkeiten in der subjektiven Aufnahme der Krisenerfahrung und damit auch in den Handlungsstrategien, welche die Betroffenen daraus herleiten.

Damit ist der Stellenwert dieser Arbeit innerhalb krisentheoretischer Argumentation bestimmt: Sie handelt von der Entstehung des – wie ich glaube – heute dominanten Interpretationsmodus ökonomischer Realität, von der Art und Weise, wie aktuelle Krisenerfahrung sich in diesem Deutungsmuster darstellen, und von den Folgen, welche diese zur Zeit dominante Art der Kriseninterpretation für das Verhalten der Krisenbetroffenen hat. Der Gegenstand dieser Untersuchung ist damit an der strategisch entscheidenden Stelle sozialwissenschaftlicher Krisentheorie angesiedelt: Dort, wo es um die Umsetzung makrotheoretischer Einsichten in verstehbare – und damit: voraussehbare – Handlungskonsequenzen geht.

Als Ausgangspunkt der Arbeit dient mir die These: Ökonomische Realität wird heute überwiegend innerhalb eines Deutungsmusters interpretiert, das ein vulgarisierter Keynesianismus prägt. Dieses Alltagsverständnis von Ökonomie hat bestimmenden Einfluß auf das Verstehen von Gesellschaft insgesamt. Ich bezeichne dies als das „instrumentelle Gesellschaftsbild". Das instrumentelle Gesellschaftsbild bestimmt heute weitgehend sowohl das Handeln der Politik-Akteure wie die Akzeptanz dieser Politik durch die Betroffenen.

Ich erörtere vorweg kurz die Schritte der Argumentation:

- Die konfliktharmonisierende Sicht des Keynesianismus begründet seine spezifische Attraktivität als wirtschaftspolitische Leitvorstellung der Sozialdemokratie:
- Die Institutionalisierung des Keynesianismus in der wirtschaftspolitischen Praxis der BRD ist untrennbar mit der Übernahme der Regierungsfunktion durch die SPD verknüpft.
- Auf keynesianisches Gedankengut gestützt, kann die Sozialdemokratie als regierende Partei das Verständnis vom Staat als dem Wahrer ökonomischer Funktionszusammenhänge – und somit: des gesellschaftlichen status quo – im Interesse aller entwickeln.
- Ökonomische Strukturwandlungsprozesse – z.T. ihrerseits selbst durch sozialstaatlichen und wirtschaftspolitischen Interventionismus bedingt – haben zu einer Veränderung der Bedingungen geführt, auf welche die Wirksamkeit keynesianischer Wirtschaftspolitik gebaut hatte.
- Diese „Bedingungen" betreffen insbesondere die Formen ökonomischen Anspruchsverhaltens sowohl bei den Lohnabhängigen wie auch bei den Investoren.
- In dem Maße, in dem diese Verhaltensweisen von den im keynesianischen Modell unterstellten abweichen, verlagert sich die wirtschaftspolitische Problematik aus dem ökonomischen „Kern"bereich in die „Herstellung geeigneter Rahmenbedingungen" *für* erfolgreichen Staatsinterventionismus. Das hat gesellschaftspolitische Folgen.
- Mit der Entwicklung eines instrumentellen Gesellschaftsbildes verbindet sich die Konsequenz, daß Interessenartikulation, welche sich nicht vorweg selbst am Erfordernis der Bewahrung der gegebenen ökonomischen Funktionszusammenhänge kontrolliert und die Gefahr von Funktionsstörungen zu bergen scheint, als das Allgemeininteresse sabotierend aufgefaßt wird.
- Damit wird gesellschaftlicher Konflikt nicht nur aus der Sphäre der Ökonomie verbannt, sondern gesamtgesellschaftlich geächtet: Auch die „Rahmenbedingungen" der Wirtschaftspolitik müssen konsensuell gehalten werden.
- Das instrumentelle Gesellschaftsbild liefert in dieser Situation nicht nur Handlungsorientierung für die Herstellung wirtschaftspolitisch funktionaler gesellschaftlicher Zustände (samt deren möglichen gesellschaftlichen Kosten), sondern es stimuliert – soweit es allgemeines Bewußtsein ist – auch deren Hinnahme.

2. *Keynesianismus und Sozialdemokratie*

Woher stammt die Affinität von Sozialdemokratie und Keynesianismus? Keynes hat keinen Zweifel darüber offengelassen, worauf es ihm ankommt: „Wollen wir nicht zum Kommunismus übergehen, so gibt es kein anwendbares Mittel, um der Unterbeschäftigung Herr zu werden, als den Unternehmern wieder eine angemessene Profitspanne zu vsrschaffen." (Keynes 1931; 53. Zit. nach Hofmann 1971; 222) Zurecht spricht Werner Hofmann von der „Keynes'schen Revolution" als dem „Typus der konservativen Revolution: Sie will mit neuen Mitteln bewahren, was nur noch auf neue Art bewahrt werden kann." (Hofmann 1971; 222) Dies kommt der Sozialdemokratie gleich in mehrfacher Weise entgegen.

Seit sie ihre systemüberwindende Perspektive verloren bzw. nur noch rhetorisch bewahrt hatte, sahen sich sozialdemokratische Positionen mit dem Problem konfrontiert, bürgerliche Wirtschaftspolitik zwar kritisieren, jedoch keine Alternative zu den Wirtschaftskonzepten der bürgerlichen Parteien anbieten zu können. Historisches Beispiel hierfür ist die „Doppelrolle, in der sich die Sozialdemokratie seit Kriegsausbruch (im Jahre 1914 – Einfügung von mir) befand, indem sie auf der einen Seite Tolerierungspolitik betrieb und den Kanzler gegen Forderungen von rechts und von links abschirmte, auf der anderen Seite als Opposition gegen die herrschenden innenpolitischen Mißstände und als Wortführerin der Arbeiterschaft auftrat." (Miller 1974; 85) Ähnlich war es in der Weltwirtschaftskrise: Verbaler Protest gegen die Verschlechterung des materiellen Lebensstandards der Lohnabhängigen ging einher mit der faktischen Zustimmung zu Lohnkürzungen – um der Überwindung der Krise willen! Konkrete wirtschaftspolitische Vorschläge vonseiten der Sozialdemokratie beschränkten sich im Wesentlichen darauf, das gegebene staatliche Finanzvolumen möglichst effizient zu nutzen, um wenigstens die ärgsten sozialen Krisenfolgen abfangen zu können. (Vgl. Timm 1953) Mehr ließ sich aus Ökonomievorstellungen, denen der Lohn letztlich nichts weiter ist als ein Kostenfaktor – und somit ein Störfaktor bei der Krisenüberwindung –, nicht gewinnen.

Die Attraktivität keynes'scher Theorie für die Sozialdemokratie setzt bei der Tatsache an, daß Keynes den Doppelaspekt des Lohnes erkennt: Lohn ist zwar einzelwirtschaftlich Kostenfaktor, gesamtwirtschaftlich aber eine der Determinanten der Gesamtnachfrage und somit ausschlaggebend für die unternehmerischen Gewinnerwartungen. „Wir müssen danach trachten, die Gesamtkaufkraft (the aggregate spending power) zu vergrößern. Wenn uns das gelingt, so wird dies dienlich sein, um z.T. die Preise zu heben und z.T. die Nachfrage zu mehren." (Keynes 1933; 18, Zit. nach Hofmann 1971; 211) Anhand des keynes'schen Konzepts ließ sich also das ehedem unübersteigbare Dilemma der Sozialdemokraten: Einerseits die materielle Lage der Lohnabhängigen verbessern zu wollen, andererseits aber um der Förderung des ökonomischen Funktionszusammenhangs willen Gewinne stützen zu müssen, unterlaufen. „Unser Gedankengang führt somit zu dem Schluß, daß unter den gegenwärtigen Bedingungen das Wachsen der Wohlfahrt (wealth), weit davon entfernt von der Enthaltsamkeit (abstinence) der Reichen abhängig zu sein, wie gemeinhin angenommen wird, eher von ihr gehemmt wird. Einer der hauptsächlichen Rechtfertigungsgründe für die Ungleichheit der Einkommen entfällt damit." (Keynes 1936; 315, Zit. nach Hofmann 1971; 214) Nun standen sozialdemokratische Umverteilungsbemühungen mit einem Male nicht nur nicht mehr in Widerspruch zu (kapitalistischen) ökonomischen Funktionserfordernissen, sondern sie schienen zwecks Förderung des Systemfunktionierens sogar geradezu notwendig. Ferner verhieß der Keynesianismus als wirtschaftspolitisches Konzept die Möglichkeit verstärkter Einbeziehung des Staates und damit für die Sozialdemokratie die Chance, sich ihrem gesellschaftsplanerischen Selbstverständnis in ökonomischen Belangen anzunähern – freilich in einem ganz bestimmten Sinn. Keynes wußte, daß es nicht angehen kann, die Löhne auf Kosten der Gewinne zu erhöhen, den Unternehmern also auf der Kostenseite erst wegzunehmen, was man ihnen dann via Nachfrage wieder zukommen lassen will. Immerhin ist der Lohn Nachfrage- *und* Kostenfaktor. Es muß also zusätzliche Nachfrage (produktions-)kostenneutral geschaffen werden, um expansive Effekte zu erzielen. So kommt Keynes zur Einbeziehung des Staates in die Ökonomie.

Dieser habe die Aufgabe, mittels öffentlicher Kreditnahme die Gesamtnachfrage zu erhöhen. Keynes meint, „daß eine ziemlich umfassende Sozialisierung der Investition (socialisation of investment) sich als das einzige Mittel erweisen wird, um der Vollbeschäftigung nahezukommen." (Keynes 1936; 319, Zit. nach Hofmann 1971; 215) „Sozialisierung der Investition" bedeutet: Staatliche Einflußnahme ausschließlich auf monetäre Bedingungen für die Investition, keinesfalls auf Produktionsinhalte selbst. Die Aufrechterhaltung der unternehmerischen Investitionsautonomie verstand sich für Keynes von selbst und konnte für ihn gar nicht zum Problem werden, da der intendierte Zweck der Staatsintervention: Vollbeschäftigung, sich in keynes'scher Sicht ja ohnehin unabhängig von den konkreten Produktionsinhalten erzielen läßt. So wird Keynes nicht müde, anhand zahlreicher Beispiele zu demonstrieren, wie segensreich gerade – inhaltlich – sinnlose Produktion für eine Gesellschaft sein kann. (Vgl. Keynes 1936; 109 f.)

Der Keynesianismus eröffnet der Sozialdemokratie die Möglichkeit, ihr Selbstverständnis: Vertreterin des Lohnabhängigeninteresses und gesellschaftsgestaltende Instanz zu sein, aufrechtzuerhalten und gleichzeitig im Sinne der Reproduktion des gesellschaftlichen status quo funktionsrelevant intervenieren zu können. Dies ergibt sich aus em keynes'schen Verständnis vom Doppelaspekt des Lohnes und aus der keynes'schen Konzeption einer Staatstätigkeit, die sich wohl Planung nennen läßt und Hoffnung auf die Lenkbarkeit der Ökonomie nährt, jedoch weit vor allen inhaltlichen Eingriffen in die unternehmerische Investitionssouveränität halt macht. Der Keynesianismus erlaubt der Sozialdemokratie, erstmals in deren Geschichte, gesellschaftsverändernde Programmatik und systemstabilisierende Pragmatik miteinander in Einklang zu bringen. Dies scheint mir die Grundbedingung für eine stabile Regierungsfähigkeit sozialdemokratischer Parteien.

3. Die implizite Staatstheorie des Keynesianismus

Mit der Übernahme von Regierungsverantwortung durch die SPD wurde der Keynesianismus zum praktisch wirksamen wirtschaftspolitischen Leitbild für die BRD erhoben. Der Staat, so formuliert schon das Godesberger Programm, „ist verantwortlich für eine vorausschauende Konjunkturpolitik und soll sich im wesentlichen auf Methoden der mittelbaren Beeinflussung der Wirtschaft beschränken." (1953; 13) Ideologisch weniger auf eine staatsfreie Ökonomiesphäre fixiert als die CDU und mit einem unkomplizierteren Verhältnis zu staatlicher Planung, trat die SPD mit einer wirtschaftspolitischen Konzeption an, die sich an Keynes orientierte und genau das bezweckte, was auch der „Meister" intendiert hatte: Ein „Weg zur Rettung der Marktwirtschaft" (Schiller 1965; 20) zu sein. 1967 wurde keynesianisch motivierte Globalsteuerung zum Gesetz erhoben und damit dem Staat zur Pflicht gemacht. Der Weg dahin, „daß wir die Stockungen abschaffen und uns somit dauernd in einem Quasi-Aufschwung (quasi-boom) halten" (Keynes 1936; 272, Zit. nach Hofmann 1971; 208) war endgültig eingeschlagen. Der Wirtschaftsexperte und nachmalige Sozialminister Herbert Ehrenberg frohlockte: „. . . mit dem keynes'schen Instrumentarium kam in die Wirtschaftspolitik die Möglichkeit des Machbaren der Konjunktursteuerung zur Verhinderung von Krisen." (Ehrenberg 1973; 37) Jetzt mußte es also nur noch „machen".

Mit solchen Perspektiven mußte notwendig ein gestärktes Selbstbewußtsein des Staates einhergehen. Der Orientierungsrahmen '85 bringt dies unmißverständlich zum Ausdruck: Der Staat schafft und erhält die wirtschaftlichen, sozialen und politischen Existenzbedingungen der privaten Unternehmen, sorgt für die Einrichtungen der Infrastruktur und der sozialen Versorgung und verringert das konjunkturelle Risiko durch seine auf Vollbeschäftigung und stetiges Wachstum gerichtete Steuerungspolitik." (1976; 25)

Ist man erst einmal davon überzeugt, daß grundsätzlich die Kenntnisse und das wirtschaftspolitische Instrumentarium verfügbar sind, welche einen dauernden „Quasi-Aufschwung" ermöglichen, so kann man die tatsächliche Realisation der Dauerprosperität nur noch als ein technisches Problem ansehen. Der Zustand der Dauerprosperität erscheint zur Realisation des Allgemeininteresses geboten und durch keynesianisch angeleitete Staatsintervention – jedenfalls prinzipiell – auch erreichbar.

Der Staat als Exekutor des reinen wirtschaftspolitischen Sachverstandes im Interesse der Allgemeinheit – dies entspricht durchaus der Auffassung von Keynes selbst. „Keynes was an elitist, and he operated under what his biographer called ‚the presuppositions of Harvey Road' – that governmental policy and economic policy in particular, would be made by a relatively small group of wise and enlightened people." (Buchanan/Burton/Wagner 1978; 16, Zit. nach Freyer 1979; 3) Doch entspringt die Auffassung von der (Gruppen-)Neutralität des Staates keineswegs nur der persönlichen Geisteshaltung eines Herrn Keynes. Sie ist vielmehr konstitutives Merkmal keynesianischer Wirtschaftspolitik. Die gilt für deren Theorie ebenso wie für deren Praxis.

Gemäß der Unterscheidung von Sein und Sollen im Popper'schen Sinne reduziert die Theorie der Wirtschaftspolitik sich darauf, ihren Gegenstand, das Ökonomie/Politik-Verhältnis ausschließlich unter dem Gesichtspunkt möglicher instrumenteller Politikintervention zu untersuchen. Die mehr oder weniger lose an Keynes anknüpfende Theorie der Wirtschaftspolitik beschränkt sich darauf, „von den in der zeitgenössischen Politik am häufigsten praktizierten Zielsetzungen" (Gäfgen 1967; 12) ausgehend, „sachliche Bedingungen für die Realisierung bestimmter Ziele aufzuzeigen." (Pütz 1975; 10) „Handlungsmotivation und Zielbildungsprozesse" des Staates betrachtet die Theorie der Wirtschaftspolitik nicht als ihr Thema. „Eine Endogenisierung des Staates" (Spahn 1976; 236) scheitert am methodischen apriori des Popper'schen Wissenschaftsideals.

Die methodisch präjudizierte Reduktion des Gegenstandes der Wirtschaftspolitik hat praktische Konsequenzen: Indem der Staat aus dem Forschungsgegenstand entfernt wird, setzt man ihn notwendigerweise absolut. Die wirtschaftspolitischen Zielsetzungen können für die Theorie der Wirtschaftspolitik nur noch aus „reinem" politischen Wollen kommen, gleichsam dem Staate selbst entspringen. Damit ist der Weg freigelegt, den Staat als den Wahrer von Gemeinwohl, das er will, und neutralem wirtschaftspolitischem Sachverstand, den er innehat, aufzufassen.

„Die Widersprüchlichkeit seiner (des Staates – Einfügung von mir) Funktionsbestimmung . . . , die darin zu sehen ist, daß er einmal als Organisationsinstrument zur Durchsetzung des Allgemeininteresses betrachtet wird, andererseits aber den Ergebnissen der politischen Willensbildung unterworfen sein soll" (Spahn 1976; 236), wird in der Theorie der Wirtschaftspolitik zugunsten des ersteren Moments „aufgelöst". Indem sie die Problematik staatlicher Zielkonstituierung aus ihrem Gegenstand ausblendet, verleugnet sie die Unterworfenheit des Staates unter Wähler- und Verbandsinteressen etc. In Konsequenz davon erscheinen politische Manifestationen von Gruppeninteressen, sofern sie in Widerspruch zu staatlichen Politikbemühungen geraten, als exogene Störfaktoren einer Politik, die es doch „mit allen nur gut meint." Tatsächlich „basiert der keynesiansiche Begriff von Wirtschaftsplanung auf der Identifizierung des Staates mit der ‚Gesellschaft als Ganzes', der Handlungen der Regierung mit der volonte generale." (Engelhardt 1973; 203)

Die Sozialdemokratie verficht entschieden diese Auffassung vom Staat als einer über den Partikularinteressen stehenden Instanz. Es verfängt nicht, wenn im Orientierungsrahmen '85 die Einsicht festgehalten wird, daß „die Vorstellung von einem neutralen, über allen Interessengegensätzen schwebenden autonomen Staat, der verfassungsmäßig aufgegebene oder politisch frei gesetzte Ziele unabhängig verwirklicht, mit der staatlichen Wirklichkeit der Bundesrepublik unvereinbar" ist. (1976; 23) Denn schon auf der nächsten Seite wird diese Einsicht zurückgenommen: Es „entwickeln die großen politischen Parteien, und insbesondere die Sozialdemokratie, auf der Grundlage von Überzeugungen und Interessen, auf die sie sich stützen und die sie zu mobilisieren suchen, alternative Konzepte von *Gemeinwohl* oder *Gesamtinteresse der Gesellschaft.* (1976; 24). Hervorhebung von mir) Mag es auch im einzelnen Divergenzen zwischen unterschiedlichen Auffassungen über das Gemeinwohl geben, in der Staatsauffassung hat man sich damit doch eindeutig festgelegt: Er verfolgt – was auch immer dies inhaltlich bedeuten mag – das Gemeinwohl.

In der Tat: Die SPD trat die Regierungstätigkeit mit Reformperspektiven an und mit dem Anspruch, über ein wirtschaftspolitisches know-how zu verfügen, dessen Anwendung in allgemeinem Interesse sei. Erste reformpolitische Erfolge und die zügige Überwindung der Krise 1967 schienen der SPD und dem neuen wirtschaftspolitischen Konzept recht zu geben.

4. Keynesianismus in der Krise

Kaum sieben Jahre später ging es wieder bergab; und mit der ökonomischen Krise einher ging eine Krise des keynesianischen Instrumentariums: Die wirtschaftspolitische Intervention des Staates ging und geht weitgehend ins Leere. Worin ist die nunmehrige Unwirksamkeit keynesianischer Wirtschaftspolitik begründet?

Grob lassen sich zwei Typen wirtschaftspolitischer Interventionsstrategien unterscheiden: Interventionen, die bei der Förderung der Gewinneinkommen ansetzen; und Interventionen, die bei der Förderung der Massenkaufkraft ansetzen. Da die Ökonomie nach dem Modell eines Kreislaufs gedacht wird, knüpfen beide Interventionsstrategien prinzipiell an die gleichen Wirkungszusammenhänge. Förderung der Gewinneinkommen soll über die Verbesserung der Gewinnerwartungen vermehrte Investition und damit zusätzliche Beschäftigung stimulieren. Förderung der Massenkaufkraft soll über eine Verbesserung der unternehmerischen Ertragschancen wiederum zu vermehrter Investition und zusätzlicher Beschäftigung führen.

Die beiden genannten Interventionstypen laufen für den Staat letztlich auf den selben Zweck hinaus: Keynesianische Intervention soll dem Abbau des den Staat belastenden Beschäftigungsproblems dienen. Dieser Zweck hatte schon Keynes' theoretische Bemühungen angeleitet: „Der endgültige Zweck unserer Analyse ist, zu entdecken, was die Menge der Beschäftigung bestimmt." (Keynes 1936; 77, Zit. nach Hofmann 1971; 186) Keynesianische Wirtschaftspolitik als Problemminimierungsmanagement des Staates – somit: ausgebüt in seinem „Interesse an sich selbst" (vgl. Offe 1975; 13 et passim, Vobruba 1978) – hat ihr Ziel also erst dann erreicht, wenn sie zu zusätzlicher Beschäftigung geführt hat.

Das Mittel, dessen sich der Staat bedient, um sein Ziel zu erreichen, könnte man als Hilfe zur Selbsthilfe für die Wirtschaft beschreiben. Der staatliche Eingriff wird in der Absicht und der Erwartung unternommen, einen ökonomischen Prozeß (wieder) in Gang zu bringen, der sich dann selbst trägt und sich – auf sich erweiternder Stufenleiter – selbst reproduziert. In dieser Perspektive ist die Förderung unternehmerischer Gewinnerwartungen nicht Zweck, sondern Mittel der Wirtschaftspolitik. Dieses Mittel hat der Staat in der Hand, bezüglich seines intendierten Zwecks hingegen muß er auf Transmissionszusammenhänge vertrauen, die seinem planenden Zugriff entzogen sind. Hier liegt die Problematik der Wirksamkeit keynesianisch ansetzender Intervention. Ich diskutiere sie getrennt nach den beiden oben eingeführten Maßnahmetypen.

(A) Gegen die Wirksamkeit staatlicher Profitbegünstigung zum Zwecke der Steigerung der Beschäftigung ist einzuwenden, daß der Zusammenhang von Profitbegünstigung/Wirtschaftswachstum/Beschäftigungswachstum nicht eindeutig ist. Die Erfahrung der letzten Jahre hat gezeigt, daß der im keynes'schen Modell unterstellte Fall der Erweiterungsinvestition durchaus nicht zum Normalfall unternehmerischen Investitionsverhaltens stiliisert werden darf.

Unter der Bedingung, daß die längerfristigen Absatzchancen von den Unternehmen als unsicher eingeschätzt werden, sowie der Bedingung relativ hoher Kosten des Faktors Arbeit muß vielmehr „Rationalisierung" als der dominante Investitionstypus angesehen werden. Profitsicherung wird in diesem Falle also nicht über Mengenausweitungen der Produktion und des Angebots, sondern über Kostenreduzierung betrieben. Damit gerät der Staat in die paradoxe Situation, daß Mittel, die er zur Investitionsförderung zwecks Beschäftigungssteigerung verausgabt, noch zur Steigerung des Beschäftigungsproblems beitragen: Sie werden zur Finanzierung von Rationalisierung verwendet. Macht der Staat hingegen den Versuch, Profitbegünstigung direkt an die Bedingung zu knüpfen, daß zusätzliche Arbeitskräfte eingestellt werden, versucht er also, den ihn interessierenden Beschäftigungseffekt quasi zu erzwingen, so wird der unternehmerische Widerstand bloß einen Schritt vorverlegt: Dann werden die staatlichen Mittel nicht mehr, wie im Falle allgemeiner Profitbegünstigung, zwar angenommen, aber „zweckentfremdend" verwendet, sondern die Unternehmen nehmen die staatlich bereitgestellten Mittel erst überhaupt garnicht in Anspruch.

(B) Der zweite Interventionstypus betrifft die Anhebung der Massenkaufkraft zwecks Beschäftigungswachstum. Auch hier sind die Zusammenhänge alles andere als eindeutig. Zum einen ist ungeklärt, in welchem Ausmaß zusätzliches verfügbares Einkommen in Krisenzeiten überhaupt zu zusätzlichem Konsum führt. Angesichts der eher als unsicher interpretierten Situation ist es aber nicht unwahrscheinlich, daß zusätzliche Einkommensteile aus Sicherheitsmotiven gespart werden.

Setzen wir aber für die weitere Erörterung voraus, daß die staatliche Förderung der Masseneinkommen tatsächlich zu zusätzlicher Konsumgüternachfrage führt, so bleibt deren beschäftigungspolitischer Erfolg dennoch ungewiß. Ob ein Mehr an Konsumgüternachfrage zu erhöhter Beschäftigung führt, entscheidet sich damit, in welcher Weise die Unternehmungen auf die gestiegene Konsumgüternachfrage reagieren. Der beschäftigungspolitische Zweck wird dabei ganz offensichtlich nur dann erreicht, wenn die Unternehmen die gestiegene Konsumgüternachfrage zum Anlaß nehmen, Produktion und Beschäftigung zu erhöhen. Dies wiederum ist nur dann wahrscheinlich, wenn die Steigerung der Nachfrage von den Unternehmungen als dauerhaft angesehen wird. Der staatlich gestützten Mehrnachfrage jedoch fehlt die Garantie der Dauerhaftigkeit. Mehr noch: Gerade aus der Programmatik keynesianischen Eingriffs ergibt sich dessen Kurzzeitigkeit. Schließlich soll der Eingriff, sobald er in einen sich selbst tragenden Kreislauf von Investition/Beschäftigung/Konsum gemündet hat, wieder zurückgenommen werden. Ob die Unternehmungen die Ansicht vertreten, daß die staatlich initiierte Nachfrage sich dauerhaft verfestigt, hängt wesentlich davon ab, ob sie die Intervention tatsächlich als Initialzündung ansehen können. Ob die keynesianische Nachfragestützung zur Initialzündung wird, hängt wiederum vom Verhalten der Unternehmer ab: Davon nämlich, ob sie sich – längerfristige Nachfragesteigerungen erwartend – zu Erweiterungsinvestitionen entschließen. Zwei Gründe machen diese, den Zwecken der Wirtschaftspolitik entgegenkommende Sicht der Unternehmer unwahrscheinlich: Zum einen scheinen – anders als 1967/68 – die internationalen Rahmenbedingungen der Konjunkturbelebung wenig günstig. Zum anderen stört das Wissen um die Funktionsweise keynesianischer Wirtschaftspolitik selbst deren Wirksamkeit. Eben weil man um den kurzfristigen Charakter des Instrumenteneinsatzes weiß und sich entsprechend darauf einstellt, können die Anstöße nicht zu Initialzündungen werden. Das Wissen der Unternehmer um die Kurzfristigkeit staatlicher Intervention macht diese definitiv zu Episoden und konterkariert ihrem beschäftigungspolitischen Zweck: Die kurze Zeit der Mehrnachfrage wird intensiv (durch Preiserhöhungen), nicht exzensiv (durch Mengenausweitung) genützt. Keynesianismus gerät in die Falle einer selffullfilling prophecy: Weil man erwartet, daß die Nachfrageausweitung nur vorübergehend ist, ist sie es auch tatsächlich. (vgl. Schwab 1978; 62)

Das Dominantwerden wirtschaftspolitisch disfunktional unternehmerischen Investitionsverhaltens wird durch Veränderungen im Konfliktverhalten der Lohnabhängigen unterstützt. Auch diese Veränderungen sind durch Staatsintervention (mit) verursacht. Die lohnkostenbereinigende Funktion kapitalistischer Krisen unter „klassichen" Bedingungen beruht auf der existentiellen Bedrohung, welche Arbeitslosigkeit für die Lohnabhängigen darstellte. Die Alternative: um jeden (noch so geringen) Preis Wiederbeschäftigung zu finden, oder aber – buchstäblich – zu verhungern, reduzierte die Konfliktfähigkeit der Lohninteressen in ökonomischen Krisenzeiten auf Null. Diese Alternative wird durch Sozialstaatseingriff unterlaufen und die Konfliktfähigkeit der Lohnabhängigen wird dadurch auch in Krisensituationen wenigstens rudimentär erhalten. (Vgl. Vobruba 1978) Sozialstaatliche Sicherung mildert die Bedrohung durch Arbeitslosigkeit. Wenn man auch bestimmt nicht wird behaupten können, daß alle sozialen Folgen der Arbeitslosigkeit sozialstaatlich abgefangen werden, so hat sich doch sicher die ehedem existenzielle Alternative: arbeiten oder verhungern, entschärft. Dazu kommt, daß, wie empirisch festgestellt wurde (Vgl. O.A., Arbeitslosigkeit 1977, 107), die sozialstaatlichen Sicherungen allgemein überschätzt werden – was m.E. den Schluß zuläßt, daß die Sanktion Arbeitslosigkeit für „überzogene" Lohnforderungen in Tarifauseinandersetzungen keine ausreichende Rolle mehr spielt.

Damit werden die Unternehmen auf eine bestimmte Strategie der Kostenreduktion festgelegt: Da die Löhne nach unten nicht nachgeben, läßt sich die betriebliche Lohnsumme nur noch durch Beschäftigungsreduktion dauerhaft mindern. Das heißt, daß eine auf die Krise folgende Produktionsausweitung ohne Beschäftigungszunahme stattfinden muß, wenn nicht mit der Überwindung der Krise deren lohnkostenbereinigender Effekt sogleich wieder zunichte gemacht sein soll. Beschäftigungsniveauneutrale Produktionsausweitung aber hat Rationalisierungsinvestitionen zur Voraussetzung.

Sozialpolitischer und wirtschaftspolitischer Staatsinterventionismus führen der Tendenz nach zu einer Veränderung der Verlaufsform kapitalistischer Krisen. Eine Spaltung zeichnet sich ab: Während die Krise als Krise von Profit und Produktion ihre zyklische Verlaufsform beibehält, scheint sich die Krise der Beschäftigung zunehmend irreversibel linear zu verfestigen. Damit aber verfehlt der Staat sein Eigeninteresse an der Krisenbekämpfung. Das Mittel Profitbegünstigung verselbständigt sich gegenüber dem intendierten Zweck: Reduzierung des den Staat betreffenden Beschäftigungsproblems. Zugleich damit verfestigen die in der Krise vermehrt anfallenden finanziellen Belastungen des Staates sich zunehmend. Ich sehe prinzipiell zwei Möglichkeiten, wie dem Staat aus dieser Konstellation Probleme erwachsen können.

(a) Die Irreversibilität finanzieller Krisenfolgelasten wird in dem Maße zum staatlichen Bestandsproblem, in dem die staatlichen Mehreinnahmen des (beschäftigungsniveauneutralen) Wirtschaftsaufschwungs durch die Zunahme des Aufkommens produktions-, absatz- und gewinnbezogener Steuern von den nicht aufhebbaren finanziellen Belastungen des Staates (insbes. durch Arbeitslosigkeit) überstiegen werden. Die Wahrscheinlichkeit der Entwicklung einer derartigen Finanzklemme ließe sich sinnvoll anhand einer entsprechenden Modellrechnung erörtern.

(b) Eine weitere Möglichkeit der Entstehung staatlicher Bestandsprobleme könnte aus der Entwicklung disfunktionaler Verhaltensweisen der Wirtschaftssubjekte herrühren. Das betrifft einerseits Verhaltensweisen, die sich nicht mehr wirtschaftspolitischen Erfordernissen einfügen, andererseits Artikulationen von Anspruchsverhalten, das sich an den Staat richtet und dessen Handlungsspielraum überfordert. Im folgenden geht es um die Frage nach Möglichkeiten des Staates, derartige Tendenzen zu „managen".

5. *Der Ruf nach „gesamtgesellschaftlicher Verantwortung"*

Die bisherigen Erörterungen waren darauf angelegt, Leerlauf und Disfunktionalität keynesianischer Intervention aus Verhaltensweisen der Wirtschaftssubjekte zu erklären, welche den Verhaltensformen, auf denen die Wirkungszusammenhänge keynesianischer Intervention beruhen, nicht entsprechen. Dieser Rekurs auf die Divergenz zwischen den handlungstheoretischen Prämissen keynesianischer Wirtschaftspolitik einerseits und den tatsächlich dominanten Verhaltensmustern andererseits erfolgt in strategischer Absicht: Denn mit den Verhaltensweisen der Wirtschaftssubjekte ist exakt die Stelle bezeichnet, an welcher der Staat ansetzen muß, will er doch noch zu seinem wirtschaftspolitischen Erfolg kommen. Er muß versuchen, die Wirtschaftssubjekte zu funktionalem Verhalten – im Sinne seiner Zielsetzung – zu disponieren, oder aber er muß die Zielsetzung ändern.

Die Wirksamkeit keynesianischer Wirtschaftsintervention steht und fällt mit der Möglichkeit des Staates, die Unternehmen zu beschäftigungswirksamen Erweiterungsinvestitionen zu veranlassen. Sein diesbezüglicher Aktionsspielraum ist allerdings, wie wir gesehen haben, gering. Direkter Zugriff auf Investitionsentscheidungen ist dem Staat verwehrt; das Vertrauen darauf, Beschäftigungswachstum durch Nachfrageimpulse indirekt stimulieren zu können, erweist sich zunehmend als ,,Transmissionsnaivität" (Hickel 1978; 110). Die Erwartung schließlich, daß sich unternehmerisches Investitionsverhalten freiwillig unter die Maxime gesamtgesellschaftlicher Verantwortung stellen läßt, heißt auf ökonomische Selbstmordkandidaten hoffen. „Mehr Investitionen bedeuten noch lange nicht mehr Beschäftigung. Ein Unternehmen ist kein Wohlfahrtsinstitut. Ein Unternehmen hat Gewinne zu machen und keine Arbeitsplätze." (Welteke 1977; 57) Der Vorstandsvorsitzende der BASF, Seefelder, sagt damit nichts als das Selbstverständliche: Unternehmerisches Investitionsverhalten hat sich bei Strafe des ökonomischen Unterganges einem betriebswirtschaftlichen Kalkül zu unterwerfen. Unternehmerisches Investitionsverhalten ist durch die Funktionszusammenhänge kapitalistischer Ökonomie determiniert. Staatliche Stimulierung vermag dagegen nichts auszurichten.

Anders liegt der Fall beim Anspruchsverhalten der Nicht-Produktionsmittelbesitzer. Lohnarbeit hat den ,,Vorzug", daß sich ihre ökonomische Reproduktion nicht in so engen Grenzen abspielen muß wie die unter Konkurrenzdruck und Akkumulationszwang agierenden Einzelkapitale. Stagnierende oder auch rückläufige Lohnentwicklung stellt, soweit sie sich oberhalb des Existenzminimums abspielt, die Arbeitskraft als Produktionsfaktor per se nicht in Frage. Denkbar jedoch ist eine Störung der Reproduktion der ökonomischen Funktionszusammenhänge, sofern eine Unterfüllung von Lohnarbeitsinteressen die soziale Integration der Lohnarbeiterschaft gefährdet. Dies verweist uns auf die Frage, ob der Staat, ohne sozialintegrative Risiken, seine (beschäftigungspolitische) Zielsetzung ändern kann, ob sich staatliche Zielsetzung der verminderten Interventionstüchtigkeit des Staates anpassen läßt. (Vgl. Spahn 1979 b) Staatliche Ziele lassen sich als Ausdruck an den Staat gerichteter Ansprüche interpretieren, welchen er sich, seiner eigenen Perzeption dieser Ansprüche nach, nicht entziehen kann. Staatliche Zielsetzung drückt also aus, was der Staat glaubt als an ihn gerichtete Ansprüche erfüllen zu müssen. Ob sich die wirtschaftspolitischen Ziele ,,Vollbeschäftigung" und ,,Verteilungsgerechtigkeit" risikolos für den Staat nach unten revidieren lassen, hängt davon ab, ob Arbeitslosigkeit und Begünstigung von Gewinneinkommen bei gleichzeitigem Stagnieren der Lohneinkommen von den Nicht-Produktionsmittelbesitzern hingenommen werden.

Die damit angesprochenen Möglichkeiten delegitimatorischer Prozesse sind theoretisch wie praktisch lange Zeit überschätzt worden. Die Entwicklung der Wirtschaftspolitik seit etwa 1974 läßt sich charakterisieren als Herantasten des Staates an steigende Arbeitslosenzahlen und als ein Lernprozeß, in dem die durch entsprechenden theoretischen Einfluß geschärfte Problemsicht für deligitimatorische Gefahren der Arbeitslosigkeit revidiert wurde: Eine Million Arbeitslose bleib für die soziale Stabilität der BRD ganz offensichtlich folgenlos. (Vgl. Spahn 1979 a; 161 f.) Legitimation als aussagefähige Kategorie scheint diskreditiert, Theorieansätzen, die Widersprüche zwischen Systemintegration und Sozialintegration, zwischen ökonomisch-funktionalen und legitimationsnotwendigen Staatsinterventionen sahen, scheint der Boden entzogen: Augenscheinlich befindet sich der Staat in der angenehmen Lage, wirtschaftspolitisch so agieren zu können, wie er es für notwendig hält, ohne – jedenfalls kurzfristig – Beeinträchtigungen des sozialen Friedens befürchten zu müssen, die sich gegen ihn wenden könnten. (Vgl. Spahn 1979 b)

Was stabilisiert diese, mancherorts zu theoretischer und praktischer Resignation verleitende Situation? Gerade um der Erhaltung der Perspektive einer kritischen Sozialwissenschaft willen, die sich nicht auf Resignieren und orientierungsloses Warten reduziert sehen will, scheint diese Frage wesentlich.

6. Stadien staatlichen Selbstverständnisses

Um diese Frage aufzugreifen, führe ich die folgende Stadienabfolge ein. Ich unterscheide drei verschiedene Typen staatlichen Selbstverständnisses und staatlicher Selbstdarstellung, von denen ich glaube, daß sie geeignet sind, Veränderungen des Verhältnisses von Staat und Gesellschaft innerhalb der kapitalistischen Gesamtentwicklung zu erfassen.

(1) Für keine Phase kapitalistischer Entwicklung bezeichnet „Nachtwächterstaat" eine reale Konstellation. Ökonomie als ein Prozeß, in dem sich aus der Summe und hinter dem Rücken der individuellen Eigennutzkalküle gesellschaftliche Optima herstellen, ist ein Kampfbegriff, welchen das aufstrebende Bürgertum der politischen Herrschaft des Adels polemisch entgegenhielt. De facto nahm der Staat auf die Ökonomie wesentlichen Einfluß im Sinne einer Schutzpolitik zugunsten der sich entwickelnden nationalen Kapitalismen nach außen und nach innen. Das betrifft einerseits die Zollpolitik. Andererseits hatte der Staat an jenem Prozeß anteil, in dem die aus den traditionellen Bindungen freigesetzte Arbeitskraft warenförmig wurde, indem er „funktional äquivalente Auswege" (Lenhardt/Offe 1977; 102) abschnitt. Dies Bemühen, die Entfaltung des Kapitalismus voranzutreiben, war von staatlichem Eigeninteresse angeleitet: Entschied sich doch mit der Wirtschaftskraft einer Nation auch dessen außenpolitische Gewichtigkeit und militärische Stärke.

Bezogen auf die Funktionsweise kapitalistischer Ökonomie war solche Intervention – im Wortsinne – grundlegend: Sie förderte seine strukturellen Voraussetzungen. Auf ihren konkreten Ablauf aber richtete sich die Staatstätigkeit kaum.

(2) Im Zuge der staatlichen Übernahme balancierender (Abfangen sozialdesintegrativer Folgeprobleme der Produktion) und präparativer (Produktion von Produktionsvoraussetzungen) Agention (Vgl. Narr/Offe 1975; 22), wandelten sich das Verhältnis von Staat und Gesellschaft und das staatliche Selbstverständnis. Weiterhin wird das Handeln der Wirtschaftssubjekte durch individuelle Rationalität (Eigennutzkalküle) angeleitet. Die Vorstellung von einer sich selbst herstellenden Gesamtrationalität jedoch ist aufgegeben. Vielmehr wird die Sicherung gesamtgesellschaftlicher Reproduktion in die Verantwortung und Befugnis des Staates gestellt. Damit ist die Konsequenz verknüpft, daß – im Selbstveerständnis und in der Programmatik des Staates – nunmehr gesamtgesellschaftlich rationale Zustände *intentional* verfolgt werden.

(3) Abnehmende Wachstumsraten des BSP, Verringerung der Möglichkeiten sozialintegrativ wirksamer Umverteilung und die Zunahme kontradiktorischer Handlungsanforderungen an den Staat führten dazu, daß die deklarierten Ziele staatlicher Interventionstätigkeit immer weiter verfehlt wurden. Die Vermutung, daß damit eine Entwicklung einhergehen werde, in der der Staat – seines Anspruchs, neutraler Wahrer des Gemeinwohls zu sein, entkleidet – nun zum Kampfplatz konfligierender Gruppeninteressen werde, wurde durch die Erfahrung der jüngsten Zeit widerlegt. Die Besorgung gesamtgesellschaftlicher Reproduktionsnotwendigkeiten geriet mit der Reduktion des staatlichen Handlungsspielraums durchaus nicht ins Hintertreffen. Vielmehr wurde in dem Maße, in dem der Staat sein Interventionsselbstverständnis auf niedrigerem Niveau fixierte, das Anliegen gesamtgesellschaftlicher Reproduktion (teil-)reprivatisiert. Die Zurücknahme staatlicher Ziele geht damit einher, daß Systemerhaltung (mit) in die Verantwortung der Wirtschaftssubjekte (in der Praxis: der Lohnabhängigen) gestellt wird.

7. *Das instrumentelle Gesellschaftsbild*

Das Denkmuster für derartige Verhaltensanforderungen ebenso wie deren Hinnahme durch die hiervon Belasteten sind Ausdruck eines Gesellschaftsverständnisses, welches in dem Begriff des „instrumentellen Gesellschaftsbildes" gefaßt werden soll. Nunmehr stellt sich die Wahrung gesellschaftlich gegebener Funktionszusammenhänge (und damit des gesellschaftlichen status quo) als Kriterium dar, an dem die – vordem nach Eigennutzkalkülen handelnden – Subjekte ihr Verhalten zu kontrollieren haben. Dies konkretisiert sich in dem Imperativ, die staatlichen Bemühungen um das Gemeinwohl zu unterstützen, genauer: nichts zu tun, was dies Bemühen stört. Insofern also sind individuelle *und* gesellschaftliche Rationalität in die Handlungsperspektive des Einzelnen gestellt. Der Staat dagegen versucht tendenziell, sich aus einigen Kompetenzen zurückzuziehen, und richtet sein Augenmerk wiederum verstärkt auf die Erbringung von Ordnungsleistungen, welche „gesellschaftlich rationales" Verhalten bei den Wirtschaftssubjekten nach Möglichkeit sicherstellen sollen. – Das kann de facto recht handfesten staatlichen Eingriff bedeuten.

Worauf, so gilt es nun zu fragen, beruht die interpretative Kraft des instrumentellen Gesellschaftsbildes?

Der das instrumentelle Gesellschaftsbild konstituierende Argumentationsmodus ist ein relativ einfaches Verfahren. Er lautet etwa so: Unser bestehendes ökonomisches System ist zur Zeit gefährdet. Unser System hat sich in der Vergangenheit durch hohe Leistungsfähigkeit ausgezeichnet; dies hat sich in steigendem Wohlstand für alle niedergeschlagen. Es hat sich also für alle als erhaltenswert erwiesen. Seine weitere Erhaltung verlangt momentan Einschränkungen, damit es wieder seine gewohne Leistungsfähigkeit erreichen kann. Darum muß die Erreichung bestimmter wirtschaftspolitischer Ziele zum Allgemeinanliegen werden.

Beim Sachverständigenrat finden wir die Anwendung dieses Argumentationsmusters in Reinkultur. Unter der Überschrift „Krise der Marktwirtschaft?" schreibt er: „Es gibt freilich Störungen, zum Teil gravierende, welche selbst herbe Kritik verständlich machen. ... Die Marktwirtschaft hat aber in zwei Jahrzehnten rapiden Strukturwandels das Schrumpfen alter und das Wachstum neuer Wirtschaftszweige ohne größere Friktionen bewältigt und dank dieses Anpassungsprozesses ihre Mitglieder in einem Maße mit privatem Wohlstand versorgt, das nichts Selbstverständliches für sich hat. ... Funktionsbedingung der Ordnung ist, daß der Verteilungsprozeß sich in Formen vollzieht, die die Verteilungsergebnisse davor bewahren, den Zusammenhang mit Leistung und Knappheit zu verlieren." (SVR 1975; 8 f)

Die wichtigsten Merkmale dieses Interpretationsmuster sind:

- der Rekurs auf die instrumentellen Qualitäten der bestehenden ökonomischen Organisationsform: Das ökonomische System wird aufgefaßt als eine gesellschaftliche Veranstaltung zur Erstellung materiellen Reichtums, der allen zugute kommt.
- der Rekurs auf Systemleistungen der Vergangenheit; die Rückwärtsgewandtheit der Argumentation.
- das implizit gegebene Versprechen, daß sich das ökonomische System auch weiterhin als leistungsfähig erweisen wird (Vgl. Vobruba 1978), daß sich also die im Interesse der Förderung der ökonomischen Funktionszusammenhänge notwendige Einschränkung individueller Interessenverfolgung letztlich wiederum für die Einzelnen lohnen wird.

Damit sind wir an einem Punkt angelangt, an dem wir das wesentliche Merkmal der legitimatorischen Logik innerhalb des instrumentellen Gesellschaftsbildes festhalten können. Systemerhaltung, Berücksichtigung von gesellschaftlichen „Gesamterfordernissen" also, tritt nicht platt an Stelle individueller Interessenverfolgung als Handlungsmaxime der Wirtschaftssubjekte, sondern wird ihr eingepaßt: Gerade um der – längerfristigen – Verfolgung des Individualinteresses willen soll auf die Bewahrung des Funktionsmechanismus der Ökonomie Bedacht genommen werden.

Ich habe an anderer Stelle (Vgl. Vobruba 1976) versucht, „Interessenverfolgung" als dominantes Paradigma gesellschaftlichen Anspruchsverhaltens in nachtraditionalistischen Gesellschaftsformationen systematisch einzuführen und zu zeigen (Vgl. Vobruba 1977), daß diese Verhaltensdisposition notwendigerweise dazu führt, daß die Einlassung auf materielle Ansprüche (Verteilungsansprüche) die unabweisbare Bedingung gelingender Legitimation für den Staat darstellt. (Vgl. Grimmer 1976) Der Legitimationsmodus, welchen das instrumentelle Gesellschaftsbild impliziert, stellt hierzu keine Entgegensetzung dar, sondern fügt sich dem Grundmuster der „Legitimation durch Güterversorgung" ein – wenn auch mit Modifikationen. Individuelle Interessenverfolgung wird nicht außer Kraft gesetzt, sondern es wird dieses Handlungsprinzip mit der Maxime der Systemerhaltung verknüpft, indem eine Uminterpretation dessen stattfindet, was Inhalt des Individualinteresses ist: Nach der Deutung im instrumentellen Gesellschaftsbild liegt die Systemerhaltung im Individualinteresse.

Damit vollzieht sich der Schritt, den ich mit „Reprivatisierung gesamtgesellschaftlicher Reproduktion" bezeichne: Wahrung gegebener Systemstrukturen und -funktionszusammenhänge fällt nicht mehr – gemäß dessen eigenem Anspruch – allein in die Kompetenz des Staates, sondern wird als Allgemeinanliegen den Einzelnen übertragen.

Die Reprivatisierung der Verantwortlichkeit für Systemerhaltung bedeutet für die Masse der Nicht-Produktionsmittelbesitzer konkret: ihre Interessenverfolgung, ihre Lohnforderungen und Ansprüche auf staatliche Leistungen am Erfordernis der Systemerhaltung zu kontrollieren und – gegebenenfalls – auf die Verfolgung des unmittelbaren Eigeninteresses wenigstens zu Teilen zu verzichten. Diese Reprivatisierung der Lösung von Systemproblemen findet ihren Niederschlag einerseits (1) in der „Übertragung von gesamtgesellschaftlicher Verantwortung" auf die Gewerkschaften, andererseits (2) in regressiven Entwicklungstendenzen innerhalb des Systems sozialstaatlicher Sicherung.

Ad 1: In bezeichnender Weise sieht der Orientierungsrahmen '85 gewerkschaftliche Interessenverfolgung in eine viel allgemeinerere Verantwortung eingebettet: „Die Aufgabe der Gewerkschaften ist schon lange nicht mehr auf die Lohn- und Einkommenspolitik und die Verbesserung der unmittelbaren Arbeitsbedingungen beschränkt, auch wenn diese nach wie vor im Zentrum der gewerkschaftlichen Aktivität stehen. Sie liegt heute in der umfassenden, an der verantwortlichen Mitgestaltung unseres Gemeinwesens orientierten Vertretung der Arbeitnehmerinteressen auf gesellschaftlichem, wirtschaftlichem, sozialem und kulturellem Gebiet." (1976; 46) „Verantwortliche Mitgestaltung . . ." konkretisiert sich z.Zt. in der Pflicht für die Gewerkschaften, staatliche Krisenpolitik (wenigstens) nicht zu stören. Diese „Einbeziehung der Gewerkschaften in die Krisenbewältigungspolitik" (Günnemann 1976; 316) wurde in den letzten Jahren vom Sachverständigenrat vehement gefordert, und Helmut Schmidt, Bundeskanzler, erläutert in dankenswerter Klarheit, daß es nicht die Aufgabe der Gewerkschaften sei, „Forderungen zu stellen, sondern der Regierung zu helfen, die gegenwärtige Krise zu meistern." (Spiegel 42/1976; 32) Derartige Appelle blieben offensichtlich nicht ohne Wirkung. Im Jahresgutachten 1978/79 wird der Lohnpolitik ein gutes Zeugnis ausgestellt: „In den Jahren seit der Rezession von 1975 ist die Gewöhnung an niedrigere Lohnsteigerungsraten gelungen." (SVR 1978/79; 164)

Ad 2: Neben der konservativen Rhethorik von der „Notwendigkeit der Teilreprivatisierung des Beschäftigungsrisikos" zwecks Disziplinierung angeblicher Drückeberger ist vor allem die zunehmend weitere Interpretation des Zumutbarkeitsbegriffs für Arbeitsmöglichkeiten, die der Arbeitslose bei sonstigem Verlust seines Arbeitslosengeldes zu akzeptieren hat, ein deutlicher Schritt in Richtung der Abwälzung staatlicher Ausgaben zu Lasten einzelner. Arbeitssuchende müssen zu erhöhter qualifikatorischer und regionaler Mobilität bereit sein und auch finanzielle Einbußen bei Wiedervermittlung in Kauf nehmen (Vgl. Becker 1978) Daß es sich dabei um Strategien zur finanziellen Entlastung der Arbeitslosenversicherung handelt, ist offenkundig. Unser Interesse gilt hier der Argumentationsfigur, mit der solche maßnahmen motiviert werden. Ein – inzwischen allerdings zurückgenommener – Runderlaß der Bundesanstalt für Arbeit macht diese sehr deutlich: „Im Interesse einer alsbaldigen Beendigung seiner Arbeitslosigkeit *schuldet* der Leistungsempfänger der Versicherten*gemeinschaft* eine weitgehende Anpassung seiner Vermittlungswünsche und -vorstellungen an die Bedürfnisse des Arbeitsmarktes." (Hervorhebung von mir)

Schließlich gewinnt ein immer schon bestehender Mechanismus der Abwälzung von Folgelasten ökonomischer Disfunktionalitäten auf Einzelne zunehmend an Bedeutung: Da sich die Dauer der individuellen Arbeitslosigkeit in den letzten Jahren der Tendenz nach erhöht, werden immer mehr Menschen über den maximalen Unterstützungszeitraum hinaus arbeitslos. Die Folgen einer solcherart bewirkten Anhäufung von Sozialhilfeempfängern lassen sich nocht nicht absehen. Da die durch formelle oder informeller Zurücknahme des sozialstaatlichen Leistungsniveaus bedingten Belastungen den Einzelnen vereinzelt treffen, scheint möglicher Widerstand, scheinen mögliche Reaktionen schwer voraussehbar, wahrscheinlich aber eher diffus und politisch wenig folgenreich. Beschränken wir die weitere Erörterung daher auf die Frage, wie stabil die Einstellungen und gesellschaftlichen Deutungen sind, welche bewirken, daß die Verpflichtung zur Einschränkung individueller (Lohn-)Interessenverfolgung um der Wahrung des Systems willen tatsächlich akzeptiert wird.

Über die faktisch zu beobachtende Zustimmung zu verringernden Lohnzuwachsraten bei gleichzeitiger Hinnahme staatlicher Gewinnförderungspolitik hinaus läßt sich der bewußtseinsprägende Einfluß des „instrumentellen Gesellschaftsbildes" jedenfalls auf schmaler empirischer Basis belegen. Einer Untersuchung von Christiane Bierbaum et al. ist zu entnehmen, daß zwar 59% der Befragten der Ansicht sind, daß es in Zukunft „verschärfte Konflikte geben" werde, wenn sich die Wirtschaftslage weiter verschlechtert (Bierbaum et al. 1977; 88). Zugleich aber stimmt eine Mehrheit von 76% der Ansicht zu, „die Gewerkschaften sollten auf die Stabilitätspolitik der Regierung Rücksicht nehmen und mit ihren Forderungen bei Lohn- und Gehaltserhöhungen zurückstecken." (92) Die Korrelation der Antworten auf beide Fragen ergab: „Zwei Drittel aller Befragten, die rücksichtsvolle Gewerkschaftspolitik fordern, erwarten zugleich verschärfte Konflikte." (93) Ganz offensichtlich ist, „daß die Mehrheit der Bevölkerung vorwiegend die Erwartung hat, innerhalb der Regeln und Möglichkeiten des vorhandenen wirtschaftlichen und sozialen Systems der Schwierigkeiten Herr zu werden." (91) Dieses Ergebnis „zeigt auch, daß die Bevölkerung in hohem Maße für friedlichen Ausgleich der unter Umständen wenig friedlichen Entwicklung plädiert. Die Mehrheit erwartet bei Verschärfung der wirtschaftlichen Situation verschärfte Konflikte um Löhne und Einkommen; die Mehrheit der Befragten erwartet zugleich, daß wegen der aktuellen wirtschaftlichen Schwierigkeiten die Auseinandersetzung um Löhne und Einkommen friedlich und gemäßigt bleibt." (92) Das heißt, daß die Gewerkschaften in der Verfolgung von Lohnansprüchen zurückhaltend sind und eben jene vielbeschworene „gesamtgesellschaftliche Verantwortung" zeigen.

Ich glaube, daß diese Einpassung (gewerkschaftlicher) Lohnforderung in gesamtwirtschaftliche Erfordernisse nicht unbeschränkt funktioniert. Dies führt uns zu der

Frage nach der Stabilität des instrumentellen Gesellschaftsbildes als verbindlicher Handlungsanleitung der Lohnabhängigen. Im instrumentellen Gesellschaftsbild wird die Verfolgung von Eigeninteresse nicht aufgegeben, sondern uminterpretiert: Systemerhaltung erscheint als Privatinteresse. Damit verbindet sich prinzipiell die Bereitschaft, die Verfolgung von Individualinteressen der Systemerhaltung hintanzustellen, individuelle Interessenverfolgung am Erfordernis der Nichtstörung gesellschaftlicher Funktionszusammenhänge zu kontrollieren.

Nun haben wir betont, daß die Beachtung von Systemerhaltungserfordernissen in der Logik des instrumentellen Gesellschaftsbildes sich doch letztendlich wieder in individuelle Vorteile auflöst: Wird doch die Notwendigkeit, das gegebene System zu erhalten, gerade mit dessen Fähigkeit, die unterschiedlichen Individualinteressen gut bedienen zu können, begründet. Das damit gegebene Versprechen, daß die Einschränkung individueller Interessenverfolgung sich zukünftig gerade *für* die Individualinteressen lohnen werde, bezeichnet eine erste Grenze für die Verbindlichkeit der Orientierungsfunktion des instrumentellen Gesellschaftsbildes. Freilich läßt sich nicht schlüssig angeben, nach welcher Zeitspanne die „Vertröstungen" auf spätere Systemleistungen ihre konsensstiftende Wirksamkeit verlieren, prinzipiell jedoch sind die mit den „Vertröstungen" implizit gegebenen Versprechen zukünftig verbesserter individueller Interessenbefriedigung einklagbar. Das instrumentelle Gesellschaftsbild bewirkt nicht die Aufhebung, sondern das Aufschieben individueller Interessenverfolgung.

Darin liegt die Ambivalenz der sozialintegrativen Wirksamkeit des instrumentellen Gesellschaftsbildes: Zwar vermag es der Forderung, Systemerhaltung ins individuelle Handlungskalkül miteinzubeziehen, Plausibilität zu verleihen, ebenso aber formuliert es „operationale" Kriterien für die Kontrolle, ob sich der erteilte Legitimationsvorschuß tatsächlich lohnt: Die Leistungsfähigkeit des Systems wird als legitimatorisches Kriterium thematisiert. Das System muß sich also tatsächlich als ein geeignetes Instrument für materielle Güterproduktion und -versorgung erweisen. Dazum Thema legitimatorisch folgenreicher praktischer Kalküle gemacht: Das System muß als gemeinsame Veranstaltung zur Erzeugung gesellschaftlichen Wohlstands taugen.

Zu einer zweiten Grenze der Verbindlichkeit des instrumentellen Gesellschaftsbildes führt die folgende Überlegung. Mit der Zustimmung zu dem statement, daß „es" im Interesse von Krisenüberwindung und Systemerhaltung notwendig sei, mit den Lohnforderungen zurückhaltend zu sein, ist noch nicht sichergestellt, daß einzelne bzw. einzelne Gruppen sich auch tatsächlich zu solcher Zurückhaltung bereitfinden, sobald es um *ihre eigenen* Forderung geht. Mit der empirisch erfaßbaren Zustimmung zu „gesamtverantwortlichem" Handeln ist über die tatsächliche Bereitschaft dazu noch nicht entschieden. Systemstabilität ist zwar – jedenfalls in der Sicht des instrumentellen Gesellschaftsbildes – in allgemeinem Interesse, für jeweils einzelne Gruppen aber kann es durchaus sinnvoll erscheinen, aus dem gesellschaftlichen Stillhalteabkommen auszubrechen und Interessenverfolgung unter Hinwegsetzung über ökonomische Funktionserfordernisse zu versuchen: Systemerhaltung gerät so in die Problematik der „öffentlichen Güter". Druckerstreik, Metallarbeiterstreik mögen als Beispiele für solche Ausbruchsversuche dienen.

Wie, so ist nun zu fragen, stellt sich derartiges Verhalten einer auf Konsens eingeschworenen Öffentlichkeit dar, wenn die Forderung gesamtverantwortlichen Verhaltens den Verzicht auf Interessenverfolgung jeweils der *anderen* meint? Welchen Stellenwert erhält (Gruppen-)Anspruchsverhalten in dem vom instrumentellen Gesellschaftsbild geprägten öffentlichen Bewußtsein?

8. Die Ächtung des Konflikts

Die Überzeugung, daß eine gegebene gesellschaftliche Organisationsform alle Interessen bediene, hat als Kehrseite, daß ihre Erhaltung in aller Interesse ist und daß daher Systemerhaltung zur allgemein verbindlichen Verhaltensanforderung gemacht werden kann. In Konsequenz davon ist es möglich, das Auftreten von Anspruchsverhalten, welches als das Systemfunktionieren störend angesehen wird, zu pönalisieren.

Die gruppenweise Aufkündigung des Systemerhaltungskonsenses wird für diese Gruppen zum Risiko, sowie ihr Handeln auf Reaktionen einer Öffentlichkeit stößt, die Systemerhaltung für die Pflicht aller hält. Von hier aus scheinen zwei Verlaufsformen gesellschaftlicher Entwicklung denkbar. Entweder führt das Ausbrechen einer Gruppe zu einer Kettenreaktion in dem Sinne, daß auch weitere Gruppen wieder zu unvermittelter Interessenverfolgung zurückfinden. In einer solchen Entwicklung würde die sozialintegrative Kraft des instrumentellen Gesellschaftsbildes erodieren und durch die Gesellschaftsformation verlaufende Interessenfronten würden freigelegt werden. Oder aber es unterbleiben solidarische Erweiterungen des von einer Gruppe getragenen Konflikts. Dann wird der soziale Konflikt in der Gruppe, in der er akut wird, ghettoisiert.

Welche dieser beiden Entwicklungstypen der wahrscheinlichere ist, läßt sich näher bestimmen, wenn man den Staat in die Überlegung mit einbezieht. Der Staat ist in gesellschaftliche Konflikte involviert. Er bedarf, wie zu begründen versucht wurde, des gesellschaftstragenden Konsenses als Erfolgsbedingung seiner Politik; es ist ihm an dessen Aufrechterhaltung also „im Interesse an sich selbst" gelegen. Diese Verknüpfung von verallgemeinertem Interesse an Systemerhaltung und dem Interesse des Staates an sich selbst hat gesellschaftspolitische Folgen.

Zur Aufrechterhaltung eines umfassenden gesellschaftstragenden Konsenses kann der Staat „im Allgemeininteresse" gegen ausbrechende Gruppen vorgehen und sich dabei der Zustimmung all derer sicher wissen, deren Verhalten durch harmonische Gesellschaftsdeutung bestimmt ist, sowie all derer, die sich den Verzicht auf eigene Interessenverfolgung durch die Unterdrückung der Interessen anderer honorieren lassen. Diese Konstellation ermöglicht dem Staat, wechselnde Koalitionen mit „allen" jeweils gegen einzelne Gruppen einzugehen. „Erst auf einer solchen Vertrauensgrundlage gewinnt die Regierung die Autorität, gruppenegoistischen Erpressungsversuchen kraftvoll zu begegnen und ohne Einbuße an moralischer Glaubwürdigkeit – Sicherheit statt Härte zeigend – auch im Detail harte Maßnahmen zu ergreifen." (Orientierungsrahmen '85, 1976; 28) Es bleibe dahingestellt, ob „der Grundwert der Solidarität', (ebd.; 27) richtig verstanden wird, wenn man ihn zur Rechtfertigung „im Detail harter Maßnahmen" gegen die „Leistungsverweigerung selbst kleiner Gruppen" (ebd,) wie z.B. der Fluglotsen (ebd;) herbeizitiert. Die politische Gefahr dieser Entwicklung liegt vielmehr darin, daß unentscheidbar ist, ab welcher „Gruppengröße" offensive Interessenverfolgung erlaubt ist und nicht mehr gegen ein angebliches Allgemeininteresse an Systemerhaltung erzwingt deren statische Reproduktion und macht gesellschaftspolitische Revisionen weitgehend unmöglich. Es gibt einen Punkt, an dem Gesellschaftserhaltung um ihrer selbst willen betrieben Gefahr läuft, sich gegen ihre eigenen Mitglieder zu wenden. Dann wird die Mehrheit zur „Randgruppe".

Literatur

Allert, Tilman, 1976: Legitimation und gesellschaftliche Deutungsmuster: Zur Kritik der politischen Krisentheorie. In: R. Ebbinghausen (Hrsg.), Bürgerlicher Staat und politische Legitimation, Frankfurt/Main

Becker, Karin, 1978: Verschärfung der gesetzlichen Regelungen bei Arbeitslosigkeit. In: O. Jacobi, W. Müller-Jentsch, E. Schmidt (Hrsg.), Gewerkschaftspolitik in der Krise, Berlin

Buchanan, J.M., J. Burton und R.E. Wagner, 1978: The Consequences of Mr. Keynes. Institute of Economic Affairs, London.

Dux, Günter, 1976: Strukturwandel der Legitimation. Freiburg, München

Ehrenberg, Herbert, 1973: Zwischen Marx und Markt. Frankfurt/Main

Engelhardt, G., 1973: Vom Expertenmonolog zum gesellschaftlichen Dialog. In: R. Molitor (Hrsg.), Zehn Jahre Sachverständigenrat, Frankfurt/Main

Freyer, Walter, 1978: Restriktionen Keynesianischer Politik in Demokratien, Verv. Ms, Berlin

Gäfgen, Gerard, 1967: Theorie der Wirtschaftspolitik. In: W. Ehrlicher et al. (Hrsg.): Kompendium der Volkswirtschaftslehre. 2. Bd., Göttingen

Glastetter, Werner, 1975: Grundsatzprobleme moderner Stabilitätspolitik. In: P.v. Oertzen et al. (Hrsg.), Thema: Wirtschaftspolitik. – Materialien zum Orientierungsrahmen '85, Bonn-Bad Godesberg

Grimmer, Klaus, 1976: Zur formalen und materialen Legitimationsbedürftigkeit des bürgerlich-kapitalistischen Staates. In: R. Ebbighausen (Hrsg.): Bürgerlicher Staat und politische Legitimation, Frankfurt/Main

Grundsatzprogramm der SPD. Hrsg.: Vorstand der SPD. Bonn 11/59.

Günnemann, Wilhelm, 1976: Krise und Reformverzicht – Zerstörte SPD-Illusionen. In: J. Huffschmid, H. Schui (Hrsg.), Gesellschaft im Konkurs? Handbuch zur Wirtschaftskrise 1973–1976 in der BRD, Köln

Habermas, Jürgen, 1973: Legitimationsprobleme in Spätkapitalismus, Frankfurt/Main

Hickel, Rudolf, 1978: Ökonomische Stabilisierungspolitik in der Krise. Ursachen und Ausweichparadoxien. In: R.R. Grauhan/R. Hickel (Hrsg.); Krise des Steuerstaates? Leviathan. Sonderheft 1/1978.

Hoffmann, Werner, 1971: Theorie der Wirtschaftsentwicklung, Berlin

Jänicke, Martin (Hrsg.), 1973: Politische Systemkrisen. Köln

Keynes, John Maynard, 1931: Proposals for a Revenue Tariff. In: The New Statesman and Nation. 7.3.1931

Keynes, John Maynard, 1933: The means to Prosperity, London/New York

Keynes, John Maynard, 1936: Allgemeine Theorie der Beschäftigung, des Zinses und des Geldes, Berlin

Lenhardt, Gero, Claus Offe, 1977: Staatstheorie und Sozialpolitik. Politisch-soziologische Erklärungsansätze für Funktionen und Innovationsprozesse der Sozialpolitik. In: C. v. Ferber, F.-X. Kaufmann (Hrsg.), Soziologie und Sozialpolitik. Sonderheft 19/1977 der KZfSS
Mattick, Paul, 1974: Krisen und Krisentheorien. In: P. Mattick et al.: Krisen und Krisentheorien. Frankfurt6Main
Matzner, Egon, 1978: Wohlfahrtsstaat und Wirtschaftskrise, Reinbek bei Hamburg
Miller, Susanne, 1974: Die Sozialdemokratie in der Spannung zwischen Oppositionstradition und Regierungsverantwortung in den Anfängen der Weimarer Republik. In: H. Mommsen (Hrsg.), Sozialdemokratie zwischen Klassenbewegung und Volkspartei. Frankfurt/Main
Narr, Wolf-Dieter/Offe, Claus (Hrsg.), 1975: Wohlfahrtsstaat und Massenloyalität. Köln
O.A., 1977: Der stille Bürgerkrieg I-IV. In: Der Spiegel 14-17
Oberhauser, Alois, 1975: Stabilitätspolitik bei steigender Staatsquote. Göttingen
Von Oertzen, Peter et al. (Hrsg.), 1976: Orientierungsrahmen '85, Text und Diskussion. Bonn-Bad Godesberg
Offe, Claus, 1972: Strukturprobleme des kapitalistischen Staates, Frankfurt/Main
Offe, Claus, 1975: Berufsbildungsreform. Eine Fallstudie über Reformpolitik, Frankfurt/Main
Pütz, Theodor, 1975: Grundlagen der theoretischen Wirtschaftspolitik, Stuttgart
Sachverständigenrat, 1975: Jahresgutachten, Drucksachen 7/4326
Sachverständigenrat, 1978/79. Jahresgutachten. Drucksache 8/2313
Spahn, Heinz Peter, 1976: Keynes in der heutigen Wirtschaftspolitik. In: G. Bombach et al. (Hrsg.), Der Keynesianismus. Bd. 1, Berlin usw.
Spahn, Heinz Peter, 1979 a. Die Stabilitätspolitik des Sachverständigenrats. Frankfurt, New York
Spahn, Heinz Peter, 1979 b: Neoklassik und Linkskeynesianismus. Zur Auseinandersetzung um die Strategie der Wirtschaftspolitik in der BRD. Leviathan 4/1979 (in diesem Heft)
Schiller, Karl, 1965: Preisstabilität durch globale Steuerung der Marktwirtschaft. Vorträge und Aufsätze. Hrsgg. vom Walter-Eucken-Institut, Tübingen
Schwab, Josef, 1978: Eine Interpretation von J.M. Keynes zur Krisentheorie. In: Mehrwert. Beiträge zur Kritik der politischen Ökonomie 14, Berlin
Timm, Helga, 1953: Die deutsche Sozialpolitik und der Bruch der Großen Koalition im März 1930, Düsseldorf
Vobruba, Georg, 1977. Legitimation und Güterknappheit. In: KZfSS 2/1977
Vobruba, Georg, 1978: Staatseingriff und Ökonomiefunktion. Der Sozialstaat als Problem für sich selbst. In: Zeitschrift für Soziologie, Jg. 7. 2/1978
Vobruba, Georg, 1979 a: Recht auf Arbeit? Wider die unheilige Allianz der Profit- und Beschäftigungsmaximierer. Demnächst in: F. Duve (Hrsg.), Die Zukunft der Arbeit 3. Reinbek bei Hamburg
Vobruba, Georg, 1979 b: Wertorientierung und Interessenverfolgung. Zum Paradigmenwechsel gesellschaftlichen Anspruchsverhaltens. Verv. Ms.
Welteke, Marianne, 1976: Theorie und Praxis der Sozialen Marktwirtschaft, Frankfur/Main/ New York
Welteke, Marianne, 1977: Unser Staat, der du bist in Bonn. In: R. Duhm, U. Mückenberger (Hrsg.), Arbeitskampf in Krisenalltag, Berlin
Die ZEIT, 10/1979. (2.3.1979): Nicht nur um Prozente feilschen.

Klaus Horn

Krankheit und gesellschaftliche Entwicklung

Einige kostenintensive Probleme unseres Gesundheitssystems

I. Problemstellung

Bereits vor der weltweiten Rezession zu Beginn der achtziger Jahre war Beobachtern aufgefallen, daß unser Gesundheitssystem seit einiger Zeit an zwei Problemen gleichzeitig zu leiden begonnen hatte: Es wurde immer schneller immer teurer, und es brachte immer weniger Gesundheit hervor.

In dieser Arbeit wird beiden Problemen nachgegangen. ***Zum einen*** wird der Verdacht geäußert und ein Stück weit erhärtet, daß die auffällige Zunahme von „Nichtgesundheit" in unserem Land mit gesellschaftlichen Makroentwicklungen zu tun hat; mit Prozessen, die relativ unbemerkt in die Poren des Alltagslebens eindringen und von der Wissenschaft kaum wahrgenommen werden, weil die Aufsplitterung unseres wissenschaftlichen Bewußtseins es schwer macht, Problemübersetzungen von einem sektorhaft abgegrenzten Wirklichkeitsausschnitt in andere argumentativ zugänglich und praktisch gezielt handhabbar zu machen. Was soll Krankheit zu tun haben mit der zunehmenden Rechenhaftigkeit unseres Lebens, was um Gottes Willen mit der relativen Unabsehbarkeit von kollektiver und individueller Zukunft? Gegenüber solchen Fragen hält man sich lieber an den Augenschein und operiert mit der üblichen Vorstellung einer „selbstverschuldeten Krankheit", um Kant medizinsoziologisch abzuwandeln.

Aber ist, wer krank wird, wirklich nur selbst daran schuld? Maurer (1974) hat plausibel hervorgehoben, daß das feste Bündnis unserer Kultur mit der naturbeherrschenden Erfahrungswissenschaft, die aus methodischen Gründen individuelle Subjektivität als nicht-kommensurables Element eliminiert, es sehr schwer macht, über das faktische Registrieren des „Unbehagens an der sogenannten Leistungsgesellschaft" hinauszugelangen und dieses negative „Gefühl" seiner Herkunft nach zu analysieren. „Unbehagen" als eine durch und durch subjektive Gegebenheit, eine des Erlebens, war und ist für diese Art Wissenschaft viel zu lange schon eine quantité négligeable – sehr zum Unrecht und zum Nachteil unseres Verständnisses der ungewollten Nebenprodukte, die die gesellschaftliche Entwicklung im Individuum zeitigt. Mit Hilfe der Theorie von Talcott Parsons werde ich indes zeigen: Vieles von jenem Unbehagen an der gesellschaftlichen Entwicklung wird vermutlich in Krankheit übersetzt: in Krankheit deshalb, weil es für die „aus der Gesellschaft" auf die einzelnen zukommenden Probleme kaum andere politisch zulässige und kulturell bereitliegende, an den gesellschaftlichen Verhältnissen ansetzende Äußerungsmöglichkeiten gibt und der massenhafte individuelle Rückzug in Krankheit eine naheliegende und gesellschaftlich akzeptierte Möglichkeit ist, das Unbehagen wenigstens vorübergehend zu vermindern.[1]

Zum anderen ist – Parsons' soziologische Analyse kritisch aufgreifend – deutlich zu machen, daß der etablierte Umgang mit der Krankheit zur Kostenexplosion des Gesundheitswesens beiträgt. Pointierter: Dieses Gesundheitssystem selbst ist ein Risikofaktor. Läpple (1975; 46) nannte die zunehmende Diskrepanz zwischen Teuerung und Leistung des Medizinsystems zutreffend „die Strukturkrise des Gesundheitssystems":

„Entsprechend der Kostenexplosion im Versicherungsbereich wäre in den letzten Jahren eine entsprechende Verbesserung der Leistungen zu erwarten gewesen. Leider vollzog sie sich nur für die vom Gesetzgeber initiierte Erweiterung des Leistungskatalogs. Die Qualität der ambulanten ärztlichen Versorgung blieb so mangelhaft wie je zuvor. In dieser Diskrepanz manifestiert sich die Strukturkrise im Gesundheitswesen. Die wachsenden Milliarden an Beiträgen verschwinden größtenteils bei niedergelassenen Ärzten, Zahnärzten und auf dem Arzneimittelmarkt, ohne daß diese Bereiche es den finanziell immer stärker zur Ader gelassenen Arbeitnehmern mit durchschnittlichen, geschweige denn besseren Leistungen danken.

Professor Wolters (ehedem, K. H.), Staatssekretär im Bundesgesundheitsministerium, beurteilt das westdeutsche Gesundheitswesen folgendermaßen: ‚Unser derzeitiges System der Gesundheitsversorgung läßt bei unvoreingenommener Betrachtung in bezug auf Leistungsfähigkeit und Wirtschaftlichkeit eine ganze Reihe von Schwachstellen erkennen. Sie betreffen die regionale Verteilung, den Aufgabenkatalog und die funktionsbezogene Organisation der Einrichtungen wie ihre unzureichende Ausstattung mit hinreichend qualifiziertem Personal. Gemeint ist auch die unzulängliche Koordinierung der verschiedenen Versorgungsarten und der verschiedenen Versorgungseinrichtungen' (Kölner Stadtanzeiger v. 28. 12. 73)."

Diese Analyse soll hier systematisch weitergetrieben werden. Denn nach den verschiedenen gesundheitspolitischen Phasen ist es in der Tat nicht nur an der Zeit, „tiefe Zweifel an dem durch die Medizin gestifteten Nutzen aufkommen" zu lassen (Helberger, 1978²; 683), sondern auch zu zeigen, daß es die gesellschaftliche Funktion der Medizin selber ist, in welcher die kostengenerierende Strukturkrise verankert ist. Diese Strukturkrise steht, so Helberger, „in einem bemerkenswerten Kontrast zu den Fortschritten der medizinischen Wissenschaft" (732). Gewiß, aber vielleicht ist dieser medizinische Fortschritt besonderer Art und selber eine wichtige Ursache der Krise.

1 Es gibt auch andere Ausweichangebote und auch andere legaler Art (Sektenbildungen verschiedener Art beispielsweise), die ebenfalls als Ersatzbildungen zu verstehen sind. Wir wollen uns jedoch hier ganz auf Krankheit als Ausweichmechanismus konzentrieren.

II. Kosten und Strategien der Kostensenkung

1. Die Zahlenseite der Strukturkrise des Gesundheitssystems

Vorab einige Zahlen über Kosten und Nutzen des Gesundheitswesens. Sie dienen lediglich der Illustration und sind nicht systematisch auf die gesellschaftswissenschaftliche Analyse bezogen. Sie entstammen der Logik des medizinischen Blicks auf Krankheit, und das ist ein höchst spezifischer. Maßgebend für diesen Blick ist die pathologische Körperlichkeit. Über diese Art der Abstraktion wird noch einiges zu sagen sein.

Von 1960 bis 1982 stieg die Sozialleistungsquote des Bruttosozialprodukts von ungefähr einem Fünftel auf knapp ein Drittel. Noch drastischer stieg der Anteil der gesundheitsbezogenen Ausgaben der Sozialleistungsquote. Die Aufwendungen für diese Leistungen wuchsen zwischen 1960 und 1977 um mehr als das Sechsfache (vgl. Deppe und Priester, 1980; 78). Und das sind lediglich die als offizielle Kosten des Gesundheitssystems registrierten Zahlen. Rosenbrock (1980; 227) schätzt beispielsweise die Kosten der Selbstmedikation, also einen Teil der zusätzlich privat aufgebrachten Mittel, auf 20 bis 30 % des Arzneimittelverbrauchs der Bundesrepublik, der nach Angaben der Pharmaindustrie im Jahr 1977 bei rund 2,8 Milliarden Mark lag.

Selbst wenn wir davon absehen, daß bei einer so umfangreich sozialpolitisch abgesicherten Krankenversorgung wie der der Bundesrepublik so viele zusätzliche Privatleistungen notwendig sind, also bereits auf der Ebene dieser groben Zahlen Diskrepanzen zwischen Angebot und Nachfrage sichtbar werden, sind die hohen Steigerungsraten kaum verständlich. Wir begreifen ihren Sinn nicht. Bislang vorliegende Untersuchungen über Gründe für die auffällige Kostenzunahme (vgl. z.B. Schicke, 1981) geben sozialwissenschaftlich wenig her; denn die aufgrund rechtlicher und verwaltungstechnischer Regelungen und medizinischer Problemdefinitionen zustande gekommene Sektorisierung des Blicks auf einzelne Kostenfaktoren öffnet nur sehr enge Perspektiven für die Konstruktion von Kausalzusammenhängen. Was erfährt man zum Beispiel, wenn man in Rechnung stellt, daß die Erweiterung des Leistungskatalogs um Trunkenheit, die 1968 als Krankheit anerkannt wurde, die Kosten erhöhte, oder daß die Zunahme des technischen Krankenhauspersonals ein wichtiger Teuerungsfaktor ist?

Mit anderen Worten, es kommt auch auf den Standpunkt an, von dem aus man auf die Mannigfaltigkeit der „Fakten" blickt. Kombinieren wir z.B. das auf den einzelnen bzw. seine Körperlichkeit bezogene Krankheitsverständnis der naturwissenschaftlichen Medizin einerseits und das neokonservative (auch auf den einzelnen gerichtete) politische Argument andererseits, so wird eine Diskrepanz sichtbar, an der man ansetzen kann; es ist die Diskrepanz zwischen der Selbstwahrnehmung von Menschen, die sich krank *fühlen*, und der objektiven Diagnose des Arztes, der keine für ihn verwertbaren Krankheitsmerkmale diagnostizieren kann und infolgedessen nicht „krankschreibt". Die Vorstellung von der Zunahme der „Rentenneurotiker" und „Hypochonder" (vgl. z.B. Schicke, 1981; 16), also der Simulanten und Schmarotzer ist die Folge. Ist das *der* Ansatzpunkt für eine Kostensenkung? Erst wenn wir die Logik dieser objektiven medizinischen Diagnosen in ihrer Diskrepanz zur Selbstwahrnehmung und die politische Bedeutung solcher Unterstellungen entschlüsseln, die einen moralisch sträflichen Umgang mit den Privilegien der Krankenrolle behaupten, erst dann ist zu verstehen, weshalb die üblichen Strategien der „Kostendämpfung" nicht nur vergeblich sind, sondern insgesamt die Kosten eher noch erhöhen.

Oft verhindern jedoch auch andere Barrieren als die Medizin selber, daß ein Sich-Krankfühlen zur tatsächlichen Inanspruchnahme der Krankenrolle führt. Auf dem Symposion „Menschenrechte" des Komitees für Grundrechte und Demokratie vom 16.–18. April 1982 an der Universität und Gesamthochschule Paderborn wurden die Ergebnisse einer Untersuchung des hessischen Landesverbandes der Betriebskrankenkassen vom Ende der siebziger Jahre mitgeteilt (Funke et al., 1982). Von als gesund geltenden, d.h. im Arbeitsprozeß stehenden 3500 Mitarbeitern zwischen 40 und 65 Jahren aus zehn Metall- und Chemiebetrieben wiesen rund 80 % behandlungsbedürftige Gesundheitsstörungen auf, 21 % der Untersuchten wurden per Dringlichkeitsverfahren zu Rehabilitationsmaßnahmen eingewiesen und 3 % bedurften sofort stationärer Behandlung. Andere, ebenfalls von Funke, Jürgens und Watkinson mitgeteilte Zahlen lassen den Schluß zu, daß den Arbeitnehmern ihr tatsächlicher Gesundheitszustand jedenfalls der Tendenz nach bekannt ist. Haben viele Leute Angst davor, als Kranke stigmatisiert zu werden? Betrachten sich die Menschen selber schon – und behandeln sie sich dementsprechend – als mindere, beklagenswerterweise mit erster Natur behaftete Maschinen (Anders, 1956)?

Solche Diskrepanzen signalisieren sinnfälliger und überraschender als Kostensteigerungsraten die zunehmenden Mißerfolge des Gesundheitssystems. Kämpft es gegen etwas, womit es aufgrund der vorherrschenden Logik und seiner hauptsächlichen Mittel gar nicht fertig werden kann? Müssen seine Erfolge in erster Linie oder so gut wie ausschließlich an der Leistungsfähigkeit der Bürger im Arbeitsleben gemessen werden?

Die Zahl der Frühberentungen wegen Erwerbsunfähigkeit stieg vom Januar 1971 bis Juli 1977 von 886 789 auf 1 171 044. Arbeiterinnen fallen in diesem Kontext besonders auf. Im angegebenen Zeitraum stieg ihre Frühberentungszahl von 451 989 auf 708 704. In der Kategorie der Angestellten ist der Anstieg erwerbsunfähiger Frauen in jenen Jahren noch drastischer: von 107 063 auf 195 004 (vgl. Bundesminister, o.J.; A27, A28, Tabelle 10). „Die Tageszeitung" vom 2. 6. 1981 gab die Mitteilung einer Versicherung wieder, nach der im Jahr 1979 jede zweite neue Rente wegen Erwerbs- bzw. Berufsunfähigkeit gezahlt wurde.

Bis zum Jahr 1985 werden – folgt man den Untersuchungen des Instituts für Arbeitsmarkt- und Berufsforschung (zitiert nach Funke et al., 1982) – nur noch ein reichliches Viertel der männlichen Arbeitnehmer zum 65. Lebensjahr in den Ruhestand gehen. 35,3 % scheiden bereits vorher aus dem Arbeitsleben aus, weil sie sterben, und 37,4 % werden Frühinvaliden sein. Bei den Arbeiterinnen und Arbeitern sind diese Zahlen noch drastischer. Wird die Pensionierung zum gesetzlich vorgesehenen Alter langsam zum Ausnahmefall werden?

Als häufigste Ursache für Frühberentung werden fast durchgängig bei allen Gruppen mit großem Abstand Herz- und Gefäßerkrankungen genannt, an zweiter Stelle folgen Osteomyelitis und andere Knochen- und Gelenkerkrankungen (vgl. Daten..., 1980; 110–122). Auch bei den Todesursachen standen 1972 Herz-, Gefäß- und Kreislaufkrankheiten mit 46 % der Gesamtsterblichkeit an erster Stelle, an zweiter Stelle 19 % Krebs. An Infektionskrankheiten starben 1972 nur noch 3 % (Helberger, 1978; 687). Weshalb kann unsere Medizin diese neuen Volksseuchen, diese chronischen Erkrankungen, (noch) nicht so bewältigen, wie sie es bei den großen Infektionskrankheiten spätestens seit der letzten Jahrhundertwende geschafft hatte? Ist es nur Sache der Medizin, daß sich das Krankheitspanorama verschob? Noch 1927 waren 20 % der Gesamtsterblichkeit auf Tbc und andere Infektionskrankheiten zurückzuführen.

Zum Weltgesundheitstag 1981 hob die ehemalige Bundesgesundheitsministerin Antje Huber die große Bedeutung hervor, welche eine ausgeprägte „Selbstbeteiligung" der Bürger für unser Gesundheitswesen bekommen muß. In ihrer Rede (vgl. FAZ v. 8. 4. 81) holte sie mit diesem Begriff auch die Dimension der „Selbsttätigkeit" ein; gegen das verbreitete Konsumverhalten lobte sie die Selbsthilfegruppen, also die aktive Mitarbeit an Gesundheit. Ferner klagte sie über Diskrepanzen zwischen Angebot und Nachfrage; Schwangerschaftsfürsorge und prophylaktische Krebsbekämpfung würden einfach nicht zureichend ausgenutzt. Quasi-Gratisangebote als Ladenhüter?

Während die Bemerkungen der Ministerin auf strukturelle Reformen der Gesundheitsversorgung zu hoffen erlaubten, haben die seit Beginn 1982 geltenden Spargesetze die Lage wieder realistisch zurechtgerückt (vgl. dazu Widersprüche 2, 1982, Heft 2; 29 ff.): die „Reformen" sind nur für die Endkosten beim individuellen Verbraucher von Bedeutung; von Strukturveränderungen des Systems, das den Kosten vorgängig ist, wird nicht mehr gesprochen. Es ist wie mit dem Taschengeld für Heimbewohner, das ja sehr deutlich absteckte, was die Bundesregierung heute als Tat von politischem Rang ansieht. – Eine relative Kostensenkung im Rahmen der gesundheitsbezogenen konzentrierten Aktion, etwa seit 1977 eingeleitet (vgl. Deppe und Priester, 1980; 78), erweist sich damit in der Hauptsache als Umwälzung von Kosten. Im Kontext: Ärzte, pharmazeutische Industrie und Apotheken konnten bis in die jüngste Zeit wesentlich den Patienten an die Kostenfront schicken (Wiesenthal, 1981). – Was fixiert den Blick auf die Veränderungstätigkeit so stark auf die einzelnen?

Weitere Rätsel: Eine Repräsentativbefragung der Bundeszentrale für gesundheitliche Aufklärung zeigte 1971, daß rund 75 % der bundesrepublikanischen Bürger zwischen 14 und 70 Jahren, gemessen an medizinisch normierten Risiken, nicht gesundheitsfördernd leben (vgl. Schicke, 1981; 36). Daran dürfte sich wenig geändert haben. Gleichwohl gaben in einer Emnid-Umfrage zum Jahresende 1980 (vgl. FAZ 31. 12. 80) ebendiese Bürger mehrheitlich an, daß ihr größter Wunsch für das

Neue Jahr gesundheitliches Wohlergehen sei (45 % der Männer und 56 % der Frauen). Erst mit großem Abstand folgte – im Durchschnitt bei 21 % der Befragten – der Wunsch nach Frieden; für 10 % war schulischer oder beruflicher Erfolg größter Wunsch.

Weshalb besteht zwischen den wissenschaftlich fixierten Normen gesundheitlicher Prophylaxe und dem gesundheitsbezogenen Handeln der Bürger eine solche Kluft[2], wenn den Bürgern selber so viel an ihrer Gesundheit liegt? Sind es nur „Verständigungsschwierigkeiten" zwischen der Medizin und ihren Adressaten? Die Bürger handeln offenbar gesundheits- und krankheitsbezogen anders, als die staatlich und professionell zur Verfügung gestellten Hilfen das erwarten. Deshalb erfand man die Gesundheitserziehung; damit wird versucht, das Aneinander-Vorbei zu korrigieren, und zwar in die heute generell übliche Richtung: Die Menschen sollen sich der in den vorhandenen Institutionen organisierten (medizinischen) Vernunft anpassen (vgl. Horn, 1979, 1981a, Rammstedt 1979, 1981).[3] Darin erkennen die Bürger sich jedoch nicht ohne weiteres wieder. Es gibt offenbar Interessen, die dort nicht abgedeckt sind.

Bisher war der Schwerpunkt der Sanktionsmöglichkeiten im Gesundheitsbereich deutlich innerhalb der Krankenrolle organisiert; wir kommen darauf noch ausführlich zu sprechen. Nun wird jedoch, unter dem plausiblen Gesichtspunkt der Prophylaxe, das Sanktionswesen auf (noch) Gesunde ausgedehnt, deren Privatleben bislang deren Privatsache war. Die Individuen sollen nicht erst krank werden, sonst hat es die Medizin in vielen Fällen mit unlösbaren Problemen zu tun.

Schwierigkeiten machen dabei insbesondere zwei Klassen von Erkrankungen, die beide nicht sinnvoll als allein organische Defekte angesprochen werden können. *Die eine* entsteht aufgrund von „Umweltfaktoren", welche nicht unmittelbar Gegenstand der Medizin sind. Deshalb entstanden Arbeits- und Sozialmedizin, weil hier Prophylaxe kausal helfen kann. Das heißt, in diesen Fällen muß gegen den naturhaften Prozeß bürgerlicher Vergesellschaftung politisch interveniert werden, um gesundheitliche Auswirkungen präventiv zu verhindern. Virchows (1852/1848) diesbezüglicher Bericht über die Typhusepidemie in Schlesien, gerichtet an das preußische Ministerium der Unterrichts- und Medizinalangelegenheiten, ist berühmt geworden. In dieser Tradition sprach man von „sozialer Pathologie" (Grotjahn, 1911). Sie wurde zunächst mit dem Scheitern der achtundvierziger Revolution geschwächt (Böhme, 1980) und in jüngerer Zeit vor allem vom Faschismus verschüttet, weil ihre Perspektive mit dem ehemaligen Optimismus der sozialistischen Zukunftshoffnung verknüpft war (Leibfried und Tennstedt, 1980).

2 Die zeitliche Differenz dieser aufeinander bezogenen Untersuchungen ist nicht zu übersehen. Es kann jedoch davon ausgegangen werden, daß die Werbung für ein Leben ohne gesundheitliches Risiko nur „bescheidene oder ungenügende Erfolge" (Schicke, 1981; 37) zeitigte und diesbezügliche Lebensgewohnheiten kaum verändert wurden.

3 Diese die einzelnen einbeziehende Strategie der Gesundheitspolitik ist offenbar in der UdSSR sehr viel ausgeprägter (vgl. Koch, 1981).

Die hier vorgelegte Arbeit behandelt nicht diesen Aspekt, nicht die direkt in der Form der Arbeit und der Sozialordnung liegenden Grenzen der primär auf Heilung eingerichteten naturwissenschaftlichen Medizin[4], sondern, wie bereits angedeutet, *die andere* systematische Beschränkung naturwissenschaftlicher Medizin: ihre Unfähigkeit, das *erlebnishafte Verarbeiten* des Arbeits- und des privaten Alltags zu begreifen, das krankheitsrelevante, *ganz persönlich empfundene Verhältnis – oder Mißverhältnis – zur gesellschaftlichen Objektivität*[5]. Anders formuliert, es geht um den verhinderten Übergang zu einer psychosomatischen Medizin, welche kranke Menschen nicht nur als Gattungsexemplare, als Organwesen mit pathophysiologischer Dysfunktion behandelt, sondern – richtig verstanden – als gesellschaftliche Wesen, die ein historisches und biographisches Schicksal zugleich haben (Lorenzer, 1976, 1977a, b), das ätiologisch relevant ist. Es geht um die gesellschaftliche Etablierung einer Heilkunde, welche auch die persönliche Verarbeitung von Welt für ätiologisch, therapeutisch und prophylaktisch relevant hält, und zwar gerade nicht vermittels des gewöhnlichen persönlichen Gestus der „Götter in Weiß" (Balint, 1957), sondern methodisch geregelt, systematisch.

Aber zurück zur Prophylaxe, die sich strategisch an den einzelnen wendet und mit der man den strukturellen Schwächen der Medizin ersatzweise entgegentreten will. Die amtlich betriebene Gesundheitserziehung, auf der Basis des Risikofaktorenmodells und des Modells der Lebensstile, tastet sich langsam durch die Grade wissenschaftlicher Abstraktionen hindurch an die Alltagswirklichkeit der Bürger heran, um jenen Krankheiten vorzubeugen, welche die Medizin kaum in relevantem Ausmaß zu heilen vermag, bzw. um die Bürger selber zur Vorbeugung zu bewegen. Einerseits gewinnt diese Vorbeugung für den Ernstfall groteske Züge, wenn es beispielsweise um Atomkriegsmedizin geht; hier werden die politischen Grenzen sichtbar zwischen dem, was in diesem Kontext wirklich Prophylaxe wäre und dem, was eine postfeste (um nicht zu sagen posthume) medizinische Reaktion auf die Katastrophe überhaupt noch bewirken kann. Es spiegelt sich hier nur politische Ohnmacht.

4 Folgt man Schicke (1981; 13), so wurden 1972 71,64 % der Sachleistungskosten des Gesundheitswesens für die kurative Versorgung ausgegeben, nur 5,09 % für Vorbeugung und Früherkennung und 23,27 % für Rehabilitation und Folgekosten.

5 Beide Perspektiven schließen einander keineswegs aus, dürfen jedoch nicht aufeinander reduziert werden (vgl. Beier et al., 1982). Um es an einem Modell zu verdeutlichen: Arbeitslosigkeit hat nicht notwendig Krankheit zur Folge, kann sich aber in Erkrankung umsetzen. Die Arbeit von Wacker (1981) zeigt, daß die Frage des wissenschaftlichen Modells, welches man zum Begreifen dieser Umsetzung benutzt, zentral wichtig ist. Das dort benutzte Streß-Modell kann die subjektive Seite des Erlebens nicht erfassen. – Gerade anhand der Herzinfarktproblematik läßt sich zeigen, daß eine Durchdringung der Krankheitsproblematik, ohne auf die gesellschaftlichen Anforderungen und deren subjektive Verarbeitung zugleich einzugehen, meist nicht geleistet wird. Vgl. dazu kritisch die Lebensereignisforschung zum Herzinfarkt (in Deppe et al., 1981; 187 ff.) und die zur Psychopathologie des Herzinfarkts bei Moersch (et al., 1980). Auch die Frauen-Studie von Haller (1981) zeigt eindeutig, daß für Gesundheit und Krankheit sowohl meßbare Größen (wie beispielsweise zeitliche Arbeitsbelastung), aber auch die sinnhafte Interpretation dieser Faktoren durch die Betroffenen eine Rolle spielen.

Andererseits geht es in dieser prophylaktischen Dimension um mehr als bloße Vorbeugung und Gesundheitspädagogik: Es geht – um in eine imaginierte, aber vermutlich nahe Zukunft abzuschweifen – um völlig neuartige Methoden der Risikofahndung als Gesundheitsfürsorge. Die von Habermas postulierte Repolitisierung des „staatsbürgerlichen Privatismus" unter dem Vorzeichen des Leviathan beginnt bisher deutlich respektierte Grenzen zwischen unterschiedlich sanktionierten Formen abweichenden Verhaltens insofern zu verwischen, als die Fahndungsmethoden nach Risiken in verschiedenen Bereichen tendenziell vereinheitlicht zu werden scheinen. Auch gewinnt der Krankheitsrisikobegriff neue Dimensionen, wenn er nicht mehr nur auf das Risiko einzelner sich bezieht, sondern auf das gesellschaftliche Risiko, daß viele Menschen sich in Form von Krankheit bzw. deren Risiko anderen Zielen als der Gesundheit im Sinne von Arbeitsfähigkeit zuordnen. Wie man hört, ist in Bonn ein Vorbeugungsgesetz geplant, zu dessen Ausarbeitung auch Rasterfahndungsexperten des Bundeskriminalamtes herangezogen worden sind. Wie ist das einzuschätzen? „Zweck der neuen Fahndungsmethode ist es, durch das Anlegen bestimmter Merkmalraster die Anzahl der ‚Verdächtigen' neuen Typs aus der Gruppe der Träger gleicher Merkmale solange von Unverdächtigen zu trennen, bis sich eine ‚Verdichtung des konkreten Verdachts' einstellt. Ein konkreter Tatverdacht ist also nicht Ausgangspunkt der Fahndung, sondern Zwischenziel, an das sich dann weitere – herkömmliche – Fahndungsmittel anschließen können, um den Täter zu ergreifen" (Simon und Taeger, 1981; 5). Ist dies die Logik einer neuen Gesundheitspolizei? Insofern sie in die Privatsphäre der Bürger eindringen müßte, um zu erfahren, wieviel sie essen, trinken, rauchen, wiegen, sich bewegen, sich aufregen, versteht man die Zusammenarbeit zwischen Gesundheits- und Ordnungsverwaltung gut: Der „konkrete Tatverdacht" wird informatorisch hergestellt, der staatlich regulierte Bereich ausgedehnt.

Aber: Wäre diese Logik auf das Gesundheitssystem als Prophylaxe übertragbar? Würde die hier nur phantasierte vorsorgliche Einlieferung von rasterfahndungsidentifizierten, besonders gefährdeten Herzinfarktkandidaten seitens einer Art Rot-Kreuz-Schwadron in Krankenhäuser des Gesundheitsministers – würde eine derartige Zugriffsmöglichkeit den Sinn der Bürger für Vorsorge schärfen? Würde eines Tages eine relevante Zahl Bürger sich vielleicht weniger aufregen oder mehr bewegen oder von selber in die Krankenanstalten gehen, falls jemand in einem überall erhältlichen, leicht selber ausführbaren Test (auf den die Regenbogenpresse in verkappten Formen vorbereitet hatte) eine alarmierende Punktzahl erreichte? Wäre dieser Weg wirklich erfolgversprechend, um das Gesundheitsproblem zu lösen oder auch nur zu reduzieren? Oder gäbe es einige gleichsam Verrückte, die, auf ihre bürgerliche Privatheit pochend, mit ihrem Leben einen privaten Sinn verfolgend, auf die Infarkt-Risikofaktoren pfeifend, sich nur in Handschellen dorthin abführen und – eben wie Verrückte – sich nur in der Zwangsjacke dort festhalten ließen? Schließlich könnten diese wenigstens ins Feld führen, daß das Risikofaktorenmodell nur Wahrscheinlichkeiten formulieren kann, keineswegs aber im Sinne eines Kausalzusammenhanges alle Personen identifiziert, die unausweichlich erkranken müssen.

Oder gäbe es auch unter einem solchen Prophylaxegesetz Menschen mit einer anderen – einer politischen – Art abweichenden Verhaltens, die darauf bestünden, daß ihre Verarbeitungsfähigkeit von Welt Grenzen habe, daß nicht alles auf ihrem Buckel, respektive ihrer „Gesundheit" ausgetragen werden könne, daß man gefälligst auch an anderen sozialen Orten etwas regulieren möge, vielleicht dort, von woher die Anforderungen einstürmen auf die einzelnen, an denen quasi mit dem Thermometer gemessen wird, wieviel sie aushalten, bevor sie platzen, d. h. krank werden? Bedeutete nicht diese Zuspitzung des Gesundheitsproblems auf die einzelnen und ihr soziales und selbstbezogenes Handeln *allein* eine zusätzliche, Rückzugswünsche (in Krankheit) eher noch bestärkende Belastung? Die Schlechten in die Klinik, die Guten an die Arbeit? Die in der Kritik des „Modells Deutschland" beschriebenen Marginalisierungsprozesse (vgl. Esser et al., 1980a, b, c) lassen diese Aschenputtelperspektive zumindest nicht als abwegig erscheinen. Wäre eine gute Gesundheitspolitik aber nicht viel eher der Versuch, diese Aufteilung, diese Art von Anforderungen, diese Verhältnisse der Menschen zueinander anders zu organisieren – wobei die persönliche Seite von Gesundheit natürlich nicht ausgeblendet bleiben dürfte?

Solche gesundheitspolitischen Maßnahmen liefern, versteht man sie richtig, eindruckvolles Material für die Erfahrung dessen, was man leichthin Prozeß der Vergesellschaftung nennt.

Jedenfalls läßt sich die Gesamtbevölkerung mit der Zeit durchaus nach „medizinischen" Merkmalen elektronisch verdaten und auf Gesundheitsrisiken prüfen. Individuelle Lebensgestaltung und soziale Verhaltensmuster wären in dieser negativen Utopie Kristallisationspunkte für die „Verdichtung des konkreten Verdachts", riskant zu leben, ob sich das nun auf den Alkoholspiegel oder den Cholesterinspiegel und die Art der Nutzung der Freizeit bezieht. Insofern wäre die Entwicklung des Gesundheitserziehungskonzepts vom Risikofaktorenmodell zu dem der Lebensstile eine Konkretisierung auf die Gesundheitstäterpersönlichkeit hin. Aber: Kann das wirklich der Weg sein, auf dem eine weitere Steigerung der Kostenexplosion im Gesundheitswesen vermeidbar wäre? Ist auf diese Weise die Produktivität der Medizin zumindest potentiell zu erhöhen? Und: Wird der Bürger sich mit polizeilichen Mitteln tatsächlich die Flause der privaten Lebensführung austreiben lassen und die Individualisierung des Kostenproblems durch „mehr Gesundheit" honorieren?

2. Die persönlichen Kosten

Halt. Die Kostenfrage hat gerade für die hier vorgetragene Argumentation eine Seite, die mit dem finanziellen Aspekt im allgemeinen nicht verbunden wird. Lebensgeschichtliche Kosten, „Kosten" also in einem sehr umfassenden Sinn, werden kaum je oder jedenfalls nicht unter diesem Begriff statistisch erfaßt. Sie sind gleichwohl ein Produkt unserer Art medizinischer Versorgung und aller Wahrscheinlichkeit nach mittelbar im herkömmlichen Kostensinn relevant. Ich fasse zur Demonstration dieses höchst wichtigen Aspekts einen Fall aus einer demnächst erscheinenden Studie (Beier et al., 1982) zusammen:

Eine Arbeitnehmerin wird über ihren Umgang mit Krankheit befragt. Ihre Erzählung ist eine einzige Krankengeschichte. Sie ist mit chronifizierter Angina zur gesundheitlichen Selbstversorgerin geworden, weil die heute praktizierte Medizin mit dieser „Problempatientin" (v. Mering und Early, 1966) systematisch nichts anzufangen weiß, obgleich sie regelrechte körperliche, also von unserer Medizin verwertbare Symptome anzubieten vermag. Das ständige Wiederkehren der eitrigen Mandelentzündung — die sich inzwischen gegenüber ihrem biographisch-konflikthaften Ursprung verselbständigt hat — und die variantenreiche anderweitige Symptomproduktion haben die Ärzte resignieren lassen. Sie haben kein Mittel für die Frau. Ist diese Frau „hypochondrisch"?

Auf die Frage der Interviewerin, ob sie ein bißchen erzählen könne von einer Krankheit, die sie in der letzten Zeit besonders bedrückt oder betroffen hat, erzählte die zum Zeitpunkt des Interviews zweiundvierzig Jahre alte Montagearbeiterin (verheiratet, zwei Kinder) aus ihrer Patientenkarriere. Die folgenden Ausschnitte aus ihren abenteuerlichen Erfahrungen sind anders zusammengestellt, als sie erzählt wurden und ergeben deshalb ein etwas anderes Bild, als die Frau es sich von sich selbst machte. Es ist allerdings nichts hinzugefügt; alle Informationen, auch die Interpretationen, stammen von der Interviewpartnerin selbst. Nur handelt es sich teilweise offenbar um Wissen — und bei den Interpretationen auch um Bedeutungen —, die der Erzählerin nicht als Metawissen, sondern lediglich naiv zur Verfügung standen.

Frau X erzählte von jüngsten Beschwerden und kam von da aus auf ihre Kindheit zurück. Sie lebt in einem dörflichen Milieu in der Nähe einiger größerer Städte. — Noch heute kann sie sich nicht an den Hals fassen, ohne Erstickungsgefühle und ähnliche Angstzustände zu bekommen. Sie hat ständig irgend etwas „Medizinisches" am oder im Hals: Schilddrüse, Abzesse, Angina, Ohrenschmerzen, Operationen. Sie hat Diabetes, außerdem gelegentlich einen Hautausschlag, der nach Auskunft der Ärzte allergischer Herkunft ist, böse juckt und den ganzen Körper befällt.

Fast alle Ärzte im Umkreis und in den nächsten Städten bzw. deren Krankenhäusern sind bereits mit ihr befaßt gewesen, teilweise mehrmals. Keiner kann ihr helfen. Die Standarderkrankung ist eitrige Angina, wenigstens dreimal im Jahr; da bekommt sie innerhalb von Stunden 40 Grad Fieber, nachdem es vorher im Hals erst rot, dann gelb geworden war. Sie geht damit nicht mehr zum Arzt, sondern holt sich in der Apotheke Tabletten und ein Gurgelmittel.

Ein bißchen Angst, daß sie einmal ersticken könnte, hat sie eigentlich immer. Sie versucht, das zu beschwichtigen, indem sie relativ viel ißt und trinkt und deshalb auch Gewichtsprobleme hat. — Beim Lesen des Interviews kommt es einem so vor, als ob sie noch etwas durch den offenen Hals stecken will, solange das noch geht. Sie ißt immer, wenn sie irgendwie Schwierigkeiten hat. Wenn die Schwierigkeiten schlimmer werden, kriegt sie's im Hals, Sommer wie Winter. Besonders auch dann, wenn sie gerade beim Friseur gewesen ist. Angefangen hat alles mit Herzanfällen.

Als Kind schlief die Frau mit im Zimmer ihrer Eltern. Wenn „die was vorhatten", sah sie zwar nie etwas, aber sie hat es „wuscheln" hören und wußte damals nicht, was los war, Heute sei man da ja aufgeklärter. Mit der Mutter war abgesprochen, daß sie immer „danach", aber so, daß ihr Vater nichts bemerkte, auf den Fußboden vors Bett der Mutter kommen konnte, die ihre Hand aus dem Bett streckte zum Zeichen, daß sie noch am Leben sei. Sie hielt dann die Hand der Mutter. Das Mädchen hat damals fürchterliche Ängste durchgestanden.

Sie bekam Herzanfälle. Keiner wußte weshalb, und der Arzt fand auch nichts. Mit 12 Jahren hatte sie einmal 13 Herzanfälle an einem Tag. Da kam der Hausarzt und sagte ihr, wenn sie noch zwei weitere Anfälle habe, müßte sie sterben. Sie wolle doch groß werden! Die Frau kann sich noch erinnern, daß er ihre Hand hielt, sie weiß nicht mehr, ob er sie nicht vielleicht hypnotisiert hat. Jedenfalls hat er ihr befohlen, immer wieder zu ihm zu sagen: Ich darf keinen Anfall mehr kriegen, ich will groß werden. Und ab da hatte sie nie mehr einen Anfall.

Zugleich erzählte die Frau eine Reihe von Geschichten darüber, wie sie und ihre Familie sich die Herzanfälle, bei denen sie am ganzen Leib zitterte und schwitzte, erklärt haben. Da gab es nämlich eine Nachbarin, das schien eine Hexe zu sein. Die lieh sich immer allerlei Sachen aus. Und wenn die Nachbarin tagsüber dagewesen war, dann habe sie nachts von ihr geträumt. Ihre Mutter habe als Mittel dagegen einen Besen in die Ecke gestellt und sie dagegengedrückt; das habe aber nicht geholfen. Erst der Hausarzt habe sie mit seinem Verbot von den Herzanfällen geheilt.

Später habe sie's dann immer nur im Hals gehabt, und keiner habe ihr helfen können. Das sei so geblieben. Einer der vielen Ärzte, bei dem sie wiederholt gewesen sei wegen ihres Halses, weil sie immer glaube, daß da irgendwas „raus müsse", habe ihr dann eines Tages gesagt, daß man ihr nicht helfen kann, daß sie das im Hals immer wieder kriegen werde. Und seitdem gehe sie deswegen auch nicht mehr zum Arzt. Die haben ja auch zu wenig Zeit und können sich nicht richtig mit einem beschäftigen. Ihr Hausarzt schreibt sie nicht mehr krank, es sei denn, sie habe 40 Grad Fieber.

Die Frau hat einmal die Erfahrung gemacht, nach 2 Jahren Hautausschlag, daß ihr Leiden, nachdem sie vor sich und für sich Schimpfworte gegen ihre gesamte Lebenssituation, aber auch gegen ihren Mann, ausgestoßen hatte, wegging. Mit ihrem Mann offen über allerlei Probleme zu reden, wie ihr eine Frau im Krankenhaus geraten hatte, brachte sie nicht fertig.

Fazit: Die Frau ist (in wechselnden Formen mit dem Hauptakzent im Hals) seit Jahren chronisch krank, hat sich zur Problempatientin entwickelt und in Bezug auf ihr Hauptsymptom resigniert. Sie versorgt sich in diesem Punkt selbst und braucht auch keine ärztliche Bescheinigung für den Betrieb mehr, wenn sie ein paar Tage mit ihrer Angina zu tun hat.

Ihre Patientenkarriere ist nicht nur gekennzeichnet von ihrer immer wieder in verschiedene Krankheiten mündenden Angst, sondern auch von der Situation ärztlicher Versorgung auf dem Land und der – ärztlicherseits und ihrerseits deutlich gemachten – sozialen Distanz zu den Vertretern des medizinischen Versorgungssystems (Beier et al., 1982).

III. Wozu man Gesundheit gesellschaftlich braucht, und weshalb die Medizin zu einem Instrument sozialer Steuerung geworden ist

Wir wollen uns anhand einer Studie des amerikanischen Soziologen Talcott Parsons' nun vergegenwärtigen, wie die traditionelle Soziologie die Aufgabe der Medizin in modernen, hochkomplexen Gesellschaften einschätzt. Nicht nur, daß die Medizin – als Mechanismus sozialer Kontrolle – in Parsons' Werk räumlich eine unverhältnismäßige Rolle spielt; er ist vor allem derjenige Gesellschaftstheoretiker, welcher der Gesundheitsversorgung eine ganz zentrale integrative Rolle zuspricht. Ich werde mich im wesentlichen an eine Arbeit halten, die Parsons' wichtigste Vorstellungen konzentriert entfaltet.

Es mag verwundern, daß eine sich kritisch verstehende Darstellung des Gesundheitssystems, ein Versuch also, folgenreiche Diskrepanzen zwischen dem gesellschaftlichen Zweck der Versorgungsangebote und den persönlichen Motiven zu analysieren, in deren Sinn sie genutzt bzw. verschmäht werden, sich ausgerechnet auf einen funktionalistischen Theoretiker stützt. Auf einen Autor zumal, dem der Gesichtspunkt des Ordnungserhaltes derart viel galt, daß er noch die Psychoanalyse – welche hervorzuheben versucht, was aus den Menschen unter gesellschaftlichem Druck wird – theoretisch benutzte, um die soziofunktionale *Integration* der einzelnen ins gesellschaftliche System zu formulieren (vgl. z.B. Bergmann, 1967; Brede, 1972; Wrong, 1962). Nun, die Parsonskritik ist bekannt. Sie sollte jedoch gerade nicht daran hindern, die von Parsons wahrgenommene und theoretisch entfaltete Verselbständigung des Gesellschaftlichen gegenüber dem Lebensalltag und den sinnhaften Motivationen der einzelnen als besondere sozialwissenschaftliche Leistung ernst zu nehmen. Gerade weil Parsons mit Akribie die Kolonialisierung der Subjektivität durch die („sachgesetzlichen") Zwänge des Systems schildert und *positiv* wertet, bekommt man von ihm eine erschöpfende Auskunft darüber. Das kritische Interesse, die Systematik jener intern produzierten Kosten sichtbar zu machen, welche die Gesundheitsversorgung der Tendenz nach in eine Krankenverwaltung verwandelt, wird an seinen Analysen anzuknüpfen haben.

Parsons hat in seiner Arbeit über die „*Definition von Gesundheit und Krankheit im Lichte der Wertbegriffe und der sozialen Struktur Amerikas*" (1964) nachzuzeichnen versucht, wie die amerikanische Gesellschaft (im Unterschied zur UdSSR und England) „soziokulturell" (S. 57) mit Krankheit umgeht. Ich unterstelle, daß mit dieser Analyse, jedenfalls mit ihren zentralen Ergebnissen, mehr geleistet ist als ein bloßer Vergleich. Wenn Parsons im Hinblick auf diese Arbeit, die sehr theoretisch im Sinne eines systematischen Ansatzes der Analyse gesellschaftlicher Kontrollstrukturen argumentiert und keinerlei Zahlen, die aus Messungen hervorgegangen wären, enthält, mehrmals von „empirisch" bzw. von „Empirie" spricht, so kann das nur bedeuten: Parsons systematisiert Erfahrungen über die gesellschaftliche Handhabung von Krankheit in komplexen Gesellschaften. Der amerikanische Modus des Umgangs mit Gesundheit und Krankheit enthält Mechanismen, deren Analyse von genereller Bedeutung ist.

Ein Schwerpunkt von Parsons' Untersuchung ist die Krankenrolle. In ihr sind die Bedingungen definiert, unter denen jemand vorübergehend von der Erfüllung seiner Rollenaufgaben befreit werden kann. – Ich beziehe mich hier fast ausschließlich auf die als körperlich definierte Erkrankungen. Eine seelische Erkrankung hingegen zieht Sanktionen genereller Art nach sich: Wenn jemand nicht imstande ist, überhaupt Rollen einzunehmen und geordnete soziale Beziehungen einzugehen, also nicht nur Rollen*aufgaben* nicht erfüllen kann, sondern soziale Rollen schlechthin verfehlt, dann muß man ihn, gerade weil er sich immer wieder im Rollenverhalten versucht und auf diese Weise das Geflecht sozialer Beziehungen nur stört, darin hindern; und zwar prinzipiell solange, bis er die Fähigkeit, den Erwartungen anderer und der Organisation der Sachzwänge sich einzufügen, wieder erworben hat (Parsons 1964; 58). Die normale Entmündigung von Geisteskranken soll also ernsten sozialen Störungen vorbeugen bzw. sucht sie zu beseitigen. Der nur körperlich Kranke dagegen, genauer: derjenige, welcher als solcher definiert wird, ist selber in der Lage zu erkennen, was er anstelle seiner gewöhnlichen Rollenaufgaben in dieser Ausnahmesituation zu tun hat: seine körperliche Krankheit zu bekämpfen. Davon, von den darin steckenden persönlichen und gesellschaftlichen Problemen, wird jetzt die Rede sein.

„Krank" in dem soziologischen Sinn, den Parsons formuliert und der in der Tat auf einer allgemeinen Ebene nicht nur amerikanischen, sondern auch unseren Usancen entspricht, ist jemand, der aufgrund körperlicher Beeinträchtigung nicht in der Lage ist, seine Rollenaufgaben zu erfüllen (z. B. als Lehrer oder als Schüler in die Schule gehen) und dem von zuständigen Experten bestätigt wird, daß er für diesen Ausfall keine Schuld trägt. Die Anerkennung als schuldlos am augenblicklichen Defektzustand hat zur Folge, daß jemand von den üblichen Rollenaufgaben entbunden wird. Diese Entlastung wird jedoch nur unter zwei zusätzlichen Bedingungen gewährt: Erkrankte müssen anerkennen, daß sie sich in einem Ausnahmezustand befinden, der unerwünscht ist; dieser Zustand muß von den Erkrankten als „abweichendes Verhalten", als „illegitim" (S. 80 und S. 72) realisiert werden. Erkrankte Personen und ihre Angehörigen müssen deshalb alles tun, um diesen Zustand zu überwinden, d. h. sie müssen insbesondere die Einrichtungen der Gesundheitsversorgung benutzen (S. 71); denn die mit Krankheit in aller Regel verbundene Abhängigkeit steht dem gesellschaftlichen Verfügen über die Leistung eines Menschen entgegen und wird nur vorübergehend toleriert.

Dabei ist zu beachten: die genaue Scheidung zwischen gesund und krank hat einerseits die Funktion, daß auf dieser Basis der notwendige Kontakt der Kranken mit den medizinischen Heilungsangeboten eingeleitet werden kann. Darüber hinaus aber bedarf der Kranke auch der *„Absonderung"*, weil „die Krankheit – sowohl was ihre Motivation betrifft wie bakteriologisch – möglicherweise ‚ansteckend' ist" (S. 72). Der Hinweis auf archaische Mechanismen der sozialen Kontrolle ist ganz offen:

> „Unter dem Blickwinkel des Motivationsproblems ist die entscheidende Seite der Absonderung, daß dem Kranken jeder Anspruch auf eine allgemeinere Legitimität für sein Muster der Abweichung genommen wird. Wie oben bemerkt, wird die bedingte Legitimation, die er genießt, um den Preis der Anerkennung erkauft, daß die Krankheit selbst ein unerwünschter Zustand ist, von dem man sich so schleunig wie möglich wieder erholen muß. Um diesen Preis nur ist es ihm gestattet, die oft recht starken Befriedigungen des sekundären Gewinns zu genießen. Die Bedeutung der Institutionalisierung der Krankheitsrolle beschränkt sich jedoch nicht auf deren Auswirkung auf das Motivationsgleichgewicht des Kranken. Wie Durkheim für das Verbrechen dargelegt hat, ist die Kennzeichnung der Krankheit als illegitim deswegen von größter Wichtigkeit für die Gesunden, weil sie deren eigene Motivation, nicht krank zu werden, stärkt, um so zu vermeiden, in ein Muster abweichenden Verhaltens zu verfallen. Die Brandmarkung der Krankheit als unerwünscht und die Mobilisierung beträchtlicher Hilfsquellen des Kollektivs zur Krankheitsbekämpfung unterstreicht die Hochbewertung der Gesundheit und den Widerstand dagegen, daß die Verlockung zur Krankheit und damit die verschiedenen Komponenten ihrer Motivation wachsen und sich ausbreiten. Damit wird verhindert, daß der Kranke als Beispiel wirkt, dem sich anzuschließen andere versucht sein könnten" (Parsons, 1964; 72).

Auf die Frage, weshalb Krankheit unerwünscht, ja illegitim ist, gibt Parsons' Theorie eine klare Antwort. *„Somatische Gesundheit ist, soziologisch definiert, der Zustand optimaler Fähigkeit zur wirksamen Erfüllung von für wertvoll gehaltener Aufgaben"* (S. 60). Präziser: „Gesundheit kann definiert werden als der Zustand optimaler

Leistungsfähigkeit eines Individuums für die wirksame Erfüllung der . . . Aufgaben, für die es sozialisiert worden ist. Sie wird damit definiert in Bezug auf die Teilhabe des Individuums am Sozialsystem" (S. 71).

Worin besteht diese Teilhabe? Im Kontrast zu der im Sinne einer utopischen Zielforderung fungierenden Definition der Weltgesundheitsorganisation („Gesundheit ist ein Zustand völligen körperlichen, seelischen und sozialen Wohlbefindens.") formuliert Parsons die Gründe, die zur sozialen „Hochbewertung der Gesundheit" führen, sehr prägnant: „Für das Individuum ist der primäre Brennpunkt der Wertung die universalistisch beurteilte *Leistung*" (S. 75). Wichtig ist dabei das Attribut „universalistisch". Es impliziert eine ständig wach zu haltende Anpassungsbereitschaft an die sich fortwährend verändernden Bedingungen des normalen „Ernstfalls" unserer alltäglichen Bewährung in der „abstrakt-allgemeinen" Arbeit (vgl. Fach, in diesem Heft). In Parsons' Worten:

„Dadurch, daß kein endgültiges Ziel für das System als Ganzes da ist, liegt der primäre Akzent für aktive Leistung auf der Ebene der Ziele von Einheiten und werden auch deren Leistungen mit entsprechenden Begriffen gemessen. Eine Art ‚liberaler' Pluralismus liegt insofern vor, als jede individuelle oder kollektive Einheit in der Gesellschaft die Freiheit hat, Ziele zu verfolgen, die ihr lohnend erscheinen, wichtiger aber ist, daß es Maßstäbe für den Beitrag zum Fortschritt der Gesellschaft gibt.

Das vielleicht deutlichste Feld eines solchen Beitrags (jedoch nicht das einzige) ist das der wirtschaftlichen Produktivität, denn die Produktivität der Wirtschaft ist die Grundlage der Verfügung über Möglichkeiten, jedwede Ziele zu erreichen, die am lohnendsten erscheinen, da das Einkommen als allgemeine Kaufkraft bezüglich der Verwendung im einzelnen unspezifisch ist. Dies ist die allgemeinste Grundlage für die Gelegenheit, ‚gute Dinge' zu tun. Ebenso wichtig ist es jedoch, daß die Gesellschaft mit Einheiten ausgestattet ist, die die Leistungsfähigkeit zur Erbringung hochgewerteter Leistungen haben" (Parsons, 1964; 74).

Denn: „Mit der zunehmenden Komplexität und ‚Reifung' der Gesellschaft" wird die „*Leistungsfähigkeit* für uns das primäre Zentrum des Problems der sozialen Steuerung . . ." (S. 78). Das Ziel der gesellschaftlichen Verfügung über die nach Möglichkeit voll sozialisierten menschlichen Potentiale, welche ständig für die sich verändernde Gesellschaft tauglich bleiben müssen – ist dies der Kern des Handhabens der Probleme von Gesundheit und Krankheit, speziell in den USA?

Um mit Marx zu sprechen: Die Produktion (des relativen Mehrwerts), welche „die technischen Prozesse der Arbeit und die gesellschaftlichen Gruppierungen" permanent „revolutioniert", greift als *„reelle Subsumtion der Arbeit unter das Kapital"* (Marx, 1957; 535) nach der Produktivkraft Mensch, um sie aus ihrer traditionellen, naturwüchsigen Existenzweise zu lösen und in eine geplante, kalkulierbare Form zu überführen. In diesem Prozeß gilt es, „humane" faux frais klein zu halten bzw. auszugleichen – eine Aufgabe, die neben anderen Institutionen der Medizin zufällt. Anders formuliert: Die Zentrierung der Gesundheitsversorgung auf Leistungsfähigkeit „an sich", diese sozialintegrative Zähmung des universell verwendbaren menschlichen Leistungsvermögens als eigentliche Aufgabe der Medizin, sie ist Resultat der jüngeren gesellschaftlichen Entwicklung und nur in jenem Kontext zu begreifen, den Parsons als „‚Reifung‘ der Gesellschaft“ bezeichnet. Nach Parsons neigt man in den USA heute dazu, „unter den Problemen und Mechanismen der sozialen Steuerung jenen Problemen von Gesundheit und Krankheit besondere Wichtigkeit beizumessen, die die Bindungen . . . (an Aufgaben, K. H.) betreffen, weniger hingegen jene, die sich auf die Bindung an Kollektive, normative Regeln und auf die Werte selbst beziehen“ (S. 78).

Was ist das für eine Gesellschaft, die im Medizinsystem einen direkten Zugriff zum Leistungsvermögen der Subjekte als Mittel sozialer Steuerung organisiert? Der von Max Weber beschriebene „Prozeß der Rationalisierung“, der sich gegenüber Traditionen als „eine revolutionäre Macht ersten Ranges“ erwies, vermag darüber Auskunft zu geben; er „revolutioniert durch technische Mittel, im Prinzip – wie namentlich jede Umgestaltung der Ökonomik es tut – ‚von außen‘ her, die Dinge und Ordnungen zuerst, dann von da aus die Menschen, die letzteren im Sinne der Verschiebung ihrer Anpassungsbedingungen und eventuell der Steigerung ihrer Anpassungsmöglichkeiten an die Außenwelt durch rationale Zweck- und Mittelsetzung“ (Weber, 1964, II; 836). Parsons gibt eine Querschnittsanalyse dieses Prozesses der Entwertung und Ersetzung herkömmlicher Steuerungsmodi. Er stellt fest, daß Priester und Zauberer jüngeren und unpersönlichen Agenturen gewichen sind, dem Recht, den Bürokratien und der Sozialpolitik. Dabei spielt die professionalisierte Medizin und ihre Verkörperung im Arzt eine wichtige Rolle (S. 69 f., vgl. auch Parsons 1951). Und zugleich konstatiert Parsons eine gegenläufige Tendenz, die für das Verständnis der neueren Medizin von zentraler Bedeutung ist: Mit der Formalisierung des Leistungsanspruchs ist für die einzelnen eine Radikalisierung der gesellschaftlichen Zumutung verbunden, die Krankheit als Entlastungsmechanismus, Krankheit als Fluchtmechanismus in gesellschaftlichem Maßstab relevant werden läßt:

> „Man könnte . . . sagen, daß nach der Jahrhundertwende die Bühne vorbereitet war für eine neue Ebene der Beschäftigung mit den Problemen . . . der Gesundheit, die in der Tat in dieser Periode stark im Vordergrund standen, ohne freilich die anderen Probleme etwa ganz zu verdrängen. Ihre Bedeutung wird nach meiner Meinung durch eine andere Erscheinung der Gesellschaftsentwicklung weiter unterstrichen. Ich meine die Tatsache, daß mit der Entwicklung der Industrialisierung, der Verstädterung, einer fortgeschrittenen Technologie, der Massenkommunikationsmittel und vieler anderer Erscheinungen unserer Gesellschaft die höheren Ebenen der Verantwortlichkeit allgemein an Wertschätzung gewannen. Das Leben wurde notwendigerweise komplexer und stellte höhere Anforderungen an das typische Individuum, wenngleich verschiedener Art auf verschiedenen Ebenen. Das nackte Problem der Leistungsfähigkeit, diesen Anforderungen zu entsprechen, wurde dringlicher. *Die Motivation, über psychische oder psychosomatische Bahnen den Rückzug in die Krankheit anzutreten, verstärkte sich und damit die Bedeutung wirksamer Mechanismen, um mit denen fertig zu werden, die einen solchen Rückzug antreten*“ (Parsons, 1964; 76, Hervorhebung K. H.).

Deutlich wird damit, daß Parsons’ Theorie einen doppelten Mechanismus ebenso zutreffend wie unkritisch wiedergibt: Je mehr die aus menschlicher Arbeit resultierende gesellschaftliche Struktur als Zweckrationalität sich gegenüber der lebensgeschichtlich gewachsenen Alltagsmotivation der Bürger verselbständigt und deren blinden Leistungsgehorsam fordert, desto klarer besteht die Tendenz und offenbar auch die Notwendigkeit, Krankheit als Ventil zu nutzen, sie auch partiell in dieser Funktion zu legalisieren und zugleich die Einhaltung der Rückgliederungsregeln immer strenger zu kontrollieren. Parsons beschreibt die Bewachung der Hintertür in modernen Gesellschaften mit den Worten:

Die der US-amerikanischen Gesellschaft eigene „‚liberale' Prägung, die im Kampf liegt mit einer sehr strengen Integration in Richtung eines Zieles des Gesamtsystems, tendiert zu einer Betonung des Problemes, Einheiten dazu zu bringen, ‚sich ranzuhalten'. Das menschliche Individuum ist der Endpunkt der Reihe von Einheiten, von denen das Funktionieren der Gesellschaft abhängt, und ist deshalb in diesem Zusammenhang die ‚letzte Zuflucht'. Gleichzeitig steht die aktivistische Orientierung der Gesellschaft im Kampf gegen jede Art von Orientierung, die es den Individuen gestatten könnte, ‚es sich bequem zu machen', und legt größten Wert auf den Schutz und die Entwicklung des Leistungsvermögens in dem oben behandelten Sinn" (S. 77).

Was die verselbständigte Arbeitsanforderung für die einzelnen bedeutet; welchen Zumutungscharakter Arbeit annimmt, wenn sie schlechthin gefordert und zugleich aus Rationalisierungsgründen knapp und damit zum Paradox wird: welchen Sinn „Arbeit sans phrase" also dem Individuum macht, wenn sie tunlichst nur noch von als fremd empfundenen Zwecken her definiert ist, ohne inhaltlichen Bezug zum einzelnen oder zum Produkt – darüber ist in der Medizinsoziologie noch wenig bekannt (obgleich sich „neue Werthaltungen" andeuten und Arbeitswilligkeit unter den gegebenen Bedingungen auch ihre Grenzen zu haben scheint; vgl. z. B. Work in America, 1975). Wir können allerdings Fragen stellen und Hypothesen formulieren, um zumindest näherungsweise zu verstehen, was Medizin als Instrument sozialer Steuerung unter den genannten Bedingungen bedeutet.

Hat der Prozeß der Rationalisierung herkömmliche soziale Bindungen und Steuerungsmedien bereits so weit tangiert, daß die Verbindlichkeit von Normen in Belastungssituationen nicht mehr gegeben ist und die medizinische Kontrolle nur die zuverlässigste Form wird, um das Arbeitsvermögen der einzelnen und somit die Selbsterhaltung des Systems als Ganzes zu sichern? Vielleicht sind die libidinösen Bindungen (in ihren vielfältigen Formen, bis hin zum Nationalismus, organisiert als Nervenstränge sozialer Steuerung, wie sie Freud exemplarisch in seiner Massenpsychologie beschrieben hat) für den Zusammenhang der Gesellschaft nicht mehr zureichend; vielleicht sind – gemessen an der Empfindlichkeit der gesellschaftlichen Ordnung und ihrer offenen, inhaltlich unbestimmten Dynamik – solche Bindungen zu sehr dem individuellen Anarchismus anheimgegeben, der, wie Parsons bereits signalisierte, einem viel mächtigeren Ordnungsprinzip unterworfen werden muß, um Ordnung zu garantieren? Sind die komplexen Gemeinwesen der hochindustrialisierten Staaten des Kapitalismus also zu empfindlich gegenüber einer individuell gesteuerten Libido und entbehren sie dieses sozialen Kitts aufgrund der geforderten Flexibilität libidinöser sozialer Bindungen zugleich, den sie zwar immer noch, wenn auch gleichsam nur als geschmeidigen Überbau, brauchen?

Weiter gefragt: Ist das als „liberal" verstandene Individualinteresse doch nicht in ursprünglich angestrebter Weise – wie exemplarisch bei Adam Smith – mit dem Allgemeininteresse vereinbar, d. h. ist die Vermeidung kapitalistischer Krisen nur durch eine Entliberalisierung der Gesellschaft zu erreichen? Hat das Moment der Freiheit abgedankt, sind Subjektivität und Autonomie, die zumindest idealiter soziales Handeln leiten sollten, für eine „verwaltete Welt" zu unverbindlich; werden sie radikalen bürokratischen Lenkungsmechanismen Platz machen, einem direkt organisierten Zugriff auf die Arbeitskraft, unabhängig von Motivation und „subjektiv gemeintem Sinn" (Max Weber)? Und schließlich: Wird die Medizin zum Kontrollmechanismus, der Gesellschaft und der Arbeitskraft gleichsam an der Person vorbei zu verknüpfen hat, um das Individuum als Unsicherheitsfaktor zu neutralisieren?

Jedenfalls signalisiert der Stellenwert, welchen Parsons der Kontrolle von Erkrankten und Gesunden zumißt, einen Abschied vom bürgerlichen Subjekt, dessen privates Interesse *das* Steuerungselement, *der* Nerv des gesellschaftlichen Fortschritts in der bürgerlichen Sozietät sein sollte und ein Stück weit auch war. Die Schwergewichtigkeit dessen, was im Laufe der Geschichte bereits erarbeitet, im tatsächlichen und übertragenen Sinn betoniert wurde, hat jedoch die einzelnen Produzenten mit ihrer anpassungsfähigen stammesgeschichtlichen Ausrüstung in neue Abhängigkeit gestürzt. Und es scheint, als träten sie die Flucht aus dem „Gehäuse der Hörigkeit" in die Krankheit an, wenn Arbeit zwar auf die geschilderte Weise gefordert wird, der bis in die dreißiger Jahre dieses Jahrhunderts für verbürgt gehaltene Zusammenhang von Arbeit und Fortschritt jedoch nicht mehr evident ist.

Das „Unbehagen an der Modernität" oder, wie es Freud formulierte, „in der Kultur" ist zunächst ein Gefühlszustand, also eine emotional empfundene Spannung. Eine solche gefühlsmäßige Dissonanz muß sich eine gesellschaftsfähige Artikulation suchen. Dafür gibt es heute eine Reihe von konzessionierten Alternativen. Eine politische Artikulationsmöglichkeit derart, wie sie noch bis in die frühen dreißiger Jahre in Gestalt des als sicher abzusehenden Sozialismus existierte, ist nicht mehr darunter. Es dominieren billige Ersatzlösungen, Sekten zumal, und eine große Mehrheit scheint eine unmittelbar apathische Haltung zu bevorzugen. Wir dürfen jedoch nicht übersehen, daß, wenn keine plausiblen gesellschaftlichen, keine politischen Veränderungsperspektiven mehr sichtbar sind, das Unbehagen sich vornehmlich des eigenen Körpers bemächtigt. Immerhin ist das der soziale Ort, über den der einzelne zu verfügen vermag. Krankheit verbürgt Entlastung. Parsons sieht daher Krankheit konsequent (wie alle Muster abweichenden Verhaltens) „mit dem Vorherrschen von Elementen *regressiver* Motivationsstruktur im psychologischen Sinn verknüpft" und stellt diese Lösung „der schöpferischen Veränderung der kulturellen oder normativen Tradition" gegenüber (S. 80).

Um ein Zwischenergebnis zu formulieren: Wie unerforscht der Zusammenhang zwischen „Abweichung", Krankheit, Regression und gesellschaftlicher Perspektivlosigkeit auch sein mag – eine Gesellschaft, die formale Höchstleistungen fordert und mittels bürokratischer Kontrollmechanismen überwacht, scheint in ihren Mitgliedern zugleich die Bereitschaft zur (Flucht in die) Krankheit zu steigern. Die einzelnen machen gleichsam die Strategie der herrschenden bürokratischen Rationalität mit, Probleme, die sich aus dem gesellschaftlichen Prozeß ergeben, als individuelle Probleme zu definieren und zu handhaben. Die Gestaltungsfähigkeit wird auf den eigenen Körper gelenkt.

Wir wollen nun rekonstruieren, welche politische Bedeutung die Medizin, genauer: die naturwissenschaftliche Medizin in diesem Kontext hat.

IV. Krankheit als Resultat unbewußt gewordener Konflikte – Medizin als Sozialwissenschaft?

Ein wichtiger Versuch, die Übersetzung von gesellschaftlichen Problemen via Interaktion in die Körperdimension des Subjekts begrifflich zu bewältigen, ist die psychoanalytische psychosomatische Medizin. Die von ihr zur Verfügung gestellten Einblicke in die Dynamik dieses Problemtransports sind zu erörtern, bevor die politische Funktion naturwissenschaftlicher Medizin als Instrument sozialer Kontrolle angemessen verständlich werden kann. Die Diskussion wird sich auf die hier wesentlichen Argumente beschränken.

Seit Bredes Studie über die „Sozioanalyse psychosomatischer Störungen" (1972) ist eine Reihe theoretischer Arbeiten über Psychosomatik erschienen, welche erstens die psychoanalytische Position zur Psychosomatik sozialisationstheoretisch im Sinne eines historisch-materialistischen Verständnisses vertiefen (Zepf, 1976a, 1976b, 1981) und zweitens den Versuch weiterführen, den psychophysischen Parallelismus (also das seit der Aufklärung eingerichtete Schisma Geist/Körper) unter Zuhilfenahme insbesondere Pawlovscher Argumente zu überwinden (Stadler, 1982). Im Mittelpunkt dieser Studien steht die Frage, warum und unter welchen Bedingungen der Mensch dazu neigt, den eigenen Körper zum Gegenstand zerstörerischer Tätigkeit zu machen. Die damit eingeleitete Wiedereinführung des individuellen Subjekts in die Theorie und Praxis der Medizin ist von größter Bedeutung. Denn nur, wenn wir diese destruktive – und ökonomisch gesprochen auch kostenintensive – menschliche Selbstbearbeitung des Körpers „medizinisch" zugänglich machen, ist eine strukturelle Veränderung der Gesundheitsversorgung (die sich denn auch kostenmäßig niederschlüge) vorstellbar.

Es sind vor allem zwei Momente in der Krankheitsauffassung der Psychoanalyse, die für unseren Zusammenhang bedeutend sind. Zum ersten: Zwischen gesund und krank wird psychoanalytisch nicht scharf unterschieden, vielmehr handelt es sich um gleitende Übergänge. Diese Auffassung impliziert, daß der von Parsons scharf betonte Unterschied zwischen gesund und krank ein gesellschaftlicher, ein normativer ist.

Zum zweiten, Krankheit wird psychoanalytisch als Resultat seelisch unverarbeitet gebliebener Ereignisse verstanden, genauer: als Resultat von Erlebnissen, die so schwer erträglich gewesen sind, daß sie nur pseudobewältigt werden konnten. Sie werden psychisch bearbeitet, indem die bewußte Erinnerung an sie verdrängt und zwischen unrealisierbaren Wünschen und unveränderlich erscheinenden Geboten ein unbewußter Kompromiß geschlossen wird, der letzten Endes, gegen den eigenen Körper gewendet, zur sogenannten „Symptomproduktion" führt und selbstdestruktive Konsequenzen hat. Ich will die psychoanalytische Vorstellung vom Zustandekommen des Symptoms – als Resultat und Pseudolösung unbewältigter Probleme – ausführlicher erläutern. Die Ausführlichkeit beschränkt sich aufs Allgemeine; der lebensgeschichtliche Sinn einer derart herbeigeführten Krankheit kann höchst unterschiedlicher Art sein (Beck, 1981).

Die Psychoanalyse versteht das Symptom als eine schöpferische Leistung des Ich; dies gilt auch, wenn diese Leistung, genau wie bei Parsons, als ein regressiver Akt (und im psychosomatischen Symptom gar als selbstdestruktiv) angesehen wird. Das Symptom – nennen wir es vereinfachend und verdinglicht „die Krankheit" – ist der psychoanalytischen Theorie zufolge ein Balanceakt zwischen infantilen Wünschen und von außen aufgezwungenen Versagungen. Das ist sein *ätiologischer Sinn. Funktional* hat das Symptom, gerade da es seine Erlebnisgenese verbirgt und in der Krankheit zu einem Ding wird, eben in dieser Verdinglichung seine Bedeutung. Um an das eingangs geschilderte Beispiel (Kap. II, 2) zu erinnern: Die Krankheitsgeschichte der Montagearbeiterin ließ erkennen, daß die Herzanfälle (die sich plötzlich verbieten ließen) eine Reaktion auf eine nicht unmittelbar bewußtseinsfähige Angst darstellten (auf die Angst, mit der sie das „Gewuschle der Eltern" erlebte). Die Angst wurde ins Körperliche transformiert und dem Bewußtsein entzogen; die Patientin konnte nun nicht mehr sagen, warum sie sich ängstigte und weshalb sie Hilfe suchte und delegierte unbewußt an ihr Herz die Funktion, ihr die im Rahmen der Konventionen der auf Körperlichkeit bezogenen Krankenrolle zu erwartende Hilfe zu verschaffen.

Das Symptom bietet also dem Kranken mancherlei. Erstens – in unserem „Fall" – hält es die Erinnerung an das problematische Erlebnis nur *unbewußt* wach, insofern die Erregung (wenngleich ganz anders gebunden) erhalten bleibt. An diese gleichsam falsch plazierte Emotionalität läßt sich in der Therapie anknüpfen, falls das körperliche Symptom schließlich lästiger wird als die Angst vor der therapeutischen Wiederbelebung des Konflikts, der die Krankheit verursachte.[6] Zweitens hält das Symptom als Fassade den Blick hinter die Kulissen seiner Genese auf, sowohl für den Betroffenen selbst als auch für andere. Sichtbar ist allein ein körperliches Leiden. Beides zusammen – die negative und die positive Seite des Versteckens der Konfliktgenese im Symptom – begriff Freud als den *primären Krankheitsgewinn* (z.B. 1905, S. 202–205; 1926, S. 251–253). Falls diese persönliche Leistung des verbergenden Erinnerns so-

6 Von der Alltagssituation unterscheidet sich die psychoanalytische Situation als Therapieangebot für derartige Probleme besonders insofern, als vermittels einer Entkonventionalisierung der Beziehung zwischen Patient und Therapeut der ursprüngliche Konflikt wieder zugänglich, erträglich und bearbeitbar gemacht wird (vgl. Schröter 1974, 1979). Bei psychosomatisch Kranken, die die entsprechende Emotionalität aus den sozialen Beziehungen herausgenommen und an ihrem Körper geheftet haben, ist diese Therapie schwieriger.

ziale Vorteile bringt, z. B. Zuwendung, Entlastung usf., ist von dem ***sekundären Krankheitsgewinn*** die Rede.

Dieser Gewinn ist nun beim psychosomatischen Symptom ganz besonders ausgeprägt. Denn statt einer psychischen, sozial auffälligen Beziehungsstörung, die eine Person potentiell außerstande setzt, gesellschaftlich vorgegebene Rollen zu übernehmen, weil die Intersubjektivität gestört ist, wird auf diese Weise „nur" die somatische Basis, d. h. die Leistungsfähigkeit hinsichtlich Rollen***aufgaben*** tangiert. Die gesellschaftliche und interaktive Herkunft des ins somatische Symptom mündenden Konflikts bleibt ausgeklammert, die soziale Konvention gewahrt.

Das ist der für unsere Diskussion entscheidende Punkt: Die psychosomatische Erkrankung spiegelt soziale Angepaßtheit vor, verschafft sekundären Krankheitsgewinn und ist doch in Wahrheit Resultat einer komplexen sozialen Konfliktsituation, die zu Lasten des Betroffenen (aber letzten Endes auch auf Kosten der Allgemeinheit) hinter der Fassade des Symptoms verborgen und stillgestellt wird.

Solch kostspielige Selbstverborgenheit – unveränderlich scheinende Verhältnisse unterstellt – ist primär als Ausdruck des Interesses des so Erkrankten zu verstehen: Unter den gegebenen inneren und äußeren Bedingungen hat der Kranke die Differenzen zwischen seinen Interessen und den gesellschaftlichen Anforderungen nicht anders als symptomatisch verarbeiten können. Und solange jenes regressionsfördernde Kräfteverhältnis zwischen äußeren Anforderungen und individuellen Interessen und Verarbeitungsmöglichkeiten weiterbesteht und die Spannung nicht symbolisch latent, d. h. nicht zur inneren und äußeren Bearbeitung in Erinnerung beibehalten werden kann, wirkt die symptomproduzierende Tendenz fort. Der Konflikt wird „gelöst", indem die entsprechenden symbolischen Repräsentanzen verbannt, „verdrängt" werden. Anders formuliert: Die verursachende Konfliktsituation wird vom Patienten gleichsam lieber ins Symptom eingeschlossen als im Bewußtsein gegenwärtig gehalten. Solche begrifflich gehaltenen Spannungen sind – fehlt alle Aussicht, aus ihnen realitätsverändernde Konsequenzen ziehen zu können – offenbar äußerst schwer erträglich und verlangen nach Reduktion, die durchaus an falschen sozialen Orten vorgenommen werden kann. Auch hier zeigt sich der Gewinn der Evolution, daß die Menschen nach ihren eigenen Plänen leben können, zugleich als Risiko.

Zwar lebt man mit dieser verkapselten Spannung eingeschränkt, weil sich Vermeidungshaltungen nach außen einstellen und seelische Energie gebraucht wird, um die prekäre Erinnerung unbewußt zu halten. Aber man lebt mit weniger offener Angst als zuvor – restringiert und auf eigene Kosten zwar, aber eben doch besser, sonst hätte man das Symptom nicht produziert.

Das Interesse am isolierten Symptom bleibt jedoch ambivalent. Es kann in Interesse an Heilung durch Aufklärung umschlagen, falls die persönlichen Kosten des Symptoms zu hoch werden, aber auch dann, wenn Bedingungen, welche zu der symptomhaften Äußerung geführt haben, sich lockern – jedoch nur für den Fall, daß das Symptom sich gegenüber seiner Ätiologie noch nicht verselbständigt hat.

Deshalb ist zu fragen: Welche Möglichkeiten bietet unsere Gesellschaft dem Patienten, einer solchen Aufklärung zuteil, d.h. gesund zu werden? Oder – präventiv – gar nicht erst krank? Ist unsere Medizin, die gesund machen und zugleich – so Parsons – soziale Kontrolle über den Entlastungsmechanismus Krankheit ausüben soll, dazu in der Lage?

V. Die Reduktion des Konfliktsymptoms auf das organische Ding und die soziale Kontrolle durch die Medizin – als Kostenquelle

Die geschilderte Theorie einer möglichen Psychosomatik, mittels welcher Krankheit (in verschiedenen Stufen) radikal und ohne Einschränkung interpretiert werden kann als Resultat der gesellschaftlichen und persönlichen Bearbeitung menschlicher Natur[7] – ein Vorgang, in welchem das Subjekt als (unbewußt) intentional sich verhaltendes Körperwesen eingeschlossen ist – erweist sich, wie Brede nachwies (1972; 139ff.), keineswegs als deckungsgleich mit den von Parsons für die funktionalistische Soziologie adaptierten, einschlägig rezipierten psychoanalytischen Vorstellungen. Vielmehr ergeben sich in Parsons' Konzept eine Reihe von Widersprüchen, aus denen Brede folgerte: „Die psychosomatische Krankheit ist ... aus dem Rahmen inhärenter Handlungsbedingungen entlassen. Auch rollentheoretisch ist sie von somatischen Krankheiten nicht abgehoben, weil beim Übergang vom Organismus zum Rollenhandeln jene konativen Eigenschaften des Verhaltensorganismus und die Eigenbeteiligung des Subjekts an der Pathogenese wieder verloren gehen; für das soziale Handeln ist die Ätiologie der Krankheit, die das Individuum als Einschränkung seiner Leistungsfähigkeit erfährt, unbedeutend" (S. 143).

In der instrumentalistischen Organismuskonzeption, der Parsons'schen Theorie, ihrer Vorstellung eines gleichsam entsubjektivierten Körpers, liegt der entscheidende Unterschied zu einer historisch-materialistischen Psychosomatik. Letztere begreift den vegetativen Organismus nicht nur – wie Parsons – als neutralen Energiespender, sondern sieht in ihm von vorneherein eine Größe, die aufgrund der Interaktion mit gesellschaftlich vorgegebenen Instanzen in alle Strukturbildungen psychischer Art involviert ist (Lorenzer, 1972). Die Parsons'sche Position hingegen trennt zwischen einem sozial kontrollierten Verhaltensorganismus und einem dieser Kontrolle entzogenen, neural gesteuerten vegetativen Organismus, der lediglich als (begrenzt belastbarer und deshalb pathogen wirkender) Energiespender fungiert. Diese Mischung von psychoanalytischer Psychosomatik und Streßmodell hat Konsequenzen: Das Absehen von der sozial-interaktiven Ätiologie und der Rekurs aufs abstrakte Vege-

7 Es wäre ein Irrtum anzunehmen, hier würde für die Abschaffung der so erfolgreichen naturwissenschaftlichen Medizin plädiert. Gefordert wird, daß „die" Medizin ihre Naivität verliert gegenüber der sozial-interaktiven Dimension von Gesundheit und Krankheit, daß die ätiologische und therapeutische (und natürlich auch die prophylaktische) Bedeutung des interaktiven Hervorbringens von Reflexionswissens begriffen und, über „pills and needles" hinaus, bewußt gehandhabt wird.

tative wiederholt in der Theorie just jenen Mechanismus des Verbergens, der für die Symptombildung charakteristisch ist. Und das heißt, daß die gesellschaftlichen Probleme des Umgangs mit Krankheit in dieser Theorie keine Erklärung finden, sondern tendenziell verdoppelt werden.

Meine These: Der die psychoanalytische psychosomatische Medizin an dieser entscheidenden Stelle nicht nur nicht problematisierende, sondern ihre potentiellen kritischen Perspektiven abschneidende Rückgriff von Parsons auf Psychoanalyse ist geprägt von der Intention seiner Kontrollhierarchie. Psychoanalyse wurde instrumentalisiert, um die Verinnerlichung sozialer Normen begrifflich zu fassen, ohne den Organismus ins System der sozialen Interaktion einzubeziehen.[8] Die für unser Thema entscheidende Konsequenz aus dieser Verkürzung ist, daß der *ätiologische Zusammenhang zwischen dem von den Normen ausgeübten Druck einerseits und der Symptomproduktion andererseits nicht mehr theoretisch dargestellt* oder zumindest nur noch relativ unspezifisch benannt werden kann.

Aber: Das Symptom ist von der Psychoanalyse klinisch stets als ein (im Fall der Psychosomatik) stummes und subjektiv kostenreiches Argument gegen Repression verstanden worden. Sein Sinngehalt kann innerhalb dieser Theorie entziffert werden, weil es als eine intentionale, hilflos gewordene, des Wissens um ihre Intention beraubte Geste verstanden wird. Bei Parsons hingegen ist das Symptom nun zu jenem Ding geworden, als welches es die Organmedizin lege artis betrachtet: Krankheit heißt in der naturwissenschaftlich orientierten Medizin eine Störung der normalen Funktion des *Körpers,* d.h. seiner Organe und Organsysteme. Sie ist das Resultat von äußerlich einwirkenden Faktoren, steht im Zusammenhang mit einer sich verändernden Anfälligkeit sowie mit der Reaktionseigentümlichkeit des Organismus. Die gesellschaftlichen bzw. erlebnishaften Aspekte des Erkrankens sind, soweit nicht explizit sozial- und arbeitsmedizinisch argumentiert wird, in Formulierungen versteckt (wie „Anfälligkeit"), welche die Beteiligung des Körpersubjekts nur mühsam verbergen – aber eben nicht mehr systematisch zur Geltung bringen können.

Es ist jedoch zu beachten: An einer organzentrierten Medizin hat, wie wir sahen, auch der Patient ein nicht geringes Interesse. Krankheit ist, als pathophysiologisches „Ding" begriffen und behandelt, (idealiter) angst- und herrschaftsneutral; aus dem naturalistisch zurückgestutzten Symptom- bzw. Krankheitsverständnis ergeben sich keine systematischen Fragen an die Ärzte, keine an die Medizin und auch keine an deren soziale Kontrollfunktion. Der Beitrag dieser gesellschaftlichen Agenturen und der gesamtgesellschaftlichen Situation am Hervorbringen der Krankheit bleibt verborgen, Fragen nach möglichen mitverursachenden interaktiven, institutionellen und gesellschaftlichen Faktoren bleiben methodisch ausgeklammert. Die Dynamik des ursprünglichen soziopsychosomatischen Konfliktfeldes ist in der Wirklichkeit

8 Die im Konzept der Psychoanalyse steckende Spannung zwischen Trieb und Gesellschaft ist freilich bereits in der Ich-Psychologie, mit der Parsons kooperiert, reduziert worden; vgl. Görlich et al., 1980, Horn, 1971, sowie Elrod et al., 1978.

medizinischer Versorgung zu einem isolierten Problem des Individualsubjekts geworden, das sich anpassungshalber an „seinen" Körper hält.[9]

Der Griff der gesellschaftlichen Kontrollinstanzen am psychischen System vorbei nach dem Organismus, wie ihn die „stumme", die nicht redende Medizin praktiziert (Lüth, 1974), kennzeichnet nicht nur den Stand der Parsons'schen *Theorie*, um das Lizenzwesen für die Inanspruchnahme der Entlastungen im Rahmen der Krankenrolle zu deuten. Dies ist auch der *faktische Zustand* unserer medizinischen Versorgung. Vorausgesetzt für eine Linzenzerteilung „krank" ist ja vor allem die Annahme, der Patient „könne nicht anders", sei also nicht verantwortlich für seinen Defektzustand. Das „Sowohl-verantwortlich-als-auch-Nicht" der *psychoanalytischen psychosomatischen Medizin*, ihre objektiv gerechtfertigte Doppeldeutigkeit schlägt in der amtlichen Therapie in falsche Eindeutigkeit um. Denn die Funktion der medizinisch ausgeübten sozialen Kontrolle duldet diese objektive Zweideutigkeit nicht. Die Konzeption der Arztrolle ist im herrschenden Gesundheitssystem im Grunde ganz darauf abgestellt, beim Patienten auf Passivität, Ergebenheit und Unterwerfung unter den Experten zu bauen – nicht auf Kooperation und Aufklärung.

Ich fasse zusammen: In einem medizinischen Versorgungssystem, das wesentlich nach den von Parsons formulierten sozialen Regeln funktioniert, ist die Heilkunst in Theorie und therapeutischer Praxis auf den Modus der Organmedizin konzentriert. Sie ist zwar als naturwissenschaftlich verfahrende Körpermedizin exakt, erweist sich aber trotz ihrer nachweislichen Erfolge als zunehmend hilflos, ineffektiv und teuer. Die Verdinglichung des Symptoms zu einem biographisch und historisch neutralisierten Punkt im Organgeschehen macht nicht nur eine angemessene Versorgung im Sinne dessen unmöglich, was heute sekundäre Prävention (ehemals Heilung) genannt wird; die subjektive Verarbeitung des erlebten Alltags als Krankheit wird von dieser Heilkunst bereits auf der Ebene der Theorie vernachlässigt, ja ignoriert.

Eine Medizin, welche methodisch außerstande ist, die Erlebnisqualitäten objektiver Ereignisse, diese Art Übersetzung sozialer Probleme in psychische und psychosomatische Leiden zu verstehen, geht konzeptuell an wichtigen Krankheitsquellen vorbei. Sie ist, folgt man Parsons, was die aktuelle Relevanz der Erlebnisätiologie betrifft, nicht auf dem Stand der Dinge. Denn der gesellschaftliche Kontext des „körperlichen", genauer: des nur mehr körperlich sichtbaren Leidens bleibt ihr ebenso verborgen wie dem symptomproduzierenden Patienten, den sie heilen soll.

An diesem Fehler leidet die Therapeutik der „pills and needles". Ja an diesem Fehler leidet das medizinische Versorgungssystem insgesamt, wie die eingangs zitier-

9 Dieser kritische Blick auf das gesellschaftliche Handhaben von Krankheit geht über den Etikettierungsansatz hinaus. Dessen institutionenkritische Attitüde ist zwar enthalten, jedoch werden zwei weitere ätiologisch relevante Dimensionen *zugleich* hervorgehoben: die lebensgeschichtliche und die gesellschaftstheoretische. Zumindest die lebensgeschichtliche wird von Vertretern des symbolischen Interaktionismus für unkritisch, für eine falsche Alternative zur Institutionenkritik gehalten. Ich hingegen halte dieses Alternativdenken (vgl. z. B. die Darstellung von Gerhardt, 1981) für ein Problem, weil wir heute, bei unserem Grad von Vergesellschaftung, zu Vorstellungen über *konfigurative Kausalität* kommen müssen, in der unilineare Begründungszusammenhänge nur einen begrenzten Stellenwert behalten.

ten Zahlen zumindest indirekt belegten. Um das Argument der „Kostensteigerung", „Kostendämpfung" und „Kostenexplosion" aufzunehmen, also in jener Sprache zu reden, in welcher man sich verständlich macht: Der Grund für das wirtschaftlich relevante Versagen der Gesundheitsversorgung liegt nicht im vermeintlich zunehmend organisierten Drückebergertum, bei „Rentenneurotikern" und „Hypochondern". Er liegt in der Doppelfunktion der herrschenden Organmedizin als zuständiger Institution für Heilung und als Agentur einer spezifischen Form sozialer Kontrolle.

Literatur

Anders, Günther, 1956: Die Antiquiertheit des Menschen. Band 1. Über die Seele im Zeitalter der zweiten industriellen Revolution. München: Beck

Attali, Jaques, 1979: Die kannibalische Ordnung: Von der Magie zur Computermedizin. Aus dem Französischen von Horst Brühmann und Solveig Ockenfuß. Frankfurt/New-York: Campus 1981

Balint, Michael, 1957: Der Arzt, sein Patient und die Krankheit. Stuttgart: Klett 1965[3]. Aus dem Englischen von Käte Hügel

Beck, Dieter, 1981: Krankheit als Selbstheilung. Wie körperliche Krankheiten ein Versuch seelischer Heilung sein können. Frankfurt/Main: Insel

Beier, Christel/Horn, Klaus/Wolf, Michael, 1982: Krankheit verstehen. Eine sozialwissenschaftliche Untersuchung. Frankfurt: Suhrkamp (im Druck)

Bergmann, Joachim, 1967: Die Theorie des sozialen Systems von Talcott Parsons. Eine kritische Analyse. Frankfurt: EVA

Böhme, Gernot, 1980: Alternativen der Wissenschaft. Frankfurt: Suhrkamp

Brede, Karola, 1972: Sozioanalyse psychosomatischer Störungen. Zum Verhältnis von Soziologie und Psychosomatischer Medizin. Frankfurt: Athenäum

Bundesminister für Arbeit und Sozialordnung (Hrsg.); o. J.: Die Rentenbestände in der Rentenversicherung der Arbeiter und der Angestellten in der Bundesrepublik Deutschland, o. O. (neuester Stand 1. Juli 1977)

Daten des Gesundheitswesens, 1980: Schriftenreihe des Bundesministers für Jugend, Familie und Gesundheit, Ausgabe 1980. Stuttgart: Kohlhammer

Deppe, Hans-Ulrich/Priester, Klaus, 1980: Grundzüge staatlicher Sozial- und Gesundheitspolitik, in: Hans-Ulrich Deppe, Vernachlässigte Gesundheit. Zum Verhältnis von Gesundheit, Staat, Gesellschaft in der Bundesrepublik Deutschland. Ein kritischer Überblick. Mit Beiträgen von H.-H. Abholz et al., Köln: Kiepenheuer & Witsch; S. 61–84

Deppe, Hans-Ulrich/Gerhardt, Uta/Novak, Peter (Hrsg.), 1981: Medizinische Soziologie, Jahrbuch 1. Frankfurt/Main – New York: Campus

Elrod, Norman/Heinz, Rudolf/Dahmer, Helmut, 1978: Der Wolf im Schafspelz. Erikson, die Ich-Psychologie und das Anpassungsproblem. Frankfurt: Campus

Esser, Josef/Fach, Wolfgang/Simons, Georg, 1980a: Öffnung oder Spaltung der Gesellschaft – Grenzprobleme des „Modells Deutschland", in: Politikfeld-Analysen 1979. Wissenschaftlicher Kongress der DVPW, 1.–5. Okt. 1979 in der Universität Augsburg. Tagungsbericht. Im Auftrag der Deutschen Vereinigung für Politische Wissenschaft herausgegeben von Thomas Ellwein. Opladen: Westdeutscher Verlag; S. 315–330

Esser, Josef/Fach, Wolfgang/Simons, Georg, 1980b: Grenzprobleme des „Modells Deutschland", in: Prokla 10, 1980, Nr. 3 (Heft 40); S. 40–63

Esser, Josef/Fach, Wolfgang/Simons, Georg, 1980c: Perspektion des „Modells Deutschland", in: links 12, 1980, Nr. 122, Mai; S. 6–10

Fach, Wolfgang, 1982: Ernstfälle und Unfälle. Die Katastrophe im konservativen Kalkül, in: Leviathan 10, 1982, Heft 2

Freud, Sigmund, 1905: Bruchstück einer Hysterie-Analyse, in: ders., GW Bd. V, London–Frankfurt/M. ab 1940: Fischer; S. 161–286

Freud, Sigmund 1926: Die Frage der Laienanalyse. Unterredungen mit einem Unparteiischen, in: GW Bd. XIV. London/Frankfurt ab 1940: Fischer; S. 207–296

Funke, Hajo/Jürgens, Uli/Watkinson, Christof, 1982: Recht auf Arbeit – Recht auf Gesundheit: Widersprüchliche Rechte – „verletzte" Menschenrechte. Erster integrierter Entwurf für das Symposion Menschenrechte vom 16.–18. April 1982 an der Universität/Gesamthochschule Paderborn, Manuskript

Geissler, Brigitte/Thoma, Peter (Hrsg.), 1975: Medizinsoziologie. Eine Einführung für medizinische und soziale Berufe. Frankfurt/Main – New York: Campus

Gerhardt, Uta, 1981: Der Krankheitsbegriff im Symbolischen Interaktionismus, in: Deppe, Hans-Ulrich, Gerhardt Uta, Novak, Peter (Hrsg.); Medizinische Soziologie, Jahrbuch 1, Frankfurt/Main – New York: Campus; S. 11–52

Görlich, Bernhard/Lorenzer, Alfred/Schmidt, Alfred, 1980: Der Stachel Freud. Beiträge und Dokumente zur Kulturismus-Kritik. Frankfurt/Main: Suhrkamp

Grotjahn, Alfred, 1911: Soziale Pathologie. Versuch einer Lehre von den sozialen Beziehungen der menschlichen Krankheiten als Grundlage der sozialen Medizin und der sozialen Hygienie. Berlin: Hirschwald, 1915²

Haller, Max, 1981: Gesundheitsstörungen als persönliche und soziale Erfahrung. Mit einer Einleitung von Leopold Rosenmayr. Wiener sozialwissenschaftliche Studien Bd. 2. München – Wien: Oldenbourg/Verlag für Geschichte und Politik

Helberger, Christoph, 1977: Ziele und Ergebnisse der Gesundheitspolitik, in: Zapf, Wolfgang (Hrsg.), Lebensbedingungen in der Bundesrepublik. Sozialer Wandel und Wohlfahrtsentwicklung. Frankfurt/Main – New York: Campus 1978²; S. 677–741

Horn, Klaus, 1971: Insgeheime kulturistische Tendenzen der modernen psychoanalytischen Orthodoxie, in: Lorenzer u.a., Psychoanalyse als Sozialwissenschaft. Frankfurt/Main: Suhrkamp; S. 93–151

Horn, Klaus, 1979: Zur gesellschaftlichen Funktion von Politischer Psychologie. Subjektivierung gesellschaftlicher Widersprüche, in: Moser, H. (Hrsg.), Politische Psychologie. Politik im Spiegel der Sozialwissenschaften. Weinheim – Basel: Beltz; S. 315–331

Horn, Klaus, 1981a: Medizinisches Versorgungssystem und Herrschaft. Bemerkungen zum Stand der Rationalisierung individueller Subjektivität, in: Politische Viertejahresschrift, Sonderheft 12, Klingemann, Hans-Dieter und Kaase, Max unter Mitarbeit von Horn, Klaus (Hrsg.), Opladen: Westdeutscher Verlag; S. 405–416

Horn, Klaus, 1981b: Prometheus als Menschenmaterial? Zur gesellschaftlichen Funktion politischer Psychologie, in: Schülein, J., u.a., Politische Psychologie. Entwürfe zu einer historisch-materialistischen Theorie des Subjekts. Frankfurt/Main: Syndikat; S. 77–106

Horn, Klaus/Schülein, Johann, 1976: Politpsychologische Bemerkungen zur Legitimationskrise, in: Kielmansegg, P. Graf (Hrsg.), Legitimationsprobleme politischer Systems. Politische Vierteljahresschrift, Sonderheft 7/1976, 17. Jg.; Opladen: Westdeutscher Verlag; S. 123–178

Koch, Egmont, 1981: Medizin in der UdSSR: Vorsorge mit Engagement, in: Bild der wissenschaft 18, 1981 (Dezember); S. 88–98

Läpple, Friedel, 1975: Profit durch Krankheit? Das Gesundheitswesen aus Arbeitnehmersicht. Bonn-Bad Godesberg: Neue Gesellschaft

Leibfried, Stephan/Tennstedt, Florian (Hrsg.), 1980: Kommunale Gesundheitsfürsorge und sozialistische Ärztepolitik zwischen Kaiserreich und Nationalsozialismus – autobiographische, biographische und gesundheitspolitische Anmerkungen von Dr. Georg Loewenstein. Forschungsschwerpunkt Reproduktionsrisiken, soziale Bewegungen und Sozialpolitik an der Universität Bremen. Arbeitsbereiche zu verschütteten Alternativen in der Gesundheitspolitik, Nr. 3, Bremen: Universität, 1980²

Lorenzer, Alfred, 1972: Zur Begründung einer materialistischen Sozialisationstheorie. Frankfurt/Main: Suhrkamp

Lorenzer, Alfred, 1976: Zur Dialektik von Individuum und Gesellschaft. In: Th. Leithäuser und W. R. Heinz (Hrsg.), Produktion, Arbeit, Sozialisation. Frankfurt/Main: Suhrkamp; S. 13–47

Lorenzer, Alfred, 1977a: Das Verhältnis von subjektiver und objektiver Struktur, in ders.: Sprachspiel und Interaktionsformen. Vorträge und Aufsätze zur Psychoanalyse, Sprache und Praxis. Frankfurt/Main: Suhrkamp; S. 105–217

Lorenzer, Alfred, 1977b: Das Individuum der abstrakten Psychologie bei Klaus Holzkamp. Anmerkungen zum Marburger Kongreß. In: Psychologie und Gesellschaft 1, 1977, Heft 3/4; S. 31–40

Lüth, Paul, 1974: Spechende und stumme Medizin. Über das Patienten-Arzt-Verhältnis. Frankfurt/Main – New York: Herder & Herder

Marx, Karl, 1957: Das Kapital. Kritik der politischen Ökonomie. Band 1. Berlin: Dietz (braune Ausgabe)

Maurer, Reinhart, 1974: Das Subjekt der Erfahrungswissenschaft, in: Rolf E. Vente (Hrsg.), Erfahrung und Erfahrungswissenschaft. Die Frage des Zusammenhangs wissenschaftlicher und gesellschaftlicher Entwicklung. Stuttgart – Berlin – Köln – Mainz: Kohlhammer; S. 50–70

v. Mering, Otto/Early, William, 1966: Die Diagnose bei Problempatienten: Ein unterentwickeltes Gebiet der zeitgenössischen naturwissenschaftlichen Medizin. In: Mitscherlich, A., Brocher, T., v. Mering, Otto und Horn, K. (Hrsg.), Der Kranke in der modernen Gesellschaft. Köln – Berlin: Kiepenheuer & Witsch; S. 325–351

Moersch, Emma/Kerz-Rühling, Ingrid/Drews, Sibylle/Nern, Rolf-Dieter/Kennel, Klaus/Kelleter, Renate/Rodriguez, Cesar/ Fischer, René/Goldschmidt, Otto, 1980: Zur Psychopathologie von Herzinfarktpatienten, in: Psyche 34, 1980, Heft 6; S. 493–587

Parsons, Talcott, 1951: Struktur und Funktion der modernen Medizin. Eine soziologische Analyse. In: Kölner Zeitschrift für Soziologie und Sozialpsychologie, Sonderheft 3: Probleme der Medizin-Soziologie, hrsg. v. René König und Margret Tönnesmann. Köln – Opladen: Westdeutscher Verlag 1958; S. 10–57

Parsons, Talcott, 1964: Definition von Gesundheit und Krankheit im Lichte der Wertbegriffe und der sozialen Struktur Amerikas, in: A. Mitscherlich u. a. (Hrsg.), Der Kranke in der modernen Gesellschaft. Köln – Berlin: Kiepenheuer & Witsch 1976; S. 57–87

Rammstedt, Otthein, 1979: Zur soziologischen Reorientierung am Subjekt, in: Moser, Helmut (Hrsg.), Politische Psychologie. Politik im Spiegel der Sozialwissenschaften, Weinheim – Basel: Beltz; S. 259–286

Rammstedt, Otthein, 1981: Subjektivität und Sozialwissenschaften, in: J. Schülein, u.a., Politische Psychologie. Entwürfe zu einer historisch-materialistischen Theorie des Subjekts. Frankfurt/Main: Syndikat; S. 39–76

Roman, Paul, 1980: Medicilization and Social Control in the Workplace: Prospects for the 1980s, in: The Journal of Applied Behavioral Science, 16; S. 407–422

Rosenbrock, Rolf, 1980: Die Rolle der chemisch-pharmazeutischen Industrie im Gesundheitswesen. In: Deppe, Hans-Ulrich: Vernachlässigte Gesundheit. Zum Verhältnis von Gesundheit, Staat, Gesellschaft in der Bundesrepublik Deutschland. Ein kritischer Überblick. Mit Beiträgen von H.-H. Abholz, P. Botschafter-Leitner, J. Breddemann, H.-U. Deppe, R. Rosenbrock, U. Schagen. Köln: Kiepenheuer & Witsch; S. 222–256

Schicke, Romuald K., 1981: Ökonomie des Gesundheitswesens. Göttingen: Vandenhoeck & Ruprecht

Schröter, Klaus, 1974: Psychoanalytischer Dialog und alltägliche Kommunikation, in: Muck, M. u. a., Information über Psychoanalyse. Theoretische, therapeutische und interdisziplinäre Aspekte. Frankfurt/Main: Suhrkamp; S. 45–63

Schröter, Klaus, 1979: Einige formale Aspekte des psychoanalytischen Dialogs, in: Flader, D. und Wodak-Leodolter, R. (Hrsg.), Therapeutische Kommunikation. Ansätze zur Erforschung der Sprache im psychoanalytischen Prozeß. Königstein: Scriptor; S. 179–185

Simon, Jürgen/Taeger, Jürgen, 1981: Rasterfahndung, Entwicklung, Inhalt und Grenzen einer kriminalpolizeilichen Fahndungsmethode. Baden-Baden: Nomos

Stadler, Peter, 1982: Triebrepräsentanz, Orientierungsreflex, Alarmreaktion. Eine Skizze zu Gegenstand und Forschungslogik der Psychosomatik, in: Psyche XXXVI, 1982, Heft 2; S. 97–122

v. Troschke, Jürgen/Stößel, Ulrich (Hrsg.), 1981: Möglichkeiten und Grenzen ärztlicher Gesundheitsberatung. Freiburg: Gesomed

Virchow, Rudolf, 1849: Mitteilungen über die in Oberschlesien herrschende Typhus-Epidemie, in ders.: Die Not im Spessart – Mitteilungen über die in Oberschlesien herrschende Typhus-Epidemie. Darmstadt: Wissenschaftliche Buchgesellschaft 1968, S. 57–236

Wacker, Ali, 1981: Zur Verarbeitung der Erfahrung unfreiwilliger Arbeitslosigkeit unter besonderer Berücksichtigung psychosomatischer Störungen, in: Medizinische Psychologie, Jahrbuch 1, Deppe, H.-U., Gerhard, U., Novak, P. (Hrsg.), Frankfurt/Main – New York: Campus; S. 175–186

Weber, Max, 1964: Wirtschaft und Gesellschaft. Grundriß der verstehenden Soziologie. Studienausgabe, 2 Halbbände, J. Winckelmann (Hrsg.), Köln – Berlin: Kiepenheuer & Witsch

Wiesenthal, Helmut, 1981: Die konzertierte Aktion im Gesundheitswesen. Ein Beispiel für Theorie und Politik des modernen Korporatismus. Frankfurt/Main – New York: Campus

Work in America, 1973: Report of a Special Task Force to the Secretary of Health, Education, and Welfare. Prepared under the Auspices of the W. E. Upjohn Institute of Employment Research. Foreword by Elliot L. Richardson. Cambrigde/Mass. – London: MIT-Press 1974[3]

Wrong, Denis, 1962: The Over-Socialized Conception of Man in Modern Sociology, in: Psychoanalysis and the Psychoanalytic Review 49; S. 53–69

Zepf, Siegfried, 1976a: Grundlinien einer materialistischen Theorie psychosomatischer Erkrankung. Frankfurt/Main – New York: Campus

Zepf, Siegfried, 1976b: Die Sozialisation des psychosomatisch Kranken. Frankfurt/Main – New York: Campus

Zepf, Siegfried, 1981: Die Psychosomatische Medizin auf dem Wege zur Wissenschaft. Eine einführende Bestandsaufname. Frankfurt/Main – New York: Campus

Bernhard Blanke

Die Marxsche Kritik und die „Krise des Marxismus“

> „Ist die Konstruktion der Zukunft und das Fertigwerden für alle Zeiten nicht unsere Sache, so ist desto gewisser, was wir gegenwärtig zu vollbringen haben, ich meine die *rücksichtlose Kritik alles Bestehenden,* rücksichtslos sowohl in dem Sinne, daß die Kritik sich nicht vor ihren Resultaten fürchtet und ebensowenig vor dem Konflikte mit den vorhandenen Mächten ... Wir können also die Tendenz unseres Blattes in *ein* Wort fassen: Selbstverständigung (kritische Philosophie) der Zeit über ihre Kämpfe und Wünsche. Dies ist eine Arbeit für die Welt und für uns. Sie kann nur das Werk vereinter Kräfte sein.“
> Marx an Ruge, 1843
> Briefe aus den „Deutsch-Französischen Jahrbüchern“

Wer in den Monaten vor dem 100. Todestag von Karl Marx aufmerksam die bei geringer Resonanz der Öffentlichkeit stattfindenden Diskussionen um die Geltung des Marxschen Erbes beobachtete, mußte feststellen, daß die „Krise des Marxismus“ allgegenwärtig ist und daß sich gewisse *Grundstrukturen* der Diskussion seit 100 Jahren unverändert erhalten haben. – Da ist einerseits eine wie eh und je isolierte, wenn nicht gar sektiererisch räsonierende marxistische Kleinkultur, in welcher sich der Streit darum dreht, ob Marx nicht doch in (fast) allem Recht gehabt habe. Da ist andererseits eine sich traditionell mit dem Marxschen Erbe schwertuende sozialdemokratische politische und intellektuelle Kultur. Sie tut sich schwer, weil sie stets neu bekräftigen muß, daß Marx nicht Recht gehabt hat, sich gleichwohl – schon um der historischen Wahrheit willen – von einem ihrer Ahnherren nicht lossagen kann. Da ist schließlich das weite Feld der unpolitischen Marx-Debatte, die den Denker und sein Werk ins 19. Jahrhundert (ver-)bannt und ihm in dieser Einordnung einen mehr oder weniger wichtigen akademischen Platz einräumt; von den kategorischen Marx-Gegnern oder seinen ignoranten Feinden ganz zu schweigen.

Wie verhält man sich zwischen diesen Lagern? Wie wäre eine Position zu beschreiben, die nach wie vor fasziniert ist vom theoretischen Werk des Meisters, auch von seinen brillanten zeithistorischen Analysen? Die bei einem Vergleich mit noch weitaus häufiger geehrten Zeitgenossen nicht umhin kann, Marx als den größten Kopf seiner Zeit anzusehen? Hat er nicht aus der Kritik des Frühsozialismus, der klassischen politischen Ökonomie und des deutschen Idealismus eine grandiose Synthese des Wissens der bürgerlichen Gesellschaft von sich selbst entwickelt?

Auf die (meist inquisitorische) Frage „Sind Sie ein Marxist?“ könnte man getrost mit *nein* antworten, ohne zu verleugnen, daß das Marxsche Werk eine unabdingbare Voraussetzung jeder Theorie der kapitalistischen Industriegesellschaft ist. Allerdings wäre eine solche These nicht so zu verstehen, als könne man aus Marx vieles herauslesen und seine Fragen seien nach wie vor richtig und wichtig, nur seine Antworten nicht. Diese Einschätzung von Marx, hörte man in der letzten Zeit häufiger; sie räumt ein, viele seiner ‚Prognosen' seien zutreffend, wobei meist auf oberflächliche Theoreme wie die von der „Konzentration und Zentralisation des Kapitals" u. a. verwiesen wird. Nun dienen derartige Konzessionen eher dazu, Marx-Nachfolger wie Rudolf Hilferding ins rechte Licht zu setzen, zugleich aber die angeblich entscheidenden ‚Prognosen', wie die von der Polarisierung der bürgerlichen Gesellschaft und ihrem „zwangsläufigen" (Kautsky) Zusammenbruch, als unzutreffend zu deklarieren. Zum x-ten Mal ist darauf hinzuweisen, daß es gerade zur Tradition der Marx-Rezeption gehört, die wichtigsten Bausteine seiner Theorie in einer Gestalt zu diskutieren und zu verwerfen, die mit dem, was Marx geschrieben hat, wenig zu tun hat; daß zwischen der relativ breiten Rezeption der Frühschriften und der Marx-Rezeption von Bernstein und Kautsky einerseits und Lenin andererseits, welche heute immer noch implizit die Debatte bestimmen, der originäre Marx ein Schattendasein fristet.

Woher rührt überhaupt diese mehrfach gespaltene Rezeption? Liegt sie an Marx' eigener Widersprüchlichkeit, so daß man eben Widersprechendes aus ihm herauslesen kann? Oder liegt sie an der Widersprüchlichkeit des *Gegenstandes* seiner Theorie und den hieraus resultierenden unterschiedlichen, ja kontradiktorischen Interessen der politischen Akteure, die sich auf ihn berufen? Marx hat beispielsweise nie den *zwangsläufigen* Zusammenbruch der bürgerlichen Gesellschaft prognostiziert, aus dem Kern seiner Theorie läßt sich logisch die Revolution nicht begründen. Hier war er in gewissem Sinne Positivist, „unbefangen" sollte die Analyse sein, wie er selbst schrieb. Spricht gegen diese Behauptung nicht die Rede von den „Totengräbern" der Bourgeoisie, dem Proletariat, und jener berühmte Satz aus dem „Kommunistischen Manifest": der Untergang der Bourgeoisie und „der Sieg des Proletariats sind gleich unvermeidlich"? Man darf den *Kritiker* Marx nicht mit einem Prognostiker verwechseln. Die Unvermeidlichkeit des proletarischen Sieges war für ihn ein „Endzweck", der sich schon 1848 aus den „*eigenen* Formen der existierenden Wirklichkeit" *entwickeln* „sollte". Je mehr wirkliche und gescheiterte Revolutionen er analysierte, desto zurückhaltender, ja skeptischer wurde er. Eine ausgefeilte politische Theorie, die man als Revolutionstheorie aus seinen Schriften extrahieren könnte, hat er nicht hinterlassen. Seine politischen Analysen sind auch heute noch zu den aufschlußreichsten analytischen Arbeiten über die bürgerlichen Gesellschaften des 19. Jahrhunderts zu zählen. „Wirkliches" unabhängiges Denken und politische Parteilichkeit waren für ihn kein Gegensatz. Mit vielen seiner Zeitgenossen hat er im übrigen die Ansichten geteilt.

Das Paradoxe an Marx ist eben seine Anstrengung – eine ungeheure Anstrengung mit den bekannten physischen und psychischen Opfern –, den ‚Zeitgeist' derart *kritisch* zu erfassen, daß die verschiedensten, sich einander befehdenden Theorien und Programme in einer Synthese mit all ihren Widersprüchen „aufgehoben" sein sollten, diese Widersprüche aber nun nicht mehr als solche der je isolierten Theorien gegeneinander, sondern als Widersprüche der Sache, der bürgerlichen Gesellschaft erkannt werden konnten. Marx wollte die Verhältnisse zum Tanzen bringen, indem er ihnen ihre eigene Melodie vorspielte. Aber offensichtlich hat ein anderer Meister seines Faches, Eric Ambler, Recht, der einmal schrieb: „Die Doppelgesichtigkeit des anderen muß immer erschreckend wirken, wenn man sich der eigenen Doppelgesichtigkeit nicht bewußt ist". Und Marx hatte mehr als ein Gesicht.

Das Marxsche Werk ist demnach so veraltet oder so aktuell, wie die Denktraditionen, die er kritisiert und „aufgehoben" hat. Wer die Entdeckung des freien Marktes durch Adam Smith für zeitlos gültig hält, sollte der *Kritik* der politischen Ökonomie, egal ob er deren Ergebnisse teilt oder nicht, dieselbe Aktualität zumessen. Der Dogmatismusverdacht ist hierzulande ungleich verteilt: während Jean-Baptiste Say, der Krisen in der Marktwirtschaft theoretisch für unmöglich hielt, trotz aller realer Krisen vom neuen Liberalismus aus der Versenkung gehoben wird, wird Marx, der die allgemeine Möglichkeit und periodische Notwendigkeit von Krisen behauptet, an seinem 100. Todestag noch einmal – in Ehren – bestattet.

Als vor nunmehr bald 15 Jahren als eines der Resultate der Studentenbewegung die „Rekonstruktion" der Marxschen Kritik zum Programm erhoben wurde, war dieses Spezifikum der Marxschen Methode und Theorie bekannt. Die kritische Marx-Rezeption erfordert aber zweierlei: viel Zeit und das Bewußtsein von der Kluft zwischen Theorie und Praxis. Zeit ist Geld, und das Bewußtsein davon, daß „die" Revolution weder gemacht noch möglicherweise erlebt wird, erfordert Geduld und Selbstbescheidung. Wer kann sich beides schon leisten, außer Studenten und Dozenten? Hätten es sich die wenigstens geleistet, wäre vielleicht die Kenntnis des originären Marx erhalten geblieben. Der *Neomarxismus* der 70er Jahre ist aber nicht aus einer systematischen Rekonstruktion des Marxschen Werkes aus der Perspektive seiner Entstehung, also den „Grundrissen", den „Theorien über den Mehrwert", anderen Vor- und Parallelarbeiten und schließlich dem „Kapital" entstanden, sondern aus einem ideologischen Gebräu, zu dessen Ingredienzien wahllos neu aufgelegte oder importierte ‚Theorien' aus der Geschichte der Arbeiterbewegung und aus aktuellen politischen Debatten in den „realsozialistischen" Ländern und den Befreiungsbewegungen gehörten. Wer erinnert sich nicht an die zahllosen Reprints von Parteiprogrammen, historischen Debatten, Schulungsbroschüren usw.? Die Behauptung, ein Großteil der „Neomarxisten" in der Bundesrepublik habe „den Marxismus" eher aus der Peking Rundschau gelernt als aus dem „Kapital", hat viel Plausibilität für sich.

Geradezu tödlich für die Entstehung einer originär an Marx orientierten Tradition war zudem der Sprung vieler Intellektueller in „die" Parxis. Nur wenige knüpften an „wirkliche Kämpfe" an, mit denen Marx sich identifizierte. Die nochmalige Inszenierung der vergangenen Geschichte der Arbeiterbewegung mit all ihren Fraktionskämpfen durch die neuen Sekten, das Nachspielen der Generaldebatte zwischen den sowjetischen und chinesischen Kommunisten, schließlich die über die richtige und wichtige *moralische* Unterstützung der Befreiungsbewegungen in der Dritten Welt hinausgehende distanzlose politische Identifikation, dies alles hat zusätzlich zum bereits etablierten Schreckbild des Kommunismus das ebenso erschreckende Bild des „Marxismus" heute in der Bundesrepublik geprägt.

Vielleicht läßt sich diese Spielart des Neomarxismus daraus erklären, daß es in den 50er und 60er Jahren im Westen Deutschlands fast keine Marxismus-Diskussion gab, abgesehen natürlich von der weitverbreiteten Verdammung? Für die Studenten dieser Zeit war Marx in den Bibliotheken fast nicht vorhanden. Die Geschichte der Arbeiterbewegung war fast unbekannt, und noch in den späten 60er Jahren war etwa am damaligen Otto-Suhr-Institut in Berlin – um ein prägnantes Beispiel zu nennen – der „Dual State" von Ernst Fraenkel nicht auszuleihen, weil der Autor sich an seine positiven Äußerungen zum Marxismus (1940) nicht erinnern (lassen) wollte. Die rabiate Gestalt des Neomarxismus der 70er Jahre kann man *auch* als Pendelschlag gegen die zuvor praktizierte rabiate Verdrängung des Marxismus verstehen. Was lag für den studentischen Protest, der sich zugleich gegen die ‚Väter' richtete und mit den Unterdrückten aller Welt ideell verbündete, näher, als daß er sich an einer ‚revolutionären' Geheimgeschichte orientierte? Die ‚parteiorientierte' Marxismus-Rezeption hat alles andere als den originären Marx populär gemacht. Und zwangsläufig mußte es zur „Krise des Marxismus" und zur erneuten intellektuellen Verdrängung von Marx (und Engels) kommen.

Ist Marx also doch ein „toter Hund"? In zwei Richtungen kann eine Antwort gehen. Erstens ist er es nicht, weil offenbar jeder moderne Gesellschaftstheoretiker von einigem Gewicht – von Max Weber über Parsons bis Luhmann und Habermas – implizit oder explizit über und gegen Marx schreibt oder versucht, ihn auf seine Weise vor „marxistischen" Interpreten zu retten. Die stets präsente Herausforderung des Marxismus-Leninismus allein würde Marx immer aktuell halten, weil es allemal reizvoll und wirkungsvoll ist, dieser Ideologie den Meister kritisch gegenüberzustellen. Zweitens aber *wird* Marx erst dadurch zum „toten Hund", wenn seine Rezeption nicht aus der kritischen Sicht unserer heutigen Probleme und der seit seiner Zeit gewachsenen Erkenntnisse erfolgt. Man könnte die „Krise des Marxismus" auch als Krise einer dogmatischen Rezeption interpretieren, die sich im übrigen in der Geschichte permanent wiederholt.

Eine konsistente Gesellschaftstheorie erlebt keine „Krisen", sondern sie ist unterschiedlich *relevant;* sie erklärt den Rezipienten je nach Geschichte und Situation mehr oder weniger die anstehenden gesellschaftlichen Probleme. Es gibt keine Krise der Theorien von John Locke oder J. St. Mill, wohl aber verschiedene Krisen des Liberalismus. Warum sollte es sich mit Marx anders verhalten? Es sind also verschiedene Marxis*men* mit ihren spezifischen und politischen Traditionen in verschiedenen Ländern, die immer wieder in Krisen geraten. Seit der Marxismus weltweite Verbreitung fand, aber angesichts der fundamentalen Unterschiede der gesellschaftlichen Strukturen, auf deren Grundlage er sich verbreitet hat, nur noch durch seine verschiedenen Varianten etwas *negativ* Gemeinsames umfaßt, hat es keinen Sinn mehr, von „dem" Marxismus zu reden. Polyzentrisch ist sogar der westeuropäische Marxismus. Deshalb kann man auch nur im dogmatischen Sinne der einen oder anderen Richtung ein „Marxist" sein.

Solche Krisen haben aber durchaus etwas produktives an sich. Eine Denktradition, die beim Versuch, praktisch relevant zu werden, nicht periodisch in die Krise gerät, ist ein Dogma oder eine Religion. Marx würde heute sagen: „Die Marxisten haben meine Theorie nur verschieden interpretiert, es kommt aber darauf an, sie zu verändern", d. h. die kritische Synthese aktuell neu zu versuchen. Ein solcher Versuch wird aber erst dann Erfolg versprechen, wenn er durch eine „rücksichtslose Kritik" der trotz aller Verschiedenheiten gemeinsamen Schwächen bisheriger „Marxisten" gegangen ist. Diese Gemeinsamkeiten existieren in dominanten Denkformen, die radikal erschüttert werden müssen, soll eine kritische Marx-Rezeption und eine Ergänzung oder Veränderung seiner Theorie möglich werden. Einige sollen genannt werden.

1. Seit der Konfrontation mit dem sowjetischen Modell wissen wir, daß das Problem der fehlenden *politischen Freiheiten* und Rechte auf das tieferliegende Problem der gesellschaftlichen Arbeitsteilung überhaupt, auf die systematische gesellschaftliche Trennung von leitender und ausführender Tätigkeit, die Hierarchie der Arbeit und des Wissens verweist. Damit ist eine Stufe der Selbstinfragestellung des Marxismus erreicht, die nur noch bei Strafe der Verdummung unterschlagen werden kann. Denn ohne die Freisetzung der Individualität, die die bürgerliche Gesellschaft in wie immer gefährdeter Form geschichtlich hervorgebracht hat, konnten sich Marx und Engels Sozialismus und Kommunismus nicht vorstellen: Aufhebung des Privateigentums als geschichtliche Voraussetzung der „Assoziation der *freien* und *gleichen* Produzenten". Aber: die weltgeschichtliche Durchsetzung des Kapitalismus als Gesellschaftsformation war für sie die Voraussetzung für die Allgemeinheit der Ideen von Freiheit und Gleichheit. „Die Vernunft hat immer existiert, nur nicht immer in der vernünftigen Form ... Was nun das wirkliche Leben betrifft, so enthält der *politische Staat,* auch wo er von den sozialistischen Forderungen noch nicht bewußterweise erfüllt ist, in allen seinen *modernen* Formen die Forderungen der Vernunft". Die „endgültige" Form der proletarischen Revolution unter diesen Bedingungen blieb für Marx eine offene Frage. Engels hat sie in Richtung der parlamentarischen Republik gelöst, seine sozialdemokratischen Nachfolger stehen heute immer noch vor dem Dilemma, daß diese Form des Staates „überall in den Widerspruch seiner ideellen Bestimmungen mit seinen realen Voraussetzungen" gerät (Marx 1843). Der Marxismus-Leninismus hat die Freiheitsrechte als „bürgerliche" mißachtet und ist heute mit einem analogen Dilemma konfrontiert. Es stellt sich für die Marxismen (auch in den Befreiungsbewegungen der Dritten Welt) die Frage, inwieweit die Marxsche Konzeption der *Aufhebung des Privateigentums* noch ausreicht, den Weg zur gesellschaftlichen Emanzipation zu denken, wenn nicht zugleich neue Modelle der *politischen Macht* entwickelt werden.

Im heutigen „Eurokommunismus" kehrt diese Erkenntnis, nach bitteren geschichtlichen Erfahrungen, wieder. Insbesondere in Italien, mit Wurzeln bereits bei Gramsci, wird ja nicht lediglich das Problem des Politischen von seinen mechanischen und instrumentellen Verkürzungen gereinigt, sondern ‚endlich' wieder als Problem der politischen Organisation einer *komplexen* Gesellschaft in seiner ganzen Tragweite erkannt. Nicht daß Marx keine Staatstheorie ausgearbeitet hätte, ist also das Problem, sondern daß die meist auf den „politischen Staat" verkürzten Fragen einer demokratischen Interessenartikulation, Bedürfnisinterpretation und Entscheidungsfindung als gesellschaftliche Organisationsfragen mit zunächst naiven, später zynischen Formeln von der „Arbeiterdemokratie", „Diktatur des Proletariats", „führende Rolle der Partei" usw. über Jahrzehnte hin verdeckt worden sind.

2. Das ist übrigens nur die andere Seite jenes Verdrängungsprozesses, der die wesentliche geschichtliche Probe des Sozialismus, nämlich zum ersten Mal *mit Bewußtsein* neue gesellschaftliche Beziehungen der Menschen zu produzieren, mit der Errichtung einer geplanten Wirtschaft glaubte bestehen zu können. Die geplante Ökonomie ist zwar eine Bedingung dafür, eine neue Stellung der gesellschaftlichen Individuen zu ihrem materiellen Produktionsprozeß hervorzubringen, nicht aber das sozialistische Ziel selber. Neue, egalitäre (nicht gleichmachende) soziale Beziehungen zu entwickeln, in denen sich die Zwänge gesellschaftlicher Organisation mit Prozessen individueller und kollektiver Selbstbestimmung verbinden: das ist jenes gesellschaftliche Bedürfnis auf der Höhe der Zeit, von dem schon Marx sprach, als er schrieb, daß „die Welt längst den Traum von einer Sache besitzt, von der sie nur das Bewußtsein besitzen muß, um sie wirklich zu besitzen".

Die Konzeption des Sozialismus als bloßer Aufhebung des (kapitalistischen) Privateigentums ist auch in einem zweiten Sinn fragwürdig geworden. Rudolf Bahro hat wohl recht, wenn er sagt, daß die Privateigentümergesellschaft sich weltgeschichtlich überall, selbst in ihren Zitadellen, in Auflösung befinde – und zwar *nicht* im formell-ökonomischen Sinne. Das Wort vom „Wertwandel" verweist ja auf ein Doppeltes: auf die sichtbaren Tendenzen zur Auflösung der Moralen der Privateigentümergesellschaft (Arbeit und Besitz) wie auf die fehlende Gewißheit, daß *nach ihr* etwas Besseres komme. *Wenn* sich der Sozialismus „im Schoße" der kapitalistischen Klassengesellschaft vorbereitet und entwickelt, so *kann* dies auch ein bürokratischer Sozialismus sein, wie wir ihn „real" kennen.

Die Krise des Marxismus beruht offensichtlich auch darauf, daß die *soziale* Realität des in den *funktionellen* Zusammenhängen der Ökonomie begründeten Klassengegensatzes von Kapital und Lohnarbeit durch soziale Schichtungen, die sich aus der Hierarchie der „zweckmäßigen Tätigkeit" des gesellschaftlichen Arbeitsprozesses ergeben, strukturiert ist. Was sich im Schoße der entwickelten kapitalistischen Gesellschaften entfaltet und auch „frei" vom Privateigentum und dessen „Moral" der Einkommensverteilung zutage treten würde, ist nicht etwa eine egalitäre Gesellschaft, sondern eine nach den hierarchischen Funktionsniveaus der gesellschaftlichen Gesamtarbeit und der ihnen entsprechenden Hierarchie des Wissens ungemein differenziert geschichteten Gesellschaft. Mit anderen Worten: die beschränkte Reichweite zumal der ökonomistischen Varianten der traditionellen marxistischen Klassentheorie tritt aus systematischen Gründen unübersehbar zutage. Auch diese Erkenntnis ist nicht neu; sie wurde nur über Jahrzehnte verdrängt.

3. Die Krise des Marxismus besteht darüber hinaus in der oft verleugneten Diskrepanz zwischen dem Anspruch auf Analyse der Totalität der Gesellschaft und der Beschränktheit des Begriffs bürgerlich-kapitalistischer Gesellschaft, der heute noch vorherrscht. In die Krise geraten ist vornehmlich ein Weltbild, welches Probleme und Erklärungsansätze gesellschaftlicher Entwicklungen, die nicht auf die Reihe „kapitalistische Ökonomie und bürgerlicher Staat" zu bringen sind, schlicht ausblendet. Als „Subjektivismus" wurde abgetan, was nach den wirklichen Vermittlungsprozessen von gesellschaftlicher Objektivität und den vergesellschafteten Subjekten fragte. Soziale und psychische Strukturen, mithin auch das Feld der ‚Politik', sind offensichtlich nicht mit dem einen oder anderen Reduktionismus zu begreifen. Die ewigen Marx-Kritiker sollten nicht frühzeitig frohlocken: auch der weltweit gefeierte Liberalismus eines Friedman oder Hayek ist auf seine Art mindestens ebenso blind gegenüber den realen psychischen und sozialen Opfern seiner Praxis. Gegen diese steht heute immer noch die Marxsche Kritik der politischen Ökonomie.

Aber, die kapitalistischen Gesellschaften sind nicht nur im historischen, von der Vergangenheit geprägten Sinn ‚reicher', vielfältiger, komplexer als das „Gesetz", der ökonomische Begriff. Marx teilt hier sicher die Beschränktheit des von ihm kritisierten Ideenkomplexes. Vergesellschaftungsprozesse, politische Prozesse enthalten Probleme einer Vermittlung von „Objektivität" und menschlichen Subjekten, die von dem (inzwischen auch zur Formel geratenen) Satz von der Herrschaft der gesellschaftlichen Objektivität im Kapitalismus eher verstellt werden. Das scheint sich gerade *in Krisen* zu bewahrheiten. Die Reaktionen der gesellschaftlichen Gruppen und der Individuen auf die Grundtendenz der kapitalistischen Produktionsweise lassen sich offenbar gerade in Krisen nicht einfach und nicht zureichend aus ihrer „strukturellen Logik" prognostizieren.

Solche strukturell orientierten Prognosen hat es immer wieder gegeben. An ihnen sind die historischen Marxismen allesamt tragisch gescheitert, ob es nun die Theorie des „organisierten Kapitalismus" war, die noch mitten in der Übergangsphase zum deutschen Faschismus die Verstaatlichung bankrotter Banken als weiteren Schritt zum „Sozialismus" sah; ob es sich um die Theorien von der „Allgemeinen Krise des Kapitalismus" handelte, für die der Kapitalismus seit 1917 weltweit auf dem Rückzug war. Offensichtlich „objektive" Entwicklungen wurden ideologisch in das notwendige Handeln von Subjekten verlängert. Daß der Faschismus eine Massenbewegung war, die gerade in der Krise das „System" bewahren wollte und in der sich alle antisozialistischen Ideen und Bestrebungen sammelten, wurde ebensowenig als mögliches Resultat eigener Politik und Propaganda verstanden, wie die Überlebenskraft des Kapitalismus weltweit nicht auch als Reaktion auf die Herausforderung durch die Oktoberrevolution begriffen wurde. Die Bedingungen, Orientierungen und Wirkungen des *eigenen Handelns* wurden in die Prognosen zumal der organisierten Marxismen nicht miteinbezogen – was nach Brecht doch den Wahrheitsgehalt einer Theorie ausmachen müßte. Auch deshalb ist die „Innovationskraft der Oktoberrevolution" zu Ende, wie es auf dem letzten Parteitag der KPI formuliert wurde.

4. Das Scheitern der historischen Varianten des Marxismus in entwickelten kapitalistischen Ländern ist auch aus *Mängeln* der theoretischen Grundkonzeption zu erklären. Einer komplexen Gesellschaft wurde mit linearen Theorien begegnet, was insofern auf die Theorie selbst zurückschlug, als die realen historischen Diskontinuitäten und Brüche nicht mehr analysiert werden konnten. Schlimmstenfalls mußte von jeder „Etappe" zur nächsten die Geschichte umgeschrieben werden. Am Kern der marxistischen Theorien läßt sich diese Behauptung belegen. Allesamt gingen (und gehen) sie von einem *Primat der Ökonomie* aus. Das bindet sie an die Schwerkraft des Kapitalismus und an eine mißverstandene Entwicklung der Produktivkräfte. Vor allem im Konzept der nachholenden „realsozialistischen" Industrialisierung drückt sich diese heimliche Bindung an eine Gesellschaftsformation aus, über die diese Gesellschaften *im Prinzip* schon hinausgegangen sein wollten. Auch sie sind nun in den fatalen Zirkel hineingezogen, der mit der Entwicklung von Technik und Produktion zu einer parallelen Entwicklung von Techniken der Destruktion führt. Ja, dieser Zirkel ist nicht zuletzt ein Produkt des auf die missionarischwelthistorische Ebene gehobenen, einstmals so friedlich kaschierten „Systemwettbewerbs". Solange auch (die missionarischen Konzepte der Berater Reagans stehen der sowjetischen Ideologie nicht nach) durch das ideologische Selbstmißverständnis des „realen Sozialismus" ein moralischer Manichäismus zwei Gesellschaftssysteme gegeneinanderstellt, die doch in ihren technisch-industriellen Strukturen mittlerweile so ähnlich sind, daß sie *ökonomisch* fast voneinander abhängig werden, ist die Spirale der symmetrischen Rüstungseskalation nicht zu durchbrechen. Es ist gerade der Primat einer bestimmten *Form* der Ökonomie, eines bestimmten Wachstumstypus, in dessen Pfade der Marxismus in seiner mächtigsten Gestalt getreten ist, welcher das Nullsummenspiel der internationalisierten Systemkonkurrenz produziert, wo der eine nur auf Kosten des anderen gewinnen kann und deswegen *beide* durch die Mittel, mit denen sie konkurrieren, verlieren.

Wenn Marx und Engels richtig gelesen werden, gibt es bei ihnen indes nur einen *Primat der materiellen Lebenserhaltung.* Das Spezifische des Marxschen Kapitalbegriffs ist, daß die Form der verselbständigten, sachlichen Ökonomie *einer* Gesellschaftsformation angehört. „Das Kapital ist ... ein bestimmtes, gesellschaftliches, einer bestimmten historischen Gesellschaftsformation angehöriges Produktionsverhältnis, das sich an einem Ding darstellt und diesem Ding einen spezifischen gesellschaftlichen Charakter gibt ... Es sind nicht nur die in selbständige Mächte verwandelten Produkte der Arbeiter, die Produkte als Beherrscher und Käufer ihrer Produzenten, sondern es sind auch die gesellschaftlichen Kräfte und die zusammenhängende Form dieser Arbeit ...". Diese Form zeitlos gültig zu setzen – und zwar historisch rückwärts wie in die Zukunft – würde schon den Blick für die Widersprüche der bürgerlichen Gesellschaft selbst verstellen. Gewiß ist die bürgerliche Gesellschaft, weil sie das Steuerungszentrum der Lebenserhaltung im System der Kapitalverwertung privatisiert hat, wodurch es zugleich dominant und durch die demokratische Selbstbestimmung nicht beherrschbar ist, durch ein Übergewicht „der Ökonomie" bestimmt. Gleichwohl ist auch diese Gesellschaft insgesamt ein komplexes System verschiedenartiger und widersprüchlicher Vergesellschaftungsformen, die nicht alle auf die „Kapitallogik" oder die Logik politischer Macht (die man nur „erobern" muß) herunterzuleiten sind.

Eher sollte von einem Ineinandergreifen verschiedener Vergesellschaftungsformen gesprochen werden, wobei die modern gewordene Behauptung von den Interdependenzen und Komplementaritäten verschiedener „Subsysteme" der Gesellschaft den Streit darüber, welches System – um mit Luhmann zu sprechen – den „funktionellen Primat" hat, noch nicht entscheidet. Es ist doch arg doppelzüngig, einerseits „den Marxisten" ihre Fixierung auf die Dominanz der Ökonomie vorzuwerfen und andererseits die Wiederauferstehung eines kruden ökonomischen Liberalismus zu feiern, der jeder veränderungsbereiten Gesellschaftspolitik das „Ende der Fahnenstange" anzeigt, wenn „die Wirtschaft" nicht mehr mitmacht.

5. Aber sprechen wir von den *Grenzen* traditioneller marxistischer Theorie, denn sie will ja über die Ökonomie hinaus. Die Geschichte des Marxismus ist trotz seines emanzipatorischen Impulses eine Geschichte der Ausgrenzungen. Zwar lebt in ihm immer noch die Idee des *ganzen Menschen*, wie sie Marx und Engels in den Frühschriften formulierten. Aber das umfassende Programm der *Emanzipation*, das intendiert war, ist entweder den verschiedenen politisch-strategischen Legitimationstheorien zum Opfer gefallen (viele seiner Verfechter wurden umgebracht) und bestenfalls in den Rang einer abstrakten Utopie gerückt, wo es sich von den Ideen der französischen Revolution nicht mehr unterscheidet, oder es lebt als *romantischer* Gegensatz neben Ökonomismus und Determinismus. Die gewissermaßen empirische Erforschung der Subjektivität hat der Marxismus – vielleicht auch, weil die Ergebnisse für das heilige Bild der Arbeiterklasse zu deprimierend gewesen wären – der sogenannten „bürgerlichen" Wissenschaft überlassen, die gerade auf diesem Feld ihre größte Stärke gegen den Marxismus entfaltete.

Dieser Entwicklung kann man nicht durch bloß ergänzende Addition des ‚subjektiven Faktors' an die ‚objektive' Analyse begegnen, auch nicht durch ein bloßes Addieren verschiedener, aus unterschiedlichen Gründen und in verschiedenen Umfeldern entstandener Theorien. Oft genug entsteht bei solchen Additionen nur die Karikatur eines „offenen Marxismus". Eine Theorie, die im zentralen Begriff der Emanzipation vornehmlich auf die Subjekte zielt, muß die *abstrakte* Gegenüberstellung von „marxistischer" und „bürgerlicher" Wissenschaft aufgeben – sie könnte sich hierbei an der kritischen Methode des Meisters sehr wohl orientieren, für den die politische Ökonomie seiner Zeit zwar „bürgerlich" war, weil sie „die kapitalistische Ordnung statt als geschichtlich vorübergehende Entwicklungsstufe, umgekehrt als absolute und letzte Gestalt der gesellschaftlichen Produktion auffaßt", aber *Wissenschaft* blieb. Im negativen Sinne „bürgerlich" wurde sie, als sie nicht mehr danach fragte, „ob dies oder jenes Theorem wahr sei, sondern ob es dem Kapital nützlich oder schädlich . . .". Die Geschichte der Ausgrenzungen hat den vorherrschenden Marxismen den Blick für die erheblichen Erkenntnisfortschritte der sogenannten bürgerlichen Humanwissenschaften versperrt. Die vorherrschende Form der Rezeption wird noch dadurch verzerrt, daß alles *technisch* verwertbare Wissen (und damit die Manipulationsmöglichkeiten) rezipiert wird, aber die zugleich entworfenen Emanzipationschancen nicht wahrgenommen werden, weil sie der eigenen Ideologie (und den eigenen Interessen, muß man schließen) nicht entsprechen.

6. Das hat auch allgemeine theoretische Konsequenzen. Wenn es richtig ist, daß die kapitalistische Vergesellschaftungsform (und mit welthistorischer Verzögerung auch die Form „realsozialistischer" Industrialisierung) an eine *doppelte Grenze* gelangt: die Grenze der Belastbarkeit der Subjekte und die Grenze der Belastbarkeit der Natur, dann liegt eine Neuformulierung des Marxismus nahe, die das Programm der kritischen Philosophie in den frühen Schriften von Marx und Engels erneut aufgreift, ohne einen Gegensatz zur Kritik der politischen Ökonomie zu konstruieren. Marx hat die Theorie der Entfremdung des Menschen von der Natur und von sich selbst in eine *Kritik* der durch das *Kapital* dominierten Gesellschaftsformation umgesetzt. Diese Umsetzung ist aber, selbst wenn man ihren Wahrheitsgehalt nicht bestreitet, nicht zeitlos die alles erklärende; vor allem weist sie „logisch" keinen Weg über die kritisierte Gesellschaft hinaus. Eine solche weiterweisende Theorie müßte eine am *Primat der Subjektivität* als Zusammenhang der gesellschaftlichen Arbeit und Bedürfnisse orientierte Synthese der auseinandergefallenen Teile gesellschaftlicher Analysen sein, die das Ziel der Emanzipation nicht als bloße Floskel vor sich herträgt. Auch hier ist von Marx gerade in seinen scheinbar objektivistischen Arbeiten zu lernen. Das Herzstück der Kritik der politischen Ökonomie, die Werttheorie, ist nur zu verstehen als minutiöse Analyse der Subjekt-Objekt-Dialektik des gesellschaftlichen Produktionsprozesses. Und weil das so ist, ist sie von Ökonomen stets verworfen, weil nicht verstanden worden, und zwar Ökonomen aus allen Lagern.

Gerade die kapitalistischen *Systemkrisen* (und die analogen Krisen „realsozialistischer" Systeme) – ob nun Wirtschaftskrisen im engeren Sinne oder Vergesellschaftungskrisen von Subjekten bzw. ihres Verhältnisses zur äußeren Natur – offenbaren überschüssiges, bislang an der Artikulation gehindertes Potential, im Sinne von Möglichkeiten (Bloch), nicht von Batallionen. Solches Potential wirft heute die Frage nach der Richtung der Entwicklung in primär ökonomisch dominierten Gesellschaftstypen auf: man hat es „Sinnkrise" genannt. Aber dieser Krise können Emanzipationsbewegungen nicht mit den tradierten marxistischen Negativismen gegenübertreten, ohne nur Resignation zu unterstützen. Eine Emanzipationsbewegung muß sagen, was sie ändern *will,* was sein *soll* und wie gehandelt werden *kann.* Dies wäre der Inhalt einer konkreten Utopie, die sich von historischen Vorbildern löst. An solchen Utopien mangelt es aber, nicht nur bei den „Marxisten". Marx kritisierte den „utopischen Sozialismus", weil in seinen Systemen „an die Stelle der geschichtlichen Bedingungen der Befreiung phantastische" traten. „Wissenschaftlicher Sozialismus" war kein Gegensatz gegen Utopie überhaupt, sondern Marx' Kritik setzte gegen abstrakte Zukunftsmodelle den konkreten Versuch einer umfassenden Analyse bestehender Gesellschaften und ihrer Krisen, die Antizipation einer humanen Vergesellschaftung *und* das Bewußtsein von den existierenden Schranken ihrer Realisierung.

Rudolf Hickel

Interview mit John Maynard Keynes

Über das Verhältnis von Theorie und Praxis in der zeitgenössischen Politische Ökonomie

Das stilisierte Interview basiert auf einer Schrift von Keynes, die aus einer Vorlesung an der Universität Berlin am 23. Juni 1926 hervorgegangen ist. Sie erschien unter dem Titel: „Das Ende des Laissez-Faire, Ideen zur Verbindung von Privat- und Gemeinwirtschaft" (München/Leipzig 1926). Alle wörtlichen Zitate sind im Druck hervorgehoben und durch Anführungszeichen besonders kenntlich gemacht.

I. Zum hundertsten Geburtstag von J. M. Keynes

Vor hundert Jahren, am 5. Juni 1883, wurde in Cambridge (England) John Maynard Keynes geboren, einer jener großen Ökonomen, die bis tief in das Denken auch ihrer Gegner hinein die Wirtschaftslehre und Wirtschaftspolitik veränderten. Im Geiste des viktorianischen und eduardschen Zeitalters, unter der Obhut seines Vaters, der selbst Volkswirt und Philosoph war, und seiner zeitweise als Bürgermeisterin in Cambridge tätigen Mutter wächst Keynes auf, um bald seinen innovativen und undogmatischen Verstand zu entfesseln. Sein Lebenswerk präsentiert sich als das Produkt intensiver Auseinandersetzung mit der orthodoxen Wirtschaftswissenschaft, deren Grundsäulen er ins Wanken bringt. Die Weltwirtschaftskrise 1928–1932, die sich wider marktorthodoxer Dogmatik Geltung verschafft, bildet den konkret-praktischen Ausgangspunkt seiner „Anatomie des Kapitalismus". Sein bahnbrechendes Werk, an dem er seit 1931 arbeitet und das 1936 erscheint, ist die *„Allgemeine Theorie der Beschäftigung, des Zinses und des Geldes" („General Theory of Employment, Interest and Money")*. In direktem Widerspruch zur bisher vorherrschenden 'allgemeinen' Markttheorie, die die Selbststeuerungsfähigkeit der Wirtschaft behauptete, aber die anhaltende Arbeitslosigkeit nicht erklären konnte, schließt Keynes' „Allgemeine Theorie" den Nachweis 'unfreiwilliger', d.h. durch die Marktkräfte selbst produzierter Arbeitslosigkeit ein.

Heute ist kaum vorstellbar, daß Keynes dieses Werk seinem Verleger Macmillan nur in Kommission anbietet, um einen niedrigen Verkaufspreis von fünf Schilling für seine Studenten zu ermöglichen. Die Aufnahme des Werkes unter den Wissenschaftlerkollegen bleibt bis auf den heutigen Tag typisch: Zustimmung steht tiefer Ablehnung gegenüber. Keynes greift gegen zwei Interpretationsversuche (J. Viner und J.

Hicks) noch selbst ein. Heute wäre er kaum noch in der Lage, die unterschiedlichen Forschungsrichtungen, die sich an ihm orientieren, zu überblicken und zu bearbeiten. Keynes teilt hier das Schicksal von Karl Marx. Sein Oeuvre bietet ein geradezu biblisches Feld konträrer Ausschlachtungen.

Somit ist es schwierig, den wahren Keynes in der Nachfolgeexegese der *Postkeynesianer* zu identifizieren. Da tummeln sich Markttheoretiker, die seine Lehre mit der Orthodoxie zu zähmen bzw. zu versöhnen versuchen. Ihnen stehen die *Linkskeynesianer* gegenüber, die seine Rezeptur der Kapitalismussanierung über den auszuweitenden Staatsinterventionismus als Weg in einen wie auch immer definierten Sozialismus interpretieren. Keynes selbst macht diese Interpretationsvielfalt möglich, denn die Muttermale der alten Doktrin mischen sich in seiner Lehre mit einer gewissen begrifflichen Beliebigkeit bei der Verwendung des Stichworts Sozialismus. All dies zeigt, daß es einer Klarstellung seines politischen Vermächtnisses bedarf. Der hundertste Geburtstag sollte dazu Anlaß geben, auch wenn die keynessche Lehre an den Akademien dieses Landes gegenwärtig von einer neuen Marktorthodoxie erstickt wird: Sonderbarerweise hat selbst der renomierte, aber sterile „Verein für Sozialpolitik", der längst den kritischen Stachel seiner Gründerzeit verloren hat, Keynes anläßlich dieses Jubiläumsjahres nicht für kongreßwürdig gehalten. (Das einzige große Keynes-Symposium wird Ende November von der gewerkschaftsnahen „Hochschule für Wirtschaft und Politik" in Hamburg veranstaltet.)

Natürlich gibt es viele schlechte Gründe dafür, daß der Keynesianismus heute bei der Mehrheit der Wirtschaftswissenschaftler in „Ungnade" dahindarbt. Keynes' Theorie der Arbeitslosigkeit hat die orthodoxen Selbstheilungshoffnungen, die ja gerade in der sich vertiefenden Krise wieder an Gewicht gewinnen, in den Grundfesten erschüttert. Auch sein analytisches Gespür für die institutionellen Grenzen kapitalistischer Entwicklung gilt der herrschenden Ökonomie von Anfang an als Ärgernis. Keynes ist, ähnlich wie Schumpeter, dessen hundertster Geburtstag ebenfalls in dieses Jahr der Jubiläen fällt, *politischer Ökonom*. Und dies im doppelten Wortsinne: Er kümmert sich um Wissenschaft *und* ihre praktische Anwendung, d.h. um wissenschaftlich abgesicherte Wirtschaftspolitik: Seine Beratung gilt von 1930–1939 dem englischen Premierminister; an den Pariser Friedensverhandlungen nimmt er als Hauptunterhändler teil; aktiv beteiligt ist er an der Errichtung des „Internationalen Währungsfonds" und der „Weltbank". Wie in der Wirtschaftswissenschaft wirkt er auch in der Politik als kritischer Geist, greift zur Feder, wenn er die Entwicklung nicht akzeptiert und verläßt Verhandlungen, wenn er die Ergebnisse für falsch hält. Derartiges praktisches Interesse widerspricht dem Wissenschaftsverständnis jener Ökonomen, die der von der Theorie abweichenden Welt vorwurfsvoll ihre Modellierungen vorhalten. Politischer Ökonom ist Keynes aber auch im analytischen Sinne: Kritik verbindet er mit dem Interesse, Vorschläge zur institutionellen Reform zu entwickeln. Aus der Beschreibung der Funktionsgrenzen kapitalistischer Märkte folgert er die Notwendigkeit institutioneller Veränderungen. Diese grenzüberschreitende Orientierung ist der herrschenden Wirtschaftswissenschaft, die die privatwirtschaftlichen Eigentums- und damit Entscheidungsverhältnisse in Modellen einfriert, ein Greuel.

Hier liegt, so meine ich, der Kern der keynesschen Lehre, die auch durch die Epigonen in der Wirtschaftspolitik verwässert wurde. Verwässert: denn es wäre völlig unzureichend, würde man das Keynessche Werk auf eine Theorie und Politik gesamtwirtschaftlicher Nachfragesicherung reduzieren. Dies ist ein wichtiger Teil im gesamten Erkenntnisgebäude, aber eben nur ein (für eine bestimmte ökonomische Situation geltender) Teil. Die Krise jener Wirtschaftspolitik, die heute mit dem Etikett „keynesianisch" versehen wird, resultiert letztlich auch aus einer praktizistischen Verkürzung des Lehrwerks. Es bedarf großer Mühe, um diesen „Bastard-Keynesianismus" so aufzulösen, daß der – nicht immer stimmige und klare – Ideenreichtum von Keynes wieder sichtbar wird. Die Quelle der Instabilität liegt nach Keynes in der dem kapitalistischen System eingeprägten Unsicherheit, auf deren Reduzierung die institutionelle Reform der Basisinstitutionen abzielen muß. Das hundertste Geburtstagsjahr sollte zur Wiederentdeckung eines unverstellten Keynes der willkommene Anlaß sein.

Am 23. Juni 1926 hält Keynes an der Universität Berlin einen Vortrag mit dem programmatischen Titel: „Das Ende des Laissez-Faire. Ideen zur Verbindung von Privat- und Gemeinwirtschaft". Der Vortrag, wenig später als Broschüre erschienen, bildet die Basis des Interviews, das ich anläßlich des Jubiläumstages Keynes zu Ehren montiert habe. Die beste Würdigung dieses großen politischen Ökonomen erfolgt durch die Freigabe seiner teils verschütteten eigenen Gedanken, die, wie unschwer einzusehen ist, von höchster Aktualität sind.

II. Das Interview

Hickel: Die teils aggressiv, teils unmerklich betriebene Zurückdrängung Ihrer Lehre in Wirtschaft und Politik, Lord Keynes, ist unbestreitbar. Das Rad wirtschaftswissenschaftlicher Theorie scheint hinter Ihre Erkenntnisse zurückgedreht zu werden. In den Vordergrund rückt die von Ihnen Zeit Ihres Lebens attackierte Doktrin der sich selbst heilenden Marktwirtschaft. Die Harmonielehre eines Jean Baptist Say aus der Mitte des 19. Jahrhunderts erlebt ihre erklärbare Wiedergeburt: Wenn rentable Angebotsproduktion ermöglicht wird, d. h. vor allem die Lohnkosten sowie die staatlichen Abgaben der Unternehmen sinken, dann wird hinreichendes Einkommen, Nachfrage und Vollbeschäftigung die Folge sein. Diese naive Sicht teilt auch die Mehrheit im sogenannten „Rat der fünf Weisen", wenn im Vorjahresgutachten diese marktwirtschaftliche Hoffnung zu einer „Gleichgewichtsverheißung" erhoben wird. Überhaupt fällt auf, daß die Funktionsweise hochkomplexer, internationalisierter Ökonomiesysteme auf sehr triviale, unzureichende Hypothesen beschränkt wird.

Deshalb meine erste Frage: Wie läßt sich die hartnäckige Hypothese im Range eines Glaubenssatzes erklären, die da behauptet, die kapitalistische Wettbewerbswirtschaft würde zur idealen Güterverteilung und zur Vollbeschäftigung führen?

Keynes: „Die Nationalökonomen wählten sich, wie auch andere Wissenschaftler, die Hypothese, von der sie ausgehen, und die sie dem Anfänger darbieten, weil sie die einfachste ist, nicht weil sie den Tatsachen am nächsten kommt. Teils aus diesem Grunde, teils auch, wie ich zugebe, weil sie durch Tradition beeinflußt sind, begannen sie mit der Annahme eines Zustandes, bei dem die ideale Verteilung der Produktionsgüter durch unabhängige individuelle Tätigkeit nach der Methode von Versuch und Irrtum geschieht, wobei die Individuen, die den richtigen Weg einschlagen, im Wettbewerb über jene Individuen obsiegen, die den falschen Weg genommen haben. Daraus folgt, daß es keine Gnade und keinen Schutz für jene geben dürfe, die ihr Kapital oder ihre Arbeitskraft in die falsche Richtung steuern. Durch diese Methode kommen die erfolgreichsten Profitmacher durch einen unbarmherzigen Kampf ums Dasein nach oben, einen Kampf, der mit einer Auslese der Tüchtigsten durch den Bankrott der minder Tüchtigen endet."

Hickel: Diese Aussage mag in der Tat das marktwirtschaftliche Credo richtig beschreiben. Aber was haben Sie dagegen einzuwenden?

Keynes: „Diese Methode stellt die Kosten des Kampfes selbst nicht in Rechnung, sondern hat nur die Vorteile des Endresultates im Auge, die man für dauernde hält. Ihr zufolge besteht das Lebensziel darin, die obersten Blätter von den Zweigen abzugrasen, und der beste Weg, dieses Ziel zu erreichen, ist der, wenn man zuläßt, daß die Giraffen mit den längsten Hälsen die Giraffen mit kürzeren Hälsen aushungern."

Hickel: Ist diese Beschreibung des Kapitalismus mit dem Bild konkurrierender Giraffen nicht recht polemisch? Anders gefragt, wie können Sie neben den Profitmachern auch die Konsumenten, die ja Einfluß auf die Nachfrage nach den „obersten Blättern" haben – so wenigstens in der Marktlehre –, berücksichtigen?

Keynes: „Wenn wir also die Giraffen sich selbst überlassen, so wird 1. die größte Zahl von Blättern geerntet werden, weil die Giraffen mit den längsten Hälsen dadurch, daß sie die anderen aushungern, näher an die Bäume herankommen; 2. jede Giraffe wird sich an die Blätter heranmachen, die sie in ihrer Reichweite am schmackhaftesten findet; 3. werden die Giraffen, bei denen die Nachfrage nach einem bestimmten Blatt am größten ist, ihre Hälse auch am meisten danach ausrecken. Auf diese Weise werden mehr und saftigere Blätter verschluckt werden, und jedes einzelne Blatt wird in den Hals wandern, der sich seinetwillen am meisten angestrengt hat.

Diese Annahme von Verhältnissen, unter denen die ungehinderte natürliche Auslese einen Fortschritt erzeugt, ist nur eine der beiden provisorischen Voraussetzungen, die, als buchstäbliche Wahrheit aufgefaßt, zu den beiden Stützen des **laissez-faire** *geworden sind."*

Hickel: An welche 'weitere Voraussetzung' denken Sie und was hat diese mit einer Politik marktwirtschaftlicher Erneuerung zu tun?

Keynes: „Die zweite Voraussetzung ist die Wirksamkeit, und sogar die Notwendigkeit, der Freigabe unbeschränkter Möglichkeiten privaten Geldverdienens als Reizmittel zu höchster Anstrengung. Unter dem System des **laissez-faire** *wächst* *der Profit des Individuums, das sich durch Tüchtigkeit oder Glück mit seinen Produktionsmitteln zur richtigen Zeit an der richtigen Stelle einfindet. Ein System, das dem geschickten oder glücklichen Individuum gestattet, die ganzen Früchte dieser Konjunktur einzuheimsen, bietet ganz offenbar einen ungeheuren Anreiz zur Ausübung der Kunst, zur richtigen Zeit an der richtigen Stelle zu sein. Auf diese Weise wird einer der mächtigsten menschlichen Triebe, die Liebe zum Gelde, zu einer Verteilung der wirtschaftlichen Mittel angeschirrt, die auf eine möglichste Steigerung des Volkswohlstandes abzielt."*

Hickel: Wollen Sie damit behaupten, strikter Kapitalismus beruhe, wie seine Kritiker immer behauptet haben, letztlich auf einem sozialdarwinistischen Gesellschaftsbild?

Keynes: „Der Parallelismus zwischen dem wirtschaftlichen **laissez-faire** *und dem Darwinismus... erscheint nun... als wirklich sehr eng. So wie Darwin die sexuelle Liebe, die sich durch die sexuelle Zuchtwahl auswirkt, als Hilfsmittel der Auslese im Kampf ums Dasein in Anspruch nahm, um die Entwicklung in eine Richtung zu leiten, die ebenso wünschenswert wie zweckmäßig ist, so nimmt der Individualist die Liebe zum Gelde, die sich im Streben nach Profit auswirkt, als Hilfsmittel der natürlichen Auslese in Anspruch, um die Produktion jener Güter, die nach ihrem Tauschwert gemessen am meisten begehrt sind, in größtmöglichem Maßstabe zu bewirken."*

Hickel: Sie haben bisher vor allem die sozialökonomischen Grundlagen und Triebfedern gewinnwirtschaftlicher Entwicklung beschrieben. Ihre Sätze müßten eigentlich, so sie richtig sind, auch ein undogmatischer Markttheoretiker teilen. Faktisch ist zudem erkennbar, daß sich der Kapitalismus in seiner Geschichte noch nie auf einem Pfad harmonischer Entwicklung bewegt hat. Zyklus, Krise und Arbeitslosigkeit sind die realistischen Stichwörter. Wie erklären Sie sich die theoretischen Vereinfachungen der Marktlehre, die die Selbstheilungskräfte des Marktes beschwört?

Keynes: „Die Schönheit und die Einfachheit dieser Theorie sind so groß, daß man leicht vergißt, daß sie nicht den wirklichen Tatsachen entspricht, sondern sich aus einer der Einfachheit halber angenommenen unvollständigen Hypothese ableitet... Die Schlußfolgerung, daß der größte Reichtum durch die ungehinderte, egoistische Tätigkeit der Individuen erzeugt werde, stützt sich auf viele unrichtige Voraussetzungen, nämlich daß die Vorgänge von Produktion und Konsumtion nichts Organisches seien, daß eine genügende Voraussicht der Verhältnisse und Bedürfnisse vorhanden sei, sowie die Möglichkeit, sich diese Voraussicht zu erwerben. Denn die Nationalökonomen sparen sich meistens die entstehenden Komplikationen für ein späteres Stadium ihrer Beweisführung auf."

Hickel: Sie sprechen von „Komplikationen", die sich aus den Marktprozessen ergeben. Wie entstehen diese?

Keynes: „Komplikationen entstehen: 1. wenn die Produktionseinheiten im Verhältnis zu den Konsumtionseinheiten ziemlich groß sind, 2. wenn Generalunkosten oder Nebenunkosten stark hineinspielen, 3. wenn die inneren Wirtschaftsverhält-

nisse auf eine Steigerung der Produktion hinwirken, 4. wenn die für Umstellungen erforderliche Zeitspanne sehr lang ist, 5. wenn Unkenntnis vorherrscht, 6. wenn Monopole und Trusts die Gleichheit beim freien Vertragsabschluß aufheben."

Hickel: Ob und wie diese „Komplikationen" ökonomische Krisen verursachen bzw. den Krisenablauf prägen, können wir an dieser Stelle nicht weiterverfolgen. Dennoch sei die Frage nach dem Umgang der Marktoptimisten mit derartigen „Komplikationen" gestellt: Wie verarbeiten sie derartige „Komplikationen" angesichts der Tatsache, daß sie die simple Hypothese von der selbstätig abschnurrenden Privatwirtschaft zur Natur des Kapitalismus deklarieren?

Keynes: „Viele von ihnen sind, auch wenn sie einsehen, daß die vereinfachte Hypothese den Tatsachen nicht genau entspricht, der Meinung, sie stelle jedenfalls den natürlichen und darum idealen Zustand dar. Sie betrachten die vereinfachte Hypothese als das Gesunde und die weiteren Komplikationen als Krankheitserscheinungen."

Hickel: Ihre Behauptungen zum Verhältnis von Annahmen und Tatsachen mögen zutreffend sein. Aber, so behaupten die Kapitalismusoptimisten zur Begründung des öffentlichen Sozialabbaus, das Marktsystem schaffe aus sich heraus einen sozial akzeptablen Zustand, der nur in Ausnahmefällen durch staatliche Sozialpolitik beeinflußt werden muß. Wie sehen Sie neben der Frage, ob die theoretischen Grundlagen mit den Tatsachen übereinstimmen, die sozialen Kosten der hochentwickelten Marktwirtschaft?

Keynes: „Außer dieser Tatsachenfrage gibt es noch andere allgemein bekannte Erwägungen, welche ganz richtig auch die Kosten und die Art des Daseinskampfes selbst in Rechnung stellen sowie die Tendenz zur Verteilung des Reichtums an Stellen, an denen er nicht am meisten geschätzt wird. Wenn uns das Wohl der Giraffen am Herzen liegt, so dürfen wir die Leiden derer mit kürzeren Hälsen, die ausgehungert werden, nicht übersehen, noch die süßen Blätter, die zu Boden fallen und während des Kampfes unter den Füßen zertrampelt werden, noch die Überfütterung der langhalsigen, noch den bösen Blick oder die gierige Gefräßigkeit, die sich in den milden Gesichtern der Herde widerspiegelt."

Hickel: Ich möchte über einen weiteren Grundsatz sprechen, der zur Begründung des heutigen Wirtschaftssystems in diesem Lande herangezogen wird. Behauptet wird, nur Individuen könnten rational entscheiden. Und in scheinbar ungebrochener Tradition von Adam Smith wird hinzugefügt: Streben nach individuellem Eigennutz sorgt insgesamt für die beste aller möglichen Welten. Gruppenspezifische und politische Entscheidungen innerhalb der Demokratie haben deshalb kaum die Vernunft auf ihrer Seite. Wie schätzen Sie dieses Postulat ein?

Keynes: „Wir wollen nunmehr gründlich mit den metaphysischen und allgemeinen Prinzipien aufräumen, auf die man von Zeit zu Zeit das **Laissez-faire** *immer wieder aufbaut. Es ist* **nicht** *wahr, daß jedes Individuum eine vorgeschriebene 'natürliche Freiheit' seiner wirtschaftlichen Tätigkeit besitzt. Es gibt* **keinen** *'Vertrag', der denen, die schon besitzen oder die noch erwerben, ewige Rechte überträgt. Die Welt wird von oben her* **nicht** *so regiert, daß private und allgemeine Interessen im-*

mer zusammenfallen. Sie wird von unten her **nicht** *so verwaltet, daß diese beiden Interessen in praxis zusammenfallen. Aus den Prinzipien der Nationalökonomie folgt* **nicht***, daß der aufgeklärte Egoismus immer zum allgemeinen Besten wirkt. Die Erfahrung lehrt* **nicht***, daß Individuen, die sich zu einer gesellschaftlichen Gruppe zusammenschließen, immer weniger klarsichtig sind, als wenn sie einzeln handeln."*

Hickel: Heißt das, daß der Staat in seiner jetzigen Form die zentralen Wirtschaftsentscheidungen übernehmen soll? Oder suchen Sie im Sinne institutioneller Reformen nach neuen Organisationseinheiten, die zwischen den Staat und die wirtschaftenden Individuen geschoben werden können?

Keynes: „Ich glaube, daß die ideale Größe für die Organisations- und Kontrolleinheit irgendwo zwischen dem Individuum und dem modernen Staat liegt. Daher glaube ich, daß der Fortschritt in der Richtung der Entwicklung und der Anerkennung halb-autonomer Körperschaften im Rahmen des Staates liegt; – Körperschaften, die in ihrem Wirkungskreis nur nach dem Kriterium des Allgemeinwohls handeln, so wie sie es auffassen, und aus deren Erwägungen Motive privaten Vorteils völlig ausscheiden – wobei man ihnen allerdings in mancher Hinsicht, solange der menschliche Altruismus nicht gewachsen ist, für ihre Gruppe, Klasse oder Fakultät gewisse Vorteile belassen muß –, Körperschaften, die unter normalen Umständen innerhalb bestimmter Grenzen großenteils autonom sind, aber letzten Endes der Souveränität der Demokratie, die sich im Parlament verkörpert, unterstehen.

Ich schlage also gewissermaßen eine Rückkehr zu den mittelalterlichen Formen selbständiger Autonomien vor."

Hickel: Diese Idee erinnert an die Geschichte der Genossenschaftsbewegung. Verbindungslinien lassen sich auch zu der Entwicklung eines autonomen Sektors zwischen der traditionellen Ökonomie und dem Staat herstellen. Aber vernachlässigen Sie dabei nicht die Tatsache, daß die Privatwirtschaft heute durch Großkonzerne mit internationalem Ausmaß charakterisiert ist? Und wie wollen Sie diese entscheidungsmächtigen und entwicklungsbestimmenden Konzerne unter die genannten Ziele bringen?

Keynes: (Man wird) „in Zukunft viele große Unternehmungen und andere, die viel fixes Kapital gebrauchen, halb sozialisieren müssen. Aber in bezug auf die Formen dieser Halbsozialisierung müssen wir uns eine gewisse Elastizität vorbehalten. Wir müssen uns den natürlichen Zug der Zeit voll zunutze machen und vermutlich halbautonomen Körperschaften den Vorzug geben vor den Organen der Zentralregierung, die der unmittelbaren Verantwortlichkeit der Minister unterstehen."

Hickel: Bisher forderten Sie einen Sektor mit 'Autonomie' neben der Privatwirtschaft und dem Staat. Und nun komplettieren Sie ihr Reformmodell zur Sicherung einer vernünftigen wirtschaftlichen Entwicklung durch die Halb-Sozialisierung der Großunternehmen. Welche Aufgaben („Agenda") bzw. welche Nicht-Aufgaben („Non-Agenda") weisen Sie dem Staat zu? Anders gefragt: Was halten Sie von den Wirtschaftswissenschaftlern, die in ihrer Mehrheit dem Staat nur Ordnungsfunktionen im Sinne der Sicherung der „wirtschaftlichen Rahmenbedingungen" bei Verzicht auf soziale und ökonomische Reformen zuweisen?

Keynes: (Grundsätzlich) „ist es vielleicht die wichtigste Aufgabe der heutigen Nationalökonomen, von neuem zwischen den **Agenda** *und den* **Non-Agenda** *des Staates zu unterscheiden; parallel damit geht die Aufgabe der Politik, im Rahmen der Demokratie Staatsformen zu finden, welche der Übernahme der* **Agenda** *gewachsen sind.*

Ich komme jetzt zu einem Kriterium der **Agenda**, *das für die in nächster Zukunft besonders dringlichen und wünschenswerten Angelegenheiten außerordentlich wichtig ist. Wir müssen danach streben, die* **technisch sozialen** *Dienste von den* **technisch individuellen** *Diensten zu trennen. Die wichtigsten* **Agenda** *des Staates betreffen nicht die Tätigkeiten, die bereits von Privatpersonen geleistet werden, sondern jene Funktionen, die über den Wirkungskreis des Individuums hinausgehen, jene Entscheidungen, die* **niemand** *trifft, wenn der Staat sie nicht trifft. Nicht das ist wichtig für den Staat, daß er die gleichen Dinge etwas besser oder etwas schlechter ausführt, die heute bereits von Einzelpersonen getan werden, sondern daß er die Dinge tut, die heute überhaupt nicht getan werden."*

Hickel: Wo liegen die Ursachen krisenhafter Wirtschaftsentwicklungen, die neue staatliche Aufgaben definieren?

Keynes: „Viele der größten wirtschaftlichen Übel unserer Zeit entstehen aus Risiko, Unsicherheit und Unwissenheit. Teils dadurch, daß manche durch Glück oder Naturanlagen besonders begünstigte Individuen in der Lage sind, aus der Unsicherheit und Unwissenheit der anderen Kapital zu schlagen, teils weil das Geschäft schon aus diesem Grunde häufig ein Lotteriespiel ist, entstehen die großen Ungleichheiten im Besitz; die gleichen Faktoren verschulden auch die Arbeitslosigkeit, die Enttäuschung gerechtfertigter geschäftlicher Erwartungen und den Niedergang von Arbeitskraft und Produktion."

Hickel: Ihre Gegner akzeptieren diese Sicht nicht. Sie behaupten, daß erst die politischen Eingriffe in den Markt die Krisen verursachen bzw. seine Selbstheilungskräfte erlahmen ließen. Fehlentwicklungen sind demnach „außermarktmäßig" erzeugt und müssen durch Rückzug staatlichen Interventionismus korrigiert werden. Ihre Gegner bekämpfen deshalb Krisen mit einem 'Mehr' an Kapitalismus. Welche Medizin empfehlen Sie, insbesondere gegen die Arbeitslosigkeit?

Keynes: „Das Heilmittel gegen dieses Übel liegt aber außerhalb des individuellen Tätigkeitsbereichs, ja es kann sogar im Interesse des Individuums liegen, die Krankheit noch zu verschlimmern. Ich glaube, daß das Heilmittel zum Teil in der wohlüberlegten Kontrolle der Währungs- und Kreditfragen durch eine zentrale Einrichtung, zum Teil in der Sammlung und weitesten Bekanntmachung geschäftlicher Statistiken liegt, einschließlich der vollen Publizität aller wissenswerten geschäftlichen Tatsachen, die, wenn nötig, gesetzlich erzwungen werden müßte. Durch diese Maßnahmen wäre die Gesellschaft in der Lage, durch entsprechende Organe die geistige Führung bei inneren Komplikationen der Privatwirtschaft zu übernehmen, doch ohne daß private Initiative und privater Unternehmungsgeist durch sie angetastet würden. Sollten sich diese Maßnahmen auch als unzureichend erweisen, so werden sie uns zum mindesten doch bessere Anhaltspunkte dafür geben, welche Schritte wir in Zukunft zu unternehmen haben."

Hickel: Der Bundeswirtschaftsminister dieses Landes wird, wenn er dieses Interview liest, in Ihnen einen Erfinder „sozialistischer Marterwerkzeuge" entdecken. Inwieweit beachten Sie bei Ihren Vorschlägen die Systemgrenzen? Erlauben Sie mir, mit der plakativen Gegenüberstellung zu fragen: Spielen sich diese Veränderungen noch im Rahmen eines 'aufgeklärten' Kapitalismus ab, oder zielen Sie auf eine sozialistische Systemveränderung?

Keynes: „Diese Gedankengänge zielen auf mögliche Verbesserungen der Technik des modernen Kapitalismus durch das Mittel kollektiver Betätigung ab. Sie widersprechen in nichts den meiner Meinung nach wesentlichsten Kennzeichen des Kapitalismus, nämlich seiner Abhängigkeit vom Stimulus der gelderwerbenden und geldliebenden Instinkte der Individuen als der Haupttriebfeder der Wirtschaftsmaschine."

Hickel: Es fällt auf, daß Sie sich sowohl gegenüber der allgegenwärtigen Renaissance eines Ellbogen-Kapitalismus als auch gegenüber einer grundsätzlichen sozialistischen Systemveränderung abgrenzen. Sie sitzen als Kapitalismusretter gleichsam zwischen den Stühlen. Eine letzte, abschließende Frage: Wie erklären Sie sich, daß die Wirtschaft und die ihr nahestehenden Parteien und Wissenschaftler die Krise mit einem 'Mehr' an Laissez-faire-Kapitalismus therapieren wollen, und warum bestehen Sie umgekehrt auf einem aufgeklärten Kapitalismus jenen gegenüber, die das ökonomisch-politische System – die „gemischte" Wirtschaft" – angesichts der beschäftigungs- und umweltpolitischen Anforderungen für überholt halten?

Keynes: „Viele Leute, die den Kapitalismus als Lebensgrundlage wirklich ablehnen, argumentieren so, als lehnten sie ihn nur ab, weil er unfähig sei, seine eigenen Ziele zu erreichen. Andererseits sind viele Anhänger des Kapitalismus häufig übermäßig konservativ und lehnen jede Reform der kapitalistischen Technik, die dem Kapitalismus nur zugute käme, ab, aus lauter Angst, dergleichen könne der erste Schritt zu einer Los-vom-Kapitalismus-Bewegung sein. Immerhin mag eine Zeit kommen, wo wir uns über die Dinge klarer sein werden als heute, wo wir darüber reden, ob der Kapitalismus eine gute oder eine schlechte Technik, und ob er an sich wünschenswert oder abzulehnen ist. Ich für mein Teil bin der Ansicht, daß ein klug geleiteter Kapitalismus die wirtschaftlichen Aufgaben wahrscheinlich besser erfüllen wird als irgendein anderes, vorläufig in Sicht befindliches System, daß man aber gegen den Kapitalismus an sich viele Einwände erheben kann. Unser Problem geht dahin, eine Gesellschaftsorganisation zu schaffen, die möglichst leistungsfähig ist, ohne dabei unsere Ideen über eine befriedigende Lebensführung zu verletzen."

Hickel: Lord Keynes, ich danke Ihnen für dieses Gespräch.

Winfried Vogt

Warum gibt es Massenarbeitslosigkeit?*

Anmerkung der Redaktion: Winfried Vogts Aufsatz ist der erste Beitrag einer wissenschaftlichen Kontroverse über 'Arbeitslosigkeit und Krise' oder, in weiterer Formulierung, 'über das Verhältnis von Theorie und Praxis in der gegenwärtigen politischen Ökonomie'. Dem Aufsatz werden im kommenden Heft (*Leviathan* 4/1983) kritische Stellungnahmen von Rudolf Hickel und Manfred G. Schmidt folgen. Weitere Beiträge sind geplant.

1. *Widersprüchliche und unhaltbare Begründungen der Massenarbeitslosigkeit*

1. Man muß sich nicht wundern, wenn in Zeiten steigender Massenarbeitslosigkeit der Eindruck wächst, daß Vollbeschäftigung auf unabsehbare Zeit überhaupt nicht mehr möglich sein wird. Verwunderlich ist schon eher, was alles an Begründungen dafür herhalten muß. Die einen verweisen auf natürliche Grenzen des Wachstums (z. B. unüberwindbare Engpässe bei Rohstoffen oder Umwelt); sie drücken damit implizit aus, daß sie den technischen Fortschritt für zu schwach halten, um solche Engpässe zu überwinden. Andere klagen dagegen, daß der technische Fortschritt zu stark sei; gerade durch seine Geschwindigkeit würden massenhaft Arbeitsplätze wegrationalisiert. Die einen sind überzeugt, daß das Wachstum auf Sättigungstendenzen der Nachfrage stoße; die Arbeitslosigkeit wäre dann eine Folge stagnierender materieller Ansprüche. Andere sehen aber die Hauptursache der Arbeitslosigkeit gerade darin, daß die Ansprüche zu hoch geworden sind. Die einen glauben, es würde zu wenig, die anderen es würde zu viel gespart. Die einen kritisieren, daß die Bereitschaft zu arbeiten und Leistungen zu erbringen zu gering sei, die anderen sehen in der Arbeitslosigkeit selbst den besten Beweis dafür, daß die Leute eigentlich mehr arbeiten möchten als sie können. Die einen finden, daß sich der Staat zu wenig engagiere, die anderen halten gerade einen zu aktiven Staat für die Wurzel des Übels. Den einen sind die Preise zu starr, den anderen zu flexibel (z.B. die Wechselkurse). Die einen beklagen die zu scharfe Konkurrenz, den anderen ist sie zu schwach.

Entsprechend verwirrend sind auch die wirtschaftspolitischen Empfehlungen. Soll man nun Nachfrage schaffen oder gerade nicht? Soll man Leistungsbereit-

* Für die Diskussion einer ersten Fassung des Manuskripts danke ich besonders den Herausgebern des *Leviathan* und Kollegen am Institut für Volkswirtschaftslehre der Universität Regensburg. Rudolf Hickel und Wolfram Mieth haben mir ausführliche schriftliche Kommentare mit Kritik und Vorschlägen zukommen lassen. Ich verdanke ihnen manche Anregung, wenngleich die wirklich kritischen Punkte wohl kontrovers geblieben sind.

schaft und wirtschaftliches Wachstum fördern oder im Gegenteil (über Arbeitszeitverkürzung) auf mehr Freizeit setzen? Sollen die Löhne steigen oder nicht? Verweist man auf das Scheitern der konservativen Wirtschaftspolitik in Großbritannien, muß man sich den wirtschaftspolitischen Mißerfolg der sozialistischen Regierung Frankreichs entgegenhalten lassen. Ist am Ende Vollbeschäftigung überhaupt nicht mehr erreichbar, oder sollte man die Mischung der „Reagonomics" aus bewußter Angebotspolitik und der ungewollten Nachfrageeffekte über riesige Budgetdefizite empfehlen?

2. Sicher sind bei genauer Betrachtung nicht alle Argumente so widersprüchlich, wie sie hier klingen. Aber es ist doch klar, daß sie in wichtigen Punkten inkonsistent sind und deshalb wenigstens nicht allesamt gleichzeitig richtig sein können. Von einem ökonomischen Laien wird man die Auflösung dieses Problems nicht erwarten können. Ebensowenig vielleicht von ökonomischen Experten, die Gruppeninteressen verbunden sind; denn es ist schnell zu sehen (und auch bekannt), daß gewisse Argumente Interessenstandpunkte widerspiegeln. Auch Wirtschaftspolitiker sind einem solchen Verdacht ausgesetzt, und schon deshalb braucht es nicht zu verwundern, wenn auch ihre Argumente verwirrend und widersprüchlich sind. Aber was ist mit der ökonomischen Wissenschaft? Argumentiert sie nicht ebenso inkonsistent? Findet man nicht sämtliche oben aufgeführten Behauptungen auch in der rein wissenschaftlichen Auseinandersetzung? Und heißt dies schließlich nicht, daß man nicht einmal wissenschaftlich eine einheitliche Begründung, geschweige denn Lösung des Problems der Massenarbeitslosigkeit hat – oder sogar, daß sich selbst in die Wissenschaft ganz unbemerkt Interessenstandpunkte eingeschlichen haben?

Vor kurzem hat das renommierte „Journal of Economic Literature" einen Vortrag von J. A. Schumpeter aus dem Jahre 1931 über die „Krise in der ökonomischen Wissenschaft" ausgegraben, der mit den Sätzen beginnt:

> „In meinem Land herrscht unter gebildeten Leuten und sogar unter Berufsökonomen der Eindruck vor, daß unsere Wissenschaft weder über Methoden noch über Resultate verfügt, die allgemein akzeptiert sind oder sein sollten, daß sie aus einer bestimmten Anzahl widersprüchlicher Systeme besteht, aus denen eine Wahl kaum möglich ist, daß sie bestenfalls eine Art ökonomische Philosophie ohne viel praktische Bedeutung sei, kurz, daß sie sich in einem chaotischen Zustand und in einer permanenten Krise befinde. Natürlich gibt es dafür viele Gründe. Einer besteht in der Unfähigkeit sowohl in der Öffentlichkeit als auch in der Wissenschaft selbst, zwischen Theoremen und ihren Anwendungen und zwischen Theoremen und philosophischen und quasiphilosophischen Doktrinen zu unterscheiden. Überdies sind die Fragen, mit denen wir uns beschäftigen, so stark mit praktischen Interessen verbunden, daß es die meisten schwer finden, ein wissenschaftliches Ergebnis leidenschaftslos zu betrachten – ohne es zu lieben oder zu hassen, je nachdem ob es zu ihren Vorurteilen paßt oder nicht." (Schumpeter 1982, S. 1051, meine Übersetzung)

Wie sich in diesem Zitat schon andeutet, führt Schumpeter im folgenden aber aus, daß die ökonomische Theorie entgegen diesem Eindruck über wissenschaftliche Methoden und Ergebnisse verfügt, die sich von Interessenstandpunkten gelöst haben und Entscheidungen zwischen widersprüchlichen Ansätzen und Behauptungen zulassen. Daß die einleitenden Beobachtungen Schumpeters auch heute noch zutreffend sind, findet man auf Schritt und Tritt bestätigt; die divergierenden Auffassungen über die Ursachen der Massenarbeitslosigkeit sind ein guter Beleg. Aber noch mehr als vor fünfzig Jahren trifft außerdem zu, daß eine methodisch fundierte ökonomische Theorie sehr viel besser in der Lage ist, zwischen Spreu und Weizen zu scheiden, als es dem landläufigen Eindruck entspricht. Das hängt nicht zuletzt damit zusammen, daß methodisch fundierte ökonomische Aussagen auch (und sogar vor allem) immer darüber Aufschluß geben, auf welcher Interessengrundlage sie zutreffen. Die Interessen werden sozusagen methodisch offengelegt. Sie gehen nicht als Werturteil in die Analyse ein, sondern als Bedingungen für die Geltung der Aussagen. Das gilt jedenfalls im Prinzip; auf Schwierigkeiten werde ich im folgenden selbst eingehen. Jedenfalls verlangt die Methode, daß ein ökonomisches Theorem erst dann als begründet gelten kann, wenn es nicht einfach dem Interesse des Autors entspricht (d. h. in Wirklichkeit ein Vorurteil ist), sondern letztlich aus der Interessenlage und -verfolgung der Akteure in Ökonomie und Politik abgeleitet ist.

Dies und nichts anderes ist der Inhalt der so oft mißverstandenen und zu Unrecht kritisierten „Axiome“ der Theorie, die man gemeinhin als Nutzenmaximierung (oder im speziellen Fall als Gewinnmaximierung) zu beschreiben pflegt (vgl. Haslinger/Schneider, 1983). Die ökonomische Theorie zeichnet sich gerade dadurch aus, daß sie kein ökonomisch-gesellschaftliches Ergebnis akzeptiert, das nicht aus Interessen begründet ist oder dessen Veränderung eigentlich im allgemeinen Interesse liegen müßte. Dieses Kriterium – man nennt es auch das Pareto-Kriterium – ist freilich (und bekanntlich!) relativ schwach, weil es nur Zustände („Gleichgewichte“) herausheben kann, bei denen die Interessen übereinstimmen. (Ich werde im Verlauf dieses Aufsatzes selbst zeigen, daß und warum dies weder bei Arbeitslosigkeit noch bei Vollbeschäftigung der Fall ist). Aber es ist stark genug, um einigen verbreiteten Vorurteilen den Boden zu entziehen. Das gilt auch für die meisten der genannten Begründungen für langfristige Arbeitslosigkeit.

3. Arbeitslosigkeit bedeutet, daß die Arbeitsnachfrage kleiner ist als das Arbeitsangebot. In der ökonomischen Theorie kann dies zunächst gar nicht anders interpretiert werden, als daß der herrschende Reallohn höher sein wird als der Gleichgewichtslohn, bei dem Vollbeschäftigung herrscht; denn wenn der Reallohn höher liegt als im Gleichgewicht, wird weniger Arbeit nachgefragt (und vielleicht sogar gleichzeitig mehr angeboten). Die ökonomische Theorie zeigt, daß es unter Konkurrenzbedingungen immer ein Gleichgewicht auf dem Arbeitsmarkt gibt, was nichts anderes heißt, als daß Vollbeschäftigung möglich ist.[1] Anders ausgedrückt: Es gibt einen Reallohn, der Angebot und Nachfrage ausgleicht. Zwar wäre es theo-

1 Die Bedingungen für die „Existenz“ eines Vollbeschäftigungs-Gleichgewichts werden in neueren Ansätzen allerdings gelegentlich in Frage gestellt, und ich werde dies im 3. Abschnitt auch selbst tun.

retisch denkbar, daß dieser Gleichgewichtslohn unter dem Subsistenzminimum liegt; aber wir haben in den entwickelten kapitalistischen Gesellschaften bisher trotz Massenarbeitslosigkeit keinen Grund anzunehmen, daß dies der Fall ist.

Wenn es aber einen solchen Gleichgewichtslohn gibt, dann fallen die meisten der üblichen Begründungen der Massenarbeitslosigkeit mindestens als eigentliche Ursachen weg. Dann kann nämlich sowohl ein schneller als auch ein langsamer technischer Fortschritt vom zugehörigen Gleichgewichtslohn abgefangen werden. Zwar spiegelt es sich in der Höhe des Gleichgewichtslohns, ob die Nachfrage nach Gütern hoch oder niedrig ist, ob viel gespart wird oder wenig, ob das wirtschaftliche Wachstum stark ist oder schwach; aber die Möglichkeit der Vollbeschäftigung ist in keinem dieser Fälle in Frage gestellt. Sie ist ebenso unabhängig vom Wachstum der Bevölkerung, und auch davon, ob die Leute viel oder wenig arbeiten wollen. Sie ist schließlich ebenso gut möglich bei einem Staat, der viele Ressourcen beansprucht wie bei einem Minimalstaat. Offensichtlich wird bei all diesen und ähnlichen Argumenten voreilig und unzulässig die Möglichkeit der Vollbeschäftigung mit dem Niveau und Wachstum des materiellen Reichtums verquickt: Vollbeschäftigung sei nur erreichbar bei hohem Wachstum, also bei ausgeprägtem Arbeits- und Leistungswillen sowie hinreichender Sparsamkeit. Es gibt aber keine methodisch abgesicherte ökonomische Theorie, die diesen Zusammenhang bestätigt. Sofern nur der Subsistenzlohn nicht unterschritten wird (was man aber bisher nur in ausgesprochen armen Gesellschaften erwarten muß[2]), ist Vollbeschäftigung im Prinzip mit jeder Geschwindigkeit des wirtschaftlichen Wachstums vereinbar, auch mit Nullwachstum. Auf der anderen Seite läßt sich aus dem gleichen Grund ebensowenig ökonomisch fundiert behaupten, daß Vollbeschäftigung in reichen Ökonomien nur mit Arbeitszeitverkürzungen gesichert werden könne.

Der Fehler solcher voreiliger Behauptungen liegt darin, daß sie von einem gegebenen Reallohnniveau ausgehen, das sich nicht anpaßt. Dann kann Arbeitslosigkeit in der Tat nur dann beseitigt werden, wenn entweder die Arbeitsnachfrage steigt oder das Arbeitsangebot sinkt. Für den ersten Fall braucht man hinreichend hohes wirtschaftliches Wachstum, für den zweiten Arbeitszeitverkürzungen (jedenfalls bei nicht sinkender Erwerbsbevölkerung). Übersehen wird dabei aber die Möglichkeit, daß sich der Reallohn anpaßt und dadurch Vollbeschäftigung geschaffen wird, ohne daß man dafür die in der Gesellschaft vorliegenden Präferenzen für mehr Einkommen oder mehr Freizeit politisch überspielen muß. Nun ist vielfach unterstellt worden, daß dieser Anpassungsmechanismus der Löhne in der Realität nicht funktioniere. Die Geldlohnsätze seien nach unten starr, würden also bei Arbeitslosigkeit gar nicht sinken. Das ist höchstens richtig, wenn man die Aussage wörtlich nimmt. Aber es geht ja gar nicht um eine absolute, sondern nur um eine relative Abnahme der Geldlöhne (z. B. im Verhältnis zur Produktivitäts-

2 Es gibt allerdings eine Form des technischen Fortschritts, bei der dieses Problem auftreten kann, wenn nämlich der technische Fortschritt nur die Durchschnittsproduktivität der Arbeit erhöht, die Grenzproduktivität aber dramatisch senkt. Zweifellos gibt es bereits solche Technologien, aber sie sind bisher nicht dominant.

steigerung und zum erwarteten Preisniveau). Diese läßt sich jedoch weder empirisch noch methodisch so einfach in Frage stellen. Empirisch stellt man vielmehr fest, daß die Geldlöhne bei anhaltender Arbeitslosigkeit sehr wohl relativ unter Druck geraten. Und theoretisch betrachtet liegt es sowohl im Interesse der Arbeitsnachfrager als auch der Arbeitsanbieter (nämlich der arbeitslosen), mit dem Preis herunterzugehen. Eine methodisch fundierte ökonomische Theorie wird also kaum um den Schluß herumkommen, daß der Lohnmechanismus am Werk ist. Aber warum löst sich dann die Massenarbeitslosigkeit nicht auf? Führt der Lohnmechanismus etwa nicht zum Gleichgewicht bei Vollbeschäftigung, und sind deshalb alternative Diagnosen und Therapievorschläge so virulent?

2. *Eine ökonomische Begründung der Massenarbeitslosigkeit*

1. In der Tat lautet die entscheidende Frage, ob der Preismechanismus auf dem Arbeitsmarkt entgegen der klassischen Vermutung *nicht* ins Gleichgewicht, also zu Vollbeschäftigung führt. Die naheliegende und so oft vernommene Antwort ist, daß die Arbeitnehmer, einschließlich der Arbeitslosen, nicht bereit seien, zu niedrigeren Löhnen zu arbeiten. Aber in diesem Fall kommt man nicht um das Ergebnis herum, daß dann die Arbeitslosen freiwillig arbeitslos sind; denn sie wollen den Reallohn nicht senken, um Arbeit zu bekommen. Deshalb hat Keynes in seiner Theorie der Arbeitslosigkeit diesen Fall auch gleich als belanglos beiseite geschoben. Nach ihm besteht das Problem der Massenarbeitslosigkeit nicht darin, daß Arbeitslose den Reallohn nicht senken *wollen*, sondern daß sie ihn nicht senken *können*. Denn sie können nur mit dem Geldlohn konkurrieren, aber nicht mit dem Reallohn, der auch noch vom Preisniveau abhängt. Dieses wird aber auf dem Gütermarkt bestimmt. Wenn die Güternachfrage hinreichend niedrig ist, kann trotz aller Konkurrenz auf dem Arbeitsmarkt ein Reallohnniveau bestehen bleiben, das die Arbeitslosigkeit zementiert. Keynes' Theorie beruht bekanntlich sehr stark auf der Vermittlung zwischen den Märkten durch Geld. Ich werde stattdessen im folgenden zeigen, daß auch in einem „realen" neoklassischen Modell, also im herkömmlichen Argumentationsrahmen der ökonomischen Theorie, ein entsprechendes Ergebnis zu erwarten ist.[3]

Aber im Ausgangspunkt bleibt die Analyse dem Programm von Keynes verpflichtet. Man kann Massenarbeitslosigkeit nicht mit der Behauptung abtun, daß hier Abermillionen von Menschen freiwillig arbeitslos werden (meist innerhalb weniger Jahre) und bleiben. Also muß man erklären, warum die Arbeitslosigkeit trotz Konkurrenz resistent bleibt, warum also relative Senkungen des Geldlohns das Ungleichgewicht auf dem Arbeitsmarkt nicht verringern, sondern unter Umständen sogar vergrößern.

3 Auf die exakte Ausformulierung des Modells möchte ich hier verzichten. Ich werde sie an anderer Stelle nachholen.

2. Man stelle sich eine gewisse kleinere Arbeitslosigkeit vor, die irgendwie zustande gekommen sein mag (z. B. durch Ölschock, Anti-Inflationspolitik etc.). Die klassische Behauptung besagt ja nicht, daß es Arbeitslosigkeit überhaupt nicht gebe, sondern nur, sie würde über die Konkurrenz wieder verschwinden. Durch diese Konkurrenz sinkt der Geldlohnsatz und damit zunächst auch der Reallohn. Dies hat zur Folge, daß die Realverzinsung des Kapitals in der Produktion steigt. Bei Konkurrenz auf den Vermögensmärkten wird auch der Geldzins auf dem Kapitalmarkt mitziehen (über den Kursverfall bei festverzinslichen Wertpapieren usw., letztlich vielleicht sogar über gestiegene Kapitalgüterpreise). Der höhere Geldzins wiederum signalisiert höhere Alternativerträge für Kapitalgüter, also gestiegene Alternativkosten von Realinvestitionen. Nicht nur die Senkung des Lohnsatzes, sondern auch der Anstieg des Geldzinses machen also in den Unternehmungen arbeitsintensivere Methoden vorteilhaft, mindestens bei den Investititionen. Auf eben diesem Mechanismus beruht bekanntlich die klassische Vorstellung des Weges zur Vollbeschäftigung: Es wird wieder mehr Arbeit nachgefragt. Die Kehrseite der Medaille ist jedoch die sinkende Kapitalintensität der Produktion. Die Unternehmungen brauchen bei der gegebenen und auch weiter von ihnen erwarteten Nachfrage einen geringeren Kapitalstock als vor der Lohnsenkung. Sie werden folglich ihre Nachfrage nach Kapital, also ihre Investitionsnachfrage einschränken. Damit sinkt aber die Gesamtnachfrage – und zwar unter das bisherige, von den Unternehmungen erwartete Niveau![4]

Hier ist der entscheidende Punkt in der Analyse erreicht, gewissermaßen der Scheideweg zwischen dem Pfad zur Vollbeschäftigung und jenem in die Krise. Der Vollbeschäftigungspfad würde nur beschritten werden, wenn die Unternehmungen trotz der Verteuerung des Kapitals im Verhältnis zur Arbeit mehr Investitionen nachfragen, weil sie erwarten, daß die Gesamtnachfrage höher werden wird. Diese Annahme ließe sich damit begründen, daß sich eine solche Erwartung als richtig herausstellen würde. Denn wenn mehr Investitionen nachgefragt werden, steigt die Gesamtnachfrage tatsächlich. Dadurch werden wieder mehr Arbeitskräfte nachgefragt, und man käme auf diese Weise zur Vollbeschäftigung. Aber kann man den Investoren solche „rationalen Erwartungen" und die entsprechenden Konsequenzen wirklich unterstellen und zutrauen? Es geht hier um die alte Frage, ob die Unternehmer bei der Einschätzung der Nachfrage, an der sie ihre Investitionen orientieren, die Kreislaufwirkungen dieser Investitionen einrechnen oder nicht. Ohne die Diskussion hier nochmals aufzurollen, möchte ich daran festhalten, daß es bei den für ein Marktsystem charakteristischen dezentralen Investitionsentscheidungen für den einzelnen Investor rational ist, den Kreislaufzusammenhang zu vernachlässigen (vgl. Müller et al., 1978, Kap. III). Daraus folgt bei der geschilderten Zinserhöhung das genannte Ergebnis: Die Investitionsnachfrage steigt nicht sondern sinkt, und damit fällt die Gesamtnachfrage unter die erwartete Höhe.

4 Zum Nachweis des Nachfragerückgangs wird hier also gar nicht auf den oft herangezogenen möglichen Konsumausfall durch die Umverteilung von Lohn- zu Kapitaleinkommen gesetzt.

Die Unternehmer haben nun unterausgelastete Kapazitäten, denn sie haben für eine Nachfrage investiert, die nicht zustande kommt. Sie werden also erstens ihre Nachfrageerwartungen nach unten korrigieren, aber zweitens gleichzeitig versuchen, ihre Kapazitäten durch relative Preissenkungen besser auszulasten. Dadurch sinkt die Realverzinsung des Kapitals. Über die Konkurrenz auf den Vermögensmärkten folgt der Geldzins. Das Preisverhältnis der Faktoren dreht sich also wieder um: Kapital wird relativ billig im Verhältnis zur Arbeit. Dadurch werden tatsächlich wieder mehr Investitionen rentabel. Aber da inzwischen die Nachfrageerwartungen gesunken sind, kommt ein neues „Erwartungsgleichgewicht", bei dem die erwartete der tatsächlichen Nachfrage gleich ist, nur zustande bei einer Produktion, die niedriger ist als vor der Lohnsenkung. Der Zinssatz ist gesunken, der Reallohn trotz der Geldlohnsenkungen wegen der deflationären Entwicklung gestiegen. Die Arbeitslosigkeit hat zugenommen! — obwohl, nein weil die Konkurrenz wirksam ist und auf die Geldlöhne drückt. Aus einer kleinen ist durch den Konkurrenzmechanismus eine große Arbeitslosigkeit geworden.

3. Bleibt dieser instabile Prozeß irgendwo stehen? Das ist zunächst nicht zu erwarten. Denn durch die Konkurrenz wird der Geldlohn weiter sinken, und der geschilderte Ablauf wiederholt sich bei weiter steigender Arbeitslosigkeit. Die Ökonomie läuft in die Krise. Als Endpunkt einer solchen ungebrochenen Rezession kann man sich einen stationären Zustand vorstellen, in dem die Senkung des Realzinses die Ersparnisse auf Null gebracht hat. Die Ökonomie stagniert bei hoher Arbeitslosigkeit. Es wird netto nicht mehr investiert. Die Konsumnachfrage wird richtig erwartet, so daß die Kapazitäten ausgelastet sind. Reallohn und Zinssatz bleiben konstant. Wenn es offensichtlich wird, daß Geldlohnsenkungen keinen realen Effekt haben, mag es rational sein, sie zu unterlassen. Die Entwicklung ist völlig festgefahren.

Dies wäre der theoretische Endpunkt des Instabilitätsprozesses, wenn dieser *nicht* vorher abgebremst und seine Bewegungsrichtung umgekehrt wird. Dafür ist aber erforderlich, daß zu irgendeinem Zeitpunkt zusätzliche Nachfrage ins Spiel kommt, die mit den vorhandenen Kapazitäten nicht befriedigt werden kann. Bei rationalen dezentralen Investitionskalkülen kann man damit nicht automatisch rechnen. Im Gegenteil, diese Kalküle führen ja gerade zur Unterauslastung der Kapazitäten. Selbst wenn durch starke Preiskonkurrenz und eine damit verbundene beträchtliche Zinssenkung vorübergehend die volle Auslastung der Kapazitäten (also ein „Erwartungsgleichgewicht") erreicht würde, wäre damit zu rechnen, daß sie durch die Fortsetzung der Konkurrenz wieder (wie oben beschrieben) zunichte gemacht wird. Es könnte höchstens sein, daß Zufallsschwankungen der privaten Nachfrage gerade bei der vorübergehenden Vollauslastung eine Übernachfrage erzeugen, die sich von selbst verstärkt. Aber das wäre eben Zufall, d.h. nicht systematisch zu erwarten und damit unzuverlässig.

Nun weiß man dies ja eigentlich seit Keynes, der mit einer anderen Argumentation zu einem ähnlichen Ergebnis gekommen ist. Da das System aus sich selbst die erforderliche zusätzliche Nachfrage nicht zuverlässig produziert, muß sie von außen kommen. Systematisch kommt dafür nur Staatsnachfrage in Betracht. Denn vom Ausland kann der inländische Konkurrenzdruck die Nachfrage nicht hereinholen, wenn dort ähnliche Prozesse ablaufen. Also muß der Staat soviel zusätzliche Nachfrage in die Wirtschaft bringen, daß die Gesamtnachfrage entgegen dem Konkurrenzmechanismus höher wird als erwartet. Dann steigen die Investitionen statt zu fallen, und der Pfad zur Vollbeschäftigung ist eingeschlagen.

Seit den siebziger Jahren wird in Wissenschaft und Politik eingewandt, daß dieser Weg nicht (mehr) gangbar sei, weil eine zusätzliche staatliche Nachfrage nur die private verdrängen würde und somit kein positiver Nettoeffekt auftrete. Ich möchte hier diese Verdrängungsdiskussion nicht nochmals aufrollen, sondern nur mit einer kleinen Überlegung zeigen, warum und wie der Staat durchaus Vollbeschäftigungspolitik betreiben kann, durch welche die realen Positionen der Privaten nicht beeinträchtigt werden. Man braucht sich nur vorzustellen, daß der Staat zur Finanzierung der zusätzlichen Nachfrage einen Kredit bei der Notenbank aufnimmt. Er kauft damit Güter aus privater Produktion. Da diese insgesamt entsprechend steigt, steigen auch die Einkommen. Mit diesem erhöhten Einkommen können die an den Staat gelangten Güter von den Privaten gekauft werden. Damit fließen dem Staat Einnahmen zu, mit denen er den Notenbankkredit sofort zurückzahlen kann. In der Realität wird der Prozeß zwar über andere Kanäle laufen. Aber das Beispiel zeigt, daß im Gesamtkreislauf real betrachtet der Staat nur auslösend tätig werden muß, ohne die Privaten in irgendeiner Phase zu verdrängen.

Es besteht deshalb auch kein rationaler Grund, eine solche Verdrängung zu erwarten und deshalb private Nachfrage einzuschränken. Wichtig ist nur, daß die Nachfragezufuhr in ausreichendem Umfang, hinreichend lange und unbeirrt erfolgt, weil die Stabilisierungsaktion sonst vergeudet ist. Sie muß so lange erfolgen, bis die bisherigen Nachfrageerwartungen der Unternehmer trotz Konkurrenzmechanismus übertroffen werden. Wieviel dafür konkret erforderlich ist, kann man normalerweise nicht ex ante wissen. Es muß sich im Prozeß herausstellen. Deshalb ist es auch unsolide zu behaupten, daß die Unwirksamkeit Keynesscher Vollbeschäftigungspolitik empirisch bereits bewiesen worden sei. Viel eher darf man vermuten, daß in den herangezogenen Fällen eine solche Politik gar nicht wirksam betrieben worden ist. Umgekehrt wäre es voreilig, einen etwaigen Aufschwung in den USA der Angebotspolitik zugute zu halten, ohne die expansiven Wirkungen des enormen Budgetdefizits im Sinne einer (ungewollten) Keynesschen Nachfragepolitik zu berücksichtigen.

Bei einer nicht nur halbherzigen, sondern entschlossenen, d.h. auch auf die Dauer verläßlichen Ausdehnung der Nachfrage liegen zusätzliche Investitionen sozusagen objektiv im Interesse der Unternehmungen. Das zeigt sich auch im Ergebnis. Durch Beschäftigungspolitik im Sinne von Keynes wird ja nicht nur die Arbeitslosigkeit verringert, sondern es wird auch wieder eine bessere Auslastung des Kapitals mit einer höheren Realverzinsung als bei Arbeitslosigkeit möglich. Insofern scheint diese Politik tatsächlich im allgemeinen Interesse zu liegen; denn sie stellt ein Gleichgewicht her, an dem nicht nur die Arbeitnehmer, sondern auch die Arbeitgeber interessiert sind. Sie ist die kooperative Lösung für das Dilemma, in das dezentrale Entscheidungsträger über den Konkurrenzmechanismus geführt werden.

4. Der vorläufige Schluß ist also erstens, daß Massenarbeitslosigkeit nicht aus technischem Fortschritt, Sättigungstendenzen, Überbeanspruchung der Ökonomie etc. resultiert, sondern aus dem normalen Konkurrenzmechanismus, und zweitens, daß dieser negative Effekt der Konkurrenz durch eine entschlossene Vollbeschäftigungspolitik im Sinne von Keynes, also als kooperative Lösung eines Dilemmas dezentraler Entscheidungen, verhindert werden könnte.

Wie kann man aber dann verstehen, daß ein so klares Ergebnis, das doch gerade aus der rigorosen Anwendung akzeptierter ökonomischer Methoden hervorgeht, nicht nur von Laien, sondern auch von der offiziellen Wirtschaftspolitik und vor allem vom ökonomischen Sachverstand so kritisch, ja negativ beurteilt wird? Die herrschende Lehre (und die vorherrschende Meinung) suggeriert seit geraumer Zeit nachdrücklich, daß Vollbeschäftigung nur erreicht werden könne, wenn die Löhne heruntergingen, die allgemeine Leistungsbereitschaft stiege und die Anforderung an den Staat – auch an Vollbeschäftigungspolitik im Sinne der kreditfinanzierten Zusatznachfrage – zurückgenommen werde. Das ist fast das glatte Gegenteil von dem, was eine sorgfältige ökonomische Analyse ergibt. Gerade Lohnsenkungen tendieren dazu, die Rezession zu verstärken; aber inzwischen zweifeln selbst die Gewerkschaften (wenigstens hinter vorgehaltener Hand) daran. Die Rücknahme staatlicher Nachfrage verschärft die Krise, aber nur noch wenige trauen sich, dies zu sagen. Und was Leistungsbereitschaft und Ressourcenentzug durch den Staat betrifft, so beeinflussen zwar beide, wie gesagt, die Lage des Wachstumspfades, aber nicht die Möglichkeit der Vollbeschäftigung.

Wie ist dieser Widerspruch zu erklären, daß „sachverständige" wirtschaftspolitische Empfehlungen über längere Zeit als gültig akzeptiert werden können, die einer methodisch sauberen Analyse so deutlich widersprechen? Die einfachste Antwort wäre, Ökonomie sei eben ein schwieriges Geschäft, mit dem nicht alle (auch nicht alle Wissenschaftler) gleich gut zurechtkommen. Wenn man sich z.B. vor Augen führt, auf wie schwachen Füßen die jährlichen Gutachten des Sachverständigenrates zur Begutachtung der wirtschaftlichen Entwicklung stehen, wie inkonsistent, ad hoc und partialanalytisch dort argumentiert wird, mag man diese Antwort für akzeptabel halten. Aber sie ist sicher voreilig; denn wie immer man über die ökonomische Profession denken mag, es wäre töricht anzunehmen, daß sie eine methodisch fundierte Erklärung der Krise samt den erforderlichen Konsequenzen nicht nachzuvollziehen vermöchte. Man muß also überprüfen, ob nicht doch die Erklärung selbst eine Schwachstelle aufweist. Wenn aber an der theoretischen Begründung der Massenarbeitslosigkeit und der Möglichkeit einer Keynesschen Beschäftigungspolitik nichts auszusetzen ist, bleibt dafür nur ein einziger kritischer Punkt: die Annahme nämlich, die Herstellung der Vollbeschäftigung liege im allgemeinen Interesse.

Der Zweifel an dieser Annahme öffnet in der Tat die Augen für eine recht zwanglose Deutung der Widersprüche. Die kooperative Lösung des klassischen Krisenproblems kann nur den interessieren, dem Vollbeschäftigung das eigentliche Anliegen ist. Ja, vielleicht handelt es sich nicht einmal um eine kooperative Lösung, wenn es vordringlichere Anliegen gibt. Das ist dann der Fall, wenn ein relevanter Teil der Gesellschaft Vollbeschäftigung nur unter der Bedingung will, daß die Löhne hinreichend gesunken, die Leistungsbereitschaft entscheidend gestiegen und der Staatsanteil im erwünschten Maß zurückgegangen ist. Das Interesse an Vollbeschäftigung kollidiert dann mit dem Interesse an der Herstellung der „Angebotsbedingungen", d. h. an einer bestimmten ökonomischen Struktur der Gesellschaft. Seit einiger Zeit scheint sowohl in der offiziellen Wirtschaftspolitik als auch im gesellschaftlich relevanten ökonomischen Sachverstand das letztere Interesse in der Tat deutlich zu überwiegen. Heißt dies, daß die entsprechenden Vertreter nicht an Vollbeschäftigung interessiert sind? Nein, nur nicht um jeden Preis – und der Preis ist eben die erwünschte Veränderung der Angebotsbedingungen.

Nun wäre diese Feststellung kaum mehr als ein Vorurteil, vielleicht selbst unter dem Mantel eines Interesses, könnte man die entsprechenden Interessen nicht als solche der ökonomisch-politischen Struktur der Gesellschaft entnehmen, wenn man die Methode der ökonomischen Theorie darauf anwendet. Letzteres jedenfalls hätte wohl auch Schumpeter empfohlen, wenn das Problem auftritt, „ein wissenschaftliches Ergebnis leidenschaftslos zu betrachten", weil „die Fragen, mit denen wir uns beschäftigen, so stark mit praktischen Interessen und dem Kampf gesellschaftlicher Klassen verbunden" sind. Einer solchen Empfehlung folgend wird im nächsten Abschnitt die Frage behandelt, welches die Interessenkonflikte in der Gesellschaft sein können, die ein Gleichgewicht bei Vollbeschäftigung verhindern.

3. Ökonomische und politische Ungleichgewichte als Folge sozialer Interessenkonflikte[5]

1. Man tut sich schwer, den Begriff des ökonomischen Gleichgewichts bei Vollbeschäftigung mit divergierenden gesellschaftlichen Interessen, gar jenen sozialer Klassen, in Verbindung zu bringen. Denn der Begriff des Gleichgewichts schließt eigentlich schon ein, daß die unterschiedlichen Interessen zum Ausgleich gebracht worden sind. Jeder produziert und konsumiert so, wie es seinen Interessen am besten entspricht. Gewiß ist jeder durch sein Ausgangsvermögen (seine „Anfangsausstattung") in seinen (ökonomischen) Möglichkeiten mehr oder weniger beschränkt. Aber sofern es nur hinreichend Konkurrenz gibt, hat auch in diesem jeweils beschränkten Rahmen doch jeder die Möglichkeit, seine Interessen gleichermaßen auf dem Markt durchzusetzen. Er kann wie vor dem Markteintritt so auch im Gleichgewicht ärmer sein als andere, aber er kann nicht übervorteilt, ausgebeutet oder kom-

5 Präzise Begründungen für den ersten Teil dieses Abschnitts finden sich in Vogt (1983), vgl. auch ders. (1981).

mandiert werden. Man kann von unterschiedlichen Vermögens- und Einkommensschichten, aber kaum von ökonomischen Klassen im herkömmlichen Sinne sprechen. Selbst die Unternehmung ist ein neutraler Ort für die Durchsetzung von Interessen. Jeder, der Interesse (und genügend Risikobereitschaft) hat, kann sich nämlich die für eine Unternehmung benötigten Produktionsfaktoren, insbesondere Arbeit und Kapital, zu gleichen Bedingungen frei auf dem Markt besorgen. Es ist kaum verwunderlich, daß es unter diesen Bedingungen weder Ausbeutung noch Unterdrückung geben kann; denn jeder, der ihnen ausgesetzt wäre, könnte sich notfalls selbständig machen, und schon diese Möglichkeit genügt, um derartige Verhältnisse auszuschließen. Bei vollkommener Konkurrenz ist es in der Tat gleichgültig, wer die Unternehmung betreibt: Ein freier Unternehmer, der Kapital und Arbeit auf dem Markt beschafft, die Kapitaleigentümer, die Arbeiter anstellen oder die Arbeiter selbst, die Kapital mieten. Die Unterscheidung von Arbeit und Arbeitskraft, die bei Marx eine so große Rolle spielt, hat hier ihre Bedeutung verloren – und zwar nicht trotz, sondern wegen der Konkurrenz. Es herrscht praktisch Arbeiterselbstverwaltung.

Ein solches Modell hat die ökonomische Theorie (und die Wirtschaftspolitik) mehr oder weniger unbewußt, jedenfalls implizit benutzt, wenn sie die Bedeutung sozialer Klassen und ihrer möglichen Interessenkonflikte im Gleichgewicht herunterspielt. Es ist aber ziemlich klar, daß es eine solche vollkommene Konkurrenz nicht gibt. Ich will mich hier nicht der landläufigen Kritik anschließen, nach der vollkommene Konkurrenz überhaupt ein unbrauchbarer Begriff sei, weil er vollkommene Transparenz, unendlich schnelle Preisanpassung etc. voraussetze. Dies sind natürlich alles theoretische Abstraktionen, die aber einen Begriff immer auszeichnen, ohne ihm schon seine Anwendungskraft zu nehmen. Gemeint ist ja mit vollkommener Konkurrenz nur, daß sich jeder offensichtlichen Benachteiligungen auf dem Markt dadurch entziehen kann, daß er das entsprechende Geschäft mit jemand anderem oder notfalls in eigener Regie betreibt.

2. Aber genau in diesem Sinne ist die Konkurrenz unter kapitalistischen Eigentumsrechten systematisch unvollkommen. Sie ist nämlich auf dem Kapitalmarkt beschränkt. Kapital kann sich dort in der Regel nur der verschaffen, der selbst schon damit ausgestattet ist. Das liegt nicht an einer formalen Zugangsbeschränkung, sondern an den Interessen der Kapitalgeber. Diese stellen ihr Kapital nur zur Verfügung, wenn sie hinreichend abgesichert werden. So bleibt das Kapital normalerweise in der sozialen Klasse, in der es schon ist; es kann nicht „herauskonkurriert" werden. Dadurch ergibt sich eine Art Monopolstellung der „kapitalistischen" Unternehmung. Diese hat soziale Konsequenzen für das Gleichgewicht. Erstens sind die Arbeitsbedingungen in den Unternehmungen typisch kapitalistisch geprägt. Sie entsprechen nicht jenen, die in selbstverwalteten Unternehmungen gewählt würden. Deshalb müssen sie zweitens in einer (pyramidenförmigen) hierarchischen Kommando- und Kontrollstruktur durchgesetzt werden, die selbst auf dem „Kapitalmonopol" beruht. Drittens erfordert diese Hierarchie auch eine entsprechende

Einkommenshierarchie, die für die Durchsetzung der Arbeitsbedingungen funktional ist. Das ist nicht selbstverständlich; denn an sich müßte jemand, der eine bessere Position hat, weniger verdienen, weil er sonst von einem schlechter Gestellten herauskonkurriert werden würde. Die Abschwächung der Konkurrenz auf dem Kapitalmarkt schränkt also auch die Konkurrenz um Positionen und Einkommen ein.

So ergibt sich aus der kapitalistischen Unternehmung eine soziale Hierarchie mit entsprechenden sozialen Klassen, die sich über ihre Position in der Konkurrenz definieren. Die Mehrheit ist von vornherein in der Konkurrenz benachteiligt. Sie befindet sich in der Position der „Unselbständigen" im unteren und mittleren Teil der Hierarchie. Von entscheidender Bedeutung ist aber nicht diese Placierung an sich, sondern ihre Begründung. Denn es ist ein Unterschied, ob dieses so offensichtliche Ergebnis daraus folgt, a) daß die Interessen und Fähigkeiten unterschiedlich sind (wie die Konservativen sagen würden), b) daß bei ungleichen Anfangsausstattungen die Konkurrenz wirksam ist (wie Marxisten argumentieren würden) oder c) daß bei ungleichen Anfangsausstattungen die Konkurrenz beschränkt ist. (Es ergeben sich daraus auch unterschiedliche soziale Konsequenzen). Allerdings kann sich dieses ökonomische Dominanzverhältnis zwischen den Klassen im politischen Prozeß eines demokratischen Systems umkehren – einfach deshalb, weil die ökonomisch dominierten Unselbständigen die politische Mehrheit bilden. Ich will hier keineswegs ausschließen, daß die ökonomisch dominante Klasse besondere politische Einflußmöglichkeiten besitzt – von der Ideologieproduktion bis zu konkreteren Mitteln der Macht. Nichtsdestoweniger spielen Mehrheitsverhältnisse eine Rolle und somit auch die Interessen der Mehrheit. Das ist gerade bei politischen Entscheidungen von Bedeutung, die das ökonomische Gleichgewicht beeinflussen. Hierin zeigt sich nämlich schließlich die Gegensätzlichkeit sozialer Interessen und ihr Zusammenhang mit der ökonomischen Krise. Die aus den ökonomisch dominanten Interessen resultierenden Bedingungen des Gleichgewichts können durch entgegengerichtete, politisch artikulierte Interessen der Mehrheit gestört werden. Die ökonomische Krise hat die Funktion, die Bedingungen des ökonomischen Gleichgewichts wieder zu sichern.

3. Diese Bedingungen betreffen in erster Linie die Arbeitsverhältnisse in der kapitalistischen Unternehmung, die nach kapitalistischen Interessen festgelegt sind. Die unselbständig Beschäftigten hätten an sich ein Interesse an anderen Arbeitsbedingungen. Sie können es aber nicht durchsetzen, weil die Konkurrenz durch die Eigentumsverhältnisse beschränkt ist. Aber sie können auf andere Weise versuchen, dem Diktat der kapitalistischen Interessen etwas auszuweichen. Sie können nämlich von den festgesetzten Arbeitsbedingungen zu ihren Gunsten abweichen, soweit und solange dies nicht mit Sicherheit entdeckt oder sanktioniert werden kann. Da keine Kontrolle perfekt ist (zumindest wenn ihre Kosten berücksichtigt werden müssen), gibt es im allgemeinen einen solchen Spielraum. Es ist klar, daß es im Interesse der Unselbständigen liegt, ihn so weit wie möglich zu nutzen. Ihre Leistungsbereitschaft ist dann im Rahmen ihrer eigenen Interessen optimal, im Rahmen der kapitalistischen Arbeitsbedingungen aber unzureichend.

Hier kommt nun die Funktion von Arbeitslosigkeit ins Spiel. Wer von den festgesetzten Arbeitsbedingungen abweicht, riskiert bei Entdeckung seinen Arbeitsplatz. Dieses Risiko wird umso größer, je höher die allgemeine Arbeitslosigkeit ist, weil dann die Unternehmung einen leeren Arbeitsplatz leichter besetzen kann. Infolgedessen sinkt die für den Arbeitnehmer optimale Abweichung mit steigender Arbeitslosenrate. Auf der anderen Seite bedeutet sinkende Leistungsbereitschaft für die Unternehmung steigende Arbeitskosten. Sie wird infolgedessen weniger arbeitsintensive Produktionstechniken verwenden, also ihre Arbeitsnachfrage vermindern. Auf diese Weise tritt als nicht intendiertes Ergebnis tatsächlich über rein ökonomische Mechanismen Arbeitslosigkeit ein. Man kann sich nun vorstellen, daß es eine auf diese Weise produzierte Höhe der Arbeitslosenrate gibt, bei der das Risiko einer Abweichung für die Beschäftigten zu groß geworden ist. Bei dieser Arbeitslosenrate werden dann die kapitalistischen Arbeitsbedingungen durch eine entsprechende Leistungsbereitschaft tatsächlich eingehalten.[6]

Ein solcher Zustand ist ein kapitalistisches Unterbeschäftigungs-Gleichgewicht. Er ist wohl zu unterscheiden von dem stationären Gleichgewicht mit Massenarbeitslosigkeit, das im zweiten Abschnitt beschrieben worden ist. Während letzteres den potentiellen Endpunkt einer ökonomischen Krise markiert, gehört hier eine gewisse Arbeitslosigkeit als notwendiges Attribut zum Gleichgewicht selbst, hat also nichts mit Krise zu tun, ganz im Gegenteil. Aber es gibt einen systematischen Zusammenhang zwischen den beiden Typen von Arbeitslosigkeit, der durch die Durchsetzung sozialer Interessen im politischen Bereich hergestellt wird. Dieser Zusammenhang ist schließlich der Schlüssel für das Verständnis der unterschiedlichen Interessen, die sich mit Arbeitslosigkeit und ihrer möglichen Überwindung verbinden.

4. Im kapitalistischen Unterbeschäftigungs-Gleichgewicht setzen sich die Interessen der ökonomisch dominanten Klasse gegen die der Mehrheit durch. Aber die Mehrheit kann versuchen, das Ergebnis im politischen Bereich zu korrigieren. Solange sie die geltenden Eigentumsrechte respektiert, kann sie freilich die grundlegenden Bedingungen der kapitalistischen Unternehmung und Ökonomie nicht außer Kraft setzen. Sie kann also weder die Arbeitsbedingungen entscheidend verändern, noch die hierarchische Struktur auflösen, noch die dafür funktionale Verteilung der privaten Einkommen umstoßen. Auch einer Umverteilung dieser Einkommen über den Staat sind somit enge Grenzen gesetzt; denn wann immer die Funktion der Verteilungsstruktur beeinträchtigt wäre, würden die öffentlichen Umverteilungsströme (Steuern, Transfers) auf dem Markt so über- bzw. umgewälzt, daß netto die funktionale Struktur erhalten bliebe.

Aber kann die politische Mehrheit, wenn sie schon die Verteilung der privaten Güter akzeptieren muß, nicht wenigstens den Umfang der öffentlichen Güter bestimmen und diese von der ökonomisch privilegierten Minderheit finanzieren lassen? Ersteres im Prinzip ja, aber letzteres nicht völlig. Denn die Produktion öffent-

6 Dieser Zusammenhang ist neuerdings auch von Calvo in einem theoretischen Ansatz skizziert worden, vgl. Calvo (1982).

licher Güter kostet den Verzicht auf alternative private Güter; und gerade weil die Verteilung der privaten Güter funktional feststeht, kommt die politische Mehrheit um eine entsprechende Beteiligung an der Finanzierung nicht herum. Aber sie kann den Umfang der öffentlichen Güter unter Berücksichtigung der ihr entstehenden Kosten (= entgehender privater Güter) nach ihren Interessen optimieren. In diesem Fall setzt sie politisch so viel öffentliche Güter durch, daß deren klassenspezifische Grenzkosten ihrer klassenspezifischen Zahlungsbereitschaft entsprechen. Der noch fehlende Betrag zu den gesamten (Grenz-)kosten muß dann von den ökonomisch privilegierten Klassen getragen werden. Es ist ohne weiteres möglich, daß dieser dabei (in Gestalt von Steuern) ein Preis auferlegt wird, der ihre freiwillige Zahlungsbereitschaft übersteigt. Sie muß dann mehr zur Finanzierung der öffentlichen Güter beitragen, als diese ihr wert sind, und das heißt nichts anderes, als daß ihr der Umfang des öffentlichen Sektors zu groß ist.

Politisch kann sie ihr Interesse aber hier nicht durchsetzen. Wenn sie es könnte, würde sie einen entsprechend geringeren öffentlichen Sektor beschließen. In diesem Fall würde die „politische Mehrheit" weniger Steuern bezahlen, als es ihrer klassenspezifischen Bereitschaft entspricht, was eben nur heißt, daß sie einen größeren öffentlichen Sektor wünscht. Dazwischen liegt ein Kompromißfall: Jede Klasse finanziert von den gesamten öffentlichen Kosten genau jenen Teil, der ihrer spezifischen Zahlungsbereitschaft entspricht. Aber warum sollte eine politische Mehrheit auf einen solchen Kompromiß eingehen? Wenn sie ihre Mehrheit ausnutzt, kann sie in ihrem eigenen Interesse den „großen Staat" durchsetzen.

Dieses Ergebnis basiert auf der Annahme, daß der sogenannte Grenznutzen öffentlicher Güter mit steigendem Einkommen abnimmt.[7] Die Annahme besagt, daß die ökonomisch Privilegierten an öffentlichen Gütern nicht so interessiert sind wie die Mitglieder einkommensschwächerer Klassen. Sie ist plausibel: denn wer über mehr privates Einkommen verfügt, ist auf öffentliche Güter weniger angewiesen.

Zu einem kapitalistischen Gleichgewicht gehört danach als politisches Pendant ein öffentlicher Sektor, der ebenfalls nicht im allgemeinen Interesse liegt. Somit enthält das gesellschaftliche Gleichgewicht zwei Konflikte: Im ökonomischen Bereich entsprechen die Arbeitsbedingungen nicht den Präferenzen der Mehrheit. Diese muß durch eine gewisse Arbeitslosigkeit angehalten werden, sie trotzdem zu respektieren. Andererseits entspricht der Umfang des öffentlichen Bereichs nicht den Interessen der ökonomisch dominanten Minderheit. Im Gleichgewicht würden beide Konflikte im Zaum gehalten werden. Denn während die eine Klasse im Rahmen der herrschenden Eigentumsrechte an den Marktbedingungen nichts ändern kann, ist die andere im Rahmen der Gesetze an die Beschlüsse der politischen Mehrheit gebunden.

7 Der ökonomisch geschulte Leser wird leicht feststellen, daß hier mit der neoklassischen Theorie der öffentlichen Güter argumentiert wird. Dabei geht es um einen Vergleich zwischen Grenzraten der Substitution (im Text „Zahlungsbereitschaft") und der Transformation (im Text „Kosten der öffentlichen Güter"). Diese Grenzraten werden hier für jede Klasse verglichen. Eine präzise Darstellung werde ich an anderer Stelle geben.

4. Massenarbeitslosigkeit als ökonomische und politische Folge sozialer Interessenkonflikte

1. Aber nur im „Gleichgewicht" können die Konflikte latent gehalten werden. Im ökonomischen Ungleichgewicht brechen sie aus. Ein solches Ungleichgewicht kann jedoch leicht durch die Interessenverfolgung der politischen Mehrheit entstehen. Denn da diese an der Arbeitslosigkeit im kapitalistischen Unterbeschäftigungs-Gleichgewicht nicht interessiert ist, wird sie versuchen, Vollbeschäftigungspolitik zu betreiben. Sie wird damit zunächst auch insoweit Erfolg haben, als Vollbeschäftigung durch eine Keynessche Nachfragepolitik vorübergehend tatsächlich erreicht werden kann. Nur ist dieser Zustand kein Gleichgewicht. Er ist nämlich durch Abweichungen von den Arbeitsbedingungen des kapitalistischen Gleichgewichts charakterisiert, die auf rein ökonomischem Weg einen ständigen Druck in Richtung auf neue Arbeitslosigkeit erzeugen.

Dieser Druck kann wiederum nur durch verstärkte Vollbeschäftigungspolitik, also ein ständig wachsendes Engagement des Staates, zurückgehalten werden. Eine solche Politik ist aber inflationär. Vollbeschäftigung kann somit nur mit wachsendem Staatseinfluß und Inflation erkauft werden. Es bedarf kaum einer Begründung, daß eine solche Politik auf die Dauer nicht durchhaltbar ist. Sie muß scheitern, weil sie die Ursache der Arbeitslosigkeit nicht beseitigt, sondern im Gegenteil laufend verstärkt. So kommt es früher oder später zum Zusammenbruch des inflatorischen Ungleichgewichts und zur Rezession mit steigender Arbeitslosigkeit. Dabei ist es gleichgültig, ob Inflation und Vollbeschäftigung indirekt durch ökonomische Mechanismen oder direkt durch einen Abbruch der Vollbeschäftigungspolitik beseitigt werden. In jedem Fall ist klar geworden, daß diese Politik auf Illusionen beruhen muß.

Unklar sind den Akteuren und Betroffenen nur die Ursachen. Selbst für die politische Mehrheit, ihre Repräsentanten und ihre Berater ist es offenbar schwer, von einem Modell Abschied zu nehmen, in dem ein Gleichgewicht mit Vollbeschäftigung das allgemeine Interesse ausdrückt, und stattdessen von einem kapitalistischen Unterbeschäftigungs-Gleichgewicht her zu denken, das die Illusion einer Vollbeschäftigungspolitik rasch auflöst. So bleibt Ratlosigkeit und der Versuch, alle möglichen anderen Erklärungen für das Desaster zu finden. Auf diese Weise werden Gründe hoffähig, die zwar schnell einleuchten, aber einer fundierten ökonomischen Analyse nicht standhalten – wie Wachstumsschwäche durch Sättigungstendenzen, Naturschranken, zu starke Rationalisierung usw.

Der Grund, warum der Übergang zum Modell des kapitalistischen Gleichgewichts auch den Vertretern der politischen Mehrheit so schwer fällt, dürfte in einer Art kognitiven Dissonanz liegen. Wer Frieden mit den herrschenden Institutionen geschlossen hat, kann vielleicht die Vorstellung nicht ertragen, daß diese Institutionen Konflikte schaffen, die in ihrem Rahmen nicht aufgelöst werden können.

2. Für die Vertreter der ökonomisch dominanten Klasse entsteht diese Schwierigkeit erst gar nicht. Zwar darf man kaum jemandem unterstellen, daß er den Marsch in die ökonomische Krise nur mit Beifall begleitet – zumal die Kosten der Krise ja nicht nur einseitig anfallen, sondern mehr oder minder alle treffen. Aber bei den Kosten der ökonomisch dominanten Klasse handelt es sich gewissermaßen um eine Investition für die langfristige Interessendurchsetzung. Denn erstens werden mit Krise und hoher Arbeitslosigkeit die Bedingungen des ökonomischen Gleichgewichts wieder hergestellt, und zweitens steigen auch die Chancen für eine Korrektur des politischen Gleichgewichts.

Ökonomisch steigt die Leistungsbereitschaft der Arbeitnehmer. Sie passen sich wieder zunehmend den Arbeitsbedingungen des kapitalistischen Gleichgewichts an. Darüber hinaus verringert die Desillusionierung der Vollbeschäftigungspolitik die Wahrscheinlichkeit, daß in Zukunft durch eine solche Politik die Bedingungen dieses Gleichgewichts weiter verletzt werden. Dadurch wird das kapitalistische Gleichgewicht stabilisiert, was natürlich im Interesse der ökonomisch dominanten Klasse liegt. Aber auch das politische Gleichgewicht läßt sich zu ihren Gunsten verschieben. Denn im Verlauf von Rezession und Krise kann man ganz objektiv feststellen, daß sich der öffentliche Sektor, der den Interessen der Mehrheit entspräche, nur mit wachsenden Haushaltsdefiziten halten läßt, weil die Staatseinnahmen im Verhältnis zu den Ausgaben sinken. So entsteht der allgemeine Eindruck, daß dieser öffentliche Sektor auf die Dauer überhaupt nicht vernünftig finanzierbar ist und deshalb verkleinert werden muß. Genau dies liegt aber im Interesse der ökonomisch dominanten Klasse, weil ja der Umfang dieses öffentlichen Sektors ihre Zahlungsbereitschaft überstiegen hat. Das Ungleichgewicht dient ihrem Interesse, weil es eine entsprechende Korrektur als unausweichlich erscheinen läßt.

Die wissenschaftliche Abstützung dieses Interesses geht in der Regel davon aus, daß ein Gleichgewicht mit Vollbeschäftigung durchaus erreichbar wäre, aber nicht mit Keynesschen Methoden. Notwendige und hinreichende Voraussetzung wäre vielmehr, daß übertriebene Ansprüche an das Sozialprodukt zurückgenommen würden. Das Lohnniveau müsse sinken, der Staatsanteil schrumpfen und die Leistungsbereitschaft steigen. Offensichtlich können diese Bedingungen durch nichts besser hergestellt werden als durch eine ökonomische Krise. Insofern ist dieses wissenschaftliche Plädoyer im Grunde vor allem eines für die Krise selbst.

Aber die wissenschaftliche Analyse ist weder in ihrer Diagnose noch in ihrer Therapie haltbar. Zwar kann die Krise, wenn sie aus einem inflationären Ungleichgewicht entstanden ist, tatsächlich mit gesunkener Leistungsbereitschaft und hohen Löhnen zusammenhängen. Aber dies sind eigentlich nur die Symptome eines politisch-ökonomischen Ungleichgewichts, das seine Wurzeln in grundlegenden sozialen Konflikten hat. Ferner ist der im Interesse der Mehrheit liegende Umfang des öffentlichen Sektors nicht objektiv illusionär (so wie z.B. die Vollbeschäftigungspolitik), sondern nur im Lichte des Ungleichgewichts. Er ist also auch keine Krisenursache. Darüber hinaus ist aber vor allem das Argument nicht haltbar, daß die verschriebene Anspruchsreduktion die Ökonomie aus der Massenarbeitslosigkeit heraus wirklich zur Vollbeschäftigung führt, und zwar ganz abgesehen davon, daß ein Gleichgewicht ohne Arbeitslosigkeit ohnedies nicht erreichbar sein wird. Wie die ökonomische Analyse des zweiten Abschnitts gezeigt hat, vergrößern Geldlohnsenkungen die Arbeitslosigkeit eher, weil sie die Investitionsnachfrage nicht stärken, sondern schwächen. Kommt nun noch ein Rückgang der staatlichen Nachfrage hinzu, so wird der rezessive Druck noch größer. Wie soll eine solche Therapie je aus der Massenarbeitslosigkeit herausführen? Sie kann sich nur auf den Zufall verlassen, der vielleicht morgen eintreten kann, vielleicht übermorgen, aber vielleicht auch gar nicht. Sie riskiert, daß sich die Ökonomie hoffnungslos in Stagnation und Massenarbeitslosigkeit verfängt.

3. Der einzig zuverlässige Weg aus Krise und Arbeitslosigkeit ist, wie gesagt, eine Beschäftigungspolitik im Sinne von Keynes. Eine solche Nachfragepolitik (möglichst international koordiniert, nicht in einem nach außen ungesicherten Alleingang wie in Frankreich) läge sicher im Interesse der Mehrheit. Aus der Analyse folgt allerdings, daß damit zwar die Massenarbeitslosigkeit beseitigt, aber nicht dauerhaft Vollbeschäftigung hergestellt werden kann. Zum Gleichgewicht gehört eine gewisse Arbeitslosigkeit. Mag sein, daß sich die Mehrheit langfristig damit abfindet. Zu fragen wäre aber, ob sie dann nicht erneut einem falschen Modell aufsitzen wird, in diesem Fall dem Modell der natürlichen Arbeitslosenrate; denn „natürlich" ist die Arbeitslosenrate des kapitalistischen Unterbeschäftigungs-Gleichgewichts keineswegs. Sie ist letztlich das Ergebnis einer kapitalistischen Eigentumsordnung, welche die Konkurrenz nur innerhalb gewisser Schranken fördert, aber darüber hinaus (beginnend auf dem Kapitalmarkt) unterdrückt. Diese Beschränkung der Konkurrenz ermöglicht erst die ökonomische und als Folge davon eine entsprechende politische Klassenbildung. Diese wiederum ist der Grund für die Konflikte, die gewissermaßen sowohl in das ökonomische als auch in das politische Gleichgewicht eingebaut sind. Man kann diese gesellschaftlichen Konflikte also nur ausräumen, wenn man die institutionellen Beschränkungen der Konkurrenz aufhebt. Dies würde eine geänderte Eigentumsverfassung erfordern (nämlich die Abschaffung des Kapitalmonopols zu Gunsten einer freien Konkurrenz um Kapital, vgl. dazu Vogt, 1983).

Voraussetzung dafür wäre zweifellos, daß sich die Mehrheit für ein solches Programm interessieren ließe. Wenn es bisher anscheinend an diesem Interesse fehlt, so gibt es dafür viele Gründe, ja man sollte nicht übersehen, daß es solcher Gründe vielleicht nicht einmal bedarf; denn warum sollte jemand in einer solchen Frage seine Interessen begründen müssen? Aber es ist auch nicht ausgeschlossen, daß das Urteil der Mehrheit auf einem falschen Modell beruht, wie das in der Beurteilung des Verhältnisses von Vollbeschäftigung und Gleichgewicht der Fall sein dürfte. Wenn dies zutrifft, kommt es vor allem darauf an, das richtige Modell zu erkennen und zu verbreiten. Dabei hat man allerdings nicht nur mit wissenschaftlichen Schwierigkeiten, sondern auch mit gesellschaftlichen Interessen zu kämpfen, denen am falschen Modell objektiv gelegen ist.

Literatur

Calvo, G. A., Involuntary Unemployment and Inventories: An Explanatory Model of Equilibrium and Pure Competition, „Journal of Macroeconomics" 4/1982, 253–275

Haslinger, F. und Schneider, J. (1983), Die Relevanz der Gleichgewichtstheorie, „Ökonomie und Gesellschaft", Jahrbuch 1, 1 ff.

Müller, G. et al. (1978), Ökonomische Krisentendenzen im gegenwärtigen Kapitalismus, Frankfurt/New York

Schumpeter, J. A. (1982), The 'Crisis' in Economics-Fifty Years Ago, „The Journal of Economic Literature", 1049 ff.

Vogt, W. (1981), Kapitalistisches Gleichgewicht und ökonomische Ungleichgewichte, „JHS-Journal" (5), 223 ff.

ders. (1983), Eine Theorie des kapitalistischen Gleichgewichts, „Ökonomie und Gesellschaft", Jahrbuch 1, 161 ff.

Helmut König

Marx und Freud und die Aufklärung

Für Klaus Horn

I. Marxismus und Psychoanalyse

Enttäuschungen mit der jeweils eigenen Theorie regen bei einigen Psychoanalytikern und Marxisten in den 20er Jahren den Versuch an, die Theorien von Freud und Marx miteinander zu kombinieren. Enttäuschende Erfahrungen mit der Psychoanalyse motivieren die Hinwendung zu Marx; enttäuschende Erfahrungen mit dem Marxismus die Hinwendung zu Freud. Von Freud her kommen die Psychoanalytiker Wilhelm Reich, Erich Fromm, Otto Fenichel, Siegfried Bernfeld. Vom Marxismus her kommt das Frankfurter Institut für Sozialforschung, dessen Entwicklung vom traditionellen Marx-Verständnis unter seinem ersten Direktor Carl Grünberg zur Kritischen Theorie unter seinem zweiten Direktor Max Horkheimer wesentlich durch die Integration der Psychoanalyse in den historischen Materialismus gekennzeichnet ist.

(1) Von Freud zu Marx

‚Sisyphos oder die Grenzen der Erziehung' – dieser Titel eines Buches von Bernfeld aus dem Jahre 1925 deutet den Grund für die theoretische Reise von Freud zu Marx an: Die Arbeit des Psychoanalytikers ist eine Sisyphosarbeit. Sie dauert lange, ist mühselig und trotz aller Anstrengungen bisweilen vergeblich. In ihrem Versuch, dem einzelnen Subjekt aus seinen Ängsten und Blockaden herauszuhelfen, stößt sie unentwegt an überindividuelle Grenzen. Angesichts der gesellschaftlichen Gewalt wirkt sie, auch wenn sie an ihren eigenen Kriterien gemessen Erfolg hat, vergleichsweise belanglos. Für eine dauerhaftere und stabilere Befreiung des Einzelnen von seinem individuellen Leiden, so schließen die marxistischen Freudianer, bedarf es einer sozialistischen Veränderung der Gesellschaft. Neben der Arbeit an den kleinen, häßlichen Symptomen, an Phobien, Hysterien und Sexualängsten muß man also auch am Großen, an den überindividuellen Lebensverhältnissen ansetzen.

Freud selber kennt durchaus diese Erfahrung, die seine linken Schüler den Kontakt zum Marxismus und zur Arbeiterbewegung suchen läßt. Der Mediziner Freud, der zunächst nur den einzelnen Patienten mit seiner Krankheit im Blick hat, muß nach und nach einsehen, daß sich die Symptome nicht ohne Rest in der Analyse des Einzelnen auflösen lassen. Sie sind nicht glatt zurückführbar auf die individuelle Biographie, sondern weisen darüber hinaus auf ein kollektives Schicksal. Nicht anders als die linken Psychoanalytiker steht damit auch Freud gegen eine privatistische Interpretation von Krankheit, Neurose und Verdrängung. Der Unterschied liegt jedoch darin, daß für Freud auch das kollektive Schicksal noch mit den Begriffen der Psychoanalyse zureichend begreifbar ist. Freud wechselt nicht auf das Terrain einer marxistischen Gesellschaftsanalyse, sondern entwickelt eine selber noch psychoanalytische Kultur- und Geschichtstheorie.

Mit dieser Öffnung der Psychoanalyse für Gesellschaftliches und Historisches durch Freud haben die sozialistischen Psychoanalytiker nicht geringe Schwierigkeiten. Immer wieder meinen sie nachweisen zu müssen, daß die Freudsche Theorie nicht in einem Konkurrenz-, sondern in einem Ergänzungsverhältnis zu Marx steht. Ihrer Idee nach greifen Marx und Freud reibungslos ineinander. In Methode, Erkenntnisziel und Forschungsakzent einander identisch, bestehe der Unterschied nur darin, daß Marx einen Gegenstand bearbeitet habe, den Freud nicht thematisiere: die ökonomisch determinierte Entwicklung der gesellschaftlichen Verhältnisse, und umgekehrt Freud etwas erforsche, was bei Marx nicht vorkomme, nämlich die psychologisch determinierten Reaktionsweisen des Einzelnen in einer gegebenen gesellschaftlichen Situation. Kurz: Marx ist in dieser Konzeption zuständig für Geschichte und Ökonomie, und die Psychoanalyse ist zuständig für die Frage, „wie die psychischen Mechanismen beschaffen sind, mittels deren in den Köpfen der lebenden und wirtschaftenden Menschen gegebene Produktionsverhältnisse die ihnen entsprechende Ideologie erzeugen" (Bernfeld 1926, S. 497). Die Kombination von Marx und Freud so anzulegen, daß sie sich nur ja nicht das Terrain streitig machen können, geht freilich nicht ohne gravierende Verkürzungen ab. Die wichtigste ist die Reduktion der Psychoanalyse auf Naturwissenschaft und auf Individualtherapie. Nur mit dieser Reduktion aber glaubten die sozialistischen Psychoanalytiker, sich den Attacken des orthodoxen Marxismus, der Materialismus mit Naturalismus und Wissenschaft mit subjektloser Naturwissenschaft verwechselte, entziehen zu können (vgl. Dahmer 1982, S. 281 ff.).

Der orthodoxe Marxismus begriff in der Tat den Ergänzungsversuch der Marxschen Theorie mit Freud als Beleidigung der reinen Lehre und reagierte mit rigider Abwehr und Verdammung. Für ihn war die Psychoanalyse nichts als ein abwegiges Produkt der dekadent gewordenen bürgerlichen Gesellschaft: biologistisch, unhistorisch, irrational, mythologisch, pansexualistisch (vgl. Sandkühler 1970). Der Affektüberschuß, der die Polemik auf seiten der orthodoxen Marxisten auszeichnet, läßt darauf schließen, daß in ihr etwas abgewehrt wird, was an eigene wunde und bedrohliche Punkte rührt. Bereits von ihrem Ansatz her machen dagegen die Freudmarxisten den Glücksanspruch des Einzelnen gegen alle Züge von Prüderie, Askese und Unterwerfung im realen Sozialismus und in der Arbeiterbewegung erneut geltend. Nichts schien dem Herrschaftsmarxismus bedrohlicher als die Erinnerung an dieses von ihm selbst verdrängte Moment, nämlich die Erinnerung daran, daß ja auch für Marx und Engels „die freie Entwicklung eines jeden die Bedingung für die freie Entwicklung aller ist" (1848, S. 482).

(2) Von Marx zu Freud

Karl Marx hatte mit Psychologie nichts im Sinn. Entstehung und Funktionsweise des Kapitalismus sowie seine Transformation in den Sozialismus folgen nicht subjektiven, psychologischen Gesetzmäßigkeiten, sondern sozialökonomischen. „Die Gesellschaft besteht nicht aus Individuen, sondern drückt die Summe der Beziehungen, Verhältnisse aus, worin diese Individuen zueinander stehn." (Marx 1857/58, S. 176) Selbst die Bildung von revolutionärem Bewußtsein und das von ihm angeleitete Handeln beschreibt Marx nicht als subjektiven Konstitutionsprozeß, sondern als objektive Notwendigkeit.[1] Dieser ganz unpsychologische Handlungs- und Revolutionsbegriff ist nicht nur gegen die romantisierenden ‚wahren Sozialisten' des Vormärz gerichtet, sondern zieht sich als roter Faden durch alle Texte von Marx und Engels hindurch. Politisch gesehen drückt er sich in der Behauptung aus, daß der Kapitalismus das allgemeine Wahlrecht und die allgemeine Wehrpflicht nicht wird überleben können: mit dem Stimmzettel werden die Proletarier ihren Interessen gemäß für den Sozialismus votieren, und mit der Waffe werden sie ihrem Votum gegen den Klassenfeind den nötigen Nachdruck verleihen.

Diese Siegesgewißheit, die den ganzen Marxismus der II. Internationale bestimmt, wird allerspätestens durch die Erfahrung des Ersten Weltkriegs und der anschließenden Revolutionen und Konterrevolutionen unhaltbar. Es gibt auf diese Zeiterfahrung im Kontext des Marxismus zwei Reaktionen. Die dogmatische Reaktion immunisiert die Theorie gegen Geschichte, indem sie sie zum Diamat kanonisiert. Die kritische Reaktion, der westliche Marxismus, verbunden mit den Namen Lukács und Korsch, stellt das Problem der Konstitution von Klassenbewußtsein ins Zentrum der politischen Theorie und öffnet damit das Konzept des Sozialismus zur Psychologie hin, obwohl gerade der Antipsychologe Lukács mit der Konstruktion des ‚zugeordneten' Klassenbewußtseins die Frage nach der Subjektivität in den Rahmen eines marxistischen Transzendentalismus zurückbiegt.

1 Das Proletariat kann und muß sich selbst befreien, weil es, wie Marx und Engels in der ‚Heiligen Familie' schreiben, „durch die nicht mehr abzuweisende, nicht mehr zu beschönigende, absolut gebieterische Not – den praktischen Ausdruck der Notwendigkeit – zur Empörung gegen diese Unmenschlichkeit (des Kapitalismus, H.K.) gezwungen ist. ... Es macht nicht vergebens die harte, aber stählende Schule der Arbeit durch. Es handelt sich nicht darum, was dieser oder jener Proletarier oder selbst das ganze Proletariat als Ziel sich einstweilen vorstellt. Es handelt sich darum, was es ist und was es diesem Sein gemäß geschichtlich zu tun gezwungen sein wird. Sein Ziel und seine geschichtliche Aktion ist in seiner eigenen Lebenssituation wie in der ganzen Organisation der heutigen bürgerlichen Gesellschaft sinnfällig, unwiderruflich vorgezeichnet." (1845, S. 38)

Das Problem aber, wieso das Proletariat seine Machtposition nicht für den Sturz des Kapitalismus, sondern für seine Erhaltung einsetzt, bleibt fortan unabweisbar. Die Antwort: wenn die Produktivkräfte weit genug entwickelt *wären*, wenn das Proletariat nur *könnte* wie es *wollte*, dann käme die große Umwälzung, – diese Antwort zieht fortan nicht mehr. Denn das Proletariat könnte schon: schließlich ‚dienen' in den Kasernen genug Arbeiter, und die Produktivkräfte haben längst einen Stand erreicht, der die Schranken des privaten Kapitals übersteigt. So bleibt nur der Schluß, daß das Proletariat nicht will.

Dieses Nicht-wollen, dieses Festhalten an irrationalen und den eigenen Interessen zuwiderlaufenden gesellschaftlichen Zuständen zu erklären, das wird nun im Rahmen der marxistischen Gesellschaftstheorie die Aufgabe der Psychologie. Max Horkheimer schreibt:

„Daß die Menschen ökonomische Verhältnisse, über die ihre Kräfte und Bedürfnisse hinausgewachsen sind, aufrecht erhalten, anstatt sie durch eine höhere und rationalere Organisationsform zu ersetzen, ist nur möglich, weil das Handeln numerisch bedeutender sozialer Schichten nicht durch die Erkenntnis, sondern durch eine das Bewußtsein verfälschende Triebmotorik bestimmt ist. ... Je mehr das geschichtliche Handeln von Menschen und Menschengruppen durch Erkenntnis motiviert ist, um so weniger braucht der Historiker auf psychologische Erklärungen zurückzugreifen." (1932, S. 19 f.) „Nicht die rationale und befreiende Aktivität theoretisch geschulter Menschen, sondern der Eigensinn und die Ratlosigkeit zurückgebliebener Gruppen bilden den angemessenen Gegenstand sozialer Tiefenpsychologie." (1935, S. 203)

Diese Argumentation folgt noch ganz der Linie des Utilitarismus. Das wohlverstandene Interesse des Proletariats spreche für den Sozialismus. Aber die ‚Triebmotorik' vernebele das Bewußtsein und bewirke die irrationale Bindung an die bestehende Gesellschaft. So haben wir also auch hier eine säuberliche Trennung zwischen Marx und Freud. Während Marx die Notwendigkeit der Revolution korrekt darlegt und zeigt, daß sie den Interessen des Proletariats entspricht, wird die Psychoanalyse zur Spezialistin des Irrationalen. Sie hat die Abweichungen der realen empirischen Entwicklungen vom vernunftgemäßen Gang der Geschichte zu erklären. Das Nicht-Kognitive, die Affekte, Leidenschaften und Triebe stehen in dieser Konstruktion von vornherein unter dem Zeichen des Pathologischen. Sie sind verantwortlich für die Störungen der Geschichte. Sie sitzen da, wo bei den Aufklärern die Priester saßen: sie trügen, vernebeln und hindern an der Wahrnehmung der eigenen Interessen.

Die ersten Synthetisierungsversuche von Psychoanalyse und Marxismus sind für beide Seiten, für die Freudianer wie für die kritisch-marxistische Gesellschaftstheorie enttäuschend. Die linken Psychoanalytiker hatten sich von der Hinwendung zu Marx eine revolutionäre Perspektive gesellschaftlicher Veränderung erhofft. Sie treffen jedoch auf einen Marxismus, der ganz damit beschäftigt ist, Antworten auf das Ausbleiben dieser revolutionären Veränderung zu suchen und dabei entweder dogmatisch erblindet oder das Problem weiterreicht an die Psychologie. So geben die sozialistischen Freudianer ihre Unternehmung bald auf. Wilhelm Reichs Kombinationsversuch von Marxismus und Psychoanalyse endet damit, daß er sich von beiden lossagt und sich in seiner Orgontheorie und -therapie vergräbt. Erich Fromm hält zwar an der Psychoanalyse fest, aber macht daraus eher eine Morallehre. Siegfried Bernfeld versucht, mit der Konzeption des ‚sozialen Ortes' gesellschaftliche Bedingungen in den psychoanalytischen Symptombegriff einzuführen. Ähnliches unternimmt Otto Fenichel in seiner Theorie der Charakterstörungen. Das aber ist nicht Marxismus, sondern Soziologie.

Die kritisch-marxistische Gesellschaftstheorie auf der anderen Seite hatte sich von Freud als dem Hilfswissenschaftler von Marx eine Erklärung für die irrationalen ‚Abweichungen' der Geschichte erhofft. Dieses Konzept ist zunächst plausibel genug, um im Institut für Sozialforschung empirische Untersuchungen über ‚Angestellte und Arbeiter am Vorabend des Dritten Reiches' und über ‚Autorität und Familie' anzuleiten. Aber die Psychoanalyse läßt sich auf die Dauer nicht für die Strategie einer naiven Aufklärungsphilosophie, die sauber zwischen Vernunft und Unvernunft trennen will, in Anspruch nehmen. Zu deutlich besteht eine der wesentlichen Einsichten Freuds darin, daß eine Vernunft, die alles, was dem Bewußtsein widerstrebt, in die Welt des Irrationalen, Dunklen und Dämonischen abschiebt, selber höchst fragwürdig ist. Freuds Kritik gilt implizit gerade jenem abendländischen Vernunft- und Wissenschaftsbegriff, der das Triebhafte, Sinnliche und Leidenschaftliche des Menschen einer Aufklärung weder für fähig noch für bedürftig hält und damit die Irrationalität selber produziert, als deren Gegenteil er sich begreift.

Dieser Gedanke wird das Gesicht der ‚Dialektik der Aufklärung' prägen. In diesem Werk weisen Horkheimer und Adorno die innere Zusammengehörigkeit von Ratio und Irratio nach. Sie belegen damit zugleich die Unzulänglichkeit jener frühen Konzeption des Instituts für Sozialforschung, die auf der Trennung zwischen Rationalität und Irrationalität beruht hatte. Es ist nach den Einsichten der ‚Dialektik der Aufklärung' nicht mehr möglich, einen rationalen objektiven und einen irrationalen subjektiven ‚Faktor' voneinander zu isolieren und sie der marxistischen Geschichtstheorie einerseits sowie der psychoanalytischen Sozialpsychologie andererseits arbeitsteilig zuzuordnen. Aber es eröffnet sich die Möglichkeit, Freud und Marx in einen neuen Bezugsrahmen zu stellen. Statt des unergiebigen und kleinlichen Streits um den systematischen Ort, der für Psychoanalyse bzw. Marxismus im Gebäude der Wissenschaften zu reservieren ist, kann man nun die Frage behandeln, wie sich das Verhältnis von Marx und Freud zur europäischen Aufklärung und ihrer Dialektik bestimmen läßt. Wenn man diesen Aspekt ins Zentrum rückt, ist auch der Grund für die Widersprüchlichkeit der Beurteilungen erkennbar, der Marx und Freud gleichermaßen unterliegen: Daß sie sowohl als rational wie als irrational, als wissenschaftlich wie als metaphysisch, als Realisten wie als Phantasten, als Erzdogmatiker wie als sensible Analytiker gelten, hängt nämlich mit der eigentümlichen Stellung zusammen, die sie zur Aufklärung einnehmen..

II. Aufklärungskritik und Aufklärungsanspruch bei Marx und Freud

Die Theorien von Marx und Freud sind Aufklärungskritik. Gleichzeitig aber setzen sie die Intentionen der Aufklärung fort, weil sie auch das noch ernstnehmen, was jene aus ihren Verhandlungen ausschloß. Marx und Freud sind aufklärerische Aufklärungskritiker. Sie sind dies nicht trotz ihrer Kritik an der Aufklärung, sondern gerade wegen dieser Kritik.

Was das im einzelnen heißt, erörtere ich, indem ich das Verhältnis von Marx und Freud zu vier zentralen Postulaten der Aufklärung darstelle. Diese vier Postulate sind: (1) Freiheit des Wohnsitzes und der Arbeit, (2) Herrschaft des Menschen über äußere und innere Natur, (3) Vernünftige Rede als Medium für das Austragen von Konflikten (Gericht und Parlament) und (4) Wissenschaft als Paradigma der Vernunft. – Ich arbeite im folgenden heraus, worin nach Marx und Freud die Dialektik, in die sich diese Postulate verstricken, besteht und zeige, daß Marx und Freud auf sie reagieren, indem sie die Postulate nicht aufgeben, sondern an ihnen in modifizierter und umfassenderer Form festhalten.

(1) Freiheit des Wohnsitzes und der Arbeit: Die Geburt der Freiheit, Wohnsitz und Arbeit uneingeschränkt wählen zu können, erscheint dem naiven Fortschritts- und Vernunftdenken als Einlösung des Menschenrechts auf Selbstverwirklichung. Marx erinnert demgegenüber zunächst ganz einfach an den materiellen Hintergrund dieser Freiheit. Ihre reale Geschichte ist, wie im Kapitel über die ‚sogenannte ursprüngliche Akkumulation' im ‚Kapital' dargelegt wird, ein Prozeß voller Gewalt und Terror. Ihr eigentlicher Inhalt besteht darin, Produzenten in Lohnarbeiter zu verwandeln, d.h. sie von ihren Produktionsmitteln und den Lebenssicherheiten, die die feudale Welt ihnen bot, zu ‚befreien'. So stellt sich die Verwirklichung der Freiheit in der Realität als eine Vertreibung dar, wenn schon nicht aus dem Paradies, dann doch aus dem (Mit-)Eigentum an Grund und Boden und aus den feudalen Garantien für die Reproduktion des Lebens. Im Zentrum des ganzen Prozesses steht, daß die ständisch gebundene Bevölkerung von ihren Subsistenzmitteln getrennt und als „vogelfreie" (Marx 1867, S. 744) auf den Arbeitsmarkt geschleudert wird.

„Der unmittelbare Produzent, der Arbeiter, konnte erst dann über seine Person verfügen, nachdem er aufgehört hatte, an die Scholle gefesselt und einer andern Person leibeigen oder hörig zu sein. Um freier Verkäufer von Arbeitskraft zu werden, der seine Ware überall hinträgt, wo sie einen Markt findet, mußte er ferner der Herrschaft der Zünfte, ihren Lehrlings- und Gesellenordnungen und hemmenden Arbeitsvorschriften entronnen sein. Somit erscheint die geschichtliche Bewegung, die die Produzenten in Lohnarbeiter verwandelt, einerseits als ihre Befreiung von Dienstbarkeit und Zunftzwang; und diese Seite allein existiert für unsere bürgerlichen Geschichtsschreiber. Andererseits aber werden diese Neubefreiten erst Verkäufer ihrer selbst, nachdem ihnen alle ihre Produktionsmittel und alle durch die alten feudalen Einrichtungen gebotnen Garantien ihrer Existenz geraubt sind. Und die Geschichte dieser ihrer Expropriation ist in die Annalen der Menschheit eingeschrieben mit Zügen von Blut und Feuer." (Marx 1867, S. 743)

Kurz: das Wesen der Freiheit des Wohnsitzes und der Arbeit liegt nach Marx in der Freiheit des Kapitals, über die Arbeiter nach Belieben und ohne Rücksicht auf Sentimentalitäten wie die Verwurzelung in einem Stückchen Erde oder in einer langen Tradition zu verfügen.

Der Freudschen Theorie liegt zwar dieser sozialgeschichtliche Aspekt der Aufklärung zunächst ganz fern. Aber es wäre eine arge Verkürzung, wenn man an der gesellschaftlichen Umwälzung, mit der die kapitalistische Produktionsweise beginnt, nur die ökonomische Seite sehen würde. In Wirklichkeit revolutioniert sie das Leben nicht nur äußerlich, sondern hat zugleich enorme psychische Konsequenzen. Die „Expropriation des Landvolks von Grund und Boden" (Marx 1867, S. 744) ist auch eine Expropriation von den Geborgenheiten der Familie, der Gemeinschaft, der Tradition und der Religion, die dem Einzelnen einen sicheren normativen Orientierungsrahmen geboten hatten. Mit der Vertreibung vom Land in die städtischen Industriezentren bricht eine ganze Welt von Ordnung, Übersichtlichkeit und Regelmäßigkeit zusammen. Die „größte Völkerwanderung der Geschichte" (Hobsbawm 1975, S. 240), die seit der Mitte des 19. Jahrhunderts als Folge der umgewälzten Sozialordnungen ganz Mitteleuropa erfaßt, entreißt den Menschen ihre psychischen Stützen, die ihnen in den zwar bornierten, aber doch stabilen Gruppen- und Dorfbeziehungen zur Verfügung gestanden hatten. Sie durchtrennt die „Nabelschnur des natürlichen Gattungszusammenhangs mit anderen" (Marx 1867, S. 93) und hinterläßt dadurch eine empfindliche Lücke. Fortan ist der Einzelne auf sich allein gestellt, keine fraglos gültigen Normen und Gemeinschaftsbezüge halten ihn. Der Eintritt in die bürgerliche Welt der Freiheit und Ungebundenheit bedeutet also für die meisten sowohl ökonomische wie psychische Armut und Unsicherheit.[2]

Als ‚Masse' tritt dieses neue Phänomen in das Bewußtsein der Zeitgenossen. Der Begriff ‚Masse' transportiert gebündelt eine Reihe von Bedeutungsschichten des sozialen Wandels im 19. Jahrhundert: den ökonomischen Aspekt so gut wie den psychischen, das grenzenlose Wachsen der Städte, die Mobilität der Bevölkerung, die Angst der Bürger vor dem Ansturm der Vielen, die Chance der Kapitalisten, sie als gebändigte Massen in den Fabriken zu einer einzigen großen Maschine zu formieren usw. In Wissenschaft, Politik und literarischer Phantasie der Zeitgenossen spielt ‚Masse' deswegen eine überragende Rolle, von Edgar Allan Poe über Wilhelm Heinrich Riehl bis zu Gustave le Bon. Die amorphe, ungeordnete, wurzel- und sittenlose Masse ist der Schatten, von dem sich die bürgerliche Gesellschaft seit ihrem Beginn verfolgt sieht.

Wie reagieren Marx und Freud auf diesen Schatten? Die Position der Psychoanalyse wird am deutlichsten, wenn man sich ansieht, was Arnold Gehlen, einer ihrer Kritiker, gegen sie vorzubringen hat. Freud, so sagt Gehlen, beschäftigt sich mit „einem aus den sozialen Appellen und Imperativen heraussubtrahierten Indi-

2 Peter Brückner hat sich mit diesem Aspekt in seinen Vorlesungen im ‚Club Voltaire' unter dem Titel ‚Psychologie und Geschichte' (1982) ausführlich beschäftigt.

viduum, das gesetzlos geworden ist" (1949, S. 29), dem es an „stabilen Außenhalten", an „einem invarianten Schatz von Gebräuchen und Gewohnheiten, an Einrichtungen, Symbolen, Wegweisern und ‚kulturellen Immobilien'" fehlt (ebd., S. 36). Statt nun den haltlos gewordenen Einzelnen in die Institutionen der Gesellschaft zu reintegrieren, untergrabe Freud zusätzlich die ohnedies brüchig gewordenen Konventionen: statt die Würde des Hohen als von sich aus und apriori verbindlich zu verteidigen, stelle er die Kultur in den Zusammenhang von Lust, Wunsch, Sexualität und Aggression und relativiere sie dadurch in verhängnisvoller Weise. Für Gehlen ist ausgemacht, daß den Menschen einzig starke äußere, unhinterfragbare Autoritäten den nötigen Halt zu geben vermögen. Er hält das „perfide Terrain des Subjektiven" (ebd., S. 45) einer Aufklärung nicht für fähig.

Die Utopie der Psychoanalyse ist es hingegen, daß jene Lücke, die nach dem Ende der sowohl schützenden wie einschränkenden Gemeinschaftseinbettung entstanden ist, nicht erneut durch äußere Mächte ausgefüllt wird, sondern an ihre Stelle die Autonomie des Einzelnen tritt. Nicht Gehorsam, Zwang und äußere Abhängigkeiten sollen das Leben bestimmen, sondern angstfreie kritische Einsicht, in der die Anforderungen der Realität und die eigenen Triebwünsche immer wieder zueinander in Bezug gesetzt werden.

Und Marx? – „Aus der amorphen Masse, der damals ein schöngeistiger Sozialismus zu schmeicheln suchte, die eherne des Proletariats herauszuschlagen, stand ihm als Aufgabe früh vor Augen." (Benjamin 1940, S. 619) Freilich stellt sich Marx die Verwandlung der Masse in ein kämpferisches und klassenbewußtes Proletariat etwas organischer vor, als Benjamin es in seiner Formulierung unterstellt. Sie ist nach Marx eine unmittelbare Folge der kapitalistischen Produktionsweise, „ihr eigenstes Produkt" (Marx/Engels 1848, S. 472). Der Kapitalismus schafft ihr die „nötigen Mittel, die großen Industriestädte und die wohlfeilen und schnellen Kommunikationen" (ebd., S. 61). So wird aus der dissoziierten, formlosen Masse die „durch den Mechanismus des kapitalistischen Produktionsprozesses selbst geschulte, vereinte und organisierte Arbeiterklasse" (Marx 1867, S. 791), der Totengräber der bürgerlichen Gesellschaft.

Aus guten Gründen hat Marx sich gescheut, seiner Vorstellung von der sozialistischen Gesellschaft positive und konkrete Züge zu geben. Aber die Kritik daran, daß die bürgerlichen Freiheiten des Wohnsitzes und des Berufs in Wirklichkeit nur dem Kapital die Freiheit zur Ausbeutung der Arbeiter geben, ist natürlich kein Plädoyer für die Rückkehr ins Dorf und eine neue Anbindung an die alte Mutter Erde. Der „Idiotismus des Landlebens" (Marx/Engels 1848, S. 466) ist Marx gründlich verhaßt. Der Sozialismus soll einen „den Produktivkräften und dem Verkehr entsprechenden universellen Charakter haben" (Marx/Engels 1845/46, S. 67). Er ist eine „vollständige, nicht mehr bornierte Selbstbetätigung, die in der Aneignung einer Totalität von Produktivkräften und der damit gesetzten Entwicklung einer Totalität von Fähigkeiten besteht" (ebd., S. 68). Diese Bestimmungen sollte man nicht in die Richtung eines technischen Sozialismus auslegen. Im Begriff des Sozialismus schwingt bei Marx vielmehr stets auch die Utopie mit, daß sich die Freiheit des Wohnsitzes und des Berufs aus einer Drohung in das Glück des „Lohnes ohne Arbeit, der Heimat ohne Grenzstein" (Adorno/Horkheimer 1947, S. 234) verwandelt.

(2) Herrschaft des Menschen über die äußere und innere Natur: Es ist im weitesten Sinn das Ziel der Aufklärung, die Menschen vom ‚Gängelbande' der Natur (Kant) zu befreien. Die ‚Kopernikanische Wende', zu deren Anwalt sich Kant macht, beinhaltet, daß die Rolle Gottes als Gesetzgeber der Natur vom Menschen übernommen wird: Statt ihrer Schicksalsgewalt ohnmächtig und hilflos ausgeliefert zu sein, können sich dic Menschen die Natur mit Vernunft und Arbeit unterwerfen und für ihre Zwecke verfügbar machen.

Die bürgerliche Gesellschaft ist nach Marx tatsächlich unmittelbar durch die Emanzipation aus Naturzusammenhängen charakterisiert. Ihr Reichtum beruht nicht auf der Fruchtbarkeit der Erde, sondern auf der Produktivität der Arbeit.[3] Der industriellen Fabrikation ist der natürliche Rhythmus der Jahreszeiten gleichgültig. Sie hat nichts mit dem Wachsenmachen und Wachsenlassen bäuerlicher Produktionsweisen zu tun, sondern mit Technik, Wissenschaft und Berechnung. Und Marx wird nicht müde, die bürgerliche Gesellschaft für diesen Fortschritt zu loben:

„Die Bourgeoisie hat in ihrer kaum hundertjährigen Klassenherrschaft massenhaftere und kolossalere Produktionskräfte geschaffen als alle vergangenen Generationen zusammen. Unterjochung der Naturkräfte, Maschinerie, Anwendung der Chemie auf Industrie und Ackerbau, Dampfschiffahrt, Eisenbahnen, elektrische Telegraphen, Urbarmachung ganzer Weltteile, Schiffbarmachung der Flüsse, ganze aus dem Boden hervorgestampfte Bevölkerungen – welches frühere Jahrhundert ahnte, daß solche Produktionskräfte im Schoß der gesellschaftlichen Arbeit schlummern." (Marx/Engels 1848, S. 467)

Es gibt nach Marx keine natürliche, sondern nur eine gesellschaftliche Grenze für diese Produktionsweise. Marx kritisiert die bürgerliche Gesellschaft nicht deswegen, weil sie die Herrschaft über die Natur perfektioniert, sondern weil sie sie an innergesellschaftliche Herrschaft koppelt und damit ein neues ‚Gehäuse der Hörigkeit' (M. Weber) errichtet. Die frühere Ohnmacht des Menschen gegenüber der Natur hat sich in die Ohnmacht des Menschen gegenüber der Gesellschaft verwandelt. Die Gesellschaft ist selber zur Natur geworden, zur zweiten Natur, die so unerbittlich herrscht wie früher die erste. Die gesellschaftliche Entwicklung folgt nicht den Absichten der Menschen, sondern vollzieht sich hinter deren Rücken. Sie be-

3 Dieser Interpretation scheint zu widersprechen, daß Marx in seiner Kritik am Gothaer Programm der Sozialdemokratie ebensosehr die Natur als Quelle der Gebrauchswerte bezeichnet. Was Marx da ausführt, steht aber in einem anderen Kontext. Marx wendet sich gegen den spiritualistischen Zug in der Behauptung, die der Arbeit eine übernatürliche Schöpferkraft zuspricht. In ihr werde nämlich geflissentlich von der Tatsache abstrahiert, daß jeder Arbeiter auf gegenständliche Arbeitsbedingungen angewiesen ist und daß es also die wichtigste Frage bleibt, wie diese aussehen und wessen Eigentum sie sind (vgl. 1875, S. 15).

ruht auf der ‚Bewußtlosigkeit der Beteiligten' (Engels). Die Menschen beherrschen ihre Herrschaft über die Natur nicht. Sie können zwar so gut wie alles produzieren, aber dem Gesamtprozeß der Produktion stehen sie hilflos gegenüber. Ihre Handlungen folgen nicht ihrer eigenen Logik, sondern der Logik des Wertgesetzes. Solange die Menschen ihr unterworfen sind, leben sie innerhalb eines „*naturwüchsigen* Systems der gesellschaftlichen Teilung der Arbeit" (Marx 1867, S. 87, Hervorhbg. v. mir), d.h. in einer Epoche, „worin der Produktionsprozeß die Menschen, der Mensch noch nicht den Produktionsprozeß bemeistert" (ebd., S. 95). Am sinnfälligsten zeigen das die periodisch wiederkehrenden Krisen, die mit der Gewalt von Naturereignissen über die Gesellschaft hereinbrechen.

Für Freud ist ausgemacht, daß es Kultur ohne Einschränkungen der menschlichen Triebnatur, also des Sexual- und Aggressionstriebes, nicht geben kann. Kultur sei grundsätzlich „auf Triebverzicht aufgebaut" (Freud 1930, S. 457). Diese prinzipiell unverzichtbaren Eingriffe in die innere Natur stoßen aber nach Freud auf eine selber noch natürliche Grenze. Wenn man sie überschreitet, wird der Einzelne krank:

„Die Erfahrung lehrt, daß es für die meisten Menschen eine Grenze gibt, über die hinaus ihre Konstitution der Kulturanforderung nicht folgen kann. Alle, die edler sein wollen, als ihre Konstitution es ihnen gestattet, verfallen der Neurose; sie hätten sich wohler befunden, wenn es ihnen möglich geblieben wäre, schlechter zu sein." (Freud 1908, S. 154) Das bedeutet, „daß der Mensch neurotisch wird, weil er das Maß von Versagung nicht ertragen kann, das ihm die Gesellschaft im Dienste der kulturellen Ideale auferlegt." (Freud 1930, S. 446)

Psychische Krankheiten sind mithin keine Privatangelegenheiten. Freud führt sie auf eine Gesellschaft zurück, die sich nur über die Zurichtung und Verstümmelung des Einzelnen am Leben erhalten kann. Eine solche Gesellschaft muß sich fragen lassen, ob sie „der Opfer wert ist, welche sie uns auferlegt" (Freud 1908, S. 167).

Aber das Gegenbild zur Herrschaft über die Natur ist weder bei Freud noch bei Marx das gegenaufklärerische Beschwören des Natürlichen und Ursprünglichen. Diese romantische Kritik, die neben das Modell der Naturbeherrschung ihr Inselreich der seligen Naturharmonie setzt, lief immer schon neben der Aufklärung her. Sie ist Teil ihrer Ambivalenz, aber sie bringt diese Ambivalenz nicht weiter. Sie idealisiert das Beherrschte, Ausgegrenzte, Verdrängte und macht es in dieser idealisierten Form zum substantiellen Ursprung, von dem man sich nicht entfernen und in den man nicht eingreifen darf.[4] Damit aber gibt sie jeglichen Aufklärungsanspruch preis.

In der Kritik von Marx und Engels an der ‚deutschen Ideologie' spielt die Polemik gegen „Naturmystifikation" (1845/46, S. 461) eine entscheidende Rolle. Der Aufsatz eines ‚wahren Sozialisten' in den Rheinischen Jahrbüchern des Jahres

4 Beispiele dafür sind: in der Sozialphilosophie und Ethnologie die Konstruktion vom guten Wilden; in der Psychoanalyse die Archetypenlehre von C.G. Jung; in der Philosophie der Existentialismus Heideggers.

1845, in dem der Autor in der Natur nur die große Harmonie am Werke sieht, gibt Marx und Engels Anlaß zu folgendem bissigen Kommentar:

„‚Der Mensch' konnte noch eine Masse andrer Dinge sehen, z.B. die größte Konkurrenz unter Pflanzen und Tieren, wie z.B. im Pflanzenreich, in seinem ‚Walde von hohen und stolzen Eichen' diese hohen und stolzen Kapitalisten dem kleinen Gebüsch die Lebensmittel verkümmern und dies ebenfalls ausrufen könnte: terra, aqua, aere et igni interdicti sumus (von Erde, Wasser, Luft und Feuer sind wir ausgeschlossen worden); er konnte die Schmarotzerpflanzen, die Ideologen der Vegetation, sehen, ferner einen offenen Krieg zwischen den ‚Waldvögeln' und der ‚unermeßlichen Schar kleiner Tiere', zwischen dem Grase seiner ‚Wiesen' und der ‚mutigen Schar junger Rosse'. Er konnte in der ‚unzählbaren Schar von Welten' eine ganze himmlische Feudalmonarchie mit Hintersassen und Inliegern sehen, von welchen letzteren einige, z.B. der Mond, eine sehr kümmerliche Existenz fristen, aere et aqua interdicti; ein Lehnswesen, in dem sogar die heimatlosen Vagabunden, die Kometen, eine ständische Gliederung erhalten haben, und in dem z.B. die zerschlagenen Asteroiden von zeitweiligen unangenehmen Auftritten zeugen, während die Meteorsteine, diese gefallnen Engel, sich verschämt durch den ‚unendlichen Raum' schleichen, bis sie irgendwo ein bescheidenes Unterkommen finden. Weiter hinaus würde er dann auf die reaktionären Fixsterne kommen." (ebd., S. 459)

Weitaus leichter als die Harmonieschwärmerei sei das bellum omnium contra omnes von Hobbes aus der Natur beweisbar. Und mit viel größerem Recht habe Hegel in der Natur den Zwiespalt und die „liederliche Periode der absoluten Idee erblickt" (ebd., S. 460).

Freuds Argumentation gegen die abstrakten Zivilisationskritiker ist ganz ähnlich:

„Aber wie undankbar, wie kurzsichtig überhaupt, eine Aufhebung der Kultur anzustreben! Was dann übrig bleibt, ist der Naturzustand und der ist weit schwerer zu ertragen. Es ist wahr, die Natur verlangte von uns keine Triebeinschränkungen, sie ließe uns gewähren, aber sie hat ihre besonders wirksame Art uns zu beschränken, sie bringt uns um, kalt, grausam, rücksichtslos wie uns scheint, möglicherweise gerade bei den Anlässen unserer Befriedigung. Eben wegen dieser Gefahren, mit denen die Natur uns droht, haben wir uns ja zusammengetan und die Kultur geschaffen, die unter anderem auch unser Zusammenleben möglich machen soll. Es ist ja die Hauptaufgabe der Kultur, ihr eigentlicher Daseinsgrund, uns gegen die Natur zu verteidigen." (1930, S. 336)

Marx und Freud setzen also der Beherrschung der Natur nicht die Idealisierung der Natur entgegen. Ihr Gegenkonzept baut vielmehr auf dem Begriff der Arbeit auf. Arbeit begründet nach Marx kein absolutes Herrschaftsverhältnis des Menschen gegen die Natur. Sie ist vielmehr selber ein Naturverhältnis, d.h. „ein Prozeß, worin der Mensch seinen Stoffwechsel mit der Natur durch seine eigene Tat vermittelt, regelt und kontrolliert" (Marx 1867, S. 192). Die menschliche Arbeitskraft ist „nur die Äußerung einer Naturkraft" (Marx 1875, S. 15). Mit ihr tritt der Mensch „dem Naturstoff selbst als eine Naturmacht gegenüber" (Marx 1867, S. 192). In diesem durch die Arbeit vermittelten Naturverhältnis eignet sich der Mensch nicht nur den „Naturstoff in einer für sein eigenes Leben brauchbaren Form an", sondern „indem er durch diese Bewegung auf die Natur außer ihm wirkt und sie verändert, verändert er zugleich seine eigene Natur" (ebd.). Arbeit ist also nicht nur eine abstrakte Verausgabung von Nerv, Muskel, Hirn, sondern eine zivilisatorische Aktivität. Sie ist ein Erfahrungs- und Bildungsprozeß, in dem Subjekt und Objekt, Mensch und Natur sich verändern, ohne je miteinander identisch zu werden.

Freilich: die zivilisatorische Kraft der Arbeit, die Marx behauptet, sieht man nicht, wenn man in die Fabriken schaut. Daß die empirisch greifbare Arbeit des Einzelnen in der großen Industrie nach den Beschreibungen in den ‚Grundrissen' und im ‚Kapital' immer erfahrungs- und geistloser wird, macht es für Marx sehr schwer, sie als erfahrungs- und bewußtseinsbildende Potenz revolutionstheoretisch überzeugend in Anspruch zu nehmen. Nur durch eine sehr abstrakte Wendung ins Geschichtsphilosophische, die der Gesamtheit der gesellschaftlichen Arbeit die Vernunft zuspricht, die die Einzelarbeit verloren hat, kann Marx sich den Glauben an die fortschrittliche Qualität der Arbeit bewahren (vgl. König 1981, S. 117 ff.).

Auch Freud interpretiert die individuellen und kollektiven Entwicklungsprozesse nicht auf der positiven Folie der Natur. Zwar redet er oft von der ‚Reifung' des Kindes zum Erwachsenen. Aber das ist kein Naturprozeß, den die Eltern gewährenlassen müßten, um seine Logik nicht zu stören, sondern ein gesellschaftlicher Prozeß, der ohne aktives Eingreifen nicht gelingen kann. Daß es nach Freud typische Konstellationen gibt, vor die jeder in seiner Entwicklung gestellt wird, darf man nicht so begreifen, als wenn damit die Ontogenese einer Orientierungsfahrt mit vorgeschriebenen Wegen und festen Anlaufstationen gleichgestellt würde. In der Entwicklung des Kindes zum Erwachsenen geht es nicht darum, bestimmte Phasen nacheinander als erledigt abzuhaken, um ein eindeutig und positiv fixiertes Ziel zu erreichen. Diese sehr verdinglichte Vorstellung verbindet zwar Parsons mit der Psychoanalyse, aber sie verfehlt die Intention Freuds gründlich. Freud versteht die Ontogenese als einen komplizierten Veränderungs-, Erfahrungs- und Bildungsprozeß, der weder mit laissez-faire zu tun hat noch mit einseitiger Anpassung an im vorhinein festgelegte gesellschaftliche Anforderungen. ‚Reifung' ist vielmehr ein nie zu Ende gehender Prozeß, in dem die Triebnatur und die Kultur gleichermaßen zur Verhandlung stehen.

Freud und Marx begreifen ihre theoretischen Anstrengungen nicht als Selbstzweck, sondern als den Versuch des verändernden Eingreifens in unzulängliche Zustände. Aber sie verfallen nicht in Euphorie, wenn es darum geht, die Chancen tatsächlicher Veränderungen der Gesellschaft bzw. des Einzelnen auszumachen. Beide insistieren darauf, daß die erstrebten Umwandlungen nicht bloß vom guten Willen abhängen und nicht von heute auf morgen möglich sind. „Auch wenn eine Gesellschaft dem Naturgesetz ihrer Bewegung auf die Spur gekommen ist", so schreibt Marx im Vorwort zur ersten Auflage des ‚Kapital', „kann sie naturgemäße Entwicklungsphasen weder überspringen noch wegdekretieren." (1867, S. 15 f.) Marx betont immer wieder, vor allem in seiner Auseinandersetzung mit dem Anarchismus, daß es vor der bürgerlichen Revolution und vor der intensiven Entfaltung der Produktivkräfte eine sozialistische Revolution mit Aussicht auf Erfolg nicht geben kann. Daß man damit – wie die Arbeiterbewegung vor dem Ersten

Weltkrieg – die Revolution in alle Ewigkeit verschieben kann, weil entweder der richtige Augenblick noch nicht gekommen ist oder der Sozialismus ohnedies von selber eintritt, steht auf einem anderen Blatt. Und es ändert nichts daran, daß der Glaube an die totale Offenheit der Geschichte stets der Ideologie von der Allmacht des Menschen aufsitzt.

Auch Freud muß sich damit abfinden, daß es das Wunder einer schnellen Heilung seelischer Krankheiten nicht gibt. Die Erfolge der Hypnose, die auf so verblüffend leichte Weise die neurotischen Symptome aufzulösen schien, erwiesen sich bald als wenig dauerhaft. Nicht ohne Grund bezeichnet Freud das, was in seiner neuen Behandlungstechnik der ‚talking cure' im Zentrum steht, als „Durcharbeiten" (Freud 1914, S. 126). Durcharbeiten tritt an die Stelle der hypnotisch-suggestiven Beeinflussung der Patienten.[5]

(3) Vernünftige Rede als Medium für das Austragen von Konflikten (Gericht und Parlament): Parlamentarismus und Gerichtswesen, vom Volk gewählte Legislative und unabhängige Jurisdiktion sind die zentralen politischen Errungenschaften der bürgerlichen Revolution. Die Ideale der Gleichheit und Freiheit erhalten in ihnen eine institutionell gesicherte Form, so daß sich, wie Hegel feststellt, Freiheit und Notwendigkeit nicht länger widersprechen. Die französische Revolution habe die politische Freiheit wirklich gemacht, ihre Versöhnung mit der Restauration führe dazu, daß die politische Freiheit im Rechtsstaat institutionalisiert und damit aus dem Streit der divergierenden Interessen herausgenommen werde. Auch Marx betrachtet in seinen ersten Texten über politische und gesellschaftliche Fragen

> „den Staat als den großen Organismus, in welchem die rechtliche, sittliche und politische Freiheit ihre Verwirklichung zu erhalten hat und der einzelne Staatsbürger in den Staatsgesetzen nur den Naturgesetzen seiner eigenen Vernunft, der menschlichen Vernunft gehorcht." (1842a, S. 104)

Es liegt nach Marx im Begriff des Staates, daß er als die „Verwirklichung der vernünftigen Freiheit" (ebd., S. 103) die Zerrissenheiten und Antagonismen, die auf dem Boden der bürgerlichen Gesellschaft entstehen, ausgleicht und versöhnt. Die Kritik von Marx setzt erst da ein, wo der Staat von partikularen Interessen funktionalisiert wird, statt seinem Wesen gemäß das Interesse der Allgemeinheit zu verwirklichen. In seiner Analyse der ‚Debatten über das Holzdiebstahlgesetz' im rheinischen Landtag zeigt Marx, daß sich die Volksvertreter noch nicht ausreichend aus ihren Bindungen an partikulare Interessen gelöst haben und damit den Universalitätsanspruch des Staates an egoistische und ständische Sonderinteressen verraten:

5 Sehr viele Abfallbewegungen in der Geschichte der Psychoanalyse entstehen übrigens daraus, daß sie angeblich schnellere Behandlungsmethoden gefunden haben. Kein Zweifel, daß auch die meisten der gegenwärtig modischen Therapieformen deswegen so viel Resonanz finden, weil sie eine rasche Heilung versprechen.

„Diese Anmaßung des Privatinteresses, dessen dürftige Seele nie von einem Staatsgedanken erleuchtet und durchzuckt worden, ist eine ernste und gründliche Lektion für den Staat. Wenn der Staat sich auch nur an einem Punkte so weit herabläßt, statt in seiner eigenen Weise in der Weise des Privateigentums tätig zu sein, so folgt unmittelbar, daß er sich in der Form seiner Mittel den Schranken des Privateigentums akkomodieren muß." (1842b, S. 126)

Marx besteht auf den Forderungen der bürgerlichen Revolution. Er klagt das Ziel: die Emanzipation der Politik von den privaten Interessen gegen seine unzulängliche Verwirklichung ein.

In seinem Aufsatz ‚Zur Judenfrage' (1844) argumentiert Marx dagegen ganz anders. Jetzt geht es nicht mehr darum, die politische Emanzipation, den Staat, gegen die Vereinnahmung durch partikulare Interessen zu verteidigen, sondern darum, den grundsätzlich und von vornherein partikularen Charakter einer nur politischen Emanzipation nachzuweisen. Politische Emanzipation ist nach Marx deswegen partikular, weil sie die realen gesellschaftlichen Antagonismen nicht auflöst, sondern sie lediglich zu privaten Angelegenheiten erklärt, die den Staat nichts angehen und in ihm keine Rolle spielen. Als Staatsbürger sind alle gleich, Reiche und Arme, Katholiken und Juden, Eigentümer und Nichteigentümer, Weiße und Schwarze. Aber die gesellschaftlichen Ungleichheiten, vor allem die zwischen Reichtum und Armut, lassen sich nicht dadurch beseitigen, daß man von ihnen abstrahiert und allen Menschen eine von ihrer privaten Existenz getrennte Sphäre der Gleichheit zuspricht. Diese Verdopplung des Menschen in ein Privatwesen und ein ‚Gattungswesen', in bourgeois und citoyen, löst die gesellschaftlichen Konflikte nicht, sondern erklärt sie für unwichtig. Sie ist eine Erhebung über das reale Elend, das so nicht abgeschafft, sondern verlängert wird.

„Der vollendete politische Staat ist seinem Wesen nach das Gattungsleben des Menschen im Gegensatz zu seinem materiellen Leben. Alle Voraussetzungen dieses egoistischen Lebens bleiben außerhalb der Staatssphäre in der bürgerlichen Gesellschaft bestehen, aber als Eigenschaften der bürgerlichen Gesellschaft. Wo der politische Staat seine wahre Ausbildung erreicht hat, führt der Mensch nicht nur im Gedanken, im Bewußtsein, sondern in der Wirklichkeit, im Leben ein doppeltes, ein himmlisches und ein irdisches Leben, das Leben im politischen Gemeinwesen, worin er sich als Gemeinwesen gilt, und das Leben in der bürgerlichen Gesellschaft, worin er als Privatmensch tätig ist, die andern Menschen als Mittel betrachtet, sich selbst zum Mittel herabwürdigt und zum Spielball fremder Mächte wird. Der politische Staat verhält sich ebenso spiritualistisch zur bürgerlichen Gesellschaft wie der Himmel zur Erde." (Marx 1844, S. 354 f.)

Dieser grundsätzliche Mangel der politischen Emanzipation überschattet alle Institutionen des bürgerlichen Staates, das Gerichtswesen nicht weniger als den Parlamentarismus. Er bewirkt, daß der gewaltfreien vernünftigen Rede, die in Parlament und Gericht allein gelten soll, ein prinzipiell beschränkter Charakter anhaftet. Für sich genommen möglicherweise durchaus sinnvoll, findet sie unter Vorzeichen statt, die eine mehr als partikulare Vernunft trotz aller Anstrengung des Einzelnen nicht erlauben. Weil die politische Emanzipation grundsätzlich beschränkter Natur ist, deswegen muß sie, so folgert Marx, ersetzt werden durch die „menschliche Emanzipation" (ebd., S. 370).

Die Psychoanalyse diskutiert die Funktionalisierung der vernünftigen Rede für partikulare Interessen unter dem Begriff der Rationalisierung. Rationalisierung ist eine Form der Abwehr des Ich gegen unangenehme und bedrohliche Triebregungen. Aller Scharfsinn wird aufgeboten, um problematischen Verhaltensweisen durch kunstvolle Gedankengänge den Anstrich des Wohlbegründeten zu geben. Relativ leicht durchschaubar sind Rationalisierungen, wenn sie sich in Form von Palaver und Geschwätzigkeit äußern. Das Weitschweifige weist darauf hin, daß es in Wirklichkeit darum geht, die innere Problematik zu verdecken und vom zentralen Konflikt abzulenken.[6] Eine ähnliche Form des Widerstands gegen bedrohliche und ängstigende unbewußte Triebwünsche ist die Intellektualisierung. Auch in ihr tritt die Vernunft in den Dienst des Unvernünftigen, nämlich dadurch, daß zwar das Reden über das Bedrohliche zugelassen ist, aber nicht der zugehörige Affekt. Etwas, das eigentlich emotionale Reaktionen auslösen müßte, wird so behandelt, als ob es die bekannteste und einfachste Sache von der Welt wäre. Der psychische Gewinn, den man daraus ziehen kann, ist groß. Mit der Fähigkeit, affektlos und gleichsam stets nach vorbereitetem Konzept zu reden, erweist man sich als clever, allwissend und ist scheinbar durch nichts mehr aus der Ruhe zu bringen. Freilich wird der Gegenstand, über den man so redet, zunehmend gleichgültig. Er dient lediglich als Anlaß, um das Spiel der Erkenntniskräfte in Bewegung zu setzen und sich an ihrem Funktionieren zu berauschen. Freud kennt diese Strategie aus der psychoanalytischen Praxis:

> „In welchen Grenzen soll man die intellektuelle Mitarbeit des Analysierten bei der Behandlung in Anspruch nehmen? Es ist schwer, hierüber etwas allgemein Gültiges auszusagen. ... Es ist unrichtig, dem Analysierten Aufgaben zu stellen, er solle seine Erinnerungen sammeln, über eine gewisse Zeit seines Lebens nachdenken u.dgl. Er hat vielmehr vor allem zu lernen, was keinem leicht fällt anzunehmen, daß durch geistige Tätigkeit von der Art des Nachdenkens, daß durch Willens- und Aufmerksamkeitsanstrengung keines der Rätsel der Neurose gelöst wird, sondern nur durch die geduldige Befolgung der psychoanalytischen Regel, welche die Kritik gegen das Unbewußte und dessen Abkömmlinge auszuschalten gebietet. Besonders unerbittlich sollte man auf der Befolgung dieser Regel bei jenen Kranken bestehen, die die Kunst üben, bei der Behandlung ins Intellektuelle auszuweichen, dann viel und oft sehr weise über ihren Zustand reflektieren, und es sich so ersparen, etwas zu seiner Bewältigung zu tun." (Freud 1912a, S. 385 f.)

Aber auch an diesem Punkte ihrer Kritik bleiben Marx und Freud Aufklärer. Das zeigt schon die ganz einfache Tatsache, daß sie ihr Leben lang mit der Waffe der vernünftigen Rede in die Auseinandersetzungen ihrer Zeit eingreifen. Was Marx angeht, so glaubt er außerdem daran, daß die Vernunft, die in Parlament und Ge-

6 Thomas Mann benutzt diesen Abwehrmechanismus als Stilmittel. Die langen Sätze, ihre Weitschweifigkeit, Langatmigkeit und Umständlichkeit sind Beispiele dafür (vgl. Scherg 1982, S. 655).

richt prinzipiell halbiert ist, sich in der Wissenschaft ungeteilt realisieren kann. (Darauf gehe ich im vierten Punkt näher ein.) Die vollständige und nicht aufgespaltene Realisierung der ‚Gattungskräfte' ist auch das Programm jener Emanzipation, die Marx vor Augen hat.

„Erst wenn der wirklich individuelle Mensch den abstrakten Staatsbürger in sich zurücknimmt, und als individueller Mensch in seinem empirischen Leben, in seiner individuellen Arbeit, in seinen individuellen Verhältnissen Gattungswesen geworden ist, erst wenn der Mensch seine ‚forces propres' als gesellschaftliche Kräfte erkannt und organisiert hat und daher die gesellschaftliche Kraft nicht mehr in der Gestalt der politischen Kraft von sich trennt, erst dann ist die menschliche Emanzipation vollbracht." (Marx 1844, S. 370)

Das ist vage, gewiß. Aber das ‚Zurücknehmen', von dem Marx spricht, meint jedenfalls nicht ein Zurück zu einer ungeteilten Gewalt, sondern ein Voran zur ungeteilten Emanzipation, in der die „Selbstbetätigung mit dem materiellen Leben (zusammenfällt)" (Marx/Engels 1845/46, S. 68). Es ist Teil des Realismus von Marx, daß er die ‚menschliche Emanzipation' nicht in ihren Einzelheiten ausmalt. Marx trägt keinen abstrakten Maßstab an die Geschichte heran. Seine Stärke besteht in der immanenten Analyse der bürgerlichen Gesellschaft, der er ihre Beschränktheit nachweist. Erst wenn die Vernunft sich nicht damit zufrieden geben würde, innerhalb dieser Beschränktheit zu verbleiben, sondern sie selber zu ihrem Gegenstand machte, würde sie in den Dienst universaler Interessen treten.

Daß sich im vernünftigen Reden, im ‚Diskurs', die Herrschaft nicht zurücknimmt, sondern umgekehrt das Reden zum zentralen Medium von Herrschaft wird, ist eine der Großbehauptungen von Foucault. Im ersten Band von ‚Sexualität und Wahrheit' (1976) wird sie am Stoff der Psychoanalyse, also an der Geschichte der Triebunterdrückung dargelegt. Foucaults These ist, daß man im 19. Jahrhundert, das landläufig als prüdes Jahrhundert gilt, über die Sexualität nicht geschwiegen, sondern unentwegt über sie geredet hat. Zwar geschah das in der Form der Verneinung (‚das Kind hat keine Sexualität'), aber die Verneinung sei eben die Strategie, um die Sexualität zum Reden zu bringen und sie auf diese Weise beherrschbar zu machen. Dieses Prinzip der ‚Diskursivierung des Sexus' sieht Foucault auch in der Psychoanalyse am Werk. Sie gilt ihm als besonders ausgeklügelte Praktik in der Geschichte des „sprechenden Sexes" (S. 97). Freud vermehre nur das herrschaftliche Wissen über die Sexualität, indem er nun auch all das noch ans Licht hole, was bisher der Sexologie durch die Maschen gefallen war. Kurz: die Psychoanalyse sei „Abhörtechnik" (S. 87).

Das ist eine gründliche Fehlinterpretation der Psychoanalyse. Zweifellos ist der Glaube an die Sprache, an ihre erinnernde und heilende Kraft, das zentrale Kennzeichen der psychoanalytischen Therapie, so wie Freud sie nach seiner Abwendung von der Hypnose entwickelt. Bekanntlich wird ja in der psychoanalytischen Kur nur geredet. Aber dem liegt ein ganz anderes Verständnis von Sprache und Sprechen zugrunde als Foucault unterstellt. Es geht nämlich gar nicht um ein besseres Umgehen mit der Sprache, um ein effektiveres Wissen über die Abgründe des Seelischen. Vielmehr ist das Ziel ein anderes, ein verändertes und veränderndes Wissen. Der Akzent liegt nicht auf dem Wissen, sondern darauf, daß der Begriff des Wissens selber anders gefaßt wird. Diesem Programm liegen bei Freud keine theoretischen Reflexionen zugrunde, sondern praktische Erfahrungen:

„Es ist eine längst überwundene, am oberflächlichen Anschein haftende Auffassung, daß der Kranke infolge einer Art von Unwissenheit leide, und wenn man diese Unwissenheit durch Mitteilung (über die ursächlichen Zusammenhänge seiner Krankheit mit seinem Leben, über seine Kindheitserlebnisse usw.) aufhebe, müsse er gesund werden. Nicht dies Nichtwissen an sich ist das pathogene Moment, sondern die Begründung des Nichtwissens in inneren Widerständen, welche das Nichtwissen zuerst hervorgerufen haben und es jetzt noch unterhalten. In der Bekämpfung dieser Widerstände liegt die Aufgabe der Therapie. Die Mitteilung dessen, was der Kranke nicht weiß, weil er es verdrängt hat, ist nur eine der notwendigen Vorbereitungen für die Therapie. Wäre das Wissen des Unbewußten für den Kranken so wichtig wie der in der Psychoanalyse Unerfahrene glaubt, so müßte es zur Heilung hinreichen, wenn der Kranke Vorlesungen anhört oder Bücher liest." (Freud 1910, S. 123)

Wenn man also das arme Unbewußte bedauert, daß auch es durch die Psychoanalyse noch unter die Herrschaft des Logos gezwungen wird, hat man kaum verstanden, was Freud intendiert. Das Ziel der Analyse liegt nicht in der quantitativen Ausdehnung der formalen Rationalität in bislang verschlossene Welten, sondern in der Veränderung jener Rationalität, die kein anderes Verhältnis zu den Objekten kennt als die Herrschaft über sie. Die Psychoanalyse dient nicht den Allmachtswünschen des Ich, das nun auch das noch in Regie nimmt, was sich ihm bislang nicht fügte.[7] Wenn sie das beabsichtigte, dann in der Tat wäre sie nicht Kritik der Aufklärung, sondern deren kritiklose und damit vernunftlose Fortsetzung. Die Psychoanalyse, recht verstanden, verbündet sich aber nicht mit dem absoluten Herrschaftsanspruch über alles und jedes, sondern mit dem Verdrängten, das dem abstrakten Ich zum Opfer fiel. Sie intendiert nicht die Verfügung über das Verdrängte, sondern die Versöhnung mit ihm. Das ist etwas anderes als simple Ich-Stärke, die so oft als das Ziel der Psychoanalyse ausgegeben wird. Insofern die

7 Das wird auch von den Integrationstheoretikern verkannt, die – wie beispielsweise Habermas und Lorenzer – in der psychoanalytischen Therapie den Versuch sehen, das, was dem Ich aus dem Ruder gelaufen ist, auf geschickte und kluge Weise wieder in seine Organisation zurückzuholen. In diesem Modell wird tatsächlich das Störende nur zur Räson gebracht, das gestörte Sprachspiel in ein entstörtes zurückverwandelt. Als wenn so klar wäre, was das Ich ist, als wenn es im Verhältnis des Verdrängenden zum Verdrängten nur um Ausschließungs- und Reintegrationsprozeduren ginge. – Ich verkenne nicht, daß es bei Freud selber (zu schweigen von Strömungen in der Geschichte der psychoanalytischen Theorie) Ausführungen gibt, in denen das Ziel der Psychoanalyse als Neutralisierung von lästigen Störungen und Resozialisierung von Kranken verstanden wird, also der Psychoanalytiker sozusagen als Personifikation des Über-Ich auftritt. Am deutlichsten ist das in den Vorlesungen ‚Über Psychoanalyse', die Freud 1909 an der Clark-University gehalten hat. Aber das ist eben nicht alles. Und derart beschwichtigend und moralisierend hat Freud die Aufgabe der Psychoanalyse nie wieder bestimmt.

Kultur, in der wir leben, im wesentlichen auf verdrängender Verfügungsmacht beruht, steht sie in jeder psychoanalytischen Kur mit zur Kritik.

(4) Wissenschaft als Paradigma der Vernunft: Gegen das Postulat der Aufklärung, daß Vernunft gleich Wissenschaft ist, hat Marx kaum etwas einzuwenden. Es steht für ihn fest, daß die menschliche Gattung in der Wissenschaft fast unbeeinflußt von den gesellschaftlichen Widersprüchen ihren Fortschrittsweg weitergeht. Dem Kapitalismus gelinge nur eine äußere Instrumentalisierung und Indienstnahme dieses „allgemeinen Produkts der gesellschaftlichen Entwicklung" (Marx 1969, S. 50). Ohne großen Aufwand könne man „die Wissenschaft aus einem Werkzeug der Klassenherrschaft in eine Kraft des Volkes ..., die Männer der Wissenschaft selbst aus Kupplern des Klassenvorurteils, stellenjagenden Staatsparasiten und Bundesgenossen des Kapitals in freie Vertreter des Geistes verwandeln" (Marx 1871, S. 554). Im Grunde beruht nach Marx die Wissenschaft auf der „allgemeinen Arbeit des menschlichen Geistes" (Marx 1894, S. 114). Sie ist ein „System der allgemeinen Nützlichkeit" (Marx 1857/58, S. 313). Sie kann sich in ihrer Erkenntnisproduktion von allen Beeinflussungen durch Wert- und Warenform freihalten, und in der Anwendung auf die Produktion wird sie sogar zum wichtigsten Stützpunkt des Sozialismus innerhalb der bürgerlichen Gesellschaft. Mit der zunehmenden Verwissenschaftlichung wird die Produktion nämlich gleichzeitig immer gesellschaftlicher: einerseits weil wegen der hohen Kosten für die Produktionsmittel der Arbeitsprozeß bald von einem Privatkapitalisten nicht mehr zu bezahlen ist, und andererseits weil wegen der technischen Entwicklung alle „Arbeitsmittel in nur gemeinsam verwendbare Arbeitsmittel" (Marx 1867, S. 790) verwandelt werden. Gegenüber dieser tatsächlich bereits vergesellschafteten Form der Produktionsweise wird sich, so hofft Marx, die private Eigentumsordnung des Kapitalismus bald als Fessel erweisen, die man nur noch abstreifen muß, um den Sozialismus herbeizuführen.

Der emphatische Glaube an die emanzipatorische Rolle von Wissenschaft und Technik ist natürlich nach den Erfahrungen des 20. Jahrhunderts ganz unhaltbar geworden. Heute von der politischen Unschuld der Produktivkräfte zu reden wäre naiv. So ist es kein Zufall, daß die ergiebigsten Arbeiten in der nun schon beinahe wieder Historie gewordenen jüngeren Auseinandersetzung mit Marx der Kritik der politischen Technologie und ihrer wissenschaftstheoretischen Implikationen gewidmet waren (vgl. Sohn-Rethel 1970, Bahr 1970, v. Greiff 1976, Oetzel 1978).

Das Verhältnis von Marx zur Wissenschaft hat aber noch eine zweite Seite. Sie betrifft den Begriff der wissenschaftlichen Arbeit, den Marx seiner eigenen Tätigkeit des Forschens und Schreibens zugrundelegt. Marx hält daran fest, daß es die Aufgabe der Wissenschaft ist, die Gesellschaft als Ganze, als konkrete Totalität zu erkennen. Dazu gehört, daß er die arbeitsteiligen Grenzen zwischen den Disziplinen und ihren Methoden mißachtet. Die Einsicht ins Ganze der Gesellschaft gelingt nicht, wenn man viele einzelwissenschaftliche Erkenntnisse lediglich summiert. Marx ist Hegelianer genug, um die gesellschaftliche Totalität nicht als extensive zu verstehen, sondern als intensive. In angenehmer Unbescheidenheit distanziert sich Marx damit von dem, was heute gängige Münze in der Wissenschaft ist: die Einschränkung auf ein Spezialgebiet und das naive Vertrauen darauf, daß das Ganze dann schon als Aggregat von Einzeldisziplinen greifbar wird, – was faktisch dazu führt, daß für die wichtigen Fragen schließlich niemand mehr zuständig ist.

Marx selber ist mittlerweile im Wissenschaftssystem ein sicherer Platz im kleinen Fach der Soziologie zugewiesen worden. Damit ist die Unsicherheit der Rezensenten, die sich beim Erscheinen des ‚Kapital' darum stritten, ob Marx nun positivistisch verfahre oder metaphysisch, beseitigt. Als Soziologe wollte sich Marx ganz und gar nicht verstanden wissen. Er identifizierte Soziologie mit Comte, den er verabscheute, in der richtigen Ahnung, daß sich mit ihm eine Tendenz entwickelte, für die Wissenschaft sich mit dem puren Registrieren und Addieren der Faktizitäten zu bescheiden hat.[8] Indem Marx sich damit nicht zufrieden gibt, sondern darauf besteht, über das unmittelbar Greifbare hinauszugehen und seine Genese, seinen Zusammenhang mit dem Ganzen der Gesellschaft in die wissenschaftliche Arbeit einzubeziehen, ist er ein treuerer Vertreter der Aufklärung als jene, die in der platten empirischen Evidenz den einzigen Ausweis solider und gediegener Forschungsarbeit sehen.

Und Freud und die Wissenschaft? In den ‚Studien über Hysterie' heißt es:

> „Ich bin nicht immer Psychotherapeut gewesen, sondern bin bei Lokaldiagnose und Elektroprognostik erzogen worden wie andere Neuropathologen, und es berührt mich selbst noch eigentümlich, daß die Krankengeschichten, die ich schreibe, wie Novellen zu lesen sind, und daß sie sozusagen des ernsten Gepräges der Wissenschaft entbehren. Ich muß mich damit trösten, daß für dieses Ergebnis die Natur des Gegenstandes offenbar eher verantwortlich zu machen ist als meine Vorliebe." (1895a, S. 227)

Freud hat sich stets als Naturforscher verstanden und immer gehofft, für die psychologischen Verhältnisse ein systematisches physiologisches Erklärungsmodell zu finden. Am ambitioniertesten drückt sich das aus in dem Text ‚Entwurf einer Psychologie' (1895b). Weil sie jedoch den komplizierten Zusammenhängen des Seelenlebens nicht angemessen ist, muß Freud bald auf eine physiologische Grundlegung seiner Psychologie verzichten. Die Idee einer Systematisierung seiner Theorie greift Freud am Ende seines Lebens im ‚Abriß der Psychoanalyse' (1940) noch einmal auf. Doch das Unternehmen bricht nach den ersten Kapiteln ab. Freud muß sich damit begnügen, „Bilder" und „Gleichnisse" zu verwenden, die nicht mehr als nur „Hilfsvorstellungen zur ersten Annäherung an etwas Unbekanntes"

8 „Ich studiere jetzt nebenbei Comte, weil die Engländer und Franzosen so viel Lärm von dem Kerl machen. Was sie daran besticht, ist das Enzyklopädische, la synthèse. Aber das ist jammervoll gegen Hegel (obgleich Comte als Mathematiker und Physiker von Profession ihm überlegen, d.h. überlegen im Detail, Hegel ist selbst hier unendlich größer im Ganzen). Und dieser Scheißpositivismus erschien 1832!" Marx an Engels, Brief vom 7. Juli 1866, MEW 31, S. 234.

(Freud 1900, S. 513) sind. Den strengen wissenschaftlichen Anforderungen nach klaren Definitionen genügt das natürlich nicht.

Hinzu kommt, daß Freud durch seine fortlaufenden Begriffsrevisionen auch den Wunsch nach übersichtlicher Klassifikation immer wieder enttäuscht. Während sonst bei großen Geistern die Unterscheidung zwischen einer frühen und einer späten Phase (bei Kant, Hegel, Marx z.B.) bisweilen angemessen sein mag, kommt man mit dieser Zweiteilung bei Freud nicht sehr weit. Die „unausgesetzte Berührung mit den Tatsachen der Erfahrung" (Freud 1912, S. 334) führt ihn zu ständigen Veränderungen seiner Begriffe.[9] Daraus resultiert eine Dynamik der Begriffsbildung, die nichts mit einem Verwirrspiel zu tun hat, sondern der Versuch ist, materiale Erfahrung möglichst ohne Einbuße in der Theorie zur Geltung zu bringen. Allgemeiner gesagt: Die Psychoanalyse beansprucht für sich eine nicht verdrängende Form von Materialbehandlung, die dennoch am Anspruch begreifender Erkenntnis festhält. Darin weit eher als im ‚szientistischen Selbstmißverständnis' (Habermas) liegt – wissenschaftslogisch gesehen – die Bedeutung Freuds für die Sozialwissenschaften. Das Programm stetiger Selbstreflexion des Begriffs, dem die Psychoanalyse folgt, ist das entscheidende Gegenmodell zum zurichtenden Charakter der europäischen Bewußtseinsphilosophie. Es ist die Antwort darauf, daß die cartesianische oberste Wissenschaftsnorm des clare et distincte eine viel zu schnelle Grenzziehung zwischen Wesentlichem und Unwesentlichem, Rationalem und Irrationalem verfügt und alles, was sich ihrem Zugriff entzieht, als Belanglosigkeit ausgrenzt.

Schon mit der Wahl seiner Gegenstände stellt Freud diese Ordnung der Dinge in Frage. Wahnsinn, Phantasie, Traum sind Themen, die einem aufs Bewußtsein reduzierten Vernunftbegriff prinzipiell unzugänglich sind. So ist es kein Wunder, wenn Freud bei der Untersuchung des Traums feststellt, daß ein „uralter, hartnäckig festgehaltender Volksglaube der Wahrheit der Dinge nähergekommen" ist als moderne Philosophen, Psychiater und Wissenschaftler, die darin übereinstimmten, „das Problem der Traumdeutung als eine imaginäre Aufgabe zu streichen" (Freud 1900, S. 120). Freud wird sich nie scheuen, das in Mythen, Märchen, Aberglauben enthaltene Wissen gleichrangig neben das der Wissenschaften zu stellen. Aber keineswegs ist das so zu verstehen, daß damit der Anspruch auf begreifende Erkenntnis gekündigt würde. Denn Freud sitzt den Geschichten, die in Mythen und Träumen erzählt werden, nicht auf, sondern interpretiert sie. Erst in der Deutung offenbaren sie ihr Wesen.

Für dieses Verständnis von Wissenschaft und Theorie ist Freuds Verfahren der Traumdeutung besonders aufschlußreich. Bekanntlich behauptet Freud, daß alle Träume Wunscherfüllungen sind. Die Kritiker der Psychoanalyse halten das für eine „ungerechtfertigte Verallgemeinerung" (Freud 1900, S. 151) und verweisen auf Gegenbeispiele: z.B. auf Träume, die von Unlust geleitet sind oder auf Träume,

9 Die folgenden Überlegungen zu Freuds Wissenschafts- und Theoriebegriff entnehme ich Hentschel/Lux (1976/77).

in denen der Tod der Eltern und Geschwister vorkommt. Obwohl ihm Empirisches stets höher steht als Theorie, zeigt sich Freud von diesem Argument nicht sonderlich beeindruckt. Er weist darauf hin, daß seine Theorie „nicht auf der Würdigung des manifesten Trauminhalts beruht" (ebd., S. 152), sondern sich auf den latenten Trauminhalt bezieht, der erst nach getaner psychoanalytischer Deutungsarbeit dem Bewußtsein zugänglich ist. Damit macht Freud klar, daß für ihn Begriffe nicht im Rubrizieren sinnlicher Evidenzen aufgehen. Sie beziehen sich in seiner Theorie prinzipiell auf eine erweiterte stoffliche Grundlage. Nicht nur das unmittelbare Faktum soll in ihnen enthalten sein, sondern gleichzeitig seine Geschichte, die es hervorgebracht hat und die für scine gegenwärtige Gestalt verantwortlich ist. Die psychoanalytische Methode richtet sich gerade auf die Spannungen, die zwischen der Oberfläche eines Gegenstandes und seinem Grund bestehen. Sie heftet sich an die Punkte, die deutlich werden lassen, daß im manifest Sichtbaren wichtige Bestimmungen, die es erst verständlich machen und zu seinem Gehalt gehören, nur unvollständig bzw. entstellt zur Erscheinung kommen. Diesem „Reichtum an unbewußten, nach Ausdruck ringenden Gedankengängen in unserem Denken" (ebd., S. 501) eine angemessene Geltung zu verschaffen, ist das Ziel, dem sich die psychoanalytische Interpretationskunst verpflichtet. Jedem anderen Zugang bleibt der Traum ein Rätsel. Durch pures Hinsehen ist ihm kein Sinn abzugewinnen. Erst wenn man den dynamischen Kontext, in dem er steht, berücksichtigt, gibt er seine Bedeutung frei. Dazu muß man durch ein ganzes „Gespinst von Deutungen und Erinnerungen" (Freud 1905, S. 166), die sich an ihn knüpfen, hindurchgehen.

Freud bricht mit dem Berührungstabu der traditionellen Wissenschaft, die in der Distanz zum Gegenstand das oberste Kriterium der Objektivität sieht. Für ihn gibt es wirkliche Erkenntnis nur dann, wenn man sich nicht scheut, in den Gegenstand einzugreifen, um das herauszuarbeiten, was er nicht unmittelbar zum Ausdruck bringt, was aber doch in ihm enthalten ist. Das Ziel der Psychoanalyse ist nicht interesselose Kontemplation, sondern veränderndes Eingreifen in gesellschaftlich bedingtes Leiden. Das gleiche gilt für Marx. Natürlich muß sich die eingreifende Erkenntnis auf die in den Gegenständen selber wirkenden Potenzen beziehen. Sonst wäre sie willkürlich. Der Vernunftbegriff von Marx und Freud aber hat nichts mit Willkür zu tun, sondern versucht zusammenzuhalten, was mittlerweile längst auseinandergefallen ist: die wissenschaftliche Rationalität und die Idee einer vernünftigen Einrichtung der Welt.

* * *

So wenig das Projekt der Aufklärung zu Ende ist, so wenig ist es die Kombination von Psychoanalyse und Marxismus. Gerade in der Kritik, die Marx und Freud an der Aufklärung vorbringen, lebt diese fort. Man sollte sich aber nicht nur damit abfinden, daß der Verbindung von Psychoanalyse und Marxismus nicht eine neue

Einheitswissenschaft entspringen wird, in der Methoden, Intentionen und Zuständigkeiten im vorhinein festgelegt sind, sondern die Unterschiedlichkeit der Quellen und Zielsetzungen, der sich beide Theorien verdanken, als Vorzug begreifen. Weder kann die Psychoanalyse die Hilfswissenschaft des Marxismus sein noch umgekehrt der Marxist ein Hilfswissenschaftler des Analytikers. Das hat Klaus Horn in seinen Studien stets festgehalten. Psychologischer und ökonomischer Reduktionismus lagen ihm mit Recht gleichermaßen fern – für ihn war die Gesellschaft weder ein individuelles Subjekt im Großformat, noch umgekehrt das individuelle Subjekt die Kleinausgabe der Gesellschaft. Die Differenz zwischen Psychoanalyse und Marxismus formulierte er so: „Während kritische Theorie der Gesellschaft erste und zweite Natur bearbeitet, sofern sie den Menschen als gesellschaftliche Verhältnisse gegenübertreten, richtet politische Psychologie sich auf erste und zweite Natur, sofern sie an den Subjekten selber greifbar wird." (1972, S. 189)

Marx und Freud setzen als Aufklärungskritiker die Tradition der Aufklärung fort. Ihr Programm ist uneingelöst. Es weiterzuführen war die Intention der Arbeiten von Klaus Horn. Seine Texte sind alle um die für jede kritische Theorie unvermeidbare Aporie zentriert: Das Insistieren auf dem Glücksanspruch des Einzelnen führt zwangsläufig zu der Einsicht, daß es, nach dem berühmten Wort von Adorno, ein richtiges Leben im falschen nicht geben kann.

Literatur

Adorno, Theodor W./Horkheimer, Max (1947): Dialektik der Aufklärung. Philosophische Fragmente, Amsterdam 1968.
Bahr, Hans-Dieter (1970): Kritik der ‚Politischen Technologie'. Eine Auseinandersetzung mit Herbert Marcuse und Jürgen Habermas, Frankfurt.
Benjamin, Walter (1940): Über einige Motive bei Baudelaire, in: Gesammelte Schriften Band I, 2, Frankfurt 1974.
Bernfeld, Siegfried (1925): Sisyphos oder Die Grenzen der Erziehung, Frankfurt 1967.
– (1926): Sozialismus und Psychoanalyse, in: ders., Antiautoritäre Erziehung und Psychoanalyse. Ausgewählte Schriften Bd. 2, hrsg. von Lutz v. Werder und Reinhart Wolff, Frankfurt 1970.
Brückner, Peter (1982): Psychologie und Geschichte. Vorlesungen im ‚Club Voltaire' 1980/81, Berlin.
Dahmer, Helmut (1982): Libido und Gesellschaft. Studien über Freud und die Freudsche Linke, zweite, erweiterte Auflage, Frankfurt.
Foucault, Michel (1977): Sexualität und Wahrheit. Erster Band: Der Wille zum Wissen, Frankfurt.
Freud, Sigmund (1895a): Studien über Hysterie, GW I, London 1952.
– (1895b): Entwurf einer Psychologie, in: Sigmund Freud, Aus den Anfängen der Psychoanalyse, Frankfurt 1962.
– (1900): Die Traumdeutung, Studienausgabe Bd. II, Frankfurt 1972.
– (1905): Bruchstück einer Hysterie-Analyse, GW V, London 1942.
– (1908): Die ‚kulturelle' Sexualmoral und die moderne Nervosität, GW VII, London 1941.
– (1909): Über Psychoanalyse. Fünf Vorlesungen, gehalten zur zwanzigjährigen Gründungsfeier der Clark-University in Worcester, Mass., GW VIII, London 1945.
– (1910): Über ‚wilde' Psychoanalyse, GW VIII, London 1945.
– (1912a): Ratschläge für den Arzt bei der psychoanalytischen Behandlung, GW VIII, London 1943.
– (1912b): Schlußwort der Onanie-Diskussion, GW VIII, London 1945.

– (1914): Erinnern, Wiederholen und Durcharbeiten, GW X, London 1946.
– (1930): Das Unbehagen in der Kultur, GW XIV, London 1948.
– (1940): Abriß der Psychoanalyse, GW XVII, London 1941.
Gehlen, Arnold (1949): Sozialpsychologische Probleme der industriellen Gesellschaft, Tübingen.
v. Greiff, Bodo (1976): Gesellschaftsform und Erkenntnisform. Zum Zusammenhang von wissenschaftlicher Erfahrung und gesellschaftlicher Entwicklung, Frankfurt/New York.
Hentschel, Rüdiger/Lux, Peter (1976/77): Zur Theorie und Methode der Psychoanalyse in ihrer Bedeutung für die Religionswissenschaft und zu dem Problem sozialwissenschaftlicher Begriffsbildung, hektographiertes Manuskript.
Hobsbawm, Eric J. (1975): Die Blütezeit des Kapitals, Frankfurt 1980.
Horkheimer, Max (1932): Geschichte und Psychologie, in: ders., Kritische Theorie der Gesellschaft, Bd. I, Frankfurt 1968.
– (1935): Bemerkungen zur philosophischen Anthropologie, in: ders., Kritische Theorie der Gesellschaft, Bd. I, Frankfurt 1968.
Horn, Klaus (1969): Politische Psychologie. Erkenntnisinteresse, Themen, Materialien, in: G. Kress/D. Senghaas, Politikwissenschaft. Eine Einführung in ihre Probleme, Frankfurt 1972.
König, Helmut (1981): Geist und Revolution. Studien zu Kant, Hegel und Marx, Stuttgart.
Marx, Karl (1842a): Der leitende Artikel in Nr. 179 der ‚Kölnischen Zeitung', in: MEW 1.
– (1842b): Verhandlungen des 6. rheinischen Landtags. Debatten über das Holzdiebstahlsgesetz, in: MEW 1.
– (1844): Zur Judenfrage, in: MEW 1.
– (1857/58): Grundrisse der Kritik der politischen Ökonomie, Berlin 1953.
– (1867): Das Kapital. Erster Band, MEW 23.
– (1871): Erster Entwurf zum ‚Bürgerkrieg in Frankreich', in: MEW 17.
– (1875): Kritik des Gothaer Programms, in: MEW 19.
– (1894): Das Kapital. Dritter Band, hrsg. von Friedrich Engels, MEW 25.
– (1969): Resultate des unmittelbaren Produktionsprozesses, Frankfurt.
Marx, Karl/Engels, Friedrich (1845): Die heilige Familie, in: MEW 2.
– (1845/46): Die deutsche Ideologie, in: MEW 3.
– (1848): Manifest der kommunistischen Partei, in: MEW 4.
Oetzel, Klaus-Dieter (1978): Wertabstraktion und Erfahrung. Über das Problem einer historisch-materialistischen Erkenntniskritik, Frankfurt.
Sandkühler, Hans-Jörg, Hg. (1970): Psychoanalyse und Marxismus. Dokumentation einer Kontroverse, Frankfurt.
Scherg, Christian (1982): Literatur als Lebenshilfe. Am Beispiel Thomas Manns, in: Psyche, 36. Jg.
Sohn-Rethel, Alfred (1970): Geistige und körperliche Arbeit. Zur Theorie der gesellschaftlichen Synthesis, Frankfurt.

Essay

Peter Kubbier

Vom nahezu sicheren Eintreten eines fast unmöglichen Ereignisses – oder warum wir Kernkraftwerkunfällen auch trotz ihrer geringen Wahrscheinlichkeit kaum entgehen werden

Politiker und leider auch Wissenschaftler treiben oft mit Zahlen ein böses (Verwirr-)Spiel – und dies, ohne daß sie sich vorwerfen lassen müßten, dabei direkt etwas Falsches zu sagen. Verteidigt sich ein Politiker etwa gegen den Vorwurf, die Politik seiner Regierung führe zu einem ständigen Abbau der Sozialleistungen, mit den Worten: Die Ausgaben für Sozialleistungen seien gegenüber denen der Vorregierung um x% erhöht worden, so wird hier eine „reale" Erhöhung der Sozialleistungen suggeriert. Tatsächlich besitzt aber eine Angabe in dieser Form überhaupt keine Aussagekraft. Denn die Situation der Sozialhilfeempfänger kann durchaus schlechter geworden sein, und zwar zum Beispiel dann, wenn (1) die angegebene Erhöhung nominal gemacht wurde, doch gleichzeitig die Inflationsrate größer als x% war, oder wenn sich (2) der Warenkorb von Sozialhilfeempfängern relativ gegenüber dem der übrigen Konsumenten entsprechend verteuert hat, oder wenn (3) die Zahl der Sozialhilfeempfänger in der fraglichen Zeit um mehr als x% gestiegen ist, usw.

Zahlenverwirrspiele dieser Art werden auch im Rahmen der Genehmigungsverfahren von Kernkraftwerken gespielt, insbesondere wenn es darum geht, die Wahrscheinlichkeit für Unglücksfälle von der Größenordnung desjenigen zu ermitteln, wie er in Tschernobyl stattfand. Im folgenden will ich einerseits versuchen, den hohen Grad an Unsicherheit aufzuzeigen, der den Herleitungen und Schätzungen dieser Wahrscheinlichkeiten zukommt, und andererseits einige Folgerungen ziehen, die sich selbst dann ergeben, wenn man die Größenordnungen der geschätzten Wahrscheinlichkeiten ernst nimmt. Um die Richtung der Überlegungen und den Bezug zu dem Titel des Aufsatzes zu verdeutlichen, beginne ich mit einem Beispiel.

I.

Jedem ist das Lottospiel bekannt. Aus 49 Zahlen hat ein Spieler 6 auszuwählen. Werden bei der Ziehung der Lottozahlen genau die sechs Zahlen gezogen, die der Spieler gewählt hat, so hat er gewonnen (von den sonstigen kleineren Gewinnen, die man erzielen kann, sehen wir einmal ab). Da es rund 14 Millionen verschiedene Möglichkeiten gibt, aus 49 Zahlen 6 auszuwählen, und da wir annehmen wollen, daß die Ziehung korrekt durchgeführt wird, beträgt die Wahrscheinlichkeit für jede Kombination, realisiert zu werden: 1/13.983.816 oder rund 7 Hundertmillionstel, und das ist also die Wahrscheinlichkeit, mit der ein Spieler damit rechnen kann, daß gerade seine sechs Zahlen mit denen der Ziehung übereinstimmen. Im Sinne der Überschrift sei dieser Fall mit seiner fast verschwindend kleinen Wahrscheinlichkeit als ein fast unmögliches Ereignis bezeichnet. Und nun kommt das Verblüffende: In der über dreißigjährigen Geschichte des Lottospielens in der Bundesrepublik Deutschland ist es im Durchschnitt jährlich nur ein- bis zweimal vorgekommen, daß es bei einer der wöchentlichen Ziehungen keinen Gewinner gab. Obwohl es also für den einzelnen nahezu unmöglich ist, ein Gewinner zu sein, gibt es doch fast sicher immer einen Gewinner. Im Prinzip ist klar, wodurch sich dieser Widerspruch auflöst: Es ist die große Zahl von Lottoscheinen, die allwöchentlich abgegeben werden und eben fast sicher einen richtigen Tip enthalten. Die folgende Tabelle zeigt, wie mit der zunehmenden Zahl abgegebener Lottoscheine die Wahrscheinlichkeit, daß es *keinen* Gewinner gibt, zunächst sehr langsam und dann ganz rapide abnimmt. Mehr als Kuriosität läßt sich sogar errechnen, daß bei rund 230 Millionen abgegebener Lottoscheine die Wahrscheinlichkeit, *keinen* Gewinner zu haben, genauso klein ist, wie die Wahrscheinlichkeit, daß ein beliebig herausgegriffener Lottoschein *ein* Gewinner ist.

Zahl der unabhängig voneinander abgegebenen Tips	Wahrscheinlichkeit, unter den abgegebenen Tips keinen Gewinner zu haben
1	1 – 1/13.983.816
10	0.9 999 993
1.000	0.99 993
1.000.000	0.93
10.000.000	0.49
100.000.000	0.000 785
230.117.631	1/13.983.816

Bei der Berechnung der angegebenen Wahrscheinlichkeiten habe ich von der Möglichkeit abgesehen, daß ein Lottospieler mehrere – und damit in der Regel voneinander abhängige – Tips abgeben kann, sondern unterstellt, daß alle abgegebenen Tips unabhängig voneinander sind. Diese Annahme ändert die Ergebnisse unwesentlich.

II.

Ich komme auf unser Thema zurück. Und dazu will ich die im vorangegangenen Beispiel angestellten Überlegungen sinngemäß auf Störfälle in Kernkraftwerken zu übertragen versuchen. Die Wahrscheinlichkeit für das Eintreten von Störfällen – und ich spreche hier nur über solche, die ein Schmelzen des radioaktiven Kerns zur Folge haben und bei denen Radioaktivität austritt – werden von den Gutachtern, die die Expertisen für die Genehmigungsbehörden erstellen, in scheinbar sehr akribischer Weise berechnet. Im folgenden will ich mich daher zuerst mit der Vorgehensweise bei der Berechnung dieser Wahrscheinlichkeiten befassen. Um überhaupt mit Berechnungen beginnen zu können, ist es offensichtlich notwendig, Ereignisketten auszumachen, die zu einer Kernzerstörung führen, wobei ich mich zunächst auf sogenannte „anlageninterne" Störfälle beschränke, d. h. keine Störfälle betrachte, die ihre Ursache in einer Überschwemmung, einem Erdbeben, einem Flugzeugabsturz, kriegerischen Ereignissen o. ä. haben.

Eine solche Ereigniskette könnte etwa folgendermaßen aussehen:[1] Bei nicht abgeschaltetem Reaktor findet kein ausreichender Kühlmitteldurchsatz durch den Kern statt. Daraufhin kommt es zu Natriumsieden (wir beziehen uns hier auf den schnellen Natrium-gekühlten Reaktor: SNR-300) und zur Verdrängung von Natrium aus dem Kern. Da nach Voraussetzung keine Abschaltung stattfindet, ist die Folge eine Leistungsexkursion im Kern, die zu einer Kernzerstörung führt. Das „Einleitungsereignis" in diesem Beispiel ist der unzureichende Kühlmitteldurchsatz durch den Kern ohne Abschalten des Reaktors. In der oben genannten Studie (GRS-51) wird die Menge der Einleitungsereignisse in sechs Gruppen klassifiziert. Die einzelnen Einleitungsereignisse werden ferner ihrerseits auf Störfall-auslösende Ereignisse zurückgeführt. Ein solches Ereignis könnte in unserem Beispiel der Ausfall der Notstromversorgung sein. Ist sie ausgefallen, so sollte ein Reaktorabschaltsignal erscheinen. Fällt auch dieses aus, so tritt das in unserem Beispiel gewählte Einleitungsereignis (Gruppe 1) ein. Erscheint dagegen das Reaktorabschaltsignal, so sollte eine (mechanische) Schnellabschaltung des Reaktors erfolgen. Funktioniert diese nicht (z. B. weil die Bremsstäbe sich nicht einfahren lassen), dann tritt wieder das Einleitungsereignis des Beispieles ein. Kann der Reaktor jedoch abgeschaltet werden, dann heizt er noch nach, die Nachwärme muß abgeführt werden. Geht das reibungslos vonstatten, so ist das Problem des Kernschmelzstörfalles gebannt, anderenfalls landen wir bei einem Einleitungsereignis der Gruppe 5, genannt „Ausfall des Nachwärmeabführsystems bei abgeschaltetem Reaktor", das zu einem langsamen Schmelzen des Reaktorkerns führt – im Gegensatz zu den Einleitungsereignissen der Gruppe 1, die ein schnelles Schmelzen des Kerns nach sich ziehen.

1 Vgl. Risikoorientierte Analyse zum SNR-300. Gesellschaft für Reaktorsicherheit (GRS). Köln 1982 (GRS-51), S. 112 ff. Diese Studie ist das offizielle Ergebnis eines an die Gesellschaft für Reaktorsicherheit (GRS) vom Bundesminister für Forschung und Technologie (BMFT) auf Empfehlung der Enquete-Kommission „Zukünftige Kernenergie-Politik" des 8. Deutschen Bundestages vergebenen Auftrags, der einen pragmatischen Sicherheitsvergleich zwischen dem SNR-300 (schneller Natrium-gekühlter Reaktor) und einem Leichtwasserreaktor moderner Bauart ermöglichen sollte.

Die Analyse bezieht sich in wesentlichen Teilen auf die folgende Studie: Deutsche Risikostudie Kernkraftwerke. Eine Untersuchung zu dem durch Störfälle in Kernkraftwerken verursachten Risiko. Bonn 1981. Verlag TÜV Rheinland. Diese Studie wiederum stützt sich auf die grundlegende amerikanische Studie: United States Nuclear Regulatory Commission: Reactor Safety Study – An Assessment of Accident Risks in U.S. Commercial Nuclear Power Plants. WASH 1400 (NUREG-75/014). 1975 (Oft auch als Rasmussen-Studie bezeichnet).

Die angegebenen Analysen enthalten ihrerseits eine Fülle von Literaturangaben zu Teilproblemen im Rahmen der Analysen von Störfallrisiken durch Kernkraftwerke.

Um die Wahrscheinlichkeit eines bestimmten Störfalles zu berechnen, muß man die Kette aufeinanderfolgender Ereignisse daraufhin untersuchen, ob die einzelnen Ereignisse unabhängig voneinander sind. In unserem Beispiel etwa wird man annehmen dürfen, daß dies für den Ausfall des Notstromaggregates und den des Notsignals für die Schnellabschaltung des Reaktors zutrifft. In einem solchen Fall erhält man die Wahrscheinlichkeit des simultanen Ausfalls beider Funktionen als das Produkt der Wahrscheinlichkeiten für den Ausfall jeder einzelnen Funktion. Sind dagegen Abhängigkeiten vorhanden, so versuchen die Techniker entweder die Abhängigkeiten zu quantifizieren und die Ausfallwahrscheinlichkeit für einen ganzen Komplex – unter Berücksichtigung der Abhängigkeiten – zu bestimmen oder die Ausfallwahrscheinlichkeit des ganzen Komplexes – ohne detaillierte Berücksichtigung der Einzelursachen und der Zusammenhänge zwischen ihnen – aus empirischen Beobachtungen zu schätzen.

Das klingt sehr logisch und sehr sinnvoll. Der Teufel steckt aber im Detail. Um die Schwierigkeiten, die bei der praktischen Bestimmung von Wahrscheinlichkeiten auftreten, zu illustrieren, seien einige Details herausgegriffen.

(1) Jede – wie auch immer bestimmte – Wahrscheinlichkeit, die sich auf ein Ereignis der empirischen Erfahrung bezieht, ist mit Unsicherheit behaftet. Nehmen wir etwa an, das einen Störfall auslösende Ereignis sei der Ausfall eines bestimmten Motors. Dieser Motor mag millionenfach bewährt sein, man denke an den VW-Käfer-Motor. Es mag genauestens bekannt sein, wieviele Motoren von einer Million Motoren im Mittel bis zu einer Laufzeit von 10 Stunden zum ersten Mal ausfallen, wieviele bis zu einer Laufzeit von 20 Stunden usw., so daß die liefernde Firma z. B. ihre durchschnittlichen Ausgaben für Garantieleistungen sehr genau kalkulieren kann. Dennoch kann die Übertragung der aus den vielen Beobachtungen gewonnenen Wahrscheinlichkeiten für den Ausfall des Motors in Abhängigkeit von der Laufzeit auf einen einzelnen, ganz bestimmten Motor sehr unsicher sein. Ein Motor fällt schon nach 3 Stunden Betriebszeit aus, während ein anderer 100 Stunden problemlos läuft. Oder mit einem anderen Beispiel ausgedrückt: Es ist extrem unsicher, für eine beliebig herausgegriffene Person zu prognostizieren, wann und wie lange sie welche Krankheit haben wird – für die Gesamtheit der Versicherten einer Krankenversicherung ist das dagegen in vertretbaren Sicherheitsmargen durchaus möglich. Unfälle von Kernkraftwerken müssen aber wie Einzelfälle behandelt werden, so daß die Unsicherheitsmargen über die Standardabweichungen des Einzelfalles und nicht über die irgendwelcher Mittelwerte bestimmt werden müssen. In keiner Studie wird dieses klar dargelegt.

(2) In Kernkraftwerken werden neben hinreichend bewährten Funktionselementen auch solche eingesetzt, die zu völlig neuen Technologien gehören und als solche überhaupt noch nicht bewährt sind, wenn sie auch Tests im Laboratorium oder auf Prüfständen hinter sich haben. Diese Funktionselemente kann man grundsätzlich einteilen in solche, die einer Dauerbelastung ausgesetzt sind wie Rohre, Umwälzpumpen, Betonverkleidungen usw. und in Elemente, die nur in bestimmten Situationen einsatzbereit sein müssen, wie ein Notstromaggregat, ein Notsignal usw. Bei

der ersten Gruppe von Elementen ist es der Ausfallzeitpunkt, der unsicher ist – bei der letzteren Gruppe ist es die Ausfallwahrscheinlichkeit bei Anforderung, die geschätzt werden muß. Bei Funktionselementen neuester Technologie kann es nun durchaus vorkommen, daß in den wenigen Anwendungsfällen, die bekannt sind, überhaupt noch kein Funktionsausfall vorgekommen ist. Wie soll man dann die Ausfallwahrscheinlichkeit und ein Maß für die Unsicherheit dieser Schätzung schätzen?

Die mathematisch-statistische Theorie empfiehlt in einem solchen Fall, vorausgesetzt man verfügt über keinerlei weitere Informationen, so zu tun, als ob bei der nächsten Anforderung ein Ausfall vorliegen würde; d. h., gab es bei 50 bisherigen Anforderungen keinen Ausfall, so wird als Schätzwert für die Ausfallwahrscheinlichkeit 1/51 angesetzt. Techniker kommentieren diesen Schätzwert zudem noch als besonders konservativ, denn es könnten ja durchaus noch weitere Anforderungen in Zukunft ohne Ausfall verlaufen. Tatsächlich ist eine solche Festsetzung extrem unsicher und keineswegs konservativ: Man stelle sich einen Besucher einer Spielbank vor, dem das Roulettespiel mit seinen Spielregeln völlig unbekannt ist und der an einem Spieltisch beobachtet, daß zehnmal hintereinander „rot" kommt (was keineswegs sehr ungewöhnlich ist), und daraus den Schätzwert für die Wahrscheinlichkeit, daß „schwarz" kommt, mit 1/11 ansetzt. Jedermann, der das Roulettespiel kennt, weiß, daß dieser Schätzwert viel zu niedrig und damit a priori keineswegs „konservativ" ist. Allerdings läßt sich dieses Urteil eben nur aufgrund der zusätzlichen Kenntnisse, die wir bezüglich des Roulettespiels haben, fällen. Ohne diese Kenntnisse kann man zwar ein Maß für die Unsicherheit eines solchen Schätzwertes berechnen; nichts dagegen läßt sich dazu sagen, ob die „wahre" Wahrscheinlichkeit nun höher oder niedriger ist – und genau deshalb ist ein nach dem oben beschriebenen Vorgehen berechneter Schätzwert *nicht* „konservativ".

(3) Manche Vorgänge in einem Kernkraftwerk sind so komplex, daß man sie mit einem (vereinfachten, berechenbaren) Modell darzustellen versucht und dann das Modell heranzieht, um in sogenannten Simulationen die Eintrittswahrscheinlichkeiten verschiedener Störungen zu bestimmen. Ein Modell ist aber immer ein vereinfachtes Abbild der Realität, das zudem falsch oder fehlerhaft sein kann. Ferner gibt es Vorgänge und komplexe Zusammenhänge – und das sind vielfach die entscheidenden –, die man nicht einmal mehr in ein (vertretbares) Modell übersetzen kann. Dann muß man auf Expertenurteile zurückgreifen. Ein Beispiel dafür findet sich in der „Risikoorientierten Analyse zum SNR-300", Anhang 7–I, II (S. 420 ff.), in der 18 international renommierte Experten u. a. zu „Bewertungsdetails der mechanischen Energiefreisetzung bei einem unkontrollierten Kerndurchsatzstörfall" befragt werden. Ein Studium dieses Teils der Studie offenbart in erschreckender Weise, wie trotz der Gewichtung der Urteile mit der Kompetenz der Experten, trotz Durchschnittsbildung, trotz Vorgabe von Klassifikations- und anderen Diversifizierungsmerkmalen nur höchst angreifbare subjektive Urteile entstehen, die objektive Akribie vortäuschen, aber nicht ersetzen können.

Die ganze Fragwürdigkeit des Vorgehens könnte man nicht besser als mit den Originalworten des Hauptbandes der „Deutschen Risikostudie Kernkraftwerke" (siehe Fußnote 1) beschreiben. Dort schließt das Kapitel 4 „Gegenstand und Methoden der Risikoanalyse" mit dem Absatz: „Der zu erwartende Schadensumfang und die zu erwartende Häufigkeit der simulierten Unfallabläufe stammen aus Modellen des Unfallgeschehens, deren Schätzunsicherheiten zum Teil per Expertenurteil quantifiziert oder als vernachlässigbar beurteilt werden. Außerdem finden in diesen Modellen Schätzwerte unterschiedlicher Qualitätsstufen Verwendung. Als Folge davon müssen die in Abschnitt 8.2 dargestellten Vertrauensbereiche der Ergebnisse als subjektiv bezeichnet werden."

(4) Viele Funktionen in einem Kernkraftwerk werden von Menschen ausgeführt. Handelt es sich um Routinearbeiten, so lassen sich aus der Erfahrung durchaus Wahrscheinlichkeiten dafür ableiten, daß eine Funktionsprüfung vergessen oder eine sonstige Aufgabe nicht durchgeführt wird. Es gibt aber auch eine Fülle möglicher Tätigkeiten von selbständig handelnden Menschen, für die, um sie sich im voraus vorzustellen, die Phantasie nicht ausreicht oder der Verstand sich weigert: Zum Beispiel klemmt jemand eine Sicherung mechanisch fest, die leicht (vermeintlich ohne Grund) herausspringt oder schlägt einen Nagel ein, der eine elektrische Leitung zum Schmoren bringt, usw. – Tschernobyl war ein deprimierend gutes Beispiel für eine Kette solcher, sich jeder Logik entziehender Handlungen. Auch das letzte Challenger-Unglück scheint in diese Kategorie zu gehören: Die Warnzeichen waren vorhanden. Sie wurden von den Technikern korrekt interpretiert, aber das Management überging sie aus Prestige- oder sonstigen Gründen.

(5) Schließlich sind es auch „nur" Menschen, die die oben erwähnten Studien oder ähnliche erstellen. Sie können unwissentlich oder wissentlich falsche Ergebnisse einbringen. Zur *ersten* Kategorie gehören Ergebnisse aus falschen Berechnungen oder aus der Verwendung falscher Modelle, die nicht als solche erkannt werden (können). Bearbeiter können auch schlicht inkompetent sein. Wer sich das nicht vorstellen kann, lese das folgende Zitat aus der „Risikoorientierten Analyse zum SNR-300", S. 294: „Andererseits wurde um die Angabe von Wahrscheinlichkeiten – in der Interpretation als Grad an Sicherheit –, mit dem ein Wertebereich für die Lage eines ungenau bekannten, aber an sich festen Wertes (Konstanten und Gesetzmäßigkeiten) für zutreffend gehalten wird, gebeten. Die Antworten zu diesen Fragen beschreiben subjektive Wahrscheinlichkeitsverteilungen, die gewichtet zu einer subjektiven Wahrscheinlichkeitsverteilung zusammengefaßt werden. Diese dient zur Quantifizierung der Unsicherheit in der Kenntnis der betrachteten festen Größen und zur Fortpflanzung dieser Unsicherheiten bis zu den Ergebnissen, für die sich dadurch subjektive Vertrauensbereiche ergeben."

Zur *letzteren* Kategorie gehört der ganze Komplex der wirtschafts- und gesellschaftspolitischen Einfluß- und Interessensphäre, der die Ergebnisse einer Kernkraftstudie genauso mitbestimmt wie die Einschätzung der technisch-wissenschaftlichen Möglichkeiten. Darauf sei hier nicht eingegangen. Eine Vorstellung von den Manipulationsmöglichkeiten und den Interessenverflechtungen zum Beispiel zwischen den (profitierenden) Elektrizitätskonzernen einerseits und den (prüfenden, überwachenden) TÜV's andererseits vermittelt der Artikel „Von der Wiege bis zur WAA: Der TÜV" (in NATUR 1986, Heft 9, S. 46–52).

Die bisherigen Überlegungen lassen sich wie folgt zusammenfassen: Jede für einen relevanten Unfall ermittelte Wahrscheinlichkeit ist mit Unsicherheit behaftet. Zur Berechnung der „Gesamtwahrscheinlichkeit" sind zum Teil Hunderte von Einzelwahrscheinlichkeiten zu ermitteln, die ihrerseits wieder von höchst unterschiedlicher Qualität (sprich: ungewiß) sind. Einige beruhen auf jahrelangen Erfahrungen, einige auf subjektiven Expertenmeinungen, einige auf den Simulationsergebnissen mit Modellen, in die ihrerseits wiederum eine Fülle von (unsicheren) Annahmen eingehen (mathematische Form der Gleichungen, Zahl und Typ der einzubeziehenden relevanten Einflußgrößen, Verteilungsform der stochastischen Störgrößen usw.), und einige auf der weitgehend beliebigen Beurteilung menschlichen Verhaltens – ganz zu schweigen von dem unkalkulierbaren Komplex bewußten menschlichen Fehlverhaltens, unter das man auch Sabotage und terroristische Aktionen rechnen könnte. Aus all diesen Gründen und Überlegungen läßt sich nur ein Schluß ziehen: Die in den Kernkraftstudien angegebenen Unfallwahrscheinlichkeiten – Unfallhäufigkeiten pro Jahr – täuschen Akribie und mathematische Strenge vor, die einer kritischen Betrachtung nicht standhalten. Sicher ist nur ihre Unsicherheit! Die Risikoabwägungen sind unvollständig, und die geschätzten Werte müssen mit größter Vorsicht behandelt werden.[2]

III.

Alle vorangegangenen Überlegungen bezogen sich auf anlageninterne Störfälle. Um die grundlegende Problematik der Ermittlung von Unfallwahrscheinlichkeiten darzustellen, ist das ausreichend. Hinzu kommt, daß man über die Auswirkungen von Flugzeugabstürzen, Erdbeben, Flutwellen, Überschwemmungen u. ä. vielleicht insgesamt etwas genauere Aussagen machen kann, weil man bei all diesen Katastrophen auf langjährige Beobachtungen zurückgreifen kann. *Eine* Katastrophenform aber wird aus allen Überlegungen ausgeklammert: Krieg! Wenn man bedenkt, daß

2 Offenbar sind sich auch die Autoren der „Risikoorientierten Analyse zum SNR-300" dessen bewußt, denn sie verzichten in ihren Zusammenfassungen konsequent auf die Angabe von Vertrauensintervallen, Standardabweichungen oder ähnlichen Maßen für die Unsicherheit der geschätzten Ergebnisse. Meiner Ansicht nach ist die Annahme eines Streufaktors von 100 durchaus angebracht. Als Mathematiker würde ich sogar noch einen Schritt weitergehen und sagen: Berechnen oder schätzen kann man die Wahrscheinlichkeit eines Störfalles überhaupt nicht. Es lassen sich bestenfalls Plausibilitätsbetrachtungen durchführen und Überlegungen dazu anstellen, welche Ursachen für eine Störung infragekommen und wie man ihnen begegnen kann – und deshalb sind die genannten Studien auch wichtig. Für eine wahrscheinlichkeitstheoretische oder statistische Behandlung fehlen alle Voraussetzungen: Nicht einmal die vollständige Ereignismenge ist bekannt oder überhaupt definierbar. Damit ist aber auch die darauf aufzubauende σ-Algebra unbekannt, und worauf soll man dann ein Wahrscheinlichkeitsmaß definieren?

sich allein (die Bundesrepublik) Deutschland in diesem Jahrhundert in rund jedem zehnten Jahr im Kriegszustand befand und daß ein Kernkraftwerk durchaus ein bewußtes oder unbewußtes Ziel einer Bombe oder Rakete sein kann, dann hätte ein auf Krieg zurückzuführender Kernkraftwerkunfall eine um Zehnerpotenzen höhere Wahrscheinlichkeit als alle anderen. Aber daran mag offensichtlich niemand denken, obwohl die Wahrscheinlichkeit, daß ein heute geborenes Kind in seinem zu erwartenden 80-jährigen Leben *kein* Kriegsjahr erlebt, zwei Zehntausendstel beträgt bzw. umgekehrt, es zu 99,98 % in ein Kriegsjahr gerät, wenn man die oben genannte Häufigkeit von einem Kriegsjahr in zehn Jahren auch auf die Zukunft überträgt – und wohlgemerkt: Von dieser fast absurden Art sind alle Überlegungen, die im Zusammenhang mit Risikoabwägungen bei Kernkraftwerken angestellt werden.

Doch um das Spiel mit Wahrscheinlichkeiten für das Eintreten *interner* Störfälle noch etwas weiterzuführen: Man nehme die in den Studien genannten Wahrscheinlichkeiten für Kernkraftwerkunfälle einmal als gegeben an. In der „Deutschen Risikostudie" wird 2×10^{-5} als größte Wahrscheinlichkeit für einen Kernschmelzfall pro Jahr genannt (Hauptband S. 168, Tab. 6–4), in der „Risikoorientierten Analyse" ist die entsprechende Wahrscheinlichkeit etwas kleiner (S. 227, Tab. 5–4). Rechnen wir mit einer Unfallhäufigkeit von 2×10^{-5}/Jahr, dann haben wir heute – bei rund 100 Kernkraftwerken, die in Betrieb sind – schon eine Unfallhäufigkeit von 2×10^{-3}/Jahr. Und das bedeutet: Selbst unter diesen (optimistischen) Annahmen beträgt die Wahrscheinlichkeit für ein heute geborenes Kind, in seinem Leben ein Kernkraftunglück zu erleben, 15 %. Die Wahrscheinlichkeit erhöht sich auf fast 30 %, wenn wir von der doppelten Anzahl von Kernkraftwerken ausgehen, was ja nicht unrealistisch ist, da der Ausbau der Kernkraftenergie bisher immer noch das erklärte Ziel aller Industrienationen ist – und wie lange wird es dauern, bis auch die übrigen Länder nachziehen (müssen)?[3]

Die Wahrscheinlichkeit, einen Kernkraftunfall zu erleben, erhöht sich weiter, wenn man die Streufaktoren mit einbezieht, die die Unsicherheit der geschätzten Unfallhäufigkeiten quantifizieren. Den Studien selbst ist schon ein Faktor 10 zu entnehmen, meiner Ansicht nach ist er aber wesentlich höher, wie ich plausibel zu machen versucht habe. Rechnet man also (etwas pessimistischer) mit einer um den Streufaktor 10 höheren Wahrscheinlichkeit und 100 Kraftwerken, so steigt die Wahrscheinlichkeit für das heute geborene Kind, mindestens ein Kernkraftwerkunglück zu erleben, schon auf 80 % und bei 200 Kraftwerken auf 96 %.[4] In der ge-

3 Das folgende Zitat zeigt, welche enormen Wachstumsraten im Kernenergiesektor derzeit vorherrschen: „Worldwide nuclear power generation increased by 14 percent in 1985 from a year earlier, the head of the International Atomic Energy Agency said Monday. Director-General Hans Blix, opening the 30th general conference of the 113-member advisory body, said this follows a 19-percent rise in nuclear power the previous year." (UPI-Meldung in der HARALD TRIBUNE vom 30.9.86)

4 Noch trostloser wird die Situation natürlich, wenn man in diese Überlegungen auch noch seine Kinder und Kindeskinder einbezieht – und sie fallen ja nicht nur in seinen Verantwortungsbereich, sondern bestimmen ganz allgemein seine Lebensqualität wesentlich mit.

nannten Größenordnung – 200 Kraftwerke, Unfallhäufigkeit 2×10^{-4} – lassen schon geringe Verschlechterungen in den angenommenen Werten die Prozentsätze weiter steigen – und niemand kann und will sich zutrauen, die Zahl der Kraftwerke, der Kriege, Erdbeben, Flutkatastrophen, Flugzeugabstürze, Terrorakte usw. exakt vorauszusagen. All diese Ereignisse haben in meinen Rechenspielen keine Berücksichtigung gefunden, aber sie alle erhöhen die Unfallwahrscheinlichkeit. Sie machen es insgesamt fast sicher, daß ein heute geborenes Kind in seinem Leben ein so nahezu unmögliches Ereignis erleben wird, als das man das Schmelzen des Kerns eines Kernkraftwerkes immer darzustellen versucht.

Wolf-Dieter Narr

„Angeklagt gem. Nötigung"

*... aufgrund Strafbefehl vom 3.1.1986 – Verfahren „zur gemeinsamen Verhandlung und Entscheidung" am 9.12.1986 vor dem Amtsgericht zu Schwäbisch Gmünd**

Herr Richter, Herr Staatsanwalt, meine Damen und Herren!

Ich bin mit der Anklage ganz und gar unzufrieden. Sie haben mich gemeinsam mit Frau Möller-Falkenberg pauschal, d.h. ohne jede nähere Spezifizierung und Begründung im einzelnen, wegen „gem. Nötigung" angeklagt und wollen demgemäß heute ein Strafverfahren im Ruckzuck durchführen, sprich in einem Aufwasch verhandeln und entscheiden. Sie haben den Sachverhalt, der zum Vorwurf gewalthafter Nötigung in verwerflicher Absicht meinerseits führte, nicht genau aufgenommen. Sie haben auf jede Beweiserhebung, jede Einvernahme von Zeugen, verzichtet. Sie haben auch mich in der Sache nicht vorher gehört, ja Sie haben nicht einmal für die heutige „Verhandlung und Entscheidung" mein persönliches Erscheinen, wie es im gerichtlichen Amtsdeutsch so drohendschön heißt, „angeordnet". Sie meinen offenkundig, es genüge, daß die Polizei mich seinerzeit von der Straße aufgehoben und weggetragen hat. Damit, so nehmen Sie an, sei die Beweisaufnahme schon abgeschlossen, und nun komme es nur noch darauf an, diesen Tatbestand „rechtlich zu würdigen".

Sie wissen oder Sie sollten jedenfalls wissen, daß Sie damit nicht allein gegen die formalen Anforderungen des § 240 StGB verstoßen, auf dessen normativen Felsen

* Am 24.9.1985 habe ich – zusammen mit Helga Einsele, Inge Aicher-Scholl, Walmot Möller-Falkenberg, Hannelore Vack, Fritz Hartnagel, Michael Greven, Wolf Biermann und Klaus Vack – in Mutlangen für kurze Zeit auf einer belebten Mutlanger Straße US-amerikanische Lastwagen blockiert, die zum nahegelegenen Pershing-II-Standort fahren wollten. Nachdem die Polizei uns weggezogen hatte, setzten wir uns vor die Hauptausfahrt des Raketenlagers. Nach kurzer Zeit trug uns die Polizei behutsam weg. Wir wurden nach Schwäbisch Gmünd zum Amtsgericht geschafft. Dort wurden unsere Personalien aufgenommen. Und alles nahm seinen staatsanwaltlich-strafrichterlichen Gang.

Alle Beteiligten außer Walmot M.-F. und mir sind schon Monate *vor* dem Bundesverfassungsgerichtsurteil vom 11.11.1986 mit dem üblichen Huckepack von Tagessätzen gemäß § 240 StGB serienjustiziell abgeurteilt worden. Wir waren aus dieser Gruppe die ersten, deren Verhandlung unter dem „Stern" des Verfassungsgerichtsurteils stand. Serienjustiz erneut – das war die Frage. Die Rede habe ich am 9.12.1986 in einem dickwandigen Raum des Amtsgerichts Schwäbisch Gmünd gehalten. Sie wurde für den Druck etwas gekürzt und hauchzart modifiziert.

Sie Anklage und gegebenenfalls auch das Urteil gründen. Sie verstoßen darüberhinaus eindeutig gegen Wortlaut und Sinn der in dieser Hinsicht einstimmigen Entscheidung des Bundesverfassungsgerichts vom 11. November dieses Jahres, also ziemlich genau vor vier Wochen. So sehr dieses Urteil prinzipiell und in einzelnen Aussagen fragwürdig geblieben ist, so wenig sich die beiden Vierergruppen einigen konnten, so haben doch alle acht Richter eindeutig und klar in folgendem übereingestimmt: Daß das wie immer geartete Mittel der angeblichen Nötigung in keinem Fall ausreiche, die Rechtswidrigkeit einer Handlung in diesem Bereich zu erkennen. § 240 Abs. 1 StGB, nackt und bloß, vermag also keine strafrichterliche Entscheidung zu tragen. Entscheidend sei vielmehr, ob die mit der vorgeworfenen Nötigungshandlung verbundenen Ziele und Motive als „verwerflich" qualifiziert werden könnten. Eine solche Qualifikation aber, gleichviel, ob „nur" die kurzfristigen oder ob auch die langfristigen Ziele berücksichtigt werden – allein hier bestand ein Patt zwischen den Verfassungsrichtern: Vier zu vier –, mache es in jedem Fall vorgeworfener Nötigung seinerseits nötig, denselben einzeln gemäß seiner spezifischen Umstände und auch aufgrund der Ziele und Motive des angeblich genötigt Habenden zu prüfen. Genau dies aber unterlassen Sie hier. In meinen Fall, in anderen Fällen. Sie verfahren vor und nach dem 11.11.1986, als sei das Bundesverfassungsgericht für Sie eine quantité négligeable.

Ich wiederhole mich: Ich beklage mich über die mangelnde Form und die mangelnde Substanz der Anklage. So, wie Sie verfahren, verfahren Sie auch formell rechtswidrig. Wenn Sie mich und andere nach demselben Schema F Gmünder Schematismus behandeln und gar aburteilen, dann müßten Sie wenigstens, und auch dies vorweg, jeweils genau darlegen, warum alle Fälle miteinander im Angesicht des § 240 StGB identisch sind. Auch an einem solchen Identitätsnachweis hapert es vollständig. Sie machen sich hiermit schuldig einer Verwechselung von Strafjustiz und einem bürokratischen Verfahren, das sich die sperrigen Fälle zurichtet, bis sie ins Schema passen. Sonst fallen sie eben heraus. Ich klage also zurück. Dieses Verfahren macht sich wie andere, die mir bekannt geworden sind, schon in der förmlichen Prozedur erheblicher Rechtsfehler, eines Mangels des hier unabdingbaren „due process of law" schuldig.

Unter diesem Vorbehalt, ja diesem Protest eines die Verfassung und die Rechte lesenden Bürgers verstehe ich meine folgenden Ausführungen. In den Verfahren seither, deren Einlassungen ich verfolgt habe, sind schon viele Argumente vorgetragen worden, die ich mir zueigen machen könnte, auf die ich mich beziehen müßte, um deutlich zu machen, wie viele ehrbare Menschen in diesem Lande, wie viele Demokraten ähnlich wie ich empfinden, urteilen, handeln. Diese Feststellung ist wichtig. Denn sie sagt ihrerseits etwas über die „Verwerflichkeit" aus. Letztere darf ja bekanntlich nicht der Tiefe des richterlichen oder vorweg des staatsanwaltlichen Gemüts entnommen werden. Sie muß sich als Maßstab vielmehr auf die Mehrheit, die überwiegende, ja die durchgehende der „billig und gerecht denkenden" Bürgerinnen und Bürger beziehen. Was aber, wenn eine so eindeutige, schier hundertprozentige Mehrheit, wie sie etwa das OLG Köln im Juli dieses Jahres gefordert hat, nicht gegeben ist? Dann läßt sich offenbar nicht auf „Verwerflichkeit" schließen.

Ich werde dennoch entsprechend der jeweils nötigen individuellen und spezifischen Überprüfung ausführlich begründen: Warum ich mich *zum ersten* an einer gewaltfreien Blockade beteiligt habe. Warum ich *zum zweiten* die Anwendung des § 240 StGB auf diesen Sachverhalt, ja sogar allgemein, für mit dem Grundgesetz als nicht im Einklang befindlich halte. Und warum ich *zum dritten* die gewaltfreie Blockade als nötige Rechtsfortbildung durch das Volk i. S. von Art. 20 Abs. 2 GG verfassungspolitisch und verfassungssystematisch werte.

I. Persönliche Motive und Ziele

a. Ich bin ein Kind des Faschismus und der Reeducation. Was heißt das? 1937 geboren, seit 1940 in Würzburg aufgewachsen, dort am 16.3.1945 zusammen mit Mutter und drei Geschwistern, wie es damals hieß „total ausgebombt", nach dem „Zusammenbruch", wie wir ihn seinerzeit nannten, auf dem Land groß geworden mit den Zwischenerlebnissen von Tieffliegerangriffen, Panzersperren, zerschossenem Dorf, Toten schon verstreut in der Würzburger Glacis liegend, gelblich, starr, haben sich folgende Erfahrungen in mir eingebrannt und sind mir allmählich im Laufe der fünfziger Jahre bewußt geworden:

- Wie sehr ein Regime, in diesem Falle der Nationalsozialismus, sich bis in die Seelentaschen kleiner Kinder hinein, hier eines sechs-, sieben-, eines am Ende achtjährigen Jungen, einnisten kann. Ich freute mich auf die „Napola" (= Nationalpolitische Erziehungsanstalt), die mir erstrebenswert schien. Ich wollte, ohne genau zu wissen oder auch nur zu ahnen, was das war, „Wehrbauer im Osten", genauer im „Schwarzerdegebiet" werden – so wurde mir kindlich die Ukraine übersetzt. Ich war, wenn Sie so wollen, ein begeisterter, zu meinem Bedauern noch nicht hitlerjugendreifer Nationalsozialist, obgleich in meinem Elternhaus, national durchaus, gewiß nicht nationalsozialistisch bramarbasiert und schwadroniert worden ist;
- wie menschen- und heimzerstörerisch Krieg ist. Menschen lagen herum; Pferde mit aufgedunsenen Leibern; das Fleisch notgeschlachteter Rinder ließ 1945 selbst bei Nichtbauern noch keinen Hunger aufkommen;
- Wie lächerlich Heroismus und Widerstand sind, damals gegen die „Überroller", die Amerikaner erlebt, wenn sie nicht beizeiten geübt werden. Und vor allem in gänzlich anderer Weise: nicht kriegerisch.

Zu diesen und anderen zu Erfahrungen sich verdichtenden Erlebnissen kam nach 1945 das hinzu, was unter Reeducation bekannt geworden ist. Ich sog mich nach und nach voll mit dem, was geradezu als Demokratieglauben bezeichnet werden könnte. Auch in der Auseinandersetzung mit dem „braun" gewesenen, aber sich stellenden und lernfähigen Vater, der anders als die meisten nicht mehr in Amt und Würden zurück sich persilscheinweißerte, bildeten sich immer deutlicher meine politischen Überzeugungen heraus. Im Zentrum stand, nicht von mir formuliert, aber von mir nacherfahren, das „Nie wieder!" Das aber machte, wie mir Frischs „Biedermann und die Brandstifter" bald formulierbar werden ließ, eine große Sensibilität erforderlich für die frühen Aus- und Unterhöhlungen aller Demokratie. Mehr noch: Das „Nie wieder" erforderte die Mitarbeit an einer Demokratie, die ich mir bald sehr viel konsequenter vorstellte, als ich sie erlebte. Der Kalte Krieg erfror das kümmerliche Nachkriegspflänzchen ja schier.

b. Obgleich ich mir noch keine feste Meinung über die politischen Dinge gebildet hatte – „Christ und Welt", die „Frankfurter Allgemeine Zeitung" gehörten zu meinen hauptsächlichen Informationsorganen –, war es nach tagelangem inneren Hin und Her dann plötzlich ganz klar: Ich mußte mich an der Gründung einer studentischen Gruppe „Kampf dem Atomtod" Ende des WS 1957/58 in Würzburg beteiligen. Vielleicht haben gleichermaßen nicht nur die Kriegs- und Nachkriegserlebnisse nachgewirkt, das wachsende Verständnis um die Verführungskünste anderer und neuer Faschismen, sondern erneut die Reeducation. Im ersten Übungsbuch, in dem ich seit 1952 Griechisch lernte, dem altbewährten Grunsky, auf schlechtem Papier gedruckt und noch vor der Währungsreform erschienen, war immerhin folgender Satz (nur noch an einer Ziffer und der Lücke kenntlich) unleserlich gemacht worden: Polemos pater panton. (Heraklit: „Der Krieg ist der Vater aller Dinge".)[1]

Jedenfalls wußte ich seit der Zeit rund um mein Abitur, daß alles zu tun sei, auf deutschem Boden zumal, daß nicht wieder aufgerüstet, ja daß wenn es denn geschehen sei, so früh wie möglich wieder abgerüstet werde. Im Anti-Atom-Kampf, das kann ich sagen, ohne mich selbst wohlgefällig zu irren, hat sich mein eigenes politisch-persönliches Schicksal entschieden, so vorbereitet, wie ich es angedeutet habe.

c. Zufall oder nicht – ich wurde Historiker und Politikwissenschaftler. Als solcher habe ich mich den Themen zugewandt, die mit den Entstehungsgründen und den Möglichkeiten, Gewalt zu vermeiden, zu tun haben. Mit den Tätern, vor allem aber den Opfern. Der innenpolitische Teil der Friedensforschung wurde zu meinem Hauptfeld. Und dies von der Konzeption einer substantiellen Demokratie her. Im Laufe meiner eigenen wissenschaftlichen Tätigkeiten wurde mir mehr und mehr folgendes Tandem an Einsichten klar: Zum einen, daß es nicht genüge, sich auf dem Liegebett des erreichten Minimums an bundesdeutscher Demokratie auszuruhen. Wenn nicht versucht werde, demokratischen Zielen mehr zu genügen und hierzu die Formen der Demokratie erfinderisch auszubauen, dann werde das Liegebett nicht allein zu schmal bleiben, zu hart, sondern zusammenbrechen. Ein Mehr

1 Grunsky-Steinhauser: Griechisches Übungsbuch I. Teil, Stuttgart, 8. Auflage (Genehmigt für den Gebrauch in Schulen: Amerikanische Zone: durch ERA Branch. Office of Military Government [US] am 16.12.46. GE-IA 350.01, Germany.)

an Demokratie läßt sich aber gar nicht denken, ohne daß der ganze tief in die Psyche der Bürgerinnen und Bürger eingelassene Komplex innerer und äußerer Sicherheit analysiert, abgebaut und im unvermeidlichen Rest demokratisiert wird. Das ist keine Meinung. Das ist ein historisch weit belegbares, analytisch triftig herausarbeitbares Faktum. Zum anderen aber wurde immer konturenklarer, daß politisch-persönliche Ziele und die dafür verwandten Mittel den schlechterdings ausschlaggebenden politischen Zusammenhang bildeten. Diese Aussage gilt erneut analytisch im Hinblick auf die jeweils erreichten Effekte. Sie gilt zugleich moralisch. Die übliche realpolitische Trennung zwischen Politik und Moral halte ich, das ist auch eine Lehre aus dem Faschismus, für schlechterdings nicht tragbar. Sowohl um der Politik als auch um der Moral willen. Wenn aber der Zusammenhang zwischen Zielen und Mitteln nur eine jeweils genau herauszufindende und geringe Spannbreite von Mitteln für entsprechende Zwecke zuläßt, dann lassen sich je nach den Zwecken sozialwissenschaftlich mit einem hohen Maß an Gewißheit bestimmte Mittel als förderlich ausschließen.

Nach all dem, was wir wissen, läßt sich feststellen, daß Mittel der Gewalt, Mittel der inneren und der äußeren Aufrüstung, keinem friedenspolitischen Zwecke dienen. Diese Feststellung gilt, selbst wenn glaubhaft unterstellt werden kann, daß diejenigen, die gewaltige Mittel friedenspolitisch vergolden wollen, ihrerseits von den besten Absichten geleitet werden. Diese Feststellung gilt gleicherweise, selbst wenn gezeigt werden kann, daß eingesetzte Gewaltmittel vorübergehend Phasen negativen Friedens etablieren lassen. Und wer Krieg und Gewalt erfahren hat – wer wäre dafür nicht schon ungemein froh. Nur: Diese Phasen der relativen Gewalt- und Kriegsstille sind Braustuben des nächsten Gewaltausbruchs, des nächsten Krieges, insofern – immer mit der Kassandra Christa Wolfs geredet – Nach- und vor allem Vorkriegszeiten. Denn die Ursachen der Gewalt werden nicht reduziert. Im Gegenteil, sie werden geradezu gehortet und befördert, weil weitere Gewaltmittel produziert und aufgestapelt werden. Auf Kosten von Gewaltabbau; auf Kosten von Demokratisierungsprozessen. Die realpolitische Annahme ist also nicht allein kleingläubig, kleinmütig. Sie leidet – erschwerend kommt dieses Element hinzu – an Kurzsichtigkeit; sie spekuliert auf das kurze Gedächtnis der Menschen zugleich.

d. Hätte ich nur den Beruf des Wissenschaftlers gewählt, ich hätte die Botschaft aus Nationalsozialismus und Krieg, aus ‚Nie Wieder' und Demokratie nicht begriffen. Zur Wissenschaft als Beruf gehört m. E. unabdingbar hinzu (will man diesen Beruf nicht verfehlen), über seine politischen Vorbedingungen und die Folgen dessen, was man mit demselben anstellt, nachzudenken. Aber mehr noch: es gilt, der in der lateinischen Bezeichnung „Professor" steckenden Aufforderung gerecht zu werden. Nicht daß im üblichen Wortsinne etwas „bekannt" werden sollte i. S. eines wohlfeilen Standpunktebeziehens. Wohl aber, daß die wissenschaftlichen Einsichten Konsequenzen für das haben müssen, was der zum wissenschaftlichen Beruf Privilegierte tut. Und wohl aber, daß die politischen Einsichten Konsequenzen dafür haben müssen, was man wissenschaftlich tut, und wie man das tut. Diese für den Wahrheitsgehalt von Wissenschaft unabdingbare Forderung verstärkt sich für diejenigen, die in der Lehre tätig sind, die Lehrer also. Sie haben nicht nur abstrakte Kenntnisse zu vermi teln. Das wird bald ein wissenschaftlich-gefüllter, kombinationsreicher Roboter tun können. Sie haben kritisches Denkvermögen, sie haben Erfahrungen, das Gegenteil von Dogmen aller Art zu vermitteln. Ja, sie haben ein Stück dessen vorzuleben, insbesondere, wenn sie als Demokratietheoretiker sich präsentieren, was sie da vorlesungshaft verkünden. Ich selbst jedenfalls habe meine Rolle als Hochschullehrer nie so begriffen — und meine streitbar, dies sei richtig und stelle selbst für Naturwissenschaftler die Konsequenz aus der politisch-ökonomischen Verstrickung aller Wissenschaft dar —, daß ich sie gleichsam ablegte, sobald ich den Akademos verließ. Oder umgekehrt: daß ich meine politisch-moralische Person wie einen Mantel an der Garderobe abgeben könnte, sobald ich das Gelände der *Freien* Universität betrete.

Da ich für mehr Demokratie eintrat, mußte ich dies in der Tat praktisch tun, soweit ein solches Umsetzen einigermaßen möglich war und ist. Da ich Gewaltursachen abzubauen für unabdingbar hielt, mußte ich dort, wo ich es vermochte, daran mitwirken, einen solchen Prozeß in Gang zu setzen. Da ich den inneren und äußeren Frieden im positiven Sinne als überaus gefährdet, zugleich aber als non plus ultra ansehe, muß ich alles dafür tun, entsprechende Aktivitäten zu befördern. Geradezu logisch hat sich aus diesem Kranz an Bedingungen, Einsichten und Vorstellungen ergeben, daß ich mich im Rahmen strikt friedenspolitisch demokratischer Ziele — als eine Form, für sie zu arbeiten — nicht nur für gewaltfreie Blockaden aussprechen, sondern an ihnen teilnehmen mußte. Weil die gegenwärtige demokratische Verfassungswirklichkeit zu wenig Mittel der Debatte, der kontroversen Artikulation, des friedlichen Konfliktaustrags zur Verfügung stellt. Weil es nicht genügt, auf den Frieden wie auf Godot zu warten, sondern alles zu tun ist, das Verhängnis und seine schon immensen Kosten heute abzuwehren. Weil die Einsicht in den strikten Zusammenhang von Zielen und Mitteln so weit wie irgend möglich vielen Bürgerinnen und Bürgern, den Jüngeren zumal, vermittelt werden muß. Solches kann aber nicht allein vom Katheder aus geschehen (auch nicht vom Katheder des Bundestages aus oder der Kanzel in der Kirche, dem erhabenen Podium des Gerichts). Solches muß auch und gerade in eigener Präsenz *wahr* gemacht werden. Daß aber gewaltfreie Ordnungswidrigkeiten keine Mittel sind, die Demokratie und Frieden entgegenstehen, daß sie unter den gegenwärtigen Bedingungen u. a. genau die angemessenen Mittel sind — daran kann nur zweifeln, wem der status quo gewalt- und kriegsschwanger mehr bedeutet als Frieden und Demokratie.

II. Der braune Paragraph und das Grundgesetz

Der § 240 StGB taugt nicht zu grundgesetzlichem Rechtsbrauch. Seine Verwendung wird zu purem Mißbrauch, wenn er auf gewaltfreie Blockaden im Rahmen der Friedenbewegung angewandt wird.

Wer sich Literatur und Rechtssprechung zum § 240 StGB ansieht, den ausführlichen Artikel u. a. im Leipziger Kommentar[2], dem wird es bald wie dem Schüler im I. Teil des Faust gehen. Ihm oder ihr wird im Kopf so dumm, als ginge ein Mühlrad darin herum. Daß dem so ist, hängt nicht mit dem juristischen Eigendeutsch zusammen. Daß dem so ist, folgt unvermeidlich aus Form, Formulierung und Funktion des § 240 StGB selber. Es wäre müßig, die in Kommentar und Judikatur buntgewürfelten Argumente hier Revue passieren zu lassen oder ihnen eine 1001. Interpretation als weiteren bunten Fleck hinzufügen zu wollen. Man könnte auch leicht mir gegenüber verlangen, „Schuster bleib bei deinen Leisten", also Sozialwissenschaftler, misch dich nicht ins Geschäft der Juristen. Abgesehen davon aber, daß diese Ansicht demokratisch-rechtsstaatlich gesprochen falsch ist und dem jedenfalls behaupteten Sinn des Strafrechts widerspricht, bin ich in diesem Falle, als einer der über den strafrechtlichen Leisten des § 240 StGB geschlagen werden soll, doch zuständig – und sei es nur als „Partei". Ich will aber nicht diese 1001. Interpretation vortragen, sondern einige Facetten aufdecken, die selten, wenn überhaupt je beachtet werden. Außerdem bietet die jüngste Entscheidung des Bundesverfassungsgerichts Anlaß, sich mit ihr auseinanderzusetzen.

a. Zur Geschichte des § 240 StGB

Die Probleme, die mit dem § 240 StGB gegeben sind – und zwar nicht allein, wenn er auf den Sachverhalt „gewaltfreie Blockaden" aufgepfropft wird –, Probleme, die in Sonderheit in seiner rechtsstaatlich problematischen, um nicht zu sagen haltlosen politischen Funktionalisierung bestehen, lassen sich genauer erkennen, wenn seine historischen Entstehungsschichten auseinandergefaltet werden.[3]

Ursprünglicher Kern: Der § 240 StGB lautete in der ersten Fassung 1871:

> „Wer einen anderen widerrechtlich durch Gewalt oder durch Bedrohung mit einem Verbrechen oder Vorgehen zu einer Handlung, Duldung oder Unterlassung nötigt, wird ... bestraft".

Wie immer man diesen Paragraphen im einzelnen einordnen, für nötig oder unnötig halten mag: Er ist klar, eindeutig, mit einer relativ geringen Auslegungsspanne zu interpretieren. Er bezieht sich auf das Mittel. Er enthält keine Bewertungsklausel für den Zweck, für den das Mittel eingesetzt werden soll. Dieser Eigenart des Paragraphen korrespondierte die Rechtsprechung. Um das letzte einschlägige Reichsgerichtsurteil zu zitieren:

2 Karl Schäfer: § 240, in: Leipziger Kommentar, Berlin–New York 1974, 9. Aufl.

3 Bei der genetischen Betrachtung stütze ich mich vor allem auf Rolf-Peter Callies: Der strafrechtliche Nötigungstatbestand und das verfassungsrechtliche Gebot der Tatbestandsbestimmtheit, in: NJW 27, 1985, S. 1506 ff.; hier zitiert nach dem Nachdruck in: ZEE (= Zeitschrift für Evangelische Ethik), 30. Jg. H. 2, April-Juni 1985, S. 132 ff. Ferner stütze ich mich auf eigene Recherchen.

„Widerrechtliche Nötigung liegt vor, wenn ein Verhalten durch ein Mittel erzwungen wird, das zu diesem Zweck unerlaubt ist. Ob das, was erzwungen werden soll, widerrechtlich ist, kommt nicht in Betracht. Die Rechtswidrigkeit des Mittels ist das Entscheidende. Das gilt sowohl für § 240 StGB (...) wie für § 339 StGB".[4]

Erste Wachstumsschicht, nein erster qualitativer Kernsprung: In einer „Verordnung zur Angleichung des Strafrechts des Altreichs und der Alpen- und Donau-Reichsgaue (Strafrechtsangleichungsverordnung) vom 29. Mai 1943"[5] verkündete der Reichsminister der Justiz, Dr. Thierack, unter Artikel 10 folgende Veränderung des § 240 StGB. Die Veränderung, die ich sogleich zitieren werde, leitete er mit folgender Legitimation ein:

„Zur vorläufigen Angleichung des Strafrechts des Altreiches und der Alpen- und Donau-Reichsgaue wird im Einvernehmen mit dem Reichsminister und Chef der Reichskanzlei auf Grund des Erlasses des Führers über besondere Vollmachten des Reichministers der Justiz vom 20. August 1942 (Reichsgesetzblatt I. S. 535) verordnet ...:"

Unter „Artikel 10" dieser Verordnung im Namen des Führers, allein von ihm her legitimiert – aber Carl-Schmitt-bekanntlich schuf der Führer Recht – folgt der neue § 240 StGB:

„a) § 240 des Reichsstrafgesetzbuches erhält folgende Fassung: § 240. Wer einen anderen rechtswidrig mit Gewalt oder durch Drohung mit einem empfindlichen Übel zu einer Handlung, Duldung oder Unterlassung nötigt, wird wegen Nötigung mit Gefängnis oder mit Geldstrafe, in besonders schweren Fällen mit Zuchthaus oder mit Gefängnis nicht unter sechs Monaten bestraft.

Rechtswidrig ist die Tat, wenn die Anwendung der Gewalt oder die Zufügung des angedrohten Übels zu dem angestrebten Zweck dem gesunden Volksempfinden widerspricht. Der Versuch ist strafbar."

An dieser Erweiterung des Paragraphen fällt ein Dreifaches auf. Zum ersten die enorme Ausweitung des Nötigungstatbestandes. Sie entspricht dem „Generalklauselschub", die das „Recht" im „Dritten Reich" gekennzeichnet hat. Zur möglicherweise noch faßbaren „Gewalt" wird der Unbegriff „Drohung mit einem empfindlichen Übel" hinzugenommen, der den Gewaltbegriff zusätzlich aufzulösen geeignet ist. Immerhin ist dieser Unbegriff durch ein disjunktives „oder" auf dieselbe Stufe gestellt worden. Zum zweiten wird die enorme Ausweitung des Nötigungstatbestands dem Scheine nach durch eine Rechtswidrigkeitsqualifikationspauschale – den neuen Absatz 2 – ergänzt. Die konditionale Formulierung läßt je nach staatsanwaltlich-gerichtlicher Interpretation des „gesunden Volksempfindens", und was ihm je und je widersprechen mag, nahezu jedes Urteil und jede Strafe zu. Der Nötigungspauschale wird eine subjektive Bewertungspauschale oben drauf gesetzt. Einer „un-

4 Entscheidungen Reichsgericht Strafsachen 60. Bd., Berlin 1927.
5 s. Reichsgesetzblatt, Teil I. 1943 Nr. 57.

begrenzten Auslegung“ sind schier keine Hemmungen mehr auferlegt. Zum dritten wird die Skala des möglichen Strafmaßes erheblich ausgeweitet.

Während des „Dritten Reiches“ kam der als strafrechtliche Mehrzweckwaffe flexibel einsetzbarer Art geschmiedete neue § 240 StGB fast nicht mehr zum Einsatz. Da ich keine (freilich spannende) Geschichte des § 240 StGB zu schreiben ausging, habe ich nicht recherchiert, ob Urteile untergeordneter Instanzen mit dem neuen Paragraphen vorgekommen sind. Immerhin ist eine Entscheidung des Reichsgerichtshofes vom 10. März 1944 von Interesse, die belegt, wie dieser aufgeplusterte Paragraph angewandt worden ist (und weiter hätte angewandt werden können).[6]

„Daß das LG. in dem Verfahren des Angeklagten eine versuchte Nötigung i. S. des § 240 StGB. n. F. sieht, beanstandet die Revision zu Unrecht. Während der § 240 StGB a. F. als Nötigungsmittel – abgesehen von der Gewaltanwendung, die hier nicht in Betracht kommt, – nur die Bedrohung mit einem Verbrechen oder Vergehen kannte, genügt nach der neuen Fassung dieser gesetzlichen Bestimmung jede „Drohung mit einem empfindlichen Übel“. Worin das LG. hier das *empfindliche* Übel sieht, mit dem der Angeklagte gedroht hat, sagt es zwar nicht ausführlich; nach Lage der Sache findet es aber dieses Merkmal in den angedrohten Anzeigen angeblicher Verfehlungen der Frau P. und ihres Mannes mit den Unannehmlichkeiten und „vielen Sorgen“, die die Erörterung der angeblichen Verfehlungen vor Gericht für Frau P. und ihren Mann zur Folge gehabt haben würde. Das ist entgegen der Meinung der Revision nicht rechtlich zu beanstanden.

Daß der Versuch, Frau P. zur „Verdrehung des Tatbestandes“ und „zur Irreführung des Gerichtes“ zu nötigen, i. S. des § 240 Abs. 2 StGB. n.F. rechtswidrig gewesen sei, bezweifelt die Revision ebenfalls zu Unrecht. I. S. des § 240 StGB a. F. lag eine widerrechtliche Nötigung dann vor, wenn ein Verhalten durch ein Mittel erzwungen wurde, das zu diesem Zweck unerlaubt war. Ob das, was erzwungen werden sollte, widerrechtlich war, kam nicht in Betracht. Die Rechtswidrigkeit des *Mittels* war das Entscheidende (RGBl. Bd. 60 S. 3). Jetzt ist im § 240 Abs. 2 StGB. n. F. klargestellt, daß die Rechtswidrigkeit der Nötigungshandlung von dem mit der Handlung verfolgten *Zweck* abhängt. Die Tat ist dann rechtswidrig, wenn die Zufügung des angedrohten Übels zu dem angestrebten Zwecke dem gesunden Volksempfinden widerspricht. Das war hier der Fall.“

Insgesamt gesehen ist Rolf-Peter Callies' Mitteilung zur Vorgeschichte dieser Änderung und der durch sie ermöglichten „unbegrenzten Auslegung“ (Bernd Rüthers) wichtig.

„Ein Rückblick auf die Vorgeschichte zeigt, daß schon frühzeitig, etwa seit 1900, Bestrebungen im Gange waren, den § 240, der in seiner ursprünglichen Fassung vor 1871 rechtsstaatlich unbedenklich war, zum Auffangstatbestand für politisch mißliebiges Verhalten im Arbeitskampfrecht umzugestalten ...“[7]

Der qualitative Kernsprung wäre allenfalls zur Rechtskenntnis des „Dritten Reiches“ zu erinnern – und damit seine politisch weite Funktionalisierbarkeit, die einen Mißbrauch der Judikative miteinbeschließt –, wenn nicht *nach 1945*, ja

6 Entscheidungen des Reichsgerichts Strafsachen Bd. 77, Berlin 1944, S. 350ff.
7 Callies (s. Anm. 3), S. 135.

noch nach 1949 bis heute geltend, zwei Merkwürdigkeiten zu verzeichnen wären. *Zum einen*: die Uminterpretation des Braunen Paragraphen, ohne die Änderung seines Wortlauts für nötig zu erachten. Das liest sich in der hermeneutischen Kunst des nun zum Bundesgerichtshof in der Bundesrepublik gemauserten Reichsgerichts 1951 wie folgt:

„Die Anwendung des § 240 StGB auf den von der Strafkammer festgestellten Sachverhalt begegnet jedoch keinen rechtlichen Bedenken. Dabei ist das Landgericht zutreffend davon ausgegangen, daß § 240 in der Fassung der VO vom 29. Juni 1943 anzuwenden ist. Gegen diese Auffassung sind zwar Bedenken erhoben worden, weil § 240 Abs. 2 StGB die Rechtswidrigkeit der Tat danach bestimmt, ob die Anwendung der Gewalt oder die Zufügung des angedrohten Übels zu dem angestrebten Zweck dem gesunden Volksempfinden widerspricht. Diese Bedenken greifen jedoch nicht durch, wie der Bundesgerichtshof im Urteil vom 5. Januar 1951 – 2 StR 29/50 – für den insoweit gleichliegenden Fall des § 253 StGB schon entschieden hat. Denn Absatz 2 ist seinem wirklichen Gehalt nach dahin zu verstehen, daß der Richter bei der Abgrenzung des strafwürdigen Unrechts von nicht strafwürdigem Verhalten nach dem Verhältnis des Mittels zum Zweck auf das Rechtsempfinden des Volkes zu achten hat. Das ist ein alter Grundsatz rechtsstaatlicher Strafrechtspflege. Seiner Anwendung stehen auch keine Bestimmungen des Besatzungsrechts entgegen. Sie verbieten nur, daß der Richter nach *angeblichem* gesunden Volksempfinden, d. h. willkürlich, strafe."[8]

Diese frühe Rechtssprechung des BGH ist nicht allein deswegen von Interesse, weil sie geradezu prototypisch die juristisch-gerichtliche „Vergangenheitsbewältigung" zum Ausdruck bringt: aus Braun mach Weiß. Ausschlaggebend ist vielmehr, daß die ganzen braunen Weiterungen unbesehen übernommen werden.[9]

Zum zweiten aber hat der Gesetzgeber 1953 – am Ende der 1. Legislaturperiode im Dritten Strafrechtsänderungsgesetz – trotz nun doch für nötig erachteter leichter Entbräunung an der extremistischen Ausweitung des Paragraphen durch die Verordnung vom Mai 1943 festgehalten. Der Absatz 1, die generalklauselartige Ausweitung des Nötigungstatbestands, wurde nicht geändert. Aus dem „gesunden Volksempfinden" im 2. Absatz wurde das bundesdeutsche Wort für diverse Eigenschaften: „verwerflich". In der Begründung des Strafrechtsänderungsgesetzes, bezogen auf den § 240 StGB, heißt es deswegen in der Vorlage der Bundesregierung vom 29. September 1952 u. a.:

8 Entscheidungen des Bundesgerichtshofs (BGH) Strafsachen Bd. 1, Berlin 1951, S. 86 ff. – In einer im gleichen Band abgedruckten vorausliegenden Entscheidung formuliert der BGH noch deutlicher, warum er eine gründliche Entbräunung nicht für erforderlich erachtet und im Begriff des „gesunden Volksempfindens" auch keinen Verstoß gegen die Bestimmungen der Besatzungsmächte zu sehen vermag. U. a. formuliert der BGH (S. 19): „Die nationalsozialistischen Machthaber haben allerdings den Begriff des Volksempfindens zu einem Schlagwort entwertet, mit dem sie willkürlichen Entscheidungen den Schein des Rechts zu geben versuchten. Mit der Beseitigung der nationalsozialistischen Herrschaft ist aber diese Zweckbestimmung hinfällig geworden. Unter den heutigen rechtsstaatlichen Verhältnissen gilt der Begriff wieder mit seinem wirklichen, unverfälschten Inhalt."

9 s. auch Entscheidungen des BGH Strafsachen Bd. 2, 1952, S. 194 ff.

„Die Neufassung des Tatbestandes der Nötigung durch die Strafrechtsangleichungsverordnung vom 29. Mai 1943 (...) hat Mängel des früher geltenden Rechts nach mehreren Richtungen hin beseitigt."

Es folgen die Gründe für solches Lob und solch bruchlose Kontinuität, die nicht als Problem gesehen wird, im einzelnen. Zusammenfassend folgert die Bundesregierung: „Indem § 240 in der Fassung der Strafrechtsangleichungsverordnung die Rechtswidrigkeit einer Nötigungshandlung stets aus einer mißbilligenswerten Verbindung der Willensbeeinflussung eines Dritten mit einem bestimmten Nötigungszweck herleitete und die Beschränkung des Tatbestandes auf Verbrechen und Vergehen beseitigte, ermöglichte er, alle strafwürdigen Fälle zu erfassen und auf der anderen Seite diejenigen auszuscheiden, die nach allgemeinen sittlichen Grundsätzen keine Strafe verdienen.

Es erscheint deshalb angebracht, für die Zukunft an der Neufassung des § 240 festzuhalten."

Allerdings bedürfe „Abs. 2 einer Umarbeitung in doppelter Hinsicht:

a) Die Verwendung des Ausdrucks ‚gesundes Volksempfinden' zur Abgrenzung der Rechtswidrigkeit von Nötigungshandlungen ist zu beseitigen. Indem nunmehr auf einen Verstoß gegen ‚die guten Sitten' abgestellt wird, kommt der wahre Gehalt der Vorschrift klarer zum Ausdruck. ..."[10]

Der Ersatz des „gesunden Volksempfindens" durch die andere Generalklausel der „guten Sitten" kam dem Rechtsausschuß des Bundestages dann doch etwas zu weit vor, deswegen schlug er durch seinen Berichterstatter in der Sitzung am 12. Mai 1953 vor, an die Stelle der „guten Sitten" die Qualifikation „verwerflich" zu setzen. Diese sei restriktiver.[11]

Adolf Arndts berechtigte Warnung wurde in den Wind geschlagen (übrigens auch von den Sozialdemokraten):

„Wir halten vor allen Dingen auch sehr viel größere Vorsicht in der Wahl der strafrechtlichen Mittel für geboten, als sie hier in diesem Entwurf angewandt ist. Das alte deutsche Strafrecht hat sich stets dadurch ausgezeichnet, daß in den sogenannten Tatbeständen das Wertmäßige, das bloß Bewertungs-Beurteilungsmäßige weitgehend ausgeschaltet wurde, um zu einem objektiven Begriff zu kommen, der dem Richter keine Willkür mehr ließ. Dieser Entwurf dagegen geht den umgekehrten Weg, einen Weg, wie er besonders auch von den Nationalsozialisten geschätzt wurde, nämlich uferlose Bewertungen zum strafrechtlichen Tatbestand zu machen und damit dem einzelnen Bürger überhaupt nicht mehr die Beurteilung zu ermöglichen, ob er sich nun strafbar gemacht hat oder nicht. Es sind sogar Begriffe verwandt, die im einzelnen die Bestimmungen überhaupt unbrauchbar machen, sei es, daß sie zu eng sind, sei es, daß sie zu weit gehen."[12]

b. Der braune Paragraph wird zur strafrechtlichen Allzweckwaffe

Wie die Praxis mit dem in seiner 43er Fassung bestätigten und nur leicht modifizierten § 240 StGB umgegangen ist, brauche ich nicht im einzelnen zu schildern. Ich

10 Deutscher Bundestag, Drs. 3713, 1. Wahlperiode, S. 407 ff.

11 Protokolle des Deutschen Bundestages, 1. Legislaturperiode, 265. Sitzung, S. 12992 ff.

12 Adolf Arndt anläßlich der ersten Beratung des Entwurfs eines Gesetzes zur Änderung des Strafgesetzbuches-Strafrechtsänderungsgesetzes vom 12.9.1950; s. Protokolle des Deutschen Bundestages S. 3117 ff.

setze diese Praktizierungsgeschichte bis zur Gegenwart als bekannt voraus. Sie ist eine einzige rechtsstaatliche Mißbrauchsgeschichte geworden, die beim Versäumnis des Gesetzgebers anhebt. Allerdings muß ich einige Merkmale knapp und summarisch hervorheben, weil sie aktuell bedeutsam sind.

Zum ersten: Nicht immer gilt, daß die Entstehungsgründe einer Sache, einer Institution, ihre spätere Wirkung bedingen, wenn nicht bestimmen (Genesis-Geltungs-Zusammenhang und Differenz). In Sachen § 240 StGB ist aber ein solcher Zusammenhang nachweislich gegeben. Die schier unendliche Dehnung des Nötigungssachverhalts zusammen mit einem schier beliebig füllbaren Bewertungssack – das sind Kennzeichen einer Perversion des Rechtsstaates in Form und Inhalt eines einzigen Paragraphen. Die Kontinuität dieser Perversion seit 1943 hat dem Einsatz des § 240 StGB i.S. eines „Catch 240" Vorschub geleistet. Die Bestrebungen, von denen Callies berichtete, den 240 zu einem politischen Auffangparagraphen zu gestalten, Bestrebungen, die 1943 endlich erfolgreich waren, haben ihn nun in Geschichte und Gegenwart der Bundesrepublik zum politischen Catch 240 as catch can werden lassen.

Zum zweiten: Der § 240 ist mitten im 18. Abschnitt des Strafgesetzbuches plaziert, der folgendermaßen überschrieben ist: „Verbrechen und Vergehen wider die persönliche Freiheit". In der Tat ist es eben diese Eigenschaft als Schutzvorkehrung der Bürgerin und des Bürgers vor Verletzungen der Integrität und Handlungsfreiheit, die in der Kommentarliteratur unterstrichen wird. Tatsächlich muß der 240 zum glatten Gegenteil davon herhalten. Er wird als eine Art anderer Staatsschutzparagraph eingesetzt, um der Bürgerin und des Bürgers strafrechtlich Herr zu werden, denen ‚man' sich offiziellerseits offenbar politisch nicht gewachsen sieht. So gesehen werden auch die Gerichte mißbraucht. Die Strafrichter sollen eine Arbeit leisten, die der Gesetzgeber und die Exekutive zu leisten versäumt haben bzw. nicht vollbringen wollen. Zu Recht hat Gerald Grünwald schon vor 23 Jahren hervorgehoben, daß der alte, grundgesetzlich verankerte Rechtsgrundsatz: nulla poena sine lege vor allem im Kontext demokratisch-rechtsstaatlicher Gewaltenteilung zu verstehen ist und die strikte Bindung des Strafrichters ans Gesetz verlangt.[13] Wie soll aber der Strafrichter „gebunden" sein und sich rechtsgemäß selbst binden, wenn das Strafrecht ihn zum weiten Gebrauch anhält, indem es ihm mehrere lange Leinen zuwirft? Eine Norm, die sich selbst befreit?

Zum dritten: Die politisch gerichtete Anwendung hat vor allem seit den Tagen der Studentenbewegung und der Bürgerinitiativen Ende der sechziger Jahre Konjunktur. Die Entdeckung der Demonstration als demokratisches Urrecht, das sich mit engem parlamentarisch-repräsentativen Verfahren nicht ohne Mühe harmonisieren läßt, stieß auf hinhaltenden bald stärkeren, bald etwas abflauenden Widerstand, mehr noch, auf Widermaßnahmen von Exekutive, Legislative und schließ-

13 Gerald Grünwald: Bedeutung und Begründung des Satzes ‚nulla poena sine lege' (1963), abgedruckt in: Klaus Lüderssen/Fritz Sack (Hrsg.): Seminar abweichendes Verhalten II., Frankfurt/M. 1975, S. 232–250, bes. S. 238 ff.

lich auch – als die Institution, die dies alles „ausbaden" mußte – der Judikative. Zwar ist bekanntlich 1970 eine Amnestie beschlossen worden für geringfügige Straftaten rund um demonstrative Ereignisse. Auch Läpple fiel als Person darunter; das BGH-Urteil von 1969 in seiner Sache trieb freilich sein interpretatorisches – bzw. weitere Interpretationen seiner Art erlaubendes – Unwesen fort. Zwar sind seinerzeit zugleich in einem legislativen Akt die Demonstrationen strafrechtlich ‚erleichtert' worden, so daß sie nicht so rasch mit dem Gewaltvorwurf als antidemonstrativem Knüppel-aus-dem-Sack unterbunden zu werden vermochten (die rechtliche Situation hat sich bekanntlich seither wieder verändert). Jedoch wurde der § 240 StGB umso mehr als rechtliches Instrument entdeckt, die ungebärdig-unliebsamen, die störenden und aufregenden Demonstrationen soweit wie möglich einzuhegen und von ihrer Nutzung abzuschrecken. Erneut erwies sich der Entstehungsgrund, rechtsstaatlich gesprochen, als verhängnisvoll. Zwar ist das von den Nationalsozialisten 1935 definitiv abgeschaffte Analogieverbot wieder eingeführt worden. Wenn auf dasselbe verzichtet wird, dann haben Rechtssicherheit und Gewaltenteilung in diesem Bereich ein Ende. Jedoch: Genau besehen steckt die Aufhebung des Analogieverbots im 1943 neu frisierten, mit dem Hitlerscheitel versehenen § 240. Wird also derselbe unvermindert benutzt, ist geradezu gemäß gesatztem, ursprünglich freilich führerhaft verordnetem Recht das Analogieverbot bereichsspezifisch durchbrochen.

Zum vierten: Daß diese Feststellungen keine Hirngespinste eines nörgelnden Kritikers darstellen, wird jeder billig und gerecht Denkende rasch herausfinden. Wenn's nicht schon zuvor einsichtig gewesen ist, nun muß er es innewerden: Die Verwendung des § 240 auf den Sachverhalt „gewaltfreie Blockade" im Kontext der Friedensbewegung seit 1980/81 dehnt die Analogie bis zum sachlichen Gegenteil, ja erweitert die Analogie zu einem Akt der Transsubstantiation. Eine Norm analog zu verwenden, bedeutet ja immerhin – collegium logicum 1. Stunde –, daß der von der Norm nicht beschriebene andere Sachverhalt, für den sie nun auch benutzt wird, dem normativ Statuierten wenigstens ähnlich sei. Die Wort-Bedeutung Ana-Logie ist sogar noch strikter. Sie fordert nämlich eine wiederkehrende (Ana)-Logik, also einen im Prinzip identischen Sinn. Davon aber kann bei der heutigen Verwendung des § 240 keine Rede mehr sein. Folgende substantiell verändernde Akte, also folgende Transsubstantiationen ansonsten nur aus der katholischen Messe bekannt – aus Wein wird Blut, aus Oblate Fleisch – finden statt: Aus strikter Gewaltfreiheit wird Gewalt, in jedem Fall aber „die Drohung mit einem empfindlichen Übel". Aus dem Versuch, mit einem besonderen gewaltfreien Mittel der Demonstration andere Bürgerinnen und Bürger auf ein drängendes Problem aufmerksam zu machen, wird der Akt der „Nötigung". Aus dem Appell an andere Bürgerinnen und Bürger wird eine „Nötigung" von Institutionen (die im § 240 überhaupt nicht vorgesehen ist). Aus dem strikt friedenspolitischen Ziel wird die Qualität der „Verwerflichkeit" herausdestilliert. Welch eine Leistung.

Zum fünften: Angesichts dieser in den § 240 eingelassenen mehrfachen scheunentorweiten Interpretationsmöglichkeiten, einer Kaskade von Unbestimmtheiten, die demokratisch-rechtsstaatlich gesprochen Mißbräuche normativ unvermeidlich machen, versteht es sich von selbst, daß die Judikatur einem Irrgarten gleicht. Nahezu jedes Urteil läßt sich irgendwie begründen. Sei es, indem das Gericht den Nötigungstatbestand weiter oder enger faßt. Bekanntlich aber zeichnet sich die Rechtsprechung der letzten zwanzig Jahre dadurch aus – je nach Problembereich freilich sehr unterschiedlich – daß sie den Gewaltbegriff entgrenzend auslegt. Wenn aber der Nötigungstatbestand das Urteil nicht passend machen läßt, können Anklage und Gericht munter in den Bewertungstopf greifen. Was läßt sich nicht unter bestimmten Umständen und aufgrund bestimmter Einstellungen alles als „verwerflich" oder als „nicht verwerflich" qualifizieren! Die Willkürlichkeit setzt sich beim Strafmaß fort, wenngleich hier 1969 eine Reduktion vorgenommen worden ist.

c. *Die Entscheidung des Bundesverfassungsgerichts vom 11.11.1986*

Karlsruhe hat jüngst gesprochen; aber „die Sache" geht weiter. Denn bei allem gebotenen Respekt, der (auch) dem sprachlich wohltuenden Tenor der Entscheidung insgesamt gilt: „Karlsruhe" ist, wenn ich den genius loci stellvertretend nennen darf, seiner Aufgabe nicht gerecht geworden. Die Entscheidung des Ersten Senats hat zwar in den Passagen, in denen alle acht Richter übereinstimmen, einige unabdingbare Regeln für die Judikatur klar herausgearbeitet. Hierher gehört insbesondere die allen Gerichten auferlegte Pflicht, ***jeden einzelnen Fall*** in all seinen Umständen zu überprüfen, also eine genaue Einzelfallprobe zu nehmen, um herauszufinden, ob das benutzte Mittel der Nötigung in verwerflicher Absicht eingesetzt worden sei. Doch in der alles entscheidenden Frage hat das Verfassungsgericht falsch entschieden. Ich meine, diese Kritik könne mit überzeugenden Argumenten aus Geschichte und Gegenwart des § 240 speziell und des Stellenwerts von Strafrecht im Rahmen einer Demokratie generell begründet werden.[14]

14 Da im Text auf Zitate aus dem Urteil der Kürze halber fast verzichtet wird – 1 BvR 713/83 u.a. – (es durfte erwartet werden, daß das Gmünder Gericht mit dem Text vertraut ist), sollen an dieser Stelle wenigstens die Leitsätze des Urteils, die seinen Tenor und seine Ambivalenz gut erkennen lassen, widergegeben werden:
„1. Soweit in § 240 StGB Nötigungen mit dem Mittel der Gewalt unter Strafe gestellt werden, genügt die Normierung durch den Gesetzgeber dem aus Art. 103 Abs. 2 GG folgenden Bestimmtheitsgebot.
Infolge Stimmengleichheit kann nicht festgestellt werden, daß das aus Art. 103 Abs. 2 GG herleitbare Analogieverbot verletzt wird, wenn Gerichte die Gewaltalternative des § 240 StGB auf Sitzdemonstrationen erstrecken, bei denen die Teilnehmer Zufahrten zu militärischen Einrichtungen ohne gewalttätiges Verhalten durch Verweilen auf der Fahrbahn versperren.
2. Die Verfassung gebietet nicht, die Teilnahme an derartigen Sitzdemonstrationen sanktionslos zu lassen. § 240 StGB ist jedoch in dem Sinne verfassungskonform auszulegen und anzuwenden, daß die Bejahung nötigender Gewalt im Falle einer Erstreckung dieses Begriffs auf solche Sitzdemonstrationen nicht schon zugleich die Rechtswidrigkeit der Tat indiziert.
Infolge Stimmengleichheit kann nicht festgestellt werden, daß es von Verfassungs wegen

Zum ersten: Der Erste Senat behauptet, daß der § 240 StGB verfassungsgemäß sei. Er genüge, so heißt es schon im ersten Leitsatz der Entscheidung „dem aus Art. 103 Abs. 2 GG folgenden Bestimmtheitsgebot". Diese Feststellung belegt, wie wichtig es ist, sich immer erneut an Luthers Satz zu erinnern: „Auch Konzilien können irren" – in diesem Fall das Bundesverfassungsgericht. Die Argumentation des Senats überzeugt nicht. Sie widerspricht dem in Art. 103 Abs. 2 GG enthaltenen Prinzip nulla poena sine lege. Das Verfassungsgericht entlastet den Gesetzgeber und belastet die Gerichte. Allein deren Urteile könnten aufgrund falscher Auslegung des Paragraphen verfassungswidrig sein. In solcher gesetzgeberischer Rechtfertigung und gerichtlicher Belastung irrt das Verfassungsgericht sogleich mehrere Male.

– Das Verfassungsgericht irrt, wenn es davon absieht, die Genese des Paragraphen 240 zu betrachten und sich stattdessen mit einer kurzen Apostrophierung derselben und einer Konzentration auf die 1953 „bereinigte Fassung" zufriedengibt.[15] Auf diese Weise versäumt es in ausreichendem Maße zu erkennen, daß die mehrfache Dehnung des Paragraphen durch die VO 1943 denselben als strafrechtliche Norm in rechtsstaatlichem Sinne untauglich gemacht hat;

– das Verfassungsgericht irrt erneut, wenn es die irrwirre Praxis der rechtsprechenden Gerichte nur für ein Problem der Grade und Grenzen richterlicher Auslegung erachtet. Zwar ist diese Beobachtung nicht auf den Gebrauch des 240 beschränkt. Daraus mag sich ein Teil der Zurückhaltung des Ersten Senats erklären. Allgemein hat Grünwald schon 1963 festgestellt: „Während der Geltungsdauer des Strafgesetzbuches aber ist ein Abbau der deskriptiven Merkmale und eine Zunahme der Verweisungen auf Wertungen festzustellen".[16] Gerade der Faschismus hat einen enormen „Werteschub" bewirkt. Man denke nur an den § 211 und die faschistisch implantierten „niedrigen Beweggründe". 1941 sind sie ins StGB aufgenommen worden. Aber diese allgemeine Entwicklung bedenklicher Natur rechtfertigt nicht im speziellen Falle, Bedenken zu unterdrücken und eine überaus problematische Entwicklung verfassungsrichterlich zu signieren. Die Behauptung des Gerichts – im Modus einer Feststellung versteht sich – ist doch schlechterhin nicht zu halten: der Nötigungsparagraph bedeute in seiner Weise nichts anderes, als daß alle Normen gewisser Interpretation offen seien und nicht auf wenige Sachverhalte spezifisch zugeschnitten werden könnten. Wer wollte einen gewissen unvermeidlichen Abstraktionsgrad und eine notwendige Interpretations-, sprich Anwendungsoffenheit aller allgemeineren Normen leugnen. Und Normen werden zu solchen erst durch eine gewisse Allgemeinheit. Aber darum handelt es sich in diesem Falle nicht mehr. Der Feuerbachschen Annahme problemloser Subsumtion hängt nie-

Fortsetzung Fußnote 14
in der Regel zu beanstanden ist, wenn Strafgerichte Sitzdemonstrationen der genannten Art unter Würdigung der jeweiligen Umstände als verwerflich im Sinne von § 240 Abs. 2 StGB beurteilen."

15 Bundesverfassungsgericht Entscheidung vom 11.11.1986 (zitiert wird hier nach der vom Gericht am Tage des Urteils herausgegebenen Man.-Fassung), S. 33.

16 Grünwald (s. Anm. 13), S. 236.

mand ernsthaft an. Vielmehr leidet dieser Paragraph an so massiven Unbestimmtheiten, die sich im Wechselbezug verstärken – von der Tatbestandsfeststellung über die Strafbarkeitsqualifikation bis hin zu den Rechtsfolgen –, daß dem Richter eine Aufgabe zugemutet wird, die ihn im Prinzip überfordert. Die legislative Aufgabe wird in die Gerichte verschoben. Damit aber wird gerade der allgemeine Anspruch der Norm und das mit ihr verbundene Gebot der Rechtssicherheit durchlöchert, wenn nicht aufgehoben;

– der Erste Senat irrt zum wiederholten Male, wenn er, die zureichende Bestimmtheit von § 240 Abs. 1 voraussetzend, allgemein annimmt, daß es sich bei der „strittigen Verwerflichkeitsregel" „um ein tatbestandsregulierendes Korrektiv" handele, „das die Strafbarkeit der durch andere Merkmale umschriebenen Nötigungshandlung" *beschränke*, seine Anwendung sich insoweit „zugunsten des Täters" auswirke.[17] Das mag sich so verhalten. Die Sublimierung der Strafbarkeit, also der Schuldqualifikation, kann vom Mittel geradezu abgelöst und in die Zwecke verlagert werden. Je nach Umständen, da das Bestehen einer substantiellen Sittlichkeit in stationärer Gesellschaft nicht vorausgesetzt werden kann, kann diese angeblich restriktive Bestimmung entsprechend dem 1943 ursprünglich gemeinten Sinn genau in ihr Gegenteil verkehrt werden. Hier ist nicht nur ein Haarriß, hier ist ein ganzer Spalt offen, in den der politische Frost sich hineinsetzen und die schon vage Tatbestandsbestimmung vollends ins schier Beliebige sprengen kann;

– zusammengenommen irrt das Bundesverfassungsgericht darin, strafrechtssystematisch gesprochen und auf die Verfassungsnorm bezogen, daß es die möglichst starke und strikte Bindung des Strafrichters an den Gesetzgeber überaus locker konzipiert. Damit untergräbt es den rechtsstaatlich-demokratischen Auftrag an den Gesetzgeber, eindeutige und klare Strafnormen zu beschließen. Das Verfassungsgericht hat so gesehen versäumt, dem Gesetzgeber den notwendigen Auftrag zu erteilen. Es trägt damit zur werthaften und interpretatorischen Doppelung, ja Verdreifachung des Strafrechts bei. Welcher Bürger soll da noch mitkommen?

Zum zweiten: die vier Richter, die dem Urteil sein Gepräge gegeben haben, schieben nicht allein den Einzelgerichten den schwarzen Interpretationspeter zu. Sie urteilten in einer doppelten Weise fehlerhaft. Auf der einen Seite verneinten sie, daß dem Analogieverbot widerspreche, wenn gewaltfreie Handlungen als gewaltuntermalte Nötigung angesehen werden. Sie zeigen sich insoweit gleicherweise zur säkularen Transsubstantiationsleistung in der Lage. Auf der anderen Seite aber ist ihre Ansicht nicht aufrechtzuerhalten, es sei im Falle gewaltfreier Blockaden im Kontext der Friedensbewegung möglich, zwischen kurzfristigen – eher instrumentellen – und langfristigen, nämlich friedenspolitischen Zielen zu unterscheiden. Keine Bürgerin und kein Bürger setzt sich aus Spaß an der Freude bei wechselnden Wetterumständen inmitten von smogträchtigen Aus-

17 Bundesverfassungsgericht (s. Anm. 15), S. 34.

puffgasen auf die hartkalte Straße ungeselligen Orts, wenn sie dies nicht um der langfristigen Ziele willen für nötig erachteten. Um eine beliebte juristische Formel aufzugreifen: „Der Natur der Sache nach“ ist eine solche verfassungsrichter-künstliche Trennung zwischen kurz- und langfristigen Zielen nicht möglich.

Zum dritten: Setzt man die Verfassungsgemäßheit von § 240 StGB voraus, dann sind allein die Folgerungen der vier Verfassungsrichter schlüssig, die unterlegen sind. In jedem Fall fordert das Analogieverbot, daß gewaltfreie Handlungen nicht im Zaubertrick zu gewalthaften verwandelt werden. Sonst hat dieses Verbot keinen Sinn mehr. Außerdem ist es geboten, kurz- und langfristige Ziele zusammenzunehmen, wenn das Gericht bewerten will, ob die Verwerflichkeit seines Erachtens gegeben ist oder nicht. Schließlich stellt es eine Art Minimalbedingung der Bewertung dar, soll die rechtsstaatliche Eigenschaft nicht vollends verlustig gehen, daß der Bewertungsmaßstab hoch angesetzt werde. Darauf hat auch das OLG Köln in seinem Juli-Urteil aufmerksam gemacht. Das Gericht muß in den einzelnen Fällen plausibel – und zwar mit einem hohen Grad an Plausibilität – angeben könne, daß faktisch alle Bürgerinnen und Bürger eine bestimmte Handlung als „verwerflich“ ansehen. Grünwald hat diese Forderung früh korrekt benannt:

„... Es kann nun festgestellt werden, daß eine solche Verweisung (auf eine außerrechtliche Norm, W.-D. N.), damit sie erträglich ist (also nicht dem „Verbot inhaltlich bestimmter Strafgesetze“ widerspreche), in einer Weise ausgelegt werden muß, die dem genannten Grundgedanken konform ist: Man muß sie so verstehen, daß der Richter eine Verurteilung nur auf unumstrittene, im allgemeinen sittlichen Bewußtsein gefestigte Normen gründen darf. Denn nur dann ist erstens das Fehlen der demokratischen Legitimation des Richters kompensiert – dadurch, daß er sich auf die Überzeugung aller stützen kann –; und nur dann ist zweitens der Gefahr begegnet, daß eine Norm im Angesicht des konkreten Falles entwickelt wird. Nur bei einer solchen Auslegung ist ein Tatbestand, der auf das Sittengesetz Bezug nimmt, mit Art. 103 Abs. 2 GG zu vereinbaren“.[18]

Nachdrücklich in dieselbe Kerbe der Argumentation hat auch das OLG Köln in seinem Urteil vom 22. Juli 1986 geschlagen.[19] Genau dieser Fall der Unumstrittenheit, der weitgehenden Übereinstimmung, trifft in Sachen Friedens- bzw. Sicherheitspolitik und im Hinblick auf das Mittel „gewaltfreier Blockade“ nicht zu. Allein ein Blick auf die Judikatur zeigt diese weitverbreitete Unstimmigkeit.

d. Zusammenfassung – der § 240 StGB ist grundgesetzlich nicht zu halten

Der Erste Strafsenat hat falscherweise die Legislative in Schutz genommen und geschont. Er hätte, ohne quasi-legislativ urteilen zu sollen, dem Gesetzgeber einen Auftrag geben müssen: Entweder auf den 240 gänzlich zu verzichten oder ihn neu

18 Grünwald, S. 45.

19 OLG Köln – vgl. hierzu auch die Stellungnahme des Komitees für Grundrechte und Demokratie: abgedruckt in F. R. vom 30.12.1986.

und in Richtung des *vor*faschistischen Paragraphen zu reformieren. Summa summarum folge ich in dieser Einschätzung dem Strafrechtler Rolf-Peter Callies, der auch als Gutachter des Ersten Senats fungiert hat, aber leider offenkundig zu wenig zum Zuge gekommen ist.

Zum ersten: „Die Strafnorm des § 240 ist, wie Geschichte, Wortlaut und Anwendung zeigen, einem anderen Staats- und Gesellschaftsverständnis verpflichtet".[20] Noch deutlicher formulierte Callies in der NJW 1985:

„Der gesetzliche Tatbestand des § 240 entspricht für sich und ausweichlich der Auslegung durch obergerichtliche Rechtssprechung und durch einen Teil der Lehre nicht den verfassungsrechtlichen Anforderungen des Art. 103 Abs. 2 GG."

Zum zweiten: Es geht prinzipiell nicht an, eine Art richterliches Aschenbrödelspiel mit Hilfe der Verwerflichkeitswertpauschale zuzulassen. Ich folge erneut uneingeschränkt Callies:

„Die verfassungsrechtlich bedenkliche richterliche Abwägung im Rahmen der Verwerflichkeitsklausel darf nicht durch Herausnahme einer einzigen Fallgruppe allein beschränkt werden. Dies mag zwar der Berücksichtigung des Grundrechts von Art. 8 entsprechen. Der Bestimmtheitsgrundsatz von Art. 103 erfordert aber in Verbindung mit Art. 8 eine andere Lösung des Problems. Diese liegt nicht auf der Ebene der Verwerflichkeitsklausel, sondern auf der Ebene des Tatbestands. Denn die Strafnorm ist allgemein geltendes Gesetz, und die Rechtsstaatlichkeit der Strafnorm kann nicht nur für einzelne Fallgruppen – wie die gewaltlosen und friedlichen Sitzdemonstrationen – gelten. Man kann das verfassungsrechtliche Gebot der Gesetzesbestimmtheit nicht als Steinbruch benutzen, um der ohnehin rechtsstaatswidrigen Verwerflichkeitsklausel des § 240 StGB nachträglich noch einige rechtsstaatsgemäße Findlings-Blöcke zu implantieren. Nur wenn der Gewaltbegriff im Sinne von Gewalttätigkeit eng ausgelegt und verfassungskonform angewendet wird, ist sowohl materiell dem Anliegen des Art. 8 als auch formell dem Anliegen des Art. 103 Rechnung getragen."[21]

III. Rechtsfortbildung durch das Volk

Ausschlaggebend für meine Argumentation sind politisch-demokratische Erwägungen. Sie ergeben, daß die Anwendung des § 240 auf den Tatbestand „gewaltfreie Blockaden" nicht allein falsch und grundgesetzwidrig ist. Werden sie berücksichtigt, erscheint der strafrechtliche Einsatz des § 240 geradezu verhängnisvoll. Angesichts der fortgeschrittenen Zeit beschränke ich mich auf thesenförmige Formulierungen.

a. Die rechtliche Analyse hat ergeben, daß der § 240 gemäß seinem Entstehungsmal und seinen Entstehungsmotiven politisch funktionalisiert werden sollte und seitdem politisch funktionalisiert werden kann: Die Strafgerichte fungieren als Büttel der Politik – die Dritte Gewalt als Ersatzlegislative und Ersatzexekutive in ei-

20 Callies vor dem Bundesverfassungsgericht, abgedruckt in: FR, Dok. Nr. 175 vom 1.8.1986.
21 ebda.

nem. Insofern ist die Geburtseigenart des § 240 angemessen und kennzeichnend: Er entstand als Bastard einer führerbefehlsgegründeten Verordnung des nationalsozialistischen Reichsministers der Justiz Dr. Thierack. Gewiß, dieser Bastard ist 1953 mit kleiner Umbenennung als legitimes Kind der grundgesetzlichen Demokratie Bonner Musters anerkannt worden. Das hat aber an seiner genetisch mitgegebenen Form und seiner Substanz, seinen in beiden liegenden funktionalen Potenzen nichts geändert.

Heute wird der § 240 funktionalisiert, um die Formen der etablierten Willensbildung eng zu halten und bestimmte Inhalte gar nicht oder nur in parlamentarisch leichten homöopathischen Dosen in die Entscheidungsgremien gelangen zu lassen, gefiltert und noch einmal gefiltert. Das Strafrecht – jedenfalls u. a. der § 240 – als angebliches Schutzrecht der Freiheit und Integrität der Bürger vor unliebsamen, nein vor gewaltträchtigen Interventionen aller Art wird umfunktioniert zu einem Staats-, jedenfalls zu einem status-quo-Schutzrecht wider die Bürger. Und die Strafrichter werden mißbraucht und lassen sich mißbrauchen.

b. Damit wird gerade der repräsentativen Demokratie des GG ein Bärendienst erwiesen. Diese repräsentative Demokratie leidet vor allem an einer doppelten, schon weitgediehenen Aushöhlung: Der Aushöhlung der Stellung und Funktion des Parlaments, der Legislative also, dem formellen Spitzenorgan der Verfassung, *dem* Repräsentanten des Volkssouveräns. Damit verbunden aber geht die repräsentative Demokratie schier zugrunde, weil die Kluft zwischen Parlament und Bevölkerung – verfassungsrechtlich gesprochen: dem Volk – beinah unüberbrückbar geworden ist. Nur noch wenige Hilfskonstruktionen wie periodische Wahlen halten die dünne Verbindung aufrecht.

Daß dem so ist, daß deswegen verantwortliche Politik im demokratischen Sinne nur noch in Spurenelementen zu finden ist, hat eine Fülle von Ursachen. Sie sind nicht im bösen Willen von Abgeordneten oder deren Mangel an Fleiß, deren Unfähigkeit in der Regel zu vermuten. Wie immer aber die Ursachen im einzelnen ausgemacht und bewertet werden – gewachsene Aufgaben, gestiegene Komplexität, notwendige Professionalität, weite Distanz usw. usf. –, fraglos ist, daß nur dann eine Chance besteht, repräsentative Demokratie als Demokratie zu erhalten, nein erst einigermaßen herzustellen und in ihrem normalen Funktionieren zu gewährleisten, wenn die Formen der Beteiligung, wenn die Wege der Willens- und Entscheidungsbildung vervielfältigt und verdichtet werden. Dem steht gegenwärtig das entgegen, was man die Multiple Sklerose, die vielfältige Erstarrung des repräsentativen Systems nennen könnte. Sie sorgt für eine Art strukturelle Blockade aller Arten von Neuerungen. Gerade diejenigen, die sich als führende Verfechter der repräsentativen Demokratie profilieren, sind hierbei nicht selten insgeheim ihre zusätzlichen Gefährder. Weil sie selbst zumeist Inhaber etablierter Positionen sind, verwechseln sie ihr eigenes Positions- und das damit verbundene politische Interesse mit den Anforderungen einer repräsentativen Demokratie.

c. Das Grundgesetz hat eine Reihe von Hebeln und Prozeduren vorgesehen, die der Gefahr repräsentativen Verhungerns entgegenzuwirken geeignet sind.

Hierher gehört ein weit zu verstehender Art. 5 GG; hierher zählt insbesondere das Demonstrationsrecht gemäß Art. 8 GG; selbstverständlich rechnet das Koalitionsrecht dazu und als kleines Korrektiv nicht zuletzt das Petitionsrecht.

Allerdings sind alle diese Hebel und Prozeduren nicht sehr weit entwickelt worden; oder sie werden in einer Weise behindert und formiert, daß sie ihren demokratisch fundamentalen Sinn zu verlieren drohen. Dieser Sinn aber besteht darin, dem Fundament der Demokratie, dem Demos in all seinen Gruppen und Individuen, die Chance zu geben, sich zu Wort zu melden und zwar öffentlich; seine Interessen zum Ausdruck bringen zu können; auf andere Bürgerinnen und Bürger einzuwirken und auch die Willens- und Entscheidungsbildung der eigenen allgemein gewählten Repräsentanten zu beeinflussen.

Unterentwickelt ist z. B. das Petitionsrecht, insbesondere seine Praxis.[22] Eingeschränkt, zurückgedrängt und bedroht aber wird insbesondere das Recht auf Demonstration.

d. Folgt man dem Eckpfeilerartikel des GG Art. 20 Abs. 2, dann geht bekanntlich alle Gewalt vom Volke aus. Dasselbe wirkt in Wahlen und anderen Formen an der Willens- und Entscheidungsbildung mit. Ein Blick auf das Verfassungsrecht und insbesondere die Verfassungswirklichkeit belehrt aber rasch darüber, wie sehr diese Basisnorm zu verkümmern droht, ja längst verkümmert ist. Sie wurde zu dem, was ein amerikanischer Kollege den „symbolischen Gebrauch von Normen" bezeichnet hat. Sie droht in wohlverpaßten Verfassungsansprüchen ohne entsprechenden Unterbau aufzugehen. Die wenigen regelmäßigen politischen Aktivitäten, die den Bürgern abverlangt und zu denen sie zugleich ermutigt werden, sorgen dafür, daß diese normative Abgehobenheit bleibt. Bürgerinnen und Bürger sind deswegen meist überfordert, zu den sie betreffenden politischen Fragen anders denn vorurteilshaft Stellung zu nehmen. Die Muskeln ihrer Beteiligung sind untertrainiert; sie lernen ihren eigenen Willen nicht in regelmäßigem Gebrauch bilden.

Daß Verwaltungen, daß Gerichte Recht fortbilden – daran findet heute niemand etwas Anstößiges. Wir alle wissen, daß solche Fortbildungen unvermeidlich sind, unbeschadet all der freilich vom Parlament nicht zureichend erfüllten Erfordernisse der Bestimmtheit von Gesetzen als der Voraussetzung aller Rechtssicherheit. Daß aber Bürgerinnen und Bürger Rechte fortbilden – das scheint offenbar den Personen, die etablierte Positionen verteidigen, als Anschlag auf die Demokratie selbst. Ein seltsamer, ein verräterischer Widerspruch.

In Sachen gewaltfreie Blockaden oder andere Formen zivilen, strikt friedfertigen Ungehorsams hat nicht das Volk – als empirisch nie gegebenes Abstraktum –, wohl aber haben viele Gruppen von Bürgerinnen und Bürgern, wie es einer pluralistischen Demokratie geziemt, das Demonstrationsrecht praktisch fortgebildet. Sie haben sich an die zentrale Formeigenschaft aller Demokratie und aller Menschenrechte gehalten: an die Gewaltfreiheit. Sie haben sich demokratie- und men-

22 Siehe die Initiative des Komitees für Grundrechte und Demokratie: Für die Demokratisierung des Petitionsrechts! Eine Petition der Petition, Okt. 1986.

schenrechtskonform nicht an andere Bürgerinnen und Bürger gewandt, sondern an die zuständigen politisch staatlichen Instanzen, denen sie ein Mehr an Demokratie in fraglos ausschlaggebenden Problemen der Gesellschaft abverlangen wollen. Sie üben gewaltfreie Blockaden als eigenartig intensive Form engagierter Willensbildung und eines demokratischen Kampfs um die Öffentlichkeit. All das mag denjenigen, die sich als Hüter etablierter Positionen in Form und Inhalt verstehen, mißliebig sein – durchaus verständlich. Solche Aktionen mögen auch als Ordnungswidrigkeiten belangt werden. Jedoch sich als Verteidiger etablierter Positionen, als „Hüter der Verfassung" aufzuspielen, geht ebenso wenig an wie die Umfunktionierung des Strafrechts zur politischen Waffe.

e. Wenn gegen die Teilnahme an gewaltfreien Blockaden mit dem scharfen Mittel des willkürlich geweiteten Strafrechts vorgegangen wird, dann werden nicht allein nötige, zuweilen schmerzliche, in jedem Fall konfliktreiche Rechtsfortbildungen zugunsten eines Mehr an Demokratie in individueller Pönalisierung einzelner Bürger gestoppt. Damit werden auch die institutionellen und verfahrensförmigen Nöte dieser repräsentativen Demokratie verkannt. Es wird einseitig anderen Rechtsfortbildungen von oben der Vorzug gegeben. Das strafrechtlich eingesetzte Gewaltmittel des Staates wirkt hier, entgegen seinen angegebenen Absichten, dem Rechtsfrieden und der Friedlichkeit des Rechtewahrnehmens zu dienen, gewaltfördernd. Wenn alle Formen des demokratischen Konfliktaustrags – und eine Demokratie lebt von der Lebendigkeit der Konflikte *vor* allen polizeilich strafrechtlichen Repressionen und Sanktionen –, soweit sie nicht in ein etabliertes Konzept passen, diffamiert, diskriminiert und mit dem schweren Säbel des Strafrechts bekämpft werden, dann wird Apathie auf der einen Seite gefördert. Auf der anderen Seite wird gewalthaften Eruptionen Vorschub geleistet. Beide Ausdrucksweisen – Apathie und Gewalt, auch Selbstgewalt – sind demokratischen Prozessen und Zielen gleicherweise abträglich, mögen auch viele Vertreter etablierter Positionen die apathischen Bürger, die je und je vorurteilshaft mobilisiert werden können, bevorzugen. Das ist von ihrem politischen Interesse aus sogar verständlich. Es geht aber nicht an, die Judikative, hier die Strafrichter, entsprechend einseitig zu mißbrauchen.

Mein Einspruch gegen den Gebrauch des § 240 StGB richtet sich also gegen seinen antidemokratischen Einsatz. Wenn Strafrecht konkretisiertes Verfassungsrecht ist, dann ist der § 240 StGB erneut, insbesondere aber im Gebrauch gegen gewaltfreie Formen der politischen Artikulation, verfassungswidrig.

Ich komme zum Schluß. Ich ende mit einem Appell an Sie persönlich als Richter. Ich weiß, die Erfahrungen mit solchen Appellen sind nicht gerade gut zu nennen. Wir alle sind in unseren Berufen mehr oder minder verstockt und können schwer aus der sozialen Haut, die unsere eigene geworden ist. Insbesondere können wir schwer davon absehen, daß und wie unsere jeweilige Bezugsgruppe unser Verhalten einschätzt. Und Ihre Bezugsgruppe, Herr Richter, ist zweifelsohne eine andere als die meine. Dennoch appelliere ich an Sie in einer doppelten Weise: ad institutionem und ad personam. Als Vertreter der Judikative, hier der Strafgerichtsbarkeit, könnten und sollten Sie mit dafür sorgen, daß die Behauptung der Unabhängigkeit nicht eine bloße Formel bleibt. Der Versuch politischer Funktionalisierung ist in Sachen § 240 und seiner Anwendung auf Beteiligungen an gewaltfreien Blockaden eindeutig. Als Richter und Person sollten, ja müßten Sie wissen, daß Sie die Entscheidung über jeden einzelnen Fall treffen, daß Sie auf Gewalt und/oder Verwerflichkeit erkennen. Ihre eigene Moral und ihre eigene moralische Einschätzung sind gefragt. Sie müssen wissen, ob und in welcher Weise Sie sich selbst als kleiner Hebel, als Hebelende sozusagen, eines letztlich genetisch auf Führerbefehl zurückgehenden Norm politisch, ge-, ich würde sagen mißbrauchen lassen.

Sie können sich hinter nichts verstecken. Das Urteil, zu dem Sie gelangen, ist das Ihre. Secundum oder tertium non datur.

Was aber folgt aus dieser Ihnen auferlegten Notwendigkeit und damit der Ihnen auferlegten Not der Entscheidung? Ich kann Ihnen deren Last nicht abnehmen. Ich will dies auch nicht. Denn Sie als Richter sind höchstpersönlich gefordert. Sie besitzen mehrere Optionen, die meines Erachtens akzeptabel sind:

- die trotz Urteil des Verfassungsgerichts wohl nach wie vor bestehende Möglichkeit, daß Sie zur weiteren Klärung der Rechtslage das Verfahren anhalten und letztlich an das Verfassungsgericht zurückgeben;
- die Möglichkeit, sich so zu verhalten, wie es die unterlegenen Vier des Ersten Senats als unabdingbar erachtet haben (gleicherweise das OLG Köln). Sprich: § 240 paßt nicht; Sie erkennen allenfalls auf eine Ordnungswidrigkeit.

Alle anderen Optionen – sie bestehen; aber nur im Sinne eines Herrschaftsaktes, zu dem Sie sich als ein letzter Teil hergäben. Nun liegt alles weitere an Ihnen. Die Bürde und auch die Chance.

P.S.: – Weder Walmot Möller-Falkenbergs Verteidigungsrede, noch die ihres Verteidigers, noch die meine ‚rührten' Richter Herzel. Er urteilte nach bewährtem Herrschaftsdogma: Tut nichts Verstoß gegen § 240 StGB – und also 20 Tagessätze à la carte oder à 100 DM. Der schale Geschmack, den das Urteil hinterließ, erhellt aus der schier unerträglichen Banalität dieser Art von Verfahren; sie belegen den Rückzug der Judikative in die Bürokratie. Und diese Banalität programmiert repressiv-restriktiv Gewalt. Ja, sie ist schon Gewalt, auch wenn die Tagessätze lächerlich wirken. Das Verfahren geht allerdings, da ich Rechtsmittel eingelegt habe, weiter.

Andrei S. Markovits

Why Is There No Soccer in the United States?

Variationen zu Werner Sombarts großer Frage

*Vorbemerkung**

Der Welt bislang größtes Medienereignis, das den ganzen Juni des Jahres 1986 über die ungeschmälerte Aufmerksamkeit des größten Teils der männlichen Weltbevölkerung auf sich zog: einmal mehr fand es in den Vereinigten Staaten nur im Reich des Esoterischen statt.[1] Obwohl Mexiko, der unmittelbare südliche Nachbar der USA, Gastgeber der alle vier Jahre stattfindenden Fußballweltmeisterschaft war, wurde dem Ereignis in Nordamerika kaum öffentliche Aufmerksamkeit zuteil. Anders als in fast allen anderen Ländern der Welt – sowohl in jenen, die den USA politisch und ökonomisch sehr ähnlich sind, also den liberal-kapitalistischen Demokratien Westeuropas, wie in solchen, die sich von den USA deutlich unterscheiden, also in den Mitgliedsländern des kommunistischen Blocks und in dem losen Konglomerat, das ,,Dritte Welt" genannt wird – blieb das Interesse in den USA verschwindend gering.[2] Obgleich die Berichterstattung über die Fußballweltmeisterschaft 1986 im

* Die umfangreichen Anmerkungen des Aufsatzes stehen am Ende des Textes. – Nur eine sei vorgezogen:
Obwohl eine detaillierte Kenntnis der in diesem Aufsatz behandelten Sportarten für ein Verständnis der These und des Inhaltes keineswegs notwendig ist und obwohl die behandelten Sportarten im Text kurz skizziert werden, möchte ich sie hier vorweg charakterisieren.
Soccer: Kurzformel für ,,Association Football". Der Ausdruck wird von Amerikanern und einigen anderen Nationen, in denen Fußball in der Sportlandschaft keine hegemoniale Stellung einnimmt, als Bezeichnung für das verwendet, was ansonsten weltweit ,,Fußball" genannt wird.
Football: von Kontinentaleuropäern meist – und fälschlich – als ,,Rugby" bezeichneter Sport, bei dem ein eierförmiger Ball sowohl mit dem Fuß als auch mit der Hand weiterbefördert werden darf.
Basketball: auch in Kontinentaleuropa bekanntes, hier aber – mit Ausnahme von Italien, Spanien, Jugoslawien, Griechenland und der Sowjetunion – vergleichsweise wenig populäres Spiel.
Baseball: das amerikanische Spiel schlechthin. Man könnte es auch mit ,,Schlagball" übersetzen.
Kricket: eine englische Variante des Schlagball, die sich jedoch ganz deutlich vom Baseball unterscheidet. Die einzige Gemeinsamkeit aller Varianten von Schlagball besteht darin, daß es stets eine ,,schlagende" und eine ,,werfende" Mannschaft gibt.
Rounders: eine frühe englische Variante des Baseball, vor allem von jungen Mädchen gespielt.

amerikanischen Fernsehen einen größeren Raum einnahm als zuvor, drang das Weltereignis nicht in die Sportöffentlichkeit Amerikas ein – von der allgemeinen Öffentlichkeit ganz zu schweigen.[3]

Warum bleibt der populärste Sport der Welt den Nordamerikanern so fremd? Warum hat Fußball im öffentlichen Bewußtsein dieser sportbegeisterten Gesellschaft stets nur eine marginale Rolle gespielt? Was sind die Ursprünge und die aktuellen Ausdrucksformen dieser zweiten „amerikanischen Ausnahme"? Mein Text versucht, etwas Licht auf diese interessanten – und vielleicht sogar wichtigen – Fragen zu werfen.[4]

I. Sombart und Amerikas außergewöhnliches Verhältnis zum Fußball: einige vergleichende Klärungen

1. Wie bei fast allen Europäern vor und nach ihm, die die Entwicklungen in der „Neuen Welt" beobachteten, war auch Werner Sombarts Verhältnis zu diesem Land von Faszination und zugleich von Ambivalenz geprägt. Die Ambivalenz war Ausdruck jenes unauflöslichen Gemischs negativer wie positiver Verallgemeinerungen in den europäischen Einschätzungen, die von der „Einzigartigkeit" der USA als einem Ableger Europas ausgehen, verbunden mit bestimmten verwirrenden Besonderheiten.[5] Der verwirrendste dieser besonderen „Amerikanismen" bestand für Sombart in dem Fehlen einer großen, gut organisierten, in den Massen verankerten Arbeiterbewegung, die von einer politischen Partei geführt wird. Zu den realistischen Zielen einer solchen Partei gehört, Sombart zufolge, die Verbesserung der Lebensbedingungen ihrer Mitglieder und Wähler; letztere kommen aus der Arbeiterklasse und stellen die Mehrheit der Bevölkerung in den Industrieländern, also auch in den USA. Um ihr Ziel zu erreichen, müßte die Partei mit den Mitteln der parlamentarischen Demokratie die Staatsmacht zuerst erobern und dann ausüben.

Aber: gemessen an Sombarts Interesse ist die berühmte Fragestellung – „Warum gibt es in den Vereinigten Staaten keinen Sozialismus?" – irreführend. Denn Sozialismus gab es damals auch in Europa nicht, die USA unterschieden sich in diesem Punkt also keineswegs von irgendeinem Land der Alten Welt.[6] Ein weit besser geeigneter – wenn auch entschieden weniger eleganter – Titel für Sombarts Text wäre deshalb gewesen: „Warum gibt es in den Vereinigten Staaten keine sozialdemokratische Partei?" Doch abgesehen von diesem Detail hat Sombarts Studie natürlich viele Komplimente verdient, die die Gültigkeit und Originalität ihrer zentralen Beobachtungen bekräftigen: sie ist stets von Bedeutung geblieben – als eine der intellektuell anspruchsvollsten und anregendsten Schriften zur amerikanischen Geschichte und zur Sozialwissenschaft.[7]

Die Parallelen zum Fußball sind verblüffend. Gerade wie Sombart die Abwesenheit dessen, was er „Sozialismus" nannte, feststellte, können wir feststellen, daß es in den USA den Fußball das ganze zwanzigste Jahrhundert hindurch als Mannschaftssport, der aktiv wie passiv betrieben wird, nicht gibt. Das heißt *nicht*, daß

Fußball – wie auch Sombarts „Sozialismus" – der amerikanischen Erfahrung völlig fremd wären. Beide tauchten im gleichen Moment, als sie in Europa „erfunden" wurden, auch an den Küsten Amerikas auf, und beide leben hier in verschiedenen Formen weiterhin fort. Sozialistische Parteien und Bewegungen hat es im zwanzigsten Jahrhundert in den Vereinigten Staaten stets gegeben, wie auch Fußball seit seiner Einführung im neunzehnten Jahrhundert in diesem riesigen Land praktisch ohne Unterbrechung gespielt wurde.[8] Die Geschicke des „Sozialismus" erfuhren im größeren Kontext der Politik und des intellektuellen Lebens Amerikas ihre Höhe- und ihre Tiefpunkte, ohne daß es dem „Sozialismus" auch nur annähernd gelungen wäre, wie in Europa eine vorherrschende oder gar hegemoniale Position zu erringen. Und ebenso stellte der Fußball niemals eine ernsthafte Herausforderung für Amerikas drei populärste Sportarten dar: für Baseball, Football und, etwas abgeschlagen, Basketball. Man kann mit Sicherheit voraussagen, daß keines dieser beiden „unamerikanischen" Phänomene in Zukunft verschwinden wird – was einmal mehr Amerikas Pluralismus in Politik, Sport und intellektuellem Denken unter Beweis stellt. Man kann aber mit ebensolcher Sicherheit auch voraussagen, daß keines von beiden in den Vereinigten Staaten je von nationaler Bedeutung sein wird. Sie werden auch weiterhin in Amerika ihre traditionelle Rolle spielen: als geduldete und vielleicht sogar geschätzte Exzentrizitäten.[9]

Ich behaupte nicht, daß es – vergleicht man die USA mit anderen demokratischen Industrieländern – eine direkte Beziehung zwischen der Abwesenheit von Fußball und dem Fehlen des „Sozialismus" in den Vereinigsten Staaten gibt. Ich möchte vielmehr zeigen, daß einige jener amerikanischen Eigentümlichkeiten, die zu Amerikas besonderem und einmaligem Verhältnis gegenüber dem „Sozialismus" geführt haben, auch für die untergeordnete Rolle verantwortlich sind, die der Fußball im amerikanischen Sportleben spielt.

2. Daß Fußball für die Amerikaner relativ bedeutungslos ist, wird daran deutlich, daß sie das, was der Rest der Welt praktisch ohne Ausnahme „football" nennt, nur unter der Bezeichnung „soccer" kennen. Daß der Begriff „football" von herausragender Bedeutung ist, beweist die Tatsache, daß in den meisten nicht-englischsprechenden Ländern, in denen Sport eine große Rolle spielt, entweder das Wort „football" selbst – dem Alphabet, der Orthographie und der Aussprache der jeweiligen Sprache angepaßt – verwandt wird oder eine direkte Übersetzung, wie das deutsche „Fußball" oder das ungarische „labdarugas". Nur in Ländern wie den USA, wo der Begriff „football" einen anderen bezeichnet oder wo Fußball von sekundärer Bedeutung ist, wird der Begriff „soccer" verwendet. Das gilt für Länder, die den USA verwandt sind, vor allem für Australien und Kanada, aber auch für Neuseeland und den komplizierten Fall von Südafrika – also ausnahmslos Länder, in denen wie in den USA Englisch gesprochen wird und die einstmals britische, von weißen Einwanderern beherrschte Kolonien waren. Widerlegt das die These, daß die „amerikanische Ausnahme" auch für den Fußball gilt? Oder ist das Konzept nur gültig in Hinblick auf den „Sozialismus"?[10]

Ich denke nicht, und zwar aus zwei Gründen: Erstens muß die untergeordnete Stellung, die der Fußball in der sportlichen Topographie der USA wie der genannten anderen englischsprechenden Länder einnimmt, der Einzigartigkeit der amerikanischen Situation keinen Abbruch tun: denn bevor der Fußball hier zum Massensport werden konnte, waren schon drei andere heimische Mannschaftssportarten entstanden und etabliert. Baseball, Football und Basketball erfreuten sich seit ihrer jeweiligen Durchsetzung als Massensport stets einer konkurrenzlosen Popularität in der amerikanischen Öffentlichkeit.[11] Eishockey wurde in Kanada zum Nationalsport. Mit dessen erfolgreichem Export in den Süden wurden die Vereinigten Staaten noch mit einem weiteren – wenn auch regional begrenzten – populären Mannschaftssport versorgt; Kanada schenkte der nördlichen Hemisphäre der Welt eine der beliebtesten Winteraktivitäten. Ansonsten ist der Massensport in Kanada jedoch von den „Big Three" Amerikas beherrscht, wobei Baseball und Basketball genau den amerikanischen Spielen entsprechen und der Football einige unbedeutende Abweichungen vom amerikanischen Vorbild aufweist. Interessanterweise gehört Kanada zu den wenigen Ländern außerhalb der USA, in denen jene beiden Sportarten eine beträchtliche Verbreitung erfahren haben, die am entschiedensten und und geradezu idiosynkratisch zu Amerikas Sonderstellung gegenüber dem Fußball beigetragen haben: Football und Baseball. Kricket spielt eine bedeutendere Rolle im Sportleben von Neuseeland, Australien und Südafrika und ebenso in Indien, Sri Lanka, Pakistan und auf den Karibischen Inseln, also in Westindien. Der verbliebene sportliche „Raum" in diesen Ländern wird von Hockey (Indien, Pakistan und Sri Lanka), Rugby (Neuseeland und Südafrika) und von Football nach australischen Regeln (Australien) gefüllt.

Gemeinsam ist all diesen Ländern, daß in ihnen Kricket als Nationalsport betrieben wird, daß Fußball nur von marginaler Bedeutung ist und daß es einen zweiten, etwas obskuren und leicht modifizierten britischen Mannschaftssport gibt. Im Gegensatz zu den Vereinigten Staaten brachte keines dieser Länder drei tatsächlich neue, eigene Mannschaftssportarten hervor, die – wie die „Big Three" in den USA – fast das gesamte sportliche Leben der Gesellschaft bestimmen würden. Ja seltsamerweise blieben diese „Big Three" – mit der bemerkenswerten Ausnahme des Basketball[12] – fast ausschließlich auf ihr Herkunftsland beschränkt: und das, obgleich dieses Land auf dem Gebiet der Politik, der Wirtschaft und der populären Kultur des zwanzigsten Jahrhunderts unbestritten weltweit die Führungsrolle innehat.

Das führt mich zu dem zweiten Grund, warum die Sonderstellung Amerikas gegenüber dem Fußball eine andere Qualität hat als die Besonderheiten, die ich soeben erwähnt habe. Aufgrund der militärischen, politischen, ökonomischen und kulturellen Hegemonie, die die Vereinigten Staaten das ganze zwanzigste Jahrhundert hindurch ausübten (das deswegen mit einiger Berechtigung oft das „amerikanische Jahrhundert" genannt wird), kommt fast allem, was Amerika tut (oder unterläßt), eine Bedeutung zu, die über die Realität der jeweiligen Aktionen (oder Unterlassungen) hinausreicht. Für das, was „Amerikanismus" genannt wird, gibt es im zwanzigsten Jahrhundert, wenn überhaupt, nur wenige Parallelen: schon das unterstreicht die zentrale Rolle, die die USA in der modernen Welt spielen. Die amerikanische Hegemonie reicht über den Kreis der industriekapitalistischen Länder, die liberal-demokratisch verfaßt sind, hinaus und ist ebenso bedeutsam für die Länder der Zweiten und Dritten Welt.[13] Um es ganz plump zu formulieren, die USA spielen in der Weltpolitik eine größere Rolle als Kanada, Australien oder Neuseeland. Themen, die in diesen Ländern von großer öffentlicher Bedeutung sind, werden vom Rest der Welt nicht einmal wahrgenommen oder bleiben bestenfalls esoterische Nachrichten, die nur von wenigen Spezialisten zur Kenntnis genommen werden. In den USA dagegen sind berichtenswerte Themen immer zugleich von nationaler wie internationaler Bedeutung. So wird die Redakteure und Sportberichterstatter von *Sovietski Sport* vermutlich niemals die Frage beschäftigt haben, warum die Neuseeländer und Südafrikaner vom Fußball so unbeeindruckt bleiben. Doch wie alle anderen Fußballfans der Welt auch werden sie sich wahrscheinlich gefragt haben, warum der Fußball in den USA eine solch marginale Rolle spielt.[14] Daß Amerika sich so ungewöhnlich gegenüber dem Fußball verhält und daß es hier keinen „Sozialismus“ gibt, hat folglich zu einem guten Teil deswegen große Aufmerksamkeit auf sich gezogen, weil die USA eine vorherrschende Weltstellung innehaben.

Während aber das Fehlen des „Sozialismus“ eine beeindruckende wissenschaftliche Debatte ausgelöst hat, blieb das Problem, warum sich die USA dem Fußball gegenüber so „abnorm“ verhalten, weltweit auf Debatten unter den Fans und auf Kneipengespräche beschränkt. Natürlich kann man nicht so tun, als wären beide „Ausnahmen“ und ihre Konsequenzen für die Qualität menschlichen Lebens in den USA von gleicher Bedeutung. Auch wenn Fußball, wie alle großen Sportarten, ein Multimillionen-Geschäft ist, bleibt er doch ein Spiel; der „Sozialismus“, auch nur auf sehr bescheidenem Niveau durchgesetzt, würde dagegen mit größter Wahrscheinlichkeit durch die Schaffung und Sicherung eines gut funktionierenden Sozialstaats das Elend der Armen Amerikas wenn nicht beseitigen, so doch verringern. So hat die von Sombart konstatierte „Ausnahme“ die Vereinigten Staaten – das mit Abstand reichste Land der Welt – zum einzigen größeren demokratischen Industrieland der Welt gemacht, in dem es u. a. keine obligatorische, umfassende und vom Staat mitgetragene Krankenversicherung gibt. Daß die USA dem Fußball so fremd gegenüberstehen, hat zwar keine vergleichbaren Konsequenzen; immerhin sind die USA dadurch jedoch von einer Freizeitbeschäftigung und einem kollektiven Erlebnis ausgeschlossen, das seit dem Beginn dieses Jahrhunderts die ungeteilte Aufmerksamkeit des Rests der Welt genießt. Ich werde mich nun den gemeinsamen Ursprüngen beider „Ausnahmen“ zuwenden.

II. Amerika – die erste Neue Nation

Der gemeinsame Nenner beider „Ausnahmen" sowie der prägende zugrundeliegende Faktor zum Verständnis der amerikanischen Politik und Gesellschaft besteht, heute wie in der Vergangenheit, in dem durch und durch bürgerlichen Wesen von Amerikas objektiver Entwicklung und seiner subjektiven Selbstrechtfertigung. Diese „natürliche" und daher um so umfassendere Verbürgerlichung der amerikanischen Politik und Gesellschaft schuf bestimmte Strukturen und eine Atmosphäre, die das Land definitiv von allen Ländern der „Alten Welt" und auch von ihren kolonialen Ablegern in Übersee unterscheidet (die sich alle von der „Neuen Welt" abhoben – weshalb dieser Begriff auch fast ausschließlich für die Vereinigten Staaten reserviert ist).[15] Im Zentrum dieses keimenden „Amerikanismus" stand und steht das freie Individuum, das *seine* Erfüllung darin finden sollte, ein unabhängiger, rationaler Akteur auf einem freien Markt zu sein – von keinen diktatorischen Kollektiven behindert, seien diese nun der Staat oder soziale Klassen, Kirchen oder die Armee. Kurz, das bürgerliche Amerika schuf eine neue Identität und war stolz darauf, sich mit dieser ausdrücklich von allem zu unterscheiden, was das aristokratische Europa ausmachte.

Nur durch die Trennung der Kirche vom Staat konnte diese Gesellschaft eine durchgängige Weltlichkeit entwickeln – eine Weltlichkeit freilich, die weit religiösere Züge trägt als die der meisten entwickelten Industrienationen.[16] Zudem, nur durch die Schaffung eines zunächst unprofessionellen Militärs unter strikter ziviler Kontrolle konnten die Vereinigten Staaten gerade im Innern zu einer der schwerstbewaffneten Gesellschaften im Kreise der Industrienationen werden (wobei auch die nie unterbrochene Erfahrung, in einem „Grenzland" zu leben – ein weiterer wichtiger Bestandteil des „amerikanischen Sonderwegs" –, eine Rolle spielte).[17] Amerika setzte des weiteren ein breites Konzept von Gleichheit durch, einer Gleichheit indes, die stets konsequent der Freiheit des Individuums untergeordnet blieb und nur dazu da war, dem Einzelnen gleiche Zugangschancen zur Überfülle der Möglichkeiten zu verschaffen; mit diesem Konzept der Gleichheit schuf das junge Land ein kunstvolles System allgemeiner Partizipation, das sich sehr schnell durchsetzte. Vor allem aber bereitete Amerika den Boden für die Entstehung jener machtvollen Mythen der unbegrenzten Freiheit und der unbegrenzten Möglichkeiten, die zu einer der attraktivsten Ideologien der modernen Welt wurden.

Amerika schuf sich damit, wie Leon Samson überzeugend herausgearbeitet hat, eine Fassade, die eher von dem geprägt war, was sonst den Sozialismus und andere Bewegungen der Linken auszeichnet, die den genannten Mythen verpflichtet sind. Der Sozialismus wurde zugleich aus dem Bewußtsein und der Lebenspraxis dieses bürgerlichen Amerikas gewissermaßen mit Massenkonsens verdrängt und „überflüssig" gemacht (Amerikanismus = so etwas wie Sozialismus).[18] Der unbestrittene Vorrang einer bürgerlichen Ordnung wurde außerdem noch durch andere bekannte Elemente des „amerikanischen Sonderwegs" unterstrichen: durch die frühzeitige Einführung des Wahlrechts (natürlich nur für weiße, männliche, wohlhabende

Bürger); durch die ungebrochene Vorherrschaft von zwei „unideologischen", „pragmatischen" Parteien, die sich beide als Organisationen der Mittelschichten verstanden und denen es, unterstützt durch ein extrem zentristisches Wahlsystem, gelang, alle politischen Alternativen an den Rand zu drängen; und durch die zentrale Rolle eines integrativen Nationalismus, der im Bild vom „Schmelztiegel" verkörpert ist. Amerikas ungewöhnliches Verhältnis zum Fußball hat auch in dieser bürgerlichen Ordnung seine Wurzeln.

Der moderne Sport ist unlösbar an die Entwicklung von Massendemokratien gebunden. Als organisierte Freizeitbeschäftigung und, in der Folge, als kommerziell betriebene Kultur geht der Sport Hand in Hand mit anderen bedeutenden Elementen der „Modernisierung", etwa der Urbanisierung, Industrialisierung, der Entwicklung des Bildungswesens und der ständig wachsenden Beteiligung von immer mehr Bürgern am politischen Leben, an Produktion und Konsum. Die Entstehung und – vielleicht noch bedeutsamer – die Verbreitung des modernen Sports sind daher Teil und Moment der bürgerlichen Lebensform. Obwohl die meisten modernen Sportarten ursprünglich von Angehörigen der höheren gesellschaftlichen Ränge „erfunden" wurden, also eher aus aristokratischen oder quasi-aristokratischen Kreisen kamen, gerieten sie – sofern sie eine größere Bedeutung als etwa Polo oder Krocket erlangten – bald in die Hände des Bürgertums und der „Massen". So waren es die beiden bürgerlichsten Gesellschaften der zweiten Hälfte des neunzehnten Jahrhunderts, Großbritannien und die Vereinigten Staaten, die organisierte, professionelle Mannschaftssportarten begründeten, welche von den Massen der jeweiligen Länder – und, wie im Falle der britischen „Erfindungen", vor allem des Fußballs, sogar überall auf der Welt – gespielt und geschätzt wurden.[19]

Die Verbreitung der jeweiligen nationalen Sportarten stand in einem direkten Verhältnis zur Weltstellung der beiden Länder. Großbritannien war noch die führende imperiale Macht und als diese tonangebend und kulturell „hegemonial". Überall auf der Welt ahmten die Menschen den britischen Lebensstil nach, vor allem auf dem Gebiet der Erholung, der Entspannung und des Sports. Die Vereinigten Staaten dagegen bildeten im großen und ganzen immer noch eine isolierte „neue Welt", die auf die europäische Öffentlichkeit zwar Faszination ausübte, in dieser aber noch nicht wirklich präsent war. Diese Isolierung war z. T. eine selbstauferlegte: Amerika verstand sich ja ausdrücklich als nicht-europäisch, ja vielleicht sogar als anti-europäisch. Während Großbritannien einen Gutteil seines Selbstwertgefühls aus der Tatsache zog, daß es in der zweiten Hälfte des neunzehnten Jahrhunderts das Zentrum eines riesigen Empires war, bezog Amerika seine innere Legitimation aus dem Umstand, daß es – anders als Australien oder Kanada – eine neue, in sich abgeschlossene und vom Mutterland unabhängige „Frontgesellschaft" war. Das ganz ambivalente Verhältnis zu Großbritannien – das sich in einer eindeutigen, durch die gemeinsame Sprache noch unterstrichenen Affinität und gleichzeitig in der Verachtung des alten Kolonialherren ausdrückte – war die zweite Hälfte des neunzehnten Jahrhunderts über von großem Einfluß auf den öffentlichen Diskurs in den Vereinigten Staaten.

Diese ganz besondere Beziehung, die Bewunderung und Mißachtung einschloß, war auf dem Gebiet des Sports besonders ausgeprägt.[20] Wie wir bald sehen werden, wurden Football und Baseball im Rahmen des ambivalenten und weithin einseitigen Dialogs, den Amerika mit Großbritannien über seinen Entwicklungsweg führte, zu den amerikanischen Sportarten *par excellence*. Beide entwickelten sich aus weithin vorindustriellen, einer Elite vorbehaltenen britischen Mannschaftssportarten. Durch ihre umfassende Verbürgerlichung wurden sie der neuen, kommerzialisierten Ordnung der „neuen Welt" angepaßt. Als Großbritanniens eigener Massensport, der Fußball, erfolgreich in die ganze Welt exportiert war, hatten frühere britische Importe – nun zu genuin amerikanischen Spielen geworden – schon Amerikas Sportszene besetzt. Warum also wurde der Fußball in den USA an den Rand gedrängt? Erstens hatte das amerikanische Bürgertum erfolgreich sein eigenes nationales Spiel, den Football, durchgesetzt, und zwar fast zur gleichen Zeit, als der Fußball in Großbritannien zum Massensport wurde. Zweitens waren die jungen Eliten an den führenden amerikanischen Universitäten mehr darauf aus, jenen Sport zu spielen – und ihn in der Folge zu verändern –, der zu einem britischen Elitesport geworden war (nämlich Rugby), als ihre Anglophilie durch die Übernahme des Fußballspiels zum Ausdruck zu bringen – einer Sportart, die damals schon, ähnlich wie Baseball in den USA, eine „Vulgarisierung" erfahren hatte. Im folgenden Abschnitt werde ich in knapper Form die Entwicklung von Fußball, Football und Baseball beschreiben und dabei den Prozeß der „Vermassung" der drei Sportarten nachzeichnen.

III. Die Entwicklung des modernen Fußballs in England: von elitären Anfängen bis zum populärsten Massensport der Welt

1. Die Vorläufer des Fußballspiels und ihre regionalen Varianten sind gut erforscht.[21] In verschiedenen Teilen der Welt – z. B. in China, im alten Rom und Griechenland, in Indien und Amerika – versammelten sich von Zeit zu Zeit Männer, um einen runden Gegenstand hin und her zu kicken. Ob es sich, wie manche englische Legende wissen will, um den Schädel eines besiegten dänischen Feindes handelte oder um die ausgestopfte Blase eines geschlachteten Tieres: in jedem Fall erfanden die Menschen irgendwie einen „Ball", mit dem sie spielten.[22] Diese periodisch stattfindenden Festlichkeiten, in deren Zentrum ein ballähnliches Ding stand, waren das ganze europäische Mittelalter über sowohl auf dem Festland wie auf den britischen Inseln verbreitet. Um 1500 war der *calcio*, der aus römischen Zeiten stammte, der verbreitetste „Mannschaftssport" in Florenz.[23] Das Spiel wurde in den folgenden Jahrhunderten in großen Teilen Italiens gespielt, obgleich der moderne Fußball in Italien – der sich hier zur gleichen Zeit wie in der ganzen Welt durchsetzte – auf ganz anderem Wege ins Land kam: Ende des neunzehnten und Anfang des zwanzigsten Jahrhunderts übernahm man das Fußballspiel aus England.[24]

Der mittelalterliche „Vorläufer" des modernen Fußballs bestand in einem wilden, regellosen Geraufe, das oft in Schlägereien ausartete und mit schweren, manchmal sogar tödlichen Verletzungen einiger Beteiligter endete. Die Tatsache, daß die Herrschenden das Fußballspielen öfter untersagten als erlaubten, beweist, daß diese aufruhrartigen Spiele außerordentlich roh waren und die öffentliche Ordnung ganz real gefährden konnten. Dennoch wurden diese unkontrollierten, regellosen „Spiele", bei denen zwei gegeneinander kämpfende Parteien versuchten, den „Ball" durch Kicken, Festhalten, Rennen oder Werfen unter Kontrolle zu halten, zu einem regulären Bestandteil bestimmter Feste. Am bekanntesten waren in England die Fußballspiele am Fastnachtsdienstag, an dem sich jedes Jahr die Menge versammelte, um vor der strengen und ernsten Fastenzeit den letzten Tag in Freiheit zu begehen. Die Wettkämpfe von Ashbourne und Derby erwarben einen legendären Ruf. Das „Spiel" zwischen den Gemeinden St. Peter und All Saints in Derby wurde zu einer so dauerhaften Institution, daß sich daraus der Begriff „Derby" entwickelte, der einen Wettkampf zweier – in der Regel lokaler – Rivalen meint, die sich seit urdenklichen Zeiten befehden.[25]

Durch den Export des modernen Fußballspiels (Association Football) bürgerte sich dieser Begriff, neben anderen, in verschiedenen Ländern des Kontinents – etwa in Deutschland, Ungarn und Rumänien – ein. Diese Massenhappenings hatten freilich wenig mit dem gemein, was wir heute unter Fußball verstehen. Wie James Walvin gezeigt hat, verschwanden diese vormodernen Formen von Massenunterhaltung in der Frühzeit der industriellen Revolution aus dem Leben der einfachen Leute, um etwa hundert Jahre später, also in den achtziger Jahren des neunzehnten Jahrhunderts mit einer Leidenschaft und einem Enthusiasmus wiederaufzuleben, die nur fünfundzwanzig Jahre später die gesamte Welt – mit Ausnahme der USA – erobern sollten.[26] In der dazwischenliegenden Zeit hatte die obere Schicht der englischen Bourgeoisie, befördert von verschiedenen weitreichenden Veränderungen des neuen industriellen Zeitalters, jenes wilde, regellose und gefährliche mittelalterliche Festspiel in den populärsten modernen Mannschaftssport der Welt verwandelt.

Von Beginn an ist der moderne Fußball untrennbar mit den wichtigsten Momenten von „Modernisierung" verknüpft: mit der Disziplin, die das geregelte industrielle Leben erfordert; mit der strikten Trennung von Arbeit und Freizeit; mit der Notwendigkeit organisierter und geregelter Erholung und Unterhaltung für die Massen; mit einem billigen und effektiven Transportsystem (Eisenbahnen für den Verkehr zwischen den Städten und Straßenbahnen für den städtischen Verkehr); mit einer schnellen und weitverbreiteten Massenkommunikation durch die Presse (Einführung der Sportseiten in Zeitungen), dann durch Telegramme (erst jetzt wurde das landesweite Wetten möglich), Radio und schließlich Fernsehen; und – vielleicht am wichtigsten – mit der Entwicklung und schnellen Verbreitung der modernen Erziehung.

2. Wellington hat vermutlich niemals gesagt, daß Waterloo auf den Spielfeldern von Eton gewonnen worden wäre: die Tatsache aber, daß Generationen von Engländern aus den Mittelschichten diese Legende pflegten, zeigt, von welch zentraler

Bedeutung die sogenannte ***public school*** für die Verbreitung der bürgerlichen Kultur im England des neunzehnten Jahrhunderts war.[27] Diese Schulen, „ideale Trainingsstätten für Kaufleute wie für Aristokraten", waren die Wiege von Fußball und Rugby, dem Vorläufer des American Football. Seit den dreißiger Jahren des neunzehnten Jahrhunderts beschäftigten sich englische Intellektuelle und Pädagogen mit der Frage eines Erziehungssystems, das der neuen industriellen Ordnung angepaßt sein sollte. Ziel war die Heranbildung nicht nur sehr effizient arbeitender, sondern auch in ihrem Stil formvollendeter, mithin perfekter Juristen, Ärzte, Beamten und Wissenschaftler. Ob es sich nun um die Ideen von „Frömmigkeit und Lerneifer" handelte, wie sie von Charles Kingsley formuliert wurden, oder um ähnliche Konzepte, zu verschiedenen Zeitpunkten von Thomas Carlyle, Herbert Spencer und John Henry Newman hervorgebracht: am besten läßt sich die propagierte Idee in der viel strapazierten lateinischen Wendung „mens sana in corpore sano" zusammenfassen.[28] Auf einmal kam dem Sport bei der richtigen Erziehung von Großbritanniens junger, männlicher Elite aus dem Bürgertum eine zentrale Rolle zu. Und in dieser Atmosphäre, die am zutreffendsten in dem berühmten Buch *Tom Brown's Schooldays* beschrieben ist, das Thomas Hughes im Jahre 1857 veröffentlichte, entstand der moderne Fußball.

Football wurde in allen angesehenen Internaten gespielt: sowohl in den altehrwürdigen wie Eton, Harrow, Charterhouse, Rugby, Westminster und Shrewsbury, als auch in den neugegründeten wie Cheltenham (1841), Marlborough (1843) und Wellington (1853).[29] Bis etwa 1845 spielte jede Schule im Grunde ihre eigene Version des Football: es war ein Spiel mit fast vollständig fließenden Regeln. Durch das jeweilige Schulgelände war vorgegeben, welche Art von Football an Ort und Stelle gespielt wurde. In Schulen wie Eton, Charterhouse und Westminster, denen nur schmale „Spielfelder" zur Verfügung standen, begünstigten die räumlichen Beschränkungen das sogenannte „dribbling game", bei dem der Gebrauch der Hände gänzlich verboten war. In Harrow unterlag das Footballspiel zwar keinen räumlichen Beschränkungen, man hatte aber mit Entwässerungsproblemen zu kämpfen – auch hier wurde das Dribbling begünstigt, obgleich es weiterhin erlaubt war, den Ball aus der Luft oder nach nur einem Aufprall auf dem Boden zu greifen. In Winchester begünstigten die Bodenbedingungen das „richtige Kicken und das offensive Spiel", der Gebrauch der Hände aber war ebenfalls strikt untersagt. Vor allem in Rugby, dem weitere Schulen wie Cheltenham und Marlborough folgten, wurde das sogenannte „running game" entwickelt.[30] Die zentrale Bedeutung, die dieser Sport für das gesamte Erziehungswesen in den dreißiger Jahren des neunzehnten Jahrhunderts in Rugby hatte, ist im fünften Kapitel von ***Tom Brown's Schooldays*** ausgezeichnet beschrieben. Dieses „running game" spaltete sich 1863 von jenem Football ab, in dessen Mittelpunkt Kicken und Dribbeln stand, und entwickelte sich zum Rugby Football, dem Vorläufer des amerikanischen und australischen Regelfootball. Und aus dem Football mit Kicken und Dribbeln entstand das Fußballspiel.[31]

Mit der allmählichen Ausweitung des nationalen Schienennetzes zwischen 1845 und 1850 wurde aus dem Spiel, das bislang nur an der jeweiligen Schule gespielt worden war, ein Wettkampf zwischen den Schulen: mit einiger Regelmäßigkeit fanden Spiele zwischen den verschiedenen Internaten statt. Als es üblich wurde, daß die ehemaligen Zöglinge der Internate auch nach ihrer Jugendzeit weiterhin Football spielten, gewann das Spiel größeres Ansehen und Prestige. Während in „Oxbridge" und den angesehenen Internaten in den fünfziger Jahren weiterhin Football gespielt wurde, entstanden zur gleichen Zeit die ersten Clubs, die allesamt – und zum größten Teil im Süden Englands – von ehemaligen Internatsschülern und/oder Oxbridgestudenten gegründet wurden und reine Amateurclubs waren. Noch die ganzen fünfziger Jahre des vergangenen Jahrhunderts hindurch kannte das Spiel keine festen Regeln, wurde nur sporadisch gespielt und war wenig organisiert. In den frühen sechziger Jahren war jedoch ein umfassendes Regelgebäude notwendig geworden, da der Football zu einem ernsthaften Spiel geworden war, das über die Grenzen der englischen Internate hinaus Bedeutung gewonnen hatte.

1862 arbeitete J.C. Thring, Lehrer in Uppingham und einer der beiden ehemaligen Zöglinge von Shrewsbury, die 1846 die erste Footballmannschaft in Cambridge mitbegründeten, einen Satz von Regeln aus, die unter dem Namen „The Simplest Game" bekannt wurden.[32] Thring faßte alle Regeln in zehn Punkte; seine Neuerung – die ursprünglich nur für den Gebrauch in Uppingham bestimmt war – erwies sich als ein wichtiger Schritt, um aus dem Football ein leicht übertragbares, überall spielbares Spiel zu machen. Es folgten eine lebhafte Diskussion und ein Prozeß der Überarbeitung und Revision, aus dem 1863 die 14 Punkte der Cambridge University Rules hervorgingen. Am 26. Oktober 1863 wurde in der Freemason's Tavern in der Great Queen Street in London die *Football Association* (F.A.) gegründet, die dann die 13 „Gesetze" („*laws*") des Football verkündete.[33] Diese „Gesetze" – die sich deutlich von den früheren „Regeln" abheben – gelten praktisch unverändert bis auf den heutigen Tag für den populärsten Sport der Welt. Regel 9 („Kein Spieler darf mit dem Ball rennen.") und Regel 10 („Weder Fußtritte noch Beinstellen sind erlaubt, und kein Spieler darf seine Hände benutzen, um seinen Gegner festzuhalten oder zu stoßen.") versetzten vor allem die noch immer zahlreichen Anhänger des „running game" in Schrecken. Die Kluft zwischen diesen zwei immer unterschiedlicher werdenden Versionen von Football wurde in den sechziger Jahren so tief, daß die Anhänger des „running game" 1871 ihren eigenen Verband gründeten. Er nannte sich Rugby Union und führte schließlich zur endgültigen Abspaltung des Rugby vom Fußball und zur Etablierung des „running game" als einer eigenen, unabhängigen Sportart.

Im gleichen Jahr begann die F.A., bis auf den heutigen Tag die einzige organisierende Kraft des englischen Fußballs, mit den Vorbereitungen für das erste nationale Turnier, an dem alle englischen Clubs beteiligt und dessen Höhepunkt ein Endspiel der beiden zuletzt verbliebenen Mannschaften um den F.A.-Cup sein sollten. Seit 1872 findet diese Meisterschaft alljährlich in London statt; sie stellt einen Höhepunkt der englischen Fußballsaison dar und wird auch auf dem Kontinent – wo man dem ältesten Fußballturnier im Mutterland dieses Sports größten Respekt entgegenbringt – mit einiger Aufmerksamkeit verfolgt. Bis 1882 wurde das Endspiel stets zwischen zwei Clubs aus dem englischen Süden ausgetragen, die strikte Amateurclubs waren. Zudem waren die meisten Schüler ausgesprochene „Gentlemen", die eines der Internate von Oxbridge oder beide besucht hatten. Das änderte sich 1882, als eine halbprofessionelle Mannschaft aus dem englischen Norden, die Blackburn Rovers, gegen Eton um den Pokal kämpfte.[34] Noch einmal – zum letzten Mal – gewannen die Gentlemen aus dem Süden, seit 1883 (in diesem Jahr von einer anderen Mannschaft aus Blackburn, den Olympic, gewonnen) wanderte der Pokal jedoch in den Norden und wurde in den folgenden 32 Jahren nur einmal von einem Londoner Club zurückgeholt. Diese Hegemonie des Nordens und der Midlands im englischen Fußball kündigte das Ende der Ära an, in der der Fußball eine Domäne der Oberklasse war, und zugleich den Beginn der Professionalisierung und Kommerzialisierung – kurz: der Demokratisierung – dieses Sports.

„Unter den Spielern von Blackburn befanden sich drei Weber, ein Spinnereiarbeiter, ein Zahnarzthelfer, ein Spengler, ein Baumwollarbeiter und ein Gießereiarbeiter".[35] In den siebziger und achtziger Jahren des neunzehnten Jahrhunderts entwickelte sich der Fußball sehr schnell zu einem Sport der Arbeiterklasse. Vor allem die Kirchen förderten überall im Land die Gründung von Clubs, denn sie sahen im Fußball ein ideales Mittel, um die Großstadtprobleme zu bekämpfen. Ihnen folgten Schulen, Nachbarschaftsverbände und Fabriken: schon bald wurde Fußball zum populärsten Sport Großbritanniens, der sich damals auch schon in den nicht-englischen Teilen der britischen Inseln durchzusetzen begann. Schließlich gründeten etliche Kricket-Clubs Fußballmannschaften, die auch den Winter über spielten und so die Sportsaison für ihre Mitglieder auf das ganze Jahr ausdehnten. Diese schnelle Verbreitung des Fußballspiels in wenig mehr als einem Jahrzehnt ist dem Charakter dieses Spiels zu verdanken. Es galt als „das einfachste Spiel" („the simplest game"), und in der Tat, es kannte nur wenige Regeln, und diese waren klar und Spielern wie Zuschauern leicht zu vermitteln. An Ausrüstung brauchte man nicht mehr als einen Ball und eine einigermaßen ebene Fläche. Alles andere – Torpfosten, Netze, Linien, die das Spielfeld und bestimmte Zonen darin markieren, sowie Schuhe und Trikots – war für das Fußballspiel nicht von essentieller Bedeutung (und ist es in gewisser Weise auch heute noch nicht). Am wichtigsten für die „Demokratisierung" des Fußballs war vielleicht, daß man sehr früh bemerkte, daß eine normale physische Kondition ausreichte, um nicht nur Fußball spielen zu können, sondern sogar Star zu werden. Weder der Spieler mit der besten physischen Kondition noch der intelligenteste, schlaueste oder reichste war in der Lage, den Spielfluß und das Ergebnis allein zu bestimmen. Es zeigte sich alsbald, daß Erfolg im Fußball von der Anstrengung der ganzen Mannschaft abhängt und daß es keinen Einzelnen geben kann, der das Spiel alleine prägt und entscheidet. Als in den achtziger Jahren das Paßspiel entwickelt wurde, setzte sich der kollektive Charakter des Fußballspiels endgültig und unwiderruflich durch.[36]

3. Mitte der achtziger Jahre trugen etliche Faktoren zum schnellen Siegeszug des Professionalismus und zum gleichzeitigen Verschwinden des Amateurfußballs in England bei: die regelmäßige Berichterstattung über die Spiele in Tageszeitungen; die Zunahme der Spiele zwischen Mannschaften aus verschiedenen Städten; die Einführung größerer und modernisierter Spielfelder, die von Zuschauerrängen für die wachsende Zahl von Fans, die nun Eintritt zahlen mußten, umgeben waren; und schließlich die gerade erst erfolgte Einführung des freien Samstagnachmittags. Diese Verschiebung vom amateurhaft betriebenen zum professionellen Fußball hatte, bei Spielern wie Fans, einen soziologischen Wandel des Klassenhintergrunds zur Folge. Was die Spieler betrifft: die Jugendlichen aus den armen Schichten der Arbeiterklasse in den industriellen Slums der Midlands waren bereit, jede Chance zur Verbesserung ihrer Lebensbedingungen zu nutzen und sich für etwas bezahlen zu lassen, was für sie immer auch ihr Hobby blieb. Und was die Fans betrifft: in den achtziger Jahren verschob sich auch deren Klassenzusammensetzung nach unten; dies führte dazu, daß die englischen Gentlemen sowohl auf der Spieler- wie auf der Zuschauerseite des Fußballs von der Arbeiterklasse überrollt wurden. Walvin behauptet, daß sich in jener Zeit durchaus einige englische Fußballspieler und -fans bürgerlicher Herkunft vom Fußball als einem zunehmend professionellen und „vulgären" Sport abwandten und ihr Interesse am Amateursport auf andere Spiele, etwa auf Rugby, verlegten.[37]

Mit der Gründung der English Football League im Jahre 1887, der 1892 die einer zweiten Liga folgte, war die heutige Struktur des professionellen englischen Fußballs in ihren wesentlichen Umrissen geschaffen. Diese Ligastruktur wurde in allen Ländern übernommen, in denen Fußball zum wichtigsten Sport avancierte. Die professionellen Clubs waren aufgrund ihrer ständig wachsenden Ausgaben gezwungen, ihre Profite zu maximieren; das aber war weder durch nur hin und wieder stattfindende „Freundschaftsspiele" noch durch die möglicherweise einmalige Teilnahme am F.A.-Cup möglich. Aus diesem Grund entstand die *Football League*. Ihre ursprünglich zwölf Mitgliedsmannschaften – sie kamen alle aus dem Norden und den Midlands – kämpften in einem ständigen, umlaufenden Turnier, bei dem jede Mannschaft zweimal gegen jede andere spielte, einmal „zu Hause" und einmal „auswärts", um die Meisterschaft. Anfang der neunziger Jahre des letzten Jahrhunderts war der Fußball, wie ihn die Welt kennt, in Großbritannien durchgesetzt und etabliert. Er sollte die ganze Welt erobern – ein Kunststück, das bis heute in der Sportgeschichte keine Parallele hat.

Obwohl der Fußball in den achtziger und neunziger Jahren professionalisiert und „vulgarisiert" wurde, erfreute er sich gegen Ende des neunzehnten Jahrhunderts in England „nationaler", d. h. klassenübergreifender Beliebtheit. Dieses Faktum sowie Englands führende Rolle in der ganzen Welt machen verständlich, warum der Fußball exportiert werden konnte. Es ist bezeichnend, daß dieser Sport in vielen Ländern von peripheren Bevölkerungsgruppen eingeführt wurde: in Frankreich, Spanien und Brasilien von englischen Seeleuten, die die Häfen dieser Länder anliefen; in Schweden von britischen Botschaftsangestellten; in Rußland, Rumänien, Polen und Uruguay von englischen Arbeitern, die dort vorübergehend beschäftigt waren; in Holland, Italien, Spanien, Brasilien und Portugal von Schülern, die zur Vervollkommnung ihrer Ausbildung in England gewesen waren und das Spiel mitbrachten; in Österreich-Ungarn, Deutschland und Argentinien schließlich durch Mitglieder lokaler englischer Clubs, die ihre sportlichen Aktivitäten von Kricket und Reiten auch auf Fußball ausweiteten. Aus England und Schottland herangeholte Trainer und andere Fußballexperten kamen in die verschiedensten Länder, und häufig fanden „missionarische" Besuche englischer Clubs statt, die einzelne Länder bereisten und Probespiele gegen deren neugegründete Mannschaften spielten. Auf diese Weise war der Fußball am Vorabend des Ersten Weltkriegs zum eindeutig vorherrschenden Mannschaftssport auf dem europäischen Kontinent und in Lateinamerika geworden.[38] In den Vereinigten Staaten dagegen zeigte sich, daß die Entwicklung das Aufkommen des Fußballs weit weniger begünstigte.

4. In Amerika galt der Fußball als eine Sache, die mit Immigranten zu tun hat – ein Stigma, das von fatalen Folgen für die Chancen des Fußballs sein sollte, in der „neuen Welt" ein populärer Mannschaftssport zu werden. Die verschiedenen Vorläufer des Fußball wurden in den Kolonien des siebzehnten und achtzehnten Jahrhunderts gespielt; schon für das Jahr 1609 ist ein Spiel in Virginia belegt.[39] Wie in England wurde Football auf Straßen und offenen Plätzen gespielt, und auch hier kam es dabei oft zu aufruhrartigen Unruhen, die wiederum die Behörden des öfteren veranlaßten, das Spiel zu verbieten. Das Spiel gewann, ebenfalls ähnlich wie in England, erst in der ersten Hälfte des neunzehnten Jahrhunderts einiges gesellschaftliches Ansehen, als nämlich die führenden Colleges des Landes – allen voran Harvard, Yale, Princeton und Columbia – begannen, in ihren Mauern verschiedene Varianten von Football zu spielen. Das Spiel wurde, weil es so rauh war und immer wieder zu Tätlichkeiten auf dem Spielfeld und außerhalb desselben führte, von den Universitätsverwaltungen oft geächtet; erst in den sechziger Jahren des neunzehnten Jahrhunderts nahm es organisiertere Formen an. Zu Anfang dieses Jahrzehnts schlossen sich Studenten und Schüler der angesehensten höheren Schulen von Boston zu dem *Oneida Football Club* zusammen, der zwischen 1862 und 1865 ungeschlagen blieb (ja es versuchte sogar niemand, ihn herauszufordern); der Club machte das „Boston Game" in Amerikas noch immer kleiner und buntscheckiger Footballwelt außerordentlich berühmt.[40] Das „Boston Game", bei dem der Einsatz von Händen und Füßen erlaubt war, wurde bald auf der anderen Seite des Charles River, in Cambridge, der Heimat der Harvard University, der populärste Sport. Rückblickend kann man vielleicht sagen, daß sich mit dieser Synthese schon früh abzeichnete, daß Fußball keine Chance hatte, einer der populäreren Sportarten an Amerikas Universitäten und in der Folge in der amerikanischen Gesellschaft insgesamt zu werden.

Gegen Ende des Jahrzehnts war das Spiel zwischen den Colleges so vereinheitlicht, daß es möglich war, zum ersten Mal in der amerikanischen Geschichte ein College-Footballspiel zu spielen: es fand am 6. November 1869 in New Brunswick zwischen den Mannschaften von Rutgers und Princeton statt. Man kann in dem Ereignis sowohl das erste Footballspiel als auch das erste Fußballspiel in der amerikanischen Geschichte sehen, denn es wurde nach Regeln gespielt, die etwa in der Mitte zwischen denen des britischen Fußballs und denen des Rugby lagen.[41] Columbia schloß sich 1870 den beiden Gründervereinen an; 1872 waren Rutgers, Princeton, Yale und Stevens dabei.

Die Mannschaften dieser Schulen spielten ein fußballähnliches Kickspiel. Zwar bestanden auch weiterhin lokale Unterschiede in den Regeln, alle Teilnehmer einigten sich aber darauf, daß der Ball nicht mit den Händen vom Boden aufgehoben, gefangen, geworfen oder getragen werden dürfe. Es schien, als hätte der Fußball in dieser rudimentären Form an den führenden amerikanischen Colleges einen bedeutenden Rückhalt gewonnen. Doch eben das gelang ihm an der ältesten und angesehensten höheren Ausbildungsstätte des Landes nicht: Harvard widersetzte sich hartnäckig dem „kicking game" und hielt an seinem „Boston Game" fest, das es in der Zwischenzeit vervollkommnet hatte.[42] Als die anderen Colleges im Jahre 1873 einmütig die englischen Fußballregeln übernahmen, verzichteten sie – weil Harvard fehlte – jedoch darauf, sich selbst den Namen „Liga" zu geben. Und in der Tat gelang es Harvard schließlich aufgrund seiner einzigartigen Stellung, den Siegeszug des „kicking game", das bei den amerikanischen Collegestudenten zu Anfang der siebziger Jahre ganz offensichtlich am beliebtesten war, zu stoppen: 1877 hatte sich das „running game" vollständig und endgültig durchgesetzt. Auf der Suche nach Gegnern wandte sich Harvard über die Grenze nach Norden an die kanadische McGill University, an der damals Rugby gespielt wurde. Die beiden Universitäten kamen überein, 1874 zwei Spiele auszutragen, wobei beim ersten nach den Regeln des „Boston Game" von Harvard und beim zweiten nach den Rugbyregeln der McGill University gespielt werden sollte. Wie erwartet gewann Harvard das Hinspiel ohne Schwierigkeiten, und man erwartete, daß es im Rückspiel gegen McGill verlieren würde. Überraschenderweise erzielte Harvard aber ein torloses Unentschieden.[43] Wichtiger noch als dieses unerwartete und respektable Ergebnis war für die Zukunft des Fußballs aber, daß sich Harvard nun mit größtem Enthusiasmus dem Rugby zuwandte, das es von nun an aus ganzem Herzen als sein eigenes Spiel ansah. Das „Boston Game", das ein Zwitter aus Rugby und Fußball war und bei dem daher das Kicken und der Fußkontakt mit dem Ball eine größere Rolle als beim Rugby spielte, wurde nun als ein träges und langweiliges Spiel aufgegeben. Statt dessen wurde das „running game" in seiner damals reinsten Form zu *dem* Mannschaftssport in Harvard.[44]

Kaum ein Jahr später, 1875, zeigte sich, daß Yales traditionsreiches Konkurrenzverhältnis zu Harvard stärker war als seine Bindung an den lockeren Verbund mit Columbia, Princeton und einigen anderen Colleges, die damals das „kicking game" spielten. In diesem Jahr wurde das erste „Game" zwischen Yale und Harvard ausgetragen, das Harvard ohne Schwierigkeiten gegen eine Mannschaft aus Yale gewann, die dieses Spiel zuvor noch nie gespielt hatte. Noch einmal kam Yale in diesem Jahr seinen „Fußballverpflichtungen" gegenüber Columbia und Wesleyan nach;

doch schon im folgenden Jahr, 1876, gab es den Fußball auf und ersetzte ihn durch Rugby. Die anderen Universitäten folgten, als letzte gab Princeton im Jahre 1877 nach. Der Sieg des Rugby über den Fußball an den amerikanischen Colleges war so durchschlagend, daß der Fußball als Spiel, das zwischen verschiedenen Colleges ausgetragen wurde, erst wieder 1902 auf dem amerikanischen Campus auftauchte. Und zu dieser Zeit hatte der American Football – der Nachfolger des Rugby in der „neuen Welt" – bereits eine unerschütterbare Vorrangstellung im Leben der amerikanischen Colleges erobert.[45] Fußball galt nun als langsames Spiel, als langweilig und – weil hier weniger Treffer möglich waren als bei den „Big Three" – als spannungslos; so führt er seit seiner Wiedereinführung als Universitätssport eine kümmerliche Existenz in dem mächtigen Schatten, den erst der Football und später der Basketball warfen. An den amerikanischen Universitäten wie in der Gesellschaft insgesamt blieb Fußball sowohl auf Spieler- wie auf Zuschauerseite eine Domäne von Ausländern und gerade erst Zugewanderten.

Sehen wir uns nun die Entwicklung von Football und Baseball an, damit wir besser verstehen, was den „Raum" des amerikanischen Sports besetzte, als der Fußball die Küsten des Landes erreichte, und wie diese „Voreingenommenheit" dazu führte, daß der populärste Sport der Welt verdrängt wurde.

IV. „Von oben verdrängt": das Beispiel des American Football

1. Was Harvard damit begann, daß es am „running game" festhielt, vollendete Yale dadurch, daß es dem Football seinen charismatischen „Gründungsvater" und einflußreichsten Modernisierer lieferte. Tatsächlich setzte Parke Davis, „der Plutarch des frühen Collegefootball", Walter Camp von Yale ausdrücklich mit George Washington gleich als er behauptete, „was Washington für sein Land war, war Camp für den American Football – Freund, Begründer und Vater".[46] Camp erwarb sich in den Jahren, die für die Entwicklung des Spiels entscheidend waren, einen legendären Ruf als Spieler und Reformer; man sagt, daß er „das Vorbild für die literarische Gestalt des ‚Frank Merriwell aus Yale' abgegeben hat", also für Amerikas ersten und größten Sportheroen, der einer ganzen Generation amerikanischer Jungen nach 1896 vertraut war.[47]

Camps wichtigste und dauerhafteste Leistung bestand darin, daß er den Football von einem quasi aristokratischen englischen Spiel zu einer durch und durch bürgerlichen Angelegenheit im Amerika des zwanzigsten Jahrhunderts machte. Scharfsinnige Beobachter des amerikanischen Sports und der amerikanischen Kultur wie David Riesman und Michael Oriard haben ausdrücklich Parallelen zwischen Walter Camp und Frederick Winslow Taylor gezogen.[48] Beide waren gleichzeitig, wenn auch vermutlich unabhängig voneinander auf ihren jeweiligen Gebieten – Football und Fabrikproduktion, die um die Jahrhundertwende eine weitreichende Veränderung der Verbürgerlichung (und Amerikanisierung) durchmachten – mit dem Projekt der Modernisierung, Normierung und Systematisierung beschäftigt. Man kann in Walter Camp die führende Gestalt bei der „Taylorisierung“ eines Sports sehen, der – nachdem dieser Prozeß erfolgreich abgeschlossen war – nun zu dem wurde, was man American Football nennt.

Unter Camps Führung wurde aus der allgemeinen, „scrum“ genannten Schlägerei um den Ball, die das englische Rugby ausmachte, das klar definierte „scrimmage“ (wörtlich: Handgemenge, Gedränge), bei dem sich eine angreifende und eine verteidigende Mannschaft unmißverständlich gegenüberstehen. Dennoch waren auch jetzt Verwirrung und Zweideutigkeiten noch nicht beseitigt, denn beide Mannschaften kämpften zu Beginn jeder Runde gleichzeitig um den Ball; dabei wurde der Ball oft festgehalten und damit der Beginn des Spiels verhindert. Aus diesem Grund kam eine weitere Klärung hinzu, durch die der angreifenden Mannschaft das zugesprochen wurde, was sich später zum „center snap“ entwickelte. Damit war der eindeutige Ballbesitz durchgesetzt. Camp und seine Reformer „taylorisierten“ das Spielfeld, indem sie es mit klaren Linien überzogen; die Linien machten es möglich, das Vorankommen, die Bewegung und Stellung einer Mannschaft zu jedem Zeitpunkt des Spiels exakt zu messen. Das Gridiron (das Footballspielfeld) – ein durch und durch tayloristisches Konzept – schuf die Basis für die spätere und noch heute andauernde Herrschaft der Statistik (yards per carry; total passing yardage; total running yardage usw.).

Um sodann die Bewegung auf dem Spielfeld zu fördern als auch zu regulieren und um das sogenannte „block game“ zu verhindern, bei dem jede Mannschaft versuchte, den Ball in „ihrer“ Spielhälfte zu halten, führte Camp eine Regel ein, die von jeder Mannschaft verlangte, daß sie im Laufe von drei Downs fünf Yards gewinnt; 1912 wurde die Regel verschärft: im Laufe von vier Downs zehn Yards.[49] Camp reduzierte die Zahl der Spieler von 15 auf 11 und wies jedem eine ganz bestimmte Position zu, auf die er sich zu spezialisieren und auf der er zu brillieren hatte. Camp entwickelte die Anordnung, die zur Norm wurde: sieben Linemen, ein Quarterback, zwei Halfbacks und ein Fullback. Als wichtigen Teil seiner „Verwissenschaftlichung“ des Football, bei dem Spielaufbau, Strategie und Taktik immer mehr ins Zentrum rückten, führte Camp zudem eine Regel ein, die es erlaubte, den gegnerischen Spieler bis herunter zu den Knien anzupacken. Diese Methode, den Gegner zu Fall zu bringen, war wirkungsvoller, freilich auch brutaler als die frühere, bei der der Spieler mit seinem Gegner rang, bis er zu Boden ging. Es kam das gefährliche „wedge“ (wörtlich: keilen) auf, dem Harvard das noch verheerendere „flying wedge“ entgegensetzte, worauf wiederum Camps Mannschaft aus Yale mit dem „shoving wedge“ antwortete. Das Spiel wurde nun gewalttätig, regelmäßig kam es zu größeren Verletzungen, und häufig gab es auch Tote.

Schließlich forderte Präsident Roosevelt, nachdem er 1905 das Zeitungsphoto eines gräßlich zugerichteten Spielers von Swarthmore gesehen hatte (der bei einer besonders harten Begegnung zwischen Swarthmore und Pennsylvania verletzt worden war) höchstpersönlich eine Reform des Spiels, um offensichtliche Brutalitäten zu unterbinden. Erst jetzt setzten Camp und andere einige Regelveränderungen durch, die dazu führten, daß fortan die offene und willentliche Verletzungsabsicht geahndet wurde; gleichwohl war man nicht bereit, die Härte des Spiels zur Disposition zu stellen, die praktisch von allen Pädagogen und Meinungsführern des Landes für unverzichtbar gehalten wurde. Präsident Roosevelts Intervention führte im Dezember 1905 zur Gründung der *Intercollegiate Athletic Association*, deren Vorsitzender Captain Palmer Pierce von der Militärakademie in West Point wurde. Im Jahre 1910 wurde die Organisation in *National Collegiate Athletic Association* (N.C.A.A.) umbenannt.[50] Während der Zeit, in der Walter Camp den Vorsitz des *American Football Rules Committee* innehatte, wurden die letzten substantiellen Regeländerungen vorgenommen: es war damit ein Spiel geschaffen worden, das – sowohl auf College- wie auf professioneller Ebene – bis auf den heutigen Tag praktisch unverändert geblieben ist. Eine der wichtigsten Reformen war der „forward pass", mit dem die „aerial attack" als ein weiterer Baustein der Offensivstrategie einer Mannschaft eingeführt wurde. Diese Reform förderte – auf Kosten der bloßen physischen Kraft – die Verfeinerung von Rafinesse und Präzision und trug damit zur weiteren „Taylorisierung" dieses Sports bei.

Baseball war zum Sport der Unterschichten geworden; er „genoß" – in Michael Oriards Worten – das soziale Ansehen des Glücks- und Theaterspiels. Um die Jahrhundertwende, als der Fußball im Triumphzug den europäischen Kontinent und Lateinamerika eroberte, wurde Football zum populärsten Sport in Amerikas Mittelklasse.[51] Ursprünglich nur an den Elitecolleges der Ostküste vorherrschend, breitete er sich schnell nach Westen aus und setzte sich an der University of Chicago (wo der legendäre Amos Alonzo Stagg Trainer war), in Oberlin, Michigan und Notre Dame im mittleren Westen und an der Westküste in Stanford und an der University of California in Berkeley durch. In den zwanziger Jahren verbreitete sich der Collegefootball im Süden und Südwesten, wo er bereits in den dreißiger Jahren mehrere Meistermannschaften stellte.

Die Tatsache, daß Football im wesentlichen eine Domäne der amerikanischen Colleges blieb, unterstreicht, daß dieser Sport in den ersten vier Jahrzehnten eine Sache der Mittelschichten war. Die samstagnachmittäglichen Footballspiele im Herbst, vor allem um die Zeit des Erntedankfestes, wurden zu tragenden Elementen der bürgerlichen Kultur Amerikas. Der Collegefootball eroberte sich in der amerikanischen Mittelklasse eine derart hegemoniale Stellung, daß er bis zur Gründung der *National Football League* im Jahre 1920 und sogar noch – obgleich das strittig ist – bis in die Zeit nach dem Zweiten Weltkrieg hinein nicht nur den Fußball, sondern auch das professionelle Footballspiel verdrängte. Dennoch blieb die Welt des American Football vom Professionalismus nicht unberührt. Zur Ideologie des „mens sana in corpore sano", die das amerikanische Bürgertum pflegte, gehörte der Glaube, der Football sei eine Bastion des Amateursports; tatsächlich aber hatte die Professionalisierung des Collegespiels schon um die Jahrhundertwende eingesetzt. Die Eintrittsgelder sicherten den wohlhabendsten Universitäten willkommene Einnahmequellen – so etwa Yale, wo im Jahre 1903 „die Einkünfte aus dem Football so hoch waren wie die Budgets der juristischen, theologischen und medizinischen Fakultät zusammengenommen."[52] Yale war die erste Universität, die ihren Trainingsstab professionalisierte; die konkurrierenden Universitäten protestierten zunächst gegen diesen vulgären Verrat an den Idealen des Amateursports, legten sich bald aber selbst professionelle Trainer zu. Sich auf Amateurbasis der Konkurrenz zu stellen, gefährdete die Siegeschancen – und der Sieg war nun nicht mehr nur die Hauptsache, sondern das einzige, was zählte.

2. Der eindeutig professionelle Football entwickelte sich an der kulturellen Peripherie Amerikas: in den Stahl- und Kohleregionen, etwa in Pittsburgh und den umliegenden Gebieten der Alleghenies. Etwas später breitete er sich in den Industriegebieten von Ohio aus, wo in Städten wie Akron und Canton (dem Sitz der Professional Football Hall of Fame) professionelle Clubs entstanden. Die meisten Mannschaften gehörten wohlhabenden Geschäftsleuten, denen das Spiel gefiel, die der Bevölkerung am Ort (die oft zum größeren Teil bei ihnen beschäftigt war) ein Freizeitvergnügen bieten und dabei auch noch Geld verdienen wollten. Anfangs kamen die meisten Spieler aus der Arbeiterschaft der Gegend, nur gelegentlich wurde ein Collegeabgänger als besonderer Star eingestellt – so etwa der legendäre William Walter (Pudge) Heffelfinger, ein ehemaliger Mannschaftskamerad Amos Alonzo Staggs in Yale. Als das professionelle Spiel aber aus Amerikas Hinterland in die kulturellen Zentren des Landes vordrang, waren es bald Collegeabgänger, die die Mehrheit der Spieler stellten. Allmählich wurden die amerikanischen Universitäten faktisch zu Ausbildungs- und Nachschubreservoirs für den professionellen Football – eine Funktion, die sie noch heute ausüben. Amerikas Institutionen der höheren Ausbildung, die einen wesentlichen Teil des bürgerlichen Lebens Amerikas ausmachen, sind – in Wahrnehmung ihrer Tradition als Erfinder und Geburtsstätte dieses von Grund auf amerikanischen Sports – dem Football noch immer eng verbunden.[53]

Alle am Football Beteiligten (Spieler, Fans, Trainer und die Besitzer der Clubs) kamen zu der Überzeugung, daß dieser Sport nicht nur zutiefst amerikanisch, sondern auch außerordentlich modern sei und sich vorteilhaft von dem zweiten amerikanischen Sport, dem Baseball, abhebe. Das führte zu dem zwar irrtümlichen, aber noch immer mächtigen Mythos, der Baseball als ein ländliches Spiel glorifiziert. Baseball hatte sich zu einem amerikanischen „Zeitvertreib" entwickelt, dem sich die Massen auf dem Land hingaben; offensichtlich fehlten ihm jener moderne Schwung und jene moderne Kraft, die man mit der „wissenschaftlichen" Aura des Football verband. Dieser kultivierte gerade nicht das gemütliche Image des „Zeitvertreibs": er war vielmehr stolz darauf, ein Abbild der harten, von strategischem Kalkül bestimmten, entschiedenen und auf den größtmöglichen Erfolg ausgerichteten Seiten des amerikanischen Lebens zu sein. Football war unübersehbar von all jenen Werten geprägt, die im Zentrum des bürgerlichen Kapitalismus der USA standen: er ging aus dem britischen Elitesport hervor und war daher mit historischer Legitimität ausgestattet, verband diese aber mit der „harten Männlichkeit" Amerikas und hob damit den Football deutlich von seinem „weichen" und unorganisierten viktorianischen Vorgänger ab;[54] er verband individuelle Anstrengung mit hochentwickelter Teamarbeit und hierarchische Kontrolle mit Gruppenkooperation; und seine Ideale waren Gleichheit, Chancenvielfalt und gleiche Zugangsmöglichkeiten für alle – verbunden mit dem Prinzip des „survival of the fittest".[55]

Genau wie der amerikanische Kapitalismus wurde auch der Football erst durch die „Spielregeln" erträglich. In bemerkenswertem Gegensatz zu Fußball und Rugby brachte der amerikanische Football – wie auch der Baseball – eine Vielzahl komplexer Reglen hervor, die als sportliche *lingua franca* in einer multiethnischen und plurikulturalen Gesellschaft dienten, welche von den bürgerlichen Werten des Individualismus und nicht denen jener aristokratisierten britischen Sportwelt beherrscht war, in der der Kollektivismus des *noblesse oblige* vorherrschte. In England gab es eine gemeinsame Kultur, die die Spieler – sowie Spieler und Zuschauer – verband; der britische Sport kam daher mit einem Minimum an Ordnungsregeln aus. Ein solcher Ansatz, der auf selbsteguliererende Kräfte setzt, war unmöglich in einem Land, in dem täglich neue Einwanderer zuströmten, denen bei ihrer Ankunft sogleich eingeschärft wurde, wie wichtig es sei, auf den eigenen Vorteil aus zu sein.

Regeln schufen aber nicht nur eine gemeinsame Verständigungsbasis; sie halfen auch, den amerikanischen Sport zu systematisieren und zu quantifizieren. Die Leistung einer Mannschaft oder eines Einzelnen konnte hier „objektiver" gemessen werden als beim trägen und kollektivistischen britischen Mannschaftssport. Man konnte die finanzielle Vergütung, ihre Aufstockung oder eine Rückstufung, an die „Nummer" eines Spielers binden – ganz analog zum Entlohnungssystem bei taylorisierten Formen industrieller Produktion. Der Umstand, daß es – im Gegensatz zu kulturell internalisierten Normen – nun schriftlich fixierte Regeln gab, begünstigte zudem das Entstehen eines Klimas, in dem es lohnend wurde, wenn Spieler sich Tricks ausdachten und mit ihnen arbeiteten – Tricks, um den Gegner bewußt in die Irre zu führen, indem man sich entweder ganz genau an die Regeln hielt oder sie auch, in der Hoffnung, die Schiedsrichter würden es nicht bemerken, ohne Skrupel verletzte. Das Trickspiel, das bei Fußball, Rugby und Kricket im Grunde unbekannt ist, wurde integraler Bestandteil im Gefüge des amerikanischen Football und Baseball. Die schriftlich fixierten und universell gültigen Regeln, die schließlich – wie in der Politik – eindeutig festgelegt wurden, waren von ausgleichender und egalitärer Wirkung: sie steigerten die Attraktivität des Football bei gesellschaftlichen Gruppen, die andernfalls disparat geblieben wären. Die Regeln förderten die Massenbeteiligung an diesem Sport und trugen zu seiner steigenden Popularität – wenn auch wohl weniger zu seiner Demokratisierung – bei. Nun ist es an der Zeit, auf Amerikas frühesten Massensport zu kommen, der dazu beitrug, „den Fußball von unten zu verdrängen".

V. „Von unten verdrängt": das Beispiel Baseball

1. Jacques Barzun sagte einmal sinngemäß: „Wer immer Herz und Verstand Amerikas kennenlernen möchte, sollte am besten Baseball lernen." Bis in die fünfziger

Jahre dieses Jahrhunderts war Baseball mit Abstand der populärste Sport in Amerika. Von Beginn seiner Entwicklung an hatte die erfolgreiche Verbreitung des Baseball bei den Massen Amerikas damit zu tun, daß er als originär amerikanischer Sport galt. Der Football hat seine britischen Ursprünge nie verleugnet und verwies stolz auf William Webb Ellis' angeblichen Lauf nach Rugby im Jahre 1823 als der Geburtsstunde des Spiels. Der Baseball dagegen stritt weithin ab, irgendetwas mit jenem britischen Spiel, das „rounders" genannt wird, zu tun zu haben und man hob hervor, daß er in allen seinen Facetten durch und durch „amerikanisch" sei.

In diesem Zusammenhang entstand die noch heute weitverbreitete Legende, Abner Doubleday habe das Spiel 1839 in Cooperstown, New York erfunden. Unter dem begeisterten Ruf „No rounders!" versammelten sich 1889 bei Delmonico in New York City 300 prominente Baseballanhänger, unter ihnen Mark Twain und Chauncey M. Depew, um den Worten des vierten Präsidenten der National League, Abraham G. Mills, zu lauschen; letzterer erklärte, „Patriotismus und Forschung" hätten zweifelsfrei bewiesen, daß der Baseball amerikanischen Ursprungs sei.[56] Mit dem Mythos von Abner Doubleday waren auf immer alle britischen Ansprüche, Baseball sei ein Abkömmling des „rounders", zurückgewiesen. „Die Anhänger (des Baseball) empfanden es zunehmend als unerträglich, sich mit der Vorstellung abzufinden, daß ihr beliebtester Zeitvertreib fremden Ursprungs sein sollte. Stolz und Patriotismus erforderten, daß das Spiel heimischen Ursprungs sein müßte: es durfte von keinen englischen Ahnen befleckt sein".[57] Ein ausgeprägtes Gefühl für alles originär in Amerika Entstandene, das schon in der Zeit der ersten Verbreitung des Baseball, also in den fünfziger Jahren des letzten Jahrhunderts, spürbar war, sicherte schließlich dem Baseball seinen Erfolg als *dem* Nationalsport Amerikas. Alle Verbindungen zu „rounders" wurden bewußt geleugnet und Baseball systematisch als ein Anti-Kricket-Sport definiert: als schneller, aktionsreicher, härter, als ein Sport, der mehr Scharfsinn und individuelle Initiative erfordere. Kurz, Baseball paßte besser zum Lebensstil der „Neuen Welt", er brachte ihn präzise zum Ausdruck.

Die folgende Analyse befaßt sich mit der Entwicklung des Baseball, die nicht zufällig ziemlich parallel zu der des Fußball in England verlief, und seiner Etablierung als einer nationalen Institution schlechthin. Die stürmische Entwicklungsphase des Baseball – die zentrale Konflikte der amerikanischen Gesellschaft des ausgehenden Jahrhunderts widerspiegelte – kam 1903 zu einem mehr oder minder erfolgreichen und allgemein akzeptierten Abschluß, genau zu der Zeit also, als der Fußball die Welt eroberte. Der Baseball hatte sich zwischen dem Ende des Bürgerkriegs und der Jahrhundertwende zum amerikanischen Massensport und zu einem nationalen Freizeitvergnügen entwickelt und sich damit erfolgreich einen Platz im Sportleben Amerikas erobert. Es blieben dem Fußball daher wenig Chancen, so populär zu werden, wie er das zuerst in Großbritannien, dann auf dem europäischen Festland, in Lateinamerika und schließlich auf der ganzen Welt wurde.

Die Vorläufer des Baseball reichen in Amerikas koloniale Zeit zurück, in der – zuerst in New England und New York – eine Reihe von Spielen wie etwa „town-ball" und „round-ball" gespielt wurde. Wie schon die Namen – „Massachussetts

Game", „New England Game" oder „New York Game" – erkennen lassen, waren alle diese Spiele nur regional verbreitet; und fast ausnahmslos stammten diese Vorläufer des Baseball von dem britischen Spiel „rounders" ab, bei dem ein „batter" (wörtlich: Schläger) „rund" um die Ecken – oder die „Tore" – herumlief, nachdem er den Ball „weggeschlagen" hatte, der ihm von einem „bowler" (Ballmann, Werfer) der gegnerischen Mannschaft zugeworfen worden war. Der Baseball weist bis auf den heutigen Tag eine interessante Parallele zum Fußball auf: sein Erfolg beruhte und beruht auch darauf, daß praktisch keinerlei Ausrüstung und keine besonderen körperlichen Eigenschaften nötig sind, um im Baseballspiel erfolgreich zu sein. Da das Spiel allen zugänglich ist und keine spezielle Ausrüstung oder besondere Örtlichkeiten nötig sind, zeichnet sich Baseball – genau wie Fußball – durch eine „demokratische Offenheit" aus.[58] Ein länglicher, schlägerähnlicher Gegenstand – ein Besenstil, ein Paddel oder ein Gewehrkolben – reicht aus, um den Ball wegzuschlagen. Und jeder auch nur andeutungsweise runde Gegenstand, gleich welcher genauen Größe und Konsistenz, kann als Ball dienen. Verschiedene Varianten dieses Spiels, bei denen der Ball geschlagen und geworfen wurde und die Spieler um die „Ecken" rannten, verbreiteten sich in den dreißiger und vierziger Jahren des neunzehnten Jahrhunderts im Nordosten der USA.

2. Wie beim Football (der noch nicht in Association Football [also Fußball] und Rugby unterteilt war) war auch beim Baseball die erste und entscheidende Kodifizierung von Regeln das Werk gebildeter Gentlemen, die in einem quasi-aristokratischen Milieu lebten. 1845 tat sich eine Gruppe von 40 angesehenen New Yorker Bürgern (Intellektuelle, Kaufleute, gehobene Angestellte und verschiedene andere „Gentlemen") zusammen, um die New York Knickerbockers, die erste organisierte Baseballmannschaft der Welt, zu gründen.[59] Unter dem Vorsitz von Alexander Cartwright entwickelten die Knickerbockers die ersten schriftlich fixierten Regeln des Baseball. Obgleich diese später immer wieder modifiziert wurden, haben diese Regeln doch die hauptsächlichen, bis auf den heutigen Tag gültigen Elemente des Baseball festgelegt; um nur die wichtigsten zu nennen: die viereckige Raute, 90 Foot von Ecke zu Ecke; „three out, all out"; Schlagen im Wechsel; das Herauswerfen oder Berühren von Spielern; neun Spieler pro Mannschaft, die alle eine bestimmte Position einnehmen; und die Fixierung der Position des Schlägers in Relation zur Raute als ganzer.[60] Um gleiche Wettkampfbedingungen für alle zu schaffen, legten Cartwright und seine Reformer auch das Gewicht des Balls sowie die Größe des Schlägers fest.

Ihr erstes Spiel trugen die Knickerbockers am 19. Juni 1846 auf den Elysian Fields in Hoboken, New Jersey gegen den New Yorker Base Ball Club aus. Im gleichen Jahr stellte J.C. Thring, der wesentlich an der Kodifizierung der Fußballregeln beteiligt war, die erste Footballmannschaft in Cambridge zusammen. Die Baseballbegegnung dauerte nur vier Abschnitte lang, „da der New Yorker Club zu diesem Zeitpunkt die 21 ‚aces' (Läufe oder Tore) geschafft hatte, die nach den Regeln nötig waren, um das Spiel zu gewinnen". Ein ebenfalls gutorganisiertes soziales

Ereignis, das folgende Dinner, war fast von gleicher Bedeutung wie der Wettkampf auf dem Spielfeld. So ging es weiter bis zum Ende des folgenden Jahrzehnts, als sich einige andere Mannschaften den Knickerbockers anschlossen: in New York vor allem die Gothams, Eagles und Empires, in Brooklyn die Excelsiors, Putnams, Eckfords und Atlantics. Nun wurden regelmäßig Wettkämpfe veranstaltet; die Mannschaften beider Städte kämpften sowohl untereinander als auch gegeneinander. 1858 spielte zum ersten Mal eine Mannschaft der besten Spieler von Manhattan gegen die entsprechende Mannschaft aus Brooklyn: es begann damit ein Rivalitätsverhältnis, das genau hundert Jahre anhalten sollte.[61]

In den fünfziger Jahren des letzten Jahrhunderts wurde Baseball in allen gesellschaftlichen Schichten beliebt; es entstand eine Vielzahl von Clubs, die meist nach Berufsgruppen organisiert waren. Polizisten, Barkeeper, Lehrer, Ärzte, Anwälte und sogar Geistliche hatten ihre eigenen Clubs. Diese rasche Verbreitung des Baseball „nach unten" führte dazu, daß das Spiel, das zu Anfang „New York's Game" genannt wurde, später als das „Northeast's Game" und schließlich, nach dem Ende des Bürgerkriegs, als „America's Game" galt. Da Baseball in New York am populärsten war und hier auch die meisten Regeln entwickelt worden waren, setzte sich in den sechziger Jahren das „New York Game" allgemein durch. Ähnlich wie zur gleichen Zeit beim Fußball in England begünstigte auch hier die Ausweitung des Eisenbahnnetzes die Wettkämpfe zwischen verschiedenen Städten. Zudem trug die wachsende Verbreitung von Tageszeitungen, die erstmals mit regelmäßigen Sportseiten erschienen, zur Popularität des Spiels in seiner kritischen Entwicklungsphase bei.

Die geographische und gesellschaftliche Ausbreitung des Spiels ging mit seiner tiefgreifenden Verwandlung einher. Obwohl immer noch vor allem von Amateuren betrieben, wurde die Konkurrenz im Baseball härter. Der Sieg, der eine Nebensache gewesen war, solange die „Gentlemen" das Spiel prägten, wurde nun zur *raison d'etre*. Vorbei war die Zeit, wo es jedem „batter" erlaubt war, „seinen Schlag" zu führen. Das wichtigste Charakteristikum des modernen Baseball entstand: die ausschließlich und strukturell antagonistische Beziehung zwischen „pitcher" und „batter". Der „pitcher" hatte nun nicht mehr dem „batter" einen „schlagfähigen" Ball vorzulegen – genau das Gegenteil war nun seine Aufgabe. Um es dem „batter" so schwer wie möglich zu machen, den Ball zu treffen, entwickelten die „pitcher" „fastballs", gekrümmte Bälle, „sliders" und verschiedene „breaking pitches", die alle dazu dienten, den „batter" zu verwirren, in die Irre zu führen und, wo immer möglich, auszutricksen; denn wenn dieser mehrmals nicht in der Lage ist, den Ball zu „schlagen", verliert er die Position des „batters". Um die „pitcher" daran zu hindern, die Bälle so weit zu werfen, daß der „batter" sie nicht mehr erreichen kann, wurde das System der „balls" erfunden, das es dem „batter" erlaubte, zum ersten Feld vorzurücken, wenn der „pitcher" die zulässige Zahl der Fehlbälle überschritten hatte.

Je mehr sich das Spiel allmählich von seinen amateurhaften Anfängen löste, desto eindeutiger galt es als ein antienglisches Spiel, als ein Spiel, das mit Kricket nichts zu tun hat. Diese Hervorhebung des originär Amerikanischen drückte sich auch in bestimmten Regeländerungen aus – etwa darin, daß es nicht mehr möglich war, ein „out" zu erzielen, indem man den Schlag eines „batters" mit einem einzigen Aufschlag abfing; denn diese Spielmethode verband man mit dem ruhigeren, langsameren und vornehmeren Kricket. „Was ein Engländer kann, das kann ein Amerikaner natürlich überbieten", prahlte eine Sportzeitung;[62] so wurde diese „archaische" Regel den „muffins" (wörtlich: flacher, runder Kuchen) überlassen, wie die Amateure zur Zeit der zunehmenden Professionalisierung des Baseball genannt wurden. Die Eintrittsgelder wurden zu einer wichtigen Einnahmequelle der Clubs, was auch dazu führte, daß die Spielfelder eingezäunt wurden. Zäune sorgten für eine klare Trennung zwischen den „ball parks" und der Außenwelt. Außerdem halfen sie, die Zuschauer von den Spielern zu trennen, und machten es möglich, der ziemlich widerspenstigen Menge der Zuschauer eine räumliche Ordnung aufzuzwängen. Und die sicher nicht unwichtigste Folge der Einzäunung des Spielfelds war schließlich die Einführung des „home run", der zu den spannendsten Elementen des Baseball gehört.

Nachdem der Sieg das allein Ausschlaggebende geworden war, verdrängte der Professionalismus in der Zeit nach dem Bürgerkrieg schnell den Amateursport. Jede Mannschaft hatte inzwischen schon eine bestimmte Zahl von „rounders" (beim Baseball das Äquivalent der „ringer" beim Football), die von einer Mannschaft zur nächsten wechselten und dabei ohne jede Loyalität zur Mannschaft und ohne moralische Skrupel dem lukrativsten Angebot folgten; und 1869 wurden die Cincinatti Red Stockings zur ersten Baseballmannschaft, ja zur ersten Mannschaft überhaupt, die ganz offiziell rein professionellen Sport betrieb.

Zwei Jahre später wurde die erste professionelle Liga, die *National Association of Professional Base Ball Players*, gegründet. Diese Liga, die nur vier Jahre alt wurde und der zehn Mannschaften angehörten, wurde von den Red Stockings beherrscht, die von Cincinatti nach Boston übergewechselt waren. Diese Phase des Baseball, die man als seine frühkapitalistische bezeichnen kann, ist geprägt vom Typus des charismatischen Unternehmers, wie er am besten von Albert Goodwill Spalding, dem legendären „pitcher" der Boston Red Stockings, repräsentiert wird. Spalding, ein für die frühe Phase von Amerikas bürgerlicher Gesellschaft typischer Unternehmer, war Missionar, Modernisierer und Moneymaker in einem. Er betrieb die weitere Standardisierung der Baseballausrüstung (Bälle, Schläger, Trikots); damit trug er zur Herausbildung des modernen Baseball bei und schuf zugleich die Voraussetzungen dafür, daß sein Handel mit Sportartikeln zu einem florierenden Gewerbe wurde. Sein missionarischer Eifer, den Baseball – wie auch die Produkte seines Unternehmens – so weit als möglich zu verbreiten, machte auch an den Grenzen der Vereinigten Staaten nicht halt. Nach der Rückkehr von einer trimphalen Baseballtournee in Kanada „kam (Spalding) 1873 auf die Idee, mit einer Baseballmannschaft England zu bereisen, um dort einmal vorzuführen, was die Amerikaner, ‚rounders' mit Kricket kreuzend, da für einen ausgezeichneten Sport hervorgebracht haben".[63] Doch seine Überzeugung, das überlegene amerikanische Spiel würde bei einer Reihe von Paradespielen im Jahre 1874 bei den Engländern einschlagen, erwies sich als gänzlich illusorisch. Baseball konnte die Engländer nicht begeistern, sie fanden das Spiel langweilig und sahen keinen Grund, sich deswegen vom „rounders", dem Spiel ihrer Jugendzeit, abzuwenden.

Von jenem ungebrochenen Optimismus getragen, der diesen besonderen Typus des amerikanischen Unternehmers auszeichnete, ließ sich Spalding von der gescheiterten Mission des Jahres 1874 nicht entmutigen und unternahm 1888/89 eine zweite, noch ambitioniertere Reise, auf der er den ganzen Rest der Welt mit Baseball beglücken wollte. Er reiste mit einer Topmannschaft namens „All Americans" nach Hawaii, Australien, Ägypten, Italien, Frankreich und England. Doch das Ergebnis war für den Baseball noch niederschmetternder als beim ersten Mal. Mit Ausnahme von Australien, wo man das Spiel höflich, aber ohne Begeisterung aufnahm, wurde dem Spiel Desinteresse, Spott und sogar Feindseligkeit entgegengebracht. In Italien und Frankreich fanden die Zuschauer das Spiel langweilig und geistlos. Die Engländer sahen in ihm eine amerikanische Variante von „rounders" und lehnten es ab, wenngleich einige besonders wohlwollende Kritiker einräumten, daß Baseball schneller und wissenschaftlicher sei.[64] Erst wieder Mitte der zwanziger Jahre unternahmen Propheten des Baseball eine Propagandareise für ihren Sport, die überall – mit Ausnahme von Japan – wiederum von katastrophalem Mißerfolg gekrönt war.

Drei plausible Erklärungen lassen sich dafür anführen. Erstens ist Baseball so „amerikanisch", daß er außerhalb des kulturellen Kontexts der USA geradezu unverständlich ist und darüber hinaus und ganz besonders in England – ungerechtfertigterweise – für unreif und vulgär gehalten wird. Zweitens fand die Reise von 1888/89 zu einer Zeit statt, als diese Länder noch nicht ausreichend industrialisiert waren, um Massensport entwickeln zu können. Nur in den USA und in Großbritannien gab es schon Massensport (mit Baseball bzw. Fußball), nicht aber in den genannten anderen Ländern. Und drittens scheiterte die letzte Mission der zwanziger Jahre, weil dann der Fußball schon weltweit als wichtigster Massensport etabliert war und jede ernsthafte Konkurrenz ausgeschaltet hatte. Japan war das einzige Land, in dem die Baseballmission tatsächlich von einigem Erfolg gekrönt war.

3. Um zu den siebziger Jahren des letzten Jahrhunderts, zur frühkapitalistischen Phase des Baseball zurückzukehren: zu dieser Zeit war es ganz üblich, daß Zuschauer wie Spieler vor, während und nach den Spielen in aller Öffentlichkeit wetteten und tranken. Spieler wie Schiedsrichter nahmen unter den Augen der Zuschauer Bestechungsgelder entgegen und legten den Spielausgang im voraus fest. Diese Atmosphäre allgemeiner Anarchie wurde durch die allgemein übliche Praxis des „raiding" (wörtlich: Razzia machen, überfallen) noch unterstrichen. Ein Club war Opfer des „raiding", wenn einige seiner Spitzenspieler, die gerade erst vor ein paar Wochen unter Vertrag genommen worden waren, plötzlich von der Aufstellungsliste verschwanden, um tags darauf im Trikot einer konkurrierenden Mann-

schaft aufzutauchen. Mitte der siebziger Jahre war allen Beteiligten klar, daß der Baseball dringend einer Reform und Modernisierung bedurfte. Dieser Prozeß setzte 1876 ein und dauerte bis 1903; dann schließlich waren die noch heute gültigen Organisationsformen des in den oberen Ligen organisierten Baseball etabliert.

Unter der Führung von Spalding begann die „Domestizierung" des Baseball 1876 mit der Gründung der *National League* (zwölf Jahre vor der der englischen *Football League*), der ältesten, noch heute bestehenden Liga des professionellen Sports. Die *National League* bestand nur aus acht Clubs. Jedem Club wurden „territoriale Vorrechte" eingeräumt: in Städten mit mindestens 75 000 Einwohnern konnte ein Club gegründet werden, der dann der einzige Vertreter des Baseball in dieser Stadt war. Zu dieser wichtigen monopolistischen Marktposition kam hinzu, daß die Clubs sich mit einer sogenannten „Vorbehaltsklausel" („reverse clause") verpflichteten, das gegenseitige Abwerben von Spielern zu unterlassen. Diese kartellartige Übereinkunft, die fast ein Jahrhundert lang gültig blieb, sicherte jedem Club eine vollständige, quasifeudale Kontrolle über seine Spieler; jeder Club besaß das unangefochtene Vorrecht, die Spieler Jahr für Jahr neu unter Vertrag zu nehmen, und machte es diesen unmöglich, ihre Arbeitskraft auf dem freien Markt dem Höchstbietenden zu verkaufen.[65] Die Spieler wurden zum Eigentum der Mannschaft und des Clubs und befanden sich in einer Art Leibeigenschaft, wie dies auch bei anderen professionell betriebenen Sportarten mit Massencharakter, etwa dem Fußball, verbreitet ist.

Als der Baseball Mitte der achtziger Jahre Amerikas populärste Freizeitunterhaltung geworden war, sahen auch andere Unternehmer die große Chance, mit diesem Sport Geld zu machen. So entstand 1882 in Konkurrenz zur *National League* die *American Association*, die aus acht Mannschaften bestand; die Zulassungsbedingungen waren leichter zu erfüllen als bei der *National League*, und die Spiele wurden sonntags ausgetragen.[66] Die beiden gegnerischen Ligen trugen in der Folge regelrechte Konkurrenzkriege gegeneinander aus, in denen sie Zuschauer wie Spieler mit Wohltaten überschütteten. Das endete schließlich 1891 mit der Niederlage der *American Association*: vier ihrer Mannschaften wanderten in die *National League* ab, die damit fortan aus zwölf Clubs bestand.

Neben diesen Kämpfen um Monopole gab es gegen Ende des neunzehnten Jahrhunderts noch ein weiteres Ereignis, das unsere Analogie mit dem Feudalismus unterstreicht. Genauso wie es im Mittelalter zahlreiche gewaltsame Bauernaufstände gab, die den Bauern einige wenige greifbare Verbesserungen brachten, führten auch die Baseballspieler immer wieder kostspielige Kämpfe gegen die Eigentümer der Mannschaften, die den Spielern freilich nur unwesentliche Vorteile verschafften. Versuche der Spieler, sich gewerkschaftlich zu organisieren, wurden regelmäßig niedergeschlagen; mit der von den Eigentümern durchgesetzten „Vorbehaltsklausel" konnten alle Bemühungen der Spieler im Keim erstickt werden, ihren Marktwert zu nutzen, um bessere Konditionen und, wichtiger noch, eine größere Verfügungsmacht der Spieler über ihre Arbeitsbedingungen durchzusetzen.

Nach einem Geschäftskrieg um die Jahrhundertwende schloß die *National*

League, die durch interne Auseinandersetzungen und den Ausschluß von vier Mannschaften geschwächt war, ein Friedensabkommen mit der gerade neu organisierten *American League*; beide bildeten die Speerspitze dessen, was später zum Kartell des „Organized Baseball" werden sollte. Das Friedensabkommen zwischen den zwei Ligen führte zur Gründung der *World Series*[67] und zu einer Regelung, derzufolge die sechzehn wichtigsten Ligamannschaften (acht aus jeder Liga) zehn Städte repräsentierten. Diese Organisationsform wurde fünfzig Jahre beibehalten; als dann die Boston Braves, der *National League* zugehörig, nach Milwaukee gingen, hatte das eine Reihe von Umstrukturierungen und die Etablierung neuer Privilegien zur Folge, die bis in die siebziger Jahre Gültigkeit besaßen. Nach einer weiteren organisatorischen Umstrukturierung, die eine Reaktion auf den „Black Sox"-Skandal bei den *World Series* von 1919 war, wurde der „Organized Baseball" seit 1920 von einem einzigen Bevollmächtigten geleitet.

Es begann das goldene Zeitalter des Baseball, das nicht einmal der Zweite Weltkrieg unterbrechen konnte. Mit der allmählichen Verbreitung der Radioberichterstattung in den zwanziger Jahren, dem Aufkommen der „Yankee dynasty" (die Yankees sind bis heute die renommierteste Mannschaft aus New York) und der Einführung von Nachtspielen im Jahre 1935 wurde der Baseball zum fraglos beliebtesten Sport in den USA. Erst mit dem meteorhaften Aufstieg des professionellen Football in den sechziger Jahren erhielt der Baseball einen ernsthaften Konkurrenten. Für den Fußballsport aber gilt bis heute: Die Popularität des Baseball bei den amerikanischen Massen war so durchschlagend, daß der Fußball in den USA „von unten verdrängt" blieb.

VI. Schlußbemerkung

Ich vertrete in meinem Aufsatz die Ansicht, daß die spezifische Entwicklung Amerikas als der „ersten neuen Nation" nicht unwesentlich dazu beitrug, daß sich hier der Fußball *nicht* zu einem begeisternden Massensport entwickeln konnte. Meine These lautet vor allem, daß eben die gesellschaftlichen und historischen Umstände, die dazu führten, daß es in den Vereinigten Staaten keine große Arbeiterpartei gibt und die USA damit das einzige entwickelte Industrieland sind, dessen politisches System unter diesem beträchtlichen Defizit zu leiden hat, ebenso dazu beitrugen, daß der populärste Massensport der Welt hier nicht Fuß fassen konnte. Vor allem dem früh einsetzenden und umfassenden Prozeß der Verbürgerlichung, der Mythos und Realität zugleich ist, ist Amerikas ganz ungewöhnliches Verhältnis zum Sozialismus wie zum Fußball, das bis auf den heutigen Tag anhält, zu verdanken.

Die Forschung über die Gründe für das Fehlen des Sozialismus in Amerika konzentriert sich hauptsächlich auf die Zeit zwischen dem Bürgerkrieg und dem Ersten Weltkrieg; und auch das empirische Material dieses Aufsatzes bezieht sich zu einem Großteil auf die Zeit vor 1914. Der Grund dafür ist einfach. Jede ernsthafte Auseinandersetzung mit einem dieser beiden „Sonderwege" (oder mit beiden) muß unausweichlich historisch vorgehen: denn die Grundrisse der amerikanischen Gesellschaft entwickelten und konsolidierten sich vor unserem Jahrhundert und sind in wesentlichen Punkten unverändert geblieben. Eine gründliche Untersuchung der beiden „Sonderwege" fördert daher nicht nur das Veständnis ihrer historischen Ursprünge, sondern hilft uns auch erklären, warum Amerika sie bis auf den heutigen Tag nicht verlassen hat.

Damit will ich natürlich nicht sagen, daß es ausreicht, die Entwicklung vor dem Ersten Weltkrieg zu kennen, um ausreichend zu erklären, warum Sozialismus und/oder Fußball auch im heutigen Amerika gescheitert sind und weiterhin scheitern. Um zu einer hinreichenden Analyse der Frage zu gelangen, warum es bis in die achtziger Jahre dieses Jahrhunderts hinein keine große Linkspartei mit Massenbasis gibt, müßte man – um nur die wichtigsten jüngeren Phänomene zu nennen – den Stalinismus und die McCarthy-Ära gründlich untersuchen. Analog gilt für den Fußball: die kümmerliche Existenz, die er noch immer in Amerika fristet, hat heute vermutlich sehr viel mehr damit zu tun, daß dieser Sport nicht in der Lage war, einen langfristigen Vertrag mit einer der großen Fernsehanstalten zustandezubringen, als daß er noch vor der Jahrhundertwende durch den Baseball „von unten" und vom Football „von oben" verdrängt wurde. Freilich hat die Tatsache, daß bislang keine Fernsehanstalt sich bereit fand, einen solchen Vertrag zu unterzeichnen, ihre Wurzeln in jener Zeit, in der sich überall in der Welt das Interesse am Massensport herausbildete und zu Lieblingssportarten führte, an denen mit beträchtlicher Ausdauer festgehalten wird. Es ist interessant, wie rigide und erfolgreich sich einige wichtige Momente der frühen Massenpartizipation in den einzelnen betroffenen Ländern bis heute behaupten konnten. Dieser Beharrlichkeit gegenüber können nicht einmal die USA beanspruchen, eine Ausnahme darzustellen.

Originalbeitrag, aus dem Amerikanischen übersetzt von Thomas Schmid

Anmerkungen

1 Ich möchte den Leser in diesem Zusammenhang sogleich auf den sehr treffenden Begriff der „geschlechtsspezifischen Apartheid" von Paul Hoch hinweisen; er bezeichnet die Tatsache, daß der Sport bei Männern oft die rigidesten Trennungsschranken (von Klasse, Status, Ethnizität oder Religion) zu überwinden vermag – Frauen aber fast vollständig ausschließt. Und diese Form der „geschlechtsspezifischen Apartheid" ist praktisch überall auf der Welt anzutreffen. Vgl. Paul Hoch, *Ripp off the Big Game: The Exploitation of Sports by the Power Elite*, New York: Doubleday, 1972, S. 147–66.

2 Zwar ist es schwierig, verläßliche Daten darüber zu erhalten, wieviele Menschen die Fußballweltmeisterschaften im Fernsehen verfolgt haben; es kann aber kaum Zweifel geben, daß die Wettkämpfe mehr Fernsehzuschauer angezogen haben als jedes andere Ereignis zuvor. 1978 verfolgten 2 Milliarden Menschen das Endspiel, 1982 waren es 3 Milliarden und 1986 noch mehr. (Genaue Zahlen sind zu erhalten im Sekretariat der *Fédération Internationale de Football Association*, FIFA, in Zürich.)
Um ihre These zu erhärten, daß Fußball mit Abstand der populärste Zuschauersport der Welt ist, stellt Janet Lever in ihrer ausgezeichneten Studie über Fußball in Brasilien anläßlich des Endspiels der Fußballweltmeisterschaft von 1978 fest: „Mit anderen Worten, *fast*

die Hälfte der Weltbevölkeung nahm an einem einzigen Ereignis teil. (Hervorhebung im Original) ... Um diese Zahl in einen Zusammenhang zu stellen: die Olympischen Spiele von 1976 wurden während ihrer gesamten zweiwöchigen Dauer insgesamt von einer Milliarde Menschen verfolgt.“ Vgl. Janet Lever, *Soccer Madness*, Chicago: The University of Chicago Press, 1983, S. 20.

3 Im folgenden einige Zahlen, die erhärten, wie marginal dieses Ereignis für das amerikanische Fernsehen ist. Die Nielsen-Einschaltquoten (Nielsen ist eine Privatfirma, die die Einschaltquoten ermittelt, A. d. Ü.) für die drei Endspiele, die bisher von einer der drei großen Fernsehanstalten der USA übertragen wurden, sind:

Jahr des Endspiels	*Fernsehanstalt*	*Rate*	*Anteil*
1966	NBC	4,5 %	21 %
1982	ABC	6,6 %	22 %
1986	NBC	4,1 %	13 %

Schaut man sich die Angaben der NBC zu den sechs Spielen des Jahres 1986 an, die die Fernsehgesellschaft zusätzlich zum Endspiel übertrug, dann werden die Zahlen noch deutlicher. Das Eröffnungsspiel mit all seinen farbenprächtigen Zeremonien und Showeffekten erzielte eine Rate von 2,5 % und einen Anteil von 9 %. Danach nahmen die Quoten wie folgt ab:

Datum	*Rate*	*Anteil*
1. Juni (Sonntagnachmittag)	1,6 %	5 %
8. Juni (Sonntagnachmittag)	1,4 %	4 %
15. Juni (Sonntagnachmittag)	1,8 %	6 %
21. Juni (Samstagnachmittag)	3,4 %	11 %
22. Juni (Sonntagnachmittag)	2,3 %	8 %

Man muß hinzufügen, daß an jedem dieser Spiele eine der international bedeutendsten Mannschaften – Italien, Brasilien, Argentinien, Frankreich, Spanien, Bundesrepublik Deutschland oder England – beteiligt war. Ich habe auch die zwölf Spiele berücksichtigt, die auf dem Sportkanal ESPN übertragen wurden. Wie zu erwarten, sind hier die Zahlen noch viel niedriger als bei der NBC: die Rate überschritt nur einmal – am 3. Juni – die Ein-Prozent-Marke, und der Anteil erreichte nicht ein einziges Mal die Zwei-Prozent-Marke.
Um einen Vergleichsmaßstab zu gewinnen, habe ich die Einschaltquoten bei den wichtigsten amerikanischen Sportereignissen der jüngsten Vergangenheit herangezogen: Superbowl 1986 (Football), World Series 1985 (Baseball), das NCAA-Endspiel im College-Basketball 1986 und die NBA-Meisterschaft im professionellen Basketball 1986. Hier die Zahlen:

Ereignis	*Fernsehanstalt*	*Rate*	*Anteil*	
Superbowl 1986	NBC	48,3 %	70 %	
World Series 1985	ABC	25,3 %	39 %	(Durchschnitt von 7 Spielen)
NCAA-Endspiel	CBS	20,7 %	31 %	
NBA-Meisterschaft	CBS	14,1 %	31,1 %	(Durchschnitt von 8 Spielen)

Bei den Zahlen des Nielsen-Systems bedeutet die „Rate“ die Prozentzahl aller amerikanischen Haushalte mit Fernsehen, die den jeweiligen Kanal empfangen können, und „Anteil“ die Prozentzahl aller Haushalte, die während der Erhebungszeit ihr Fernsehgerät auf diesen eingeschaltet haben. Schätzungen zufolge besitzen 99 % aller Haushalte in den USA ein Fernsehgerät; das sind in absoluten Zahlen 86 Millionen Haushalte.
Um meine Hypothese zu erhärten, daß Fußball – zumindest als Fernsehereignis – in den USA auf die Subkulturen der Immigranten beschränkt bleibt, habe ich die Daten des Spanish International Network (SIN) über deren Zuschauerzahlen bei der Fußballweltmeisterschaft herangezogen. Diese Angaben sind zwar nicht direkt mit den oben zitierten vergleichbar, da die Einschaltquoten bei SIN von Nielsen nicht ermittelt werden; dennoch wird klar, daß die Fußballweltmeisterschaft 1986 bei den 4,3 Millionen Haushalten, die SIN empfangen, ein populäres Ereignis war. Das Eröffnungsspiel erzielte eine Rate von 55 %, das Endspiel eine von 65,5 %. SIN konstruierte ein Sample von sechs Spielen, um die Einschaltquoten seiner Zuschauer zu ermitteln, und kam zu einigen interessanten Ergebnissen: die höchste Rate – 77,9 % – ergab sich bei männlichen Zuschauern zwischen 18 und 34 Jahren, die

niedrigste von allen Erwachsenen über 18 erzielte mit 47,2 % die Gruppe der Frauen zwischen 25 und 54 Jahren. Die durchschnittliche Rate aller männlichen Zuschauer über 18 Jahren lag bei 67 %, die entsprechende Rate von Frauen bei 45,7 %. Auch bei den SIN-Zuschauern scheint es „geschlechtsspezifische Apartheid" noch zu geben, doch die ausgeschlossene Gruppe scheint – zumindest bei der Fußballweltmeisterschaft in Mexiko – in erstaunlich hohem Ausmaß an dem Ereignis teilgenommen zu haben.

4 Ich danke Michael Oriard dafür, daß er mich großzügigerweise sein *work in progress* einsehen und mich an seinen umfangreichen Kenntnissen teilhaben ließ. Besonderer Dank gilt einmal mehr Karen Donfried, die mich bei den Recherchen für diesen Aufsatz ebenso freundlich wie kompetent unterstützte.

5 Über die Art und Weise, wie die Vereinigten Staaten seit der Zeit, als sie unabhängig wurden, eine besondere, wenn auch sehr ambivalente Anziehungskraft auf europäische – hier insbesondere deutsche – Intellektuelle ausübten, siehe Andrei S. Markovits, „On Anti-Americanism in West Germany", in: *New German Critique*, Nr. 34 (Winter 1985), S. 3–27. Die Faszination europäischer Intellektueller wie Tocqueville, Martineau, Bryce, Weber und Heine (um nur einige zu nennen) ist ja bekannt; eine Flut von Zeugnissen ließe sich anführen.

6 Sombarts Studie wurde erstmals 1906 von dem renommierten Tübinger Verlagshaus J. C. B. Mohr veröffentlicht: *Warum gibt es in den Vereinigten Staaten keinen Sozialismus?* (Neuauflage Darmstadt: Wissenschaftliche Buchgesellschaft, 1969).
Leider muß ich hinzufügen, daß der Titel für das heutige Europa ebenso falsch wäre wie für das, was Sombart vor Augen hatte. Da die politische Ökonomie der Sowjetunion und der osteuropäischen Staaten wenig mit Sozialismus zu tun hat und auch die westeuropäischen Länder des wohlfahrtsstaatlichen Kapitalismus nicht dem gerecht werden, was Sozialismus zu sein hat, komme ich um die Schlußfolgerung nicht herum, daß Sombarts Titel eine falsche Implikation nicht nur bezüglich der Vereinigten Staaten, sondern für alle bedeutenden Industrieländer der Welt enthält.

7 Die Literatur, die sich mit dem „amerikanischen Sonderweg" oder wenigstens mit bestimmten seiner Aspekte beschäftigt, ist riesig. Ich nenne hier nur die Werke, die sich im Laufe der Jahre bei meiner Lehr- und Forschungstätigkeit als besonders wichtig erwiesen haben: Louis Hartz, *The Liberal Tradition in America: An Interpretation of American Political Thought Since the Revolution*, New York: Harcourt, Brace, 1955; Frederick Jackson Turner, *The Frontier in American History*, New York: Holt and Co., 1947 (deutsch: *Die Grenze. Ihre Bedeutung in der amerikanischen Geschichte*, Bremen-Horn: Dorn, 1947); John M. Laslett und Seymour Martin Lipset (Hrsg.), *Failure of a Dream? Essays in the History of American Socialism*, Garden City: Doubleday, Anchor Books, 1960; Seymour Martin Lipset, *Political Man*, Garden City: Doubleday, Anchor Books, 1967 (deutsch: *Soziologie der Demokratie*, Darmstadt, Neuwied: Luchterhand, 1962); ders., *The First New Nation*, Garden City: Doubleday, Anchor Books, 1968; ders., *Agrarian Socialism*, Garden City: Doubleday, Anchor Books, 1968; ders., *Revolution and Counterrevolution*, Garden City: Doubleday, Anchor Books, 1970; die Auseinandersetzung zwischen Sean Wilentz und Michael Hanagan in: *International Labor and Working Class History*, Nr. 26; Gwendolyn Mink, *Old Labor and New Immigrants in American Political Development: Union, Party, and State 1875–1920*, Ithaca: Cornell University Press, 1986; und Jerome Karabel, „The Failure of American Socialism Reconsidered", in: *The Socialist Register*, 1979, S. 204–227.

8 Die umfassendste Darstellung über Fußball in den Vereinigten Staaten stammt von Zander Hollander (Hrsg.), *The American Encyclopedia of Soccer*, New York: Everest House Publishers, 1980.

9 Zwei bezeichnende Zitate über das Schicksal des Fußball in den Vereinigten Staaten seien angeführt: „Obwohl verschiedene Versuche unternommen wurden, weigerte sich der Fußball hartnäckig, in den USA heimisch zu werden. Lange Zeit wurde er kontinuierlich und auf bescheidenem Niveau gespielt, vor allem in Philadelphia, wo eine beträchtliche Zeit über Fußball als Ligasport verbreitet war, und in St. Louis, wo er an Schulen sehr populär ist" (John Arlott, Hrsg., *The Oxford Companion to Sports and Games*, London: Oxford University Press, 1975, S. 281). Und: „Fußball ist ein Sport, den man spielt, man geht aber nicht ins Stadion und guckt ihn auch nicht im Fernsehen an" (so ein elfjähriges Mädchen im Sommer 1986 im Bostoner Fernsehen).

Seit dem schmählichen Scheitern des Versuchs der *North American Soccer League*, den Fußball als professionellen Sport durchzusetzen und ihn zu einem ebenso lukrativen Geschäft zu machen wie die „Big Three“ (plus Hockey vielleicht), hat der Fußball als aktiver *Amateur*sport in Amerika sicher an Boden gewonnen. Untersuchungen haben meine Hypothese erhärtet, daß Fußball in den USA – insbesondere bei den ganz Jungen – zu einer der wichtigen körperlichen Vergnügungen geworden ist, zugleich aber als allgemeines kulturelles Phänomen von marginaler Bedeutung bleibt und immer noch nicht zu den Sportarten gehört, denen die männliche Bevölkerung auf den Zuschauerrängen oder vor dem Fernsehen mit Begeisterung folgt. Nach Angaben der *United States Soccer Federation* spielten 1985 1,2 Millionen Jugendliche unter 19 Jahren regelmäßig Fußball. 20% davon waren Frauen. Wie sehr Fußball ein Sport für Jugendliche ist, wird noch deutlicher, wenn man berücksichtigt, daß von denen, die 19 Jahre und älter sind, 120000 Fußball spielen, also nur ein Bruchteil der erwähnten 1,2 Millionen. Fußball ist, mit anderen Worten, in den USA vor allem ein Sport für Mädchen und Jungen in den Suburbs der Mittelklasse; wenn sie älter werden, hören diese Jugendlichen – die in diesem Sport nie etwas anderes als ein angenehmes und „egalitäres“ Freizeitvergnügen gesehen haben – damit auf.
Es ist jedoch auffallend – und steht in deutlichem Kontrast zu praktisch allen anderen Ländern, in denen überhaupt Fußball gespielt wird –, daß der Anteil der fußballspielenden Frauen an der Gesamtzahl der über Zwanzigjährigen in den USA bei 18% liegt; auch das unterstreicht, daß dieser Sport in den USA ein „nicht-sexistischer“ ist. Die Anhängerschaft des Spiels (das übrigens in Kalifornien und Texas am populärsten ist), nimmt bei den unter 19jährigen pro Jahr kontinuierlich um 10% zu und bei den über 19jährigen um 5%; die Differenz zwischen beiden Gruppen hat vermutlich auch damit zu tun, daß geübteren Spielern oft geeignete Fußballplätze fehlen. Ein Großteil dieser kontinuierlichen Zunahme in beiden Gruppen geht auf das Konto der Frauen.
Zu einigen interessanten Details über das Spezifikum des amerikanischen Fußballs, daß er vor allem aktiv und von Frauen und Männern gleichermaßen betrieben wird, führten auch meine Untersuchungen über die Verbreitung des Fußball an Amerikas Colleges. Nach Angaben der *National Collegiate Athletic Association* (NCAA) nahmen von ihren mehr als 900 Mitgliedern des Jahres 1985 549 Männerteams und 200 Frauenteams von Colleges an Wettkämpfen teil. Die entsprechenden Zahlen beim Basketball sind 757 bei den Männern und 764 bei den Frauen. 507 höhere Bildungseinrichtungen, die der NCAA angehören, schickten – ausschließlich männliche – Footballmannschaften in Wettkämpfe. Aufschlußreich ist auch ein Blick auf die wachsende Bedeutung des Fußball als Collegesport in den späten siebziger und den frühen achtziger Jahren: von den ungefähr 750 Colleges, die 1975/76 Mitglied der NCAA waren, besaßen 469 Fußballmannschaften und 423 schickten Männerteams in Wettbewerbe; 1980/81 hatten sich die Zahlen zugunsten von Fußball verschoben: 487 Colleges spielten Fußball und 510 hatten inzwischen aus Männern bestehende Fußballteams.
Die folgenden Zahlen bekräftigen, daß der Fußball auch auf College-Ebene (sieht man einmal vom professionellen Fußball ab, den es in den USA aber fast nicht gibt) eher ein aktiver als ein Zuschauersport ist: 1985 hatten alle *Foot*ballspiele an sämtlichen Colleges mit vierjähriger Ausbildungszeit (nicht alle dieser Colleges sind NCAA-Mitglieder) zusammengenommen 36 Millionen Zuschauer; die entsprechende Zahl beim Männerbasketball betrug in der Spielzeit 1985/86 30 Millionen. Zwar gibt es für den *Fuß*ball keine verläßlichen Zahlen (was schon bezeichnend genug ist), aber kundigen Schätzungen zufolge gab es in der Spielzeit von 1985 bei allen Fußballspielen an Colleges zusammengenommen etwas mehr als 700000 Zuschauer. Ein europäischer Freund beschrieb mir einmal ganz zutreffend die verzweifelte Lage, in der sich der Fußball in den USA befindet: „Solange die kleinen Kinder in Amerika weiterhin Bilder von Baseball- und nicht von Fußballspielern sammeln, wird das Spiel, das der Rest der Welt Fußball (football) nennt, nie eine Chance haben, sein Schattendasein zu überwinden.“

10 In all diesen Ländern (nur Südafrika stellt eine bemerkenswerte Ausnahme dar) gibt es den Sombartschen „Sozialismus“: sie alle haben große, organisierte Arbeiterparteien. In Kanada ist diese Partei auf nationaler Ebene zwar nur eine relativ schwache dritte Kraft, doch in einigen westlichen Provinzen des Landes ist sie nicht selten die stärkste politische Gruppierung. Und während ich diesen Aufsatz beginne (Sommer 1986), ist sowohl in Australien

wie in Neuseeland die Labour Party an der Regierung, eine Stellung, die beide durch eindrucksvolle Wahlsiege im Sommer 1987 (zum Zeitpunkt der deutschen Übersetzung dieses Aufsatzes) behaupten konnten.

11 Es ist bezeichnend, daß es – wenn überhaupt – nur wenigen Ländern gelungen ist, drei Mannschaftssportarten hervorzubringen, die in ihrer professionellen Form nationale Bedeutung haben. Es ist freilich auch im Falle der USA etwas irreführend, im Hinblick auf die Popularität von den „Big Three" zu sprechen. Denn wie die folgenden Zahlen belegen, nimmt Basketball in der amerikanischen Publikumsgunst mit deutlichem Abstand erst den dritten Platz ein. Bezeichnenderweise fehlt Fußball in einer der Aufstellungen ganz, während er in der andern ganz abgeschlagen den vierzehnten und letzten Platz einnimmt. Auf die Frage „Welchen Sport schauen Sie sich am liebsten an?" erhielt das *Gallup Sports Audit* im Juli 1985 folgende Antworten von US-Amerikanern:

Football	26 %	Boxen	2 %
Baseball	21 %	Gymnastik	2 %
Basketball	10 %	Autorennen	2 %
Tennis	4 %	Eisschnellauf	2 %
Golf	3 %	Touch Football	2 %
Ringen	3 %	Andere	10 %
Hockey	3 %	Keine	10 %

Zum Vergleich: bei einer Umfrage von 1981 lag Football mit einer mehr als doppelt so hohen Prozentzahl (38 % zu 16 %) vor Baseball, und für Basketball entschieden sich damals 9 %. Baseball scheint also erneut die Chance zu haben, den Football an Popularität zu übertreffen und seine Stellung als Amerikas beliebtester Zuschauersport, die in den sechziger Jahren an den Football verlorenging, zurückzuerobern.

Im folgenden einige ausgewählte Umfrageergebnisse zur Popularität der „Big Three" zwischen 1937– dem Jahr der ersten Gallup-Umfrage – und 1981:

	Football	*Baseball*	*Basketball*
1981	38 %	16 %	9 %
1972	36 %	21 %	8 %
1960	21 %	34 %	9 %
1948	17 %	39 %	10 %
1937	26 %	36 %	11 %

Die Umfrage von 1985 ergab, daß Football auf Männer eindeutig anziehender wirkt: 34 % nennen ihn als ihren liebsten Sport, während sich nur 20 % der Frauen dafür entscheiden (ein gleichgroßer Prozentsatz von Frauen entscheidet sich für Baseball). Football erfreut sich ferner größerer Popularität bei jüngeren Erwachsenen, bei den Befragten mit Collegeabschluß, bei Wohlhabenderen sowie bei Südstaatlern und Befragten aus dem amerikanischen Westen. Im mittleren Westen liegen Football und Baseball an der Spitze gleichauf, während im Osten der Baseball ganz knapp vor Football an erster Stelle rangiert. Bei den Schwarzen sind Football, Baseball und Basektball etwa gleichermaßen beliebt; Basketball hat allerdings bei den Schwarzen deutlich mehr Anhänger als bei den Weißen: 20 % nennen ihn als ihren liebsten Sport (gegenüber 9 % bei Weißen).

Es bleibt anzumerken, daß die Sportumfragen von Gallup nicht zwischen Amateursport (z. B. an Colleges) und professionellem Sport unterscheiden. Außerdem unterscheiden sie nicht zwischen den Befragten, die *ihren* Sport am Fernsehschirm verfolgen, und denen, die sich die Spiele im Stadion ansehen. Quelle: George Gallup, *The Gallup Poll: Public Opinion 1985*, Wilmington Schorlarly Resources Inc., 1986, S. 223–225.

Im folgenden die Antworten auf die Frage „Reden wir vom Sport. Sagen Sie mir bitte, welchen Sport Sie anschauen?", die beim Harris Survey im November 1984 gestellt wurde (Mehrfachnennungen waren möglich):

	1984	*1982*		*1984*	*1982*
Professioneller Football	59 %	59 %	Autorennen	25 %	26 %
Baseball	55 %	62 %	Leichtathletik	23 %	27 %
College-Football	46 %	51 %	Pferderennen	21 %	23 %
College-Basketball	33 %	32 %	Bowling	20 %	22 %
Professioneller Basektball	31 %	35 %	Golf	19 %	24 %
Boxen	31 %	35 %	Hockey	15 %	18 %
Tennis	28 %	36 %	Fußball	11 %	15 %

Und die sehr aufschlußreichen Antworten auf die Folgefrage „Wenn Sie sich für nur *einen* Sport zu entscheiden hätten, welchen würden Sie wählen?" lauteten:

	1984	*1982*		*1984*	*1982*
Professioneller Football	24 %	20 %	Bowling	5 %	3 %
Baseball	21 %	23 %	Golf	4 %	4 %
College-Football	9 %	11 %	Pferderennen	4 %	3 %
College-Basketball	7 %	6 %	Tennis	4 %	7 %
Autorennen	6 %	5 %	Hockey	3 %	2 %
Boxen	6 %	5 %	Fußball	2 %	2 %
Professioneller Basketball	5 %	6 %	Leichtathletik	1 %	3 %

Bemerkenswert ist, daß Football ohne die Unterstützung des College-Football seine führende Position vor dem Baseball fast verlieren würde: im professionellen Bereich führen beide Kopf an Kopf (und mit deutlichem Vorsprung vor allen anderen Sportarten). Aufschlußreich ist außerdem, daß beim Basketball, dem kleinsten der „Big Three", die College-Version eindeutig – wenn auch nur mit knappem Vorsprung – populärer ist als die professionelle. Quelle: The Harris Survey, ***Index to International Public Opinion***, New York: Greenwood Press, 1986, S. 517.

12 Es ist mir immer irgendwie rätselhaft geblieben, warum Basketball als einziges Spiel der „Big Three" außerhalb Amerikas Erfolg hatte. Sein großer Erfolg läßt sich daran ablesen, daß er nach Fußball der zweitpopulärste Mannschaftssport der Welt ist. Die 1932 gegründete *Fédération Internationale de Basketball Amateur* hatte 1982 133 Mitgliedsländer, während die 1904 gegründete *Fédération Internationale de Football Association* (FIFA) zur gleichen Zeit 147 Mitgliedsländer zählte (übrigens 13 Länder mehr als das *Internationale Olympische Komitee*, IOC). Vgl. dazu Janet Lever, *Soccer Madness* (Anm. 2), S. 27, S. 33–34.
Drei wesentliche Merkmale des Basketball können vielleicht – zumindest teilweise – seinen internationalen Erfolg erklären: Erstens hat Basketball (genau wie Fußball) den Vorteil, daß seine Regeln sehr einfach sind: verschiedenste Kulturen konnten das Spiel ohne Schwierigkeiten übernehmen, da es leicht zu verstehen und zu erlernen ist. Zweitens sind beim Basketball nur fünf Spieler nötig, wodurch das Spiel billiger als Baseball ist, der zwar wenig Ausrüstung, aber mehr Spieler erfordert; Basketball ist auch beträchtlich billiger als Football, bei dem eine große Ausrüstung nötig ist. Schließlich war Basketball im Gegensatz zu Baseball, Football und Fußball von Anfang an ausdrücklich als ein Spiel gedacht, das im Winter, also in Hallen gespielt werden soll. Als nach dem Zweiten Weltkrieg in praktisch allen Ländern der Ersten und Zweiten Welt in großem Maßstab Hallensportstätten gebaut wurden, hatte der Basketball daher keine Konkurrenten, die ihm hier das Terrain als Mannschaftssport hätten streitig machen können.

13 Ohne Zweifel haben Immanuel Wallerstein und andere Wissenschaftler der sogenannten „capitalist world system"-Schule wesentlich zu unserem Verständnis der Vereinigten Staaten als einem „Kern des Kerns" beigetragen. Vgl. Immanuel Wallerstein, *The Modern World System: Capitalist Agriculture and the Origins of the European World-Economy in the Sixteenth Century*, New York: Academic Press, 1974 (deutsch: *Das moderne Weltsystem. Kapitalistische Landwirtschaft und die Entstehung der europäischen Weltwirtschaft im 16. Jahrhundert*, Frankfurt/M.: Syndikat, 1986; auf dem Umschlag der deutschen Ausgabe steht ein abgeänderter Titel: *Das moderne Weltsystem – Die Anfänge kapitalistischer Landwirtschaft und die europäische Weltökonomie im 16. Jahrhundert*), und Walter L. Goldfrank (Hrsg.), *The World-System of Capitalism: Past and Present*, Beverly Hills: Sage Publications, 1979.

14 Vgl. „A newspaper at the top of its games: Sovietski Sport works hard to keep its readers informed on the NBA, NHL ...", in: *The Boston Globe*, 20. Juli 1986.

15 So wollte z. B. Antonin Dvořák mit seiner berühmten Symphonie „Aus der neuen Welt" (opus 95, E-Moll) dem europäischen Publikum etwas „typisch Amerikanisches" und nicht Kanadisches oder Australisches vermitteln. Dvořák war vom multiethnischen und plurikulturalen Charakter der amerikanischen Gesellschaft fasziniert und hatte die Überzeugung gewonnen, daß deren Musik spezifische Elemente enthalte, die die Musik der „alten Welt" nur bereichern könnten. Vgl. Friedrich C. Heller, „Antonin Dvořák: 9. Symphonie ‚Aus der neuen Welt'", im Programmheft der *Salzburger Festspiele 1985* (29. Juli 1985).

16 Die beste vergleichende Analyse zum tiefen religiösen Engagement der amerikanischen Bevölkerung stammt von: Walter Dean Burnham, „The 1980 Earthquake: Realignment, Reaction, or What?", in: Thomas Ferguson und Joel Rogers (Hrsg.), *The Hidden Election: Politics and Economics in the 1980 Presidential Campaign*, New York: Pantheon Books, 1981, S. 98–140. Insbesondere im Anhang A mit dem Titel „Social Stress and Political Response: Religion and the 1980 Election" (S. 132–140) zeigt Burnham, daß Religion in den USA einem größeren Teil der Bevölkerung „sehr wichtig" ist als in Ländern wie Kanada, Italien (wo der Prozentsatz noch relativ hoch liegt), den Beneluxländern, Australien, Frankreich und Großbritannien, ganz zu schweigen von der Bundesrepublik, den skandinavischen Ländern und Japan, die das Schlußlicht bilden. In keinem anderen entwickelten Industrieland wäre es vorstellbar, daß Politiker – und zwar auch vom linken Rand der politischen Mitte – ihre Wahlreden mit dem Ausruf „Gott segne Euch!" schließen, wie das in den USA bei Republikanern und Demokraten gleichermaßen immer noch üblich ist – oder vielleicht wieder üblich geworden ist.

17 Die Belege für die USA als „bewaffnete Gesellschaft" sind überaus erschreckend. Nach Informationen der Handgun Control Inc. in Washington, D.C., gab es 1968 in den USA 102 Millionen Schußwaffen, eine Zahl, die in den folgenden Jahren auf 165 Millionen (1978) und 240 Millionen (1985) anwuchs. In jedem vierten amerikanischen Haushalt gibt es irgendeine Schußwaffe, die Hälfte davon geladen. Man vergleiche die 60 Millionen zugelassenen Schußwaffen in den USA mit den 250 000 zugelassenen Pistolen und Gewehren im ganzen United Kingdom, das insgesamt 50 Millionen Einwohner zählt (Stand von 1981). So kann es nicht verwundern, daß die Statistik über tödliche Unfälle mit Schußwaffen wie folgt aussieht:

Land	*Jahr*	*Tödliche Unfälle mit Schußwaffen*
USA	1982	1756
Israel	1982	12
	1983	25
Japan	1983	10
	1984	12
Bundesrepublik	1983	28
Deutschland	1984	29
Polen	1983	43
	1984	34
Jugoslawien	1982	43
Australien	1982	48
	1983	40
Norwegen	1983	6
Schweiz	1982	5
	1983	10

Quelle: Weltgesundheitsorganisation (WHO), *World Health Statistcs Annual – 1985*, Genf.

18 Leon Samson, *Toward a United Front*, New York: Farrar and Rinehart, 1983.

19 Bezeichnenderweise beherrschten Großbritannien und die USA die fünf Olympischen Spiele vor dem Ersten Weltkrieg (1896, 1900, 1904, 1908 und 1912). Von den 211 Goldmedaillen, die in dieser Zeit verliehen wurden (wobei ein Sieg für ungültig erklärt wurde, sonst wären es 212 gewesen), entfielen 82 auf die USA und 36 auf Großbritannien; beide Länder brachten es damit auf 118 Goldmedaillen, das sind 55,7 %. Zählt man noch die 4 australischen,

die 3 südafrikanischen und die 5 kanadischen Goldmedaillen hinzu, dann erhöht sich der „angelsächsische" Anteil mit 130 Stück auf 61,6%. Die anglo-amerikanische Vorherrschaft wird noch deutlicher, wenn man die Gewinner der 81 anderen Goldmedaillen dagegenhält; sie kamen aus Ländern, von denen es keinem einzigen gelang, sich klar gegenüber den anderen zu profilieren: aus Griechenland, Schweden, Frankreich, Kuba, Italien, Belgien, Finnland, Ungarn, Deutschland, Schweiz, den Niederlanden und Österreich (vgl. *Encyclopedia Americana*, Nr. 20, 1982, S. 723b–723r).

20 Michael Oriard hat, die amerikanische Seite des Dilemmas hervorhebend, die Substanz dieser „ganz besonderen Beziehung" zwischen Großbritannien und den USA ausgezeichnet beschrieben: „‚Als ehemaliges Kolonialland ging Amerika im neunzehnten Jahrhundert ganz selbstverständlich von der sportlichen Überlegenheit des Mutterlandes aus – wie es ja auch auf den Gebieten der bildenden Kunst, Literatur und der anderen kulturellen Tätigkeiten England imitierte. Genauso wichtig ist aber noch etwas anderes: wir haben die englischen Sportgewohnheiten zwar übernommen, sie dabei aber auch verändert. Der spezifische historische Augenblick, in dem die Kolonisierung Amerikas einsetzte und dann die Ablehnung von Monarchie und Aristokratie zugunsten eines egalitären Ideals erfolgte, die klaren Unterschiede erkennbar wurden, die die gesellschaftlichen, politischen und die Ausbildungsorganisationen Amerikas durchgängig von denen des Mutterlandes abhoben: all das hatte tiefergreifende Auswirkungen auf die heimische Sportkultur." Michael Oriard, „In the Land of Merriwell: Fair Play and American Sports Culture", zweites Kapitel aus dem Manuskript eines demnächst erscheinenden Buches, S. 87.

21 Das Wort „soccer" ist eine Abkürzung von Association Football. Genauer genommen stammt es von dem Wort „association" ab und stellt eine sprachliche Parallelbildung zu „rugger" dar, womit man umgangssprachlich den Rugby Football bezeichnet. Brian Glanville, sicher einer der größten Kenner des Fußball auf der ganzen Welt und einer der besten Chronisten dieses Spiels, erzählt die folgende interessante Episode über die Ursprünge des Wortes „soccer": „Warum aber *soccer*? (Hervorhebung im Original.) Die einzig plausible Theorie, die mir je zu Ohren gekommen ist, besagt, daß der Verdienst – oder die Schande – Charles Wreford-Brown zukommt, einem berühmten Mittelstürmer der Old Carthusians und der Corinthians. Man erzählt, er sei einmal auf seinem Zimmer in der Universität von Oxford von einem Freund besucht worden, der ihn fragte, ob er ‚Rugger' oder Rugby Football spielen wolle. Darauf antwortete Wreford-Brown in einem Anflug von Inspiration: ‚Nein, ich spiele *soccer*'; das Wort ist eine Verballhornung von ‚Association', der korrekten Bezeichnung für Association Football." Vgl. Brian Glanville, *A Book of Soccer*, New York: Oxford University Press, 1979, S. 4 und 5.

22 Hollander, *The American Encyclopedia of Soccer* (Anm. 8), S. 14.

23 Ebd.

24 An das besondere Erbe des *calcio* erinnert freilich noch die Tatasche, daß der Fußball – der in den meisten anderen Sprachen mit einem Wort bezeichnet wird, das dem englischen „football" verwandt ist – in Italien immer noch „calcio" genannt wird.

25 Glanville, *A Book of Soccer* (Anm. 21), S. 4; James Walvin, *The People's Game: A Social History of British Football*, London: Allen Lane, 1975, S. 14.

26 Vgl. in Walvin, *The People's Game* (Anm. 25), das erste Kapitel („Pre-Industrial Football") sowie das dritte („The Rise of Working-Class Football") und das fünfte Kapitel („England's Most Durable Export").

27 Michael Oriard, „In the Land of Merriwell" (Anm. 20), S. 95.

28 Ebd., S. 90.

29 Vgl. Percy M. Young, *The History of British Football*, London: Stanley Paul, 1968, S. 62.

30 In diesem Zusammenhang bedeutet der Name von William Webb Ellis den amerikanischen Footballfans eine Menge. Zahlreiche erstklassige Quellen belegen, daß William Webb Ellis, Student in Rugby, im Jahre 1823 bei einem Spiel seiner Schule den Ball nahm, ihn unter den Arm klemmte und so über die Torlinie rannte; vgl. dazu *The NLF's Official Encyclopedia History of Professional Football*, New York: Macmillan Publishing, 1977, S. 10, ferner Young, *The History of British Football* (Anm. 29), S. 63, sowie David Riesman and Reuel Denny, „Football in America: A Study in Culture Diffusion", in: *American Quarterly*, Bd. 3, Nr. 4, Winter 1951, S. 311 und 312. – In einer von dieser Linie abweichenden Darstellung erklärt Walvin die Geschichte für falsch und behauptet, dieser Mythos sei 1895 von

Fans und Schülern aus Rugby erfunden worden, um *ex post* die Überzeugung zu verbreiten, das Rugbyspiel sei an ihrer Schule entstanden (vgl. Walvin, *The People's Game* (Anm. 25), S. 34). Wenn Walvin recht hat, dann hat der American Football via Rugby einen ebenso mythischen Ursprung wie der Baseball, der angeblich 1839 in Cooperstown, New York von Abner Doubleday erfunden wurde. Interessanterweise kam der Baseballmythos von Doubleday und Cooperstown zur gleichen Zeit wie der Footballmythos von William Webb Ellis gegen Ende des neunzehnten Jahrhunderts auf.

31 Dazu siehe Walvin, *The People's Game* (Anm. 25), S. 42 f.; Young, *The History of British Football* (Anm. 29), S. 89–92; Ph. Heineken, *Das Fußballspiel. Association (ohne Aufnahme des Balls): Seine Geschichte, Regeln und Spielweise*, Stuttgart: Gustav Weise Verlag, o. J., S. 15.

32 Young, *The History of British Football* (Anm. 29), S. 79.

33 Ebd., S. 93 und 94. Zu den vielen Gemeinsamkeiten zwischen Fußball und Basketball (beide sind Teamsports, in ihrem Mittelpunkt stehen kollektive Strategien, die ständiges Improvisieren erfordern und nicht die bloße Ausführung klar umrissener Pläne, die – wie beim American Football – meist nicht von den Spielern selbst *erspielt*, sondern von den Betreuern außerhalb des bis auf das kleinste Detail *vorgegeben* werden) gehört höchstwahrscheinlich auch die Tatsache, daß beide Spiele zu Beginn nur 13 Regeln hatten, die noch heute das Gerüst beider Sportarten ausmachen. Bezeichnenderweise benutzte Dr. James Naismith, der Begründer des Basketball, einen Fußball, als er 1892 in Springfield, Massachussetts den neuen Wintersport erfand. Beide Sportarten sind „simple games", also leicht verständlich und können ohne Schwierigkeiten von verschiedenen Kulturen adaptiert werden. Fußball ist freilich noch „demokratischer" als Basketball. Man braucht für das Spiel keine Hallen und Körbe, es wird noch immer von „normalen" Leuten gespielt, ganz im Gegensatz zum modernen Basketball, der ohne hünenhafte Spieler nicht mehr auskommt. Eine schöne Analyse, die Basketball und *Fuß*ball einerseits mit *Foot*ball und Baseball andererseits konfrontiert, enthält: Robert W. Keidel, „The Soccer-Basketball Connection", Leserbrief in: *The New York Times*, 27, Juli 1986.

34 Young, *A History of British Football* (Anm. 29), S. 113.

35 Walvin, *The People's Game* (Anm. 25), S. 74.

36 Siehe auch hierzu den Vergleich mit Basketball – und die Unterschiede zu Baseball und Football –, die in Anm. 33 erwähnt werden.

37 Walvin liefert eine gute Analyse der Enttäuschung, die unter den englischen Gentlemen um sich griff, als sich die Arbeiterklasse das Spiel im Laufe der achtziger Jahre des neunzehnten Jahrhunderts aneignete.

38 Die vielleicht wichtigsten Fußballmissionare waren bis 1939 die berühmten Corinthians. Der Verein wurde 1883 von N. L. Jackson mit der ausdrücklichen Absicht gegründet, eine erstklassige *Amateur*mannschaft auf die Beine zu stellen, die an den elitären Werten des Gentlemanfußball festhalten und zugleich hervorragenden Fußball spielen sollte; die Corinthians setzten sich aus ehemaligen Studenten zusammen, die zum größten Teil von „Oxbridge" kamen. Sie spielten so ausgezeichnet Fußball, daß sie 1904 die Mannschaft von Bury (die im gleichen Jahr das Endspiel um die Meisterschaft mit 6 : 0 gewonnen hatte) mit einem 10 : 3-Sieg geradezu demütigten. Während ihre Gegner in der Regel Mützen trugen, betraten die Corinthians den Spielplatz stets mit Zylinder und Spazierstock: zu einem Zeitpunkt, da der Fußball zu *dem* Massensport geworden war, repräsentierten die Corinthians auf anachronistische Weise noch immer den Gentlemanfußball der sechziger und siebziger Jahre des letzten Jahrhunderts.

Dennoch hat die Tatsache, daß der Fußball in der ganzen Welt so populär wurde, diesen begeisterten Amateuren einiges zu verdanken. Wie Missionare bereisten die Corinthians die Welt und trugen in einer Reihe von Ländern auf dem europäischen Festland Freundschaftsspiele gegen lokale Clubs und Auswahlmannschaften aus. In Brasilien machten sie solchen Eindruck, daß eine Mannschaft in Sao Paolo ihren Namen annahm. Die Corinthians Sao Paolo sind bis auf den heutigen Tag eine der führenden Fußballmannschaften des Landes. – 1911 bereisten die Corinthians schließlich auch die USA und besiegten deutlich die sechs Mannschaften, gegen die sie antraten. Dieses Ereignis nahm der alte Charles Wreford-Brown aus Oxford – wie erwähnt angeblich der Erfinder des Wortes „soccer" – zum Anlaß, seine Enttäuschung darüber zum Ausdruck zu bringen, daß die Entwicklung des Fußball in den

USA so stagniere. 1939 wurden die Corinthians, die ihre große Zeit fast um ein halbes Jahrhundert überlebt hatten, aufgelöst; sie waren noble und bedeutende Vertreter des populärsten Massensports der Welt. Vgl. dazu insgesamt Walvin, *The People's Game* (Anm. 25) S. 88, und Young, *A History of British Football* (Anm. 29), S. 128–131. Zu der Amerikareise der Corinthians im Jahre 1911 vgl. Hollander, *The American Encyclopedia of Soccer* (Anm. 8), S. 35.

39 Hollander, *The American Encyclopedia of Soccer* (Anm. 8), S. 35.

40 Ebd., S. 21.

41 Ebd., S. 22.

42 Es ist mir unklar, warum sich Harvard so hartnäckig weigerte, das „kicking game" zu spielen, zäh am Rennstil des „Boston Game" festhielt und sich dann – in der Folge der Spiele gegen die McGill Universität – 1874 auf Rugby verlegte. Es könnte daher kommen, daß Harvards Anglophilie und sein starker Drang, Oxford und Cambridge so eng wie möglich zu imitieren, die Universität veranlaßten, sich mit Rugby als einem Sport zu identifizieren, der den Studenten an Amerikas ältester und angesehenster Universität „angemessen" sei. Es kann jedoch kein Zweifel daran bestehen, daß es letztlich Harvards damals einzigartigem Ansehen und seiner Bedeutung zu verdanken ist, daß sich die anderen Universitäten vom fußballähnlichen Football abwandten (mit dem sie das von Harvard geprägte „running game" ja schon übernommen hatten). Harvard kommt daher eine wichtige Funktion bei der Entstehung von Amerikas ungewöhnlichem Verhältnis zum Fußball zu.

43 Hollander, *The American Encyclopedia of Soccer* (Anm. 8), S. 25.

44 Es ist faszinierend, wie sich der Vorwurf, Fußball sei ein langweiliger Sport, bei den Amerikanern gehalten hat. Und ebenso interessant ist es zu beobachten, wie die Europäer im Gegenzug Baseball und in geringerem Umfang auch Football als langweilig betrachten.

45 Hollander, *The American Encyclopedia of Soccer* (Anm. 8), S. 26.

46 *The NFL's Official Encyclopedia History of Professional Football* (Anm. 30), S. 10. – In brillanter Anwendung von Max Webers dreiteiligem Schema von Herrschaft – charismatische, traditionale und rationale (bzw. legale) Herrschaft – zeigt Seymor Martin Lipset, welche Folgen es hatte, daß sich früh schon George Washingtons charismatischer Ruf als erster Präsident und unbestrittener militärischer Führer dieser „ersten neuen Nation" durchsetzte: er erleichterte den fließenden Übergang zur rationalen und legalen Form von Autorität, die zwei Jahrhunderte lang den öffentlichen Diskurs und das öffentliche Handeln in den USA bestimmt und gesteuert hat, und sicherte deren rechtsstaatliche Kontinuität. Vgl. Lipset, *The First New Nation* (Anm. 7), S. 21–26.

47 *The NFL's Official Encyclopedia History of Professional Football*, (Anm. 30), S. 10.

48 Riesman und Denny, „Football in America" (Anm. 30), S. 318 und 319, und Oriard, „In the Land of Merriwell" (Anm. 20), S. 112.

49 Alle diese Informationen stammen aus Riesman und Denny, „Football in America", op. cit., aus *The NLF's Official Encyclopedia History of Professional Football* (Anm. 30), und aus John Arlott, *The Oxford Companion to Sports and Games* (Anm. 9), S. 321–323. Man kann noch ein weiteres Detail über den Ursprung der Regel, daß eine bestimmte Anzahl von Yards zurückgelegt werden müsse, anführen: es macht den Unterschied zwischen dem Mythos der vornehmen Freizeitunterhaltung einerseits und der Realität eines auf gnadenlose Konkurrenz angelegten bürgerlichen Spiels deutlich, bei dem der Sieg das allerwichtigste wurde. Als Camp und seine Mitarbeiter aus dem britischen „scrum" das amerikanische „scrimmage" entwickelten, nahmen sie an, „daß die ritterlichen Ivy Leaguers den Ball umstandslos abgeben würden, wenn sie während des ‚scrimmage' nicht an Boden gewinnen können" (*The NLF's Official Encyclopedia History of Professional Football* – Anm. 30 –, S. 10). Das war aber eindeutig nicht der Fall. Um nicht von der gegnerischen Mannschaft überlistet und an die Wand gespielt zu werden, ging jede Mannschaft auf sicher und blieb so lang wie möglich, d. h. eine Hälfte des Spiels, in Ballbesitz. Das Vertrauen in die edlen Absichten des Gegners und das Vergnügen, unabhängig von Sieg und Niederlage ganz einfach ein gutes Spiel zu spielen (ein Vergnügen, das für das quasi-aristokratische, vornehme und nicht auf Konkurrenz angelegte Klima des Sports so entscheidend war) waren in Amerikas Sport und Gesellschaft nahezu verschwunden – sogar an den vornehmsten und angesehensten Universitäten des Landes.

50 Sicherlich drückte das Engagement eines Militärs in den obersten Rängen der amerikanischen Sportwelt eine Affinität zwischen „Verwissenschaftlichung“ und entschiedener Normierung des Sports einerseits und ähnlichen Werten beim Militär andererseits aus. Der gemeinsame Nenner von Sport und Militär bestand darin, daß sie beide von den Eliten des Landes als „modern“ angesehen wurden.

51 Oriard, „In the Land of Merriwell“ (Anm. 20), S. 107.

52 Ebd., S. 114.

53 In diesem Zusammenhang ist an eine frühe und außerordentlich bedeutsame Errungenschaft zu erinnern, die der professionelle Football der amerikanischen Sportwelt vermacht hat. 1902 und 1903 wurden im Madison Square Garden in New York City in einem Hallenturnier zwischen zwei professionellen Mannschaften die „World Series“ ausgetragen: und dies hatte dann die Einführung eines vergleichbaren und bald sehr viel populäreren Turniers im professionellen Baseball zur Folge. Vgl. *The NLF's Official Encyclopedia of Professional Football* (Anm. 30), S. 12.

54 *The NLF's Official Encyclopedia History of Professional Football* (Anm. 30) gibt in einer Passage anschaulich jene Atmosphäre wieder, in der sich der amerikanische Sport (und insbesondere der Football) entwickelte und die eindeutig die Abtrennung des Sports der „neuen Welt“ von dem der „alten“ begünstigte: „Die Allegheny Athletic Association und der Pittsburgh Athletic Club waren die ersten Sportclubs in Pittsburgh. Solche Clubs entstanden – den Untersuchungen von Thomas Jable zufolge – nach dem Bürgerkrieg und sollten dem Viktorianismus entgegenwirken. In den Wettkämpfen ihrer Clubs wurden die Amerikaner befähigt, ‚die viktorianischen Prinzipien von Weichheit und Verfeinerung zu überwinden‘. Der aggressive und zuweilen sogar gewalttätige Football diente diesem Ziel ganz besonders gut; er ‚stellte einen gewaltigen Triumph der robusten Männlichkeit über weibliche Verzärtelung und Verweichlichung dar‘.“ Ebd., S. 11.

55 Schon oft ist eine Verbindungslinie zwischen American Football und Kapitalismus gezogen worden. Vor nicht allzulanger Zeit verglich der Kongreßabgeordnete Jack Kemp, ein berühmter führender Footballspieler, zur Zeit einer der 6 Präsidentschaftskandidaten der Republikanischen Partei, den „demokratischen“ und „kapitalistischen“ American Football mit dem „sozialistischen“ europäischen Fußball („The old quarterback doesn't approve of that other football game“, in: *The Boston Globe*, 12. Mai 1983): „In der Debatte über einen Beschluß, die USA sollten versuchen, an der Fußballweltmeisterschaft teilzunehmen, springt der ehemalige Quarterback, der 13 Jahre lang professionellen Football spielte, ungestüm auf und fordert, man solle die Finger vom Fußball lassen. Erstens sei er der Meinung, daß es da draußen immer noch Leute gibt, die nicht kapiert haben, daß das, was in der ganzen Welt als ‚Fußball‘ bekannt ist, gar nicht der Football ist, den sie kennen und lieben ... ‚Ich glaube, es ist für alle diese jungen Leute draußen im Lande, die irgendwann einmal richtigen Football spielen wollen, wo man so richtig den Ball wirft, kickt, mit ihm rennt und ihn mit den Händen festhält – ich glaube, es ist für diese jungen Leute wichtig, daß der Unterschied bleibt: Football, das ist demokratischer Kapitalismus, Fußball dagegen ist etwas Europäisches, Sozialistisches ...‘ ‚Er (Jack Kemp) ist der Überzeugung, daß Football unternehmerischer Kapitalismus ist: er hat einen Quarterback, jemanden, der führt; Fußball beruht aber mehr auf der sozialistischen Tradition Europas: niemand hat da das Kommando, das Spiel ist eher kooperativ, alle Spieler sind gleich.‘ ... Jack sprach frei, und sein Eifer ließ nicht nach, als könne er sich nur so verständlich machen. Wann immer er durch das Land reist, hält er vor jungen Footballspielern in Volks- und Hauptschulen solche Reden, und strahlende Augen blicken ihm entgegen.“

56 Harold Seymour, *Baseball: The Early Years*, New York: Oxford University Press, 1960, S. 8 und 9.

57 Ebd.

58 Daß Baseball und Fußball so populär wurden, hat eine Menge mit der Zugänglichkeit zu tun und daß beide ohne großen Aufwand gespielt werden können. Stickball z. B. – bei dem Hydranten und geparkte Autos als Pfosten dienen können – ist analog aus dem städtischen Leben in den USA nicht wegzudenken; und, Fußball wird in Europa und Lateinamerika nach wie vor auf der Straße gespielt. In beiden Sportarten sind aus diesem Umfeld bedeutende Stars hervorgegangen. – Das „demokratische“ Moment bei Fußball und Baseball hat jedoch noch eine andere Komponente. In deutlichem Gegensatz zu Football und Basketball

sind bei Fußball und Baseball keine besonderen physischen Eigenschaften wie Größe oder Stärke Voraussetzung, um sportlich Erfolg zu haben. Herausragende physische Eigenschaften, die für einen erfolgreichen Football- oder Basketballspieler *conditio sine qua non* sind, könnten sich auf eine Baseball- oder Fußballkarriere sogar nachteilig auswirken. Selbst wenn sie hervorragende Sportler sind, sehen Fußball- und Baseballspieler „normal" aus. Vor noch nicht allzu langer Zeit, als beide Spiele noch weniger auf athletisches Training und physische Kraft ausgerichtet waren als heute, kam es vor, daß etliche ältere und beleibte Spieler ihre Baseball- oder Fußballkarriere durchaus fortsetzen konnten: in den oberen Football- oder Basketball-Ligen wäre das niemals denkbar gewesen.

59 Seymour, *Baseball: The Early Years* (Anm. 56), S. 16, und Robert Smith, *Illustrated History of Baseball*, New York: Grosset & Dunlap, 1973, S. 18–22.

60 Seymour, *Baseball: The Early Years* (Anm. 56), S. 19 und 20.

61 1958 zogen die berühmten Brooklyn Dodgers, die bis dahin die größten Rivalen der New York Giants in der National League und der New York Yankees in der American League waren, nach Los Angeles um. Diesen „Verrat" haben eingefleischte Brooklyner und andere New Yorker Anhänger der Dodgers bis zum heutigen Tag der Mannschaft nicht verziehen.

62 Zitiert bei Seymour, *Baseball: The Early Years* (Anm. 56), S. 65.

63 Smith, *Illustrated History of Baseball* (Anm. 52), S. 44. Eine ausführliche Biographie Spaldings sowie eine Darstellung seiner Bedeutung für den Baseball enthält: Peter Levine, *A. G. Spalding and the Rise of Baseball*, New York: Oxford University Press, 1985.

64 David Q. Voigt, „Reflections on Diamonds: American Baseball and American Culture", in: *Journal of Sport History*, Bd. 1, Nr. 1, Frühjahr 1974, S. 18 und 19.

65 Zur „Vorbehaltsklausel" des Organized Baseball, die im Baseball die Beziehung zwischen Kapital und Arbeit regelte, bis sie Anfang der siebziger Jahre dieses Jahrhunderts von den Gerichten als verfassungswidrig abgeschafft wurde: vgl. John Arlott, *The Oxford Companion to Sports* (Anm. 9), S. 59.

66 Ebd.

67 Der Begriff „World Series" – den, wie schon erwähnt, der Erstligabaseball vom Football übernahm und damit dessen ehrgeizigen Bemühungen in die gleiche Richtung (1902 und 1903) folgte – ist außerordentlich bezeichnend für den sportlichen Sonderweg Amerikas. Zum einen ist für europäische Sportfans an der amerikanischen Kultur kaum etwas sonderbarer, unverständlicher und irritierender als die Tatsache, daß der Wettkampf zwischen zwei heimischen Mannschaften um die amerikanische Meisterschaft beim Baseball „world series" und – dessen Vorbild folgend – beim professionellen Football und Basketball „world championship" genannt wird. Was könnte besser Amerikas in sich abgeschlossene, selbstbezogene, zugleich aber auch selbstbewußte, ja sogar selbstgefällige Kultur ausdrücken als eben die Tatsache, daß sich Amerika – zumindest was den Sport angeht – mit der Welt gleichsetzt? Man vergleiche die drei „world championships" Amerikas nur mit der Fußballweltmeisterschaft, bei deren Vorbereitung alle 144 Länder, die der FIFA angehören, in langwierigen Ausscheidungsspielen um die Teilnahme an der alle vier Jahre stattfindenden Endrunde kämpfen, an der immer noch 24 Mannschaften beteiligt sind. Der Sieger trägt daher die nächsten vier Jahre lang zu Recht den Titel „Weltmeister".

Da die Welt aus Nationen und Staaten besteht, wird in allen anderen Mannschaftssportarten – außer den „Big Three" Amerikas – der Titel des Weltmeisters einem Land und nicht einem Club verliehen. Und daher wird der Weltmeistertitel in der Regel von Auswahlmannschaften gewonnen, deren Spieler Bürger des betreffenden Staates sein müssen. (Im rastlosen Bemühen, immer mehr Geld mit Sport zu verdienen, wurde Ende der sechziger Jahre ein „World Cup" geschaffen, an dem Vereine und nicht Länder teilnehmen: alljährlich spielt der siegreiche europäische Verein gegen den lateinamerikanischen Sieger. Bezeichnenderweise hat dieses Turnier die Fußballfans beider Kontinente nie richtig begeistern können: gemessen an der „wirklichen", d.h. internationalen Fußballweltmeisterschaft ist es ein relativ unbedeutendes Ereignis geblieben.)

Und dennoch: eben weil Baseball, Football und Basketball amerikanische Spiele sind, ist der Arroganz, mit der der Sieger der amerikanischen Meisterschaft „Weltmeister" genannt wird, eine gewisse logische Stringenz nicht abzusprechen; ja mehr noch, sie wird von der empirischen Realität gestützt. Denn ohne Zweifel sind die amerikanischen Meister in Football, Baseball und Basketball die weltbesten Mannschaften in ihrer jeweiligen Sportart – schon deswegen, weil sie die einzigen sind. In keinem anderen Land wird American Football gespielt, der amerikanische Meister („superbowl champion") ist daher automatisch Weltmeister. Der Sieger bei Amerikas „world series" in Baseball stellt sicherlich die weltbeste Mannschaft in dieser Sportart dar, obgleich seine eindeutige Führungsposition nicht ganz so unbestritten ist, da Baseball ja auch in einer Reihe von karibischen Ländern sowie in Mexiko und Japan gespielt wird. Was würde wohl geschehen, wenn die Yomiuri Giants aus Tokio erfolgreich unser „Weltmeister"-Team im Baseball herausfordern und es in einer Reihe von Spielen eindeutig schlagen würden? Würde man dann die Welt des Baseball auf Japan ausdehnen müssen? Würde es vielleicht zur „Nationalisierung" dieses Sports führen, dazu, daß eine amerikanische Auswahlmannschaft, die nur aus US-Bürgern besteht, gegen eine japanische Nationalmannschaft antreten müßte?

Auch beim Basketball ist es berechtigt, wenn sich der amerikanische Meister „Weltmeister" nennt. Obgleich Basketball der zweitpopulärste Mannschaftssport der Welt ist, gibt es ihn als professionell betriebenes Spiel ausschließlich in den USA (nur in Italien, Israel, Frankreich und Spanien gibt es einige relativ unbedeutende Ausnahmen). Es ist daher durchaus vertretbar, im NBA-Champion die beste Basketballmannschaft der Welt zu sehen; aber die möglichen Schwierigkeiten, die wir beim Baseball schon angedeutet haben, gelten hier noch mehr. Was würde geschehen, wenn eines Tages Dynamo Moskau, Real Madrid oder Partisan Belgrad den NBA-Champion schlagen würden? Dies ist nicht unvorstellbar, wie das Beispiel des Hockey beweist: mit dessen vormals exklusiver Beschränkung auf den nordamerikanischen Raum war es nach den ersten Wettkämpfen zwischen der Sowjetunion und Kanada vorbei, bei denen die Kanadier nach ihren arroganten und selbstgefälligen Ankündigungen, sie würden die Sowjetrussen vernichtend schlagen und demütigen, nur mit Mühe den Sieg davontrugen. Seit diesem Zeitpunkt kann sich kein Gewinner des Stanley Cup seines „Weltmeister"-Titels mehr erfreuen, ohne einen beunruhigten und ängstlichen Blick über den Atlantik zu werfen.

Gerhard Lehmbruch

Die improvisierte Vereinigung: Die Dritte deutsche Republik

*Unentwegter Versuch, einem japanischen Publikum die Geheimnisse der deutschen Transformation zu erklären**

Die Eingliederung der DDR in den Staatsverband der Bundesrepublik Deutschland ist formell vollzogen. Das Tempo dieses Vereinigungsprozesses hat noch vor einem Jahr niemand vorhergesehen. Das bedeutet nicht, daß hier eine strategisch überlegene politische Führung unbemerkt das Ziel verfolgte, in Europa einen stabilen politischen Ordnungsfaktor aufzubauen. Vielmehr hat die westdeutsche Führung eine zerfallende DDR, die der krisengeschüttelten Sowjetunion entglitt, gleichsam an sich gerissen, ohne ein Konzept für die Gestaltung des zukünftigen Deutschland zu haben. Der Ablauf belegt ein entwickeltes Improvisationsvermögen der deutschen Exekutive in einer Krisensituation. Doch der Vorrang, der dem kurzfristigen Krisenmanagement eingeräumt wurde, weist zugleich auf eigentümliche Schwächen des politischen Systems hin. Dieses System steht vor großen Gestaltungsaufgaben, denen es nur unzureichend gewachsen ist, und das birgt für die Zukunft außerordentlich hohe Stabilitätsrisiken.

Theodor Eschenburg hat einmal die Weimarer Republik als „improvisierte Demokratie" charakterisiert. In der Tat liegt eine auffallende Parallele zwischen den Vorgängen von 1918/19 und 1989/90 darin, daß die wichtigsten Akteure auf die Umwälzung nicht vorbereitet waren, so daß es ihnen schwerfiel, alternative Konzepte des politisch-institutionellen Umbaus zu entwickeln. Nach dem ersten Weltkrieg resultierten daraus problematische Kontinuitäten, auch wo sie nicht gewollt waren. Die Ironie der gegenwärtigen Geschichte könnte diesmal darin bestehen, daß sogar die gewollten Kontinuitäten den Akteuren aus der Hand gleiten.

* Die folgende Analyse ist die schriftliche Vorlage für einen Vortrag, der – in englischer Sprache – drei Tage nach dem 3. Oktober 1990 auf dem Jahreskongreß der Japanischen Vereinigung für Politikwissenschaft in Kumamoto gehalten wurde. Sie war als Versuch konzipiert, ausländischen Sozialwissenschaftlern die eigentümliche Entscheidungslogik des Vereinigungsprozesses und daraus ableitbare Szenarien darzustellen.

Artikel 23 und die „List der Vernunft"

Mit der Eingliederung der DDR ist die Geschichte der Bundesrepublik Deutschland, wie die Welt sie kannte, an ihrem Ende angelangt. Dies ist nicht ohne Ironie. Die Väter des Grundgesetzes hatten den Übergang zu einer Dritten deutschen Republik ins Auge gefaßt; sie hatten dafür mit dem Artikel 146 des Grundgesetzes Vorsorge getroffen. Doch in der öffentlichen Meinung und in der politischen Klasse der Bundesrepublik hat sich die Option für den Beitritt der DDR nach Artikel 23 GG durchgesetzt, und zwar deshalb, weil man nicht bereit war, den institutionellen Rahmen der „zweiten deutschen Republik"[1] aufzugeben. Man war auf den Zusammenbruch der DDR gänzlich unvorbereitet und blieb sozusagen beim Alten. Hätte man die politischen Strukturen der Bundesrepublik in einem Prozeß der neuen Verfassungsgebung zur Disposition gestellt, so wären die transformatorischen Risiken schwer übersehbar gewesen. Damit waren die ausschlaggebenden Akteure überfordert. Ihr Handlungsrepertoire mußte sich in einer eigentümlichen Verbindung von Improvisation und institutionellem Beharrungsvermögen erschöpfen.

Doch nicht nur wegen dieser Grundbefindlichkeit der öffentlichen Meinung war die Option für Artikel 23 naheliegend. In der politischen Klasse der Bundesrepublik gibt es ein verbreitetes generelles Mißtrauen dagegen, konstitutionelle Grundentscheidungen von plebiszitären Mehrheiten treffen zu lassen. Dies würde ein ausgeprägtes Bewußtsein nationaler Homogenität voraussetzen, das in Deutschland immer prekär war. Es entspricht vielmehr der deutschen Tradition einer in der Vergangenheit regional, konfessionell und sozial fragmentierten Gesellschaft, daß der Verfassungskonsens zwischen wichtigen korporativen Akteuren ausgehandelt wurde. Hier sind insbesondere die deutschen Länder zu nennen. Sie haben in der Vergangenheit immer ihre Autonomie zu wahren und gravierende Beeinträchtigungen ihrer institutionellen Position abzuwehren gewußt. Der Rekurs auf Artikel 23 konnte garantieren, daß ihre Vetoposition nicht angetastet wird. Dies scheinen vor allem jene Intellektuellen nicht berücksichtigt zu haben, die für eine plebiszitäre Konsensbildung zur Neubegründung des vereinigten Deutschland plädierten.

Hinzu kam ein weiterer Umstand: Nach der Novemberrevolution von 1989 brach die DDR als Staatswesen so überraschend und plötzlich zusammen, wie es weder die Wortführer der Revolution noch die westdeutsche politische Klasse vorhergesehen hatten. Damit entstand eine Krisenlage, die in der Sicht der ausschlaggebenden Akteure nur durch Strategien radikaler Problemvereinfachung bewältigt werden konnte.[2] Darum schien es auch pragmatisch zu Artikel 23 keine

1 So lautete bekanntlich der programmatische Titel der Bilanz, die Hans-Peter Schwarz und Richard Löwenthal mit ihrem 1974 herausgegebenen Sammelband zogen („Die zweite Republik. 25 Jahre Bundesrepublik", Stuttgart).

2 Damit lasse ich einstweilen offen, ob nicht eine andere Strategie des politischen Krisenmanagements sich darauf hätte richten können, den Prozeß der Auflösung der

wirkliche Alternative zu geben. Auf einem anderen Blatt steht freilich, daß diese Strategien der Problemvereinfachung ihre eigentümlichen, noch gar nicht überschaubaren Kosten haben werden.

Denn wenn etwas zweifelhaft ist, dann, daß es so kommen wird, wie dies dem institutionellen Konservatismus aller politischen Lager in der Bundesrepublik am liebsten wäre. Im Gegenteil, wir haben eine einschneidende Transformation der politischen und gesellschaftlichen Strukturen des politischen Systems zu erwarten. Die neue „Dritte Republik" wird es mit politischen Integrationsproblemen zu tun haben, für die es keinen historischen Präzedenzfall gibt.

Präzedenzfälle? – Die Vereinigung als historisches Novum

Der Vergleich mit dem Einigungsprozeß, der 1867 mit der Gründung des Norddeutschen Bundes eingeleitet und mit der Reichsgründung von 1871 gekrönt wurde, gibt wenig her. Damals schlossen sich deutsche Staaten von weitgehend vergleichbarer politischer und gesellschaftlicher Struktur zusammen. Die dominierende Rolle, die Preußen und Bismarck dabei spielten, läßt sich mit dem Übergewicht der Bonner Republik in den Vorgängen des Jahres 1990 und der aggressiven Strategie ihres Kanzlers keineswegs in Parallele setzen. Bismarck hat seinerzeit – anders als Cavour im italienischen Einigungsprozeß – großen Wert darauf gelegt, die institutionelle Eigenexistenz der kleineren deutschen Staaten zu respektieren, nicht zuletzt aus Sorge, daß andernfalls die politische Dynamik eines deutschen Parlamentarisierungsprozesses die inneren Machtstrukturen Preußens gefährden könnte.[3]

Realistische Parallelen zum Anschluß Österreichs 1938 sind in der westdeutschen Diskussion der zurückliegenden Monate eigentlich nur polemisch bemüht worden. Dies liegt daran, daß wir uns hier in einer Tabuzone des deutschen Geschichtsverständnisses bewegen. Eine „Historisierung" der nationalsozialistischen Zeit löst immer noch verständliche Emotionen aus. Doch der Sozialwissenschaftler sollte sich dadurch nicht irritieren lassen. Der Vergleich kann sich nicht darauf richten – das wäre politisch ganz abwegig –, eine Kontinuität deutscher Expansionsstrategien zu behaupten und Bundeskanzler Kohl mit Adolf Hitler in eine Reihe zu stellen.[4] Unabhängig von dem fundamentalen Unterschied der

DDR abzubremsen und schwer beherrschbare Folgewirkungen besser unter Kontrolle zu halten. Hier geht es zunächst um das Verstehen von Handlungsmotiven.

3 Diese Bismarcksche Sorge erinnert freilich an die Befürchtungen, die sich in der politischen Klasse der Bundesrepublik mit dem Verfahren nach Artikel 146 GG verbanden. Ihr war der Bismarcksche Ausweg des föderativen Zusammenschlusses gerade deshalb versperrt, weil sie das bestehende Macht- und Einflußgefüge so weit als möglich konservieren wollte.

4 Auch die Umstände des Besuch Modrows in Bonn, die manche Beobachter an die Schuschnigg beim Besuch auf dem Obersalzberg widerfahrene Behandlung erinnert haben, kann eine solche Folgerung nicht begründen.

Regime gibt es jedoch in einem solchen Prozeß offenbar eine gewisse institutionelle Logik, die man unbefangen analysieren sollte.

Da ist zum einen das Moment der schnellen Eskalation des Einigungsprozesses: Bekanntlich hatte Hitler zunächst eine lockerere Form des „Anschlusses" ins Auge gefaßt, die die formelle Eigenstaatlichkeit Österreichs zunächst noch respektiert hätte – und das hatte wohl mit Bedenklichkeiten zu tun, die sich erst angesichts der akklamierenden Mengen auf dem Weg zum Wiener Heldenplatz auflösten. Bemerkenswerter aber ist eine andere Parallele: Nachdem der Entscheid für die formelle staatsrechtliche Eingliederung gefallen war, folgte das Dritte Reich nicht dem Vorbild der Weimarer Nationalversammlung, die zunächst „Deutsch-Österreich" als geschlossenes Land dem Deutschen Reich anschließen wollte. Vielmehr wurde auch der institutionelle Mantel des bisherigen Österreich liquidiert und die österreichischen Länder (als „Reichsgaue") unmittelbar in den deutschen Staatsverband integriert.[5] Gegen die Parallele zur Auflösung der DDR als politischer Verband läßt sich nicht ohne weiteres einwenden, die Wiederherstellung der alten Länder sei ein weitverbreiteter Wunsch der Bevölkerung gewesen. Auch Hitler hätte einen solchen Schritt kaum tun können, wären dem nicht eigentümliche ideologische Ressentiments seiner starken österreichischen Anhängerschaft gegen die österreichische Staatstradition entgegengekommen. Und andererseits war man sich in Bonn darüber klar, daß die Lebensfähigkeit der DDR-Nachfolgeländer höchst problematisch sein würde. Aber in beiden Fällen wäre die politische Homogenität des neuen Gesamtstaates prekärer gewesen, hätte man den institutionellen Mantel des zu integrierenden Staates konserviert.

Doch damit sind die institutionellen Parallelen ziemlich erschöpft. Der österreichische Verwaltungsapparat und das Militär ließen sich 1938 recht problemlos in den deutschen Staatsverband integrieren, weil beide einer älteren und eng verwandten Staatstradition entstammten; und es gab – zumal nach der Errichtung des „austrofaschistischen" Systems – keinen fundamentalen Unterschied in Gesellschaftsstruktur und Sozialsystem.

Berücksichtigt man diese Variablen, so mag man andere, historisch weiter zurückliegende Integrationsprozesse betrachten und fragen, ob sich hier weitere heuristisch fruchtbare Parallelen finden. Um noch einmal auf Italien zurückzukommen: Nicht nur erinnert es an das Schicksal des „Neuen Forums", daß sich Garibaldi – als nach seiner Revolution im Königreich Neapel die Piemontesen einrücken – frustriert auf die Insel Caprera zurückzog. Vor allem aber gab es im südlichen Italien keinen Staatsapparat, der an Leistungsfähigkeit dem Piemonts vergleichbar gewesen wäre. So blieb – wollte man nicht die für die Modernisierung des Landes unerläßlich scheinende staatliche Effizienz aufs Spiel setzen – im

5 Daß damals selbst der Name „Österreich" gelöscht und die Länder Nieder- und Oberösterreich in „Nieder-" und „Oberdonau" umbenannt wurden, belegt übrigens die hier vertretene Auffassung, daß der „Anschluß" institutionelle Aspekte aufweist, die nicht ideologie- und regimespezifisch interpretiert werden müssen: Wenn Flußnamen traditionelle Provinznamen ersetzen, dient das bekanntlich seit der französischen Revolution als Symbol des Kontinuitätsbruchs.

Grunde nur die Möglichkeit, die norditalienische Verwaltung auf den Süden auszudehnen, wie heute die der Bundesrepublik auf die ehemalige DDR. Allerdings ist zu bedenken, daß es damals um die Integration einer noch weitgehend traditionalen Agrargesellschaft in die sich entwickelnde bürgerliche Gesellschaft des Nordens ging, und damit – zumindest aus der Sicht der siegreich gebliebenen, dominant bürgerlichen Eliten – um so etwas wie die „nachholende Modernisierung" des Südens. Das hat, wie wir wissen, zu schwerwiegenden gesellschaftlichen Verwerfungen geführt.[6] Im Deutschland des Jahres 1990 haben wir es mit einer ganz anderen historischen Konstellation zu tun: Hier sollen zwei entwickelte Industrieländer integriert werden, deren politisch-ökonomische Steuerungsprinzipien unvereinbar sind, ausgestattet mit wohlfahrtsstaatlichen Sozialverfassungen, die sehr unterschiedlichen Bauprinzipien folgten.

Auch die andere auffallende Differenz zu den deutschen und italienischen Einigungsprozessen des 19. Jahrhunderts (und zu 1938), daß die politisch-administrativen Eliten des SED-Staates so radikal eliminiert werden, wie das sonst nie geschah, bekommt erst unter diesem Gesichtspunkt Gewicht. Nicht erst seit Max Weber hat man darauf hingewiesen, daß in modernen bürokratisierten Staatswesen nach einer politischen Umwälzung das neue Regime zunächst mit dem Verwaltungsapparat des alten weiterarbeiten muß. Selbst Lenin kam ja darum – was immer er in „Staat und Revolution" proklamiert haben mochte – nicht herum. Und auch die Länder Osteuropas, in denen der „reale Sozialismus" zusammengebrochen ist, werden den Versuch machen – und machen müssen – die vom gestürzten Regime aufgebauten administrativen Strukturen demokratisch zu kontrollieren und umzubauen. Sie würden nicht überleben können, wenn sie diese Strukturen kurzerhand hinwegfegen wollten.[7] Erst recht werden sie das Sozialsystem des „real-sozialistischen" Wohlfahrtsstaats bestenfalls allmählich transformieren, nicht aber schnell ersetzen können. Im Vergleich dazu legt die immanente Logik des Integrationsprozesses nach Artikel 23 einen weitaus radikaleren Umbau der Strukturen der DDR nahe. Es fragt sich nur, ob von dieser radikalen Problemvereinfachung nicht Folgeprobleme zu erwarten sind, deren Bewältigung die deutsche Gesellschaft außerordentlichen Belastungsproben unterwerfen wird.

Man muß Deutschland nicht für den Nabel der Welt halten, um zu dem Schluß zu kommen, daß die Sozialwissenschaft hier vor ungewöhnlichen Aufgaben steht. Sie ergeben sich keineswegs nur aus den zu erwartenden internationalen Auswirkungen der Einigung. Das enorme Tempo des Einigungsprozesses hat zu eigen-

6 Die andere Parallele, an die man denken könnte, wäre die „reconstruction" des amerikanischen Südens nach dem Bürgerkrieg. Hier hatte man es durchaus auch mit dem Versuch eines gesellschaftspolitischen Umbaus zu tun – einem Versuch freilich, der nach einiger Zeit abgebrochen wurde. Das ist im deutschen Falle schon deshalb nicht zu erwarten, weil die depossedierte Elite der DDR mit der Pflanzeraristokratie der amerikanischen Südstaaten überhaupt nicht in Parallele gesetzt werden kann.

7 Bezeichnenderweise folgt gerade die Tschechoslowakei, das im Entwicklungsniveau der DDR am ehesten vergleichbare Land Osteuropas, bisher einer sehr vorsichtigen Transformationsstrategie.

tümlichen Veränderungen in den Entscheidungsabläufen geführt, wie sie sich selten beobachten lassen.[8] Und angesichts einer komplexen Ausgangssituation, die sich auch mit Hilfe historischer Präzedenzfälle nur sehr begrenzt verstehen läßt, ergeben sich eigentümliche prognostische Herausforderungen.

Die unvorbereitete Bundesrepublik

Die Öffnung der Mauer hatte für die politische Klasse der Bundesrepublik zunächst – trotz der starken emotionalen Wirkung auf viele Westdeutsche – noch keine wirklich gravierenden politischen Implikationen. Sie ließ sich in einem schon eingeführten Interpretationsrahmen einordnen: Ungeachtet des offiziell festgehaltenen Wiedervereinigungspostulats und der polemischen Auseinandersetzungen, die darum geführt wurden, hatte sich nämlich der mehr oder weniger stillschweigende Grundkonsens ausgebildet, operatives Ziel der Deutschlandpolitik könne so etwas wie eine „österreichische Lösung" sein, also die Bereitschaft, eine staatliche Eigenexistenz der DDR hinzunehmen, wenn dort Freizügigkeit und innere Freiheiten im Sinne des Helsinki-Prozesses hergestellt würden. Die Öffnung der Grenze konnte als ein entscheidender Schritt zu diesem Ziel verstanden werden. Dahinter stand nicht nur die pragmatische außenpolitische Überlegung, daß weitergehende Zugeständnisse mit den Sicherheitsinteressen der Sowjetunion kaum vereinbar sein könnten. Vielmehr kam dieser operative strategische Konsens auch einer veränderten Grundstimmung in der öffentlichen Meinung entgegen, in der die „gesamtdeutsche" Referenz keine ausreichende affektive Begründung mehr fand.

Zwar blieb es die zentrale Prämisse der westdeutschen Außenpolitik, daß die deutsche Frage „offen" sei. Aber das war eine mehrdeutige Formel. Das Programm einer staatlichen Wiedervereinigung war de facto mit der institutionellen Verfestigung einer westdeutschen kollektiven Identität als Folge der erfahrenen Leistungsfähigkeit und Stabilität dieses Staatswesens einer schleichenden Erosion zum Opfer gefallen.[9] Dazu trug auch der Umstand bei, daß insbesondere in jenen Altersjahrgängen, die seit den sechziger Jahren in die politische Klasse aufrückten, ein aus der DDR mitgebrachter biographischer Erfahrungshintergrund keine nennenswerte Rolle mehr spielte. Oskar Lafontaine unterschied sich da von anderen

8 Vergleichbare Prozesse, doch weit bescheidener Größenordnung, sind vielleicht am ehesten noch der Betriebswirtschaftslehre vertraut – Stichwort M & A (mergers and acquisitions).

9 Ein eigentümlicher Vorgang aus der Verwaltungspraxis der siebziger Jahre zeigt, wie sehr das strategische Ziel der Wiedervereinigung schon damals seinen operativen Gehalt eingebüßt hatte: Als es zu einem kurzlebigen Zusammenschluß der Städte Gießen und Wetzlar zu einem kommunalen Gebilde namens „Lahnstadt" kam, wurde diesem das Autokennzeichen L zugeteilt, das in älteren Schubladenplänen des Bundesverkehrsministeriums für Leipzig reserviert war.

seiner Generation – in allen Parteien! – allenfalls darin, daß er es auch nicht mehr für nötig hielt, diese lebensgeschichtlich bedingte Distanz zu kaschieren.[10]

Für unsere Fragestellung ist das von Bedeutung, weil sich daraus erneut erklärt, daß die politische Klasse Westdeutschlands ganz unvorbereitet an das Management der plötzlichen Krisensituation heranging. Diese Feststellung gilt natürlich erst recht für die DDR. Hier kommt noch der Umstand hinzu, daß ein großer Teil der alten Führungsgruppe plötzlich diskreditiert in der Versenkung verschwand und neue politische Führungsgruppen ihren Platz einnahmen. Sie unterschieden sich nicht nur in ihrer Karriere tiefgreifend von der politischen Klasse Westdeutschlands, sondern auch in ihrem so auffallenden Mangel an politischer Routine. Das arrogante Epitheton von den „Laienspielern", durch das sich der bayerische Ministerpräsident ins Gerede brachte,[11] hat sehr drastisch die verbreitete Irritation widergespiegelt, die sich bei den Bonner Routiniers auch aus dem ganz anderen intellektuellen Habitus der neuen DDR-Politiker ergab.[12]

Daß die Bonner Akteure von den Entwicklungen überrascht und die neuen Ostberliner Akteure im politischen Management unerfahren waren, erklärt das vorherrschende Moment der Improvisation, das für den weiteren Ablauf so charakteristisch wurde. Auf drei Aspekte dieses Prozesses ist besonders hinzuweisen: Der erste betrifft die Rolle des Parteiensystems und sein Funktionieren in der Krise, der zweite den Entscheidungsprozeß in der Bonner Exekutive, der dritte schließlich die ungewöhnlichen Schwierigkeiten, vor die sich die neue Exekutive der DDR sowohl im eigenen Apparat als auch im Umgang mit Bonn gestellt sah.

Die strategische Dominanz des Parteienwettbewerbs: Souverän im Ausnahmezustand

Die Steuerungsfunktion des Parteiensystems der Bundesrepublik ist in der Politikwissenschaft kontrovers diskutiert worden. Die Entwicklungen des Jahres 1990 legen eine differenzierende Sicht nahe, bei der man auf Carl Schmitts Diktum zurückgreifen könnte, Souverän sei, wer im Ausnahmezustand entscheidet. Ein

10 Der Verfasser dieser Zeilen will andererseits nicht ausschließen, daß seine Sensibilität gegenüber diesen Entwicklungen auch mit dem eigenen biographischen Hintergrund – beginnend mit der Erfahrung der Währungsreform als eine den Familienzusammenhang zerreißende Katastrophe – zu tun haben kann. Welche Auswirkungen es in Zukunft haben wird, daß die politische Klasse der kommenden Dritten Republik durch tiefgreifende Unterschiede in der politischen Sozialisation und im lebensgeschichtlichen Erfahrungshintergrund geprägt sein wird, läßt sich noch gar nicht absehen.

11 Die Presse konnte süffisant darauf hinweisen, daß der Autor dieses Vergleichs früher selbst einmal beim Oberammergauer Passionsspiel als Statist mitgewirkt hatte. Vielleicht hat diese Erinnerung geholfen, eine Zunge zu lösen, die die Bonner Akteure bei ihren öffentlichen Äußerungen mehr unter Kontrolle hielten.

12 Insbesondere fehlt in der neuen politischen Elite aus der DDR gänzlich die Figur des „Berufspolitikers", der nicht bloß (wie es noch bei Max Weber hieß) die Politik zu seinem Beruf gemacht, sondern auch nie einen anderen ausgeübt hat.

auf Deliberation und Aushandeln eingerichtetes politisches System fiel sehr plötzlich in den dezisionistischen Ausnahmezustand, wie Schmitt ihn in seinem „Begriff des Politischen" ausgemalt hatte. Aber dieser Ausnahmezustand war nicht nur vom Parteiensystem beherrscht: Er war geradezu ein Produkt seiner eigenen kompetitiven Handlungslogik.

Kohls „Zehnpunkteplan" für eine Konföderation, der Stichworte des Übergangs-Ministerpräsidenten Modrow aufnahm, wurde in einer Situation lanciert, in der des Kanzlers Aktien nicht sehr hoch notierten. Stimmenverluste der CDU bei Landtagswahlen hatten der Diskussion innerhalb und außerhalb der CDU über Kohls Führungsqualitäten neue Nahrung gegeben. Doch wie ein in die Enge getriebener Boxer, der plötzlich eine Schwäche des Gegners entdeckt, riß er die Initiative an sich, um sie nicht wieder aus der Hand zu geben. Daß der Plan im „Küchenkabinett" des Kanzlers entstand und ohne alle üblichen Konsultationsverfahren lanciert wurde,[13] legt die Interpretation nahe, daß es sich um einen vor allem parteistrategisch intendierten Coup handelte: Er festigte Kohls Position im politischen Wettbewerb sowohl innerhalb der eigenen Partei und gegenüber dem Koalitionspartner, als auch gegenüber der sozialdemokratischen Opposition. Dort versuchte man gerade Punkte zu sammeln, indem man den stillschweigenden operativen Konsens darüber, daß die Wiedervereinigung nicht auf der Tagesordnung stehe, publik machte und damit für sich annektierte. Das erwies sich nun als Bumerang.

Die Sozialdemokraten fingen sich freilich bald wieder, und sie fanden zu einer strategischen Gegenbewegung, die sich in der Logik des Parteienwettbewerbs als kühn und entschieden ausnehmen konnte: Sie eröffneten den Einmarsch des westdeutschen Parteiensystems in die darauf noch ganz unvorbereitete DDR. Als dort von einem vorwiegend theologisch geprägten Intellektuellenzirkel eine „Sozialdemokratische Partei" (SDP) aus der Taufe gehoben wurde, begegnete das zunächst bei den Routiniers der Bonner Sozialdemokratie verständlichem Mißtrauen. Dann aber setzte sich eine andere Strategie durch, hinter der offenbar eine Hypothese sozialwissenschaftlicher Provenienz stand: Große Teile Mitteldeutschlands hatten ja bis 1933 zur Domäne der sozialdemokratischen Arbeiterbewegung gehört. Wenn man eine Kontinuität der politischen Lager voraussetzte, wie sie auch in großen Teilen der Bundesrepublik durchaus zu beobachten war, dann konnte die SPD bei einer Vereinigung mit der DDR in einem neuen Gesamtdeutschland die „strukturelle Mehrheitsfähigkeit" erobern. Um dieses Zieles willen wurde die SDP dann doch kurzerhand als Schwesterpartei adoptiert.

Bei den Christdemokraten hat man zunächst diese neue sozialdemokratische Strategie samt ihrer theoretischen Begründung durchaus ernst genommen: Man sah die Gefahr, die CDU könne in der Tat auch noch die letzte Chance einer eigenen strukturellen „Mehrheitsfähigkeit" verlieren. Dabei fand man sich aber in einem eigentümlichen Dilemma, das sich daraus ergab, daß die grundlegenden

13 Bekanntlich wurden nicht nur das Kabinett und der Außenminister, sondern auch die verbündeten westlichen Regierungen von dem Vorstoß gänzlich überrascht.

Strukturen des Parteiensystems in den ersten Nachkriegsjahren noch vor der deutschen Teilung entstanden waren, und daß die DDR-CDU wie die DDR-Liberalen organisatorisch überlebt hatten – um den Preis der Unterordnung unter die Führung der SED. Damit war die Position der Bonner Koalitionsparteien im Parteienspektrum der DDR durch Organisationen besetzt, denen man mit tiefem Ressentiment und Mißtrauen begegnete. Andererseits hatte es auch in diesen Parteien einen Wechsel im Führungspersonal gegeben, und man konnte die neue Mannschaft, bei allen Vorbehalten, nicht wie die neue Führung der zur PDS transformierten SED als Kommunisten etikettieren. In diesem Dilemma breiteten die Bonner Koalitionsparteien schließlich kurzerhand den Schleier des Vergessens über die Vergangenheit der „Blockparteien". Damit gewannen sie den unschätzbaren Vorteil, eine etablierte Organisationsstruktur übernehmen zu können, der nur die Praxiserfahrung des politischen Wettbewerbs abging.

In diese Lücke traten hier, wie bei der SPD mit ihrer sehr viel schwächeren organisatorischen Basis, die westdeutschen „Wahlhelfer"; sie importierten fix und fertig die kompetitive Logik der westdeutschen Parteienkonkurrenz mit ihren Symbolen, rhetorischen Versatzstücken und Feindbildern. Ob das den Transformationsproblemen der DDR angemessen war, wurde nicht mehr reflektiert. Die Volkskammerwahlen wurden von den westdeutschen Parteien als Stellvertreterkrieg geführt, in dem es um den langfristigen Machterhalt auch und gerade in Westdeutschland ging.

Die überaus folgenreiche Konsequenz dieser strategischen Option war, daß an eine graduelle Transformation der DDR nicht mehr gedacht werden konnte. Denn dafür hätte es eines Parteienkonsenses darüber bedurft, daß es zunächst darauf ankam, den inneren Auflösungsprozeß der DDR abzubremsen.[14] Als es um die Frage ging, ob nicht dem Flüchtlingsstrom durch die sofortige Aussetzung des Notaufnahmeverfahrens und anderer Anreize zur Übersiedlung begegnet werden solle, war die Fähigkeit Bonns zu raschem und notfalls bedenkenlosem Handeln – in späteren Monaten eine so auffallende Signatur der Deutschlandpolitik – noch durch die Parteienkonkurrenz gelähmt.

Die Abläufe des Jahres 1990 stellen verschiedene Interpretationen der Politik in der Bundesrepublik in Frage – oder zeigen zumindest deren Grenzen. Einerseits haben die früher einmal diskutierten Theoreme von der Folgenlosigkeit und bloß symbolischen Funktion des Parteienwettbewerbs deutlich die spezifische Funktionslogik, aber auch die potentielle Dysfunktionalität des bundesrepublikanischen Parteiensystems verfehlt. Die inneren Konvulsionen, unter denen 1969 die „Große Koalition" zu Ende gegangen war, und die dann einsetzende Polarisierung des Parteiensystems haben zu einer derartigen strategischen Dominanz der kompetitiven Handlungslogik geführt, daß eine Große Koalition des Krisenmanagements

14 Es geht hier nicht um die Frage, welche Erfolgsaussichten eine solche Strategie gehabt hätte. Auch eine ernsthafte Diskussion darüber war ja nicht möglich, weil sie eine Suspendierung der Parteienkonkurrenz erforderlich gemacht hätte.

nicht mehr vorstellbar war. Damit aber fielen mögliche Kontroll- und Deliberationszwänge weg und wurde das improvisatorische Moment verschärft.

Es zeigen sich eben darin aber auch Grenzen einer Interpretation der Bundesrepublik als „halb-souveräner Staat" (Peter Katzenstein) oder als korporatistisches System, in dem sich Politik in Akkomodationsprozessen mit autonomen gesellschaftlichen Gruppen und Organisationen vollzieht. Diese Vorstellung von einer eigentümlich „korporatistischen" Bundesrepublik konnte zwar charakteristische Elemente der Routinepolitik in Westdeutschland erklären. Noch die Politik der „Wende" war an Aushandlungs- und Kompromißzwänge gebunden (denen – im Vergleich – die britische Premierministerin deutlich weniger ausgesetzt war). Doch was es bislang in der Alltagspolitik der Bundesrepublik an Interessenvermittlung durch multilaterales Aushandeln sonst gegeben hatte, das war nun durch den Ausnahmezustand suspendiert, den die Parteienkonkurrenz ganz wesentlich mit herbeigeführt hatte. Mit Verblüffung entdeckte das Ausland, wie der Mythos von der Unabhängigkeit und politischen Stärke der Bundesbank plötzlich auf ein recht bescheidenes Maß schrumpfte. Und ein so einflußreicher Industriemanager wie Daimler-Benz-Chef Edzard Reuter konzedierte in einem Interview die Machtlosigkeit der Bedenken der Wirtschaft gegenüber dem „Primat der Politik".

Die Bedeutung dieser Dominanz des kompetitiven Parteiensystems in der Krise liegt darin, daß die materiellen Entscheidungen ganz von den eigentümlichen Selektionskriterien und Zeithorizonten des Parteienwettbewerbs beherrscht wurden. Das bedeutet nicht nur, daß die Auswirkungen auf kompetitive Machtbehauptung überaus stark bedacht wurden. Insbesondere setzte sich auch eine Perspektive durch, in der vor allem nach kurzfristigen Auswirkungen gefragt und mögliche längerfristige, insbesondere indirekte Konsequenzen nicht berücksichtigt wurden. Unter dem Primat dieses kurzfristigen Krisenmanagements mußten Einwände von Akteuren, die längerfristige Zeithorizonte und komplexere Wirkungszusammenhänge einzukalkulieren gewohnt sind – etwa aus dem Wirtschaftsmanagement oder der Wissenschaft – als hinderlich übergangen werden.

Die Genesis des Konzepts der Währungsunion – zuerst von der finanzpolitischen Sprecherin der SPD lanciert, dann gegen Bedenken bei den Finanz- und Wirtschaftspolitikern der CDU vom Bundeskanzler aufgegriffen – mag dies belegen. In früheren westdeutschen Wahlkämpfen hat zwar die wirtschaftliche Ordnungspolitik zeitweise eine symbolische Rolle gespielt; aber die seltenen Gelegenheiten, bei denen währungs- oder konjunkturpolitische Kontroversen in den Wahlkampf eingeführt wurden, waren keine ermutigenden Erfahrungen.[15] Man wußte zu gut, daß die groben Selektionskriterien der Parteienkonkurrenz hier wenig hergaben. Jetzt geriet das in Vergessenheit. Die D-Mark wurde zu einem zentralen Symbol der Wahlkampagne im Frühjahr 1990.

Es ist wichtig, diese Vorgänge nicht kurzschlüssig zu personalisieren. Daß es Helmut Kohl gelang, die Abläufe mit einer Entschlossenheit und Durchsetzungs-

15 Ein Beispiel waren die währungspolitischen Auseinandersetzungen, unter denen 1969 die Große Koalition zerfiel.

fähigkeit zu beherrschen, die ihm zuvor nur von wenigen zugetraut wurden, sei nicht bestritten. Doch darüber sollte die problematische Rolle der SPD und ihres Vorstoßes in die DDR nicht verwischt werden. Als Kohls Stärke erwies sich insbesondere der Umstand, daß er die Logik des politischen Wettbewerbs in überlegener Weise zu handhaben wußte, bis hin zur Ausmanövrierung des Außenministers und Koalitionspartners in entscheidenden Situationen. Die Richtlinienkompetenz des Bundeskanzlers, hier in ganz überraschender Weise zur Geltung gebracht, ist in ihrer praktischen Tragweite vom Funktionieren des Parteiensystems nicht abzutrennen, und Kohl wußte dessen latente Machtressourcen in der entscheidenden Phase auszuschöpfen.

Triumph und Schranken exekutiver Improvisation

Die „Stunde der Exekutive" kam erst, nachdem das Parteiensystem die entscheidenden Weichen gestellt hatte. Die Eingliederung der DDR wurde in einem detaillierten Vertrag geregelt, der von Spitzenbeamten der beiden Regierungen ausgehandelt wurde. Das entspricht dem eingeübten Stil des Föderalismus der Bundesrepublik: Er wird vom „Kontaktprivileg" der Exekutive bestimmt, und die Parlamente sind oft zu bloßen Ratifikationsinstanzen degradiert.

Dieser Ablauf heißt nicht, daß einfach die alltägliche Aufgabenverteilung zwischen parteipolitischer Spitze und Verwaltung wieder hergestellt worden wäre. Die Verwaltung wurde vielmehr in einer Weise aktiviert, die der Krisenlage entsprach: Etablierte hierarchische Abläufe wurden mehr oder weniger stillschweigend suspendiert, und kleine Arbeitsgruppen der Ministerialbürokratie improvisierten auch jenseits der formalen Legalität und der kodifizierten Routineverfahren. Ganz unvermeidlich war ein solcher Entscheidungsablauf wiederum auf ein hohes Maß an Problemvereinfachung angewiesen. Daß sich schließlich auch der diplomatische Apparat auf diese Weise wieder zur Geltung bringen konnte, war vielleicht ein Nebeneffekt der allzu offensichtlichen Fehlleistungen, die der dilettierenden Nebendiplomatie des Bundeskanzleramts unterlaufen waren.

In deutlichem Kontrast zum Krisenmanagement der Bonner Exekutive stand der inkohärente Aktionsstil der neuen Führung in Ostberlin. Er hatte verschiedene Ursachen. Zum einen rekrutierte sie sich aus zwei – im Vergleich zu Bonn – ganz untypischen Berufsgruppen. Die eine war die technisch-wissenschaftliche Intelligenz, die vielleicht spezifische analytische Fähigkeiten mitbrachte, aber keine politisch-administrative Umsetzungskompetenz. Die andere waren die aktivistischen evangelischen Theologen, deren auffallend zentrale Rolle beim Zusammenbruch des alten Regimes nicht zuletzt dem Umstand zu verdanken war, daß sie die einzige institutionell unabhängige Gruppe bildeten, die in der Lenkung sozialer Netze und verbaler Kommunikation geübt war.[16] Aber auch ihnen fehlte über-

16 Zur Erklärung dieses Phänomens wird man allerdings auch auf Entwicklungen in der „politischen Theologie" des DDR-Protestantismus zurückgreifen müssen. Denn einer-

wiegend jegliche Erfahrung im Management von Großorganisationen. Die war ja in vier Jahrzehnten kommunistischer Herrschaft gänzlich von der regierenden SED monopolisiert worden.

Damit ergaben sich für sie insbesondere erhebliche Schwierigkeiten in der Zusammenarbeit mit dem etablierten Verwaltungsapparat. Nicht nur sollte die aus der SED hervorgegangene DDR-Bürokratie nun plötzlich ein von ihr geschaffenes und getragenes System demontieren helfen (der plötzliche Zusammenbruch des „realen Sozialismus" in ganz Osteuropa und in der Sowjetunion hat zweifellos viele in ihren Reihen in eine persönliche Identitätskrise gestürzt, die Neigungen zu sturer Loyalität mit dem alten System in Grenzen halten mochte). Doch vor allem war sie so radikalen Veränderungen ihrer vertrauten Umwelt überhaupt nicht gewachsen: Sie empfand sie als reine Anarchie. Der Staatsapparat der DDR war auf extreme Zentralisierung der Entscheidungsprozesse bei der Partei eingerichtet, die den Ermessensspielraum der Verwaltung eng begrenzte,[17] und von daher war die mittlere Ebene offenbar konstitutionell unfähig zum improvisatorischen Krisenmanagement.

Die aus diesen Umständen resultierenden Friktionen im Regierungs-und Verwaltungsapparat der DDR verschärften die Kommunikationsprobleme mit der Bonner Exekutive, und dort wurden sie Anlaß für einseitige Schuldzuweisungen. Aber hinter diesen Kommunikationsproblemen standen natürlich vor allem reale und erhebliche Interessengegensätze, mit dem ständigen Verdacht der östlichen Seite, die westliche wolle sie „über den Tisch ziehen".[18] Und zumindest teilweise wurden sie verschärft durch mangelnde Sensibilität der Bonner Akteure für die intellektuelle und psychische Verfassung von „Brüdern und Schwestern", denen sie sich über Jahrzehnte hinweg zunehmend entfremdet und an deren Revolution sie keinerlei Anteil gehabt hatten. Die Forderung nach „bedingungsloser Kapitulation", die der Ministerpräsident Baden-Württembergs an die Übergangsregierung des Reformkommunisten Modrow gerichtet hatte, schien manchmal auch noch den Verhandlungsstil im Umgang mit der demokratisch gewählten Regierung von Lothar de Maizière zu bestimmen. Ostberlin befand sich in einer so tiefgreifenden administrativen und finanziellen Krise, und seine Vertreter waren der Verhandlungsroutine der westdeutschen Vertreter so wenig gewachsen, daß sie viele Forderungen auch da akzeptieren mußten, wo die Interessen der östlichen Seite deutlich verletzt schienen. Darin manifestierte sich erneut die Übermächti-

seits war die prominente Rolle der evangelischen Theologen angesichts der traditionellen „Entkirchlichung" weiter Teile Nord- und Mitteldeutschlands eher ungewöhnlich, und zum anderen kontrastiert sie auffallend mit der politischen Zurückhaltung, die der katholische Klerus und seine höchst konservative Hierarchie bis zuletzt an den Tag legte.

17 Dem steht nicht entgegen, daß der Umgang der unteren Ebene mit ihrem Publikum oft als höchst willkürlich empfunden wurde: Das Ermessen war durch hierarchische Kontrolle, nicht aber durch abstrakte rechtsstaatliche Regeln begrenzt.

18 Bezeichnenderweise hielt es der Bonner Verhandlungsführer Schäuble für nötig, diese Absicht in einer Pressekonferenz ausdrücklich in Abrede zu stellen.

gung und tendenzielle Entmündigung der DDR durch die westdeutsche Politik, wie sie mit dem Einmarsch der SPD eingeleitet worden war.

Erst in einer späteren Verhandlungsphase konnten einige Ergebnisse der exekutiven Verhandlungen zugunsten der Interessen der DDR noch korrigiert werden. Das wurde insbesondere dadurch ermöglicht, daß die westdeutsche SPD inzwischen die Mehrheit im Bundesrat gewonnen hatte. Gegen ihr Veto konnte der Vertrag nicht verabschiedet werden; daher mußte die Regierung Kohl ihre Verhandlungsstrategie schließlich ändern. Die letzten Entscheidungen fielen in Spitzengesprächen der politischen Parteien. Auch dies entspricht einem Politikstil, der sich im westdeutschen, vom Parteiensystem weitgehend kontrollierten Föderalismus ausgebildet hat.

Von der Währungsunion zur „schöpferischen Zerstörung"?

Es war schon davon die Rede, daß die Dominanz des Parteienwettbewerbs zur Problemvereinfachung durch die Währungsunion führte, mit gravierenden Konsequenzen für den marktwirtschaftlichen Umbau der DDR-Ökonomie. Die große Mehrheit der wirtschaftswissenschaftlichen Ratgeber hatte empfohlen, daß sich der Umbau in einem getrennten Währungsraum vollziehen solle. Zwar hätte man eine Stabilisierung der DDR-Währung in einer festen Relation zu der der Bundesrepublik anstreben können; diese Relation hätte jedoch den Wettbewerbsnachteilen der Wirtschaft des Ostens im Vergleich zur Bundesrepublik Rechnung tragen müssen. Das hätte es erlaubt, die unvermeidlichen sozialen Kosten des Übergangs zur Marktwirtschaft besser unter Kontrolle zu halten.

Von den Befürwortern der schnellen monetären Integration wurde dagegen gehalten, es bedürfe einer symbolträchtigen Aktion, um die Abwanderung aus der DDR zu stoppen, die nach der Öffnung der Grenze eingesetzt hatte. Die kurzfristige Entwicklung seit dem 1. Juli 1990 (dem Datum der Währungsunion) scheint dem auf den ersten Blick recht zu geben: In der Tat ging die Abwanderung deutlich zurück. Doch die kurzfristige Perspektive ist auch hier problematisch. Denn nichts deutet darauf hin, daß jene zahlreichen Projektionen unrecht behalten werden, die mittelfristig einen Anstieg der Arbeitslosigkeit in der bisherigen DDR auf 15 bis 25% voraussahen.[19] Damit aber muß mit neuen, umfangreichen Wanderungsbewegungen nach Westen gerechnet werden. Der Unterschied wird nur darin liegen, daß diese sich jetzt als Binnenwanderung darstellen und damit nicht in einer Weise statistisch niederschlagen, die ähnliche öffentliche Diskussionen auslösen wie seinerzeit der Zustrom in die Notaufnahmelager. Die Währungsunion stellt sich somit als Problemverschiebung zur legitimatorischen Entlastung des Parteiensystems dar. Schon der ergebnislose Besuch Modrows in Bonn hatte deut-

19 Die derzeit amtlich verbreiteten Daten führen hier irre, weil sie verdecken, daß die stark ansteigende Kurzarbeit großenteils nur eine kaschierte Arbeitslosigkeit („Null-Kurzarbeit") darstellt.

lich gemacht, daß alternative Strategien zur Stabilisierung der wirtschaftlichen Erwartungen für die Bundesregierung gar nicht mehr zur Diskussion standen. Dies hätte nämlich einen breiten Konsens der politischen Lager erfordert, eine komplexere Strategie auch gegen Widrigkeiten durchzuhalten – beispielsweise gegen das Totschlag-Argument, hier würden „neue Mauern errichtet". Und damit wäre die Kraft des Parteiensystems der Bundesrepublik zur Konsensbildung überfordert gewesen: Es mußte aus der drohenden Unregierbarkeit die Flucht nach vorne antreten.

Damit waren die Weichen für eine Form des marktwirtschaftlichen Umbaus gestellt, die zwangsläufig von dem Übergewicht des dynamischen westdeutschen Zentrums über eine östliche Peripherie bestimmt wird. Denn den denkbaren Wettbewerbsvorteilen des Ostens – insbesondere einem niedrigen Lohnniveau bei durchaus beachtlicher Qualifikation der Arbeitskraft – stehen gravierende strukturelle Nachteile gegenüber: so insbesondere eine völlig unzulängliche Kommunikationsinfrastruktur und enorme umweltpolitische „Altlasten". Die für die Korrektur dieser Handicaps unerläßlichen massiven öffentlichen Investitionen würden sich nur durch großangelegte Umverteilung in – und zwischen! – den öffentlichen Haushalten aufbringen lassen. Und das überfordert wiederum die Fähigkeiten zur politischen Konsensbildung.[20]

Schon in den ersten Monaten des Jahres 1990 wurde für den aufmerksamen Beobachter deutlich, daß die behauptete Investitionsbereitschaft der westdeutschen Unternehmerschaft („das Kapital sitzt in den Startlöchern") sektoral eng begrenzt war, begrenzt insbesondere auf Distribution und ergänzende Dienstleistungen. Die strukturellen Ausgangsbedingungen lassen es in der Regel deutlich als vorteilhafter erscheinen, weiterhin unter den gegebenen Standortvorteilen Westdeutschlands zu produzieren und den – durch die Währungsunion voll geöffneten – Markt des Ostens von dort aus zu versorgen. Damit wird ein erheblicher Teil der Kaufkraft der ostdeutschen Bevölkerung vor allem westdeutschen Produzenten zugutekommen.

Inzwischen hat sich nämlich gezeigt, daß fast der gesamte produzierende Sektor der DDR – einschließlich der Landwirtschaft – in seiner Arbeitsproduktivität noch stärker hinter der westdeutschen Wirtschaft zurückliegt, als dies früher vielfach angenommen wurde. Die relative wirtschaftliche Führungsposition der DDR innerhalb des Ostblocks war nicht abzutrennen von der massiven staatlichen Subventionierung auch der Spitzenproduktionen. Das abrupte Ende dieses Systems stürzte die Unternehmen unvermeidlich in gravierende Liquiditätsprobleme, die durch die Regelung ihrer Schulden im Zusammenhang mit der Währungsumstellung noch verschärft wurden. Hinzu kommt, daß den meisten Betriebsleitern die für eine Wettbewerbswirtschaft erforderlichen Managementqualifikationen und Erfahrungen fehlen. Derzeit ist schwer zu sehen, wie der Untergang

20 Die finanzpolitische Frontbildung der westdeutschen Länder, von der noch zu sprechen sein wird, hat dies überdeutlich gemacht.

großer Teile der Industrie und Landwirtschaft des Ostens noch aufgehalten werden könnte.

Daraus ergeben sich düstere Perspektiven für den Arbeitsmarkt. Zwar kann mit der Entstehung relativ zahlreicher neuer – insbesondere auch kleinbetrieblicher – Arbeitsplätze im Dienstleistungssektor gerechnet werden, von Bankzweigstellen über Autohäuser bis hin zu Gaststätten. Man muß aber befürchten, daß dies bei weitem überkompensiert wird durch die drohende De-Industrialisierung, den Zusammenbruch der mit Arbeitskräften stark überbesetzten Landwirtschaft und durch die im öffentlichen Sektor bevorstehenden umfangreichen „Freisetzungen".

Damit ergibt sich ein Szenario, in welchem ein großer Teil der bisherigen DDR zum Armenhaus Deutschlands zu werden droht. Dabei ist die naheliegende Parallele nicht so sehr der italienische Mezzogiorno: Die ökonomische Dominanz der norditalienischen Wirtschaftseliten wird heute in gewissem Maße durch die Überrepräsentation des Südens im Staatsapparat kompensiert, und mit einem solchen Ausgleichsmechanismus kann im deutschen Fall nicht gerechnet werden. Die Parallele hinkt auch wegen der von Haus aus weit stärker agrarischen Prägung des Mezzogiorno. Eher ließe sich die Befürchtung begründen, daß der Ballungsraum um Leipzig zum deutschen Liverpool werden könnte: zu einem alten Industrierevier, dessen Strukturen so gründlich zusammengebrochen sind, daß der Rückstand gegenüber dem prosperierenden Südengland nur schwer aufholbar erscheint.[21]

Diese strukturellen Nachteile für den Osten werden ignoriert, wo der Zusammenbruch der DDR-Wirtschaft als „schöpferische Zerstörung" gedeutet wird: Schumpeter würde sich bei dieser Travestie seiner berühmten Formulierung im Grabe umdrehen. Der Vergleich mit dem westdeutschen Wirtschaftsaufschwung nach der Währungsunion des Jahres 1948 geht schon deshalb in die Irre, weil sich jener Aufschwung von einer regional halbwegs homogenen Startbasis aus vollzog. 1990 aber hat eine überforderte Politik die Disparität von Zentrum und Peripherie schon in die Startbasis eingebaut. Besorgte Fragen eines westdeutschen Publikums nach den möglichen „Kosten der Einheit" werden denn auch schon einmal von der Bonner Verwaltung mit dem Hinweis beantwortet, die „Anpassungskosten" würden „ausschließlich im Osten getragen".[22]

In der Tat könnte die westdeutsche Öffentlichkeit den Ausweg darin suchen, die Idee des universalistischen Wohlfahrtsstaates noch weiter auszuhöhlen, als dies im zurückliegenden Jahrzehnt geschehen ist. Die Westdeutschen haben sich daran gewöhnt, mit relativ hohen Arbeitslosenraten in Teilen ihres Landes zu leben. Die Gewerkschaften werden ihren westdeutschen Anhängern eine explizite

21 Regional begrenzte Wachstumschancen könnten sich vielleicht am ehesten in gewissen grenznahen Gebieten und im Berliner Raum ergeben – jedenfalls dann, wenn Berlin nicht nur symbolische „Hauptstadt", sondern effektiver Regierungssitz würde.

22 Diese enthüllende Formulierung hat ein Spitzenbeamter des Bundesfinanzministeriums im Sommer 1990 bei einer Diskussion in der Universität Konstanz gebraucht. Sie war natürlich nicht zynisch gemeint, sondern sollte der Beruhigung besorgter Fragesteller dienen.

Umverteilung innerhalb der Arbeiterschaft nur schwer zumuten und deshalb auch eine ausgeprägte Niedriglohnzone im Osten auf Dauer schwer tolerieren können. Dies könnte sie in die Versuchung führen, das Lohnniveau dort schnell dem Westdeutschlands anzunähern und dafür einen gespaltenen Arbeitsmarkt mit Arbeitsplatzverlusten vor allem zu Lasten schwer organisierbarer Gruppen in Kauf zu nehmen.

Integrationsprobleme des Verwaltungsapparats

Nicht nur in der DDR, sondern in ganz Osteuropa und erst recht der Sowjetunion stößt der marktwirtschaftliche Umbau auf ein grundsätzliches Hindernis: Der Markt ist ja eine artifizielle Kreation des modernen, vom Bürgertum getragenen Staates und bedarf für sein Funktionieren eines komplexen Regelsystems. Solche Regelsysteme waren in diesen Ländern mehr oder weniger weitgehend abgebaut oder überlagert worden. Immerhin war in der DDR das Handelsrecht des Bürgerlichen Gesetzbuchs noch formal in Geltung geblieben, so daß es an Anknüpfungspunkten nicht völlig mangelte. Aber ein solches Recht muß ja von Spezialisten gehandhabt werden, und die gab es in der DDR faktisch so gut wie gar nicht mehr. Die nicht sonderlich zahlreichen Juristen sind durch Ausbildung und Erfahrung mit dem komplexen Zivil- und Wirtschaftsrecht westlicher Prägung weitgehend unvertraut.

Hinzu kommt ein eigentümlicher Unterschied zur spezifischen Rechtskultur der Bundesrepublik: Es gab kein Verwaltungsrecht im westlichen Sinne, und dem administrativen Personal war der eigentümliche Legalismus ganz fremd, der die westdeutsche Verwaltungspraxis (jedenfalls in der Normallage) bekanntermaßen durchdringt. Westdeutsche Unternehmer haben sich in den vergangenen Monaten oft beklagt, daß sie mit Investitionsabsichten immer wieder auf weitgehende Unsicherheit über rechtliche Voraussetzungen und Rahmenbedingungen gestoßen sind. Solche Hemmnisse sind nicht einfach durch Deregulierung und den Abbau bürokratischer Hemmnisse aus der Welt zu schaffen, denn es bedarf ja eines alternativen Regelsystems und einer mit seiner Handhabung vertrauten Justiz und Verwaltung.

Nun können weder die Justiz noch der Verwaltungsapparat der DDR auf diese Erwartungen vorbereitet sein, und es muß ihnen auch außerordentlich schwerfallen, sich darauf umzustellen. Das ist nicht so sehr eine Frage des Rechtsstatus. Die DDR kennt ja nicht mehr die Institution des Berufsbeamtentums mit seinen charakteristischen Privilegierungen. Die Lobby der westdeutschen Beamtenorganisationen ist selbstverständlich daran interessiert, daß der Beamtenstatus so bald wie möglich in der DDR eingeführt wird, damit das Überleben dieser Institution auch im vereinten Deutschland nicht in Frage gestellt wird.[23] Dieses Interesse

23 Sowohl 1919 als auch 1949 hatte die Bürokratie durchsetzen können, daß der privilegierte Status des Berufsbeamtentums durch die Verfassung garantiert wurde.

wird wohl grundsätzlich auch von der Bonner Ministerialbürokratie geteilt. Ebenso ist in der Verwaltung der DDR offensichtlich der verständliche Wunsch verbreitet, in den Genuß des Beamtenprivilegs zu kommen. Da aber Bonn ein ausgeprägtes Interesse daran hat, sich eines großen Teils dieses Verwaltungsapparats zu entledigen, wird die „Verbeamtung" nur zögernd und sehr selektiv erfolgen.

Dafür gibt es zunächst naheliegende politische Gründe. Das Verwaltungspersonal der DDR gehörte in den mittleren und höheren Rängen ganz überwiegend der SED an, die nach der bisherigen westdeutschen rechtlichen und politischen Praxis als „verfassungsfeindlich" galt. Wollte Bonn daran festhalten, daß Mitglieder einer kommunistischen Partei nicht dem öffentlichen Dienst angehören dürfen – und sei es als Briefträger –, so würde nicht nur ein außerordentlich großer Anteil der DDR-Bevölkerung diskriminiert.[24] Vor allem würde damit die Verwaltung im östlichen Teil Deutschlands völlig lahmgelegt. Abgesehen davon, daß die materielle Begründung für diese Diskriminierung nach dem Zusammenbruch des Kommunismus ihre Überzeugungskraft vollends verloren hat, muß Bonn also auch aus pragmatischen Gründen von dem bisherigen, rigoros legalistischen Verfahren abrücken. Vielmehr wird man wohl damit rechnen können, daß die Bundesverwaltung sich mehr der Praxis in anderen westeuropäischen Ländern annähert, in denen Kommunisten zwar dem öffentlichen Dienst angehören können, aber so weit wie möglich von politisch sensitiven Positionen ferngehalten werden. Außerdem wird es zu erheblichen Unterschieden zwischen den Bundesländern kommen.[25]

Das selektive Vorgehen bei der Übernahme des Verwaltungspersonals wird der Bundesregierung durch zwei Umstände erleichtert. Erstens war in der DDR der relative Anteil des staatlichen Personals an der Gesamtzahl der Beschäftigten hier – wie es dem System der zentralen Lenkung aller Lebensbereiche und insbesondere der Wirtschaft entsprach – weitaus größer als in Westdeutschland. Zudem befinden sich die öffentlichen Haushalte der ehemaligen DDR in großen finanziellen Schwierigkeiten. Mit beiden Umständen läßt sich begründen, daß eine erhebliche Verminderung des Verwaltungspersonals unvermeidlich ist.

Zweitens kommt hinzu, daß der Beitritt der DDR als politische Einheit zur Bundesrepublik nur ein kurzes formales Zwischenstadium darstellte, weil sie fast unmittelbar danach durch die wiederhergestellten fünf Länder ersetzt wird. Das Verfahren folgt jedoch nicht überall der logisch naheliegenden Überlegung, den Verwaltungsapparat jeweils in diejenigen politischen Einheiten zu integrieren, die nach der Aufgabenverteilung des Grundgesetzes jeweils für die betreffende Funktion zuständig sind – also beispielsweise das Erziehungswesen den Ländern, die Zollverwaltung dem Bund. Vielmehr wird auch hier selektiv vorgegangen: Ins-

24 Von 16 Millionen Einwohnern der DDR waren 2,3 Millionen Mitglieder der SED.
25 Die konservative bayerische Regierung hat bereits deutlich gemacht, daß sie an der bisherigen Praxis strikt festhalten will. Andererseits haben sozialdemokratische Bundesländer die formalisierte Diskriminierung von „Extremisten" schon seit längerem aufgegeben.

besondere gab es in der westdeutschen Diplomatie so starke Widerstände gegen eine Übernahme der DDR-Diplomaten, daß dieses Korps faktisch in Bausch und Bogen aufgelöst und sein Personal entlassen wird. Hinsichtlich der Armee hat sich eine etwas flexiblere Position durchgesetzt: Hier wird ein Teil der Berufssoldaten und des jüngeren Offizierskorps übernommen, die Generalität jedoch ganz überwiegend – auch unter Bruch früherer Zusagen – entlassen, und alle Führungspositionen mit westdeutschen Offizieren besetzt.

All dies liegt in der Logik eines Vereinigungsprozesses, der von dem Willen der westdeutschen Seite beherrscht wird, die institutionelle Identität ihres Staatswesens keinesfalls in Frage stellen zu lassen. Man wird aber die Frage stellen müssen, was dies in der Konsequenz für die gesellschaftliche Stabilität des östlichen Teiles Deutschlands bedeutet. Denn hier könnte ein erheblicher Teil der bisherigen Elitegruppen möglicherweise an den Rand einer Gesellschaft gedrängt werden, die ohnehin unter erheblichen Anpassungsschwierigkeiten leidet. Insbesondere in wirtschaftlichen Krisensituationen wird man deshalb mit einem Konfliktpotential rechnen müssen, wie es die Westdeutschen schon längst nicht mehr gewöhnt sind.

Aber auch die Integration des verbleibenden Verwaltungspersonals wird nicht ohne erhebliche Schwierigkeiten vor sich gehen. Seine berufliche Sozialisation war ja dadurch bestimmt, daß es einem hochgradig zentralisierten Apparat angehörte, in dem Ermessensspielräume eng begrenzt waren. Von daher ist ein erheblicher Mangel an Flexibilität zu erwarten. Begriffe wie beispielsweise Kommunalautonomie waren unbekannt, und sowohl die staatliche als auch die kommunale Verwaltung werden erhebliche Schwierigkeiten haben, mit der Veränderung ihrer institutionellen Beziehung fertig zu werden. Die Umstellungsschwierigkeiten könnten insbesondere die administrative Effizienz der neuen Länderverwaltungen stark beeinträchtigen. Außerdem wird man mit großen erheblichem Verständigungsschwierigkeiten und Friktionen zwischen ihnen und den Verwaltungen im Bund und in den westlichen Ländern rechnen müssen.

Die kommende Spaltung des Bundesstaats

In eine Kompensation der Entwicklungsnachteile der DDR durch das bundesstaatliche System sollten nicht zu hohe Erwartungen gesetzt werden. Westdeutschland zeichnet sich bisher gegenüber anderen großen europäischen Staaten dadurch aus, daß die regionalen Disparitäten hier nicht sehr stark ausgeprägt sind. Das hat einmal mit dem Postulat der „Einheitlichkeit der Lebensverhältnisse" zu tun, das die Beziehungen zwischen Bund und Ländern beherrscht und starke unitarisierende Trends ausgelöst hat. Andererseits hat in den vergangenen Jahren auch die strukturpolitische Initiative der einzelnen Länderverwaltungen eine wichtige Rolle gespielt. Dieses Modell steht jetzt vor einer ungemein schwierigen Bewährungsprobe.

Die Zerschlagung des institutionellen Rahmens der DDR könnte sich hier als überaus kontraproduktiv erweisen. Zwar hätte ein einheitliches Bundesland „Preußen-Sachsen"[26] seiner Größe nach erst hinter Nordrhein-Westfalen rangiert. Aber indem es die Interessen des östlichen Deutschland gebündelt hätte, wäre es ein relativ gewichtiger und wohl auch mühsamer Partner für Bonn geworden. Zugleich wäre es aber auch sehr viel schwieriger geworden, sich des Staatspersonals der DDR in einem solchen Umfang zu entledigen, wie das jetzt unter Berufung auf die Zuständigkeit der neuen Länder getan wird. Die administrative Handlungsfähigkeit hätte sich allerdings auf diesem Weg sehr viel schneller wiederherstellen lassen.

Die Forderung nach Wiederherstellung der Länder, die 1946 von der sowjetischen Militärverwaltung eingerichtet und 1952 aufgehoben worden waren,[27] tauchte schon bald nach der Oktoberrevolution 1989 auf. Sie widersprach – für die Bonner Verwaltung offensichtlich – der wirtschaftspolitischen und verwaltungspraktischen Vernunft; sie hatte ihre Wurzel vielmehr in einem in der DDR-Bevölkerung populären Wunsch nach einem symbolischen Bruch mit der Geschichte der DDR als Staat und zugleich in einer offenbar weitverbreiteten Stimmung des „small is beautiful". Es ist aber bezeichnend, daß auch von Bonn nicht versucht wurde, wenigstens einen Teil des administrativ-institutionellen Rahmens der DDR wenigstens für eine längere Übergangsperiode zu erhalten.[28] Auch hier wog das kurzfristige Kalkül, das diese improvisierte staatliche Transformation beherrscht, schwerer als längerfristige strukturelle Erwägungen: Die Auflösung der bisherigen Strukturen der DDR bot zunächst die Möglichkeit, sich einer ganzen Reihe von schwierigen Umstellungsproblemen formell zu entledigen. Zum Teil handelt es sich dabei nur um eine Problemverschiebung: Man hat sie einfach vor der Tür der künftigen DDR-Länder abgeladen.

Dabei ist aber die Lebensfähigkeit der jetzt entstehenden fünf neuen Bundesländer sehr problematisch, weil sie nicht nur an Wirtschaftskraft, sondern auch an administrativen Ressourcen weit hinter den meisten westdeutschen Ländern zurückliegen. Damit sind sie auf unabsehbare Zeit dazu verurteilt, zu abhängigen Kostgängern des Bundes zu werden, und zu schwach, nennenswerte eigene Energien zu mobilisieren. Das ist nicht bloß ein Problem der Finanzausstattung und eines funktionierenden administrativen Apparats. Gerade eine autonome regionale Wirtschaftsstrukturpolitik, wie sie westdeutsche Länder seit der zunehmenden Frustration über Ineffizienzen der Poltikverflechtung verstärkt praktizieren, setzt

26 Es war de Gaulle, der einmal in einer Pressekonferenz mit dem ihm eigentümlichen Geschichtssinn die DDR mit diesen deutschen Staatstraditionen identifizierte.

27 Sie gingen zum Teil auf ältere historische Länder zurück. Doch waren zum Beispiel die Grenzen des Landes Sachsen-Anhalt erst 1944 in einer späten Verwaltungsreform des nationalsozialistischen Regimes gezogen worden.

28 Damit wäre auch die Option einer territorialen Neugliederung offengehalten worden. Sie wird zwar von vielen Experten in Westdeutschland für außerordentlich wünschenswert gehalten, aber nach den bisher in der Bundesrepublik gemachten Erfahrungen mit solchen Reformversuchen ist dies jetzt wohl ein unrealistisch gewordener Wunsch.

nicht nur gut eingespielte Verwaltungen voraus, sondern auch komplexe Netzwerke zwischen dieser Verwaltung, der regionalen Wirtschaft, und dem Bankenapparat. Auch hierfür fehlen im Osten viele Voraussetzungen.

Die damit eingeleitete Entwicklung wird das bundesstaatliche Gleichgewicht erheblich verändern und viel prekärer machen. Das gilt vor allem für die Verteilung von Aufgaben und Lasten im Rahmen der föderativen Finanzverfassung. Hier haben die Länderregierungen der Bundesrepublik von Anfang an einen 'sacro egoismo' an den Tag gelegt, der deutlicher als vielleicht alle anderen Indizien den inzwischen eingetretenen Zerfall des Bewußtseins einer nationalen Zusammengehörigkeit mit der DDR manifestiert. Bestenfalls entsandte man ein paar Beamte, um beim Aufbau neuer Länderverwaltungen zu beraten. Aber beim Finanzausgleich ging es ans Eingemachte: Gerade die finanzstarken großen Länder wehrten sich gegen jede Veränderung ihrer Position mit all der Massivität, wie sie in den periodischen Verteilungskonflikten zwischen Bund und Ländern eingeübt war. Jetzt ging es ihnen um ein grundsätzliches Interesse, nämlich: jede Beteiligung an den Kosten einer Rekonstruktion der östlichen Länder zu vermeiden. Die Angst der großen Länder vor einer möglichen Majorisierung durch die armen kleinen führte dabei zu dem Versuch, schon vorweg das Stimmenverhältnis im Bundesrat massiv zu den eigenen Gunsten zu ändern – ähnlich wie sich im 19. Jahrhundert das Besitzbürgertum mittels des Zensuswahlrechts vor der Begehrlichkeit der Armen zu schützen suchte.

Wenn irgendwo die Problemvereinfachung durch den Beitritt der DDR nach dem Grundgesetzartikel 23 ihre Kosten hat, dann hier: Allenfalls einer mit einfacher Mehrheit operierenden Konstituante wäre es möglich gewesen, den Bundesstaat so umzukonstruieren, daß er den neuen Anforderungen gewachsen sein könnte. Jetzt ist zu erwarten, daß er zu einem schwachen Koloß verkommt, der sich in Nullsummenspielen und insbesondere in zähen Verteilungskonflikten zwischen armen und reichen Ländern aufreibt. Sollte das Postulat der „Einheitlichkeit der Lebensverhältnisse" in Zukunft überhaupt noch ernst genommen werden, dann müßte das zu einer erheblichen Stärkung des Bundes führen. Angesichts dieser Perspektiven muß man erwarten, daß die finanzpolitische Kooperation zwischen Bund und Ländern viel schwerfälliger und konflikthafter werden wird.

Interessengruppen und Status quo im Sozialsystem

Die Länder sind nicht die einzigen korporativen Akteure in Westdeutschland, die mit Verbissenheit darum gekämpft haben, daß ihre Position durch den Vereinigungsprozeß nicht beeinträchtigt werde. Auch große Interessenorganisationen sehen ihre Privilegierungen und Positionen in den für die westdeutsche Gesellschaftspolitik so charakteristischen Aushandlungsprozessen bedroht. Von der Beamtenlobby war schon die Rede. Ein besonders charakteristisches Beispiel aber sind die Auseinandersetzungen über den Umbau des Gesundheitssystems der DDR.

Das westdeutsche Gesundheitswesen ist durch die Dominanz der vor einem Jahrhundert eingeführten Pflichtversicherung für die Lohn- und Gehaltsempfänger charakterisiert, die der „Selbstverwaltung" von gesetzlichen Krankenkassen und Zwangsverbänden der Kassenärzte überantwortet ist. Dies hat sich zu einem korporatistischen Aushandlungssystem entwickelt, bei dem die staatliche Bürokratie wichtige Vermittlungsfunktionen hat. Ein charakteristisches Element ist dabei das Monopol der in privater Praxis niedergelassenen Kassenärzte für die ambulante Behandlung. Um dieses Privileg hatten die Ärzteverbände lange gekämpft. Es wurde ihnen endgültig nach 1933 vom nationalsozialistischen Regime zugestanden[29] und 1955 vom Bundestag bestätigt. Es bedeutet insbesondere, daß öffentliche „Polikliniken" und „Ambulatorien" (wie sie früher von Krankenkassen eingerichtet worden waren) verboten sind. Die DDR hat jedoch eine gänzlich andere, im wesentlichen staatliche Organisation des Gesundheitswesens: Die von den Nationalsozialisten eliminierten Ambulatorien und Polikliniken wurden zur zentralen Organisationsform der ambulanten Versorgung, während umgekehrt die private Praxis diskriminiert wurde.

Die Perspektive der Vereinigung hat nun zu einem intensiven und aggressiven Lobbying der westdeutschen Ärzteverbände geführt, bei dem es nicht nur darum ging, die bisherige Benachteiligung der privatärztlichen Praxis zu beseitigen. Vielmehr war ihr Hauptziel, so bald wie möglich die Zerschlagung der Ambulatorien und Polikliniken und das in Westdeutschland geltende Verbot durchzusetzen. Sie stießen hierbei auf geringes Verständnis bei der Ärzteschaft in der DDR und auf erheblichen Widerstand bei den Gesundheitsbehörden. Aber sie erreichten schließlich, daß mit Hilfe der westdeutschen Sozialverwaltung dieser Widerstand gebrochen und die Versorgungseinrichtungen der DDR zunächst den westdeutschen Verbänden ausgeliefert wurden.

Dieses Beispiel ist aus einem doppelten Grunde besonders bezeichnend. Erstens ist es erst wenige Jahre her, daß in einer mühsamen Auseinandersetzung über die „Kostendämpfung" die strukturelle Ineffizienz des westdeutschen Gesundheitssystems deutlich wurde. Zweitens hatte man in Westdeutschland als oberstes Reformziel die Einführung der Marktwirtschaft in der DDR proklamiert. Gerade die westdeutschen Ärzteverbände haben sich aber immer vehement gegen jede Korrektur des korporatistischen Gesundheitssystems gewehrt, welche die Ärzte womöglich dem marktwirtschaftlichen Wettbewerb ausgesetzt hätte. Um so mehr mußten sie daran interessiert sein, eine konkurrierende Organisationsform zu zerstören, die sich auf die Dauer womöglich als effizienter hätte erweisen können.[30]

29 Damals wurde auch die zentralisierte Organisationsform der Ärztekammern durchgesetzt, die alsbald mit der Diskriminierung der jüdischen Ärzte begannen.

30 Die Einführung marktwirtschaftlicher Steuerungsprinzipien in die Gesundheitsorganisation der DDR (etwa in Anlehnung an das Modell der amerikanischen „Health Maintenance Organizations") wäre auf längere Frist durchaus vorstellbar gewesen.

Solche Beispiele illustrieren die Entschlossenheit der korporativen Akteure Westdeutschlands, die DDR nach ihrem Bilde auch da umzubauen, wo dies dem Willen der Betroffenen und womöglich sogar den proklamierten ideologischen Zielsetzungen des Westens zuwiderläuft.

Bislang gibt es von dieser Tendenz nur eine einzige nennenswerte Ausnahme: Das ist der Konflikt über die künftige Regelung des Rechts der Abtreibung. Hier hat es nach heftigen Auseinandersetzungen über das deutlich liberalere Abtreibungsrecht der DDR schließlich einen Kompromiß gegeben, der nach einer Übergangsfrist auch das Recht der Bundesrepublik zur Disposition stellt. Diese Ausnahme erklärt sich daraus, daß über diese Frage auch die westdeutsche öffentliche Meinung und das Parteiensystem tief zerstritten sind. Selbst die bisherige Einheitsfront der Kirchen besteht hier nicht mehr, weil die Protestanten der DDR eine sehr viel differenziertere Position bezogen haben.

Es ist also nicht ausgemacht, daß gesellschaftliche Organisationen, die bisher so erfolgreich für die Durchsetzung westdeutscher Modelle der gesellschaftlichen Organisation gekämpft haben, diese Durchsetzungsfähigkeit auch in Zukunft behalten werden. Die Vereinigung beseitigt ja nicht nur die DDR und ihre Organisationen als kollektive politische Akteure. Sie wird auch die Identität der bisherigen westdeutschen Organisationen in mehr oder weniger starkem Maße in Frage stellen, weil diese sich nun Mitgliedern öffnen müssen, die ganz andere historische und lebensgeschichtliche Erfahrungen durchlaufen haben. Das kann zu größerer Heterogenität und innerorganisatorischen Konflikten führen, deren Ausgang noch ganz offen ist.

Perspektiven eines gewandelten Parteiensystems

Am deutlichsten zeigen sich diese Perspektiven jetzt schon beim Parteiensystem. Auf den ersten Blick hat es den Anschein, daß die beträchtlichen Erfolge der CDU bei den Wahlen in der DDR die Fortdauer der bisherigen Konstellation – mit der Oppositionsrolle der Sozialdemokraten – garantieren. Doch auch wenn das globale Kräfteverhältnis zwischen den Parteien sich nicht verändert, schließt das nicht erhebliche Veränderungen innerhalb der einzelnen Parteien aus.

Dies ist zunächst die etwas paradoxe Konsequenz des Umstandes, daß es bei den Parteien in der DDR – im Unterschied zu vielen anderen gesellschaftlichen und politischen Bereichen – eine hohe Organisationskontinuität gibt. Ich hatte schon früher erwähnt, daß die Bonner Regierungsparteien sich im Frühjahr 1990 aus kurzfristigen Wahlkampferwägungen entschlossen haben, ihre Organisationen in der DDR nicht – wie dies die Sozialdemokraten tun mußten – neu zu begründen. Vielmehr adoptierten sie die namensgleichen bisherigen Satellitenparteien, die CDU und die liberale Partei der DDR, und begnügten sich damit, daß einige der am stärksten durch die Vergangenheit kompromittierten Parteiführer zurücktraten. Dies dürfte langfristig seine Folgen haben: Es ist sehr wahrscheinlich, daß die

Fähigkeit dieser Parteien zur internen Konsensbildung im gesamtdeutschen Rahmen sehr viel stärkeren Belastungen ausgesetzt sein wird. Zwar sind beide Parteien auch in Westdeutschland bisher schon durch eine ausgeprägte regionale Heterogenität ausgezeichnet. Aber vor allem die CDU wird in Zukunft als Regierungspartei ganz gegensätzliche Interessen ihrer Länderparteien unter einen Hut bringen müssen: Hier die reichen CDU-Länder Süddeutschlands, dort die armen CDU-regierten Länder des Ostens. Wenn die Christdemokraten ihre politische Führungsposition auch in Zukunft behaupten wollen, werden sie auf ihre Anhängerschaft im Osten Deutschlands besondere Rücksicht nehmen müssen. Hinzu kommt, daß das protestantische Element in der vereinigten CDU sehr viel stärker vertreten ist. Diese Perspektiven irritieren insbesondere die bayerische CSU: Dort ist die Befürchtung ganz unübersehbar, daß das bisherige starke Gewicht des bayerischen Konservatismus in der deutschen Politik nicht behauptet werden kann.

Die gesamtdeutsche SPD ist frei von den organisatorischen Hypotheken der früheren „Blockparteien". Aber das hat ihr bei der DDR-Wählerschaft nicht sonderlich geholfen. Ihre enttäuschenden Ergebnisse haben nicht zuletzt damit zu tun, daß sie dort die für die westdeutschen Sozialdemokraten typische Klientel, einmal die gewerkschaftlich organisierte Arbeiterschaft, zum anderen die Staatsbediensteten, nur schwer erreichen konnte. Offenbar haben sich die Sozialdemokraten bei ihrem Engagement in der DDR insbesondere in der Vermutung verrechnet, daß die Tradition der klassischen deutschen „Arbeiterbewegung" durch vierzig Jahre bürokratischen Sozialismus nicht gründlich zerstört worden sei: Auch die Gewerkschaften waren ja zu einem Anhängsel der SED mit Dienstleistungsaufgaben degradiert worden, und damit scheinen die alten Organisationstraditionen unwiederbringlich abgerissen. Und zum Staatspersonal fand die SPD nur schwer Zugang, weil sie weithin aus politischem Rigorismus insbesondere ehemalige Mitglieder der SED abwies.[31] Ob die gesamtdeutsche Sozialdemokratie durch das eigentümliche politisch-intellektuelle Profil ihrer neuen östlichen Verbände vor ähnliche Kohäsionsprobleme gestellt wird, wie sie bei der CDU wahrscheinlich sind, bleibt abzuwarten. Es könnte auch sein, daß die Ost-SPD an innerparteilichem Gewicht verliert, wenn erst einmal der ihr zunächst zuteil gewordene Sympathievorschuß aufgebraucht ist.

Die zukünftige Rolle der PDS läßt sich nicht sicher abschätzen. Bei den Sozialdemokraten ist wohl die Erwartung verbreitet, daß ihre Wählerschaft abbröckeln und womöglich zur SPD wandern könnte. Dieses Kalkül könnte sich aber angesichts der Barrieren, die die antikommunistische Intransigenz der Ost-SPD gegen solche Wanderungsbewegungen aufrichtet, als irrig erweisen. Dies um so mehr, als die PDS durchaus mit einer Vertretung in den Parlamenten der neuen Länder

31 Das markanteste Beispiel hierfür ist der ehemalige Oberbürgermeister von Dresden und zeitweilige stellvertretende PDS-Vorsitzende Berghofer. Er war von prominenten westdeutschen Sozialdemokraten umworben worden, aber sein Übertritt stieß auf den Widerstand der Dresdener SPD. Ihr wurde das allerdings von den Wählern nicht im geringsten honoriert, sie ist in Dresden eine Splitterpartei geblieben.

rechnen kann. Damit hätte sie eine Plattform, von der aus sie den künftigen Enttäuschungen ostdeutscher Wähler Ausdruck verleihen könnte, und sie wäre dabei nicht durch die innerparteilichen Interessengegensätze zwischen West und Ost beeinträchtigt, mit denen die anderen Parteien werden rechnen müssen. Man kann also nicht ausschließen, daß die SPD es langfristig mit der Konkurrenz einer linkssozialistischen Partei zu tun haben wird.

Insgesamt wird aber vieles von der Frage abhängen, wie die deutsche Gesellschaft in Ost und West künftig mit den vielen ehemaligen SED-Mitgliedern umgeht. Nach dem Rückzug Moskaus aus seinen mitteleuropäischen Positionen und dem Zusammenbruch des Kommunismus in der Sowjetunion gibt es auch keinen außenpolitisch bedingten Zwang zu einem ideologischen Friedensschluß, etwa in Analogie zum Westfälischen Frieden von 1648. Die ehemaligen Kommunisten sind vielmehr auch international isoliert. Damit liegt die Versuchung nahe, die Glaubwürdigkeit der demokratischen Wandlung der neuen PDS-Führer (oder zumindest ihrer Anhänger) in Zweifel zu ziehen und auch unter ganz veränderten außenpolitischen Bedingungen die in der Vergangenheit praktizierte Ausgrenzung der radikalen Linken fortzusetzen. Daß dies der Stabilität des künftigen vereinten Deutschland zuträglich sein könnte, wird heute, wenn nicht alle Anzeichen trügen, auch innerhalb der Bundesregierung und Verwaltung bezweifelt. Hier stehen voraussichtlich schwierige Auseinandersetzungen bevor.

Personale Identität als kollektives Problem der deutschen Einheit

Es gibt psychologische Erwägungen, die die Hypothese stützen können, daß die PDS langfristige Überlebenschancen hat: Viele ehemalige Anhänger der SED haben den Zusammenbruch des Regimes und die Enthüllungen über die verbreitete Korruption in der alten Führung in unerwartete Belastungen und Erschütterungen der persönlichen Identität gestürzt. Nicht wenige aus den bisherigen politischen und administrativen Elitegruppen haben sich in einer für sie ausweglos erscheinenden Situation das Leben genommen. Viele stehen vor einer tiefgreifenden persönlichen Sinnkrise, da sich Jahrzehnte ihres Lebens und ihres politischen Engagements als verfehlt erweisen. Ob der Versuch, den eigenen Standort neu zu bestimmen und die eigene Vergangenheit kritisch zu verarbeiten, von den Westdeutschen überhaupt honoriert wird, ist unsicher.[32] Wer in der so ganz veränderten Umwelt beruflich überleben will, sieht sich Anpassungszwängen ausgesetzt, die an den Kern der persönlichen Selbstachtung rühren. Psychische Stabilität und Sicherheit im Umgang mit Westdeutschen, mit denen man in Zukunft zusammenarbeiten soll, sind unter diesen Umständen nur schwer zu gewinnen. Gelänge es der PDS dauerhaft, sich als die Partei eines sozialistischen Neuanfangs darzustel-

32 Die vehementen journalistischen Polemiken gegen das jüngste Buch der prominenten DDR-Schriftstellerin Christa Wolf belegen, wie nun nicht mehr Rücksicht auf Empfindlichkeiten der anderen Seite, sondern Abrechnung auf der Tagesordnung steht.

len, dann könnte sie viele Personen binden, die ihre Identität im Bewußtsein des „aufrechten Ganges" festigen wollen und denen der Weg in die westdeutsch geprägten Parteien dadurch versperrt ist, daß hier Empathie mit früheren Gefolgsleuten der SED nicht als Tugend, sondern als schimpflicher Makel gesehen wird.

Doch auch der kleine Mann, der sich in der DDR recht und schlecht mit den politischen Umständen arrangieren mußte, findet sich vielfach in einer neuen und unvertrauten Umwelt, die die persönliche Identität auf schwer zu bewältigende Proben stellt. In der Vergangenheit hatte er in einem System gelebt, das den Spielraum für sinnhafte persönliche Entscheidungen eng begrenzte und individuelle Initiative allenfalls im Rahmen strikter Konformität mit der geltenden Ordnung honorierte. Nur solche Konformität garantierte den Zugang zu sozialen Chancen, beispielsweise bei der Berufswahl. Es ist nicht verwunderlich, daß diese Sozialisation Persönlichkeiten hervorgebracht hat, die offensichtlich in der weitaus stärker konkurrenzorientierten Kultur westdeutscher Prägung oft große Schwierigkeiten der individuellen Anpassung und Durchsetzung haben. Die unsensible und paternalistische Attitüde mancher westdeutscher Partner – beginnend mit den „Wahlhelfern" des März 1990 – ist nicht dazu angetan, die lebensgeschichtliche Erfahrung der Entmündigung zu korrigieren. Man muß deshalb nicht nur damit rechnen, daß es noch auf lange Sicht einen deutlichen Unterschied der kollektiven Mentalitäten gibt, der es erschwert, den Anschluß an die Leistungsgesellschaft und Wettbewerbswirtschaft des Westens zu finden. Vielmehr spricht manches dafür, daß wir es hier mit schwerwiegenden personalen Identitätsproblemen von kollektivem Ausmaß zu tun haben. Damit wirft die Integration der DDR nicht nur außergewöhnliche Probleme des institutionellen Umbaus und des Managements von Organisationsverknüpfungen auf. Vielmehr ist sie auch so etwas wie eine sozialpsychiatrische Herausforderung.

In Verbindung mit einer denkbaren Massenarbeitslosigkeit können sich hier nicht unbeachtliche gesellschaftliche Stabilitätsrisiken ergeben. Sie könnten verschärft werden, wenn es nicht gelingt, einen großen Teil der bisherigen Eliten des östlichen Deutschland gesellschaftlich zu integrieren. So lange eine anhaltende Prosperität der westdeutschen Wirtschaft dazu hilft, elementare Konsumerwartungen zu befriedigen und soziale Belastungen einigermaßen zu kompensieren, könnte ein solches Krisenpotential wohl eingegrenzt bleiben. Daß aber diese Voraussetzungen nicht zu garantieren sind, liegt auf der Hand.

Bodo von Greiff

Produktion und Destruktion: Günther Anders' Theorie der industriellen Arbeit*

1.

In Meyers Lexikon aus dem Jahr 1924 findet man unter dem Stichwort „Arbeit" eine aufschlußreiche Schilderung zur Sozialgeschichte der industriellen Arbeit, bestehend aus vier Teilen: *Erstens,* die Geschichte der menschlichen Arbeit ist die Geschichte ihrer Unterdrückung. *Zweitens,* die Utopie der freien Arbeit hat sich in die Kunst, die Wissenschaft und in die Landwirtschaft geflüchtet. *Drittens,* die Arbeitsteilung im modernen Großbetrieb ruft starke Unlustgefühle hervor. Und *viertens,* die Mechanismen der Lohnsteigerung, der Arbeitszeitverkürzung und gewisse Momente von Selbständigkeit sind nur eine Kompensation für die weiter zunehmende Arbeitsbelastung. In dem Lexikon heißt es:

„Erst langsam hat sich die Menschheit an regelmäßige und gleichmäßige Arbeit gewöhnt; diese ist auch heute noch bei den primitiven Völkern schwer zu erreichen.

Ein Mittel, die Menschen an sie zu gewöhnen, war jahrtausendelang die Sklaverei. Da der Sklave aber nur aus Furcht vor Strafe arbeitet und erhöhte Anstrengung ihm keinen Lohn einbringt, ist solche Arbeit wenig ertragreich. Andere Mittel sind Erhöhung der Arbeitsfreude und Weckung der Anteilnahme ... durch Selbständigkeit und Beteiligung am Ertrag der eigenen Arbeit, wie bei der freien Erwerbsarbeit.

In der modernen Volkswirtschaft ist die Steigerung der Arbeitsfreude in enge Grenzen gebunden, da wenigstens der Großbetrieb nur Teilprozesse kennt. Außerdem ruft die Art mancher Arbeit starke Unlustgefühle hervor... Höherer materieller Erfolg in Form von Gewinn, Gehalt und Lohn muß hier ausgleichend wirken. Dagegen gewährt die Arbeit dem Landmann in der freien Natur sowie dem freischaffenden Künstler und Gelehrten an sich Lust."

Zusammenfassend: „In der modernen Kultur nimmt offensichtlich die Menge der Unlust erregenden Umstände zu, die man durch besondere Löhnungsmethoden, Arbeitszeitverkürzung, Stellenwechsel und andere Mittel zu beheben sucht."[1]

Ich präsentiere die lexikalische Kostprobe zur Theorie der Arbeit aus einem doppelten Grund: *erstens,* weil die Passage frei ist vom Aberglauben einer Identität von technischem und sozialem Fortschritt; sie vermutet kein gütiges Weltgesetz,

1 Bd. 1, Leipzig 1924, S. 758.

* In einer mündlichen Fassung vorgetragen beim Günther-Anders-Symposion der Stadt Wien, veranstaltet von Konrad Liessmann, Oktober 1990.

keine „invisible hand", dank deren heimlicher Hilfe sich die Summe der menschlichen Anstrengungen doch noch lohnen werde; vielmehr formuliert sie, zumindest indirekt, Elemente einer negativen Geschichtsphilosophie der Arbeit. Insofern handelt es sich bei dem ungenannten Verfasser um einen unbekannten Vorläufer von Anders.

Zweitens, weil es schwierig ist, sich Günther Anders *nicht* auf Umwegen zu nähern. Kein Industriesoziologe oder Betriebswirt würde heute, nachdem die Wissenschaftssprache demokratisiert und neutralisiert ist, noch von „primitiven Völkern" sprechen. Aber er würde auch die subjektive Frage der Arbeitsfreude nicht mehr ins Zentrum der Theorie stellen. Eben diese Naivität, dieser antiquierte „Subjektivismus" der Perspektive, zeichnet Günther Anders' Philosophie der Arbeit aus. Sie insistiert als Bezugspunkt des Denkens auf einem Subjekt, dessen Verschwinden sie diagnostiziert und betrauert. Das Resultat ist eine riskante Theorie voller negativer Prognosen, die niemandem gefallen können, die jedoch die Phänomene der Industriearbeit viel genauer beschreiben als die scheinexakten Expertisen aus dem Reich der Volkswirtschaftslehre, die die Normalität der Lohnarbeit – und deren trivialen Gegensatz, die Arbeitslosigkeit – vom ersten Wort an voraussetzen. Daß Anders' Phänomenologie der industriellen Arbeit bedrückend ist, ist nicht seine Schuld. Er spricht von dem Faktum der Destruktivität der Arbeitswelt, die gewöhnlich nur unter dem Aspekt ihrer Produktivität Beachtung findet.

2.

Das Hauptthema in Anders' Schriften war und ist die außeralltägliche Situation der modernen Massenvernichtungskriege, die fatale Kombination von technischer Perfektion und moralischer Indifferenz, die sie psychologisch auszeichnet. Anders schrieb über Auschwitz und Hiroshima. Er wurde weltweit bekannt durch seinen Briefwechsel mit dem Hiroshima-Piloten Claude Eatherly, der, als Held ausgezeichnet und von Schuldgefühlen geplagt, in den USA zum Patienten der Psychiater wurde. Er beschrieb dem Brieffreund einfühlsam das sonderbare Phänomen der schuldlosen Schuld, der Tat ohne Täter, der arglosen Grausamkeit als Ursache seiner Krankheit:

> „Die Technisiertheit des Daseins: die Tatsache, daß wir ahnungslos und indirekt, gewissermaßen als Maschinenschrauben, in Handlungen eingefügt werden können, deren Effekte wir nicht übersehen und die wir, wenn wir die Effekte übersähen, nicht bejahen könnten – die hat unser aller sittliche Situation verändert. Die Technik hat es mit sich gebracht, daß wir auf eine Weise *schuldlos schuldig* werden können, die es früher, in der technisch noch nicht so weit vorangeschrittenen Zeit unserer Väter, nicht gegeben hatte."[2]

2 Off limits für das Gewissen – der Briefwechsel zwischen dem Hiroshima-Piloten Claude Eatherly und Günther Anders (1959–1961), hrsgg. und eingeleitet v. Robert Jungk, Reinbek 1961, S. 17.

Die Technikphilosophie ist das Herzstück von Anders' theoretischer Arbeit. Doch ihr gilt hier nicht mein spezielles Interesse. Entscheidend ist in diesem Zusammenhang, daß die Psychologie der Kriegstäter, die Hannah Arendt einprägsam als „Banalität des Bösen" bezeichnete, über die Kriegssituation hinausweist. Sie führt in den Alltag des zivilen Lebens, in die Welt der Arbeit, in der Anders die nämlichen Phänomene der Indifferenz und moralischen Arglosigkeit ausmacht. Keineswegs hält er seine Zeitgenossen für unmoralisch im psychologischen Sinne, jedenfalls nicht für unmoralischer, als sie es zuvor waren. Eine moralische Dekadenztheorie liegt ihm fern. Aber er sieht die Menschen des zwanzigsten Jahrhunderts in einer maschinenartigen sozialen Situation agieren, die auf moralische Impulse nicht mehr antwortet und in der die Kategorie des „subjektiv gemeinten Sinnes" (Max Weber, „Soziologische Kategorienlehre", § 1) keinen Sinn mehr macht. Die moralischen Überzeugungen werden überflüssig, „antiquiert" – und vielleicht sterben sie schließlich ganz aus.

Was haben moralische Erwägungen, mit denen sich Günther Anders sein ganzes Leben lang beschäftigt hat, mit dem ökonomischen Begriff der Arbeit zu tun? Ein Blick in die zeitgenössischen ökonomischen Lehrbücher zeigt die Berechtigung der Frage. Doch das macht die Werke nicht ergiebiger. Die berühmten Väter der ökonomischen Wissenschaft, allen voran Adam Smith, führten ehedem die Berufsbezeichnung „Moralphilosophen"; sie waren von der Überzeugung beseelt, materielles Wohlergehen und moralische Gerechtigkeit seien nicht Gegensätze, sondern durch richtiges Handeln vereinbar. Ökonomie war eingebettet in eine Theorie vom richtigen Leben.

Anders knüpft hier an. In seinem Essay über „die Antiquiertheit der Arbeit", geschrieben 1977, behandelt er alle konventionellen Themen der Ökonomie, doch er gibt ihnen einen unkonventionellen subjektiven Drall. Er schreibt über Arbeitsteilung, Arbeitslosigkeit, Automation, über Bedürfnisse, Sättigungsgrade und Überfluß, über die Dequalifizierung der menschlichen Fertigkeiten, die Entwicklung des Gegensatzes von Arbeitszeit und Freizeit, den Prozeß der fortschreitenden Rationalisierung... Und in dem Maße, wie er mit der antiquierten Unterstellung operiert, in der Großapparatur der modernen Ökonomie hause dennoch irgendein Sinn – sie sei „geronnener Geist", wie Weber sagte –, offenbart sich ihm eine Kette von Verkehrungen, ein zusammenhängender Widersinn. Anders konstatiert im Reich der industriellen Produktion praktischen Nihilismus; er sieht in der Ökonomie den fatalen Trend,

„... *den Menschen*, wie absurd das auch immer klingen mag, *überflüssig zu machen:* dessen Arbeit nämlich durch den Automatismus von Geräten zu ersetzen; einen Zustand zu verwirklichen, in dem zwar nicht niemand, aber doch ... *so wenig Arbeiter wie möglich erforderlich sind.* Sehr bewußt spreche ich von einem 'Trend' und nicht von einer 'Tendenz', weil natürlich niemandem unterstellt werden kann, auch keinem Rationalisierung fanatisch betreibenden Unternehmer, daß er das Ziel verfolge, Menschen arbeitslos zu machen.

Worauf heutige Unternehmer aus sind, ... ist *nicht Arbeitslosigkeit des Arbeiters, sondern Arbeiterlosigkeit ihrer Betriebe.*"[3]

Anders' Kritik des Industriekosmos attackiert die Trennung von Arbeit und Nichtarbeit, von Beruf und Freizeit, von Freiheit und Notwendigkeit in allen ihren Varianten. Er zeigt die Einheit der Industriegesellschaft in jedem Detail, ihre Tendenz, die Arbeit weltweit zu mobilisieren und gleichzeitig überflüssig zu machen. Ob in den Phänomenen der Arbeit, der Arbeitslosigkeit oder der Freizeit, überall entdeckt er den nämlichen Prozeß der Abstraktion, die „unaufhaltsame Entwicklung in Richtung 'leeres Leben'" (S. 30):

„Es ist ein Wesensmerkmal der 'Rationalisierung' genannten Phase der industriellen Revolution, daß diese uns als *homines fabros* liquidiert; daß sie einen Zustand herbeiführt, in dem Arbeit von Tag zu Tag rarer und unüblicher wird; in dem diese, weit entfernt davon, als Fluch zu gelten ..., als *Anrecht* beansprucht und als *Privileg* einer von Tag zu Tag schmaler werdenden Elite reserviert werden wird. Was den meisten von uns ins Haus steht, ist also eine *Existenz ohne Arbeit* – womit ich ... ein höllisches Dasein meine. 'Höllisch' deshalb, weil wir um eine der stärksten und wichtigsten und beliebtesten Lüste, nämlich um die ... *'voluptas laborandi'* betrogen sein werden. ...

In akademischer Sprache: Die klassische Gleichung, an die meine Generation noch vor fünfzig Jahren geglaubt hatte, die von *Freizeit und Freiheit* ..., wird dann vollends unwahr sein. Umgekehrt wird die *Freizeit*, also das Nicht-arbeiten, als *Fluch* empfunden werden. Und anstelle des berühmten Fluch-Satzes (Gen. 3, Kap. 14) wird es dann heißen müssen: *'Auf Deinem Hintern sollst Du sitzen und TV anglotzen dein Leben lang!'"* (S. 27 f.)

3.

Gegen wen schreibt Anders? Er schreibt *erstens* gegen die große Schar postmoderner Arbeits- und Freizeittheoretiker, die besorgt über das Thema Arbeitslosigkeit nachdenkt, doch allzu frohgemut und rasch zu neuen Ufern schreitet, indem sie aus der knapp werdenden Lohnarbeit gegen Geld wie von selbst ein Reich freier Aktivität entstehen sieht – 'wie von selbst' heißt, ohne Veränderung der gesellschaftlichen Strukturen. Aus „Arbeit" soll „Tätigkeit" werden, heißt es in Übernahme der Begriffe von Hannah Arendt. Beispiel: Dahrendorf eröffnet 1982 den deutschen Soziologentag mit neuen alarmierenden Zahlen aus der Arbeitsmarktstatistik, um dann über „Humanisierung der Arbeit", „Selbsthilfe" und „alternative Lebensformen" nachzudenken und zu folgern: „Hoffnung muß gemäß den hier verwendeten Begriffen darin liegen, daß Arbeit in zunehmendem Maße durch Tätigkeit ersetzt ... wird."[4] Realität und Wunsch gehen hier bruchlos inein-

3 G. Anders: Die Antiquiertheit des Menschen, Bd. II. Über die Zerstörung des Lebens im Zeitalter der dritten industriellen Revolution, München 1980 (Bd. 1, München 1956), S. 26 f. – Seitenverweise aus diesem Buch setze ich im folgenden mit Klammern in den Kontext.

4 Ralf Dahrendorf: Wenn der Arbeitsgesellschaft die Arbeit ausgeht, in: Krise der Arbeitsgesellschaft? Verhandlungen des 21. Deutschen Soziologentages in Bamberg 1982, Frankfurt a.M./New York 1983, S. 34.

ander über. Und inzwischen erscheint kaum noch ein Buch zur Theorie der Arbeit, in dem nicht schon im Titel vom „Verschwinden der Arbeit" (Hermann Glaser, Düsseldorf 1988) die Rede ist, in dem nicht gefragt wird, was geschieht, „wenn uns die Arbeit ausgeht" (Bernd Guggenberger, München 1988), und als Gegengift nicht „Formen der Eigenarbeit" (Rolf Heinze und Claus Offe, Opladen 1990) untersucht und empfohlen werden.

So wichtig solche experimentellen Gedanken sind, sie lassen befürchten, daß ihr utopischer Gehalt zur nützlichen Ideologie wird. Aus dem Faktum, daß die Industriearbeit wie ein Schatten begleitet wird vom Umsichgreifen der Arbeitslosigkeit, hat die Theorie seit je die Tröstung herausgelesen, daß ein Ende der Arbeit ins Haus stehe und jedermann, wenn arbeitslos, die Möglichkeit haben werde, selbstbestimmten und fröhlichen Tätigkeiten nachzugehen – schon bei Adam Smith findet sich dieser fromme Wunsch.[5] Merke: Ohne ein Antasten der Institution der Lohnarbeit kommt diese Utopie zur Unzeit.

Anders' Argumente richten sich *zweitens* an die Adresse des Marxismus. Diese Argumentation ist indirekter Art, sie findet sozusagen nicht philologisch, nicht 'Wort für Wort' statt, aber um so mehr in der Sache. Denn wiewohl von Husserl und Heidegger wesentlich inspiriert, findet Anders hier, im Marxismus, die Themen und Begriffe vorbereitet, die er für seine Diagnose des gegenwärtigen Zeitalters braucht. Sichtbar wird das an Begriffen wie „Technik als Subjekt der Geschichte" (S. 9 f.), an der „Liquidierung" als Gegenbegriff zur „Verdinglichung" (S. 55 f.), an der Formulierung aus der Medientheorie, „das Reproduktionszeitalter (ist) das grundsätzlich unrevolutionäre Zeitalter" (S. 90); und deutlich wird das vor allem an dem inzwischen berühmten Motto, das dem 2. Band des Hauptwerks vorangestellt ist: „Es genügt nicht, die Welt zu verändern. Das tun wir ohnehin. Und weitgehend geschieht das sogar ohne unser Zutun. Wir haben diese Veränderung auch zu interpretieren. Und zwar, um diese zu verändern. Damit sich die Welt nicht weiter ohne uns verändere. Und nicht schließlich in eine Welt ohne uns."

Mit ein wenig Übertreibung darf man sagen: die Reibung mit dem Marxismus bestimmt Anders' Theorie ganz und gar, sie benutzt, aktualisiert, variiert und erweitert die Marxschen Gedanken – doch vor allem kritisiert sie die vergeblichen Tröstungen, die in dieser Philosophie angelegt sind.

Welche Tröstungen? Anders, der Phänomenologe, geht von sichtbaren Alltagserscheinungen aus. Jedem Mitglied der industriellen Gesellschaft ist das Phänomen

5 Klassisch dazu die Passage im „wealth of nations": „Bei den ersten Dampfmaschinen war ständig ein Junge damit beschäftigt, die Verbindung zwischen Kessel und Zylinder gemäß dem Auf und Ab des Kolbens abwechselnd zu öffnen und zu schließen. Einer dieser Jungen, der gerne mit seinen Freunden spielen wollte, stellte folgendes fest: Durch eine Schnur, welche vom Griff des Ventils ... zu einem anderen Maschinenteil gezogen werden mußte, öffnete und schloß sich das Ventil ohne seine Hilfe, wodurch er die Möglichkeit erhielt, sich mit seinen Spielgefährten zu vergnügen." Adam Smith: Eine Untersuchung über das Wesen und die Ursachen des Reichtums der Nationen, 1776, Bd. 1, deutsch von Peter Thal, Berlin 1963, S. 16.

der Arbeitslosigkeit bekannt, jeder Arbeitnehmer kennt und fürchtet den Prozeß der Rationalisierung, die kostengünstige Ersetzung seiner Arbeit durch Apparate. Doch sonderbar: in der Fachliteratur wie auch in der Gewerkschaftsstrategie überwiegt in der Einschätzung des Rationalisierungsprozesses eine merkwürdige Ambivalenz, ja ein gewisser Optimismus. Die Reduktion der Arbeit, die individuell als Arbeitslosigkeit und Katastrophe gefürchtet wird, wird kollektiv als Fortschritt gepriesen, als Schritt zur Befreiung von Arbeit. Theoretischer: Die harte Plackerei der Arbeit, die die materielle Lebensgrundlage der Individuen bildet, ist in der Theorie zugleich jener Bereich bloßer Notwendigkeit, dem das Marxsche Denken das „wahre Reich der Freiheit" gegenüberstellt:

„Das Reich der Freiheit beginnt in der Tat erst da, wo das Arbeiten, das durch Not und äußere Zweckmäßigkeit bestimmt ist, aufhört; es liegt also der Natur der Sache nach jenseits der Sphäre der eigentlichen materiellen Produktion. ... Jenseits desselben beginnt die menschliche Kraftentwicklung, die sich als Selbstzweck gilt, das wahre Reich der Freiheit, das aber nur auf jenem Reich der Notwendigkeit als seiner Basis aufblühn kann. Die Verkürzung des Arbeitstags ist die Grundbedingung."[6]

Bemerkenswerterweise ist diese geschichtsphilosophische 2-Phasen-Perspektive, die bis zu Aristoteles zurückgeht, außerordentlich lebendig geblieben, ja sie ist in vielfältigen Formen und handlichen Portionen zum Bestandteil der täglichen Wirtschaftspolitik geworden. Die gewerkschaftliche Strategie der Arbeitszeitverkürzung zehrt von der theoretischen Entkopplung von Arbeit und Freiheit, indem sie versucht, die Autonomie, die *in* der Arbeit nicht stattfinden will, *nach* der Arbeit zu realisieren. Die Perspektive der Freiheit gewinnt dabei das handliche Format der Freizeit, um den Preis, daß die Arbeit dem Gesetz der Notwendigkeit unterworfen bleibt (und bei Habermas als „instrumentelles Handeln" in ewigen Gegensatz zum „kommunikativen Handeln" tritt). Anders' Begriff der „voluptas laborandi" wird in diesem Kontext zum sperrigen Fremdwort im wortwörtlichen Sinne, das die Monotonie der Lohnarbeit kritisiert und die Trivialität der Freizeit als ihre Schwester nicht verschont.

Die zweite Tröstung des Marxismus liegt in der Vorstellung, daß technischer Fortschritt sich in sozialen Fortschritt übersetze. Wie aus einer anderen Welt klingt heute die Hymne auf den Industrialisierungsprozeß, die Marx und Engels im „Kommunistischen Manifest", der zentralen Kampfschrift der Arbeiterklasse, anstimmen:

„Die Bourgeoisie hat in ihrer kaum hundertjährigen Klassenherrschaft massenhaftere und kolossalere Produktionskräfte geschaffen, als alle vergangenen Generationen zusammen. Unterjochung der Naturkräfte, Maschinerie, Anwendung der Chemie auf Industrie und Ackerbau, Dampfschiffahrt, Eisenbahnen, elektrische Telegraphen, Urbarmachung ganzer Weltteile, Schiffbarmachung der Flüsse, ganze aus dem Boden hervorgestampfte Bevölke-

6 Karl Marx: Das Kapital, Bd. 3, Berlin 1965, S. 828.

rungen – welches frühere Jahrhundert ahnte, daß solche Produktionskräfte im Schoß der gesellschaftlichen Arbeit schlummerten."[7]

Hunger, Unterdrückung und Armut waren das erste Resultat der Industrialisierung für jene, die später Arbeiter oder Proletarier heißen sollten. Der Fortschritt war nicht ihr Fortschritt, der Gewinn an „Produktionskräften" ihr Verlust. Doch die organisierte Arbeiterbewegung hat die vorsichtige kantische Idee eines „Fortschreitens der Menschheit zum Besseren" viel zu rasch ins Technische transformiert. Sie hat die Entfaltung der Produktivkräfte mit der Revolutionshoffnung verknüpft, den frühen Widerstand der verzweifelten Maschinenstürmer als hinterwäldlerisch verdammt und die Vorstellung vom universellen Nutzen der Maschine kultiviert. Spätestens seit der Jahrhundertwende geht die Arbeiterbewegung entgegen dem Augenschein von der geschichtsphilosophischen Überzeugung aus, jeder neue Industrialisierungsschritt, wiewohl er große Opfer koste, sei ein weiterer Schritt zum Sozialismus – die Industrialisierung arbeite heimlich für sie.

Nur wenige Theoretiker im Umkreis des Marxismus haben diesen technischen Quietismus kritisiert, der quasi einen Modernisierungspakt zwischen Management und Arbeitern bedeutet. Walter Benjamin gehört zu ihnen, er schreibt:

„Es gibt nichts, was die deutsche Arbeiterschaft in dem Grade korrumpiert hat, wie die Meinung, sie schwimme mit dem Strom. Die technische Entwicklung galt ihr als das Gefälle des Stromes, mit dem sie zu schwimmen meinte."[8]

Die Idee von den segensreichen Wirkungen des technischen Fortschritts ist heute dabei zusammenzubrechen. Die aufwendig formulierten Tröstungen werden leiser, die Sozialwissenschaftler und Philosophen scheinen unter dem Eindruck der globalen ökologischen Katastrophen ins Lager der Fortschrittskritik überzuwechseln. Vielleicht war und ist der Technikoptimismus des Marxismus seine schwächste Stelle: Er verbannte die Maschinenkritik aus der Theorie, er vertraute der Spekulation statt der Erfahrung der Opfer und, vor allem, er synchronisierte im zentralen Punkt der Maschinenarbeit die Rationalisierungsstrategie der Unternehmer mit der Befreiungshoffnung der Arbeiter.

Gewiß, praktisch ist die Strategie der fortlaufenden technischen Erneuerung unterm Diktat der Konkurrenz ungebrochen, und auch in den großen Gewerkschaften der Schlüsselindustrien hat der Gedanke einer kritischen Maschinentheorie noch kaum Fuß fassen können. In einer Untersuchung über „die Zukunft der Arbeit in der Automobilindustrie", die jüngst veröffentlicht wurde, schreiben die Autoren:

7 Manifest der kommunistischen Partei, in: Marx-Engels-Werke, Bd. 4, Berlin 1964, S. 467.

8 Walter Benjamin: Geschichtsphilosophische Thesen, in: Zur Kritik der Gewalt und andere Schriften, Frankfurt a.M. 1965, S. 86.

„Wir sind auf keine Gewerkschaftsopposition gegen die Einführung neuer Technologien gestoßen, egal in welchem Land und in welchem Konzern, und selbst in jenen Betrieben nicht, in denen der Zusammenhang von Beschäftigungsverlust und Technikeinführung offensichtlich war."[9]

Doch die Abkehr vom Dampfmaschinenmarxismus, die im Reich der Theorie begonnen hat,[10] wird auch die Gewerkschaftsbewegung erreichen, die ihren Mitgliedern die krasse Ambivalenz von Produktivität und Destruktivität erklären muß. Günther Anders' Satz, „von der Technik gehen die moralischen Imperative von heute aus" (S. 17), hat seit Tschernobyl an bitterer Plausibilität gewonnen. Nicht allein die Arbeitslosigkeit, auch die sinnlose Herstellung von sinnlosen Dingen *innerhalb* der Arbeit kann morgen in jedem zweiten Industriebetrieb zum politischen Thema werden, oder ist es schon geworden. Das Mißverhältnis von entfesselter industrieller Arbeit und allgemeiner Zerstörung ist geschichtsphilosophisch kaum mehr zu überbrücken, die Zeit der aufschiebenden theoretischen Tröstungen ist abgelaufen. Mit anderen Worten, die Industriearbeit ist dabei, ihre utopische Seite zu verlieren – gegenwärtig gibt es in der ökonomischen Wissenschaft keinen Theoretiker mehr, der das Faktum der Arbeitslosigkeit, den sichtbarsten Ausdruck des industrialisierten Elends, längerfristig hinwegdeutet und international für überwindbar erklärt. Anders resümiert diese Entwicklung:

„Vor 150 Jahren waren unsere Vorväter, die durch die aufkeimende Industrie konkurrenzunfähig und arbeitslos gemachten Land- und Heimarbeiter, die ersten Maschinenstürmer gewesen. Wir hatten uns eingeredet, daß sie und ihre Nachkommen nach entsetzlichen Übergangsmiseren und Umstellungsverlusten doch irgendwie in die Industrie würden ausweichen und integriert werden können, daß die Zeit der maschinenstürmerischen Affekte endgültig hinter uns liege. Das war eine Illusion gewesen. Die Krise ist mit den Generationen mitgewandert." (S. 28 f.)

Die dritte große Tröstung des Marxismus betrifft die subjektive Seite der Industrialisierung: die Herstellung des Proletariats, die Entwicklung seines manuellen Geschicks, seiner Bildung, seiner geistigen, moralischen und politischen Fähigkeiten. Marx und Engels argumentieren hier voller utopischer Hoffnung. Sie sehen Helden entstehen, emsige Wissenschaftler, solidarische Freiheitskämpfer, mutige und selbstbewußte Arbeiter, die den Prozeß der industriellen Arbeit beherrschen und hinter sich lassen. In der harten Schule der Fabrikarbeit würden die revolutionären Qualifikationen für den Umsturz und die zivilen nachrevolutionären Tugenden für den Sozialismus heranreifen. Die Idiotie der Arbeitsteilung werde verschwinden, die lebenslange Anbindung der Individuen an Detailoperationen aufgehoben, die allseits gebildete und wissenschaftlich qualifizierte Persönlichkeit

9 Ben Dankbaar, Ulrich Jürgens und Thomas Malsch: Die Zukunft der Arbeit in der Automobilindustrie, Berlin 1988, S. 73.

10 Eines der klügsten Bücher zur Maschinentheorie, das *mit* Marx argumentiert, ist noch immer Hans-Dieter Bahrs Schrift: Kritik der 'Politischen Technologie', Frankfurt a.M. 1970.

entstehen – d.h. auch hier vertreten Marx und Engels trotz der Monotonie der Fabrikarbeit, die den Arbeiter intellektuell verkrüppeln läßt, apathisch macht und zum lebendigen Zubehör der Maschine degradiert, die dialektische Argumentationsfigur, daß das Elend seinen Gegensatz hervortreiben und in einem höheren Stadium verschwinden werde. Im „Kapital" heißt es:

„Aus dem Fabriksystem ... entsproß der Keim der Erziehung der Zukunft, welche für alle Kinder über einem gewissen Alter produktive Arbeit mit Unterricht und Gymnastik verbinden wird, nicht nur als eine Methode zur Steigerung der gesellschaftlichen Produktion, sondern als die einzige Methode zur Produktion vollseitig entwickelter Menschen".[11]

Und schon der junge Marx formulierte diesen Gedanken mit Blick auf die damals noch völlig utopische automatische Fabrik:

„Was die Teilung der Arbeit in der mechanischen Fabrik kennzeichnet, ist, daß sie jeden Spezialcharakter verloren hat. Aber von dem Augenblick an, wo jede besondere Entwicklung aufhört, macht sich das Bedürfnis nach Universalität, das Bestreben nach einer allseitigen Entwicklung des Individuums fühlbar. Die automatische Fabrik beseitigt die Spezialisten und den Fachidiotismus."[12]

Welch ein Irrtum! Marx sah im Prozeß der Rationalisierung einschließlich der Automatisierung der Produktion den heimlichen Bundesgenossen des Proletariats. Günther Anders, der Anthropologe der industrialisierten Gegenwart, betrachtet 130 Jahre später die faktische Entwicklung, die sich empirisch nun verfolgen läßt, und konstatiert als subjektives Resultat auf seiten der Arbeiter: Passivität, Entwertung vorhandener Fertigkeiten, systematisch erzeugte Verantwortungslosigkeit für Inhalt und Ablauf der Produktion und Angst, Angst vor der allgegenwärtig möglichen Arbeitslosigkeit innerhalb und außerhalb der Betriebe. Nachdem die Arbeit als Reich der Notwendigkeit mit Maschinen, Robotern und Automaten bestückt ist, nachdem die zielgerichtete körperliche Aktivität sich den Sport als Surrogat geschaffen hat, nachdem das Bedürfnis nach gemeinsamem sozialen Leben und Erleben die Form des millionenfachen passiven Fernsehens im abgedunkelten einsamen Wohnraum angenommen hat, ist die Kompensationshypothese allemal klüger und dialektischer als die unverwüstliche Transformationsvermutung. Anders:

„... morgen wird die Freizeit nicht mehr als das eigentliche Leben gelten, sondern als leere Zeit, als nicht zu bewältigender Zeitbrei... Und diesem Schicksal werden sogar auch die wenigen Begünstigten, die noch werden arbeiten dürfen, nicht entrinnen, selbst während des Arbeitens nicht. Denn auch sie werden der Chance, ihre 'cupiditatem atque voluptatem laborandi' zu befriedigen, beraubt sein, da sie sich mit der Rolle von '*Automationshirten*' werden begnügen müssen: mit Tätigkeiten, die sich vom Nichtstun eigentlich nur noch dadurch, daß sie bezahlt werden, unterscheiden..." (S. 30)

11 Das Kapital, Bd. 1, Berlin 1965, S. 501 f.
12 Das Elend der Philosophie, in: Marx-Engels-Werke, Bd. 4, Berlin 1964, S. 157.

Eine Übertreibung? Ein theoretischer Ausläufer der Marxschen Bildungsutopie hat sich bis heute erhalten: in der Zunft der deutschen Industriesoziologie. Man diskutiert erneut darüber, ob der Umschlag vom Primitivismus der Fabrikarbeit in höhere Bildung und Autonomie, der bislang ausgeblieben ist, sich mit dem Einzug der Mikroelektronik in die Produktion einstellen werde. In dieser Diskussion präsentierten die Autoren Horst Kern und Michael Schumann ein Buch mit dem bemerkenswerten Titel „Ende der Arbeitsteilung?". Sie entdeckten, daß der Taylorismus, der im Arbeiter nur die Schranke der Produktion und den potentiellen Störfaktor sieht, gegenwärtig in den Branchen der chemischen Industrie, des Maschinenbaus und der Automobilindustrie durch neue Rationalisierungsformen ersetzt wird. Dank sogenannter „neuer Produktionskonzepte" entstehe der neue Arbeitertyp des „Systembetreuers" und „Straßenführers", ausgestattet mit hohen technischen Fertigkeiten und weitreichenden Kompetenzen.[13]

Doch die hohe Spezialqualifikation des neuen Arbeiters im weitgehend automatisierten Betrieb bedeutet zugleich die Unterqualifikation oder Arbeitslosigkeit jener Arbeiter, die dank der neuen Produktionskonzepte reduziert oder entlassen werden, eine Konsequenz, die auch Kern und Schumann sehen. Und so führte die industriesoziologische Debatte alsbald zu dem vertrauten Resultat, daß die fortschreitende Verwissenschaftlichung der Produktion 'Rationalisierungsgewinner' einerseits und viele 'Rationalisierungsverlierer' andererseits hervorbringt. Ein Ende der Arbeitslosigkeit zeichnet sich ebensowenig ab, wie das, was man den 'tendenziellen Fall der Arbeitsteilung' nennen könnte.[14] Das entscheidende Merkmal der automatisierten Produktion ist für Anders, daß die Grenze zwischen Tätigkeit und Nicht-Tätigkeit verschwimmt und Momente der Arbeitslosigkeit in die Betriebe selbst hineinwandern, d.h., daß die Automatisierung, von der sich Marx den „vollseitig entwickelten Menschen" versprach, ein Heer von Wärtern erzeugt. Sie üben die neuartige Tätigkeit des Wartens aus, 'Warten' im aktiven und passiven Sinne. Diese industrielle Arbeitslosigkeit quasi zweiten Grades, die

13 Siehe Horst Kern und Michael Schumann: Das Ende der Arbeitsteilung? Rationalisierung in der industriellen Produktion: Bestandsaufnahme, Trendbestimmung, München 1984; ferner dies. in Erwiderung auf die Kritik: Kontroverse um „neue Produktionskonzepte" – Replik, in: WSI Mitteilungen, 38. Jg., Nr. 6/1985.

14 Zur Debatte insges. siehe Siegfried Rosner: Gesellschaft im Übergang? Zum Wandel von Arbeit, Sozialstruktur und Politik in der Bundesrepublik, Frankfurt/New York 1989, S. 136 ff. Zur Frage 'Ende der Arbeitsteilung – Ende des Taylorismus' heißt es in der Untersuchung der internationalen Automobilindustrie: „Ist der Taylorismus/Fordismus am Ende? – Im internationalen Vergleich kann davon keine Rede sein. Die untersuchten US-Betriebe, die für die neue Fahrzeuggeneration ... modernisiert wurden, können eher als Höhepunkt tayloristisch/fordistischer Fertigungsphilosophien gesehen werden... Auch im britischen Kontext haben wir kaum eine Aufbruchstimmung weg von tayloristisch-fordistischen Regulierungsprinzipien vorgefunden. ... Im deutschen Kontext gibt es diese Aufbruchstimmung – aber sie ist außerhalb der Betriebe vielfach lauter zu hören als in den Betrieben. ... Zu bedenken ist, daß die japanischen Unternehmen bisher nicht daran denken, vom traditionellen Prinzip des Fließbandes und erfolgreich praktizierter High-Speed-Fertigungsphilosophie auch nur einen Deut abzugehen." Dankbaar, Jürgens und Malsch (Anm. 9), S. 60 f.

innerbetrieblich nur mühsam durch neue Integrationskonzepte überspielt werden kann, umschrieb Adorno mit den lapidaren Worten: „Weil jeder weiß, daß er nach dem Stand der Technik überflüssig wäre, solange um der Produktion willen produziert wird, empfindet jeder seinen Erwerb als verkappte Arbeitslosenunterstützung..."[15]. Und Anders radikalisiert erneut:

„... wenn wir uns auf jene wenigen Begünstigten beschränken, die ... einen Automationsplatz effektiv einnehmen werden ...(:) *Auch diese 'Glücklichen' werden zur Arbeitslosigkeit verurteilt sein,* bzw. sind das schon. Das klingt absurd, ist es aber deshalb nicht, weil die *Arbeitslosigkeit,* von der hier die Rede ist, eine ganz neuartige ist: sie ist nämlich eine, *deren Dauer sich mit der Dauer des Arbeitens deckt;* oder sagen wir ruhig, *die sich mit der Arbeit deckt.* ... In der Tat hat es in der Geschichte der menschlichen Aktivitäten seit dem uralten Hirtenberuf keine gegeben, die sich ... von der 'verfluchten Arbeit' (I Mose 4) so fundamental unterschieden hätte wie die Situation des Automationsarbeiters." (S. 94 f.)

Der „Automationshirte" in der Arbeit, das elektronische Sehen nach der Arbeit, dieses Doppelphänomen läßt Anders vermuten, daß das Wort „Arbeit" morgen vielleicht schon ebenso altertümlich klingen wird wie die Vokabeln „Klassenbewußtsein" und Genosse, ja selbst der Begriff des „Arbeiters" bereits heute.

4.

Marx hat einmal bemerkt, daß Generale ihre Kriege gewinnen, indem sie Armeen rekrutieren, während Industriekapitäne im Konkurrenzkampf siegen, indem sie Armeen entlassen. In der Tat ist die notwendige und gewünschte Folge der betrieblichen Rationalisierung eine Verringerung der Nachfrage nach Arbeit. Die Steigerung der Arbeitsproduktivität durch die ständige technische Vervollkommnung der Produktion muß zwangsläufig die Tendenz zur Arbeitslosigkeit erzeugen.

Anders' Arbeitstheorie ist ganz auf diesen einen Punkt der „Freisetzung" von Arbeit, der Arbeitslosigkeit, der Nichtarbeit konzentriert, auf den tendenziellen Rückgang der Arbeit gegen Zero:

„... durch den unaufhaltsamen Aufstieg der Technik: durch die unaufhaltsame Vervollkommnung der Rationalisierung und der Automatisierung (geht) die Zahl der jeweils für eine Leistung L benötigten Arbeiter kontinuierlich zurück... *Das Postulat der Vollbeschäftigung wird also um so weniger erfüllbar sein, je höher der technologische Status einer Gesellschaft ist."* (S. 99)

Aber Anders' Theorie hat eine blinde Stelle: Sie stimmt mit der historischen Wirklichkeit nicht überein. Die Daten der Sozialstatistik zeigen keine Schrumpfung, sondern eine kontinuierliche Zunahme der „Erwerbspersonen", und dieser Trend trifft selbst auf die technologisch avanciertesten Länder zu.

15 Theodor W. Adorno: Jargon der Eigentlichkeit, Frankfurt a.M. 1964, S. 32.

Beispiel – die Bundesrepublik Deutschland (siehe Tab. 1): Die Zahl der Personen in Arbeit und Brot lag im Jahr 1950 bei *22 Mio.*, 1960 bei *26,6 Mio.*, 1970 bei *26,8 Mio.* und im Jahr 1980 bei mehr als *27 Mio;* im vergangenen Sommer 1990 schrieb die Süddeutsche Zeitung über die neueste Entwicklung: „Die Zahl der Erwerbstätigen in der Bundesrepublik hat im Juni mit 28,4 Millionen einen Rekord erreicht. Wie das Bundeswirtschaftsministerium in Bonn mitteilte, haben niemals zuvor in der Geschichte der Bundesrepublik so viele Männer und Frauen einen Arbeitsplatz gehabt." (SZ, 8. Aug. 1990).

Ähnlich in den USA: Die sozialstatistischen Angaben reichen hier bis zur ersten Berufszählung im Jahr 1820 zurück. Grob gesprochen zeigt die Entwicklung, daß die Anzahl der nicht in der Landwirtschaft beschäftigten Arbeitnehmer sich mehrfach vervielfältigte. Sie stieg von 1 Mio. im Jahr 1830 auf 18 Mio. im Jahr 1900, betrug ca. 30 Mio. im Jahr 1930, 45 Mio. im Jahr 1945 und liegt im Jahr 1970 bei 70,6 Mio. (siehe Tab. 2).

Wie erklärt sich diese Diskrepanz von Theorie und Realität? Neben der Tendenz zur Arbeitslosigkeit existiert eine mächtige sozialökonomische Gegenbewegung, die Anders nicht sieht: die konstante Zunahme der bezahlten Arbeit, das Eindringen der Erwerbstätigkeit in immer neue Aktivitätsbereiche. Im Rahmen der allgemeinen industriellen Mobilmachung wird nicht nur Arbeit *reduziert* (im Sinne von mechanisiert und rationalisiert), sondern zu allererst *produziert*. Noch nie wurde auf Erden so viel gearbeitet wie im zwanzigsten Jahrhundert. Die Produktion von Arbeit nicht trotz der, sondern durch die Kapitalisierung und Mechanisierung läßt sich am Beispiel des Transportwesens leicht studieren: Hier ist die Erleichterung, Rationalisierung und Reduktion der 'Bewegungsarbeit' – der Übergang vom Fußgänger und vom Pferd zum mechanisierten Fahrzeug – an sich offensichtlich. Aber was heißt 'an sich'? In solchen abstrakten Aussagen fehlt der Bezug zur Realität, sie sind 'Grundsatzphilosophie' im schlechten Sinne. Der Bau von Schienensträngen, Bahnhöfen, Flughäfen, Straßen aller Art, Oberleitungen und Unterführungen, die Herstellung von Kraftfahrzeugen, Fluggeräten, Zügen, deren Verwaltung, Bedienung und technische Wartung, dazu soziale Errungenschaften wie Verkehrsrecht, Reisebüros, Katastrophenschutz, Verkehrspolizei – all das darf in einer Kalkulation der mechanisierten 'Bewegungsarbeit' nicht fehlen. Eine überschlägige Berechnung der geleisteten Arbeitsstunden pro Kilometer ließ den phantasievollen Ivan Illich zu der Erkenntnis kommen, daß die gegenwärtige Durchschnittsgeschwindigkeit eines Kraftfahrzeuges in den USA einem vortechnischen Schneckentempo entspreche:

„Der typische amerikanische arbeitende Mann wendet 1600 Stunden (im Jahr) auf, um sich 7500 Meilen fortzubewegen: das sind weniger als fünf Meilen pro Stunde."[16]

16 Die aufschlußreiche Studie von Illich verdient es, ausführlich zitiert zu werden: „Der typische amerikanische Mann widmet seinem Auto mehr als 1600 Stunden im Jahr. Er sitzt darin, während es fährt und während es stillsteht. Er parkt es und sucht es wieder auf. Er verdient das Geld, um dafür eine Anzahlung zu leisten und die monatlichen Raten zu bezahlen. Er verbringt vier seiner sechzehn wachen Stunden auf der Straße

Tabelle 1: Entwicklung der Erwerbstätigkeit in der Bundesrepublik

Jahresdurchschnitt	Erwerbspersonen			Erwerbsquote			Arbeitslosenquote
	insg. in 1000	Zuwachs der Erwerbspersonen in v.H.	Anteil der Frauen in v.H.	insg. in v.H.	Erwerbsquote der Frauen in v.H.	Erwerbsquote der Männer in v.H.	in v.H.
1950	21.960		35	46	30	64	11,0
1951	22.330	+1,7	35	46	31	64	10,4
1952	22.685	+1,6	36	47	31	64	9,5
1953	23.075	+1,7	36	47	31	65	8,4
1954	23.620	+2,4	36	48	32	65	7,6
1955	24.165	+2,3	36	48	33	66	5,6
1956	24.595	+1,8	36	48	33	66	4,4
1957	25.006	+1,7	37	49	34	66	3,7
1958	25.213	+0,8	37	48	34	65	3,7
1959	25.264	+0,2	37	48	33	64	2,6
1960	26.518	+0,0	37	48	33	64	1,3
1961	26.772	+1,0	37	48	33	64	0,8
1962	26.845	+0,3	37	47	33	63	0,7
1963	26.930	+0,3	37	47	33	63	0,8
1964	26.922	–0,0	37	46	32	62	0,8
1965	27.034	+0,4	36	46	32	62	0,7
1966	26.962	–0,3	36	46	31	61	0,7
1967	26.409	-2,1	36	45	30	60	2,1
1968	26.291	–0,4	36	44	30	60	1,5
1969	26.535	+0,9	36	44	30	60	0,9
1970	26.817	+1,1	36	44	30	60	0,7
1971	27.002	+0,7	36	44	30	59	0,8
1972	26.990	–0,0	37	44	31	58	1,1
1973	27.195	+0,8	37	44	31	58	1,2
1974	27.147	–0,2	37	44	31	57	2,6
1975	26.884	-1,0	37	44	31	57	4,7
1976	26.651	–0,9	38	43	31	57	4,6
1977	26.577	–0,3	38	43	31	57	4,5
1978	26.692	+0,4	38	44	31	57	4,3
1979	26.923	+0,9	38	44	32	57	3,8
1980	27.217	+1,1	38	44	32	58	3,8
1981	27.416	+0,7	38	44	32	58	5,5
1982	27.542	+0,5	38	45	33	58	7,5

Quelle: Die Bundesrepublik Deutschland in Zahlen, 1945/49–1980, von Ralf Rytlewski und Manfred Opp de Hipt, München 1987, S. 78.

Tabelle 2: Nicht-landwirtschaftliche Arbeitnehmer in den USA, 1820–1970*

	Gesamtzahl in Tausenden	Arbeitnehmer in der Fertigungsindustrie, im Bauwesen und in anderen „güterproduzierenden" Industrien	
		Zahlen in Tausenden	Prozent
1820	810	369	45,6
1830	1.167	550	47,1
1840	1.702	828	48,6
1850	2.732	1.375	50,3
1860	4.244	2.153	50,7
1870	6.023	2.979	49,5
1880	8.885	4.539	51,1
1890	13.549	6.549	48,3
1900	18.374	8.641	47,0
1910	25.750	11.836	46,0
1920	30.931	14.179	45,8
1870	6.075	2.890	47,6
1880	8.807	4.237	48,1
1890	13.380	6.155	46,0
1900	18.161	8.103	44,6
1910	25.779	11.864	46,0
1920	30.985	14.221	45,9
1930	38.358	15.345	40,0
1920	27.350	12.745	46,6
1930	29.424	11.943	40,6
1940	32.376	13.204	40,8
1950	45.222	18.475	40,9
1960	54.234	20.393	37,6
1970	70.616	23.336	33,0

* Diese Tabelle ist in drei Teile gegliedert, da es keine einzige durchgehende Reihe gibt, die die gesamten 150 Jahre seit der ersten Berufszählung umfaßt. Auch ist es nicht möglich, die drei Reihen miteinander zu kombinieren, da jede von ihnen auf etwas unterschiedlichen Grundlagen aufgebaut wurde. Die ersten beiden Abschnitte der Tabelle (von P.K. Whelpton 1926 bzw. Alba Edwards 1943) sind Versuche, Erhebungsdaten zu rekonstruieren. Der letzte Teil ist den Zahlen aus den monatlichen Lohnübersichten des Amtes für Arbeitsstatistik entnommen. Trotz des Fehlens einer durchgängigen, auf einer einheitlichen Gruppe von Prinzipien aufgebauten Reihe für die gesamte Periode und ungeachtet der Unzuverlässigkeit der frühen Beschäftigungsstatistiken sind die Trends klar, sowohl in bezug auf die Zahlen als auch in bezug auf die Prozentsätze.

Quelle: Die Tabelle ist entnommen aus Harry Bravermans wundervollem Buch: Die Arbeit im modernen Produktionsprozeß, 1974, deutsch Frankfurt a.M./New York 1977, S. 183. Die von Braverman benutzten Quellen sind P.K. Whelpton: „Occupational Groups in the United States, 1820–1920", in *Journal of the American Statistical Association* (September 1926), 335; Alba M. Edwards: Sixteenth Census Reports. *Comparative Occupation Statistics for the United States, 1870–1940.* Washington 1943, Kap. XIII; U.S. Bureau of Labor Statistics: *Handbook of Labor Statistics 1972.* Bulletin 1735. Washington 1972, 89.

Aber das ist nicht alles. Denn erst die mechanische Bewegung hat das Transportwesen zu einem riesigen Industriezweig gemacht, in dem ein großer Anteil der sogenannten „Erwerbsbevölkerung" arbeitet. Allein von der Automobilindustrie, so heißt es, sei heute jeder siebte Arbeitsplatz abhängig.

Allgemeiner formuliert: Arbeit wurde zum Menschenschicksal erst im Zuge ihrer Kapitalisierung und Mechanisierung, Menschen wurden „Berufsmenschen", wie Max Weber sagte. Jede bildliche Darstellung aus vorindustriellen Verhältnissen zeigt, daß „die Arbeit" mit der Industrialisierung erst richtig anfing – und daß es falsch ist, von einem konstanten Grundquantum an Arbeit auszugehen, das durch zunehmende Rationalisierung kontinuierlich abnehmen werde, bis es endlich gegen Zero geht. Anders' Vorstellung von einer kontinuierlichen Reduktion „der" Arbeit durch technisches Virtuosentum und Ingenieurkunst lebt ihrerseits vom Mythos der Maschine. Die Sozialgeschichte der Neuzeit ist ein empirischer Beleg gegen diesen umgekehrten Technikglauben.

Dies bildet auch den Hintergrund für das scheinbar erstaunliche Faktum, daß kein ernsthafter Ökonom Günther Anders' Arbeitsperspektive teilt. Auf die Frage „warum gibt es Massenarbeitslosigkeit?" (der in der Zeitschrift *Leviathan* eine lange Debatte gewidmet war[17]) antwortet kein Ökonom unmittelbar mit dem Faktum der Rationalisierung, obwohl deren sogenannte 'Freisetzungseffekte' natürlich bekannt und seit Adam Smith auch erwünscht sind und gegenwärtig laufend in der Bundesanstalt für Arbeit erforscht werden. Vielmehr sprechen die Ökonomen von „Basisinnovationen" oder „Basistechnologien", deren Effekte sowohl die Rationalisierung als auch die Erschließung neuer Tätigkeitsfelder betreffen (Beispiel wiederum die Eisenbahn), und machen damit zumindest indirekt deutlich, daß das Versprechen wie auch die Drohung vom Ende der Arbeit gar nicht unmittelbar an die Maschine gekoppelt sind. Vielmehr geht es um den sozialhistorischen Prozeß der kapitalistischen Mobilmachung der Arbeit in den beiden Varianten der Lohnarbeit *und* der Arbeitslosigkeit – um den „säkularen Anstieg des ausbeutbaren Arbeitsvolumens",[18] indem immer neue traditionell

Forts. Fußnote 16
oder damit, die Mittel für den Betrieb des Autos zu beschaffen. Diese Zahl beinhaltet nicht einmal die Zeit, die für andere, durch den Transport diktierte Aktivitäten draufgeht: die Zeit, die man im Krankenhaus, vor dem Verkehrsrichter oder in der Werkstatt zubringt; die Zeit, die man damit verbringt, die Automobilreklame zu studieren oder sich beraten zu lassen, um das nächstemal einen besseren Kauf zu tätigen. ... Aber noch aufschlußreicher ist der Zeitraub durch den Verkehr: Der typische amerikanische Mann...", weiter siehe oben; in Ivan Illich: Die sogenannte Energiekrise, Reinbek bei Hamburg 1974, S. 26 f.

17 Beginnend mit Winfried Vogts Aufsatz mit dem nämlichen Titel „warum gibt es Massenarbeitslosigkeit?", in: Leviathan, Zeitschrift für Sozialwissenschaft, Heft 3/1983; es folgten Aufsätze von R. Hickel, E. Altvater, K.G. Zinn, M. Schmidt, M. Krüger und F. Scharpf, siehe die Hefte 4/1983, 1/1984, 2/1984, 3/1984 und 1/1985.

18 So Rudi Schmiede in dem außerordentlich informativen Aufsatz: Rationalisierung und reelle Subsumtion, in: Leviathan, Zeitschrift für Sozialwissenschaft, 8. Jg., Heft 4/1980, S. 489. Vom selben Autor siehe auch: Abstrakte Arbeit und Automation, in: Leviathan, Heft 1/1983, S. 55 f.

selbständige oder halbselbständige Tätigkeiten in sogenannte 'Erwerbsarbeit' übersetzt werden, wie es gegenwärtig in Europa noch bei der Frauenarbeit zu beobachten ist.

Polanyi hat in diesem Kontext von der „großen Transformation" gesprochen, von der flächendeckenden Umwandlung des gesamten gesellschaftlichen Lebens in eine marktförmige Organisation, die sich in den letzten Jahrhunderten von Europa aus weltweit ausgebreitet hat. Sie beraubte die Menschen nicht nur formell, sondern faktisch ihrer Subsistenzmittel, hob ihre partielle ökonomische Selbständigkeit auf und machte sie als Arbeiter und Konsumenten vom Markt für Waren und Menschen abhängig. Diese Transformation dauert bis heute an; aber die Begriffe zu ihrer Beschreibung sind mehr und mehr abhanden gekommen, seit die Lohnarbeit als Selbstverständlichkeit akzeptiert ist (wissenschaftlich als Basiskategorie, politisch als Wunsch). Um das Ausmaß und die Geschwindigkeit dieses Prozesses deutlich zu machen, zitiere ich ausführlich aus einer Studie mit dem Titel „Women and Work in America" von Robert W. Smuts, die die Verhältnisse in den USA beschreibt, wie sie noch um die Jahrhundertwende üblich waren. Smuts schreibt über die Industrieregion um Pitsburg:

„Mit Ausnahme der dichtgedrängten Wohndistrikte der großen Städte – die einen kleinen Bruchteil der gesamten Stadtbevölkerung beherbergten – produzierten die Bewohner der kleinen und größeren Städte häufig einen Teil ihrer Nahrungsmittel selbst. Besonders in den Kohle- und Stahlgebieten sah das Gelände um die Stadt- und Vorstadthäuser herum manchmal ungefähr so aus wie der Platz vor einer Farm auf dem Lande. Viele Familien hielten Hühner oder Kaninchen, gelegentlich Schweine oder Ziegen und sogar eine Kuh oder zwei, und bauten Gemüse und Obst in ihren eigenen Gärten an. Eine 1890 durchgeführte Untersuchung von 2500 Familien, die in den wichtigsten Kohle-, Eisen- und Stahlgebieten lebten, läßt darauf schließen, daß ungefähr die Hälfte von ihnen entweder Vieh, Geflügel oder Gemüsegärten oder alles zusammen besaß. Fast 30 Prozent kauften während des Jahres kein Gemüse außer Kartoffeln... Während des Streiks des Jahres 1902 hätten Hunderte von Bergarbeiterfamilien den Kampf nicht durchhalten können, hätten sie nicht die kleinen Farmen oder großen Gärten gehabt..."[19]

Die anschließende Schilderung gilt der Region des Weltzentrums New York:

„Obwohl nur wenige Meilen vom Zentrum der größten Metropole im Land entfernt, waren Queens County und ein Großteil von Brooklyn im Jahre 1890 immer noch halb ländlich, und viele Familien waren ebenso von der Kleinlandwirtschaft wie von den Beschäftigungen der männlichen Familienangehörigen in Industrie oder Handel abhängig. Nördlich von dem, was heute Innenstadt ist, war Manhattan selbst eher eine ländliche Idylle als eine Stadtsiedlung, und selbst bis hinunter zu dem, was heute die Zweiundvierzigste Straße ist, sah man häufig Schweine und Ziegen entlang des East River. ... Von 7000 Arbeiterfamilien, die zwischen 1889 und 1892 vom US-Arbeitsministerium untersucht wurden, kaufte weniger als die Hälfte Brot, fast alle kauften riesige Mengen Mehl. Kein achtbares Haus im Jahr 1890 war ohne eine vielgebrauchte Nähmaschine – einen der ersten Artikel, der weit und breit auf Teilzahlung verkauft wurde." (ebda.)

19 Robert W. Smuts: Women and Work in America, 1959, Taschenbuchausg., New York 1971, S. 11 ff.

Erst hundert Jahre sind seither vergangen... Robert Smuts schildert ein kapitalistisches Stadium, in dem die Erzeugung der Nahrungsmittel noch weitgehend in die Zuständigkeit der Farmerfamilien und Haushalte fällt. Die Warenform hat sich der Ernährung noch nicht bemächtigt, die Rolle des Industriekapitals in diesem Sektor ist minimal. Und wie mit der Nahrung, so mit der Kleidung, mit Haushaltsartikeln, Unterkunft und sonstigen Gebrauchsgegenständen. Doch der Bereich der Warenproduktion hat sich bekanntlich rasch und gründlich ausgeweitet, und das bedeutet in unserem Kontext: Der Umfang der dem Kapital unterworfenen Tätigkeiten, das Quantum an lohnabhängiger, ausbeutbarer Arbeitskraft, ist nicht geringer geworden, sondern stieg laufend an – trotz der technisch induzierten Arbeitslosigkeit, die Anders zutreffend beschreibt.[20]

Wie sieht Anders die beschriebene Entwicklung? Er sieht sie sozusagen gar nicht. Begriffe wie Kapital, Lohnarbeit oder Zirkulation kommen bei ihm nur am Rande vor. Vermutlich ist es die Konzentration seiner Aufmerksamkeit auf den praktischen Nihilismus im zivilen Alltag und im Krieg, die seine Theorie der *Arbeit* zu einer Theorie einer Welt *ohne* Arbeit macht. Denn viel schärfer als andere sieht er die Nähe von industrieller Produktion und Destruktion. Der erste Band des Hauptwerkes der „Antiquiertheit des Menschen" erschien 1956, als es noch keinerlei ökologische Bewegung gab;[21] er trug den Untertitel „über die Seele im Zeitalter der zweiten industriellen Revolution", als die kritische Intelligenz noch der Meinung war, die Technik könne der „Seele" nur guttun bzw. es gebe überhaupt kein solches Organ. Anders verfolgte den Nihilismus ebenso in der Arbeit selbst, ihre intellektuelle und körperliche Entwertung bis hin zur Knopfdrucktätigkeit im automatisierten Betrieb. Er folgte dem Arbeiter nach Haus und analysierte die fast exotische Passivität der Tätigkeit des Fernsehens. Sein Aufsatz über „die Welt als Phantom und Matrize" präsentiert nicht nur die erste, sondern immer noch die beste Medienkritik, die je dem „Eremiten im Wohnzimmer" gewidmet wurde (bemerkenswerterweise noch ganz am Anfang des Fernsehzeitalters geschrieben[22]). Aber seine größte Leistung ist es, daß er in der Welt der Apparate und Maschinen eine Logik sichtbar macht, die ohne Subjekt ist und nur auf Abbruch existiert, da sie beim Stand des zivilen und militärischen Destruktionspotentials schon morgen ihr Ende finden kann. Es ist zu vermuten, daß es die einseitige Konzentration auf die Technik und ihre Vernichtungskraft ist, der wir diese bitteren und partiell tabuisierten Erkenntnisse verdanken.

Aber die Tatsache bleibt zu konstatieren: Günther Anders' Blick ist überdeterminiert auf 'die' Technik konzentriert, wie der Blick des Ingenieurs. Wie der

20 Bei Braverman heißt es: „Diese ungeheure Zunahme der 'absoluten Größe des Proletariats' war von einer ebenso ungeheuren Zunahme der industriellen Reservearmee begleitet." Siehe Harry Braverman: Die Arbeit im modernen Produktionsprozeß, 1974, deutsch Frankfurt a.M./New York 1977, S. 296.

21 „Ami, Ami go home / Spalte für den Frieden Dein Atom" lautete der Refrain eines Protestliedes in der Adenauer- und Eisenhowerzeit – eine heute undenkbare Vorstellung.

22 Im ersten Band der Antiquiertheit des Menschen (s. Anm. 3).

Ingenieur nach den mechanischen Effekten der Maschine fragt, so Anders nach ihren sozialen Effekten, ohne zu bedenken, daß das maschinelle Arrangement selbst ein soziales Produkt ist. Er übersieht, daß die Technifizierung der Gesellschaft und der sozialökonomische Vorgang ihrer Umformung in einen Markt für Arbeit und Waren ein und derselbe Vorgang sind.

Exkurs: Ein Nebeneinwand gilt nicht Anders' Theorie der Arbeit, sondern einer zweiten 'produktiven Einseitigkeit' in seiner Argumentation: er gilt seiner negativen Anthropologie.

Vermutlich ist es das Ausgehen von einem alteuropäischen faustischen Menschheitsideal, das Anders die industrielle „Zerstörung der Humanität und die mögliche physische Selbstauslöschung der Menschheit" (S. 11) so bitter und klar wahrnehmen läßt, wie sie es wahrlich verdient. Er blickt auf die neue technische Welt ähnlich skeptisch und scharfsinnig wie einst Tocqueville auf Amerika, und dieser quasi 'geistesaristokratische Ausgangspunkt' ist so schlecht nicht. Er läßt Verluste erkennen, wo andere schieren Fortschritt sehen, er macht sensibel für die Dialektik in der Aufklärung, die den Arbeitern, zur Hoffnung verdammt, viel zu lange verborgen geblieben ist. Wer nichts hat, hat nichts zu verlieren, und noch heute erleben wir in der Sozialdemokratie, wie fast jede technische Neuerung als 'Errungenschaft' verbucht wird. Es ist gewiß kein Zufall, daß die wichtigsten Technikforscher der Linken, Marcuse und Anders, von Heidegger – und sei's kritisch – beeinflußt sind.

Aber Anders' Perspektive hat einen Preis: In seiner Theorie ist kaum Platz für das, was man die 'natürliche Schlauheit des Menschengeschlechts' nennen könnte, die Fähigkeit, sich durchzuwursteln, die italienische Begabung, noch neben dem E-Werk eine romantische Pizzeria zu betreiben, und vor allem die Fähigkeit und erwiesene Möglichkeit, dem technischen Arrangement ein hohes Maß an Lust abzugewinnen. Vieles spricht dafür, daß Anders' negative Beobachtungen zutreffen, daß die Befriedigungen an Apparaten und Automaten Ersatzbefriedigungen sind, daß das passive Erleben elektronischer Abenteuer am Bildschirm in dem Maße zur Freude wird, wie das Abenteuer aus dem realen Leben verschwindet.

Aber wo hört die Lust auf, wo fängt die Ersatzlust an? Hier tut sich ein reiches Forschungsfeld auf, das die Freude an der mechanisierten Bewegung (Automobil) ebenso erklären müßte wie die abgründigen Abenteuer im Umgang mit dem 'PC', die die junge Generation erlebt, wie sie glaubwürdig versichert. Und das bedeutet, daß eine negative Anthropologie, eine Dekadenztheorie der menschlichen Anlagen, ganz unergiebig wird, wenn sie sich nicht auf die Phänomene einläßt und nur strenge Urteile aus dem Dornbusch hervorschleudert. Anders über die moderne Freizeitfaszination:

„Wenn wir unsere Ferien mit ... Windsurfing verbringen, so tun wir das allein deshalb, weil wir unter dem Zwang der auf den Markt geworfenen Objekte stehen... Als ... Windsurfing-Feriengäste sind wir Angestellte der Fabrikanten ..." (S. 104)

Man darf zuversichtlich sein: Die Lust an der uralten Fortbewegung auf dem Wasser mittels Wind und Tuch ist viel zu groß, als daß die Drohung mit ewiger philosophischer Verdammnis den Segler aus der Fassung bringen könnte. Und er hat gute Gründe für seine Neigung, erlauben ihm doch Körpergeschick und eine subtile Technik, pfeilschnell, geräuschlos und ohne Abgase über das Wasser zu schreiten wie weiland ein großes biblisches Vorbild vor zweitausend Jahren. Ich weiß das.

Doch abgesehen von der Verdammnis: Man muß die Leidenschaft des Freizeitkünstlers ernst nehmen und empirisch zu erklären versuchen, statt mit einer zeitlosen Dekadenztheorie gegen sie aufzuwarten. Wenn nach Marx' Einsicht das menschliche Wesen „das

Ensemble der gesellschaftlichen Verhältnisse ist",[23] dann gilt es, dieses Wesen immer neu zu betrachten und die Anthropologie – auch die negative – selbst zu einer historischen Disziplin zu machen. Ebenso notwendig ist es, die einzelnen Phänomene der Technik detailliert zu studieren und dafür zu sorgen, daß nicht das Kraftwerk und das Surfbrett unter die gleiche Kategorie fallen. Sonst rücken bittere Einsicht und saure Askese viel zu eng aneinander, eine Verwandtschaft, die die kritische Philosophie unbedingt vermeiden muß.

Ich fasse zusammen – zurück zur Arbeit: Die kapitalistische Entwicklung produziert nicht ein Paradies ohne Arbeit, das gleichsam nur falsch organisiert ist (Arbeitslosigkeit), vielmehr stellt sie wie nie zuvor in der Menschheitsgeschichte die Arbeit ins Zentrum des gesellschaftlichen Lebens und produziert beides, Erwerbsarbeit *und* Arbeitslosigkeit. Dieser Prozeß, der immer neue Arbeitermassen hervorbringt, ist vorläufig ohne Ende. Heute vollzieht er sich, wie angedeutet, vor unseren Augen besonders sichtbar in der Frauenarbeit – in der Umwandlung von sogenannten „sozialen Tätigkeiten", die bislang noch nicht als zweckrationale Arbeit organisiert waren, in bezahl- und berechenbare Lohnarbeit. Die Warenform universalisiert sich erneut, im Prinzip macht die Auflösung der „moralischen Ökonomie" jede Tätigkeit zur berufsfähigen Leistung, bis hin zur Leihmutter und ihrer harmlosen Vorform, dem Babysitter. Wenn es in John Lockes berühmter Definition der Lohnarbeit heißt: „Ein freier Mensch macht sich dadurch zum Knecht eines anderen, wenn er ihm gegen Lohn ... seine Dienste verkauft ...",[24] dann ist es das Charakteristikum dieser Entwicklung, immer mehr Knechte zu produzieren.

23 Karl Marx: Thesen über Feuerbach, in: Marx-Engels-Werke, Bd. 3, Berlin 1962, S. 6.
24 John Locke: Zwei Abhandlungen über die Regierung, 1690, deutsch Frankfurt a.M. 1967, S. 255.

Hartmut Häußermann

Stadtplanung: Machtkampf, Kunst oder Fachdisziplin?

zugleich eine Rezension von:

Werner Durth / Niels Gutschow: Träume in Trümmern, Planungen zum Wiederaufbau zerstörter Städte im Westen Deutschlands 1940–1950, 2 Bände, Friedr. Vieweg & Sohn Braunschweig/Wiesbaden, 1988, DM 298,–
Stefan Fisch: Stadtplanung im 19. Jahrhundert, Das Beispiel München bis zur Ära Theodor Fischer, Oldenbourg Verlag München, 1988, 329 S.
Donald J. Olsen: Die Stadt als Kunstwerk. London, Paris, Wien, Campus Verlag Frankfurt/Main 1988, 318 S., DM 98,–
Soziale Räume in der Urbanisierung, Studien zur Geschichte Münchens im Vergleich, 1850–1933, herausgegeben von Wolfgang Hardtwig und Klaus Tenfelde, Oldenbourg Verlag München, 1990, 291 S., DM 98,–
Johannes Willms, Paris. Hauptstadt Europas 1789–1914. Verlag C.H. Beck München, 1988, 563 S., DM 48,–

1. Die grellen Farben der modischen Sportanzüge kommen so richtig zur Geltung, wenn im Sonnenlicht des Spätsommers die Tennis-Amateure ihre Bälle gegen die weißgraue Granitwand schlagen. Kinder haben auf der Fläche davor genug Platz, um auf Fahrrädern und Skateboards zu wetteifern. Karussellmusik weht vom Volksfest herüber, das wie jedes Jahr auf der anderen Seite des Riesenbaus stattfindet.

Die friedliche Szenerie bietet sich dar auf dem Gelände, das die NSDAP für ihre Reichsparteitagsorgien in Nürnberg hergerichtet hatte. An der Rückwand der Zeppelintribüne, von der aus die NS-Führung den Aufmarsch der uniformierten Kolonnen verfolgte, wird heute Tennis trainiert. Die Tribüne ist lückenlos eingefaßt mit Leitplanken, symbolisch exterritorialisiert, aber dennoch zugänglich. Im Innern wird die Ausstellung „Faszination und Gewalt" gezeigt, die über die Methoden faschistischer Propaganda aufklären soll. Viele amerikanische Reisegruppen verfolgen die Videos.

Nürnberg ist die einzige Stadt, die mit monumentalen Resten aus der NS-Zeit leben muß. Vor der 350 Meter langen Tribüne liegt das Zeppelinfeld, eingefaßt durch weitere Steintribünen, auf denen Gras wächst. Das riesige Feld wird von amerikanischem Militär zu Sportveranstaltungen genutzt, auf den gigantischen Aufmarschstraßen finden ab und zu Autorennen statt. Hinter einem See steht der Torso des „Kongreßbaus", in dem sich 50.000 Menschen zu Parteiveranstaltungen hätten versammeln können, wenn er vollendet worden wäre. Aus der Ferne ähneln seine Umrisse der Ruine des römischen Colosseums; Nürnberger Firmen nutzen die fertig gewordenen Teile als Lagerstätten.

Bei der Touristeninformation am Nürnberger Marktplatz werden dem Fremden viele schöne Prospekte angeboten, die Dürerhaus, Burg, Industriemuseum usw. vorstellen, ein Hinweis auf das Reichsparteitagsgelände findet sich dabei nicht. Erst auf Nachfrage wird der Sonderprospekt gereicht. Der erste Satz des Vorworts lautet: „Nürnberg ist auf eine besondere Art und Weise mit dem Nationalsozialismus verknüpft und deshalb bis heute mit Makel behaftet". In dieser Stadt wurden vom Reichsparteitag 1935 die „Nürnberger Rassegesetze" in die Welt gesetzt, der legitimistische Beginn grauenhafter Verbrechen, und in dieser am Ende des Krieges fast vollkommen zerstörten Stadt wurde 1946 von dem Internationalen Militärtribunal der Alliierten den NS-Führern der Prozeß gemacht.

Wie soll eine Stadt mit den „Worten aus Stein" umgehen? Museum, Gedenkstätte, oder sollten sie beseitigt werden? In Nürnberg hat man sich nicht eindeutig entschieden: zum Teil sind Bauten beseitigt worden zugunsten von Parkflächen, zum Teil werden sie heute genutzt wie jedes andere Bauwerk, z.B. das Stadion, in dem der 1. FC Nürnberg seine Heimspiele veranstaltet; zum Teil werden sie für alltägliche Zwecke genutzt, wie der Kongreßbau; zum Teil stehen sie einfach da und sind dem Verfall überlassen. Dieser Verfall ist langsam, die Erinnerungsstücke werden bleiben. Ein anderer Umgang ist kaum denkbar, obwohl sich die neue Kulturdezernentin jetzt mit Überlegungen zu „künstlerischer Bewältigung" befaßt. Nürnberg muß, weil die Nazis sich hier symbolträchtig selbst gefeiert haben, stellvertretend für andere Orte mit dem Unbewältigbaren umgehen. Die Reste zu beseitigen oder sie gar zu „gestalten", wären schlimme Alternativen zur gegenwärtigen Situation, die gleichzeitig Hilflosigkeit wie Integration in das heutige Leben ausdrückt.

Albert Speer, der Architekt dieser Anlagen, hat dem begeisterten Führer viele weitere Pläne für den Umbau von deutschen Städten dargelegt, in denen es von Achsen, Kuppelbauten, Aufmarschplätzen und Parteizentralen nur so wimmelt. Realisiert wurde davon wenig, die zerstörerische Wirkung der NS-Herrschaft kam schneller und war nachhaltiger. Außer in Nürnberg und Berlin muß man nationalsozialistische Bauwerke schon suchen, das Stadtbild prägen sie nirgends. Hat der Nationalsozialismus in unseren Städten keine Spuren hinterlassen? Die Zeit, in der überhaupt Neues gebaut wurde, war kurz, denn der größte Teil der ökonomischen Anstrengungen des 12-jährigen Reichs war auf Kriegsvorbereitungen gerichtet. Viele Bauwerke aus dieser Zeit sind außerdem im Bombenkrieg zerstört worden. Die NS-Zeit war, was ihren Einfluß auf die städtischen Strukturen insgesamt angeht, vor allem eine Zeit des Ideologisierens, des Planens und Projektierens.

Neu gegründet und gebaut wurden die Städte Wolfsburg und Salzgitter im Rahmen des Aufbaus eines schwerindustriellen Komplexes im Braunschweiger Raum. Diese Neugründungen sind allerdings von städtebaulichen Leitbildern geprägt, denen heute ihre nationalsozialistischen Entstehungsbedingungen nicht mehr ohne weiteres anzusehen sind. Wie ist das zu erklären?

In dem voluminösen, zweibändigen Werk „Träume in Trümmern" haben Werner Durth und Niels Gutschow eine Dokumentation zu den stadtplanerischen Vorstellungen vor und nach 1945 zusammengestellt, die überzeugend die These belegt, daß die städtebaulichen Vorstellungen, die in der Bundesrepublik bis etwa 1970 realisiert wurden, ausnahmslos schon vor 1945 entwickelt worden waren. Die konzeptionelle und personelle Kontinuität in den Spitzenpositionen der Stadtplanung von der Weimarer Republik bis zum Massenwohnungsbau der ersten beiden Jahrzehnte in der Bundesrepublik ist in der Tat verblüffend. Die „biographischen Verflechtungen" hatte Werner Durth schon in seinem 1986 erschienenen Buch über „Deutsche Architekten" nachgezeichnet, in der Dokumentation „Träume in Trümmern" können nun auch die konzeptionellen Verflechtungen nachvollzogen werden. Durth/Gutschow dokumentieren die Kontinuität von städtebaulichen Leitbildern von 1940 bis 1960, sie schildern mit offensichtlicher Empörung, wie dieselben Macher im Nationalsozialismus und in der Bundesrepublik nach 1945 Karriere machten, aber sie bieten dafür letztlich keine schlüssige Erklärung. Wurde in der Bundesrepublik einfach die in der Nazi-Zeit vorbereitete Planung realisiert? Gab es gar keine spezifische NS-Stadtplanung? Gibt es keine Alternativen zu den von den Experten vertretenen Konzepten? Zwei andere zufällig im selben Jahr erschienenen Bücher, das von Johannes Willms über Paris und das von Stefan Fisch über München, die beide die Entstehungsgeschichte moderner Stadtplanung behandeln, können behilflich sein, dies besser zu verstehen.

Unumstrittener Bezugspunkt einer „guten" Tradition für aufgeklärte und sozial engagierte Architekten und Städtebauer ist bis heute das Neue Bauen, jene Architektur- und Städtebauschule, die als Kristallisationskern der „Moderne" gilt. Ihre Siedlungsbauten und die ästhetische Qualität ihrer Architektur wurden und werden in vielen Ausstellungen als Vorbilder weitergereicht – auch wenn dieser Glorienschein unter dem Ansturm von z.T. postmoderner, z.T. anti-elitärer Kritik zu verblassen beginnt. Das Neue Bauen war der Linken lange Zeit sakrosankt, nicht nur, weil sich deren Vertreter selbst gerne als „sozialistisch" bezeichneten, sondern auch, weil damit überhaupt eine *soziale* Konzeption verbunden war – im Gegensatz zum Gerede von der „Stadtbaukunst", dem Camillo Sitte seit der Jahrhundertwende mit seinem Buch „Der Städtebau nach seinen künstlerischen Grundsätzen" die Stichworte geliefert hatte, und das im historisierenden „Heimatstil" seine Fortsetzung gefunden hatte.

Moderne und Heimattreue standen sich in der Weimarer Republik schroff als links uns rechts gegenüber – warum sind diese Fronten in der Bundesrepublik verschwunden? Auseinandersetzungen um städtebauliche Konzepte gab es nach 1950 in der Praxis für 20 Jahre nicht mehr: gegliedert, aufgelockert, autogerecht, das waren die Stichworte, an denen sich alles orientierte. Neues Bauen, Heimatstil und NS-Konzeption aufgehoben in einem universalistischen Leitbild?

Die Story gibt Rätsel auf. Die Verflechtungen der Biographien und Konzepte sind zunächst verwirrend, ihre Entschlüsselung ist ungemein lehrreich. Dazu werden wir im folgenden zwei Schritte gehen: zunächst soll die Entstehung städtebaulicher Konzepte aus der Entwicklung im 19. Jahrhundert geschildert werden, in der sich die Positionen der „Städtebaureform" gebildet haben, denn diese Linien wirken bis weit ins 20. Jahrhundert hinein; danach verfolgen wir Konfrontation und Verschmelzung von der Weimarer Republik bis zur Nachkriegszeit.

2. Das Ende des Absolutismus war das Ende großartiger Stadtkonzepte. Die absolute Macht hatte die Mittel, Städte aus einem Guß zu planen und manchmal auch zu realisieren, Versailles war das Vorbild für viele kleinere Imitationen in Deutschland. Karlsruhe, Mannheim und Ludwigsburg sind Beispiele. In allen diesen Fällen bildet die eigentliche Stadt nur den Vorhof für die Schloßanlage: ihr Grundriß ist auf den glanzvollen Blickpunkt gerichtet, im Idealfall schneiden sich die Perspektiven im Thronsaal des Schlosses. Festungssterne, Kulissenbauten und Achsen für Paraden und Blicke sind die hervorstechenden Merkmale – orientiert an den Idealstadtkonzepten der Renaissance.

Mit den bürgerlichen Revolutionen ist die Macht, die so etwas in Szene setzen konnte, dahin. Die Städte beginnen zu wuchern. Die alten Mauern fallen, die Festungsringe werden gesprengt, mit der Industrialisierung geht die Stadtentwicklung in die Hände des expandierenden Kapitals über. Stadtplanung wird Stadterweiterung, und diese ist vor allem Sache der Ingenieure. Von der Mitte bis zum Ende des 19. Jahrhunderts ist Stadtplanung in Deutschland identisch mit dem Bau von Straßen und Kanalisationsnetzen. Die Erweiterungsgebiete werden in der Regel nach dem geometrischen Rastersystem erschlossen, ganz entsprechend dem gestalterischen Vermögen von Tiefbauingenieuren.

Stadtplanung beschränkte sich insbesondere in der „Gründerzeit" auf Erschließungsplanung. Auf die Nutzung der privaten Grundstücke hatte die öffentliche Planung keinen Einfluß, die Intensität und die Art der Nutzung konnten ebensowenig vorgeschrieben werden wie die Fassadengestaltung. Gegen die so entstehende Stadt regten sich zwei Widerstände: zum einen die Kritik an den menschenunwürdigen Wohnungen, die für die „minderbemittelten Schichten" entstanden, zum anderen die Kritik an der Stadtstruktur. Damit waren sowohl funktionale Aspekte, vor allem das Verkehrsnetz, gemeint, wie auch ästhetische, also die „Langeweile" des geometrischen Stadtgrundrisses.

Beide Aspekte wurden als „öffentliche Interessen" formuliert, die gegen die privaten Interessen der Grundbesitzer zur Geltung gebracht werden sollten. Das Entstehen der bürgerlichen Gesellschaft mußte auf städtischer Ebene nachvollzogen werden, zwischen den Interessen des Privateigentums und der „Stadt insgesamt" mußte eine Balance gefunden werden. Die theoretische Begründung für den öffentlichen Eingriff, die die Stadtplanung und das Planungsrecht bis heute charakterisiert, besteht darin, daß sich planerische Festlegungen darauf zu beschränken haben, jenes Minimum an übergreifenden Regelungen zu treffen, das notwendig ist, damit das Privateigentum seine eigenen Interessen um so sicherer verfolgen kann. Während die Privateigentümer auf ihre Rechte aus der liberalen Theorie pochten, nach der sich das Optimum der Stadt aus der Summe der Individualinteressen ergeben sollte, wurde ihnen von Wohnungs- und Städtebaureformern entgegengehalten, daß auch ihre Interessen langfristig nur zu realisieren seien, wenn sie sich bestimmten Regeln unterwürfen, die aus „übergreifender Sicht" festgelegt würden.

Stefan Fisch hat den Prozeß der Herausbildung von Stadtplanung am Beispiel von München glänzend analysiert als das Kunststück, öffentliche Planungen auf privatem Grund zu realisieren. Die Situation war bis 1918 in allen deutschen Städten gleich: die Grundbesitzer beherrschten, institutionell abgesichert, die Stadtparlamente; auf der Ebene der Verwaltung bildete sich eine Gruppe von technisch geschulten Fachleuten heraus, die mit allen möglichen Tricks versuchten, Eingriffe in die private Verfügungsfreiheit des Grundeigentums durchzusetzen – was letztlich in dessen eigenem Interesse war, aber nur *gegen* die unmittelbaren Interessen der Bodenbesitzer und nur *mit* ihnen möglich war. Das Instrumentarium bestand aus zwei Argumentationslinien: Gesundheit und Schönheit.

Im 19. Jahrhundert wuchsen die Bevölkerungszahlen in den Städten als Folge der Landflucht rasch an. Die Zahl der Bewohner nahm erheblich schneller zu als die der Wohngelegenheiten. Eine enorme Erhöhung der Bevölkerungsdichte war die Folge, vorhandene Freiflächen innerhalb des Stadtgebiets wurden mit Manufakturen und Wohnhäusern überbaut. Weder Wasserleitungen noch Abwasserkanäle waren vorhanden, so daß die Straßen in Kloaken verwandelt wurden. Abwässer, Kot und Urin versickerten und kehrten über Bäche und Brunnen ins Trinkwasser zurück.

Cholera- und Typhus-Epidemien haben daher im Laufe des 19. Jahrhunderts alle europäischen Großstädte in gewissen Abständen heimgesucht, und die Todesspuren hatten auch vor den Wohnungstüren der besitzenden Schichten nicht Halt gemacht. Die furchtbaren Wirkungen dieser Seuche, die Johannes Willms in seinem Buch über Paris an verschiedenen Stellen ausführlich schildert, stellten die Überlebensfähigkeit der Großstädte insgesamt in Frage. In den Städten muß sich damals regelrecht eine Existenzangst ausgebreitet haben. In Bayern bedeutete beispielsweise die Redensart „nach München reisen" soviel wie sein Testament zu machen (Fisch 1988, S. 168). Diese Angst vor der Stadt wirkte sich in verschiedenen Richtungen aus: in der Flucht aus den Städten, was freilich nur den vermögenderen Schichten möglich war; in Großstadtfeindschaft überhaupt, die in den Gartenstadtkonzepten am Anfang des 20. Jahrhunderts rationalisiert wurde; und vor allem in der Hygiene-Bewegung, die Stadtentwicklung und Wohnungsbau bis heute grundlegend prägte. Die Großstadtfeindschaft um die Jahrhundertwende ist keineswegs nur eine ideologische Position der Agrarromantik, sondern ein bisher noch kaum analysiertes Gemisch aus Fortschrittskritik, Angst vor dem sozialen Chaos und Existenzangst.

Die Hygiene-Bewegung war für die Entwicklung stadtplanerischer Konzeptionen von enormer Bedeutung (vgl. dazu auch Rodenstein 1988). Sie hatte einen Trumpf in der Hand: Eingriffe in die private Verfügungsfreiheit über den Boden konnte sie legitimieren, ohne sie aus Partikularinteressen ableiten zu müssen. Sie konnte sozusagen aus der Todesangst auch der Grundbesitzer politische Durchsetzungskraft ziehen. Mit der Erfindung *wissenschaftlicher* Theorien über die Entstehung der Seuchen konnten Bauvorschriften begründet werden, die das Leben *aller* zu schützen versprachen. Die erste „wissenschaftliche", seit der Antike überlieferte Behauptung war die, daß die Ansteckung durch Miasmen erfolge, die mit verpesteter Luft eingeatmet würden. Der unglaubliche Gestank, der bis dahin in den Städten als normal akzeptiert bzw. ertragen worden war, wurde daher zu einem zentralen Problem der Stadtpolitik. In den größten Städten wurde mit dem Bau von Abwassersystemen (vor dem Bau von Wasserleitungen!) begonnen. Die wichtigste städtebauliche Konsequenz war aber die Forderung nach der „offenen Bauweise", also die Einführung von Abständen zwischen den einzelnen Gebäuden, die zugunsten einer maximalen Ausnutzung der Grundstücke vermieden worden war. Mit der Durchsetzung dieser Forderung wurde bis 1918 in den Städten experimentiert. Sie bedeutete unmittelbar eine niedrigere Bevölkerungsdichte und damit auch einen geringeren Ertrag bei Mietshäusern, daher war sie auch nicht umfassend durchzusetzen. Eine weiträumige Suburbanisierung war noch nicht möglich, da die Massenverkehrsmittel für den täglichen Transport der Arbeiter nicht vorhanden waren.

Die Miasmen-Theorie bildete auch die Grundlage für Forderungen nach minimalem Luftraum in Wohn- und Schlafräumen sowie nach einem Verbot von fensterlosen Räumen. Die Praxis, aus Mietwohnungen durch Überfüllung mehr Profit zu schlagen, wurde also *naturwissenschaftlich* kritisiert. Kontrolliert wurden entsprechende gesundheitspolizeiliche Vorschriften von Inspekteuren, die allerdings nicht die Besitzer zur Rechenschaft ziehen, sondern lediglich die Wohnung für unbewohnbar erklären konnten – was aber auch auf den Widerstand der Bewohner treffen mußte, die ja keine Alternative hatten. Gesundheitspolizeiliche Vorschriften schon bei der Baugenehmigung allgemein durchzusetzen war erst nach 1918 möglich, als die entsprechenden Mehrkosten im Massenwohnungsbau durch staatliche Subventionen aufgefangen wurden.

Mit der Entdeckung der Bakterien als Träger der Ansteckung (um 1880) wurde die Benutzung von verdorbenem Wasser als die wirkliche Gefahrenquelle erkannt. Dies hatte weitreichende Folgen, denn im letzten Drittel des 19. Jahrhunderts wurde dann in *allen* großen Städten mit dem Ausbau eines Wasser- und Kanalisationsnetzes begonnen, dessen Kosten über Steuern und höhere Mieten auf die gesamte Bevölkerung abgewälzt werden konnten. Der Aufbau eines Leitungsnetzes für die Zufuhr von trinkbarem Wasser und eines Kanalisationsnetzes für das Wegspülen der Abwässer und Exkremente war *die* zivilisatorische Leistung in der

Stadtentwicklung des 19. Jahrhunderts, die erst in der zweiten Hälfte des 20. Jahrhunderts auch auf Wohnorte in peripheren Gebieten ausgedehnt worden ist.

3. In der vorindustriellen Stadt hatte es keine strikte räumliche Segregation nach sozialen Schichten gegeben. Zwar gab es standesgemäße Rangordnungen und funktionale Gliederung, aber innerhalb der einzelnen Häuser wohnten Gesinde und Herrschaft zusammen. Mit der Landflucht seit dem Beginn des 19. Jahrhunderts und der Industrialisierung änderte sich dies, Betrieb und Wohnung differenzierten sich aus. Die zugewanderte Bevölkerung aus Armen und Proletariat war von Seuchen und Krankheiten stärker betroffen als die besitzenden Schichten. In vielen Untersuchungen über Epidemien sowohl in London wie in Paris war die „soziale Ungleichheit vor dem Tod" überzeugend belegt worden. Aus der bürgerlichen Sicht gab es zwei Therapien: die durchgreifende Sanierung der Armenviertel, gleichbedeutend mit ihrer Beseitigung, die von der Pariser Stadtpolitik ab 1850 exemplarisch vorgeführt worden war, und die gezielte Separierung der Bevölkerung in den Neubaugebieten. Beides lief auf die räumliche Distanzierung der bürgerlichen Schichten von den Bevölkerungsteilen hinaus, denen die Seuchen offensichtlich an den Stiefeln klebten.

Mit dem Bedürfnis der Bürger nach Separierung konnten planungsrechtliche Eingriffe in die private Verfügung über die Bodennutzung durchgesetzt werden, wie Fisch am Beispiel einer Kontroverse vom Ende der 1870er Jahre zwischen Stadtplanern und Grundbesitzern über die Bebauung der Theresienwiese zeigt: dadurch, daß über eine quartiersspezifische Baubeschränkung („offene Bauweise") das „natürliche" Recht *aller* Grundeigentümer auf maximale Ausnutzung und auf die Errichtung von Mietwohnungen beschnitten wurde, erlangten diese die Gewißheit, daß ein Villenviertel von sozialer Exklusivität entstehen würde, was den ökonomischen Wert des Grundstücks erhöhte und die Verzichte kompensieren konnte. Die Planer konnten sich die Durchsetzung eines „gesunden" Bauprinzips und zugleich „künstlerische" Gestaltung zugute halten, die Grundbesitzer hatten verzichtet *und* gewonnen.

Damit ist das Grundprinzip der „öffentlichen Planung auf privatem Terrain" gekennzeichnet: es besteht in der Kunst, jenen Kompromiß zu finden, von dem beide Seiten profitieren, die „Allgemeinheit" und die Privateigentümer. Diese Anwendung eines „sanften, systemkonformen Zwangs" (Fisch 1988, S. 111) ist bis heute exemplarisch für das Städtebaurecht geblieben, und Fisch spricht wohl zu recht von der „revolutionär zu nennenden Begründung eines modernen Verfahrens zur Stadtplanung" (S. 176). Die spätere Einführung von Enteignungsrechten zum Zwecke der öffentlichen Planung war immer mit finanziellen Entschädigungen verbunden, so daß sich die Verhandlungssituation nicht grundsätzlich änderte. Denn nur ganz selten verfügte eine Stadtverwaltung über so viel Geld, daß sie ohne Rücksicht auf die Interessen der Grundbesitzer einen Plan realisieren konnte. Stadtplanung hat daher viel eher den Charakter einer Koordination privater Interessen als den der Durchsetzung eines irgendwie definierten öffentlichen Zwecks.

In dem Versuch, diese Balance zwischen den individuellen Verwertungsinteressen und den „übergeordneten" funktionalen Zusammenhängen (wozu neben der Verkehrserschließung vor allem Feuersicherheit und Stadthygiene zu rechnen sind) jeweils neu herzustellen, bildete sich eine planende Verwaltung heraus, die in die Rolle einer Expertokratie hineinwachsen mußte, weil sie gezwungen war, wenigstens zum Teil gegen die direkten Interessen derer zu handeln, von denen sie legitimiert war. So entwickelte sich die Aura und das Selbstverständnis des „Fachmanns", der *über* den parteipolitischen Gegensätzen agiert – ein Selbstverständnis, das später vielen Planern ohne große Probleme auch die Fortsetzung der Karriere im Nationalsozialismus erlaubte.

Die Stadtteile, die so entstanden, waren vor allem von funktionaler und ökonomischer Zweckmäßigkeit geprägt sowie von den individuellen ästhetischen Vorstellungen der Bauherren. Ordnung und (hygienische) Sauberkeit waren die leitenden Maximen. Das erste Städtebaulehrbuch in Deutschland von Baumeister (1876) spiegelt diese Orientierung schon im Titel: „Stadt-Erweiterungen in technischer, baupolizeilicher und wirtschaftlicher Beziehung". Dagegen wirkte das Buch von Camillo Sitte, einem Wiener Architekten, „Der Städtebau nach seinen künstlerischen Grundsätzen" (1889), wie ein Paukenschlag. Er polemisierte gegen die Rastergrundrisse der Stadterweiterungspläne und gegen die Vernachlässigung ästhetischer Grundsätze. In einer umfassenden Sammlung mit Skizzen und Analysen von Platzgestaltungen aus ganz Europa schlug er Grundprinzipien für einen „künstlerischen" Städtebau vor: Unregelmäßigkeit und ästhetische Gestaltung statt „rein technischer" Regelmäßigkeit. Das Buch erlebte rasch mehrere Auflagen und machte seinen Autor weltberühmt. Er entfesselte einen Grundsatzstreit, der bald unter dem Kürzel „Gerade oder krumme Straßen?" geführt wurde (vgl. Rodriguez-Lores 1983).

Im Mittelalter waren Künstler, Architekt und Ingenieur noch keine getrennten Berufe. Im „mathematischen Zeitalter" (Sitte) dominierten die Ingenieure die Stadtplanung. Nun sollte also wieder der Künstler gerufen werden. Die politischen und sozialen Bedingungen für das Agieren solcher Genies hatten sich jedoch grundsätzlich geändert. Der Papst, der König oder Fürst als Bauherr konnten nicht mehr über die Städte entscheiden, die Macht war zerbröselt, sie lag in den Händen der Grundbesitzer. Wie soll sich der Künstler durchsetzen, wie soll die einheitliche Gestaltung entstehen? Sittes Lösung bestand darin, den Anspruch auf künstlerische Gestaltung auf bestimmte zentrale Orte in der Stadt zu beschränken. Die Stadtplanung sollte die Grundbesitzer zu Zugeständnissen und zur Kooperation an exklusiven Plätzen bewegen – und sie dafür im Gegenzug mit störungsfreier Verwertung der Nebenstraßen und Hinterhöfe entschädigen! Dieses Konzept war tatsächlich nicht unrealistisch, löste es doch eines der Dauerprobleme der Stadterweiterung, nämlich daß die rasterförmige Erschließung von Neubaugebieten immer mit den historisch überlieferten Grundstücksgrenzen kollidierte und entweder aufwendige Umlegungsverfahren erforderte oder gänzlich scheiterte. Sitte lieferte die Rechtfertigung zur Anpassung an die gegebenen Eigentumsverhältnisse

(„krumme Straßen"), bot den Bodeneigentümern das Zuckerbrot ungehemmter baulicher Ausnutzung an zweitklassigen Bauplätzen und sicherte die Exklusivität der künstlerisch gestalteten Prachtplätze, und damit auch deren ökonomische Rentabilität. Die Forderung nach „künstlerischem Städtebau" paßte sich also hervorragend in die Problematik der liberalen Stadtplanung ein.

Mit diesem Konzept hätte nun auch dem großen Vorbild für den Städtebau am Ende des 19. Jahrhunderts nachgeeifert werden können: Paris. Die großen Boulevards, das einheitliche Straßenbild und die imponierenden sternförmigen Plätze, die seit Mitte des 19. Jahrhunderts in Paris angelegt worden waren, galten als städtebaulicher Triumph, als die passende Kulisse für Glanz und Gloria des Bürgertums. Frankreich war eine monarchische Diktatur, die Hauptstadt Paris hatte im 19. Jahrhundert keine Selbstverwaltungsrechte mehr. Für Paris als Bühne der Könige unterstand die Planung immer direkt dem Monarchen und ihren späteren demokratischen Abkömmlingen (bis in die 80er Jahre des 20. Jahrhunderts).

4. Verdankt Paris sein Stadtbild der Diktatur? Die „Transformation de Paris" in der Zeit von 1852 bis 1870 verfolgte verschiedene Ziele: die Säuberung der mittelalterlichen Innenstadtgebiete in *hygienischer* Hinsicht, die übervölkert und deshalb immer wieder Ausgangspunkt von verheerenden Seuchen waren, die *politische* Säuberung der Quartiere, in denen der aufsässige Pöbel wohnte, sowie die *funktionale* Sanierung der Verkehrsbeziehungen. Johannes Willms beschreibt in seinem großartigen Buch über die Entwicklung von Paris im 19. Jahrhundert im Detail die verschiedenen Ansätze zum Umbau von Paris, die seit der Revolution von 1789 immer wieder geplant, aber erst unter der Leitung von Baron Haussmann ab 1852 tatsächlich durchgeführt wurden. Dabei zeigt sich, daß auch das Regime des Louis-Napoléon auf die Kooperation der kapitalbesitzenden Schichten angewiesen war. Die Strategie unterschied sich nicht wesentlich von der, die Sitte den Stadtplanern später vorgeschlagen hat; der wichtigste Unterschied zur deutschen Situation war der, daß Haussmann auf ein Planungsrecht zurückgreifen konnte, das eine Enteignung der Grundstücke zum Wert *vor* der Aufwertung durch die öffentliche Planung möglich machte. Haussmann bastelte sich damit ein Konzept zur Stadtentwicklung, das sich weitgehend selbst finanzieren sollte: er gründete verschiedene Entwicklungsgesellschaften, die die Enteignungen und den späteren (Wieder-)Verkauf der Grundstücke organisierten, und die aus dem Erlös die städtischen Planungs- und Bauarbeiten finanzierten. So konnten das Straßenraster festgelegt und der Verkauf der Grundstücke an die Privatinvestoren mit Auflagen über Gebäudehöhe und die Gestaltung der Fassaden verbunden werden. Dadurch entstand das noch heute so imponierende einheitliche Stadtbild. Ironischerweise strauchelte Haussmann im Jahre 1870 über Finanzierungstricks, weil er ohne parlamentarische Billigung Kredite aufgenommen hatte – er wurde von jenem Bürgertum abgesetzt, dessen Interessen er so wirkungsvoll in einer neuen Stadtkonzeption umgesetzt hatte.

Die Wirkungen des Umbaus von Paris waren stark. Willms interpretiert sie vor allem als einen Schritt in die Moderne. Trotz monarchistischer Form hatte das Second Empire den Raum für die Entfaltung der bürgerlichen Gesellschaft geschaffen. Der gehobene Konsum wurde durch die neuen Verkehrswege, die eleganten Einkaufsstraßen und die Grand Magazins, für die mit den Straßendurchbrüchen die richtigen Plätze geschaffen worden waren, enorm angeheizt. Haussmann habe, so Willms, „Paris davor bewahrt, an seinen eigenen ungelösten Problemen zu ersticken" (S. 376). Die „Übersichtlichkeit", die „wohltuend proportionierte Monumentalität, ja auch (die) Romantik" der Stadt seien die „Pyramiden der Moderne" (S. 378). Dennoch stellt auch er fest, daß von der Transformation de Paris „die wenigsten unmittelbar profitierten, die meisten aber vielfältige Nachteile" (S. 392) hatten. Die großartige Wirkung war mit Umstrukturierung und neuer Konzentration des Grundbesitzes, mit einer Vernachlässigung der sozialen Probleme und mit einer Deportation des Peuple verbunden. Der glanzvolle Aufstieg des einen Teils hatte den tiefen Abstieg eines anderen Teils von Paris zur Voraussetzung und zur Folge.

Die „künstlerische" Wirkung muß ungeheuer gewesen sein. Selbst der sozialkritische Zola konnte sich ihr nicht entziehen: „Ich liebe mit ganzem Herzen die Horizonte der großen Stadt ... Die von der Sonne beschienenen Boulevards wimmeln von Menschen ... Die Kunst, hier ist sie, um uns her, eine noch unbekannte Kunst." (nach Willms, S. 370) Aber an anderer Stelle zetert er: „Der Empire vergoldete die Gullys; sein Traum war, die ganze Stadt zu weißen, sie in Reih und Glied zu bringen und in einen Galaanzug zu stecken, aber er begnügte sich damit, sie barfüßig zu lassen und jeden Riß, jeden Schmutzfleck hinter Spitzenklöppelei verschwinden zu lassen. Nichts ist dafür bezeichnender als diese Sorgfalt, die daran verschwendet wurde, auf der Fassade den ganzen falschen Luxus der dahinter liegenden Behausung zur Schau zu stellen ... Das Paris von M. Haussmann ist ein einziges, ungeheures Blendwerk, die Lüge eines ins Riesenhafte gesteigerten Jesuitismus ... All der neue Putz, all die Tünche, all die grellfarbigen Malereien sollen nur die weit klaffenden Risse verdecken, die Brüchigkeit der Häuser, die unheilbaren Wunden ..." (nach Willms, S. 377).

Bewunderung und Kritik stehen bei Zola nebeneinander, der Historiker Willms versucht, historische Gerechtigkeit walten zu lassen, indem er immer wieder auf der Unvermeidlichkeit der Haussmannschen Operationen, der Notwendigkeit einer „urbanistischen Konzeption" insistiert, aber auch deren katastrophale Wirkungen beschreibt. Ob es demokratische oder sozial gerechtere Wege in der Entwicklung der französischen Hauptstadt hätte geben können, wird dabei nicht sichtbar. Aber Willms hat die devote, von Begeisterung getragene Geschichtsschreibung über Paris überwunden und uns ein glänzend geschriebenes, spannendes Buch in die Hand gegeben, in dem die Verschränkung von Gesellschafts- und Stadtgeschichte exemplarisch analysiert wird.

Öde und oberflächlich wirkt dagegen das Buch des amerikanischen Historikers Olsen über „Die Stadt als Kunstwerk". Er vergleicht darin die Entwicklung von

London, Paris und Wien, aber er tut dies in einer selbstgefälligen, eklektischen Weise. Seine Vermutung ist, „daß wir eine erfolgreiche städtische Renaissance nur erleben werden, wenn wir die Stadt des 19. Jahrhunderts wieder zum Leben erwecken" (S. 11). Er hat also am Ende des 20. ein ähnliches Programm wie Camillo Sitte am Ende des 19. Jahrhunderts. Sitte hatte immerhin die Bedingungen der Realisierung seines „künstlerischen Städtebaus" diskutiert, nicht so Olsen. Bei ihm wird „die Stadt" zum Subjekt, er verlangt nach einer „neuen visuellen Ästhetik" – aber wer soll sie wo und wie verwirklichen? Und warum sollen die Städte des 19. Jahrhunderts die Maßstäbe sein?

Herr Professor Olsen unterliegt einem Zwang zur Originalität, die hauptsächlich darin besteht, die repräsentative Seite der bürgerlichen Stadt hochzujubeln und damit der Stadtentwicklung des 19. Jahrhunderts positive Seiten abzugewinnen, die von den Sozialhistorikern bisher überwiegend als Geschichte einer Pathologie dargestellt wurde.

Dieser Zugang ist im Grunde nicht schlecht, eröffnet er doch auch eine kritische Perspektive auf all die Theorien und Ideologien, die seit der Jahrhundertwende in der städtebaulichen Diskussion dominant waren, und die sämtlich aus der *Kritik an der Großstadt des 19. Jahrhunderts* geboren wurden. Die stadtplanerischen Konzeptionen im 20. Jahrhundert lassen sich geradezu dadurch charakterisieren, daß sie die Stadt des 19. Jahrhunderts überwinden wollen.

5. Seit der Jahrhundertwende hatte sich „Städtebau" als wissenschaftliche Disziplin an den Universitäten etabliert. In Deutschland bildeten sich die „Stuttgarter Schule" und das Neue Bauen, verbunden vor allem mit dem Bauhaus in Dessau, als konkurrierende Richtungen heraus. Die „Stuttgarter Schule" (Bonatz, Schmitthenner, aber auch Tessenow in Berlin) pflegte den „Heimatstil", der deshalb konservativ genannt werden kann, weil historisierende Architektur, regionale Traditionen, handwerkliches Bauen und dörfliche Siedlungskonzeptionen seine Elemente bildeten. Das Neue Bauen repräsentierte dagegen die Moderne: Glas und Stahl als bevorzugte Materialien, internationaler Stil, industrialisierte Bauproduktion und eine Vorstellung von der „Stadt als Maschine" galten als dem technischen, wirtschaftlichen und gesellschaftlichen Fortschritt angemessen. Der Gegensatz schien tief, doch es gab auch Gemeinsamkeiten. In England war mit der Idee der „Gartenstadt" ein konzeptionelles Vorbild verfügbar, das von beiden Richtungen aufgegriffen wurde. Licht, Luft und Sonne sollten in die Wohnungen gebracht werden, darin waren sich die Städtebaureformer aller Richtungen einig, und dies konnte in den Neubausiedlungen am Stadtrand realisiert werden. Weg von der Blockbebauung war das Ziel, sie war das Feindbild, mit dem die verabscheuungswürdigen Mietskasernen assoziiert wurden. Auch der Anspruch, die Stadt mit der Natur zu versöhnen (oder zumindest zu vermischen), war für die Stadtkonzeptionen selbstverständlich. Von ganz links (z.B. Liebknecht) bis weit rechts zu den Faschisten (Fritsch, Feder) galt die Gartenstadt als einzige realistische Alternative zur ungesunden und unordentlichen Großstadt.

Die Vertreter des Neuen Bauens gingen aber in ihren Zielsetzungen weiter, sie hatten ein „soziales Konzept": sie wollten neue Wohnungen für neue Menschen in einer neuen Gesellschaft bauen. Diese Gesellschaft sollte von technischer Rationalität gekennzeichnet sein, im Programm des Fordismus sahen sie die Lösung der gesellschaftlichen Probleme: durch Industrialisierung des Bauens und Standardisierung der Lebensstile sollten gesellschaftliche Unterschiede verschwinden und vor allem die besitzlosen Massen in die Gesellschaft integriert werden. Sozialistisch waren diese Architekten in einem „unpolitischen Sinne", wie Bruno Taut selbst formulierte, ihr „Sozialismus" ergab sich aus *wissenschaftlichen* Analysen der menschlichen Bedürfnisse und Lebensvollzüge sowie aus der universalen Anwendung moderner Technik; im politischen Sinne war diese Konzeption jedoch durch und durch autoritär.

Auch das, was eine Stadt sein sollte und wie sie funktionieren könnte, wurde mit pseudowissenschaftlichem Pathos formuliert: sie wurde zerlegt in verschiedene Funktionen, für deren optimalen Vollzug der Städtebau zu sorgen habe, das Konzept des Funktionalismus. Planerischem Zugriff zugänglich war davon allerdings nur der Verkehr und der Wohnungsbau. Im Wohnungsbau wurden die Architekten des Neuen Bauens dann auch aktiv.

Ausgerechnet in Stuttgart veranstaltete der Werkbund 1926 seine internationale Bauausstellung und ließ die Wohnhäuser der Weißenhof-Siedlung ausschließlich von Architekten des Neuen Bauens aus verschiedenen Ländern entwerfen. Die Anhänger der „Stuttgarter Schule" schäumten („undeutsches Ergebnis", „erinnert eher an eine Vorstadt Jerusalems"), vor allem wohl auch deshalb, weil die Ausstellung zu einem internationalen Erfolg wurde. Ihre Gegenveranstaltung, die kurz darauf errichtete Kochenhof-Siedlung in Stuttgart, fand dagegen wenig Beachtung.

Die modernen Architekten waren im Geschäft. Da große Wohnungsbauvorhaben ab 1925 nur mit öffentlichen Subventionen errichtet werden konnten, waren die städtischen Planungsämter die wichtigsten Auftraggeber. Ernst May war 1925 Leiter der Wohnungsbau- und Stadtplanung in Frankfurt/Main geworden, in Berlin Martin Wagner. Sie beschäftigten ihre Kollegen, während die Heimatstil-Architekten ins Abseits gerieten. Dies änderte sich radikal ab 1933. Gropius, Wagner, Taut usw. emigrierten; May war schon 1930 in die Sowjetunion gegangen. Nun rückten ihre fachlichen Gegner in die leitenden Positionen ein. Speer, der Mitarbeiter von Tessenow gewesen war, wurde Chefarchitekt des Führers, seine Studienkollegen wurden auf die verschiedenen Planungsinstitutionen des Reichs verteilt.

Bis 1940 bestand die städtebauliche Arbeit an der Reichsspitze vor allem im Erstellen von Gipsmodellen, die mit protzigem Klassizismus Stadtvorstellungen aus dem Barock reproduzierten: Achsen, Monumentalbauten, Aufmarschstraßen. Solche Alpträume wurden für die ausgewählten „Gauhauptstädte" serienweise produziert. Die frühzeitige Orientierung der Wirtschaft auf die Kriegsvorbereitung ließ jedoch keine großen Realisierungen zu. Als 1943 die ersten Bomben auf deutsche Städte fielen, fand sich eine neue Aufgabe: die Planung für den Wiederaufbau nach dem Kriege. Speer stellte im Dezember einen Stab dafür zusammen, in dem sich viele Namen von Planern finden, die nach dem Kriegsende tatsächlich als städtische Angestellte oder als Selbständige den Wiederaufbau maßgeblich mit organisierten. Die Herren Planer machten sich mit großem Eifer an die Arbeit, prüften, welche Stadtstruktur sich am resistentesten gegen den Luftkrieg erwies (prägten dafür den makabren Begriff „lufthart") und arbeiteten Richtwerte für den Neubau von Stadtteilen aus – „generalstabsmäßig", wie gewohnt. Das Desaster der Zerstörung scheint ihr Selbstbewußtsein als Funktionselite sogar noch gestärkt zu haben, denn mit der Aufgabe wächst ja die Bedeutung.

In den Planungskonzepten dieses Wiederaufbau-Stabes wurde natürlich die lockere Bebauung und die Trennung der Gewerbegebiete von den Wohngebieten bevorzugt, weil diese Struktur weniger anfällig schien bei Bombenangriffen. Aber das Prinzip der Auflockerung war auch schon in der Weimarer Zeit überparteilicher Grundkonsens gewesen. Die Nazi-Planer entwickelten als Gliederungsprinzip für Neubau-Siedlungen die „Siedlungszelle", die die überschaubare Größenordnung einer Ortsgruppe der Partei haben und etwa dem Einzugsbereich einer Volksschule entsprechen sollte. Bei entsprechenden Abstufungen der Einzelgebäude sollte insgesamt eine soziale Mischung (nach dem „völkischen" Prinzip) angestrebt werden. Nimmt man diese Elemente zusammen, hat man das Konzept der „gegliederten und aufgelockerten Stadt", das für die Stadtplanung nach 1945 zum Leitbild wurde. Die entsprechenden Manuskripte konnten nach 1945 (selbstverständlich vom faschistischen Vokabular gereinigt) als Lehrbücher für den Städtebau publiziert werden.

Ernst May, der sich enttäuscht aus der Sowjetunion abgesetzt und sich zwischenzeitlich als Farmer in Afrika betätigt hatte, wurde 1954 Leiter des Planungsbüros der Neuen Heimat. Die meisten anderen Vertreter des Neuen Bauens, wie z.B. Gropius, Mies van der Rohe, Martin Wagner, blieben im Ausland. (Von der stalinistischen Führung in der DDR wurde übrigens der Stil der Architekten, die sich selbst als Sozialisten bezeichnet hatten, als westlicher Internationalismus abgelehnt). Viele ihrer Gegner, die im Nationalsozialismus Karriere gemacht hatten, setzten diese in der Bundesrepublik fort; Tamms, Mitglied im NS-Stab für den Wiederaufbau, wurde Leiter der Stadtplanung in Düsseldorf, Hillebrecht konnte die gleiche berufliche Erfahrung als Planer von Hannover verwerten. Als verschworene Seilschaft alter Kameraden verschafften sie sich gegenseitig Aufträge und Posten. Stilistisch näherten sich die Architekten mit dem Fünfziger-Jahre-Stil dem Neuen Bauen an, auf den „Heimatstil" sollte es nicht ankommen, den die Nazis adaptiert hatten. Und an den Planungskonzepten brauchte ja nichts geändert zu werden.

Der Bremer Bürgermeister Koschnick formulierte als Städtetagspräsident im Jahr 1975 befriedigt: „Diese Generation, ebenso in Architektur und Bauen ausgebildet wie darüber hinaus umfassend gebildet, stand Ende des Krieges vor einer unvergleichlichen Situation: Die einst blühenden Städte waren zu Ruinenlandschaften zerfallen. Diese Situation war vor allem für den Städtebau geradezu eine Herausforderung! Einige deutsche Städte hatten das große Glück, aus dieser Generation auf jeweils eine hervorragende Persönlichkeit zurückgreifen zu können." (zitiert nach Durth 1986, S. 384)

Daß es ein „großes Glück" war, Kollaborateure des Nationalsozialismus mit öffentlichen Ämtern versehen zu können, hätte Koschnick nicht sagen müssen – aber war es ein Unglück für die Städte? Das wird man kaum behaupten können, denn andere Stadtkonzepte wurden von niemandem vertreten. Der Ausbau der Cities, Errichtung von Hochstraßen, Durchbrüche für Stadtautobahnen, Dezentralisierung, funktionale Entmischung, Autogerechtigkeit und Auflockerung der Neubaugebiete waren fachlicher Konsens, und zwar international! Dort, wo deutsche Bomber tabula rasa gemacht hatten, in England und Holland, wurde nach dem Krieg mit den gleichen Konzepten geplant (wie Durth/Gutschow im Schlußkapitel dokumentieren).

In Frankreich folgte man dagegen der Tradition des furchterregenden, mechanistischen Rationalismus von Le Corbusier: architektonische Großformen und Schnellverkehrssystem, fertig ist die moderne Trabantenstadt. Solche Pläne lagen auch seitens französischer Planer für die stark zerstörte Stadt Mainz vor. Bei vollkommener Ignorierung des historischen Stadtgrundrisses sollten uniforme Hochhäuser in Zeilen aufgerichtet werden, das Autobahnkreuz hätte das Stadtzentrum gebildet. Macht und Geld reichten zum Glück nicht aus, um solches zu realisieren.

Durth/Gutschow dokumentieren die Wiederaufbaupläne für 14 Städte. Wo Kontroversen auftreten, ging es meist um die Frage: historisierende Rekonstruktion oder Wiederaufbau in zeitgenössischem Stil. Auseinandersetzungen um Stadtkonzepte blieben unbedeutend.

In Düsseldorf, wo sich die ehemals braunen Planer und Architekten besonders zahlreich in der Bürokratie für öffentliches Bauen eingenistet hatten, kam es zu einem politischen Streit mit jüngeren Architekten, die gegen diese Dominanz opponierten. Von Tamms konnten sie 1952 ungeniert als die „Langhaarigen, die nur mit Stahl und Glas arbeiten wollen" denunziert werden. Sieht man sich die inhaltlichen Argumente der Opposition im einzelnen an, so ist jedoch auch hier kein alternativer Entwurf für die Düsseldorfer Stadtplanung erkennbar. Sie monieren vor allem das Verfahren, weil die Planung *undemokratisch* sei. Das ist inhaltlich zwar unbestimmt, aber es trifft den Kern der Sache.

Und der Kern der Sache ist: im widersprüchlichen Gestrüpp städtischer Interessen ist eine demokratische Entscheidungsprozedur nicht denkbar, die zugleich das, was von der Planung erwartet wird, nämlich Ordnung und Funktionsgerechtigkeit, hervorbringt. Stadtplanung ist, das zeigt ihre Entstehungsgeschichte, eine Ordnungs- und Herrschaftsdisziplin, die widerstreitende Interessen koordinieren muß, sie ist der Versuch der „Rationalisierung des Irrationalen" (Böhme 1989). Sie kann diese Funktion nur erfüllen, wenn sie vorgibt, sich im Gewande des Expertentums über alle Interessen zu erheben. Die Ideologie, Städtebau sei eine künstlerische Disziplin, eignet sich für diese Verkleidung am allerbesten. Sie macht die Karrieren in den unterschiedlichsten politischen Systemen möglich, und sie macht auch verständlich, warum es den Planern nicht übel genommen wurde, für die Nazis gearbeitet zu haben. Die widersprüchlichen Bedingungen „öffentlicher Planung auf privatem Terrain" begrenzen den Horizont möglicher Alternativen sehr eng, und die gleichen Bedingungen sind es, die die Expertokratie hervorbrachten.

Literatur

Böhme, Helmut 1989: Stadtgestaltungslehre versus Stadtplanungswissenschaft, in: Die alte Stadt, 16. Jg., S. 139–163.
Rodenstein, Marianne 1988: „Mehr Licht, mehr Luft", Gesundheitskonzepte im Städtebau seit 1750, Frankfurt a.M., Campus.
Rodriguez-Lores, Juan 1983: „Gerade oder krumme Straßen"? Von den irrationalen Ursprüngen des modernen Städtebaus, in: G. Fehl und J. Rodriguez-Lores (Hrsg.), Stadterweiterungen 1800–1875, Hamburg: Christians, S. 101–134.

Rudolf Burger

Die Philosophie des Aufschubs: Kritisches zu Günther Anders*

„Die Gesellschaft: eine Hölle voller Erlöser! Einen Gleichgültigen – das war es, was Diogenes mit seiner Laterne suchte..." *E.M. Cioran*

I.

Eine Würdigung des großen Philosophen und Mahners Günther Anders darf man von mir nicht erwarten. Das widerspräche nicht nur meiner Auffassung von „Würde" – nach Karl Kraus ist das ein Konjunktiv –, sondern, dessen bin ich gewiß, auch zutiefst dem Stil, der im Umgang mit Günther Anders geboten ist. Jede Panegyrik zöge mit Recht dessen Sarkasmus auf sich und ihre Verurteilung als billige Schulterklopferei; auch müßte man die Schultern, auf die man klopfen wollte, erst mal erreichen, was leicht zu grotesken Verrenkungen führen könnte.

Auch ein Gesamtaufriß von Anders' Denken fällt mir nicht leichter. Denn wie faßt man, ohne es zu verharmlosen und humanistisch zu verschmieren, systematisch ein Denken zusammen, das jede Systematik sprengt, weil es sich systematisch nur im Extremen bewegt und dessen raison d'être so etwas wie eine mikrologische Monadologie des Monströsen ist?

Was Adorno von jeder großen Philosophie notierte, gilt emphatisch für die von Anders: „Was in ihr sich zuträgt, entscheidet, nicht These oder Position, das Gewebe, nicht der deduktive oder induktive, eingleisige Gedankengang. Daher ist Philosophie wesentlich nicht referierbar. Sonst wäre sie überflüssig; daß sie meist sich referieren läßt, spricht gegen sie."[1]

Dazu kommt, daß die Reflexionen von Anders Reaktionen auf Verletzungen sind, nicht nur auf individuelle, sondern auf die einer ganzen Generation, auf Verletzungen, die man erlitten haben muß, sollen die Reflexionen nicht leerlaufen als Rhetorik, als billige Form von Epigonalität, die sich mit fremdem Heroismus schmückt. Sind seine Gedanken durch Erfahrung nicht mehr beglaubigt, werden sie leicht zu abstrakt-radikalen Phrasen, zu ungedeckten Assignaten der Philosophie. Dem aus Leid und Empörung geborenem kritischen Denken wird einzig die

* Vortrag, gehalten beim Günther Anders-Symposion der Stadt Wien im Oktober 1990, veranstaltet von Konrad Liessmann. Die mündliche Fassung erschien in der Zeitschrift „Forum", Wien, Dez. 1990.

1 Th.W. Adorno, Negative Dialektik, Frankfurt a.M. 1966, S. 42.

Kritik gerecht, nicht die demütige Nachbeterei, und deshalb möchte ich eine Kritik versuchen, die ihren Gegenstand anerkennt.

Ich werde ketzerisch sein gegen den großen Ketzer, ohne zu hoffen, daß er mir verzeiht. Inhaltlich werde ich mich auf einen einzigen Punkt konzentrieren, von dem ich meine, daß er für Anders' Philosophie zentral ist: auf die Philosophie der Bombe und das aus ihr konsequent sich ergebende Verhältnis zur Gewalt.

II.

Philosophiegeschichtlich kommt Anders aus der strengen Schule der Phänomenologie. Doch das Husserlsche Programm: „Zu den Sachen!" kehrt in seiner Phänomenologie der Endzeit sich gewissermaßen um: Anders wehrt sich gegen die Zudringlichkeit der Sachen, von denen er weiß, daß er ihnen letztlich unterliegt. Deshalb ist seine Theorie von vornherein und in sich selbst moralisch, sie kennt keine davon aparte Lehre von der praktischen Vernunft – er nennt seine Untersuchung selbst eine „moralistische Erkenntnistheorie".[2] Doch indem er der Logik der Sachen folgt, gerät die Bahn seines Denkens in eine Zone, in der nur eine geringe Bewegung genügt, daß es ins Kippen kommt.

Sein ethischer Ernst schlägt dann um in moralische Erpressung, und der Schock seiner apokalyptischen Diagnose in eine Wollust des Untergangs. Zu dieser Kippe möchte ich sein Denken befragen.

Tatsächlich ist sie rezeptionsgeschichtlich schon passiert, ethisch und epistemisch, nicht ohne daß er selbst daran Anteil hätte. – Für ersteres ist die peinliche Debatte ein Beispiel, die man vor ein paar Jahren um die Legitimität der Gewalt geführt hat,[3] um die der Gegengewalt versteht sich. (Aber welche Gewalt hätte sich noch nicht als Gegengewalt legitimiert?) Denn ist die Bedrohung absolut und total, so lautete die Argumentation, dann ist es auch das Recht auf Widerstand, das zu einer *Verpflichtung* auf Gegengewalt sich zuspitzt. Moral, die nur als *gebrochene* im Raum der Politik ein Recht hat, regiert diese dann unmittelbar und zerstört sie *als* Politik: Was strategisch und taktisch diskutiert gehört, schrumpft zu einer Frage der Gesinnung. Die Theorie der totalen Verdinglichung, der die Technik selbst Subjekt ist, kippt um in spontaneistischen Voluntarismus, der praktisch mit Subjekten rechnet, die es theoretisch nicht mehr geben soll. Es gibt Situationen, in denen nur die Übertreibung wahr ist; doch darf man nie vergessen, daß sie wahr nur *als* Übertreibung ist.

Nicht besser erging es der Rede von der „Apokalypseblindheit". Kaum eine These ist besser falsifiziert als diese, Anders selber hat sie revoziert, und niemand, der feine Nerven hat, kann die Beschwörungen der „Apokalypse" noch hören – und Anders gehört selbst zu ihnen. Vor ein paar Jahrzehnten noch Thema ver-

2 G. Anders, Die Antiquiertheit des Menschen, Bd. 1, München 1956, S. 284.
3 G. Anders, Gewalt – ja oder nein. Eine notwendige Diskussion, herausgegeben von Manfred Bissinger, München 1987.

schlafener theologischer Seminare, ist sie heute nicht nur aus technischen Gründen ein Problem der Tagespolitik, sondern – durchaus im Anschluß an Anders – auch Sujet einer neuartigen, pseudophilosophischen Warnungs- und Erweckungsprosa, die weniger das Begreifen fördert als die Ergriffenheit. Während aus behebbaren – *ökonomischen* und *politischen*, nicht *technischen* – Gründen Millionen von Menschen verhungern, denkt man verquast über das „Ende der Menschheit" nach. (Nur en passant gesagt: Mit einem ausgeprägten „Apokalypsebewußtsein" haben die Christen über Jahrhunderte gelebt, und sie sind fett damit geworden; nur den Heiden, denen es mangelte, ist es gar nicht gut bekommen – durch die christliche Mission.)

So stehen wir vor einem Paradox: Jenes Denken, das wie keines sonst die Wahrheit dieser Zeit zum Ausdruck zu bringen scheint, Anders' Philosophie der Bombe, die mit scheinbar unabweisbarer empirischer Evidenz die Zeit seit dem 6. August 1945 als *Endzeit* diagnostiziert, die nicht mehr überholbar ist, sondern allenfalls verlängerbar, und die daher auch als Philosophie nicht mehr überholbar ist, erscheint selbst in eigentümlicher Weise veraltet und verbraucht. Die These von der Antiquiertheit des Menschen, die vor allem eine Absage an die Geschichtsphilosophie der Hoffnung war, und gerade deshalb eine Befreiung, ist selber antiquiert, ohne daß das, wogegen sie gerichtet war, wieder lebendig geworden wäre.

„Hoffnung ist kein Prinzip", hat Adorno gegen Bloch geschrieben,[4] aber die Verzweiflung und ihre trotzige Verleugnung sind auch keines mehr. Das eschatologische Denken, sei es in seiner positiven, sei es in seiner negativen Variante, ist schal geworden.

III.

Wie ist es zu dieser Entpathetisierung des Bewußtseins gekommen? Weil man, wie eine geläufige Ansicht will, Anders „verdrängt" hätte, die unerträgliche Wahrheit seiner Lehre? Weil man mit dem „unglücklichen Bewußtsein" auf die Dauer nicht leben kann, sowenig wie mit dem grundlos glücklichen?

Genau das Gegenteil ist der Fall. Anders wurde nicht verdrängt, sondern popularisiert, wie seinerzeit schon Bloch; wesentliche Stücke seiner Lehre sind Allgemeingut geworden – das „Prinzip Hoffnung" vertritt heute die CDU, und daß die Technik selbst Subjekt der Geschichte sei, kann man seit längerem schon in der Industriellenvereinigung hören. Mit der Verbreitung, teilweise auch mit der empiristischen Ausdifferenzierung, wie etwa auf dem Gebiet der Medientheorie, wurden die Andersschen Theoreme unausweichlich auch trivialisiert und sind seine apokalyptischen Warnungen zum Klischee geworden, oder, schlimmer noch, zum „Anliegen" des „ehrlichen Bewußtseins"; womit sie ironisch ihren Autor erst recht bestätigen.

4 Th.W. Adorno, Blochs Spuren, in: Ges. Schriften 11, Frankfurt a.M. 1974, S. 248.

Nein, Anders ist kein verdrängter Denker, und er ist auch nicht unbeachtet geblieben, sondern er ist im Gegenteil, und in dieser Form gewiß gegen seinen Willen, einer der erfolgreichsten Autoren der Gegenwartsphilosophie. An und für sich selber ein Philosoph der Barbarei, unversöhnlich und integer wie sonst keiner, wurde die eingängige Schärfe seiner Thesen, großartig in ihrer moralischen Wucht und undialektischen Einseitigkeit, abgeschliffen von unzähligen kleineren Geistern und er selbst dadurch verwandelt in den Stichwortgeber einer fragwürdigen Art von Kulturphilosophie. Anders Philosophie ist die Verarbeitung eines historischen Schocks, die zugleich den Schock lebendig halten will, Anders denkt und schreibt aus tiefster „Betroffenheit", aber die Betroffenheit machte, wie man weiß, inzwischen selbst Karriere, in einem Maße, daß man heute Karriere mit Betroffenheit macht.

Anders' Philosophie ist eine Philosophie des „letzten Worts", das keine Steigerung mehr zuläßt, eine Philosophie des letzten Worts, wie schon die Philosophie Nietzsches eine war und wohl auch die von Heidegger. Aber wie es mit letzten Worten so geht – man gewöhnt sich an sie und redet trotzdem weiter. Und irgendwann fangen sie an zu langweilen oder erwecken Widerspruch. Was einmal die Kultur beschließen wollte, um sie aufzuheben im Hegelschen Sinn, sinkt selber ab zum Kulturgut, fügt sich ein in die Kette von Positionen und Negationen und verliert dabei seine Virulenz; was die Welt verändern wollte oder auch sie bewahren, liefert dann nur den Stoff für Dissertationen oder für philosophische Kolportage. So ist über viele Vermittlungsglieder aus Anders' Medienkritik nicht nur Baudrillards hysterische Simulacrentheorie entstanden, sondern auch Enzensbergers erfrischender „Nullmedien"-Essay,[5] der ganze Festmeter von larmoyanten Forschungsberichten mit einem Schlag zur Makulatur erklärt. Gewiß hat das Fernsehen die Welt „verbiedert", aber nichts ist heute biederer als der Klagegesang über die Verbiederung. Die Wahrheit ist auf die Dauer niemals mit den Unbedingten, den Propheten des Standes „vollendeter Sündhaftigkeit" (Fichte).

Und das Wort „Apokalypse" kann man eben deshalb nicht mehr hören, weil man es, wie das von der „Antiquiertheit des Menschen", im grassierenden Postismus ohnehin schon an jeder Ecke hört; keine Rede davon, daß die Leute dafür blind seien oder auch nur indifferent, die Drohung wurde nicht verdrängt und wenn, dann nicht ins Unbewußte, sondern als empirische ins transzendentale Bewußtsein: Wir nehmen die Welt heute a priori unter der Kategorie der Vernichtbarkeit wahr.

Die Warnung davor klingt deshalb bieder, weil sie ohnehin schon jeder kennt, und deshalb muß sie, um noch gehört zu werden, das Vorzeichen wechseln und *Aufforderung* werden: Den dritten Band der „Antiquiertheit des Menschen" hat nicht mehr Günther Anders geschrieben, sondern Ulrich Horstmann, nur seine

5 H.M. Enzensberger, Das Nullmedium oder Warum alle Klagen über das Fernsehen gegenstandslos sind, in: ders., Mittelmaß und Wahn, Frankfurt a.M. 1988, S. 89 ff.

Satire[6] ist auf der Höhe der Zeit – literarisch, philosophisch und vor allem – *moralisch.*

Die Satire aber ist nur deshalb möglich, weil die Apokalypse, mit der Horstmann sein frivoles literarisches Spiel betreibt, bei ihm sowenig wie bei Anders das wahre Grauen ist. Nur deshalb kann er als Erlösung feiern aus dem perennierenden irdischen Jammertal, was bei Anders als Ende der Menschheit der äußerste Schrecken ist, weil er wie dieser den atomaren Abtausch als *helle,* alles verschlingende Katastrophe faßt, als absolutes Eschaton der Geschichte, hinter dem sie nicht mehr weitergeht und dann auch nie gewesen war. Es braucht tatsächlich nur eine geringe Änderung des Blicks, fast möchte ich sagen der Stimmungslage, damit aus diesem Schrecken ein Faszinosum wird und aus der Drohung ein Trost. Das wahre Grauen aber ist nicht das Ende, das für viele ohnehin nur das Ende des Grauens wäre, sondern ein Grauen *ohne* Ende. Zu vermuten ist nämlich, daß das Leben trotzdem weitergeht, auch nach der atomaren Katastrophe, nur in fürchterlich verstümmelter Form. Das Untier ist nicht auszurotten, auch durch die Kobaltbombe nicht, und deshalb kann man bei Horstmann lachen, weil die totale Katastrophe Theaterdonner ist. Grauenhaft sind nur partielle Katastrophen, die totale ist es nicht, jene aber sind *geschichtlicher* Natur, nicht eschatologischer. So leben wir zwar in sehr gefährdeter Zeit, ihre Bedrohung ist enorm, doch eine Endzeit ist sie nicht, weil die Drohung als enorme auch bei bester Absicht total nicht ist.

Daß aber in der Bedrohung auch eine Chance der Rettung liegt, durchaus im Hölderlinschen Sinn, das hat der Dialektiker Adorno gesehen, der Anders an Negativismus nichts nachgibt, aber nicht wie der Phänomenologe im Endgültigen denkt. So heißt es zwar in der „Negativen Dialektik", durchaus im Andersschen Sinn: „Keine Universalgeschichte führt vom Wilden zur Humanität, sehr wohl eine von der Steinschleuder zur Megabombe",[7] Adorno fügt jedoch an anderer Stelle gegen deren Faszinosum hinzu: „Nüchtern wäre der falschen Ehrfurcht zu entgegnen, wohl sei der Fortschritt von der Steinschleuder zur Megatonnenbombe satanisches Gelächter, aber erst im Zeitalter der Bombe ein Zustand zu visieren, in dem Gewalt überhaupt verschwände."[8]

IV.

Es geht nicht um Verharmlosung, sondern um die Befreiung der Moral aus einer erpresserischen Umklammerung, auch in extremer Lage. Denn selbst wenn man Anders These anerkennt, daß die atomare Situation eine letzte sei, die es nur zu verlängern gilt, um Aufschub des Endes zu gewinnen, sollte man sich doch auch

6 U. Horstmann, Das Untier. Konturen einer Philosophie der Menschenflucht, Wien/ Berlin 1983.
7 Th.W. Adorno, Negative Dialektik, a.a.O., S. 312.
8 Th.F. Adorno, Fortschritt, in: Ges. Schriften 10.2, Frankfurt a.M. 1977, S. 629.

fragen, welche politischen und selbst wiederum moralischen Kosten es verursacht, wenn man die – übrigens immer nur vorläufige – Rettung der Menschheit als Ganzer vor sich selbst zur obersten moralischen Maxime des politischen Handelns erhebt.

Auf den ersten Blick hat das alle Plausibilität für sich. Doch wer so massiv in die Saiten greift, riskiert, daß er feinere Geräusche unhörbar macht, auch wenn er das subjektiv nicht möchte. In Wahrheit ist die Situation im atomaren Zeitalter aporetisch, wenn man sie als apokalyptische konstruiert: Einerseits scheint es nötig, jedes praktische Handeln rigoros dem Vermeidungsimperativ der absoluten Katastrophe zu unterstellen; andererseits droht deren Drohung selbst gerade dadurch, daß man sie als absolute so ernst nimmt, wie sie es ja tatsächlich verlangt, in ein Faszinosum umzuschlagen, angesichts dessen alle anderen politischen Fragen zur quantité négligeable verblassen. Denn was bedeutet vor der atomaren Hölle schon das irdische Leiden, man möchte fast sagen: in seiner „konventionellen" Form? Die Logik einer solchen Weltmoral funktionierte allzu leicht nach dem Modus eines analogischen Schlusses, bei dem ein gemeinsames Merkmal zweier verschiedener Begriffe alle anderen Merkmale in einem Maße dominiert, daß die Begriffe selbst in eins fallen. „Sokrates ist sterblich; Hunde sind sterblich: Also ist Sokrates ein Hund!" – so lautet bekanntlich das Schulbeispiel eines analogischen Schlusses. Es ist freilich zwingend dann und nur dann, wenn man der Eigenschaft der Sterblichkeit einen so überragenden Wert beimißt, daß alle anderen Eigenschaften dagegen zu vernachlässigen sind – unter dem Gesichtspunkt der ungeheuerlichen Tatsache der Sterblichkeit, die alle anderen in den Schatten stellt und beide trifft, ist Sokrates allerdings nicht mehr als ein Hund.

Weil unter der Perspektive des Todes die Differenzen des Lebens, die dieses zum Leben erst machen, zur Nichtigkeit werden, hat die Aufklärung sich auch immer gegen seine philosophische Pathetisierung gewandt – von Epikur bis Horkheimer und Foucault. Das „eigentliche Leben" ist ihr dieses selber, solange es eben währt, nicht wie bei Heidegger das bewußte Vorlaufen zum Tode.

Wie vor Gott, wenn es ihn gäbe, alle Menschen gleich wären, so sind sie es real angesichts des Todes; und so gälten einer ökumenischen Moral, die sich unter dem absolut dominanten Vermeidungsimperativ einer säkularisierten Apokalypse formulierte, alle gesellschaftlichen und politischen Systeme als gleich, sofern sie nur das Überleben der Gattung sichern. Da jene als *Möglichkeit* aber immer gegenwärtig bleibt, nur ihr endliches Eintreten immer wieder neu verhindert, niemals mehr aber ihre Potentialität zum Verschwinden gebracht werden kann – ein Punkt, auf den Günther Anders ja nachdrücklich insistiert –, droht Politik reduziert zu werden auf die endlose Verschiebung der absoluten Katastrophe. Der Weltuntergang wird dann zum deus absconditus, dessen ständig drohende Epiphanie man mit dem Opfer politischen Denkens und dem Einfrieren aller Konflikte zu bannen sucht.

Daß gerade Anders dieses Opfer *nicht* bringt, macht nicht zuletzt seine Größe aus – aber auch seine Widersprüchlichkeit. Denn er legitimiert die Gewalt als

Gegengewalt genauso abstrakt, wie seine pfäffischen Gegner sie verwerfen. Die plappern dann die gedankenlose Phrase daher, daß man mit Gewalt nichts beweisen könne, als ob es nicht darauf ankäme, *was* man beweisen will und welche Mittel man hat. Im übrigen ist das Gegenteil der These schon dadurch erwiesen, daß man sie ausspricht mit der Pistole auf der Brust. Was aus pragmatischen Gründen ein Gebot politischer Klugheit ist, wird duckmäuserisch zum zeitlosen Prinzip abstrakter Tugend erklärt. Sowas nannte man einmal „erpreßte Versöhnung". Dagegen regt ein Anders mit Recht sich auf, ohne daß er deshalb Recht behielte.

V.

Um sich aus dem Zauberkreis des eschatologischen Denkens zu lösen und die Moral – und damit auch die Möglichkeit zu *differenziertem* politischen Handeln – wieder flott zu bekommen, wäre ein ordentlicher Schuß Lakonismus geboten, der manchem zynisch erscheinen mag, der aber immer schon die beste Medizin war gegen Frömmelei: In Situationen moralischer Erpressung ist Zynismus eine sittliche Qualität.

So sollte man zum Beispiel darauf verweisen, daß die Liebe zur „Menschheit", die man da retten will (warum sonst sollte man sie retten *wollen?)*, wie diese selbst ein Abstraktum ist, die sich als solches in ihrer vorgeblichen Humanität selbst entwertet. Liebe gibt es nur zum Einzelnen und zum Konkreten, nicht zum Allgemeinen, Liebe ist selektiv und also auch diskriminierend; ist sie es nicht, so ist sie auch keine, sondern reine Heuchelei, die eben jene Mechanismen in Bewegung setzt, gegen die sie sich dann wendet. Im übrigen ist nicht nur die „Menschheit" als ganze unliebbar, sondern es sind auch nicht alle Menschen liebenswert – wie einer sagte, der sie sehr gut kannte, nämlich Sigmund Freud.

Und gegen die moralisch erpresserische Formel vom drohenden „Tod der Menschheit", die angesichts des gegenwärtigen Elends in Gegenden, wo man nicht davon redet, ohnehin bloß schlecht idealistisch ist und gar nicht negativ-utopisch, wäre an die schlichte Tatsache zu erinnern, daß die Perspektive eines *jeden* Menschen der Tod ist, und daß daher durch alle einzelnen auch immer schon die sogenannte „Menschheit" stirbt, seit sie als biologische Gattung existiert, nur eben diachronisch, nicht synchron. *Wie* die einzelnen leben und um ihr Leben kommen, ist nach wie vor das Problem, auch im Zeitalter der Bombe, nicht, daß alle sterben. Eine universelle Moral hat nicht das Universelle als Abstraktum zu retten, sondern das Glück, die Freiheit und Gleichheit der einzelnen zu fördern, die jenes Universelle erst bilden; wissend, daß sie sterben, und daß jeder für sich alleine stirbt und mit ihm eine ganze Welt. Es gibt so viele Tode, und also Weltuntergänge, wie es Menschen gibt, und mehr als das Sequentielle zu synchronisieren, vermöchte auch die beste Apokalypse nicht, sei sie atomar oder ökologisch. Wo liegt da für den einzelnen der Unterschied? Er liegt in der Form – aber ob die schlimmer ist als konventionelle Formen, von unheilbarer Krankheit, Mord und Zu-Tode-Quälerei, das weiß ich nicht. Und es leidet immer nur der einzelne, das Kollektiv hat keine Nerven.

Gewiß, es gibt das Mit-Leid, eine äußerst schwache Kraft, aber die einzige, die für einen Atheisten, der keine transzendente Begründung anerkennt, den Erstimpuls für moralisches Handeln abgeben kann. Nach der Auflösung aller Gestalten objektiver Vernunft, den Verwesungsprodukten Gottes, ist Moral objektiv nicht mehr begründbar, denn dies verlangte zumindest die „Idee" der Transzendenz; einzig das Mit-Leid ist noch übrig als subjektiver Impuls, als gleichsam „sinnliches Bewußtsein der Identität von Allgemeinem und Besonderem, als naturalisierte Vermittlung".[9]

Alle anderen immanenten Letztbegründungen sind gelehrte Makulatur, weil sie schon bei ihrem ersten Aufblitzen als Programm eben jenen moralischen Impuls voraussetzen, den sie anschließend erst begründen wollen – wie schon Schopenhauer zeigte in seiner vernichtenden Kritik an Kant, die Anders durchaus teilt.

Weil er Moral mit Recht für nicht begründbar hält mit Mitteln der formalen Vernunft, formuliert er seine ethische Maxime offen dezisionistisch, in alttestamentarischem Ton: „Sei moralisch, obwohl du, daß *Sollen sein soll,* nicht begründen kannst, nein, sogar für unbegründbar hältst."[10] Dieser Dezisionismus ist aber selbst nicht grundlos (das ist er in Wahrheit ja nie), sondern gründet, nehmen wir es an, im Mitgefühl mit dem Nächsten. Es ist aber andererseits das Zentralstück der Andersschen Philosophie, daß unser Handeln in der technischen Welt unendlich über den Nächsten hinausgreift und nolens volens Menschen trifft, die wir emotional nicht mehr erreichen – sowohl in räumlicher wie in zeitlicher Dimension, als künftige Generationen. Dehnt man das Gebot jedoch auf diese aus, so reißt es sich los von seiner emotionalen Basis und verwandelt sich in ein abstraktes Dogma. Als solches birgt es die Gefahr in sich, die jedem Dogma eignet: daß es sich gegen die Intentionen seiner Begründung kehrt. Der Drang zur Rettung des Kollektivs schlägt dann um in Legitimation der Gewalt gegen einzelne, die das Kollektiv bedrohen. Diese uralte Dialektik des Guten ist bei Anders besonders scharf ausgeprägt, weil nach ihm die Bedrohung total ist und das gesamte Kollektiv trifft, auch noch seine Deszendenten. Deshalb sein moralischer Rigorismus, der zunächst ganz ohne Basis schien: Ist die Bedrohung total und trifft die ganze Menschheit, so ist es auch die „Begierde des Rettens" (Hegel).

Doch kann man die These auch umdrehen und folgende Frage stellen: ob nicht die „Begierde des Rettens" primär ist und sich das Phantasma erst schafft, das jener ein Objekt gibt. (Nahegelegt wird die Frage durch Textpassagen, in denen der Anderssche Empörungsdiskurs rekursiv wird und umschlägt in eine Art moralisches perpetuum mobile: „Denen, die mich dazu zwingen, das Tötungstabu zu brechen, werde ich das niemals vergeben können."[11] Man muß den Satz auf

9 M. Horkheimer, Th.W. Adorno, Dialektik der Aufklärung, Amsterdam 1947, S. 123.
10 G. Anders, Philosophische Stenogramme, München 1965, S. 48.
11 G. Anders, Reicht der gewaltlose Protest?, in: Forum, H. 397/398, März 1987, S. 49.

der Zunge zergehen lassen, um die Ehrlichkeit seiner Tartüfferie zu erkosten.) „Jeder, der 'Menschheit' sagt, ist ein Betrüger" – diesem Verdikt Proudhons kann nur entgehen, wer sie zunächst ex negativo faßt, unter dem Aspekt ihrer Vernichtbarkeit, und genau das leistet die apokalyptische Konstruktion. Die drohende Apokalypse stellt die Menschheit als Ganze erst her, nicht anders als das bewußte Vorlaufen zum Tode bei Heidegger das Dasein zum Ganzen erst macht.

VI.

Anders hat Heidegger schon sehr früh, als der Existentialismus noch Mode war, noch vor dem „Jargon der Eigentlichkeit", einer sehr scharfen und triftigen Kritik unterzogen, die vieles aus dem „Jargon" vorwegnimmt.[12] Und doch ist unübersehbar, daß seine Philosophie der Bombe im Grundzug die gleiche logische Struktur hat wie bei Heidegger die Analyse des Seins zum Tode: *Die Anderssche Apokalyptik ist die auf das Gattungssubjekt übertragene Heideggersche Thanatologie.*

Beide sind sie atheistische Philosophen, doch erkennen beide ein Absolutum an. Denn wie bei Heidegger der individuelle Tod die Stelle Gottes selber einnimmt, als höchste Instanz unseres „In-der-Welt-Seins", dem wir verfallen sind und der unser Dasein in seiner „Eigentümlichkeit" bestimmt,[13] so nimmt sie bei Anders der drohende Tod der Gattung ein, der sie als Gattung überhaupt erst konstituiert; und wie bei Heidegger der individuelle Tod das in die Existenz hereinzuholende Ende des Daseins ist und das Sein zum Tode die Bedingung der Möglichkeit eigentlicher und eigenster Existenz, so ist es bei Anders das unausgesetzte Bedenken der Apokalypse als eigenste Möglichkeit der Menschheit, in der sie sich *als* Menschheit erst erkennt. Indem das Dasein – das individuelle wie das kollektive – bewußt seine „Freiheit zum Tode" auf sich nimmt, reißt es sich los von seiner Verfallenheit an das „Man" (von seiner „Apokalypseblindheit") und konstituiert sich zur selbstbezüglichen Subjektivität (zur selbstverantwortlichen Gattung). Und wie nach Heidegger der individuelle Tod *unüberholbar* ist (denn es gibt keine radikalere Selbstbestimmung der Subjektivität des Subjekts als die durch den Tod; der Vorgriff auf ihn läßt die Faktizitäten des Daseins erst vollständig begreifen und ermöglicht ein freies Verhalten zu ihnen, weil er jede distanzlose Fixierung auf sie zerbricht); wie er *gewiß* ist (denn er kommt unumgänglich, und seine Gewißheit als je meine konstituiert die Selbstgewißheit der Subjektivität); wie er *unbestimmt* ist (denn er kann jederzeit eintreten, in jedem Augenblick, und ich erfahre ihn so als kontinuierliche Bedrohung meiner selbst: er ist als Möglichkeit ununterbrochen gegenwärtig, und im Ertragen der ständigen Angst vor ihm als „Grundbefindlichkeit des Daseins" bewährt sich dessen „Entschlossenheit") – so ist auch der globale Tod der Gattung im atomaren Harmaggedon nach Anders

12 G. Anders, Nihilismus und Existenz, in: Die Stockholmer Neue Rundschau, Frankfurt a.M. 1949, S. 96 ff.

13 Siehe zu folgendem: M. Heidegger, Sein und Zeit, Tübingen 1972[12], insbes. §§ 46–53.

unüberholbar (denn er beschließt nicht nur die Geschichte als Prozeß, sondern löscht auch noch die Erinnerung an sie); er ist *gewiß* (denn irgendwann tritt er ein, das Wissen um die Bomben ist nicht rücknehmbar, auch wenn man sie alle verschrottet, und irgendein Herostrat wird sich schon finden, irgendwann); und er ist *unbestimmt* (denn niemand weiß, wann er eintritt). Worauf es ankommt, ist, daß die Menschheit als Menschheit im Horizont ihrer apokalyptischen Bedrohung sich ihrer selbst bewußt wird und bleibt, und daß jeder alles unternimmt, daß sie jetzt nicht umschlägt in Wirklichkeit, daß keiner den Trigger auslöst zum endgültigen Blitz. Aber dieses Jetzt hat nie ein Ende, außer eben das Ende der Geschichte selber im integralen Tod. Ihm, in Form seiner Vermeidung, gilt alles Handeln bis dahin. Es kommt darauf an, ihn aufzuschieben, was nur gelingen kann, wenn man ihn stets im Auge behält. Diese „Faltung des Todes" ins Leben herein in der Andersschen Philosophie der Bombe ist strukturhomolog der Heideggerschen Thanatologie und erklärt die finstere „Entschlossenheit" bei beiden.

Gewiß: Den Unterschied ums Ganze macht, daß Anders *weiß*, wozu er sich entschließt, zu einem Kampf ums Leben. Aber es ist eine finstere Entschlossenheit, die vom Tod durchtränkt ist, weil sie dem einzelnen eine Verantwortung fürs Ganze auferlegt, die kein einzelner tragen kann. Im Grunde ist sie eine Flucht ins Kollektiv, die, indem sie die Sorge ums Ganze zur alleinigen eigenen Sorge macht, die eigene Sorge im Ganzen auflöst. Der kokett-heroische Satz: „Wenn ich verzweifelt bin, was geht's mich an!", der unserem Symposion als Titel dient, plaudert diesen Sachverhalt offen aus. *Die Angst vor der Apokalypse ist eine subtile Verdrängung der eigenen Todesangst.* Denn der Tod der Gattung ist nur dann ein zweiter Tod, wenn man hofft, über den eigenen Tod hinaus in der Gattung fortzuleben. Das ist der Punkt, in dem das Denken von Anders und das von Bloch sich schneiden und der allem eschatologischen Denken gemeinsam ist, sei es dem der Erlösung oder dem des Untergangs.

Heiner Müller hat diese Position vor kurzem in einem wunderschönen Interview sehr klar und präzise zum Ausdruck gebracht und kritisiert: „Letztlich reduziert sich das alles auf ein sehr simples, elementares Problem, das Pascal auf den Punkt bringt: 'Alles Unglück kommt daher, daß es die Menschen nicht aushalten, allein zu sein.' Der Drang zum Kollektiv aber gründet in der Todesangst, in der Unfähigkeit des Menschen, mit der Gewißheit seines eigenen Todes zu leben. Über die Jahrtausende war das die Grundlage aller Fundamentalismen, Religionen, Ideologien ... Als Alternative bliebe nur Fatzers: 'Alles, was nach mir geschieht, ist, als geschähe es nicht' – damit sind sämtliche Fundamentalismen erledigt."[14]

14 „Da trinke ich lieber Benzin zum Frühstück." Heiner Müller im Gespräch mit Frank Raddatz, in: Transatlantik 2/1989, S. 12.

VII.

Seit dem Ende der Antike beruht die abendländische Zivilisation auf der metaphysischen Verdrängung des Todes, die ihm reaktiv erst sein spezifisch europäisches Pathos verlieh. Zunächst durch das Christentum, dann durch die säkulare Heilslehre der Geschichtsphilosophie (die „hinterlistige Theologie", wie Nietzsche sie nannte): wenn schon nicht die Seele des einzelnen, so sollte doch die Gattung zur Erlösung finden und unsterblich sein; die Anderssche Apokalyptik ist nur ihre Konstruktion ex negativo. Dabei kam es immer auf ein Handeln des einzelnen an, das sich zu rechtfertigen hatte vor einer ihm heteronomen Instanz – sei es das göttliche Gebot, seien es die Gesetze der Geschichte. So wurde er verantwortlich für eine Zukunft, die nach seinem empirischen Ende lag, und in der er imaginär weiterlebte; und er wurde schuldig, wenn er sich dieser Arbeit an der Verdrängung des Todes entzog. Daraus entsprang jene spezifische europäische Dynamik, die schließlich die ganze Welt mit Vernichtung überzog.

Wenn man wirklich eine andere Zivilisation herbeiführen möchte, die das empirische Leben *bejaht*, so wird man ein lakonisches Verhältnis zum Tod gewinnen müssen, zum eigenen und zu dem der Gattung. Letzteres dürfte leichter sein als man glaubt, sofern man sich nicht selbst etwas vorlügt. Denn als biologische Spezies ist der Mensch ohnehin kein Wert, sondern nach dem Tode Gottes nur Faktum. Es geht immer nur um einzelne und um Formen des Umgangs mit denen, die mit einem leben, die wir lieben, die wir hassen. Und dieser Kreis ist begrenzt, auch im Schatten der Bombe. Wenn ich verzweifelt bin, darf ich auf Anteilnahme hoffen, weil ich sie auch manchmal anderen gewähre, aber diese ist durch nichts garantiert, und meine Verzweiflung geht zunächst einmal *mich* etwas an. Und ob die Geschichte als Ganze eine Grenze hat, beunruhigt mich zwar, ist aber nicht meine erste Sorge, denn ich weiß, daß mein und unser aller Leben *in* ihr eine Grenze hat, und daß nichts so sehr das Leben im Leben zerstört wie die Sucht nach Unsterblichkeit. Angst sollte man nur vor einem haben: vor dem Leuchten in den Augen der Propheten. Denn es geht weder um Transzendenz, noch um Geschichte (die säkularisierte Transzendenz), sondern um die Immanenz der Lebenszeit. Es handelt sich, für jeden einzelnen, jetzt und in Zukunft wie in der Vergangenheit, darum, begrenzte Zeit zu gewinnen und sie im Wissen um ihre Begrenztheit einigermaßen angenehm und, wenn es geht, mit Anstand zu verbringen. Bis sie eines Tages zu Ende ist.

Positionen, Begriffe, Debatten

Claus Koch

Staat und Universität

I.

„... daß in der politischen Klasse Konsens herrscht, keinesfalls an Strukturfragen des Universitätssystems zu rühren", hat kürzlich Dieter Henrich festgestellt - nicht als erster, doch in seltener Eindeutigkeit.[1] In der politischen Sprache der neunziger Jahre heißt dies: Es besteht kein Handlungsbedarf.

In der Tat. Aus den deutschen Universitäten klingt seit langem kaum mehr eine Forderung auf, gar ein Alarm, der als Anmeldung eines solchen Bedarfs dringlich erschiene, politische „Handlungen" verlangte. Handlungsbedarf kann in einem vollausgebildeten Wohlfahrtsstaat wie dem deutschen nur entstehen, wenn eine gut organisierte Interessengruppe nachhaltige Belästigung erregen kann oder wenn Lasten für den Staatshaushalt unerträglich werden und nicht weggedrückt werden können. Beides ist nicht der Fall. Die Millionen-Population der im Namen der Universität Lehrenden und Lernenden, Forschenden, Verwaltenden und Verwalteten läßt sich nicht zu einem gemeinsamen Interesse formieren, das auf politische Beachtung pochen könnte. Das hat nicht zuletzt damit zu tun, daß der Bildungs- oder Wissenschaftsminister nur der zweit-, dritt- oder viertrangige Adressat für die Interessen der Universitätsmitglieder ist. Daher läßt sich kaum ein Staatsaufwand so mühelos behandeln und gegebenenfalls reduzieren, wie derjenige für die Hochschulen. So lang die allgemein bekannte Schadens- und Beschädigungsliste auch ist, so hoch die individuellen wie die kollektiven Kosten aus dem Ungenügen der Universität auch sind, sie werden von der ebenso mobilen wie reichen Gesellschaft der Bundesrepublik seit Jahrzehnten mühelos weggesteckt.[2]

1 Dieter Henrich: Nur ein mattes Abbild des Westens? Der Umbau der Geisteswissenschaften im Osten, in: Frankfurter Allgemeine Zeitung, 28.10.1991.

2 Zuletzt siehe Bodo von Greiff: Diogenes falsch verstanden – Tonnenideologie an der Universität, in: Leviathan 2/1991, S. 166 ff.

Wenn der Vorsitzende des Wissenschaftsrats, Dieter Simon, ebenso wie Dieter Henrich und andere Angehörige der deutschen Wissenschaftsprominenz darauf insistieren, nach der Evaluierung der Universitäten im Osten müßten nun auch die im Westen der gleichen Prozedur unterworfen werden, so findet das in den Reihen des Mandarinats verhaltenen Beifall.[3] Bei den Bildungspolitikern und den Administratoren jedoch ist darauf keine Reaktion zu vernehmen. Ihnen ist nämlich klar, daß eine solche Evaluierung nicht nur schwer ins Werk zu setzen wäre und relativ wenig erbrächte, sie wäre auch geradezu leichtsinnig. Denn das deutsche Universitätssystem, so groß seine Widersinnigkeiten sind und so wenig es den meisten seiner eigenen Ansprüche zu folgen vermag, ist durchaus stabil. Auch eine nur technokratische Reform, die auf dem Wege der Qualitäts- und Leistungsprüfung Modernisierungskräfte zwangsentbinden wollte – und mehr wird weder von Simon noch von Henrich verlangt –, hätte keine Chance. Mag ein Großteil der Universitätsangehörigen die Institution und den eigenen Beruf in ihr von einer Dauerkrise überschattet sehen, der Universität als ganzer ist eine Krise auf keine Weise einzureden. Das heißt, kein Bildungsminister fände für eine Evaluierung irgendwelche Bundesgenossen, wahrscheinlich noch nicht einmal bei den Finanzministern. Diese Unfähigkeit zur Krise und zur Wahrnehmung der Krise, die von vornherein alle systemgerechten Reformbemühungen fernehält, kennzeichnet nicht nur die deutschen Universitäten. Gleiches gilt für Frankreich, England, Italien, die USA, unter doch recht unterschiedlichen Bedingungen. Und die Klagen dort sind gewiß nicht geringer, die Übelstände meist noch ärger.

3 Dieter Simon: Wie im Westen so auf Erden, in: Frankfurter Allgemeine Zeitung, 19.3.1991; Wolf Lepenies: Eine Wissenschaftspolitik der Stärke, in: Der Tagesspiegel 3.4.1991.

Eine generelle Evaluierung der westdeutschen Universitäten bedeutete das Eingeständnis, daß die Selbstregulierung der Wissenschaften in der Universität unzureichend funktioniert. Zu den Mechanismen der Selbstregulierung gehören die Deutsche Forschungsgemeinschaft und der Wissenschaftsrat, denen ja die ständige Evaluierung der Universitätswissenschaft obliegt und denen kaum ein Winkel in ihr unbekannt sein dürfte. Wenn dem Wissenschaftsrat und der DFG im Laufe der Jahrzehnte so viel entglitten ist und wenn sie eingestehen müssen, daß die ständige Intervention inkompetenter Staatsverwaltungen ihren Kontrollmechanismus immer wieder unterläuft, dann müssen auch diese kontrollierenden Organisationen selber zur Disposition gestellt, „evaluiert" werden. Wollte man sich auf die Evaluierung der Universitäten einlassen, würde man auf die Frage nach der Kompetenz und der Mitverantwortlichkeit der Evaluierer stoßen.

Wäre es da zu vermeiden, daß als nächster Schritt dann die staatlichen Verwaltungen und ihre Entscheidungsverfahren dem prüfenden Auge unterzogen würden? Wobei die Frage sogleich wäre: wessen Auge? Vielleicht dem der Rechnungshöfe? Sollte sich je ein Wissenschaftsminister in seinem

Reformeifer dazu hinreißen lassen, mit der Evaluierung seiner Universitäten ernst zu machen, sein Innen- und Beamtenminister würde ihm sogleich in den Arm fallen.

Mit anderen Worten, eine Evaluierung, wie sie an den schutzlosen Fragmenten und am Personal der Ost-Universitäten exekutiert werden konnte, ließe sich an der relativ stabilen Institution der West-Universität nur mit härtestem Brechwerkzeug angehen. Wäre die politische Kraft dafür vorhanden, würde sie sich unvermeidlich auf das Zentrum der Universität richten müssen, auf die Knotenpunkte ihrer Einzelteile und auf den regulierenden Mechanismus, der das multiversitäre Konglomerat mit seinen kaum überschaubaren Funktionen zusammenhält. Anders bliebe eine Evaluierung der Einzelteile sinnlos, müßte sie doch in jedem einzelnen Falle den Gründen für das Verschlampen der Selbstkontrolle nachgehen. Und man würde dann entdecken, daß da gar kein Zentrum ist (was bekanntlicherweise zur Natur jeder wohlfahrtsstaatlichen Institution gehört).

Herausstellen würde sich dann auch, wie wenig die Einzelteile der Universität zusammenpassen und daß es kaum noch überzeugende Gründe gibt, welche die Organisierung forschender, lehrender und lernender Wissenschaftler zu einem Großgefüge zwingend machen. Das gilt zuerst für den Zusammenhang der Fakultäten, deren Pluralität eine Universität angeblich braucht, um überhaupt eine zu sein. Die Beliebigkeit, mit der die Wissenschaftsadministratoren im Osten heute im Universitätsbaukasten die Fächer- und Fakultätsklötzchen hin- und herschieben oder auch verschwinden lassen können, müßte den West-Universitäten die Augen öffnen.

Was zum Beispiel hält noch die Medizin in der Universität? Würde sie aus dem Institutionenverband herausgelöst und auf eigene Beine gestellt, beide Seiten würden dabei nichts gemeinsames „Universitäres" vermissen. Über den Gang dieser Wissenschaft, ihre Forschung und ihre Lehre, hat die Universität nur das schwächste Wort zu sagen. Ein Halbdutzend anderer mächtiger Institutionen bestimmen weit mehr über ihr Schicksal: Das Sozialministerium mit seinen Planzahlen für die Betten der Klinik; die Krankenkassenverbände mit ihren Entscheidungen über zulässige Erstattungen und die Anerkennung von Leiden; die Standesverbände mit ihren Regulatorien für die Facharztausbildung und -karriere; die Industrie und die Deutsche Forschungsgemeinschaft mit ihren unterschiedlichen Verfahren der Forschungsfinanzierung; die Verwaltungsgerichte für die Zulassungsquoten und die Organisatoren der multiple-choice-Prüfungsbögen – sie alle und einige mehr haben über die Universitätsmedizin mehr zu bestimmen als die Universität. Sie darf allenfalls ein wenig Infrastruktur zur Verfügung stellen. Und umgekehrt: würden Sachverstand und wissenschaftliche Verantwortungsbereitschaft der Medizinprofessoren in den akademischen Senaten fehlen, es wäre kaum eine schmerzliche Lücke zu spüren. Im Gegenteil, das Niveau der Kompetenz in

Beratung und Entscheidung würde vermutlich in der medizinfreien Universität gesteigert.

Man kann das Gedankenexperiment fortsetzen. Die Tier- und die Zahnmediziner, ebenso die Pharmazeuten, kommen ohne die Universität aus wie die Universität ohne sie. Die Organisation von Grunddiensten und wissenschaftlichen Kooperationen bedarf des gemeinsamen Daches nicht, sie wird zum guten Teil heute extra muros betrieben. Auch die meisten naturwissenschaftlichen Fächer gehorchen in Forschung, Ausbildung und Technik zum größeren Teil außeruniversitären Rahmen- und Datensetzungen. Und weiter? Die Wirtschaftswissenschaften, heute nur noch als Business- oder Management-Schools zu begreifen, können sich ohne Schwierigkeit und wahrscheinlich mit Gewinn in erheblicher Distanz zur Fakultäten-Universität organisieren. Und brauchen die Juristen, deren Lehre ohnehin weitgehend in Spezialdiensten betrieben wird und deren Forschung die übrigen Fakultäten kaum nötig hat, noch wirklich die Ansiedlung auf dem gemeinsamen Organisationsgelände? Es ist kein Zufall, daß man heute schon laut darüber nachdenkt, die juristischen und ökonomischen Fakultäten in Fachhochschulen zu verwandeln oder zu privatisieren.[4]

4 Siehe Fernando Wassner: Die jungen Juristen sind zu alt. Zuviel Stoff – Privathochschulen als Ausweg?, in: Frankfurter Allgemeine Zeitung, 14.XX.1991; Eberhard Lämmert: Ein Verhältnis zu dritt. Konflikte und Chancen der Wissenschaftsregion Berlin, in: Frankfurter Allgemeine Zeitung, 23.3.1991.

Pointierter: Würde tatsächlich eine Evaluierung der Universität eingeleitet und nach der „Realverfassung" der Disziplinen gefragt sowie nach den günstigsten, „fachgerechten" Voraussetzungen für gute Lehre wie für gute Forschung, so würde vermutlich von der Notwendigkeit zur Universität nicht viel übrig bleiben. Es würde sich herausstellen, daß die oberen Fakultäten, wie sie Kant im *Fakultätenstreit* genannt hat – also die fürs Besondere zuständigen und für die praktischen Berufe ausbildenden Fächer und Disziplinen –, viel besser führen und sich besser selbst verwalten könnten, wären sie nicht in den gemeinsamen bürokratischen Pferch der Universität gesperrt – einer Universität, die heute weder Universalität noch Freiheit der Wissenschaft gewähren kann und im Grunde nicht viel mehr ist als eine Ansammlung von sehr unterschiedlichen Betrieben für viele heterogene Zwecke.

Was von der Universität bliebe, wäre die untere, die philosophische Fakultät der Geistes- und der Sozialwissenschaften, die fürs Allgemeine zuständig sein sollen – von dem indes kaum jemand Gebrauch machen kann und will. Denn das Allgemeine, das die Universität zusammenhalten soll, ist durch die Verwissenschaftlichung längst zerforscht, zerhackt und unkenntlich geworden. Es ist in summa in die oberen Fakultäten auf je spezifische Weise gerutscht, nämlich durch ihre feste Verflechtung mit allen wohlfahrtsstaatlichen Lebenssphären und Institutionen.

Eine Evaluierung der Universitäten so weit vorstoßen zu lassen, daß sie nach den institutionellen Ursachen für das Versagen der Selbstregulierung fragt – würde sie denn von den Anstalten zugelassen –, kann also schwerlich im Interesse des Staates liegen. Nicht nur käme zutage, daß die Universitätsstruktur selber der Hauptschuldige ist, die Evaluierer wüßten auch auf keine Weise praktischen Rat.

Das zeigte sich vor allem dann, wenn sie dem schlimmsten Symptom dieses Versagens auf den Grund gingen, dem Skandal in der Lehre und der Ausbildung. Die Evaluierung der Ost-Universitäten brauchte nach diesem konstituierenden Element der Selbstregulierung nicht lang zu fragen, da die Lehre ohnehin als verdorben galt; sie konnte sich hauptsächlich auf die Wissenschaftlichkeit konzentrieren, verstanden als Kompetenz in der Forschung. Eine derartige Beschränkung wäre bei einer Evaluierung der West-Universitäten nicht möglich. Und die Prüfung käme nicht umhin, die Kernstelle des Skandals zu benennen: Die organisierte Nicht-Verantwortlichkeit der Hochschullehrer. In der alten, der zunftartig organisierten Ordinarien-Universität, in der sich Synthesen jeder Wissenschaft prinzipiell im geschlossenen freien Vortrag darstellen ließen, war diese Nicht-Verantwortlichkeit für die Lehre kein Problem (außerdem taten Hörgelder eine gute Wirkung). In der weithin verschulten Massen-Universität, die auf individuelle wie, was viel wichtiger wäre, auf kollektive Sanktionen für schlechte Lehre verzichtet, ist die fehlende Lehrverantwortlichkeit ruinös. Diese Befreiung von Lehrverantwortung, die den Professoren vermutlich mehr aufgezwungen als von ihnen erwünscht wird, stellt ein negatives Privileg dar, das aus der Struktur der Universität erzeugt wird. Und eine Evaluierung würde erweisen, daß ihr nicht abzuhelfen ist, solange die Staatsuniversität den Berufserfolg des beamteten Professors ausschließlich an der sogenannten Forschung mißt.

II.

Wenn es sich tatsächlich so verhält: Daß die wissenschaftliche Entwicklung und die Verflechtung der Fächer in alle Lebensbereiche und Institutionen die Fakultäten auseinandertreiben; daß, da der Universität die universitas fehlt, die wissenschaftliche Selbstregulation nicht funktioniert; und daß sowohl die Organisation der Universität wie die Berufszwänge des Professors die Lehre nur als eine Randerscheinung zulassen – was hält dann gegenwärtig dieses zentrumslose Gebilde Universität überhaupt zusammen? Es ist, zuallererst, der vom Staat gestützte Korporatismus der Professoren als beamteter Wissenschaftsunternehmer ohne Berufsrisiko – und ohne Zulassung zur Verantwortung, weder für ihr Fach noch für die Gesamtinstitution Universität und somit für ihre dem Staat geschuldete Hauptaufgabe, die Lehre. Anders gesagt: Dem Professor ist in der Gestaltung der Universität und der Wissenschaftsorganisation nahezu alles versagt, außer der einen Aufgabe, ein guter Forschungsorganisator zu sein – worin er denkbar große Freiheit genießt.

Gegen diese Strukturbedingung der Universität ist kein Kraut einer

Evaluierung gewachsen. Und mag sie noch so gutwillig und gerechtdenkend sein, es ist Selbsttäuschung, zu hoffen, daß das, was im Osten seinen prekären Erfolg hat, nun auch im Westen angewendet werden könne. Denn die Universität hat keine Funktionslogik, die durch Überprüfung und Korrektur von Abnutzungserscheinungen wiederhergestellt werden könnte.

Wie wäre dann, wenn Evaluierung ein ungeeigneter Hebel ist, der Universität zu funktionierender Selbstregulierung zu verhelfen? Wie könnte sich der Staat von dem Zwang entlasten, der mangelnden Motorik der universitären Selbstverwaltung mit immer weiteren bürokratischen Eingriffen begegnen zu müssen und derart die Schwäche eher auf Dauer zu stellen? Die Frage wäre pragmatisch zuzurichten: Wenn die Leistungsfähigkeit der Universität zu allererst in der richtig kombinierten Kompetenz der Hochschullehrer besteht, welcher Einrichtungen bedürfte es, um die Interessen der Professoren auf ein Optimum an Verantwortlichkeit für ihre Institution zu lenken, oder, noch einfacher: Wie kann man die Professoren zur Selbstregulierung befähigen? Diese Frage wäre durch eine weitere zu ergänzen: Wie müßte ein System der höheren Bildung aussehen, das mehr Bildungsgerechtigkeit und Chancengleichheit herstellen kann als die heutigen Massen- und Mammutuniversitäten, deren ordnungslose, den Forschungsinteressen der Professoren folgende Lehre geradezu zur Chancenvernichtung führt?[5]

Auf diese Fragen, die in Deutschland zu stellen seit Jahren inopportun und nutzlose Anstrengung ist, hat eine Denkschrift des Collège de France, inspiriert von Pierre Bourdieu, auf Anforderung des Staatspräsidenten eine Reihe von Antworten gesucht.[6] Für das egalitärste und am striktesten staatsregulierte Bildungssystem Europas, dessen Selektionsmechanismus ständig aufs neue eine Klassengesellschaft der Besitzer von Bildungskapital und der Besitzlosen reproduziert, formulierten die Autoren, wenn auch mit gebührender Vorsicht, ein Rezept, dem man heute das damals noch kaum gebräuchliche Stichwort geben würde: Deregulation. Die Bildungspolitiker der sozialistischen Regierung sorgten freilich dafür, daß die Denkschrift sogleich aus der öffentlichen Diskussion gezogen wurde, um die wichtige Wählerkohorte der nach wie vor im Bildungsjakobinertum lebenden Lehrerschaft nicht zu verprellen. Es sind übrigens vor allem französische Sozialwissenschaftler, die der Linken zugerechnet werden, u.a. Pierre Bourdieu und Alain Touraine, die für eine *Entstaatlichung des Bildungssystems* und voran der Universitäten werben. Verständnis finden sie dafür indes bislang nur in der hohen Staatstechnokratie, kaum beim Bildungspersonal, das Entstaatlichung nur als Privatisierung und, was in Frankreich noch immer Sprengstoff birgt, als Entlaizisierung sich vorstellen kann.

Deregulation der Universität, um Selbstregulierung zu kräftigen und Bildungsgerechtigkeit zu vermehren, hät-

5 Zu den deprimierenden Studienabbrecherquoten in den einzelnen Fächern siehe Bodo von Greiff: Diogenes falsch verstanden... (Anm. 2), S. 171.

6 Propositions pour l'enseignement de l'avenir, Collège de France, Paris 1985.

te zu bezwecken, was eine Evaluierung, auch wenn sie durch positive und negative Sanktionen unterstützt würde, im gegebenen System nicht bewirken kann: eine Konkurrenz zwischen den Hochschulen herzustellen, die nicht nur bei der Privilegierung guter Forschung ansetzt, sondern ebenso bei der Privilegierung guter Lehre. Das hieße, daß aus dem nichthaftenden, risikolosen und zur Verantwortung für die Universität nicht zugelassenen Wissenschaftsunternehmer – eben dem beamteten Professor – ein mithaftender Lehrunternehmer wird, dessen persönlicher Erfolg an den Erfolg seiner Universität gekoppelt ist.

Deregulation, derart formuliert, hieße im Klartext: Modernisierung der Universität durch Anpassung an die Gegebenheiten des organisierten, wohlfahrtsstaatlich gestützten Kapitalismus, der die Trennung zwischen öffentlich und privat, zwischen Leistung des Staats und Leistung der Wirtschaft längst aufgehoben hat. Das Bildungssystem und voran die Universität sind ja das letzte Reduit eines hilflos gewordenen Etatismus. In ihm lebt freilich noch immer der deutsche Professor ebenso wie der deutsche Schullehrer, und deswegen würde sich auch gegen die Deregulation der Universität ein Bündnis des gesamten Personals ergeben, vom konservativen Professorenbund bis zur linken Gewerkschaft. Schieben wir daher, ehe das Argument zu Ende geführt wird, eine kleine Lokkerungsübung ein. Vielleicht kann die Konstruktion eines Szenarios über einige Klippen hinweghelfen: Stellen wir uns als fiktives Beispiel die Hochschullandschaft des Landes Brandenburg-Berlin im Jahr 2006 vor, gespielt in herausgegriffenen Nachrichten aus dem Universitätsleben, publiziert im Berliner *Tagesspiegel:*

– Die Studentenzahl der Freien Universität ist im laufenden Studienjahr auf 30.000 gesunken und hat damit, wie geplant, wieder den Stand der späten siebziger Jahre erreicht. In den 80er Jahren war sie auf mehr als 60.000 angeschwollen, was nach einem damaligen Fachterminus eine „Überlast" von 110 Prozent bedeutete. Zum jetzt erreichten Umfang der FU ist anzumerken, daß zum Ende des letzten Jahrzehnts die medizinischen Fachbereiche ausgegliedert worden sind. Die FU, eine der vier Staatsuniversitäten im Lande, ist nach wie vor auch die studentenstärkste. Nach einem Beschluß des Landtags soll keine Hochschule in Brandenburg-Berlin mehr als 25.000 Studenten aufnehmen.

– Das Professoriat der Staatsuniversitäten im Land Brandenburg-Berlin besteht heute etwa zu einem Drittel aus Beamten. Dem Beamtenanteil an den Staatsuniversitäten entspricht an den privaten und den Stiftungsuniversitäten ein ähnlich hoher Prozentsatz von Professoren mit Lebenszeitstellung. Hier wie dort ist der Rest der Hochschullehrer mit längerfristigen Verträgen angestellt.

– Dem Stiftungsrat der Rudolf-Virchow-Universität für Medizin und Biotechnologie im Wedding ist nunmehr auch die Siemens A.G. beigetreten. Ebenso wie bei der Schering A.G., die bereits seit der Umgründung im Jahre 1997 zu den Trägern der Universität gehört, beträgt die Einlage ins Stiftungsvermögen 150 Millionen Mark.

Größter Träger ist mit 50 Prozent nach wie vor das Land, das auch die Zuschüsse zum Universitätshaushalt bestreitet. Mit der RVU hat Siemens, deren gesundheitsindustrielle Aktivitäten das Ausmaß eines eigenen Konzerns erreicht haben, sich den seit längerem gesuchten Stützpunkt in einer Forschungsuniversität geschaffen.

– Rund 60 Prozent der Brandenburg-Berliner Studenten erhalten ein Stipendium. Davon sind etwa die Hälfte Vollstipendien, die ihrerseits zu 80 Prozent vom Land aufgebracht werden. Die acht privaten oder nicht voll-staatlichen Hochschulen, die Studiengebühren erheben, müssen laut Gesetz 20 Prozent ihrer Studienplätze mit Stipendiaten aus Anstaltsmitteln besetzen.

– Unter den zwölf brandenburg-berliner Universitäten, die zehn Fachhochschulen nicht gerechnet, ist die jüdische Universität mit 2.300 Studenten die kleinste, zählt jedoch zu den renommiertesten. Neben ihrer theologisch-religionswissenschaftlichen Fakultät unterhält die Universität nur naturwissenschaftliche Disziplinen, wobei Physik und Chemie von besonderem Rang sind. Die Stiftungsuniversität, als Ableger der Universität Haifa gegründet, wird zu je einem Drittel von der jüdischen Gemeinde, von der Mutter-Universität und vom Land getragen. Obwohl in Brandenburg-Berlin wieder rund 100.000 Juden wohnen, beträgt der Anteil der jüdischen Studenten nur rund 30 Prozent.

– Die Fachbereiche für Sprach- und für Sozialwissenschaften der Freien Universität haben wieder eine durchschnittliche Verweildauer ihrer Studenten von 9,7 Semestern erreicht. Die Quote der akademischen Abschlüsse lag bei 80 Prozent. Die Regelstudienzeit von neun Semestern wurde damit im dritten Jahr nacheinander nur unwesentlich überschritten. In den neunziger Jahren hatte die durchschnittliche Verweildauer bei dreizehn Semestern gelegen. Für die Freie Universität bedeutet dies gegenüber dem Vergleichsjahr 1996 eine rechnerische Ersparnis von jährlich 14 Millionen Mark. Um diesen „Gewinn" der FU zu belohnen, beschloß der Hauptausschuß des Landtags, ihr die Hälfte des erwirtschafteten Betrags zusätzlich zum Globalhaushalt für die beiden kommenden Jahre zu bewilligen. Der Betrag steht zur freien Verfügung der beiden Fachbereiche mit der einzigen Auflage, daß er je zur Hälfte für Forschung und für Lehre verwandt wird. Der Beschluß des Hauptausschusses folgt im übrigen dem Programmgesetz von 1998.

– Die Absolventen der sechs landeseigenen Pädagogischen Hochschulen, die Ende der 90er Jahre wiedererrichtet worden sind, haben bereits heute größere Anstellungschancen als ihre Kollegen mit Universitätsausbildung. An den Schulen Brandenburg-Berlins sind beide Ausbildungsrichtungen anerkannt. Damit folgt die Lehrerausbildung dem Trend, der seit langem von technischen Fachhochschulen im Verhältnis zur Technischen Universität bekannt ist.

– Die Technische Universität hat den vierten Absolventenjahrgang entlassen, in dessen Studiengang sozial- und rechtswissenschaftliche Anteile integriert waren, und zwar vom ersten bis zum letzten Semester. Im Durchschnitt der gesamten Studienzeit lagen diese

Anteile bei zwölf Prozent. Nach der Erfahrung mit den ersten drei Absolventenjahrgängen zu schließen, wird das neue „Berliner Modell" von den Abnehmern der Industrie nach anfänglichem Zögern durchaus honoriert. Ihre geistes- und sozialwissenschaftlichen Fachbereiche hat die TUB, die ihre Studentenzahl auf rund die Hälfte des Standes von 1995 (45.000) reduzieren konnte, seit vier Jahren endgültig geschlossen.

- Die Verwaltungsakademie Potsdam hat mit 1.500 Studenten ihr Studienplatz-Volumen voll ausgeschöpft. Die Elite-Schule, die nur Graduierte aufnimmt, wird zu zwei Dritteln vom Bund, zu einem Drittel vom Land finanziert. In direkter Konkurrenz zur Potsdamer Akademie stehen heute die Verwaltungsjuristen der Humboldt-Universität. Ihre interdisziplinäre Ausbildung nach einem Plan aus den frühen neunziger Jahren garantiert praktisch jedem Absolventenjahrgang, daß er bereits vor dem Abschluß der Prüfung von nationalen und internationalen Institutionen „abgenommen" wird. Die Potsdamer Akademie ist in einem Kooperationsvertrag vielfach mit der École Nationale d'Administration verbunden, die seit einigen Jahren vollständig von Paris nach Straßburg umgezogen ist.

Soweit unser kleines Szenario aus der Brandenburg-Berliner Hochschulwelt im Jahre 2006. Was hier bloße Konstruktion ist, findet sich annähernd in der Wirklichkeit von Massachusetts. Bourdieu und Touraine und manche Professoren des Collège de France könnten sich ein solches Modell auch für die Ile de France vorstellen, und in Brüssel wäre es nicht nur dem Kommissionspräsidenten Delors ganz recht.

Zu demonstrieren war ein offenes System mit unterschiedlichen Universitätsorganisationen, in dem verschiedenartige Kombinationen für die meisten Studienfächer möglich und in dem überdimensionierte Größen unerwünscht sind. Ein System, in dem der Staat zwar anwesend und nötig ist, in dem er aber nicht alles regulieren muß, sondern sich auf die Setzung von Rahmenbedingungen beschränken kann.

Ein System, in dem unterschiedliche Hochschulen in der Lehre konkurrieren *müssen* und in dem der Professor als Lehr-Unternehmer mit dem Professor als Forschungsunternehmer konkurrieren *kann*, wäre nicht nur transparenter und könnte die Studentenmassen besser auffangen als die heutige Staats- und Massenuniversität. Es könnte, indem es Selektivität mit Wahlmöglichkeiten verbindet, wohl auch besser die gewaltigen sozialen Kosten vermeiden, die aus der absichtslosen, kalten Selektion durch Studienabbruch an der desorganisierten Staatsuniversität entstehen. Das sozialstaatliche Postulat „Bildung für alle" ist an der Staatsuniversität gescheitert: durch das Karlsruher Hochschulurteil von 1973, durch das Hochschulrahmengesetz und durch die Abtötung der universitären Selbstregulierung, zu der die Verwaltungen, weil sie kaum anders können, beigetragen haben. Es wäre Zeit, dem egalitären Bildungspostulat mit der deregulierten Universität eine neue Chance zu geben.

Fritz W. Scharpf

Entwicklungslinien des bundesdeutschen Föderalismus

In der Bundesrepublik hat sich in den letzten vierzig Jahren eine höchst ungewöhnliche, in mancher Hinsicht geradezu paradoxe Spielart des Föderalismus entwickelt. Von Passau bis Flensburg werden im wesentlichen bundeseinheitliche Gesetze einheitlich angewandt und bundeseinheitliche Steuern einheitlich erhoben. Das öffentliche Interesse konzentriert sich deshalb auch ganz auf die Bundespolitik, und in der Aufmerksamkeit der Bürger rangiert die Landespolitik sogar noch hinter der Kommunalpolitik und der europäischen Politik erst an vierter Stelle.[1] Aber bei den deutschen Landtagswahlen ist die Wahlbeteiligung höher als bei den Wahlen zu den Regionalparlamenten anderswo, und die Ministerpräsidenten der Länder gehören eher zur obersten politischen Prominenz als sogar die Gouverneure der amerikanischen Einzelstaaten. Das Rätsel löst sich, wenn man zwischen Eigenständigkeit und Einfluß unterscheidet. Nordrhein-Westfalen ist dreimal so groß wie die ganze Schweiz, aber selbst der kleinste Kanton hat mehr Spielraum für eigenständige Entscheidungen. Dennoch haben die deutschen Länder im ganzen mehr Einfluß auf die Entscheidungen des Zentralstaats als die Gliedstaaten in irgendeinem anderen Bundesstaat. Die Landesregierungen bestimmen im Bundesrat und in Bund-Länderverhandlungen über die Richtung der Bundespolitik, und die Landtagswahlen sind wichtig, weil sie die Mehrheitsverhältnisse im Bundesrat (und manchmal die Auswahl von Kanzlerkandidaten) bestimmen können.

Der bundesdeutsche Föderalismus verdankt diese besondere Gestalt drei besonderen Umständen: Erstens waren die westdeutschen Länder vor dem Bund da gewesen und konnten so auch die Verfassung der Bundesrepublik in ihrem Sinne beeinflussen. Zweitens hatten die westlichen Alliierten starke Bundesländer gewünscht, um den starken deutschen Zentralstaat unmöglich zu machen. Drittens und vor allem aber war der bundesdeutsche Föderalismus geprägt von einer deutschen Tradition, die seit der Bismarck-Verfassung den Bundesstaat als eine Angelegenheit der Exekutiven verstanden hatte. In dieser Tradition ging es keineswegs um jene Ideale des Föderalismus, die anderswo – etwa in den Vereinigten Staaten oder in der Schweiz (und inzwischen auch bei uns) zur Legitimation bundesstaatlicher Lösungen angeführt werden – weder um die Bewahrung lands-

1 So das Ergebnis einer Forsa-Umfrage in Nordrhein-Westfalen zum Thema „Das Land als politische Handlungsebene", abgedruckt in: Große-Sender 1990, Anhang 2.

mannschaftlicher oder kulturell-religiöser Besonderheiten (wo wären diese in den unitarischen Großstaaten Preußen und Bayern oder selbst in Württemberg oder Baden je respektiert worden?), noch um die Freiheit des politischen Experimentierens in kleineren Einheiten, noch gar um freiheitssichernde *checks and balances*. Für Bismarck, der den Krieg von 1866 noch mit der Annexion Hannovers und Schleswig-Holsteins abgeschlossen hatte, mußte das Reich föderalistisch sein, weil anders der Beitritt der von Preußen ja nicht unterworfenen süddeutschen Staaten keineswegs zu gewinnen war. Die besondere Form dieses Föderalismus aber, die Repräsentation der gliedstaatlichen Exekutivgewalten im Bundesrat als dem zentralen Gesetzgebungsorgan des Reiches, entsprang verfassungspolitischen Kalkülen, deren antidemokratische Qualität uns heute eher irritieren sollte. Für Bismarck jedenfalls verkörperte der Bundesrat das „dynastische Prinzip" und damit das institutionelle Bollwerk gegen alle auf Parlamentarisierung der Reichsregierung zielenden Bestrebungen (Vierhaus 1989) – und faktisch hat er diese Funktion bis heute behalten.

Die unmittelbare Teilhabe der gliedstaatlichen Regierungen an der Reichsgewalt erklärt aber auch, weshalb der Bundesrat nicht zugleich ein Bollwerk gegen die fortschreitende Zentralisierung von Aufgaben und Kompetenzen bilden konnte – wer selbst mitregiert, braucht die Regierung nicht zu beschränken. Schon am Ende der Monarchie kam deshalb das Reich einem Einheitsstaat nahe. In der Weimarer Republik hatte dann das dynastische Prinzip zwar ausgedient, aber die – in ihren Kompetenzen reduzierten – Länder wurden im neuen Reichsrat weiterhin von ihren Regierungen (und nicht von gewählten Vertretern des Volkes oder der Landtage) repräsentiert. Obwohl er bei der Gesetzgebung vom Reichstag überstimmt werden konnte, verstärkte also der Reichsrat die gouvernementale Schlagseite der Weimarer Reichsverfassung. In den Beratungen über das Bonner Grundgesetz wußte man denn auch wenig Besseres von ihm zu sagen, als daß er selbst in den letzten Krisenjahren der Republik noch reibungslos funktioniert hatte. Aber schon das war Empfehlung genug in einer Diskussion, die das Scheitern der ersten Republik in erster Linie den parlamentarischen und plebiszitären Elementen ihrer Verfassung zuschrieb.

Dies also ist die Tradition, an die der bundesdeutsche Föderalismus 1949 anknüpfte. Nicht, daß man dabei keine Wahl gehabt hätte (Morsey 1974, 1988). In den Beratungen des Parlamentarischen Rates standen sich zwei Entwürfe gegenüber, von denen der eine die weitestmögliche Trennung zwischen Bundes- und Landesaufgaben und die Repräsentation der Länderinteressen in einem (von den Landtagen beschickten) „Senat" vorgesehen hätte.[2] Aber am Ende siegte auch

2 Nach dem vom Chef der hessischen Staatskanzlei, Hermann L. Brill, formulierten Vorschlag wären den Ländern Hebesätze auf die Steuern von Einkommen und Vermögen eingeräumt und ein Katalog von ausschließlichen Landeskompetenzen auch gegen künftige Verfassungsänderungen geschützt worden (Bucher 1981, S. 471). In Herrenchiemsee blieb die Entscheidung zwischen der Bundesrats- und der Senatslösung offen. Der schließliche Kompromiß („unechte Bundesratslösung") wurde im Vorfeld der Beratungen des Parlamentarischen Rates zwischen dem bayrischen Ministerpräsi-

diesmal das gouvernementale über das parlamentarische Prinzip, und so repräsentiert auch der gegenüber dem Weimarer Reichsrat in seinen Gesetzgebungsfunktionen wesentlich gestärkte Bundesrat des Grundgesetzes nur die Landesregierungen (und nicht die Landtage oder die Wähler).

Aber das erklärt allenfalls den Einfluß der Landesregierungen auf die Bundespolitik, aber noch nicht den Verzicht der neuen Länder auf die Nutzung der autonomen Handlungsspielräume, die ihnen das Bonner Grundgesetz unter dem Einfluß der Alliierten weit über die in Weimar gezogenen Grenzen hinaus eingeräumt hatte. Schließlich stand ihnen nunmehr für den weit überwiegenden Teil der Staatsaufgaben die konkurrierende Gesetzgebungskompetenz zu, und sie konnten den Bund durch ihr Veto im Bundesrat an der eigenen Nutzung dieser Kompetenzen hindern. Aber zu solchen Blockaden des Bundesgesetzgebers ist es nur selten gekommen.[3] Statt dessen haben die Landesregierungen einer langen Reihe von Verfassungsänderungen zugestimmt, durch die die Bundeskompetenzen ausgeweitet und die Freiheit der Länder zu eigenständigen Entscheidungen immer weiter beschnitten wurde. Von den handelnden Politikern wird diese erstaunliche Entwicklung fast immer dem dringenden Wunsch der Wähler nach gleichen Lebensverhältnissen im ganzen Bundesgebiet zugeschrieben, der größere Spielräume für eine eigenständige Landespolitik einfach nicht erlaubt hätte. So ganz zwingend erscheint diese Erklärung freilich nicht, wenn man bedenkt, wie sehr die behauptete Sensibilität für Unterschiede zwischen den Ländern bei den öffentlichen Leistungen und Lasten kontrastiert mit der offenbar robusten Toleranz der Bundesbürger für alle anderen Ungleichheiten in der Verteilung von Einkommen, Vermögen und Lebenschancen. Plausibler erscheint dagegen eine historische Erklärung, die bei den politischen und ökonomischen Bedingungen der frühen Nachkriegszeit ansetzt.

Die Länder waren damals zwar vor dem Bund da, aber sie handelten im Schatten des Großdeutschen Reiches, das als zentralisierter Einheitsstaat untergegangen war, aber in seiner einheitlichen Rechtsordnung (soweit sie nicht wegen ihres nazistischen Gehalts von den Besatzungsmächten aufgehoben worden war) fortlebte. Die von den Besatzungsmächten lizensierten neuen Länder hätten deshalb das Tabu der nationalen Einheit verletzt und sich dem Separatismus-Vorwurf ausgesetzt, wenn sie vor der Neugründung des Nationalstaats mit Eifer daran gegangen wären, altes Reichsrecht durch neues Landesrecht zu ersetzen. Sobald aber die Bundesrepublik gegründet war, wurden die Beziehungen zwischen Bund und Ländern durch gegensätzliche Interessen der Länder geprägt, die durch Kriegszerstörung und den Zustrom von Flüchtlingen und Vertriebenen in höchst ungleichem Maße betroffen waren. Während etwa Schleswig-Holstein und Nie-

denten Ehard (CSU) und dem nordrhein-westfälischen Innenminister Menzel (SPD) ausgehandelt.

3 Immerhin sind seit 1951 mehrere Versuche der Bundesregierung, die Förderung der wissenschaftlichen Forschung (Art. 74, Ziff. 13 GG) gesetzlich zu regeln, schon im Vorfeld am einhelligen Widerstand des Bundesrates gescheitert (vgl. Hohn/Schimank 1990).

dersachsen den Wiederaufbau aus eigener Kraft kaum hätten schaffen können (von Hassel 1989), wären Bayern, Württemberg-Baden oder Hessen auch ohne die Hilfe des Zentralstaats wieder auf die Beine gekommen. Überdies waren und sind Bremen, Hamburg und das Saarland auch zu klein, um Staatsaufgaben von überörtlicher Bedeutung eigenständig wahrzunehmen, während Nordrhein-Westfalen, Bayern und Baden-Württemberg nach Einwohnerzahl und Wirtschaftskraft durchaus die Rolle eines respektablen europäischen Nationalstaats hätten spielen können. Diese Grundbedingungen haben die Entwicklung des westdeutschen Föderalismus bis heute geprägt.

Aus der Sicht der problembeladenen, wirtschaftsschwachen oder kleinen Länder sprach alles dafür, die ausgaben-intensiven Staatsaufgaben dem Zentralstaat zu überlassen – und der Bund war von Anfang an auch bereit, diesen Wünschen entgegenzukommen. Eben dies aber konnte keineswegs im Interesse der großen und finanzkräftigen Länder liegen, denen schon die ursprüngliche Kompetenzausstattung des Bundes zu weit gegangen war. Ihr Ziel war die Umverteilung des Steueraufkommens zugunsten der Länder, um diese in die Lage zu versetzen, auch kostenintensive Staatsaufgaben aus eigener Kraft zu erfüllen. Freilich wäre diese Position nur dann schlüssig gewesen, wenn zuvor die Unterschiede in der Größe und Leistungsfähigkeit der von den Besatzungsmächten zusammengewürfelten Nachkriegsländer durch eine territoriale Neugliederung beseitigt worden wären. Die Chance dazu hatten die Alliierten den Ministerpräsidenten noch vor Beginn der Beratungen über die Gründung der Bundesrepublik angeboten.[4] Aber diese waren schon damals außerstande gewesen, ihren Kollegen aus den zu schwach geratenen Territorien die Selbstabschaffung abzuverlangen. Zu einer Änderung der Ländergrenzen kam es danach nur im Südwesten, wo 1952 aus den nach Besatzungszonen geschnittenen Ländern Baden, Württemberg-Baden und Württemberg-Hohenzollern der „Südweststaat" zusammengefügt wurde. Auch dies gelang nur gegen den erbitterten Widerstand Südbadens und in einer Volksabstimmung, deren Modalitäten von den Badenern mit Erfolg vor dem Bundesverfassungsgericht angegriffen wurden. Aber das neue Baden-Württemberg gehört seitdem zu den leistungsfähigsten Ländern der Republik.

An diesem Vorbild orientierten sich dann die Vorschläge der 1970 vom Bundesinnenminister eingesetzten Neugliederungskommission (Sachverständigenkommission 1973). Sie hatte unter der Leitung des ehemaligen Staatssekretärs Werner Ernst mehrere Lösungsvarianten ausgearbeitet, die jeweils die Zahl der westdeutschen Länder von zehn auf fünf oder sechs reduziert hätten. In allen Varianten wären Bayern, Baden-Württemberg und Nordrhein-Westfalen im we-

4 Im „Frankfurter Dokument Nr. II" vom 1. Juli 1948 hatten die Alliierten die Ministerpräsidenten aufgefordert, Änderungen der Ländergrenzen vorzuschlagen und dabei „möglichst die Schaffung von Ländern zu vermeiden, die im Vergleich mit den anderen Ländern zu groß oder zu klein sind" (Wagner 1975, S. 32 f.). Schon am 10.7.1948 empfahlen die Ministerpräsidenten statt dessen, die Neugliederung im ganzen auf später zu verschieben und allenfalls die Grenzen der Ländern im Südwesten im Parlamentarischen Rat beraten zu lassen (Wagner 1975, S. 143-147).

sentlichen erhalten oder sogar noch vergrößert worden, während Hessen, Rheinland-Pfalz und das Saarland in einem neuen „Bundesland Mittelwest" und Niedersachsen, Bremen, Hamburg und Schleswig-Holstein entweder in einem gemeinsamen „Bundesland Nord" oder in einem „Bundesland Nordwest" und einem „Bundesland Nordost" aufgehen sollten. In jedem Falle wäre die neue Länderstruktur nach Fläche und Bevölkerungszahl eher ausgewogen gewesen, und auch die Unterschiede in der wirtschaftlichen und finanziellen Leistungskraft wären durch die Vereinigung von wirtschaftsstarken und wirtschaftsschwachen Regionen zu größeren Ländern weitgehend egalisiert worden. Der Finanzausgleich zwischen den Ländern hätte also nach einer Übergangsfrist abgeschafft werden können (Sachverständigenkommission 1973, S. 236-243), und die Notwendigkeit von Hilfsaktionen des Bundes aus gegebenem Anlaß – die Werftenkrise in Bremen und die Stahlkrise an der Saar – wäre jedenfalls seltener eingetreten. Statt dessen hätte man erwarten können, daß die neugegliederten Länder ihre Interessen gegenüber dem Bund sowohl einheitlicher als auch offensiver formulieren würden, und daß es deshalb auf mittlere Sicht zu einer Rückübertragung öffentlicher Aufgaben bei gleichzeitiger Umverteilung des Steueraufkommens gekommen wäre. Die Bedeutung der eigenständigen Landespolitik hätte also auf Kosten des Bundes zugenommen.

Aber das sind Aussagen im Konjunktiv. Nachdem die Vorschläge der Ernst-Kommission Anfang 1973 auf dem Tisch lagen, sprachen sich für eine Neugliederung außer Niedersachsen nur Länder aus, deren Gebietsstand von den Vorschlägen nicht wesentlich tangiert wurde (Länderarbeitsgruppe 1973). Der einhellige Widerstand im übrigen erklärt sich gewiß nicht allein aus dem Eigeninteresse von Amtsinhabern, die um ihre Posten fürchten mußten. Ebenso wichtig war der institutionelle Konservatismus jener Unzahl außerstaatlicher Organisationen, die – von den Kirchen, Rundfunkanstalten, Kammern, Krankenkassen und Wohlfahrtsverbänden über die politischen Parteien, Gewerkschaften und Arbeitgeberverbände bis hin zu den Sportverbänden – ihre eigenen Untergliederungen mehr oder minder konsequent der bestehenden Länderstruktur angeglichen hatten. Eine vermutlich noch größere Rolle spielte aber das auf allen Seiten unterstellte (und durch Meinungsumfragen bestätigte) „Landesbewußtstein" der Bürger in den historisch gewachsenen oder in der Nachkriegszeit künstlich geschaffenen Ländern, die nun hätten beseitigt werden sollen. Die Neugliederung hatte also nicht nur in der politischen Klasse viele Gegner und wenig Befürworter; sie war auch unpopulär bei den Wählern. Man kann deshalb gut verstehen, daß die sozialliberale Koalition im Bund (die das Neugliederungsgesetz auch ohne Zustimmung des Bundesrats hätte beschließen können) damals wichtigere Sorgen hatte, als sich im Interesse der Ländergesamtheit mit der Mehrheit der Landesregierungen und mit den Wählern (die per Volksentscheid doch das letzte Wort gehabt hätten) anzulegen. Nach eher lustloser Diskussion wurde deshalb Mitte der siebziger Jahre das Gutachten der Ernst-Kommission zu den Akten gelegt und eine Verfassungsänderung beschlossen, die den formell zwingenden Neugliederungsauftrag des

Grundgesetzes in eine bloße Kann-Vorschrift umwandelte.[5] Dabei ist es bis heute geblieben.

Geblieben ist es deshalb auch bei den Unterschieden der Größe und der wirtschaftlichen und finanziellen Leistungsfähigkeit zwischen den westdeutschen Ländern. Der horizontale und vertikale Finanzausgleich hat die fiskalische Ungleichheit niemals ganz egalisieren können, und überdies haben die Verteilungskonflikte zwischen Geber- und Nehmerländern sich in den achtziger Jahren wieder verschärft. Wenn man aber trotz solcher Unterschiede möglichst einheitliche staatliche Leistungen und Lasten im ganzen Bundesgebiet haben wollte, dann galt ein simples Gesetz: Von den kleinen und armen Ländern hing es ab, welche Aufgaben von der Landespolitik in eigener Verantwortung erfüllt werden konnten, und welche der Bund (oder allenfalls die Ländergemeinschaft) ganz oder teilweise übernehmen mußte. Mit anderen Worten: Das Saarland und Bremen bestimmten den Spielraum der Landespolitik in Nordrhein-Westfalen und Bayern. Aber zugleich setzte sich im deutschen Föderalismus ein zweites Gesetz durch: Die großen und leistungsfähigen Länder stimmten keiner Ausweitung der Bundeskompetenzen zu, die ihnen nicht wenigstens das Mitspracherecht bei der Kompetenz-Ausübung garantierte. So kam es zu der vom Parlamentarischen Rat gerade nicht beabsichtigten Konstellation, bei der heute fast zwei Drittel aller Bundesgesetze (und darunter alle politisch wichtigen) nur mit der Zustimmung des Bundesrats verabschiedet werden können; und so kam es zu jener allumfassenden Aufgaben- und Finanzierungsverflechtung zwischen Bund und Ländern, die zwar seit mindestens anderthalb Jahrzehnten von Bundeskanzlern, Ministerpräsidenten und Landtagspräsidenten einhellig beklagt, aber von niemandem mehr revidiert wurde (Scharpf 1989).

Vieles spricht jedoch für die Vermutung, daß das in vier Jahrzehnten ausgebildete bundesstaatliche Gleichgewicht die doppelte Erschütterung der deutschen Vereinigung und der Vollendung des europäischen Binnenmarktes nach 1992 nicht überdauern kann. Während diese schon seit der Ratifizierung der Einheitlichen Europäischen Akte im Herbst 1986 diskutiert werden, schieben sich nun die möglichen Auswirkungen der deutschen Vereinigung in den Vordergrund der politischen Aufmerksamkeit. Freilich herrscht hier womöglich noch weniger Klarheit als dort – klar ist nur, daß beide Entwicklungen von den westdeutschen Bundesländern derzeit als gefährliche Bedrohung interpretiert werden.

Die Vereinigung der beiden deutschen Staaten ist durch den Beitritt der DDR zur Bundesrepublik gemäß Artikel 23 des Grundgesetzes vollzogen worden. Zugleich ließ die Eile des Vereinigungsprozesses und der rückwärtsgerichtete Identifikationswille der Bevölkerung auch der DDR keine andere Wahl (Preiß 1990), als die fünf Nachkriegsländer Mecklenburg-Vorpommern, Brandenburg, Sachsen-Anhalt, Sachsen und Thüringen wiederherzustellen. Versuche des Bundesinnenministers, das nach allgemeiner Einschätzung unpraktikable Neugliederungsver-

5 Art. 29 GG in der Fassung des Dreiunddreißigsten Gesetzes zur Änderung des Grundgesetzes vom 23.8.1976, BGBl.I, 2381.

fahren des Art. 29 n.F. GG im Zuge der deutschen Einigung insgesamt zu reformieren, scheiterten schon im Vorfeld der Verhandlungen über den Einigungsvertrag am Widerstand der kleinen westdeutschen Länder; lediglich für den Zusammenschluß von Berlin und Brandenburg soll ein erleichtertes Verfahren gelten.

Auf den ersten Blick wird durch die Vereinigung also eine vergrößerte Bundesrepublik mit 16 statt bisher 11 Ländern geschaffen. Dennoch wäre es falsch, vom Fortbestand der überkommenen Strukturen auf die Stabilität der Funktionsweisen des deutschen Föderalismus zu schließen. Im Gegenteil: Gerade weil die Strukturen nicht verändert wurden, wird sich die Balance zwischen Bund und Ländern zum Nachteil der Länder verschieben. Diese Erwartung, die inzwischen auch von westdeutschen Landespolitikern geteilt wird (Clement 1990; Voscherau 1990), läßt sich aus dem Zusammentreffen von zwei, je für sich plausiblen Mechanismen herleiten.

Die ostdeutschen Länder gehören mit durchschnittlich etwa drei Millionen Einwohnern zu den kleinen Ländern, und sie werden auf lange Zeit hinaus in ihrer Wirtschafts- und Steuerkraft weit unter dem Bundesdurchschnitt bleiben. Das bedeutet aber daß im Bundesrat auch nach der jüngsten Veränderung des Stimmenschlüssels die kleinen Länder (zu denen man in Westdeutschland neben den Stadtstaaten noch das Saarland, Schleswig-Holstein und Rheinland-Pfalz rechnen kann) ein deutliches Übergewicht über die großen Länder haben. Ebenso können künftig die struktur- und finanzschwachen Länder (zu denen bisher neben dem Saarland, Rheinland-Pfalz, Niedersachsen und Schleswig-Holstein auch Bremen und Berlin zählen) zusammen mit den neuen ostdeutschen Ländern die finanzstarken westdeutschen Länder leicht majorisieren. Anders als im bisherigen Bundesrat steht also künftig der Ausbeutung der Großen durch die Kleinen und der Starken durch die Schwachen wenig im Wege.

Das ist die eine Seite. Die andere ist die im Einigungsvertrag bis 1995 festgeschriebene Weigerung der westdeutschen Länder, die neuen Länder nach den geltenden Regeln an der Umsatzsteuerverteilung und am Bund-Länder-Finanzausgleich teilnehmen zu lassen. Dies ist auf moralisierende Kritik gestoßen, die jedoch der faktischen Zwangslage insbesondere der finanzschwachen westdeutschen Länder kaum gerecht wird. Ihre Steuerkraft wird durch den Finanzausgleich nur auf etwa 95 % des Bundesdurchschnitts angehoben, aber sie stehen dennoch unter dem politischen und teilweise (so etwa bei der Sozialhilfe) auch dem rechtlichen Zwang, ihren Bürgern bundeseinheitliche Lebensverhältnisse zu garantieren. Bei Anwendung der geltenden Regeln des Finanzausgleichs würden sie aber nach der Vereinigung nicht nur die bisherigen Zuwendungen verlieren (was etwa im Falle von Niedersachsen 1990 einen Verlust von mehr als drei Mrd. DM bedeutet hätte),[6] sondern sie würden sogar noch zu Leistungen für die ostdeutschen Länder herangezogen. Im Gegensatz zum Bund könnten die Länder diese Verluste und Mehraufwendungen auch weder durch Einsparungen im Verteidigungshaushalt

6 Dabei sind die Bezüge im Länderfinanzausgleich und die Bundesergänzungsanweisungen zusammengerechnet (vgl. Scharpf/Benz 1990, S. 29).

noch durch einseitige Steuererhöhungen kompensieren. Sie sind vielmehr für ihre Einnahmen (abgesehen von den Möglichkeiten höherer Kreditaufnahme) ganz auf den Bundesgesetzgeber angewiesen – derzeit also auf eine Bundesregierung, die Steuererhöhungen kategorisch ausgeschlossen hat. Die westdeutschen Länder, und insbesondere die finanzschwachen unter ihnen, waren also im Sommer 1990 in der Tat kaum in der Lage, generöse Angebote zur Übernahme der Kosten der deutschen Einheit zu machen.

Damit aber sind auch die Rahmenbedingungen für die künftige Entwicklung des Bund-Länder-Verhältnisses festgelegt. Auch im westdeutschen Föderalismus hatte es ja immer eine latente Interessengemeinschaft zwischen dem Bund und den zu kleinen und finanzschwachen Ländern gegeben, die nicht in der Lage waren, die ihnen vom Grundgesetz zugewiesenen Aufgaben aus eigener Kraft zu erfüllen. Diese Interessenkonstellation konnte in den fünfziger Jahren vom Bund für die Ausweitung seiner Zuständigkeiten genutzt werden. In den sechziger Jahren fanden die Länder dann zu einer gemeinsamen Linie, die es dem Bund nicht länger erlaubte, die einen gegen die anderen auszuspielen. Das bleibende Ergebnis war die Finanzverfassungsreform von 1969, welche die Ausübung vieler Bundeskompetenzen an die Zustimmung aller oder fast aller Landesregierungen band – und die den Bund dadurch im Prinzip zur Gleichbehandlung aller Länder zwang. In den siebziger Jahren wurde zwar die Einigkeit zwischen den Ländern strapaziert durch die parteipolitische Konfrontation zwischen der sozialliberalen Bundesregierung und der Bundesrats-Mehrheit der unionsgeführten „B-Länder", aber das Prinzip der Gleichbehandlung blieb erhalten und die gemeinsamen Interessen der Länder sind insgesamt, wenn man ihren wachsenden Anteil am Steueraufkommen als Maßstab nimmt, in dieser Konfrontationsperiode gut vertreten worden. Nach der „Wende" im Herbst 1982 gelang es Helmut Kohl dann, Interessenkonflikte fast immer in Verhandlungen mit den Ministerpräsidenten des eigenen politischen Lagers zu regeln (Posser 1989; Vogel 1989) – mit der Folge, daß die Länderinteressen nur noch zu einem Teil berücksichtigt werden mußten und allfällige Kompromißkosten soweit wie möglich auf die Minderheit der SPD-geführten Länder verlagert werden konnten.

Mit der Niedersachsen-Wahl war diese Periode eines faktischen Ein-Partei-Regimes zunächst zu Ende gegangen, und man hätte bis auf weiteres wieder mit länderfreundlichen Bedingungen wie in den siebziger Jahren rechnen können, unter denen auch das Gleichbehandlungs-Prinzip wieder zu Ehren gekommen wäre (weil ja die Oppositionsländer den Bund kaum zu Konzessionen auf Kosten der Unionsländer hätten zwingen können). Aber nach dem Beitritt der ostdeutschen Länder wird nun unter den alten Regeln ein neues Spiel gespielt, in dem die Länder gegen den Bund kaum noch gewinnen können.

Eine taktisch geschickte Bundesregierung ist künftig gar nicht mehr auf die parteipolitische Gleichrichtung von Bundestag und Bundesrat angewiesen, sondern sie kann wie nie zuvor in der Geschichte der Bundesrepublik die Interessen der zu kleinen und finanzschwachen Länder gegen die der leistungsstarken und selbstbewußten größeren Länder ausspielen. Mehr noch: Die Länderinteressen sind untereinander so gegensätzlich, daß alle Bemühungen um eine solidarische Politik gegenüber dem Bund (die in den sechziger Jahren erfolgreich waren) durch akute Verteilungskonflikte vereitelt werden. Dafür spricht nicht nur die im Einigungsvertrag festgelegt Diskriminierung der ostdeutschen Länder bei der Zerlegung der Umsatzsteuer, sondern vor allem auch der skandalöse Zustand des horizontalen Finanzausgleichs zwischen den westdeutschen Ländern selbst, die sich schon über den Ausgleich ihrer verhältnismäßig geringen Finanzkraft-Unterschiede nicht mehr einigen können und einander seit Jahren vor dem Bundesverfassungsgericht bekriegen. Im Ergebnis können die neuen Länder also nicht auf die Ländersolidarität rechnen, sondern sie sind für die Deckung des riesigen Finanzbedarfs der notwendigen Umweltsanierung, der zu erneuernden Infrastruktur, einer neue Arbeitsplätze schaffenden Wirtschaftsförderung und steigender Soziallasten auf den Bund angewiesen.

Diesem Ansinnen kann die Bundesregierung schon aus politischen Gründen nicht widerstehen; aber sie müßte von mehr als christlicher Nächstenliebe geleitet sein, wenn sie sich dann auf die bloße Steigerung ihrer Aufwendungen für den an abstrakte Bedarfskriterien gebundenen vertikalen Finanzausgleich zwischen Bund und Ländern beschränken sollte. Viel wahrscheinlicher ist die volle Ausschöpfung vorhandener Bundeszuständigkeiten und die zusätzliche Übernahme von Länderaufgaben durch den Bund – freilich ohne das Erfordernis einer qualifizierten oder gar einstimmigen Zustimmung der Länder und ohne Rücksicht auf das Prinzip der Gleichbehandlung. Ebenso wie in den Zeiten der Fonds-Wirtschaft des Bundes in den fünfziger Jahren käme es also wieder zu bilateralen Arrangements oder jedenfalls zu Förderprogrammen, die lediglich einem Teil der Länder zugute kommen. Und anders als in den sechziger Jahren könnten die finanzstarken Länder eine solche Entwicklung diesmal nicht mehr durch den Appell an die Ländersolidarität aufhalten. Die zu erwartende Folge der fiskalischen Handlungsunfähigkeit der westdeutschen Länder im Prozess der deutschen Einigung ist also ein neuer Zentralisierungsschub in der Kompetenzverteilung zwischen Bund und Ländern. Aber selbstverständlich werden die Länder die Rechnung am Ende auch fiskalisch bezahlen müssen. Egal, ob nur der vertikale Finanzausgleich oder auch die inhaltlich spezifizierten Bundesprogramme ausgeweitet werden: In jedem Fall wird der Anteil des Bundes am gesamtstaatlichen Steueraufkommen (der in den vergangenen zwanzig Jahren zurückgegangen ist) erheblich ansteigen müssen – und dementsprechend wird auch in den leistungsstarken Ländern die Fähigkeit abnehmen, eigene Aufgaben aus eigener Kraft zu erfüllen. Mit anderen Worten: Wenn nichts geschieht, wird der Beitritt der ostdeutschen Länder zur Bundesrepublik den deutschen Föderalismus schwächen und Gesamtdeutschland der Staatsform eines (durch die Existenz von Bundesländern lediglich verteuerten und verkomplizierten) Einheitsstaates einen großen Schritt näher bringen.

Während uns dies bevorsteht, ist eine andere Entwicklung schon so weit fortgeschritten, daß die deutschen Länder auf die ihnen drohende Gefahr bereits reagieren. Die Vollendung des europäischen Binnenmarktes auf der Grundlage der Einheitlichen Europäischen Akte vom 28. Februar 1986 soll in zwei Jahren erreicht sein. Verbunden damit ist die Übertragung weiterer Regelungskompetenzen auf die Europäische Gemeinschaft und der Übergang vom Einstimmigkeitsprinzip zu qualifizierten Mehrheitsentscheidungen bei der Ausübung dieser Kompetenzen im Ministerrat der Gemeinschaft. Aus der Sicht der deutschen Länder liegt darin ein Problem, weil der Bund nach Artikel 24 des Grundgesetzes Hoheitsrechte (und zwar auch solche, die innerstaatlich den Ländern zustehen) ohne Zustimmung des Bundesrates auf zwischenstaatliche Einrichtungen übertragen kann und übertragen hat. An der Ausübung dieser Kompetenzen ist dann zwar die Bundesregierung im Ministerrat beteiligt, aber nicht der Bundesrat oder gar die einzelnen Landesregierungen. Die im deutschen Föderalismus eingespielte Kompensation von Kompetenzverlusten der Länder durch erweiterte Mitwirkungsrechte ihrer Regierungen funktioniert also nicht mehr, wenn die Kompetenzen von Bonn nach Brüssel weitergereicht werden.

Die Länder haben versucht zu retten, was ohne Obstruktion gegen den Prozeß der europäischen Einigung zu retten war, indem sie im Zustimmungsgesetz zur Einheitlichen Europäischen Akte die Bundesregierung verpflichteten, den Bundesrat frühzeitig und umfassend über alle für die Länder interessanten Vorhaben der Europäischen Gemeinschaft zu unterrichten, und sich bei Angelegenheiten, die ausschließliche Gesetzgebungsmaterien der Länder betreffen, so weit wie möglich an die Stellungnahme des Bundesrates zu halten. Das Verfahren wird von der Bundesregierung offenbar fair gehandhabt (Erfahrungsbericht 1990), aber ein Ersatz für das innerstaatliche Veto des Bundesrats kann es schon deshalb nicht sein, weil ja die Bundesregierung selbst (wie beim Streit um die EG-Fernseh-Richtlinie geschehen) im Ministerrat überstimmt werden kann. Deshalb suchen die deutschen Länder derzeit nach Möglichkeiten einer direkten Beteiligung an den Entscheidungsprozessen der Europäischen Gemeinschaft – etwa in einer neben dem Ministerrat und dem Europäischen Parlament einzurichtenden „Regionalkammer" oder in einer Partizipation an den Voten der Bundesregierung im Ministerrat.[7] Selbstbewußte Landespolitiker werden freilich aus beiden Möglichkeiten wenig Trost schöpfen. Ihre Verwirklichung ist ungewiß und ihr potentieller Einfluß bleibt im Vergleich zu den nationalen Mitwirkungsrechten im Bundesrat höchst beschränkt. Aus ihrer Sicht muß deshalb die fortschreitende politische Integration der Europäischen Gemeinschaft fast ebenso bedrohlich erscheinen wie die Vereinigung mit den ostdeutschen Ländern. Die Frage ist allenfalls, ob die

7 Offenbar in Antizipation von Durchsetzungsproblemen haben die Ministerpräsidenten in ihrem Beschluß vom 7.6.1990 nur einen „Regionalrat" gefordert, dessen Mitwirkung auf ein Recht zur Stellungnahme beschränkt ist (Regierungschefs der Länder 1990), während die Chefs der Staats- und Senatskanzleien zuvor eine mit Zustimmungsrechten ausgestattete „Regionalkammer" vorgeschlagen hatten. Statt dessen setzen die Ministerpräsidenten eher auf die (im Prinzip innerstaatlich erfüllbare) Forderung nach einer Beteiligung der Länder am Votum der Bundesregierung im Ministerrat.

doppelte Krise zum Auslöser für eine Totalrevision des bundesdeutschen Föderalismus wird, die seinen Niedergang aufhalten könnte.

Chancen dafür bieten sich in der Tat. Mit der Vollendung des Europäischen Binnenmarktes verlieren die Nationalstaaten ihre Bedeutung als Wirtschaftseinheiten, deren Grenzen immer noch einen gewissen Schutz vor ausländischer Konkurrenz bieten konnten (Scharpf 1989a). Die Kompetenz für staatliche Regelungen, die sich auf den einheitlichen Wirtschaftsraum beziehen, wird deshalb ebenfalls auf die europäische Ebene übergehen müssen. Gleichzeitig wächst jedoch die Konkurrenz zwischen den bisher durch Staatsgrenzen gegeneinander abgeschotteten europäischen Produktions-Standorten. Im internationalen Vergleich ist die Bundesrepublik ein Land mit verhältnismäßig hohen Arbeitskosten, Sozialkosten und Umweltkosten, die aus Gründen der politischen Legitimität und ökologischen Überlebensfähigkeit auch kaum vermindert werden können. Deshalb hängt die internationale Wettbewerbsfähigkeit der deutschen Wirtschaft künftig noch mehr als bisher davon ab, daß auch der Produktivitätsvorsprung der deutschen Unternehmen erhalten bleibt. Soweit der Staat darauf überhaupt Einfluß hat, geht es dabei um Standortfaktoren, die entweder ganz in der Zuständigkeit der Länder liegen, oder jedenfalls von der Landespolitik wesentlich mitgestaltet werden – also etwa um die Qualität von Schulen und Berufsschulen, Fachhochschulen und Universitäten, um Einrichtungen der fachlichen Weiterbildung, der wirtschaftsnahen Forschung und des Technologietransfers, um Verkehrserschließung und viele andere Aspekte der öffentlichen Infrastruktur.

Die faktische Bedeutung der Landespolitik für die wirtschaftliche Entwicklung wird also zunehmen, sofern die Länder in der Lage sind, ihre Zuständigkeiten gezielt für industriepolitisch akzentuierte regionale Entwicklungsprogramme einzusetzen, die genau auf die jeweiligen Chancen und Defizite der Region im europäischen Wettbewerb zugeschnitten sind. Freilich kann diese Chance nicht von zu kleinen Ländern wahrgenommen werden, durch deren Grenzen entwicklungsfähige Wirtschaftsregionen auseinandergerissen werden – und die bisherige Erfahrung spricht auch nicht dafür, daß die freiwillige Zusammenarbeit über Ländergrenzen hinweg hier leicht Abhilfe schaffen könnte. Ebenso hinderlich für eine regional differenzierte Entwicklungspolitik ist überdies die für den deutschen Föderalismus charakteristische Vorherrschaft bundeseinheitlicher Regelungen und der von der Bund-Länder-Koordination ausgehende Zwang zu bundeseinheitlichem Vorgehen selbst in den Bereichen, für die Länder noch zuständig sind.

Der Wettbewerb zwischen den europäischen Regionen verstärkt also die Argumente für eine Neugliederung des bisherigen Bundesgebiets in fünf oder sechs Länder entsprechend den Vorschlägen der Ernst-Kommission. Nach der gleichen Logik hätten dann in Ostdeutschland statt der alten fünf Länder höchstens zwei neue geschaffen werden dürfen.[8] Auf der Grundlage einer solchen Neugliederung

8 Für die folgenden Überlegungen ist das freilich nicht entscheidend. Auch eine optimale Neugliederung könnte nichts daran ändern, daß die ostdeutschen Länder auf absehbare Zeit Zuschußempfänger bleiben werden. Wichtig ist dagegen, ob diese

der Länder ergäben sich dann auch ganz neue verfassungspolitische Optionen. Zwischen den westdeutschen Ländern würde der Finanzausgleich praktisch überflüssig – und damit entfiele auch die besondere Abhängigkeit der leistungsschwachen Länder von den Zuweisungen des Bundes, die eine gemeinsame Vertretung von Länderinteressen bisher erschwert hat. Wenn es aber keine finanzschwachen westdeutschen Länder mehr gäbe, müßte auch die Finanzierung der deutschen Einigung nicht dem Bund überlassen werden. Statt dessen könnte die (längerfristig abnehmende) Differenz zwischen den eigenen Steuereinnahmen der ostdeutschen Länder und ihrem Finanzbedarf jedenfalls zu einem wesentlichen Teil von den annähernd gleich starken (und deshalb weniger in Verteilungskonflikten zerstrittenen) westdeutschen Ländern ausgeglichen werden. Aus Ländersicht hätte eine solche Lösung den unschätzbaren Vorteil, daß nicht nur die dauerhafte Ausweitung der Bundeskompetenzen vermieden, sondern sogar eine Umverteilung des Steueraufkommens zugunsten der Länder durchgesetzt werden könnte.

Bei insgesamt größeren und leistungsfähigeren Ländern könnte dann auch die föderale Kompetenzverteilung neu geordnet werden. Während die Verantwortung für die überregionale Infrastruktur (soweit sie nicht auf die Europäische Gemeinschaft übergeht) und die Verantwortung für die Sozialpolitik (einschließlich der Finanzierung der Sozialhilfe) vom Bund wahrgenommen werden muß (Zöpel 1990), könnten die bisherigen Gemeinschaftsaufgaben der regionalen Wirtschaftsstrukturpolitik, der Agrarstrukturpolitik und des Hochschulbaus ebenso auf die Länder übergehen wie die Wohnungs- und Städtebaupolitik und die Finanzierung kommunaler Verkehrsinvestitionen. Die Länder erhielten damit den nötigen Spielraum für eine am europäischen Markt orientierte regionale Entwicklungspolitik. Nötig wäre aber vor allem eine Revision der Finanzverfassung, die den Ländern die politische Verantwortung über die Höhe ihrer eigenen Steuern zurückgäbe. Jedenfalls sollte ein Land, das zur Entwicklung der Regionen seinen Unternehmen oder Bürgern bessere Leistungen bieten will, für deren Finanzierung nicht ausschließlich auf die Kreditaufnahme zu Lasten künftiger Generationen (oder auf den Finanzausgleich) angewiesen sein, sondern auch höhere Steuern verlangen dürfen.

Für den deutschen Föderalismus wären dies attraktive Perspektiven. Aber die Vorbedingung dafür bleibt die Länderneugliederung. Der reguläre Weg dahin ist 1976 durch die Neufassung des Artikel 29 des Grundgesetzes mit dem Erfordernis von letztzuständigen Volksabstimmungen in den von einer Umgliederung betroffenen Ländern und Landesteilen praktisch ungangbar gemacht worden. Eine bessere Chance hätte sich dann geboten, wenn es im Prozeß der deutschen Einigung zu Beratungen über eine neue gesamtdeutsche Verfassung gekommen wäre, die nicht nur die Kompetenzen zwischen Bund und Ländern neu verteilt, sondern auch neue Ländergrenzen festlegt hätte, und die durch eine Volksabstimmung im ganzen legitimiert worden wäre. Zumindest hätte man sich jedoch eine generelle

Zuschüsse auf westdeutscher Seite allein vom Bund aufgebracht werden müssen, oder ob die Länder sich daran beteiligen können.

Erleichterung des Neugliederungsverfahrens erhoffen können – etwa nach dem Muster der Sonderregelung im Einigungsvertrag, die den Ländern Berlin und Brandenburg einen Zusammenschluß auf dem Wege der Vereinbarung ermöglicht.[9]

Diese Chance ist von den westdeutschen Ländern in den Verhandlungen über den Einigungsvertrag vorerst einmal nicht genutzt worden. Die Frage ist, ob sie unter dem „Leidensdruck" eines zunehmenden Übergewichts des Bundes und der bevorstehenden Neuregelung des Finanzausgleichs noch einmal wiedergewonnen werden kann. Wo nicht, so wird sich das bisherige Gleichgewicht der föderalen „Politikverflechtung" verschieben zugunsten einer neuen Dominanz des Zentralstaates. Der deutsche Föderalismus kann in den kommenden Jahren nur gewinnen oder verlieren, aber er kann nicht bleiben, was er bisher war.

9 Auch für den Zusammenschluß der württemberigschen und badischen Länder hatte ja Art. 188 GG diesen Weg vorgesehen und erst nach dem Scheitern von Verhandlungen die Zuständigkeit auf den Bundesgesetzgeber und eine Volksbefragung verlagert.

Literatur

Bucher, Peter (Bearb)., 1981: Der Parlamentarische Rat 1948-1949. Akten und Protokolle. Bd. 2: Der Verfassungskonvent auf Herrenchiemsee. Boppard: Harald Boldt.

Clement, Wolfgang, 1990: Auf dem Weg zum Europa der Regionen. Vortrag auf der Tagung „Föderalstaatliche Entwicklung in Europa" der Friedrich-Ebert-Stiftung, Bonn 20./21. September 1990.

Erfahrungsbericht, 1990: Erfahrungsbericht der Bevollmächtigten der Länder beim Bund über das Beteiligungsverfahren nach Art. 2 EEAG. Bonn, 16. Mai 1990.

Große-Sender, Heinrich A. (Hrsg.), 1990: Kommission „Erhaltung und Fortentwicklung der bundesstaatlichen Ordnung innerhalb der Bundesrepublik Deutschland – auch in einem Vereinten Europa. Bericht. Teil Eins. Düsseldorf: Landtag Nordrhein-Westfalen.

Hohn, Hans-Willy und Uwe Schimank, 1990: Konflikte und Gleichgewichte im Forschungssystem. Akteurkonstellationen und Entwicklungspfade in der staatlich finanzierten außeruniversitären Forschung, Frankfurt a.M.: Campus.

Länderarbeitsgruppe, 1973: Bericht der Länderarbeitsgruppe zur Unterstützung der Sachverständigenkommission für die Neugliederung des Bundesgebiets beim Bundesminister des Innern und die Ministerpräsidentenkonferenz, in: Sachverständigenkommission für die Neugliederung des Bundesgebiets. Materialien zum Bericht der Sachverständigenkommission, Bonn: Bundesministerium des Innern, S. 9-27.

Morsey, Rudolf, 1974: Die Entstehung des Bundesrates im Parlamentarischen Rat, in: Bundesrat (Hrsg.), Der Bundesrat als Verfassungsorgan und politische Kraft, Darmstadt: Darmstädter Verlagsanstalt, S. 65-77.

Morsey, Rudolf, 1988: Verfassungsschöpfung unter Besatzungsherrschaft – Das Werk des Parlamentarischen Rates, in: Bundesrat (Hrsg.), Stationen auf dem Weg zum Grundgesetz, Bonn: Selbstverlag, S. 83-100.

Posser, Diether, 1989: Der Vermittlungsausschuß, in: Bundesrat (Hrsg.), Vierzig Jahre Bundesrat, Baden-Baden: Nomos, S. 203-211.

Preiß, Manfred, 1990: Interview mit DDR-Regionalminister Manfred Preiß über die Gründung der Länder, in: DER SPIEGEL 23/1990, 4.6.1990, S. 31-35.

Regierungschefs der Länder, 1990: Beschluß vom 7. Juni 1990. Betr.: Europa der Regionen – Beteiligung der Länder an der interregionalen Zusammenarbeit sowie Fortentwicklung der Rechte und der politischen Wirkungsmöglichkeiten der Regionen in Europa.

Sachverständigenkommission für die Neugliederung des Bundesgebiets, 1973: Vorschläge zur Neugliederung des Bundesgebiets gemäß Art. 29 des Grundgesetzes, Bonn: Bundesministerium des Innern.
Scharpf, Fritz W., 1989: Der Bundesrat und die Kooperation aus der „dritten Ebene", in: Bundesrat (Hrsg.), Vierzig Jahre Bundesrat, Baden-Baden: Nomos, S. 121-162.
Scharpf, Fritz W., 1989a: Regionalisierung des europäischen Raums – Die Zukunft der Bundesländer im Spannungsfeld zwischen EG, Bund und Kommunen. Cappenberger Gespräche Band 23, Köln: Grote.
Scharpf, Fritz W. und Arthur Benz, 1990: Zusammenarbeit zwischen den norddeutschen Ländern. Gutachten im Auftrag der Senatskanzlei Hamburg und der Staatskanzlei Schleswig-Holstein.
Vierhaus, Rudolf, 1989: Historische Grundlagen des Bundesrates. Politische Einheit und Staatenvielfalt in der deutschen Verfassungsgeschichte, in: Bundesrat (Hrsg.), Vierzig Jahre Bundesrat, Baden-Baden: Nomos, S. 21-41.
Vogel, Friedrich, 1989: Der Vermittlungsausschuß, in: Bundesrat (Hrsg.), Vierzig Jahre Bundesrat, Baden-Baden: Nomos, S. 213-225.
von Hassel, Kai-Uwe, 1989: Der Bundesrat zwischen Länderinteressen, gesamtstaatlicher Verantwortung und Parteipolitik, in: Bundesrat (Hrsg.), Vierzig Jahre Bundesrat, Baden-Baden: Nomos, S. 71-79.
Voscherau, Henning, 1990: Länder lassen sich einbinden für ein Linsengericht. Der künftige Bundesratspräsident beklagt die längst eingetretene Schwächung des Föderalismus, Interview, SZ Nr. 229, 5.10.1990, S. 12.
Wagner, Johannes Volker (Bearb.), 1975: Der Parlamentarische Rat 1948-1949. Akten und Protokolle. Bd. 1: Vorgeschichte, Boppard: Harald Boldt.
Zöpel, Christoph, 1990: Wirtschafts- und finanzpolitische Autonomie der Länder in einer europäischen Union. Referat auf der Tagung „Föderalstaatliche Entwicklung in Europa" der Friedrich-Ebert-Stiftung, Bonn 20./21. September 1990.

Dieter und Eva Senghaas

Si vis pacem, para pacem

*Überlegungen zu einem zeitgemäßen Friedenskonzept**

Karl W. Deutsch, dem Mentor und Freund,
in Dankbarkeit zum 80. Geburtstag

Militärische Friedenssicherung – *si vis pacem, para bellum* – war jahrhundertelang und ist immer noch die weltweit akzeptierte Maxime politischen Handelns. Sie gilt als Inbegriff von Realpolitik, mit der die Sicherung des Friedens letztlich durch ein geschicktes, militärisch abgesichertes Machtmanagement angestrebt wird. Seinen „Höhepunkt" hatte dieser Ansatz in den vergangenen vierzig Jahren im System wechselseitiger Abschreckung.

Im Unterschied zu dieser „realpolitischen" Leitperspektive ist die Maxime „*si vis pacem, para pacem*" noch immer ungebräuchlich. Nur selten wird sie zitiert, und wenn, dann meist polemisch und abwehrend: als Inbegriff weltfremder „Idealpolitik", die angeblich die „harten Tatsachen" der internationalen Politik nicht in Rechnung stellt.[1] Gewiß, ein Problem dieser Maxime besteht darin, daß sie bisher zu wenig systematisch entfaltet wurde. Im folgenden soll daher nach den analytischen Komponenten und den operativen Implikationen dieser „Friedensmaxime" gefragt werden: Lassen sich aus der Friedensursachenforschung – wie selten wird dieser Begriff bislang benutzt! – gesicherte Erkenntnisse oder wenigstens plausible Mutmaßungen für ein analytisch begründbares und gleichzeitig praktisches Friedenskonzept gewinnen? Wodurch konstituiert sich eine Struktur dauerhaften Friedens?[2]

Wo Frieden dauerhaft gesichert ist, hat sich Politik zivilisiert. Unausweichliche

* Für Anregung und Kritik danken wir Günther Bächler, Karl Holl, Helmut König, Karlheinz Koppe, Reiner Steinweg und Michael Zürn.

1 Zur anhaltenden Debatte über den sogenannten „Realismus" und „Idealismus" siehe Reinhard Meyers: Grundbegriffe, Strukturen und theoretische Perspektiven internationaler Beziehungen, in: Grundwissen Politik (Schriftenreihe der Bundeszentrale für politische Bildung, Bd. 302), Bonn 1991, S. 220-316.

2 Zuletzt hat Kenneth Boulding diese Frage in seinem Buch Stable Peace, Austin 1978, gestellt: „If we had a policy for peace, what would it look like?". Diese Frage stellt sich angesichts der revolutionären Umbrüche in der östlichen Hälfte Europas nach der Wende 1989/90 besonders dringend. Siehe hierzu Dieter Senghaas: Europa 2000. Ein Friedensplan, Frankfurt a.M. 1990, sowie weiter ausführend ders.: Friedensprojekt Europa, Frankfurt a.M. 1992.

Konflikte werden dann ohne Androhung und Anwendung von Gewalt ausgetragen: Zivilisierung von Politik und Frieden sind identische Tatbestände.[3]

In den folgenden Überlegungen geht es um die Komponenten eines solchen Friedenskonzeptes, gewissermaßen um die „Bausteine" einer Friedensstruktur. Vier solcher Bausteine sehen wir als wesentlich an: Rechtsstaatlichkeit, Erwartungsverläßlichkeit, ökonomischer Ausgleich und Empathie. Das Ziel unserer Überlegungen liegt darin, ein „konfiguratives Friedenskonzept" zu formulieren, das gleichermaßen historisch-genetisch inspiriert und systematisch begründet ist.[4]

1. *Komponenten eines differenzierten Friedenskonzeptes*

1.1 Rechtsstaatlichkeit

Wo Rechtsstaatlichkeit zur Grundlage politischer Ordnung geworden ist, haben die betroffenen Gesellschaften gelernt, die in ihnen angelegten Werte- und Interessenkonflikte zivilisiert, d.h. auf der Grundlage von verfassungsmäßig festgelegten Spielregeln *gewaltfrei* auszutragen. Die in Konfliktzusammenhängen immer drohende Gewaltproblematik ist also in rechtsstaatlich verfaßten politischen Systemen *im Prinzip* bewältigt. In ihnen gilt der Griff zur Gewalt füglich als ein Angriff gegen die Prinzipien demokratischer Verfassung und damit der Rechtsstaatlichkeit.[5] Welche Lehren für ein Friedenskonzept können daraus gewonnen werden? Und welches sind die *Kriterien für Zivilisierung?* Wenigstens fünf lassen sich identifizieren:

(a) *Entprivatisierung von Gewalt:* Wesentlich für jeden Zivilisierungsprozeß ist die Entprivatisierung der Gewalt und die Herausbildung des staatlichen Gewaltmonopols. Was der Zusammenbruch eines einmal erreichten Gewaltmonopols bedeutet, kann beispielhaft an den Prozessen beobachtet werden, die nicht ohne Grund inzwischen allgemein als „Libanonisierung" bzw. „Jugoslawisierung" bezeichnet werden.

(b) *Kontrolle des Gewaltmonopols und Herausbildung von Rechtsstaatlichkeit:* Ein Gewaltmonopol, das nicht durch Rechtsstaatlichkeit eingehegt wird, ist im Grenzfall nicht mehr als eine beschönigende Umschreibung von Diktatur. Soll das Gewaltmonopol akzeptabel werden, bedarf es öffentlicher demokratischer Kontrolle

3 Zur Relevanz der zivilisationstheoretischen Perspektive im Kontext der Friedensproblematik siehe Dieter Senghaas: Konfliktformationen im internationalen System, Frankfurt a.M. 1988, Kap. I; ferner Lothar Brock: Frieden. Überlegungen zur Theoriebildung, in: Volker Rittberger (Hrsg.), Theorien der Internationalen Beziehungen, Sonderheft 21/1990 der Politischen Vierteljahresschrift (PVS), S. 71-89.

4 Ein inspirierendes, die Geschichte des Friedensdenkens aufarbeitendes, zusammenfassendes und systematisierendes Buch ist Ernst-Otto Czempiels: Friedensstrategien. Systemwandel durch internationale Organisationen, Demokratisierung und Wirtschaft, Paderborn 1986.

5 Grundlegend hierüber Dolf Sternberger: Die Politik und der Friede, Frankfurt a.M. 1986.

und der Institutionalisierung rechtsstaatlicher Prinzipien, auf deren Grundlage politische Konflikte fair ausgetragen werden können. Rechtsstaatlich verfaßte politische Ordnungen zeichnen sich deshalb nicht nur durch vergleichbare grundlegende Prinzipien aus (wie beispielsweise Gewaltenteilung), sondern auch durch eine Fülle von institutionalisierten Formen der Konfliktartikulation, des Konfliktmanagements, der Konfliktregelung und der Konfliktlösung. Konflikte jedweder Art, seien es Interessen- oder Identitätskonflikte, werden dabei von vornherein als legitim erachtet, wobei Interessenkonflikte in aller Regel leichter als Identitätskonflikte bearbeitbar sind.

(c) *Demokratische Beteiligung:* Eine stabile demokratische Kontrolle des Gewaltmonopols und eine belastungsfähige Rechtsstaatlichkeit sind nur auf der Basis einer gleichberechtigten politischen Beteiligung aller Mitglieder der Gesellschaft möglich. Ausschlüsse oder Unterordnungsverhältnisse aufgrund von Geschlecht, Rasse, Klasse oder anderen Merkmalen enthalten immer den Keim eines Rückfalls in Gewaltherrschaft.

(d) *Konstruktive politische Konfliktkultur:* Wenn Konflikte als legitim angesehen werden, bedarf es der Bereitschaft zur produktiven Auseinandersetzung mit Konflikten, also einer kompromißorientierten Konfliktfähigkeit. Entprivatisierung von Gewalt und Rechtsstaatlichkeit müssen in der politischen Kultur verankert sein. Ohne eine solche Verinnerlichung bleiben Demokratie und Rechtsstaatlichkeit ohne emotionale Grundlage.

(e) *Interdependenz und Affektkontrolle:* Von erheblicher Bedeutung für die Zivilisierung des Verhaltens ist die Herausbildung von großflächig angelegten Verflechtungen (im Eliasschen Sinne: von „langen Ketten des Handelns"), weil diese, zu beobachten vor allem in arbeitsteiligen Ökonomien, notwendigerweise mit Affektkontrollen einhergehen. Wo diese Interdependenzen zusammenbrechen, werden potentiell auch Affekte enthemmt. Affektkontrolle meint reflektierte Selbstkontrolle.

Diese Kriterien der Zivilisierung von Politik sind aus der neuzeitlichen Geschichte in Teilregionen Europas gewonnen;[6] vieles deutet daraufhin, daß sie universelle Bedeutung gewinnen. Historisch betrachtet hat sich seit dem Ende des europäischen Mittelalters zunächst das Gewaltmonopol herausgebildet; dieses Monopol war das Ergebnis langanhaltender politischer Ausscheidungskämpfe um Vormachtstellungen. Die Ausdifferenzierung und Vernetzung der sich moderni-

6 Hierzu wegweisend die auch für die Friedensforschung grundlegende Untersuchung von Norbert Elias: Über den Prozeß der Zivilisation, 2 Bde, Frankfurt a.M. 1976 (zuerst publiziert 1939). Elias' Zivilisationskonzept kennt allerdings nur drei Dimensionen: das Gewaltmonopol, die materiellen Interdependenzen und die Affektkontrolle. Ihm fehlen die Komponenten Kontrolle des Monopols per Rechtsstaatlichkeit, demokratische Beteiligung, Konfliktkultur sowie (wie weiter unten noch darzulegen) die materielle Anreicherung von Rechtsstaatlichkeit. Zu den immanenten Stärken und Schwächen von Elias' Konzept s. jetzt Helmut König: Zivilisationsprozeß und Frieden, in: Mathias Jopp (Hrsg.), Dimensionen des Friedens. Theorie, Praxis und Selbstverständnis der Friedensforschung, Baden-Baden 1992, S. 107-123.

sierenden Gesellschaften in der Folge der Herausbildung großflächiger Verkehrswirtschaften und immer feinmaschiger werdender Kommunikationsstrukturen erfolgte zeitverschoben. Abermals zeitverschoben kam es in der Folge vielfältiger politischer Konflikte zur allmählichen Demokratisierung des Gewaltmonopols, schließlich zur Herausbildung und Institutionalisierung von Rechtsstaatlichkeit. Parallel dazu entfaltete sich schrittweise eine politische Konfliktkultur liberaler Prägung. Wo dieser historische Prozeß ein gewisses fortgeschrittenes Entwicklungsniveau erreichte – ein solches ist in den westlichen Industriegesellschaften (OECD) erst nach 1950 zu beobachten –, kam es zu einer symbiotischen Wechselbeziehung zwischen Gewaltmonopol, Rechtsstaatlichkeit, konstruktiver Konfliktkultur und einer wachsenden Fülle von materiellen und schließlich institutionellen Interdependenzen. Werden in einem solchen Arrangement bestimmte Grundleistungen erbracht, beispielsweise der Schutz der Freiheit, die Förderung sozialer Wohlfahrt und die Ermöglichung kultureller Selbstentfaltung, kann die Stabilität von Rechtsstaatlichkeit unterstellt werden.

Rechtsstaatlichkeit bedarf der materiellen Anreicherung, z.B. einer anhaltenden aktiven Politik der Verteilungsgerechtigkeit, weil nur dann die Masse der Menschen sich in einem solchen politischen Rahmen fair aufgehoben fühlt. Wo mit verfassungsmäßig festgelegten Spielregeln Schindluder getrieben wird und faire Kompromisse nicht angestrebt werden, droht im Grenzfall der Zusammenbruch der rechtsstaatlichen Ordnung und eine neue Entzivilisierung von Politik: die Reprivatisierung der Gewalt, eine Aushebelung von rechtsstaatlichen Prinzipien, autoritäre Konflikteindämmung und gegebenenfalls die Parochialisierung von Handlungsbezügen als Folge des Zusammenbruchs schon erreichter weitflächiger Verflechtungen. Die materielle Anreicherung von Rechtsstaatlichkeit – insbesondere im Sinne von Partizipationschancen und fairem Anteil an Wohlfahrt – ist also nicht eine politische Orientierung, der man nach Belieben folgen kann oder auch nicht; sie ist vielmehr unter den heutigen Bedingungen leicht politisierbarer Gesellschaften, in denen sich die unterschiedlichsten Interessen unschwer lobbyistisch organisieren können, eine konstitutive Bedingung der Lebensfähigkeit von rechtsstaatlichen Ordnungen und damit des inneren Friedens von Gesellschaften. In diesem Sinne sollte man die materielle Anreicherung von Rechtsstaatlichkeit als ein sechstes Kriterium für Zivilisierung begreifen. Heute erst zeigt sich die volle Bedeutung dessen, was von der Internationalen Friedens- und Freiheitsliga am Ende des letzten Jahrhunderts beispielhaft formuliert wurde: „Si vis pacem, para libertatem et iustitiam".[7]

Zu dem hier umrissenen Verständnis gehört also die Einsicht, daß das genannte Arrangement zwischen Gewaltmonopol, rechtsstaatlichen Prinzipien, Konfliktkultur und weiträumigen Verflechtungen immer eine brüchige Angelegenheit ist. Es bedurfte zu seiner Herausbildung jahrhundertelanger politischer Konflikte, und es bedarf steter Bemühungen, um das einmal erreichte Niveau der Zivilisierung von Politik aufrechtzuerhalten und um Fortschritte hinsichtlich der weiteren Zi-

7 Zitiert in Czempiel (Anm. 4), S. 124.

vilisierung von Politik zu erzielen, da die Gefahr einer Regression immer präsent bleibt.

Das entscheidende Argument zugunsten der Rechtsstaatlichkeit als grundlegendem Baustein für eine Struktur dauerhaften Friedens[8] besteht nun nicht in der Behauptung, rechtsstaatlich verfaßte Gesellschaften seien unter allen Bedingungen nach außen friedfertig. Das ist offensichtlich nicht der Fall. Entscheidend ist, daß in einem für das alltägliche Leben wichtigen Ausschnitt gesellschaftlicher Wirklichkeit Konflikte zuverlässig ohne Rückgriff auf die Androhung oder gar die Anwendung von Gewalt bearbeitet werden. Wo Bürgerkriege drohen, ist genau diese bemerkenswerte Zivilisationsleistung gescheitert. Diese Erfahrung im Innern von rechtsstaatlich verfaßten Gesellschaften ist zumindest seit Ende des Zweiten Weltkrieges nicht ohne Folgen für deren Außenverhalten geblieben: Es ist schwer vorstellbar, daß Gesellschaften in ihrem Innern sich um friedfertige Konfliktregelung bemühen und nach außen skrupellos militärische Gewaltstrategien verfolgen. Man müßte eher das Gegenteil erwarten: Eine friedfertige Konfliktregelung im Innern und militärische Gewaltstrategie nach außen müßten einander eigentlich ausschließen.[9] Wenn zwischen beiden keine hundertprozentige Korrelation besteht, mag dies damit zusammenhängen, daß die innere Konfliktkultur defizitär ist und daß bekanntlich rechtsstaatlich verfaßte Demokratien mit Nichtdemokratien zusammen leben müssen.

Dies ist der Kern des Arguments über den Zusammenhang von Rechtsstaatlichkeit und Frieden, das immerhin in einer bedeutsamen empirischen Beobachtung Unterstützung findet: In den vergangenen Jahrzehnten der Nachkriegszeit führten rechtsstaatlich verfaßte Demokratien (die Mehrzahl der OECD-Gesellschaften) *gegeneinander* keine Kriege mehr, weshalb auch vom „OECD-Frieden" gesprochen wird. In den zwischenstaatlichen und zwischengesellschaftlichen Beziehungen innerhalb des „OECD-Clubs" ist – gemessen an der üblichen internationalen Politik – eine überdurchschnittliche Zivilisierung eingetreten. Sie ist immer noch nicht dem Zivilisierungsniveau innerhalb von Rechtsstaaten vergleichbar

8 Über den Zusammenhang von Rechtsstaatlichkeit, Demokratie und Frieden siehe die Beiträge aus der neueren Debatte von Michael W. Doyle: Kant, Liberal Legacies, and Foreign Affairs, in: Philosophy and Public Affairs, Teil I in Bd. 12, Nr. 3, 1983, S. 205-235; Teil II in Bd. 12, Nr. 4, 1983, S. 323-353; ders.: Liberalism and World Politics, in: American Political Science Review, Bd. 80, Nr. 4, 1986, S. 1152-1163; Volker Rittberger: Zur Friedensfähigkeit von Demokratien. Betrachtungen zur politischen Theorie des Friedens, in: Aus Politik und Zeitgeschichte, Nr. 44, 1987, S. 3-12; Jack S. Levy: Domestic Politics and War, in: Journal of Interdisciplinary History, Bd. 18, Nr. 4, 1988, S. 653-673; Günther Bächler: Friedensfähigkeit von Demokratien, Demokratisierung der Sicherheitspolitik und strukturelle Angriffsunfähigkeit, in: Hamburger Beiträge zur Friedensforschung und Sicherheitspolitik, Heft 29, Juli 1988; ders.: Friedensgestaltung durch Demokratisierung, in: Jopp (Anm. 6), S. 125-142; Bruce Russett: Controlling the Swords. The Democratic Governance of National Security, Cambridge 1990, Kap. 5; sowie umfassend thematisierend Harald Müller und Thomas Risse-Kappen: Internationale Umwelt, gesellschaftliches Umfeld und außenpolitischer Prozeß in liberaldemokratischen Industrienationen, in: Volker Rittberger (Anm. 3), S. 375-400.

9 Hierzu Ernst-Otto Czempiel: Internationale Politik, Paderborn 1981, insbes. S. 213 ff.

und wahrscheinlich auch nicht unter allen Bedingungen schon erschütterungsfest, aber doch ein bemerkenswerter empirischer Beleg für den Stellenwert von Rechtsstaatlichkeit als Baustein einer verläßlichen Friedensstruktur.

Es kommt hinzu, daß zwischen diesen Gesellschaften ein Umfeld entsteht, das *tendenziell* dem Inneren von Rechtsstaaten vergleichbar wird: hohe materielle und institutionelle Interdependenzen, kompromißorientierte Konfliktbereitschaft, checks and balances sowie gemeinsame Sicherheitsarrangements.[10] Und vielleicht ist das utilitaristische Argument der klassischen liberalen Theorie, das Kant formulierte, für die Selbststabilisierung dieser konkreten Erfahrung mit verläßlichem Frieden tatsächlich von großer lebenspraktischer Bedeutung: Wenn - wie in einer rechtsstaatlichen Verfassung nicht anders möglich - die Zustimmung der Staatsbürger für die Entscheidung erforderlich ist, ob Krieg sein solle oder nicht, so sei, schrieb Kant, nichts natürlicher, als daß - da alle Bürger die Drangsale des Krieges über sich selbst beschließen müßten - sie sich sehr bedenken werden, ein so schlimmes Spiel anzufangen. Als „Drangsale" des Krieges zählte Kant vor 200 Jahren auf: „selbst fechten und die Kosten des Krieges aus eigener Habe finanzieren zu müssen, die Verwüstungen zu erleiden und schließlich im künftigen Frieden die Kriegsschuldenlast abtragen zu müssen".[11]

Zusammenfassend läßt sich formulieren: Was immer dazu beiträgt, rechtsstaatliche Ordnungen zu begründen, Rechtsstaatlichkeit zu sichern und zu stabilisieren, dient dem Frieden, nicht weil Frieden mechanisch und automatisch ein Nebenprodukt der Koexistenz von Rechtsstaaten wäre, sondern weil Rechtsstaatlichkeit - *der Schutz der Freiheit* - die plausibel begründbare Grundlage und Hintergrundbedingung für das friedliche Zusammenleben von Völkern, Staaten und Nationen ist. Eine aktive Politik der Sicherung von Menschenrechten, in denen Rechtsstaatlichkeit philosophisch begründet ist, ist für Friedenspolitik wesentlich.[12]

Aus plausibler Vermutung kann Gewißheit werden, wenn andere Komponenten eines differenzierten Friedenskonzeptes berücksichtigt werden.

1.2 Erwartungsverläßlichkeit

Die Summe rechtsstaatlich verfaßter Einzelstaaten übersetzt sich nicht automatisch in einen „Friedensbund" (Kant). Eine Friedensordnung zwischen „Republiken" muß, wie Kant zu Recht betonte, ausdrücklich „gestiftet" werden. Dazu bedarf es zuallererst spezifischer Vorkehrungen zwischen den Staaten, aber ebenso - so

10 Zur Charakterisierung dieses „Clubs der OECD-Gesellschaften" siehe Dieter Senghaas: Internationale Politik jenseits des Ost-West-Konflikts, in: Leviathan, Bd. 19, Nr. 4, 1991, S. 491-520, insbes. S. 502 ff.

11 Immanuel Kant: Zum ewigen Frieden. Ein philosophischer Entwurf, in: Friedensutopien, hg. von Zwi Batscha und Richard Saage, Frankfurt a.M. 1979, S. 44.

12 Zusammenfassend dazu Alison Dundes Renteln: International Human Rights, London 1990.

muß heute hinzugefügt werden – zwischen den gesellschaftlichen Akteuren der verschiedenen Staaten.

Zwischen souveränen Staaten besteht keine eingespielte Erwartungsverläßlichkeit. Im Gegenteil, zwischen ihnen existiert ein Sicherheitsdilemma – insbesondere, wenn und weil es sich um Konfliktbeziehungen ohne übergeordnete vermittelnde oder letztentscheidende Autorität handelt.[13] Niemand weiß vom anderen, was man von dessen Handlungen halten soll: Dienen sie dem ehrlichen Ausgleich über Interessendivergenzen oder sind sie trickreiche Täuschungsmanöver? Liegt ihnen ein defensives Programm zugrunde? Wird Defensive propagiert, obwohl Offensive gemeint ist? Soll eine Politik der Eindämmung wirklich eindämmen oder die Position der anderen Seite untergraben? Alle Fragen dieser Art kreisen um den fundamentalen Tatbestand, daß ohne entsprechende kooperative Vorkehrungen souveräne Staaten in dauernder Unsicherheit leben.

Das Gegenteil von Ungewißheit und Unsicherheit ist Erwartungsverläßlichkeit. Sie kann sich erst einstellen, wenn Einzelstaaten miteinander institutionell eng verkoppelt sind, so daß es zu einer wechselseitigen Voraussagbarkeit ihrer Motive und Handlungen kommt. Sind die Netze der Kooperation zwischen souveränen Staaten so dicht, daß aus ihnen spürbare Zwänge zur Koordination des politischen Verhaltens erwachsen, verliert das Sicherheitsdilemma an politischer Bedeutung und Brisanz. An seine Stelle treten Berechenbarkeit und Transparenz – die Grundlagen wechselseitiger Erwartungsverläßlichkeit.[14]

Wenn eine allseitige Einbettung in ein im Laufe der Zeit engmaschig werdendes Netz institutionalisierter Kooperation stattfindet, werden einzelstaatliche Ausbruchsversuche schwierig und wegen der wechselseitigen Abhängigkeit kontraproduktiv. Sie werden schließlich ganz unterbleiben. Auch können in einem solchen Arrangement die nationalen Streitkräfte sukzessive abgebaut werden; die verbleibenden Truppeneinheiten können kollektiver Friedenssicherung dienen, die nicht der militärischen, sondern einer polizeiähnlichen Schutzlogik verpflichtet ist.

Erwartungsverläßlichkeit zu institutionalisieren zielt also darauf, Ungewißheit zu vermindern. Das ist mehr als bloße Wechselseitigkeit (Reziprozität), denn Institutionen, die die Ungewißheit verringern, verändern im Laufe der Zeit den Charakter internationaler Politik. Wo dies geschieht, wird die Szene internationaler Politik überschaubar, nicht weil einzelne Politiker oder Entscheidungsträgerinnen einen besseren Durchblick gewinnen, sondern weil die institutionelle Verklammerung infolge routinemäßiger Treffen, gemeinsamer Komitees und Kommissionen

13 Siehe hierzu Meyers (Anm. 1).
14 Siehe hierzu Eva Senghaas-Knobloch: Frieden durch Integration und Assoziation, Stuttgart 1969. Die neuere Diskussion, die sich insbesondere an der Herausbildung sogenannter internationaler Regime ausrichtet, faßt zusammen und systematisiert Harald Müller: Die Chance der Kooperation, Wiesbaden 1992. In der neueren Diskussion kommt vor allem dem von Volker Rittberger geleiteten Projekt über internationale Regimebildungen eine besondere Bedeutung zu. Vgl. hierzu Volker Rittberger und Michael Zürn: Forschungen für neue Friedensregeln, Stuttgart 1990.

und anhaltender formeller und informeller Konsultationen für relative Gewißheit sorgt.[15] Natürlich wird ein solcher Prozeß der wechselseitigen Adjustierung des Verhaltens durch die Herausbildung gemeinsamer Wertmaßstäbe und gemeinsamer Grundsätze der politischen, ökonomischen und sozialen Ordnung wesentlich erleichtert. Verbindliche und dauerhafte Urteilsmaßstäbe für richtiges bzw. falsches Verhalten lassen sich dann unschwer finden.

Ferner sollte nicht gering geschätzt werden, daß sich in einem solchen kooperativen Arrangement die sogenannten „Transaktionskosten" im Verkehr zwischen den Staaten trotz häufiger und intensiver Kommunikation deutlich verringern: Vieles findet routinemäßig statt, was sonst aufwendiger Entscheidungen bedürfte; Kommunikation wird auf Dauer gestellt; bi- und multilaterale Konsultationen werden erleichtert; einer multilateralen Koordinierung von Politik stehen immer weniger organisatorische Hindernisse im Wege; und möglicherweise verringert sich auf diesem Wege auch der Zeitaufwand für die Willensbildung und Entscheidungsfindung, wenngleich die Fülle der zu behandelnden gemeinsamen Themen wächst und zu Dauerkonsultation zwingt.[16]

Für eine Struktur dauerhaften Friedens und zur Bewältigung des internationalen Sicherheitsdilemmas ist einem institutionalisierten Netzwerk von Kooperation der Vorzug vor den konventionellen Vorkehrungen des zwischenstaatlichen Machtmanagements zu geben, wie sie in Arrangements des Mächtegleichgewichts, der Allianzen und Gegenallianzen zum Ausdruck kommen. Diese Vorkehrungen taugen nicht dazu, das Sicherheitsdilemma dauerhaft zu überwinden; sie sind im Gegenteil oft genug ihrerseits für die Verschärfung des Sicherheitsdilemmas verantwortlich. Zumindest handelt es sich um rückfallgefährdete Lösungen, um Modalitäten, bei denen letztlich die Androhung bzw. Anwendung von Gewalt im zwischenstaatlichen Verkehr nicht ausgeschlossen werden kann. Netzwerke der Kooperation sind demgegenüber ein Schritt über das Sicherheitsdilemma hinaus, da jeder Einzelstaat in ein ihn übergreifendes kooperatives Arrangement eingebettet ist.[17]

Ist eine vernetzte Kooperation zustandegekommen, so entwickelt sie eine Eigendynamik: Kooperatives Verhalten fördert in aller Regel weitere Kooperation, so wie Konfrontationen weitere Konfrontationen auslösen. An die Stelle des Teufelskreises tritt eine Art von „Engelskreis": Kooperation gewinnt eine sich selbst

15 Erstaunlicherweise ist die soziologische Rollen- und Institutionentheorie für die Theorie des Friedens bisher fast ungenutzt geblieben. Die politischen Folgen mangelnder Erwartungsverläßlichkeit werden thematisiert in Eva Senghaas-Knobloch: Subjektivität in der internationalen Politik. Über das Zusammenspiel persönlicher und institutioneller Faktoren der Konfliktverarbeitung in: Reiner Steinweg und Christian Wellmann (Hrsg.), Die vergessene Dimension internationaler Konflikte: Subjektivität, Frankfurt a.M. 1990, S. 29-61.

16 Siehe hierzu H. Müller (Anm. 14).

17 In diesen Zusammenhang gehört die wichtige Debatte der achtziger Jahre über gemeinsame, gegenseitige und kollektive Sicherheit bzw. über Sicherheitsgemeinschaft. Zusammenfassend dazu Dieter S. Lutz: Sicherheit 2000, Baden-Baden 1991.

erweiternde Dynamik mit eingebauten positiven Rückkopplungen.[18] Es kommt also darauf an, kooperative Arrangements zu inszenieren und ihre Dynamik zu fördern, damit Erwartungsverläßlichkeit zur Selbstverständlichkeit wird.

Auch demokratische Rechtsstaaten bedürfen einer solchen Perspektive, um ihre potentielle Friedensfähigkeit zur Gewißheit werden zu lassen. Friedenstheoretische Reflexionen in dieser Hinsicht gehen auf Grotius, Kant und vor allem auf den liberalen Pazifismus zurück, der sich gedanklich und praktisch in vielen Analysen und praktischen Bemühungen um den Aufbau von internationalen Organisationen sorgte.[19] Dabei war die Frage von zentraler Bedeutung, wie ein Konsens hinsichtlich einer gemeinsamen normativen Orientierung und hinsichtlich gemeinsamer Verhaltensregeln gefunden werden kann. Nicht die Eliminierung von Konflikten war das Ziel, sondern die Veränderung der Modalitäten, unter denen Konflikte ausgetragen werden. Diese Reflexionen in alten Beständen der Friedensdiskussion sind immer noch von Relevanz.[20]

In welche institutionelle Form läßt sich Erwartungsverläßlichkeit übersetzen? Der praktischen Arrangements gibt es viele: Sie reichen von lockerer Kooperation bis hin zu Integration, also der Einschmelzung ehedem unterschiedener souveräner Akteure zu einem neuen gemeinsamen Akteur. Bilaterale Arrangements sind ebenso sinnvoll wie regionale und universale. Entscheidend ist auch diejenige Figur der internationalen Organisation, welche die Plattform für Konsultation, Koordination und die Konzertierung von Politik abgibt. Nur im Falle der Integration wird die internationale Organisation im neuen integrativen Verband „aufgehoben".[21]

Indem internationale Organisationen Ungewißheit reduzieren und Erwartungsverläßlichkeit erhöhen, mobilisieren sie bemerkenswerte Energien für den Prozeß der Zivilisierung der internationalen Politik. Das Völkerrecht hat eine besondere Bedeutung in diesem Kontext.[22] Es dient der Unterfütterung von Erwartungsverläßlichkeit als einem wichtigen Medium, über das *der Schutz vor Gewalt* inszeniert wird.

18 So Morton Deutsch: Fifty Years of Conflict, in: Leon Festinger (Hrsg.), Retrospection on Social Psychology, Oxford 1983, S. 46-77, insbes. S. 64 ff. Bezogen auf diese Zusammenhänge spricht Morton Deutsch von dem von ihm formulierten „Deutsch's crude law of social relations".

19 In diesem Zusammenhang muß betont werden, daß das friedenspolitische Denken der frühen Friedensbewegungen wie z.B. der „Frauenliga für Frieden und Freiheit" in seiner aktuellen Relevanz noch immer nicht voll erkannt ist. S. hierzu Karl Holl: Pazifismus in Deutschland, Frankfurt a.M. 1988.

20 So auch Czempiel (Anm. 9), S. 198 ff.

21 Karl W. Deutsch: The Analysis of International Relations, Englewood Cliffs 1988 (3. Aufl.). Über die europäische Entwicklung ist besonders interessant Heinrich Schneider: Rückblick für die Zukunft. Konzeptionelle Weichenstellungen für die europäische Einigung, Bonn 1986, sowie ders.: Gesamteuropäische Herausforderungen an eine europäische Union, in: Rudolf Wildenmann (Hrsg.), Staatswerdung Europas?, Baden-Baden 1991, S. 41-143. Immer noch lesenswert (und viel zuwenig beachtet) Amitai Etzioni: The Active Society, New York 1968, vor allem Teil V.

1.3 Ökonomischer Ausgleich

In seiner Rezension von Kants „Zum ewigen Frieden" bezeichnete Johann Gottlieb Fichte im Jahre 1796 das „Gleichgewicht des Besitzes, bei welchem jeder sich erträglich befindet", als Voraussetzung des Friedens. „Sobald der Mehrheit die sichere Erhaltung dessen, was sie hat, lieber wird, als der unsichere Erwerb dessen, was andere besitzen, tritt die recht- und vernunftmäßige Konstitution ein".[23] Fichte lebte noch in einer Zeit relativ stationärer agrarischer Gesellschaften. Sie waren durch krasse Ungleichgewichte des Besitzes gekennzeichnet und kannten keine soziale Mobilität im neuzeitlichen Sinne. Ungleichheit übersetzte sich deshalb nur sporadisch in politische Konflikte, die allerdings oft abrupt, manchmal sogar mit revolutionärem Impuls zum Durchbruch kamen. Inzwischen sind die stationären Gesellschaften mobil geworden: Soziale Mobilisierung mit Entbäuerlichung, Proletarisierung, Alphabetisierung und Urbanisierung wurde zur Grundlage der Politisierung sich modernisierender Gesellschaften.[24] Ein „Gleichgewicht des Besitzes, bei welchem jeder sich erträglich befindet", ist in ihnen kaum noch erreichbar, allein schon weil - abgesehen von widerstreitenden politischen Bedingungen - der soziale und technische Wandel solche Gleichgewichtslagen auf Dauer nicht mehr zuläßt.

Dennoch ist Fichtes Überlegung heute noch von Bedeutung, vielleicht gar von größerer als zu seiner eigenen Zeit. Denn krasse ökonomische Ungleichheit ist in sich modernisierenden und bereits modernen Gesellschaften immer wieder zum Ausgangspunkt politisch gewalttätiger Konflikte geworden. Deshalb ist die Bemühung um ökonomischen Ausgleich bzw. Verteilungsgerechtigkeit gegenwärtig konstitutiv für die Aufrechterhaltung rechtsstaatlicher Ordnung; und selbst wenn Gleichheit ein unerreichbares, vielleicht nicht einmal ein wünschenswertes Ziel ist, so ist doch eine Politik des aktiven ökonomischen Ausgleichs für den sozialen Frieden unerläßlich. Wo freilich die Grenze zwischen erträglicher Ungleichheit und dysfunktional werdender Gleichheit verläuft, wird Gegenstand einer anhaltenden und letztlich argumentativ nicht lösbaren politischen Kontroverse bleiben.

Was für das Innere von Gesellschaften gilt, gilt auch für die Beziehungen zwischen den Gesellschaften. Wie ist ökonomischer Ausgleich vorstellbar?[25]

Einer gängigen Überlegung zufolge soll die freie Mobilität der ökonomischen

22 Siehe Otto Kimminich: Einführung in das Völkerrecht, München 1987 (3. Aufl.); Knut Ipsen: Völkerrecht, München 1990 (3. Aufl.); sowie Wilhelm Grewe: Epochen der Völkerrechtsgeschichte, Baden-Baden 1988.

23 Fichtes Rezension findet sich in dem in Anm. 11 zitierten Band von Batscha und Saage, S. 83-91, Zitat S. 90 f.

24 Ausführlich dazu siehe Karl W. Deutsch: Kontinuitäten und Veränderungen in den internationalen Beziehungen bis zur Jahrtausendwende, in: Österreichisches Jahrbuch für internationale Politik, Bd. 2, Wien 1985, S. 145-161. Der in diesem Zusammenhang grundlegende Begriff der „sozialen Mobilisierung" wurde begründet in Karl W. Deutsch: Soziale Mobilisierung und politische Entwicklung, in: Wolfgang Zapf (Hrsg.), Theorien des sozialen Wandels, Königstein 1979, S. 329-350.

25 Zum folgenden detailliert Dieter Senghaas: Die moderne Entwicklungsproblematik

Faktoren - der Freihandel - einen Wohlfahrtsgewinn für alle implizieren, ungeachtet der jeweiligen Ausgangslage. Diese Annahme, so allgemein formuliert, ist aber nur von modellplatonischem Wert; sie beschreibt eine, wenngleich wichtige Ausnahmesituation, nicht die Regel: Unproblematisch ist sie nur unter der Voraussetzung fortgeschrittener Volkswirtschaften, die tendenziell in allen Sektoren hochproduktiv arbeiten, wie das bei den meisten OECD-Industrieländern der Fall ist. Eine solche symmetrische Ausgangslage ist jedoch ein Spätprodukt der Entwicklung: sie besteht nicht zu Beginn von Modernisierungsprozessen, und sie stellt sich nur allmählich als Ergebnis ein.

Der beste Beleg für diese Beobachtung ist die Entwicklungsgeschichte der heute hochindustrialisierten Gesellschaften. Für sie gilt die genannte These: Nach ungefähr 100 bis 150 Jahren erfolgreicher Entwicklung haben die heute hochindustrialisierten Gesellschaften des Westens ökonomische Binnenprofile erreicht, die es ihnen erlauben, weitgehend freihändlerisch zu agieren. Diese Lage findet ihren Ausdruck in substitutiver Arbeitsteilung, d.h. in einem Wettbewerb in allen wesentlichen Sparten der Ökonomie, die sich allesamt durch hohe Produktivität auszeichnen. So kommt es in diesem Kernsegment der Weltwirtschaft zu zunehmender symmetrischer Interdependenz. Ein erhebliches Ausmaß an symmetrischer ökonomischer Verflechtung und überwölbender institutioneller Vernetzung führt heute zwischen den Mitgliedern der OECD zu einer einigermaßen fairen Verteilung der Gewinnchancen. Aufgrund der trilateralen Koordination der Wirtschaftspolitiken zwischen den USA, Japan und der EG realisiert sich eine wechselseitige wirtschaftspolitische Anpassung, durch die *bisher* weltwirtschaftliche Verwerfungen von nicht mehr beherrschbarer Größenordnung verhindert werden konnten.

Im übrigen aber zeigen OECD-Ökonomien, daß die strukturellen Gefahren eines ungehemmten Verdrängungswettbewerbs selbst unter Spitzenökonomien am Werke sind: Auch die Spitzenökonomien fördern und schützen durch entsprechende Maßnahmen jeweils ihre neuen wirtschaftlichen Leitsektoren, deren erfolgreiche Entwicklung ihnen zu einem entsprechenden Vorsprung in der Weltwirtschaft verhelfen soll. Und sie schützen durch Erhaltungsprotektionismus neben der Landwirtschaft auch alternde Industrien gegen den Wettbewerb junger, aufwärtsmobiler Industriegesellschaften. Das freihändlerische Arrangement zwischen den OECD-Ökonomien bleibt also immer von zwei Seiten her gefährdet: durch Innovationsprotektionismus und durch Erhaltungsprotektionismus. Ökonomischer Ausgleich ist damit selbst unter den Bedingungen relativ ebenbürtiger dynamischer Wettbewerbsökonomien ein bestenfalls vorübergehend erreichbarer Zustand: Er bedeutet in aller Regel nur die Bemühung um einen solchen Ausgleich, kaum den Ausgleich selbst. Jedoch bedürfen, so wie innerhalb von Rechtsstaaten die entsprechenden Institutionen, auch die Netze der Kooperation zwischen den

und ihre Implikationen für Friedenspolitik, in: Asien, Afrika, Lateinamerika, Bd. 19, Nr. 1, 1991, S. 5-19.

Gesellschaften der materiellen Anreicherung, um eine den Frieden aufbauende und erhaltende Wirkung zu zeitigen.

Wenn aber die symmetrische Ausgangslage von Wirtschaftsgebilden die Ausnahme ist, wie kann dann ökonomischer Ausgleich bei der Interaktion zwischen fortgeschrittenen Ökonomien (den Zentren) und den weniger entwickelten Ökonomien (den Peripherien) zustandekommen?[26] Kommt es zwischen einer weiter und einer minder vorgerückten Ökonomie zu einem regen, nicht gesteuerten Austausch, so besteht die Gefahr eines verheerenden Verdrängungswettbewerbs. Die weniger entwickelte Ökonomie muß sich zumindest in einzelnen Bereichen schützen, um als ökonomisches Gebilde zu überleben. Ist jedoch der Schutz zu hoch, droht die Gefahr der Verkrustung alter Strukturen. Und umgekehrt: Ist der Schutz zu gering, wird die unterlegene Ökonomie einfach überwältigt. Also besteht die große wirtschafts- und entwicklungspolitische Aufgabe darin, die richtige Mischung von Öffnung und selektivem Schutz zu finden und zu realisieren.

Jede einmal festgelegte Mischung wird automatisch erhebliche Kontroversen und politische Konflikte provozieren; denn jede Variante produziert für die unterschiedlichen Sektoren im Prozeß der nachholenden Entwicklung unterschiedlich positive oder negative Folgen. Die führenden Ökonomien können allerdings mit großzügiger Hilfe zur Entdramatisierung dieser Konflikte beitragen; soll ihre Hilfe auf fruchtbaren Boden fallen, müssen jedoch die Prioritäten der Entwicklungspolitik korrekt gesetzt sein. Dabei kann inzwischen von elementaren entwicklungsgeschichtlichen und aktuellen Erkenntnissen ausgegangen werden.[27] Beispielsweise davon,

- daß ohne eine vorhergehende und die Industrialisierung begleitende Produktivkraftentfaltung im landwirtschaftlichen Sektor eine gedeihliche Entwicklung nicht gelingen kann;
- daß Industrialisierung landwirtschaftsnah zu geschehen hat, lange ehe der Schritt in die Großindustrie getan wird;
- daß es auf die Erschließung von Massenmärkten ankommt, die sich zunächst durch einfache Güter auszeichnen;
- daß eine nur geringe Ungleichheit in der Verteilung von Grund und Boden und bei den Einkommen einen positiven entwicklungsstrategischen Stellenwert besitzt, um Binnenmärkte zu erschließen;
- daß die Mobilisierung von Kompetenzen durch ein diversifiziertes Erziehungssystem geeignet ist, fehlende natürliche Ressourcen zu kompensieren und die Grundlage für Innovation zu legen;
- daß es darauf ankommt, fremde Technologien an eigene Bedürfnisse anzupassen und so angemessene Technologien zu schaffen; dazu müssen entsprechende Kapazitäten aufgebaut werden;

26 Dazu Dieter Senghaas: Von Europa lernen. Entwicklungsgeschichtliche Betrachtungen, Frankfurt a.M. 1982, sowie Ulrich Menzel: Auswege aus der Abhängigkeit, Frankfurt a.M. 1988.

27 Zusammenfassend Ulrich Menzel und Dieter Senghaas: Europas Entwicklung und die Dritte Welt. Eine Bestandsaufnahme, Frankfurt a.M. 1986.

- daß ein solcher Entwicklungsweg der außenwirtschaftlichen Absicherung bedarf, um ihn zu fördern und gegen nachteilige Einflüsse abzuschirmen; daß zuviel Schutz innovationshemmend wirkt und zuwenig Schutz im Hinblick auf Eigenanstrengungen entmutigend ist, und daß es insbesondere auf die jeweils ortsabhängige Auswahl von Förderungs- und Schutzmaßnahmen ankommt;
- schließlich: daß eine sozial mobil werdende Gesellschaft erweiterter Möglichkeiten der politischen Beteiligung bedarf, Demokratisierung also essentiell und kein Luxus ist, den man sich nach Belieben leisten kann oder auch nicht.

Diese entwicklungspolitischen Prioritäten sind zu beachten, um ökonomischen Ausgleich bei ungleichen Ausgangslagen überhaupt erst denkbar zu machen. Wer die Rezepte, die bei symmetrischer Interdependenz sinnvoll sind, bei ungleicher Ausgangslage anzuwenden versucht, muß Schiffbruch erleiden.[28] Sind die entwicklungspolitischen Prioritäten korrekt gesetzt, können Transferleistungen von außen indes den Entwicklungsprozeß nicht nur erleichtern, sondern auch beschleunigen. Sie sollten von den leistungsfähigen Ökonomien der Welt im Sinne einer Politik des wohlverstandenen Eigennutzes getätigt werden: Bei erfolgversprechenden Eigenanstrengungen tragen solche Transferleistungen dazu bei, daß neue attraktive Wirtschaftsräume dort entstehen, wo bislang arme Hinterhöfe waren.

Schutz vor Not und, damit verbunden, die Bemühungen um einen fairen ökonomischen Ausgleich gehören zu den elementaren Bedingungen des Friedens. Sie sind im Falle vergleichbarer Ausgangslagen von betroffenen Ökonomien relativ „einfach" zu erreichen, wie schwierig auch immer im Detail die Kompromißformeln zu finden sein mögen. Im Falle ungleicher Ausgangslagen, insbesondere im Falle einer Zentrum-Peripherie-Struktur, bedarf es unvergleichlich viel größerer Anstrengungen und einer viel längeren zeitlichen Perspektive, um einen allmählich zunehmenden Ausgleich zu realisieren. Die moderne Entwicklungsgeschichte belegt jedoch, daß ein solches Vorhaben nicht von vornherein zum Scheitern verurteilt ist.

1.4 Empathie

Rechtsstaatlichkeit (als Teil einer kongenialen politischen Kultur), Erwartungsverläßlichkeit und ökonomischer Ausgleich können als praktische Vorhaben nur dann gelingen, wenn die Beteiligten die Fähigkeit entwickeln, sich in die Position anderer

28 Darüber besteht eine Kontroverse, die so alt ist wie die moderne Entwicklungsproblematik selbst (nämlich seit der industriellen Revolution in England); sie wurde zum ersten Mal klug und umfassend thematisiert von Friedrich List, der in den vergangenen Jahrzehnten zu Unrecht nur wenig Beachtung gefunden hat. Hierzu Dieter Senghaas: Friedrich List und die moderne Entwicklungsproblematik, in: Leviathan, Bd. 17, Nr. 4, 1989, S. 561-573.

– in deren Selbst- und Weltbild und in deren Interessenlage – hineinzuversetzen. Man muß lernen, die Welt mit den Augen des anderen zu sehen und die Lebensperspektiven und Lagebeurteilungen des Gegenübers im eigenen Denken mitzuberücksichtigen. Glückt dieses Vorhaben, entwickelt sich Einfühlvermögen und damit zusammenhängend Verantwortungsgefühl, das sich in entsprechendem Handeln äußert. Dann würde nicht mehr militärisch abgestützte Machtpolitik betrieben, sondern „Verantwortungspolitik".[29] Der hier beschriebene Sachverhalt wird gewöhnlich als Empathie bezeichnet; in historisch-vergleichender Friedensforschung war analog von „responsiveness" die Rede.[30] Beide, Empathie und „responsiveness", wurden als wichtige kritische Größen im Hinblick auf die sozialpsychologische Ausgestaltung von Friedenspolitik erkannt.[31] Das Empathie-Gebot ist alt: Kant sprach bereits im dritten Definitiv-Artikel seines Traktats zum ewigen Frieden von „Hospitalität" („Wirtbarkeit").

Das Empathie-Gebot berührt die subjektive Seite des Friedenskonzeptes: Alle Individuen bilden in ihrer individuellen Sozialisation ein Selbst-Bild heraus, das mit dem Bild des Kollektivs, in dem sie heranwachsen, verbunden ist. Was zum eigenen Selbst gehört bzw. wer und was Teil des eigenen Kollektivs ist, ist eine orientierende Primärerfahrung; sie begründet stabile Identität. Aber in ihr ist auch die Gefahr angelegt, daß sie sich mit einer immer gleich gerichteten Wertung verbindet, einem Schwarz-Weiß-Bild, und daß die notwendige Abgrenzung zur pathologischen Ausgrenzung wird. Wo die Fähigkeit zur Empathie vorhanden ist, wirkt sie solcher Neigung zum Überwertigkeitsgefühl und Ethnozentrismus entgegen.

Empathie ist immer gefährdet, wenn Menschen sich in ihrer Identität bedroht sehen. Wenn die Grundbedürfnisse nach Anerkennung und Würde und nach Bewahrung von Identität anhaltend verletzt werden, wächst die Neigung, in Gewalt ein legitimes Mittel der Abhilfe zu sehen. Um Empathie in und zwischen Gesellschaften eine Chance zu geben, ist deshalb die Respektierung der elementaren humanen Bedürfnisse wesentlich.

Die Vielfältigkeit der Welt, selbst in einem so kleinen Kontinent wie Europa, begründet die besondere Relevanz von Empathie als Handlungsgebot: Das internationale System ist nicht nur in politisch konsolidierte Gesellschaften zergliedert, es umfaßt auch Gesellschaften, die sich in einem tiefgreifenden Umbruch befinden, ja deren Entwicklung schlichtweg unprognostizierbar ist. Spitzenökonomien finden sich heute Seite an Seite mit sogenannten Schwellenländern sowie mit rückständigen und unterentwickelten Gebieten. In Teilen der Welt hat aufklärerisches Gedankengut Wurzeln geschlagen, in anderen Teilen kommt es aus nachvollzieh-

29 Hans-Dietrich Genscher: Neue Europäische Friedensordnung, in: Europa-Archiv, Bd. 45, Nr. 15, 1990, S. 473-478, bes. S. 478.

30 Karl W. Deutsch u.a.: Political Community and the North Atlantic Area. International Organizations in the Light of Historical Experience, Princeton 1957.

31 Zur Kategorie der Empathie siehe jetzt Norbert Ropers: Vom anderen her denken. Empathie als paradigmatischer Beitrag zur Völkerverständigung, in: Steinweg und Wellmann (Anm. 15), S. 114-150.

baren Gründen zu fundamentalistischen Bewegungen. Sie gründen sich auf Versprechungen, einen als ungerecht und würdelos empfundenen Zustand durch Rückgriff auf vermeintliche fundamentale Werte überwinden zu können. Nicht nur an einer Stelle der Welt wird dabei auch dumpfer Chauvinismus an die Oberfläche gespült; der Nationalismus erfährt - entwicklungspolitisch verständlich - in Gestalt des Ethnonationalismus in weiten Teilen der Welt eine bemerkenswerte Renaissance. Die Gefahr in solchen Situationen besteht im genauen Gegenteil von Empathie und „responsiveness", nämlich in selbstgefälliger Abschottung der fortgeschrittenen Regionen und umgekehrt in fundamentalistisch-chauvinistischer Trotzhaltung der vom Modernisierungsprozeß Enttäuschten. Dabei droht Empathie zu einer Mentalität zu werden, die sich bestenfalls die Habenden in der Welt gleichsam als Luxusgut leisten können, während die Habenichtse (auch in den entwickelten Regionen) in den Sog chauvinistischer Strömungen geraten. Auch wenn die Hintergründe und die Dynamik dieses Vorgangs erklärbar sind, bedeutet er in seiner Konsequenz die Tendenz zur Entzivilisierung von Politik.[32]

Auch ohne zugespitzte Problemlagen stellen sich Empathie bzw. „responsiveness" nicht leicht ein: Die meisten Menschen leben - international betrachtet - in räumlich abgezirkelten staatlichen Gebilden. Der Nationalstaat wurde einmal als ein organisiertes Vorurteil bezeichnet, womit die in ihm angelegte, strukturell begründete Tendenz zum Ethnozentrismus umschrieben wurde. An dieser Ausgangslage wird sich auch in Zukunft wenig ändern, denn die Mehrzahl der Menschen hängt, je mehr sich Gesellschaften entwickeln, um so intensiver in ihren alltäglichen Angelegenheiten von ihrem jeweiligen Nationalstaat ab. Während sich viele Bereiche internationalisiert haben, so insbesondere der Waren-, Kapital- und Technologieverkehr, und eine weltweit arbeitsteilige Produktion voranschreitet sowie Kommunikation und Information sich in weltweiten Bezügen abspielen, kann kein Zweifel daran bestehen, daß sich gleichzeitig auch die nationalen Erwartungs- und Handlungszusammenhänge verdichten und vertiefen.[33] Damit entsteht die paradoxe Lage: Die Welt ist internationaler strukturiert als früher und doch gleichzeitig in weiten Bereichen nationaler geworden.[34] Dabei dürfte der Nationalstaat vermutlich einen höheren Bedeutungszuwachs als die internationale Verflechtung erfahren haben. Wenn diese Beobachtung richtig ist, dann wäre zumindest kein flächendeckender Kosmopolitismus zu erwarten, sondern eher Varianten von Nationalismus. Unter solcher Voraussetzung wird Empathie - *der Schutz vor Chauvinismus* - nur bei großen Anstrengungen eine Chance haben.[35]

32 Dieter Senghaas: Friedensprojekt Europa (Anm. 2), Kap. 4.

33 Auf diesen Sachverhalt hat frühzeitig Karl W. Deutsch in seinen Studien immer wieder hingewiesen, z.B. in: Nationalism and its Alternatives, New York 1969.

34 Karl W. Deutsch sprach, bezogen auf diesen Sachverhalt, von „Heterotropie", d.h. von einem Zustand, aus dem sich zwei unterschiedliche Prozeßrichtungen gleichzeitig entfalten.

35 Die Internationalisierung von Information und Kommunikation wird ohne Zweifel die

2. *Einige Beobachtungen zum differenzierten Friedenskonzept*

2.1 Si vis pacem – kontrovers

„Si vis pacem, para bellum" lautet die Maxime für Friedenssicherung im engen militärischen Sinne. Sie kümmert sich nicht um die Umstände, unter denen Gewaltpotentiale entstehen und Gewalt virulent wird. Sie reagiert auf drohende oder schon eskalierende Gewalt und inszeniert dagegen ein entsprechendes militärisch abgesichertes Machtmanagement. In diesem Sinne ist sie weniger ursachen-, als vielmehr symptomorientiert. Und oft genug ist sie insensibel für die Frage, ob das von ihr motivierte Instrumentarium die Eskalationsträchtigkeit von Gewaltlagen nicht seinerseits verschärft, anstatt sie einzudämmen. Denn militärisch abgesichertes Machtmanagement läßt sich mit völlig unterschiedlichen Akzenten verfolgen: als bloße Abhaltestrategie (im Sinne nicht-provokativer Verteidigung), als Abschreckungsstrategie mit defensiven und offensiven Komponenten und als eine offensiv ausgelegte Vorwärtsverteidigungsstrategie, die sich von einer reinen Offensivstrategie nur wenig unterscheidet. Vor allem unter den letzten beiden Prämissen ist es – wie die vergangenen 40 Jahre gezeigt haben – schwierig, zu einer funktionsfähigen Sicherheitsgemeinschaft zu gelangen, in welcher das Sicherheitsdilemma tendenziell entproblematisiert wäre. Militärisch orientierte Friedenssicherung ist und bleibt in aller Regel auf die Trennung der Kontrahenten ausgerichtet – sie ist also dissoziativ angelegt, woraus immer die Gefahr droht, in einer anhaltenden, politisch unfruchtbaren Rüstungskonkurrenz zu enden. Politisch unfruchtbar ist diese Sicherheitsvorkehrung, weil unter den Vorzeichen des militärischen Primats andere Instrumentarien der Friedenssicherung als von nur sekundärer Bedeutung eingestuft werden, so beispielsweise die Instrumentarien der friedlichen Streitbeilegung und selbst noch relativ militärnahe Instrumentarien wie Vorkehrungen für kooperativ/kollektive Sicherheit – von Friedenssicherung durch Aktivierung wirtschaftlicher, sozialer und kultureller Beziehungen ganz zu schweigen.

Historisch und soziologisch betrachtet, reflektiert die *para bellum*-Maxime die Suche nach einer stabilen „Staatsfriedensordnung" unter der Prämisse von Nationalstaaten, wie sie sich seit dem Beginn der Neuzeit vor allem in Europa und später weltweit entwickelt haben. Die Maxime setzt ein stabiles Gewaltmonopol im Innern der Gesellschaften voraus, also die Überwindung der Gefahr eines

Begegnung von Kulturen und Zivilisationen intensivieren. Damit wird diese Dimension zu einer zentralen friedenspolitischen Problemstellung in der Welt. Siehe hierzu die wegweisenden Untersuchungen von Johan Galtung: Westliche Kulturtradition und Friedensbewegung, in: Karl Kumpfmüller (Hrsg.), Friede – Kultur – Politik, Eisenstadt 1983, S. 41-64; ders.: Peace and the World as Intercivilizational Interaction, in: Raimo Väyrynen, Dieter Senghaas und Christian Schmidt (Hrsg.), The Quest for Peace, London 1987, S. 330-347. Zur Kontrastanalyse von Empathie, nämlich kultureller Gewalt, siehe ebenfalls Johan Galtung: Cultural Violence, in: Journal of Peace Research, Bd. 27, Nr. 3, 1990, S. 291-305.

Bürgerkrieges, der „situation hobbésienne" (R. Aron). Auf dieser Grundlage aufbauend, werden die zwischenstaatlichen Problemlagen vermittels einer Kombination aus Diplomatie und militärischen Vorkehrungen einschließlich kriegerischer Aktionen bearbeitet. Ihre Parallele hat diese Maxime im klassischen Völkerrecht, das den souveränen Einzelstaat zur Grundlage hat und das bis in die erste Hälfte dieses Jahrhunderts Kriege für legitim hielt und im Grunde genommen auch heute noch am Prinzip der Nichteinmischung in innere Angelegenheiten ausgerichtet ist. In beiden Fällen, der Militärmaxime und des klassischen Völkerrechts, ging es um die Koexistenz souveräner staatlicher Akteure, nachdem die Koexistenz konfligierender gesellschaftlicher Gruppen innerhalb der Staaten durch Schaffung einer entsprechenden Staatsautorität als gesichert unterstellt werden konnte.

Der dieser *para bellum*-Maxime zugrundeliegende Begriff des Friedens ist extrem eng und undifferenziert; er ist auch aus der Perspektive des historisch vorangegangenen relativ breiten Friedensbegriffes des Mittelalters nur auf „securitas" (Sicherheit) und gegebenenfalls „tranquillitas" (Waffenruhe) ausgerichtet. Die umfassenderen Fragen des internationalen Friedens als Ergebnis einer übergeordneten Rechtsordnung („iustitia") werden nicht mehr thematisiert, auch nicht die für das frühe Friedensverständnis immer mitbedachte „caritas" im Sinne einer wohlwollenden Hinwendung auf die Bedürfnisse des Nächsten.[36] Der *para bellum*-Maxime liegt folglich eine Idee von Staatsfrieden (pax civilis) zugrunde, und zwar in der doppelten Richtung einer effektiven Zwangsgewalt (pax effectiva) *nach innen* (mit der Chance relativ anhaltenden Erfolges) und einer angestrebten Zwangsgewalt *nach außen* mit der Wahrscheinlichkeit wiederkehrender kriegerischer Auseinandersetzungen.

Gegenüber der *para bellum*-Maxime reflektiert die *para pacem*-Maxime die gewaltträchtigen Problemlagen, aus denen heraus es immer wieder zur Erschütterung des inneren *und* des zwischenstaatlichen Friedens gekommen ist und kommen kann: Machtbesessenheit und Expansionismus, politische Diskriminierung und Mißachtung von Menschenrechten, ökonomische Disparitäten und damit verbundene Chancenungleichheit, autistische Orientierungen und Feindbildprojektionen.

Die *para pacem*-Maxime ist differenziert und breit angelegt, da sie in der Breite solcher Problemlagen den Ausgangspunkt der Friedensgefährdung erkennt. Sie ist ursachenorientiert auf die Beseitigung solcher Produktionsstätten des Unfriedens ausgerichtet. Auch mit ihr bleibt die Verhütung von Gewalt und Krieg ein oberstes Ziel. Mit Bemühungen um innergesellschaftliche und zwischenstaatliche Strukturen wird zu erreichen versucht, derartige Gewaltpotentiale möglichst nicht entstehen zu lassen – wohl wissend, daß in einer sich im laufenden Umbruch befindlichen Welt dieses Ziel nur tendenziell realisierbar sein wird.[37]

36 Siehe hierzu Wilhelm Janssen: Friede, in: Otto Brunner u.a. (Hrsg.), Geschichtliche Grundbegriffe, Bd. 2, Stuttgart 1975, S. 543-591.

37 Eine Kontrastierung der *para bellum*-Maxime und der *para pacem*-Maxime findet sich (mit anderer Begrifflichkeit, doch inhaltlich parallel) bei Wolfgang R. Vogt: Frieden schaffen – mit oder ohne Waffen?, in: Arbeitspapiere der Schweizerischen Friedensstif-

Der soziologische Hintergrund der *para pacem*-Maxime ist die Umwandlung relativ stationärer und traditionaler Gesellschaften in moderne Gesellschaften mit mehr oder minder großer sozialer Mobilisierung.[38] In solchen Gesellschaften läßt sich die innere und die äußere Friedensproblematik nicht mehr wie zu Zeiten der traditionellen Autokratie und absolutistischer Herrschaft handhaben. Frieden kann heute nicht mehr nur als Schutz vor Gewalt verstanden werden, sondern muß auch als Schutz der Freiheit, als Schutz vor Not und als Schutz vor Chauvinismus begriffen werden. In dieser vierfachen Orientierung reflektieren sich die Anforderungen an ein zeitgemäßes Friedenskonzept und damit an die Friedenspolitik sozial mobiler Gesellschaften.

Rechtsstaatlichkeit (Schutz der Freiheit), Erwartungsverläßlichkeit (Schutz vor Gewalt), ökonomischer Ausgleich (Schutz vor Not) und Empathie (Schutz vor Chauvinismus) sind also nicht Postulate eines abstrakten Friedenskonzeptes, sondern konstitutiv für die Gegenwart, weil sich aus einer veränderten und ihrerseits differenzierten gesellschaftlichen Wirklichkeit entsprechende unabweisbare friedenspolitische Zugzwänge ergeben: Eine sozial mobile Gesellschaft bedarf der erweiterten Partizipationschancen und vielfältiger Konfliktregelungsmechanismen. Die ökonomisch bedingte Produktion von sozialer Ungleichheit bedarf ausgleichender politischer Maßnahmen. Aufstiegs- und Abstiegsmobilität produzieren problematische psychologische Orientierungen, die sich nur entproblematisieren lassen, wenn sie in eine gegen Ethnozentrismus relativ resistente politische Kultur eingebettet sind. Rechtsstaatlichkeit, so wurde argumentiert, erhöht die Chance, zu verläßlichen Arrangements auf internationaler Ebene zu kommen. Und eine einmal erreichte Erwartungsverläßlichkeit hat ihrerseits wieder positive Rückwirkungen auf die Stabilisierung von Rechtsstaatlichkeit.

Zwischen den Komponenten der Friedensstruktur bestehen also Rückkopplungen mit wechselseitigen Verstärkungseffekten. Auch kann davon ausgegangen werden, daß eine solche Struktur durch Redundanz gekennzeichnet wird, einzelne Komponenten also durchaus etwas schwächer sein können, ohne daß die gesamte Struktur dadurch maßgeblich in Mitleidenschaft gezogen würde.[39] Dieses ist der *sachliche* Hintergrund, warum unter heutigen Bedingungen sowohl auf analytischer Ebene das Friedenskonzept als auch in der Realität eine Friedensstruktur *konfigurativ* zu denken sind.[40]

tung, Nr. 11, Juli 1991, wo der Unterschied zwischen „Militärlogik" und „Zivillogik" als Paradigmenstreit entfaltet wird.

38 Siehe den in Anm. 24 zitierten Beitrag von Karl W. Deutsch.

39 Hierzu Karl W. Deutsch und Dieter Senghaas: A Framework for a Theory of War and Peace, in: Albert Lepawsky u.a. (Hrsg.), The Search for World Order (Festschrift für Quincy Wright), New York 1971, S. 23-46.

40 Ein klassisches Beispiel konfigurativ ausgerichteter Friedensursachenanalyse ist die als „Klassiker" zu bezeichnende Studie von Karl W. Deutsch u.a.: Political Community and the North Atlantic Area (Anm. 30). Auf der Grundlage historisch-genetischer sowie systematischer Forschung thematisiert diese Studie die innergesellschaftlichen und die zwischenstaatlichen Dimensionen erfolgreicher bzw. mißlungener Bemühungen um dauerhaften Frieden. Diese Breite wurde in der nachfolgenden Forschung nicht

Dieser Sachverhalt kommt auch in negativer Hinsicht zum Ausdruck: Rechtsstaatlichkeit kann zusammenbrechen, Verteilungsungerechtigkeit sich akzentuieren, Chauvinismus militant werden und Erwartungsverläßlichkeit sich entinstitutionalisieren. Wenn solches zugespitzt und gebündelt geschieht, besteht die Gefahr, ja, die hohe Wahrscheinlichkeit, daß diese Komponenten sich zu einem konfigurativen Negativszenario mit eingebautem Verstärkungsmechanismus verdichten und zivilisatorische Regression bewirken.[41]

2.2 Zur Friedensdefinition

Gibt es eine Friedensdefinition, in der die in unserer Abhandlung diskutierten Sachverhalte kurz und bündig auf einen Nenner gebracht sind? Eine solche Definition müßte den *Prozeßcharakter* des Friedens[42] sowie dessen *verfassungspolitische, institutionelle, materielle* und *emotionale* Voraussetzungen reflektieren. Eine solche komplexe Definition findet sich in der Literatur bisher nicht, aber die folgende könnte zu ihrem Ausgangspunkt werden: „Friede", so schrieb der Völkerrechtler W. Grewe, „sollte verstanden werden als ein gewaltfreier und auf die Verhütung von Gewaltanwendung gerichteter internationaler Prozeß, in dem durch Verständigungen und Kompromisse solche Bedingungen des Zusammenlebens der Staaten und Völker geschaffen werden, die nicht ihre Existenz gefährden und nicht das Gerechtigkeitsempfinden oder die Lebensinteressen einzelner oder mehrerer

mehr erreicht, auch nicht in der jüngst erschienenen, sehr lesenswerten Untersuchung von Kalevi J. Holsti: Peace and War. Armed Conflicts and International Order 1648-1989, Cambridge 1991.

Auf konzeptueller Ebene finden sich Vorschläge zu einem *konfigurativen Friedenskonzept* z.B. in Georg Picht: Was heißt Friedensforschung?, in: Georg Picht und Wolfgang Huber: Was heißt Friedensforschung?, Stuttgart 1971, S. 13-33; daran ausgerichtet und weiterführend Wolfgang Huber und Hans-Richard Reuter: Friedensethik, Stuttgart 1990, Teil I. Weiterhin Ernst-Otto Czempiel: Friedensstrategien, (Anm. 4); Johan Galtung: Essays in Peace Research, 6 Bde., Kopenhagen 1975-1988, insbes. Bd. I und VI; ders.: Visionen einer friedlichen Welt, in: Leviathan, Bd. 16, Nr. 3, 1988, S. 331-354; Kenneth Boulding: Stable Peace, Austin 1978 sowie neuerdings Günther Bächler: Sicherheit und Frieden. Begrifflichkeit, Beziehung, Abgrenzung, in: Arbeitspapiere der Schweizerischen Friedensstiftung, Nr. 1, Juni 1989; siehe auch Gert Krell: Aufbruch und Krise. Das Weltsystem nach dem Ost-West-Konflikt und die aktuelle Friedens- und Sicherheitsproblematik, in: HSFK-Report, Nr. 6, 1991, S. 40 f.; Hanna Newcombe: The Pentagon of Values, in: Günther Bächler (Hrsg.), Perspektiven. Friedens- und Konfliktforschung in Zeiten des Umbruchs, Chur, Zürich 1992, S. 171-187.

41 Einer der Autoren dieses Beitrages hat am Beispiel Europas nach der Wende 1989/90 ein Positivszenario formuliert, um abschließend die potentiellen Dimensionen und Ausmaße einer Regression aufzuweisen. Siehe Dieter Senghaas: Friedensprojekt Europa (Anm. 2). Das Negativ- bzw. Regressionsszenario findet sich im Nachwort dieses Buches (S. 181 ff.).

42 Auf den Prozeßcharakter des Friedens hat frühzeitig (leider ohne Gehör zu finden) Ernst-Otto Czempiel aufmerksam gemacht: Schwerpunkte und Ziele der Friedensforschung, München und Main 1972.

von ihnen so schwerwiegend verletzen, daß sie nach Erschöpfung aller friedlichen Abhilfeverfahren Gewalt anwenden zu müssen glauben".[43]

Diese Definition ist auf die *zwischenstaatlichen* bzw. zwischengesellschaftlichen Beziehungen konzentriert. Das auch in ihr zum Ausdruck kommende Verständnis von Frieden als einem *zivilisatorischen Prozeß* wird unmittelbar offenkundig, wenn man dieselbe Definition im Hinblick auf die Stiftung *inneren* Friedens umformuliert. Dann lautet sie: „Innerer Friede sollte verstanden werden als ein gewaltfreier und auf die Verhütung von Gewaltanwendung gerichteter innerstaatlicher Prozeß, in dem durch Verständigungen und Kompromisse solche Bedingungen des Zusammenlebens von gesellschaftlichen Gruppen geschaffen werden, die nicht ihre Existenz gefährden und nicht das Gerechtigkeitsempfinden oder die Lebensinteressen einzelner oder mehrerer von ihnen so schwerwiegend verletzen, daß sie nach Erschöpfung aller friedlichen Abhilfeverfahren Gewalt anwenden zu müssen glauben".

In dieser reformulierten Definition sind alle wesentlichen Elemente des *inneren* Friedens enthalten: die gewaltfreie Konfliktaustragung (Rechtsstaatlichkeit), das verständigungs- und kompromißorientierte Konfliktverhalten (wofür Empathie erforderlich ist), Existenzbewahrung und -entfaltung (ökonomischer Ausgleich) sowie die Schaffung von Erwartungsverläßlichkeit vermittels eines entsprechend institutionalisierten politischen Prozesses.

Die originäre, auf die *internationale* Friedensproblematik ausgerichtete Definition könnte nun mit der hier reformulierten Definition kombiniert werden. Dann gelangt man zu folgender synoptischer Aussage, in die die wesentlichen Komponenten eines zeitgemäßen Friedenskonzeptes Eingang gefunden haben: *„Friede sowohl in inner- als auch zwischenstaatlicher Hinsicht sollte verstanden werden als ein gewaltfreier und auf die Verhütung von Gewaltanwendung gerichteter politischer Prozeß, in dem durch Verständigungen und Kompromisse solche Bedingungen des Zusammenlebens von gesellschaftlichen Gruppen bzw. von Staaten und Völkern geschaffen werden, die nicht ihre Existenz gefährden und nicht das Gerechtigkeitsempfinden oder die Lebensinteressen einzelner oder mehrerer von ihnen so schwerwiegend verletzen, daß sie nach Erschöpfung aller friedlichen Abhilfeverfahren Gewalt anwenden zu müssen glauben. Um Frieden zu erreichen, sind deshalb anhaltende Bemühungen um Rechtsstaatlichkeit, Erwartungsverläßlichkeit, ökonomischen Ausgleich und Empathie erforderlich".*

Die analytische Stärke dieser erweiterten Friedensdefinition besteht darin, daß sie die innere Dynamik des Prozeßcharakters von Frieden zum Ausdruck bringt.[44]

43 Wilhelm G. Grewe: Friede durch Recht? (Schriftenreihe der Juristischen Gesellschaft zu Berlin, Heft 94), Berlin 1985, S. 30.

44 Erweisen sich angesichts der Bedürfnisse von sich neu organisierenden Akteuren die überkommenen inneren bzw. internationalen politischen Rahmenbedingungen als anpassungsunfähig, wird – paradoxerweise – Gewalt mit unerbittlicher Zwangsläufigkeit zu einem Ersatz für Kommunikation, zu einer oft als alternativlos empfundenen Ressource in der Not. Von diesem Hintergrund her wird verständlich, warum solche Ausgangslagen mehr oder weniger schnell in tendenzielle Unruhe- bzw. revolutionäre Umbruchsituationen übergleiten. Lern- und Anpassungsfähigkeit sind also wichtige

Darüber hinaus liegt die Plausibilität der Definition darin, daß innerer und internationaler Frieden unter gleichem Vorzeichen thematisiert werden: dem Erfordernis einer Zivilisierung von Politik.

Gleichwohl könnte in konsolidierten Rechtsstaaten die Doppelseitigkeit dieser erweiterten Definition für überflüssig gehalten werden, weil die Zivilisierung von Politik im Innern – und damit innerer Frieden – als verläßlich garantiert unterstellt werden kann. Aber auch in diesen Gesellschaften besteht letztlich immer die Gefahr einer Regression; ein Negativszenario sollte prinzipiell niemals ausgeschlossen werden. Kann man sich über die Plausibilität dieses potentiellen Einwandes noch streiten, so ist der Einwand selbst überall dort hinfällig, wo sowohl innerer als auch äußerer Frieden politisch zur Disposition stehen, heute beispielsweise in zerfallenden und sich ethnonationalistisch zersetzenden Staaten, innerhalb derer eine „situation hobbésienne" im doppelten Sinne des Begriffes entsteht, sowohl im Hinblick auf eine Bürgerkriegssituation als auch hinsichtlich der Gefährdung des Friedens zwischen sich neu konstituierenden staatlichen Akteuren. In beiderlei Hinsicht entsteht ein virulentes Sicherheitsdilemma, Ethnozentrismus lebt auf, autistische Selbstverblendung breitet sich aus und die Nullsummenmentalitäten feiern Triumphe: Gewalt erscheint dann erneut als legitimes und opportunes Mittel, das angesichts einer hohen Munitionierung der Konfliktparteien erstaunlich unbeschwert eingesetzt wird.

In der modernen Welt, so schrieb einmal Kenneth Boulding, seien 10 bis 15 Prozent der menschlichen Aktivität dem Krieg oder der Vorbereitung für den Krieg gewidmet, einschließlich der Produktion und dem Unterhalt von Zerstörungsmitteln. 85-90 Prozent der Aktivitäten seien zivil und friedlich: pflügen, säen, ernten, industriell verarbeiten, kaufen, verkaufen, musizieren, tanzen, erziehen usf., usf. Diese „andere Seite" der Geschichte, in welcher Friede als Selbstverständlichkeit und Krieg als Einbruch in das zivile Leben betrachtet werden, müsse erst noch geschrieben werden.[45] Merkwürdigerweise gilt diese Beobachtung auch für die Friedensforschung: Mit Aggressions-, Gewalt- und Kriegsursachenforschung – ihren beliebten Forschungsfeldern – sind wichtige Erkenntnisse über die Hintergrundbedingungen von kollektiver Gewalt zu gewinnen, allerdings mit abnehmendem Grenznutzen. Nur in spezifischen Forschungen, wie bei der Aufarbeitung dieser Problembereiche aus feministischer Sicht, sind noch neue Perspektiven und

friedenspolitische Kategorien. Anders formuliert: Friedens- und Revolutionstheorie sind im Hinblick auf sich modernisierende Gesellschaften konzeptuell eng verbunden. Und die Forderung nach Vorkehrungen für „friedlichen Wandel", obgleich in aller Regel vor allem von Völkerrechtlern erhoben, ist für ein zeitgemäßes Friedenskonzept von ebenso allgemeiner wie grundlegender Bedeutung.

Die Dialektik von Frieden und Gewalt hat also etwas mit dem Ausmaß an Authentizität bzw. Inauthentizität von politischen Ordnungen im Innern von Gesellschaften und zwischen ihnen zu tun. Zu dieser wichtigen und wenig bedachten Kategorie siehe Amitai Etzioni: The Active Society, (Anm. 21), Kap. 21.

45 Kenneth E. Boulding: A Proposal for a Research Program in the History of Peace, in: Peace & Change, Bd. 14, Nr. 4, 1989, S. 461-369.

Erkenntnisse zu erwarten. Aber für ein Verständnis von Friedenssicherung und vor allem von Friedensförderung sind sie nur am Rande und eher zufällig ergiebig. Hätte Friedensforschung eine konstruktive Perspektive, wäre sie möglicherweise auch praxisrelevanter. In diesem Sinne mag es zwingende Gründe für mehr als eine Akzentverlagerung geben, nämlich zu *konstruktiver Friedensforschung* überzugehen. Dann erhielte die Maxime „si vis pacem, para pacem" wenigstens im Denken eine Chance, danach vielleicht sogar im politischen Handeln.

Friede sei jahrhundertelang eine „schlafende Idee" gewesen, deren Zeit nunmehr gekommen sei, schrieb jüngst Anatol Rapoport.[46] Wenn dem so ist - und wir stimmen mit Rapoport überein - wird es Zeit, diese Idee aufzuwecken - oder liebevoller: sie wachzuküssen.

46 Anatol Rapoport: Frieden: eine Idee, deren Zeit gekommen ist, Darmstadt 1991.

Albert O. Hirschman

Abwanderung, Widerspruch und das Schicksal der Deutschen Demokratischen Republik

*Ein Essay zur konzeptuellen Geschichte**

> Es gibt wenige Menschen, die sich mit dem Nächstvergangenen zu beschäftigen wissen. Entweder das Gegenwärtige hält uns mit Gewalt an sich, oder wir verlieren uns in die Vergangenheit und suchen das völlig Verlorene ... wieder hervorzurufen.
>
> Goethe, *Die Wahlverwandtschaften*

Einleitung

Das Jahr 1989 wurde mit einem gewissen Gähnen begrüßt. Seine erste Hälfte würde, so war vorauszusehen, von ausgiebigen, weitschweifigen und unendlich wortreichen Zweihundertjahrfeiern zur Französischen Revolution gekennzeichnet sein. Alles war rechtzeitig geplant worden, und der Veranstaltungskalender wurde bis zum vorgesehenen Höhepunkt, den Feiern des 14. Juli in Paris, auch pünktlich befolgt. Danach, als die Mehrzahl der Festlichkeiten, der Konferenzen und der Reden unbeschadet vorüber war, sollte und wollte man zu den Tagesgeschäften zurückkehren.

Aber dann, als ob die Geister der Revolution, einmal gerufen, ein Eigenleben angenommen hätten, kam die Überraschung, die „göttliche Überraschung" jenes Jahres: eine Reihe vollkommen unerwarteter politischer und populärer Bewegungen trat in rascher Folge in Osteuropa in Aktion – in Polen, Ungarn, Ostdeutschland, der Tschechoslowakei bis hin zu Bulgarien und Rumänien; sie brachten die bislang unangefochtene Macht der Kommunistischen Parteien zu Fall und veränderten dadurch fundamental die scheinbar stabile bipolare Welt„ordnung" der vergangenen fünfundvierzig Jahre.

Die radikalste dieser Veränderungen fand in der Deutschen Demokratischen Republik statt. Hier sollte die innere Erschütterung binnen kurzer Zeit zur Aus-

* Originalbeitrag, aus dem Amerikanischen übertragen von Ulrich Struve.

löschung jener politischen Einheit führen, in der sie sich ereignet hatte. Der ostdeutsche Staat war nicht imstande, den Zusammenbruch der kommunistischen Macht zu überleben, er wurde von seinem übergroßen Zwilling, der Bundesrepublik Deutschland, in weniger als einem Jahr nach der Öffnung der Berliner Mauer am 9. November 1989 absorbiert („geschluckt" ist der oft verwendete ausdrucksstarke Begriff).

Trotz einer beträchtlichen Anzahl von Artikeln und Büchern – inklusive einiger autobiographischer Berichte von Schlüsselakteuren – bleibt vieles von diesen Ereignissen nur halb verstanden. Allein die Tatsache, daß sie für Zuschauer und Beteiligte völlig überraschend kamen, deutet darauf hin, daß unsere Fähigkeit, politische und soziale Veränderungen großen Ausmaßes zu verstehen, gänzlich unterentwickelt ist. Unter solchen Umständen dürfte jedes begriffliche Werkzeug, das einen Zugang zu diesen rätselhaften Ereignissen verspricht, begierig aufgegriffen werden. Eben dies geschah in Deutschland mit den Begriffen „exit" und „voice", die ich in meinem Buch *Exit, Voice and Loyalty: Responses to Decline in Firms, Organizations, and States*[1] zur Deutung bestimmter sozialer Ereignisse vorgeschlagen hatte.

Die deutsche Übersetzung des Buches erschien 1974 unter dem Titel *Abwanderung und Widerspruch*.[2] Dies war eine kühne, doch treffende freie Übersetzung der Begriffe „exit" und „voice", die vermutlich vom Übersetzer gewählt wurde, weil bereits damals „Abwanderung" oder „versuchte Abwanderung" charakteristische Alternativen waren zu konkretem Widerstand in der Deutschen Demokratischen Republik. So mag schon der Titel dazu beigetragen haben, das Buch für die Ereignisse des Jahres 1989 besonders relevant erscheinen zu lassen. Wie dem auch sei, bereits sechs Tage nach der spektakulären Öffnung der Berliner Mauer am 9. November 1989 veröffentlichte die *Frankfurter Allgemeine Zeitung* (FAZ) einen Artikel von Henning Ritter, dem leitenden Redakteur der sozial- und geisteswissenschaftlichen Seite, mit dem Titel „Abwandern, Widersprechen: Zur aktuellen Bedeutung einer Theorie von A.O. Hirschman". Ritter zufolge wurden meine Untersuchungen von 1970 durch die Umwälzungen in Ostdeutschland „im Augenblick gleichsam [...] im großen Maßstab überprüft". Seither haben etliche Politologen und Soziologen bei der Interpretation der Ereignisse von 1989 – inzwischen allgemein „die Wende" genannt – ausgiebigen, wenn auch gelegentlich widersprüchlichen Gebrauch von meinen Begriffen gemacht.[3] Und inzwischen

1 Cambridge, MA: Harvard University Press, 1970.

2 Tübingen: J.C.B. Mohr, 1974, Übersetzung von Dr. Leonhard Walentik.

3 Die für mich anregendsten Beiträge waren einige Artikel von Detlef Pollack, Religionssoziologe an der Universität Leipzig, insbesondere „Das Ende einer Organisationsgesellschaft" in der *Zeitschrift für Soziologie*, 19 (Aug. 1990), S. 292-307. Pollack berichtet hier einsichtsvoll über die Ereignisse im Herbst 1989, die er in Leipzig offensichtlich aus allernächster Nähe beobachtete, und weist dann ganz zu Recht darauf hin, daß die Ereignisse meinem Modell insofern widersprechen, als es eher eine konkurrierende Relation, denn eine ergänzende zwischen Ausgang und Mitspracherecht in sozialen Prozessen geltend macht. Er kehrt zu diesem Thema in mehreren nachfolgenden

erlangte das Thema sogar einen Hauch von offizieller Anerkennung, als die Deutsche Forschungsgemeinschaft den Ansatz von Abwanderung und Widerspruch zur Analyse der Wende unter die förderungswürdigen Forschungsvorhaben aufnahm.[4]

Ich wurde mir des Interesses an meinem zwanzig Jahre alten Buch bewußt, als ich das akademische Jahr 1990/91 am Wissenschaftskolleg in Berlin verbrachte. Zu der Zeit war es mir zudem möglich, mich durch Lektüre und Interviews näher mit der Geschichte der DDR und insbesondere mit der bemerkenswerten Geschichte ihres Endes bekannt zu machen. Ich kam zu dem vielleicht wenig überraschenden Schluß, daß die Perspektive, die das Begriffspaar „Abwanderung und Widerspruch" eröffnet, tatsächlich hilfreich sein könnte, um einige der deutschen Ereignisse in einem neuen Licht zu betrachten, und daß diese Begriffe ihrerseits bereichert werden könnten durch das Zusammentreffen mit einem großen historischen Testfall. Um meine Einleitung mit einer persönlichen Note zu beenden: Nach einer Abwesenheit von mehr als einem halben Jahrhundert von dem Land, in dem ich meine ersten achtzehn Jahre verbracht habe, ermöglichte mir dieses Thema einen Wiedereintritt in deutsche Politik und Geschichte.

Das Zusammenspiel von Abwanderung und Widerspruch – eine Neuformulierung

Um kurz zu erinnern: Abwanderung und Widerspruch waren in meinem Buch definiert als zwei kontrastierende Reaktionen von Konsumenten oder von Mitgliedern von Organisationen auf eine von ihnen wahrgenommene Verschlechterung in der Qualität der Waren, die sie kaufen, oder der Dienst- und Sozialleistungen, die sie erhalten. Abwanderung ist die Handlungsweise des einfachen Fortgehens, gewöhnlich weil man glaubt, daß man bessere Waren, Dienst- oder Sozialleistungen von einer anderen Firma oder Organisation beziehen kann. Widerspruch dagegen ist die Handlung des sich Beschwerens oder des sich Organi-

Artikeln zurück: „Religion und gesellschaftlicher Wandel", *Übergänge,* Juni 1990, S. 236-243 und „Außenseiter oder Repräsentanten?" *Deutschland-Archiv,* 23 (1990), S. 1217-1223 sowie auch in einem mit Christiane Heinze gemeinsam verfaßten Artikel, „Zur Funktion der politisch alternativen Gruppen im Prozeß des gesellschaftlichen Umbruchs in der DDR" in Wolf-Jürgen Grabner et al., *Leipzig im Oktober,* (Berlin: Wichern, 1990), S. 82-90.

Weitere Anwendungen der Unterscheidung von Abwanderung und Widerspruch finden sich in Claus Offe, „Wohlstand, Nation, Republik. Aspekte des deutschen Sonderweges vom Sozialismus zum Kapitalismus", September 1990 und Wolfgang Zapf, „Der Zusammenbruch einer Sozialstruktur", Februar 1991, beide unveröffentlicht. Aus den USA angereiste Doktoranden trugen ebenfalls zu der Diskussion bei. Siehe Rogers Brubaker, „Frontier Theses: Exit, Voice, and Loyalty in East Germany", *Migration World* 18 (1990), Nr. 3/4, S. 12-17 und John Torpey, „Exit, Voice, and Loyalty in the 'Peaceful Revolution' in the GDR", Referat gehalten auf dem 17. Symposium über die Deutsche Demokratische Republik, Universität von New Hampshire, Juni 1991.

4 Pressemitteilung Nr. 3 vom 29. Januar 1991.

sierens zum Zweck der Kritik oder des Protests mit der Absicht, eine direkte Besserung der Qualität zu erreichen. Große Teile meines Buches und meiner nachfolgenden Arbeiten in diesem Themengebiet beschäftigen sich mit den Bedingungen, unter welchen Abwanderung oder Widerspruch oder auch beide Verhaltensweise zugleich aktiviert werden.

Ein wiederkehrendes Motiv in meinem Buch von 1970 ist die Feststellung, daß es keine im voraus etablierte Harmonie zwischen den zwei genannten Verhaltensweisen gibt, daß sie, ganz im Gegenteil, oft aneinander vorbei arbeiten und dazu tendieren, einander zu unterminieren, wobei insbesondere Abwanderung die Reaktion des Widerspruchs unterminiert. Es wurde gezeigt, daß die leichte Verfügbarkeit von Abwanderung dem Widerspruch abträglich sei, da Widerspruch im Vergleich zur Abwanderung mühevoll und zeitaufwendig ist; zudem erfordert Widerspruch, um effektiv zu sein, oftmals gemeinschaftliches Handeln und unterliegt daher all den wohlbekannten Schwierigkeiten der Organisation, der Stellvertretung und des Trittbrettfahrertums (free riding), während Abwanderung, wo sie möglich ist, ohne jegliche Abstimmung mit anderen auskommt. Daher lautet eine meiner zentralen Feststellungen: „Das Vorhandensein der Alternative Abwanderung kann [...] *Atrophie der Entwicklung der Kunst des Widerspruchs* mit sich bringen".[5]

Ich konnte diese inverse Beziehung zwischen Abwanderung und Widerspruch mit zahlreichen Beispielen aus dem Wirtschafts- und Sozialleben belegen. Um drei Exempel zu nennen: Die Tatsache, daß Aktien leicht auf dem Aktienmarkt verkäuflich sind, macht es für Aktieninhaber schwierig, durch Widerspruch irgendeinen realen Einfluß auf das Management auszuüben; analog, je einfacher „Abwanderung" aus einer Ehe durch Scheidung ist, desto geringere Anstrengungen wird man unternehmen, die Beziehung durch „Widerspruch", d.h. durch Kommunikation und Bemühungen zur Versöhnung wiederherzustellen, als wenn die Abwanderungsmöglichkeit fehlt; und man kann auch, gemäß der einflußreichen „Turner-Sombart-Hypothese",[6] die Abwesenheit einer starken Arbeiterbewegung in den Vereinigten Staaten zum Teil durch die reale oder eingebildete Möglichkeit erklären, „nach Westen" zu ziehen – in den Vereinigten Staaten war die Mobilität stets größer (oder wurde doch allgemein für größer gehalten) als in Europa während der Periode der rapiden Industrialisierung.

In vielen Situationen tendiert folglich die Verhaltensweise der Abwanderung dazu, Widerspruch zu unterminieren, besonders, so argumentierte ich, wenn Abwanderung die potentiellen Träger des Widerspruchs ihrer sprachgewaltigsten und einflußreichsten Mitglieder beraubt, was oft der Fall ist. In einem kürzlich erschienen Essay sprach ich deshalb über das „grundlegende Auf und Ab" von Abwanderung und Widerspruch.[7] Dieses Wippen-Schema könnte man auch als

5 *Abwanderung und Widerspruch*, S. 36. Hervorhebung im Original.

6 Ebd., S. 91.

7 „'Abwanderung und Widerspruch': Weitere Anwendungsfelder", in: Hirschman, *Entwicklung, Markt und Moral* (München/Wien: Hanser, 1989), S. 170-171.

einfaches „hydraulisches" Modell charakterisieren: Verfall erzeugt den Druck der Unzufriedenheit, der sich in Abwanderung oder Widerspruch äußert; je mehr Druck durch Abwanderung entweicht, desto weniger steht zur Verfügung, um Widerspruch zu schüren.

Es ist eigentlich bemerkenswert, daß ein so einfaches Modell imstande war, so viele unterschiedliche Situationen und Erfahrungen zu deuten. Aber es war natürlich nicht zu erwarten, daß es universale Gültigkeit besitzen würde, und die DDR- Ereignisse von 1989 zeigten zum Teil eine ganz andere Reaktion. Wie der Leipziger Soziologe Detlef Pollack angemerkt hat,[8] haben in diesem Fall Abwanderung (Auswanderung) *und* Widerspruch (Protestkundgebungen gegen das Regime) Hand in Hand gearbeitet und einander wechselseitig verstärkt, so daß sie gemeinsam den Zusammenbruch des Regimes herbeigeführt haben.

Schon vor diesem spektakulären Fall des Zusammenwirkens von Abwanderung und Widerspruch war ich mir einiger Komplikationen im Wippen- oder Hydraulikmodell bewußt geworden. Zum Beispiel bemerkte ich, daß Abwanderung und Widerspruch als „grundlegende und komplementäre Bestandteile demokratischer Freiheit [...] meist gleichzeitig erweitert oder beschnitten worden" sind.[9] Auch habe ich beim Überdenken der Frage von sogenannten „Schulgutscheinen" in den USA die Vermutung geäußert, daß die Eröffnung vordem nicht zur Verfügung stehender Möglichkeiten der Entscheidung, inklusive der Möglichkeit der Abwanderung, in den Eltern ein gewisses Gefühl von Macht hervorrufen und die Bereitschaft steigern könne, aktiv an Schulangelegenheiten teilzunehmen und sich Gehör zu verschaffen.[10] Solch eine positive Beziehung zwischen erhöhter Verfügbarkeit von Abwanderung und erhöhter Bereitschaft zum Widerspruch basiert auf einer Struktur, die komplexer ist als das „grundlegende Auf und Ab" des Wippen-Schemas. Entscheidend ist hier, daß das neu gewonnene Recht auf Abwanderung die beteiligten Personen in ihrem Aktionsmodus tatsächlich *verändert*. Da ihnen mehr Entscheidungsfreiheit gestattet wird, werden sie sich der ganzen Bandbreite ihrer Aktionsmöglichkeiten bewußt, und der Wunsch, sie zu erkunden, wächst. Haben Männer und Frauen erst einmal das Recht auf Bewegungsfreiheit gewonnen, so können sie auch anfangen, sich generell wie erwach-

8 Siehe Fn. 3.

9 *Abwanderung und Widerspruch*, S. 170-171.

10 *Rival Views*, S. 89. In ihrer Beschreibung des Prozesses der Sklavenemanzipation in Kuba im späten 19. Jahrhundert hat Rebecca Scott gezeigt, wie die Sklaven zu Zeiten eine gemischte Strategie von Abwanderung *mit* Widerspruch gewählt haben – sie nennt dies „voice in pursuit of exit". Nach 1880 erlegte ein neues Gesetz Sklavenhaltern gewisse Verpflichtungen hinsichtlich der Behandlung und Bezahlung von Lehrlingssklaven auf. Eine beträchtliche Anzahl von Lehrlingen nutzte dieses Gesetz, in Übereinkunft mit Abolitionisten, zu ihrem Vorteil, um gegen ihre Herren Klage über Verstöße zu führen. Sie erlangten auf diese Weise ihre Freiheit, anstatt einfach „fortzulaufen". Siehe Scott, „Dismantling Repressive Systems: The Abolition of Slavery in Cuba as a Case Study", in: Alejandro Foxley et al., *Development, Democracy and the Art of Trespassing: Essays in Honor of Albert O. Hirschman* (Notre Dame, IN: University of Notre Dame Press, 1986), S. 274.

sene Mitglieder ihrer Gemeinschaft zu verhalten, d.h. wie Menschen, die *sich zu Wort melden.*

Hier liegt die allgemeine Begründung für den Gedanken vor, daß es gelegentlich *mehr* Partizipation und Widerspruch geben kann, wenn man die Gelegenheit zur Abwanderung erweitert. Und dies kommt in der Tat dem sehr nahe, wie sich die Dinge in der Deutschen Demokratischen Republik im Jahr 1989 entwickelten. Aber wiederum: Wenn man den Verlauf der Ereignisse während der gesamten vierzigjährigen Existenz der DDR bedenkt, zeigen sich insgesamt sehr unterschiedliche Reaktionen zwischen Abwanderung und Widerspruch. Einige entsprechen genau meinem ursprünglichen Modell; andere weichen davon mehr oder weniger ab und fordern eine zusätzliche Interpretation. Die Zeit ist gekommen, sich in „die Fakten" zu stürzen.

Abwanderung als Gegenspieler von Widerstand: Die Jahre 1949-1988

Bereits vom Tag ihrer Gründung an war die Stabilität der Deutschen Demokratischen Republik unterminiert durch ihre Koexistenz mit der Bundesrepublik. Die Möglichkeit, das eigene persönliche Los zu verbessern, indem man einfach wegging und in das andere, größere, freiere und dann bald auch wohlhabendere Deutschland umzog, unterscheidet fundamental die ostdeutsche Nachkriegserfahrung von der der Polen, Tschechen und Ungarn: letztere blieben im großen und ganzen in ihrer Handlungsperspektive auf ihre Länder beschränkt, ganz gleich, ob sie die neue politische Orientierung oder das ökonomische Regime, das ihnen aufgezwungen wurde, schätzten oder nicht.

Dieser grundlegende existentielle Unterschied zwischen der Deutschen Demokratischen Republik und den anderen drei relativ fortgeschrittenen sowjetischen Satellitenstaaten in Osteuropa erklärt viele Details ihrer divergierenden politischen Geschichte. In Polen, in der Tschechoslowakei und in Ungarn wurden monumentale Schlachten gegen die kommunistische Herrschaft gekämpft, von der 1956er Revolution in Budapest bis zum Prager Frühling von 1968 und dem machtvollen Aufkommen der Solidarität in Polen im Jahr 1980. Wenn diese Bewegungen gewaltsam unterdrückt wurden, entstanden prompt neue Formen des Widerstands beziehungsweise der Opposition, es wuchsen immer neue Spielräume für die „bürgerliche Gesellschaft" oder das „unabhängige Leben der Gesellschaft" heran, wie Vaclav Havel es genannt hat.[11] In der Deutschen Demokratischen Republik hingegen war die einzige bedeutende Manifestation der Unzufriedenheit der frühe und prompt niedergeschlagene Aufstand der Arbeiter Berlins am 16.-17. Juni 1953. Danach waren Widerstand und Opposition minimal, im Gegensatz zu den fortwährend praktizierten Versuchen der Abwanderung – das heißt natürlich, bis zur machtvollen Bewegung vom Herbst 1989.

11 Vaclav Havel, „The Power of Powerlessness", in seinem Buch *Living in Truth*, hrsg. v. Jan Vladislav (London: Faber & Faber, 1986), S. 85 ff.

Man könnte dies, wenn man mag, als überwältigende Bestätigung des einfachen „hydraulischen" Modells von Abwanderung und Widerspruch interpretieren: In der Deutschen Demokratischen Republik unterminierte die – reale oder eingebildete – Präsenz der Abwanderungsmöglichkeit die Entwicklung der „Kunst des Widerspruchs". Für viele Jahre war die Deutsche Demokratische Republik tatsächlich der zuverlässigste, ruhigste und auch der unterwürfigste Satellit der Sowjetunion. In Polen, Ungarn und der Tschechoslowakei hatten Widerstand und Opposition es zwar ebenfalls mit einer enormen Übermacht zu tun, aber sie mußten sich zumindest nicht gleichzeitig mit der „Sabotage" beziehungsweise „Ablenkung" der stets lockenden Abwanderung auseinandersetzen.

Dieses allgemeine Ergebnis ist nun anhand einer detaillierteren Untersuchung näher zu betrachten. Um die Geschichte der Abwanderung aus der ehemaligen DDR differenziert verfolgen zu können, präsentiert Tabelle 1 die Jahresdaten zur Ost-West-Emigration von 1949 bis 1989.

Während der ersten zwölf Jahre der Existenz des neuen Staates war die Zahl der Auswanderer beträchtlich hoch. Bezeichnenderweise erreichte sie ihren Höhepunkt – der dem späteren Rekord von 1989 nahekommt – im Jahre 1953, dem Jahr des kurzen und erfolglosen Aufstandes vom 17. Juni in Berlin. Es ist nicht schwer zu verstehen, daß das Scheitern eben dieses Widerspruchsversuchs zu einer außergewöhnlich großen Abwanderung führte. Doch auch während der übrigen Jahre in jener frühen Phase war die Auswanderung beträchtlich im Verhältnis zur Gesamtbevölkerung von etwa siebzehn Millionen Menschen.

Die Parallelexistenz zweier deutscher Staaten, ihr Funktionieren Seite an Seite, war für die Migrationsforschung ein bemerkenswertes historisches Experiment. Es gab hier zwei aneinander angrenzende Territorien, bewohnt von Menschen mit derselben Sprache und einer gemeinsamen Geschichte und Kultur. Die Leichtigkeit und Anziehungskraft des Umzugs von Ost nach West wurden weiter erhöht durch das Grundgesetz der Bundesrepublik Deutschland, das verfügte, daß DDR-Bürger, die sich im Westen ansiedeln, automatisch Anrecht auf die BRD-Staatsangehörigkeit haben; als solche konnten sie sogleich von den beträchtlichen Sozialhilfeleistungen profitieren, die in der Bundesrepublik zur Verfügung standen.

Diese strukturellen Charakteristika würden normalerweise – gleichsam als Reaktion bereits auf geringe Unterschiede in den ökonomischen und politischen Lebensbedingungen – zu einem beträchtlichen Strom von Auswanderern führen. Hier waren diese Unterschiede bedeutend, da die beiden Länder in ihrem Aufbau vollkommen entgegengesetzten ökonomischen und politischen Prinzipien gehorchten. Außerdem erzielte Westdeutschland in den fünfziger und sechziger Jahren einen raschen und bemerkenswert soliden wirtschaftlichen Aufschwung, bekannt als „Wirtschaftswunder", während die ostdeutsche Wirtschaft unter der Last von Reparationszahlungen an die Sowjetunion (anstatt, wie Westdeutschland, von der Hilfe des Marshall-Plans zu profitieren) und zentraler Planung nach stalinistischem Muster lediglich eine bescheidene Erholung von den großräumigen Verwüstungen des Zweiten Weltkrieges erlebte.

Tabelle 1: Flüchtlinge und Übersiedler von 1949-1989 aus der Deutschen Demokratischen Republik (einschließlich Ostberlin) in die Bundesrepublik Deutschland (inklusive Westberlin, in absoluten Zahlen)

Jahr	Flüchtlinge	darunter Übersiedler	Freikäufe politischer Häftlinge	Insgesamt
1949	129.245	–	–	129.245
1950	197.788	–	–	197.788
1951	165.648	–	–	165.648
1952	182.393	–	–	182.393
1953	331.396	–	–	331.396
1954	184.198	–	–	184.198
1955	252.870	–	–	252.870
1956	279.189	–	–	279.189
1957	261.622	–	–	261.622
1958	204.092	–	–	204.092
1959	143.917	–	–	143.917
1960	199.188	–	–	199.188
1961	207.026	–	–	207.026
1962	16.741	4.624	–	21.365
1963	12.967	29.665	8	42.632
1964	11.864	30.012	880	41.876
1965	11.886	17.666	1.160	29.552
1966	8.456	15.675	400	24.131
1967	6.385	13.188	550	19.573
1968	4.902	11.134	700	16.036
1969	5.273	11.702	850	16.975
1970	5.047	12.472	900	17.519
1971	5.843	11.565	1.400	17.408
1972	5.537	11.627	730	17.164
1973	6.522	8.667	630	15.189
1974	5.324	7.928	1.100	13.252
1975	6.011	10.274	1.150	16.285
1976	5.110	10.058	1.490	15.168
1977	4.037	8.041	1.470	12.078
1978	3.846	8.271	1.480	12.117
1979	3.512	9.003	900	12.515
1980	3.988	8.775	1.010	12.763
1981	4.340	11.093	1.584	15.433
1982	4.095	9.113	1.491	13.208
1983	3.614	7.729	1.105	11.343
1984	3.651	37.323	2.236	40.974
1985	3.484	21.428	2.676	24.912
1986	4.660	21.518	1.536	26.178
1987	6.252	12.706	1.247	18.958
1988	9.718	27.939	1.083	39.832
1989	–	–	–	343.854

Quellen: Thomas Ammer, „Stichwort: Flucht aus der DDR", *Deutschland-Archiv,* 22 (1989), S. 1207, und Hartmut Wendt, „Die deutsch-deutschen Wanderungen", *Deutschland-Archiv,* 24 (1991), S. 390.

Der Menschenstrom aus dem Osten war groß genug, um die Führungsgruppe der Deutschen Demokratischen Republik „besorgt“ zu machen. Anfangs mag die ostdeutsche Obrigkeit diese „Abstimmung mit den Füßen“ vieler ihrer Bürger mit einem Achselzucken abgetan, ja sogar begrüßt haben. So wie Fidel Castro später über Kubaner dachte, die nach Miami gingen, hielten es die DDR-Machthaber wahrscheinlich für vorteilhaft, verstimmte und unversöhnliche „Klassenfeinde“, enteignete Landeigentümer, Geschäftsinhaber und andere „bürgerliche“ Elemente loszuwerden. Doch bald sollte die Selbstzufriedenheit umschlagen in Besorgnis: es wurde klar, daß in diesem Fall Massenauswanderung kein „Sicherheitsventil“ war – eine Metapher, die vielfach gebraucht worden war, um frühere Auswanderungserfahrungen zu beschreiben; vielmehr wurde der Exodus von Ostdeutschen in den Westen, als er unablässig weiterging und auch viele hochqualifizierte Mitglieder der Arbeiterschaft einschloß, mit einem dauernden „Blutverlust“ verglichen, der für den neuen Staat lebensgefährlich war und gestoppt werden mußte. Der Bau der Berliner Mauer 1961 sollte dieses Ziel erreichen.

Die Mauer reduzierte das Abströmen von Menschen erfolgreich. Nach 1961 unterscheiden die Statistiken zwei Abwandererströme: erstens Emigranten, die mit Erlaubnis der ostdeutschen Behörden nach Westdeutschland zogen (Übersiedler) – meist ältere Menschen, denen nach ihrer Verrentung gestattet wurde, in den Westen zu gehen; und dann gab es jene, weniger zahlreich, aber immer noch nach Tausenden zählend, die es trotz Mauer und anderer strikter Grenzkontrollen schafften, in den Westen zu fliehen.

Die Tabelle dokumentiert das steile Abfallen der Gesamtzahl der Emigranten von etwa 200.000 pro Jahr auf durchschnittlich 32.000 während der ersten fünf Jahre nach dem Bau der Mauer. Danach sinkt die Gesamtzahl der Emigranten langsamer, sie erreicht ihren niedrigsten Stand in den 70er Jahren mit einem Jahresdurchschnitt von 15.000. In den 80er Jahren schwillt der Strom wieder an, besonders im Jahr 1984, als eine große Anzahl von Langzeitbewerbern plötzlich eine Ausreiseerlaubnis erhält. Aber danach wird die Tür erneut geschlossen.

Der Auswanderungsdruck in der DDR steigt schließlich im Jahr 1989 erneut an. Er zwingt die Behörden, in der Auswanderungspolitik weniger restriktiv zu verfahren, während die Anzahl der nicht autorisierten Ausreisenden ebenfalls bedrohlich zunimmt. Dann, 1989, erzwingen die Menschen die Öffnung der Tore: das Ausströmen erreicht abermals, ja es übersteigt sogar das Niveau des „Exodus“ vor dem Bau der Mauer, bis endlich die Mauer selber fällt.

Was an der Statistik bis zu den Jahren 1988/89 eigentlich besonders überrascht, ist das Ausmaß, in dem die Berliner Mauer und die verschiedensten strikten Grenzkontrollen *nicht* imstande waren, die Emigration zu stoppen. Wenn auch stark reduziert, so bleibt doch die Auswanderung durchgängig im Bereich fünfstelliger Zahlen – gering im Vergleich zur Gesamtbevölkerung, aber ganz gewiß mehr als ein Rinnsal. Als Resultat konnte sich die Hoffnung auf Flucht in den Westen in der Deutschen Demokratischen Republik von Jahr zu Jahr weiter am Leben erhalten, gespeist von der *realen Lebenserfahrung* von Abertausenden von tatsächlich erfolgreichen Flüchtlingen. Genau wie die reale Emigration großer Menschenmassen in den frühen Nachkriegsjahren erklärt später die fortgesetzte Hoffnung auf Abwanderung (inklusive der Illusion über ihre Möglichkeit) den vergleichsweise geringen Grad von Widerspruch in der DDR.

Zusätzlich zur realen Abwanderung in den Westen ermöglichte die moderne Kommunikationstechnik eine stellvertretende, vorübergehende, illusionäre Massenflucht – das Betrachten des westdeutschen Fernsehens. Der ostdeutsche oppositionelle Schriftsteller Christoph Hein führt dieses Argument in einem Interview von 1990 in einem Zusammenhang an, in dem es genau darum geht, die Schwäche der Dissidentenbewegung in der DDR zu erklären: „[In der DDR hatten wir es schwerer, weil] das ganze Volk am Abend um 20 Uhr geschlossen in den Westen ausreisen konnte – via Fernsehen. Das nahm den Druck weg. Das war der Unterschied zu Polen, zur Tschechoslowakei, zur Sowjetunion. Dort blieb der Druck erhalten *und erzeugte Gegendruck.* [...] Daher hab' ich die Russen und die Polen immer beneidet. [...] Im Grunde war die hilfreiche Nähe zur BRD wenig hilfreich für die eigene Entwicklung. [...] Es gab auch kein Samisdat, es gab die westdeutschen Verlage".[12]

So viel zur Abwanderung und zu den beträchtlichen Unterschieden im Widerstand gegen das kommunistische Regime in der DDR und ihren östlichen Nachbarländern. Ich möchten natürlich nicht behaupten, daß allein die Unterschiede in der Leichtigkeit der Abwanderung den unterschiedlichen politischen Verlauf in den genannten Ländern erklären. Viele weitere Ursachen sind zu bedenken, drei davon möchte ich hervorheben.

Erstens konnten die Bürger des ostdeutschen Rumpfstaates, anders als die Polen, Tschechen oder Ungarn, nicht länger auf eine ihnen eigene, schützende Geschichte oder nationale Tradition zurückblicken; auch standen ihnen keinerlei etablierte, mehr oder minder unabhängige Institutionen (wie die Katholische Kirche in Polen) zur Verfügung, die sie in einem Kampf für mehr Autonomie gegenüber der allmächtigen kommunistischen Partei und dem Staat hätten unterstützen können. Erst in einem ziemlich späten Stadium übernahm die Protestantische Kirche in Ostdeutschland diese Funktion in einem gewissen Maße.[13]

Zweitens ist es wahrscheinlich, daß viele Ostdeutsche anfangs die Ideologie des neuen Staates aus Gründen begrüßten, die innig mit der katastrophalen historischen Episode verbunden waren, die sie gerade hinter sich hatten. Neben den Kadern und den militanten Mitgliedern der kommunistischen Partei, die das Nazi-Regime und den Krieg überlebt hatten, gab es jene, die, zuerst verführt, später enttäuscht und möglicherweise entsetzt über den Nationalsozialismus, die Ersatzideologie oder Weltanschauung, die ihnen nun in der Gestalt von Anti-Fa-

12 Christoph Hein, *Texte, Daten Bilder,* hrsg. v. Lothar Baier (Frankfurt: Luchterhand, 1990), S. 42.

13 Eine umfassende Dokumentation bietet Gerhard Rein, *Die protestantische Revolution 1982-1990* (Berlin: Wichern, 1990); siehe auch Erhardt Neubert, „Eine protestantische Revolution", in: *Deutschland-Archiv,* 23 (1990), S. 704-713.

schismus und „wahrem" Sozialismus angeboten wurde, bereitwillig zu ihrer eigenen machten.[14] Dieses neue Credo anzunehmen, bedeutete, daß man wie durch eine gütige Fügung des Schicksals die Vergangenheit vergessen oder sogar dafür Vergebung erlangen konnte. Während der frühen Nachkriegszeit erfüllte diese Reaktion, mit ihrem Verzicht auf kritische Distanz zum Regime, eine unterstützende (und verdrängende) Funktion in Ostdeutschland, die dem unermüdlichen Streben nach Arbeit und Wohlstand im Westen entsprach. In den anderen Ländern Osteuropas, mit ihrer sehr unterschiedlichen Geschichte, hatten die neu eingesetzten kommunistischen Regime zu keiner Zeit diesen anfänglichen ideologischen Vorteil.

Drittens, und dies ist wahrscheinlich am wichtigsten, unterschied sich Ostdeutschland von den anderen kommunistisch dominierten Ländern in Osteuropa darin, daß es sich an der Frontlinie des erweiterten sowjetischen Imperiums in seinem Wettkampf mit dem Westen befand. Es war in Ostdeutschland, wo die höchste Konzentration russischer Truppen und Panzer zu finden war und wo später die sowjetischen atomaren Kurz- und Mittelstreckenraketen stationiert wurden. Unter diesen Umständen war es undenkbar, daß die Sowjets jemals irgend eine Lockerung der Leine gestatten würden, die das ostdeutsche Regime an ihr eigenes fesselte. „Je näher der Tag der Vereinigung rückte, desto mehr wurden sich die [politologischen] Theoretiker über die Unrealisierbarkeit, die Gefährlichkeit oder Nutzlosigkeit der Vereinigung einig".[15] Niemand hätte je in seinen oder ihren wildesten Träumen geglaubt, daß die Sowjetunion sich von innen heraus selbst auflösen würde. Das einzig vorstellbare Szenario, nach dem Ostdeutschland etwas Bewegungsfreiheit zurückerlangen würde, war de facto die Niederlage der Sowjetunion nach einem nuklearen Schlagabtausch zwischen den zwei Weltmächten – eine zu schreckliche Aussicht, um in Betracht gezogen zu werden und gewöhnlich ausgeschlossen aus dem eigenen Diskurs. Die Chancen für erfolgreichen Widerspruch in Ostdeutschland wurden entsprechend als extrem niedrig eingeschätzt.

Mit anderen Worten, die direkten Hindernisse für Widerspruch, das heißt, für irgendeine politische Widerstands- oder Oppositionsbewegung, waren enorm groß. Die Hindernisse müssen zu der indirekten Unterminierung von Widerspruch durch die reale oder imaginierte Verfügbarkeit von Abwanderung in den Westen hinzugezählt werden. Gemeinsam produzierten diese direkten und indirekten

14 Christa Wolf, die 1945 beim Zusammenbruch des Nazi-Regimes sechzehn Jahre alt war, spricht von dieser Erfahrung ihrer Generation, wenn sie 1987/88 in einem Interview sagt: „Meine Generation hat früh eine Ideologie gegen eine andere ausgetauscht". *Christa Wolf im Dialog*, (Frankfurt: Luchterhand, 1990), S. 26. An anderer Stelle führt sie dieses Thema näher aus: „Heute sehen wir – manche von uns –, daß wir zuerst in Gefahr waren, eine Heilslehre gegen eine andere auszutauschen, da es viel schwieriger ist, viel langwieriger auch, neue Strukturen im Fühlen und Denken zu entwickeln, als einfach (auch das war nicht 'einfach') alte Glaubensinhalte gegen neue auszuwechseln", ebd., S. 74. Wolf hat diese Erfahrung auch in zweien ihrer Romane, *Nachdenken über Christa T.* und *Kindheitsmuster* festgehalten.

15 Günter de Bruyn, *Jubelschreie, Trauergesänge*, (Frankfurt: S. Fischer, 1991), S. 29.

Beschränkungen eine Balance von Abwanderung und Widerspruch, die weit stärker zuungunsten des Widerspruchs und zugunsten von Abwanderung ausschlug als jene, die in anderen sowjetisch kontrollierten osteuropäischen Gebieten vorherrschte.

Während des vierzigjährigen Bestehens der DDR ließ die Obrigkeit zudem klar erkennen, daß sie sich des „grundlegenden Wippen-Schemas" im Mechanismus von Abwanderung und Widerspruch vollkommen bewußt war. Dies machen die häufigen Versuche deutlich, es zu manipulieren und zu ihrem Vorteil auszubeuten. Insbesondere nachdem die Abwanderung durch den Bau der Mauer stark reduziert war, wurde der Obrigkeit klar, daß sie die interne Opposition durch selektive Politik schwächen konnte, indem sie entweder bestimmten Leuten die Abwanderung unmittelbar gestattete oder kritische Stimmen, die sie für gefährlich oder unausstehlich hielt, direkt auswies. Der bekannteste Fall war der Entzug der Bürgerrechte Wolf Biermanns. Dies geschah am 16. November 1976, als Biermann in Westdeutschland auf Tournee war. Die Maßnahme war de facto eine Ausweisung einer kritischen, ironischen Stimme, die eine wachsende Gruppe enthusiastischer Bewunderer um sich versammelt hatte. Doch die Verbannung löste eines der seltenen Ereignisse offenen Widerspruchs in der DDR aus: zwölf der bekanntesten Schriftsteller, Künstler und Intellektuellen der DDR unterzeichneten eine gemeinsame Deklaration gegen die Handlungsweise des Staates und forderten die erneute Erwägung der Entscheidung; weitere rund hundert Unterzeichner schlossen sich dem Protest in den folgenden Tagen an.

Diese Episode markiert zugleich das Ende aller Hoffnungen, daß Erich Honecker, der 1971 die Nachfolge des orthodoxen Walter Ulbricht angetreten hatte, Kritik und Opposition toleranter begegnen würde. Im Gegenteil, in den folgenden Jahren machten die Behörden systematisch von erzwungener Abwanderung Gebrauch, um Widerspruch zu reduzieren. Der Begriff „Abschiebung" kam in Umlauf, um Kritiker loszuwerden, indem man ihnen gestattete, sie ermutigte oder zwang, in die Bundesrepublik zu ziehen. Wie Günther de Bruyn beißend formuliert: „Die schöpferischsten, kritischsten oder auch nur abenteuerlichsten Leute wechselten deshalb, oft unter Lebensgefahr, die deutsch-deutsche Grenze und trugen so zum Weiterbestehen von Stagnation und Mittelmaß [im Osten] bei. Erst als Gruppen von Dissidenten die DDR nicht mehr verlassen, sondern verändern wollten, begriff die SED-Führung, die lange nur den wirtschaftsschädigenden Charakter des Flüchtlingsstroms gesehen hatte, diesen machtstabilisierenden Faktor, griff nun selbst zu dem Beruhigungsmittel der Abschiebung in den Westen und zeigte damit, daß das ärmliche Mittelmaß ihres Landes dem eignen genau entsprach".[16] Unter den Prominenten, die so abgeschoben wurden, waren viele bekannte Schriftsteller, Schauspieler und Komponisten, zum Beispiel Jurek Becker, Erich Loest, Sarah Kirsch, Monika Maron, Manfred Krug und Thilo Medek.[17]

16 Ebd., S. 36-37.
17 Hermann Weber, *DDR: Grundriß der Geschichte 1945-1990* (Hannover: Fackelträger, 1991), S. 170. Dies ist eine gute allgemeine Einführung in die Geschichte der DDR;

Auf diese Weise beraubten die DDR-Behörden kontinuierlich die sich bildenden Oppositionsgruppen ihrer Führung; sie eliminierten oppositionelle Stimmen, *ohne* – in einer Periode, die mit der KSZE den Aufstieg der internationalen Überwachung von Menschenrechtsverletzungen erlebte – offenkundig die interne Repression zu verschärfen. Zusätzlich fanden sie einen Weg, viele politische Gegner loszuwerden, die im Gefängnis gelandet waren: bald nach dem Mauerbau „verkaufte" die DDR diese Menschen systematisch an die Bundesrepublik, die bereit war, ein teures Lösegeld für sie zu zahlen. Bei einem Kopfgeld bis zu 40.000,- DM wurde diese Umwandlung von Widerspruch in Abwanderung eine wertvolle Devisenquelle für die DDR. Wie die Tabelle zeigt, erreichte dieser fragwürdige Handel Mitte der 80er Jahre seinen Höhepunkt.

Die verschiedenen Formen der Manipulation des Wippen-Schemas waren für die DDR noch aus einem weiteren Grund attraktiv. Personen, die freigekauft, ausgestoßen, „gehen gelassen" oder überredet worden waren zu gehen, bildeten keine festen, Pläne schmiedenden und gefährlichen Exilgemeinschaften nach dem Modell der italienischen oder russischen Exilanten des neunzehnten Jahrhunderts in Paris oder London. Die ostdeutschen Intellektuellen, die gegangen waren, siedelten sich leicht in verschiedenen Orten der Bundesrepublik an; sie tendierten dazu, sich in ihre neue Umgebung einzufügen und wahrten wenig Zusammenhalt als Emigrantengruppe. Kurzfristig war daher der Eindruck der ostdeutschen Machthaber völlig gerechtfertigt, daß ihre Politik der selektiven Abschiebung ebenso risikolos wie effektiv war, um unerwünschten Widerspruch zu reduzieren.

Langfristig aber erwies sich diese Politik als verhängnisvoll für das Überleben der DDR. Der Vergleich mit Polen, der Tschechoslowakei und Ungarn ist abermals aufschlußreich. Hier blieben die Dissidenten, wo sie waren, da es Abwanderung als Alternative in nennenswertem Umfang nicht gab. Die Dissidenten und Kritiker in diesen Ländern sollten später – selbst wenn sie, was oft der Fall war, als „Abweichler", d.h. als mit der Parteilinie unzufriedene Kommunisten, begonnen hatten – ein weites Spektrum von neuen Positionen vertreten, vom Nationalismus über den Liberalismus bis zu verschiedenen Spielarten der Sozialdemokratie. Ein pluralistischer Diskurs konnte sich daher in diesen Ländern entfalten, nachdem die kommunistischen Regime 1989 zerbrochen waren. Jedoch nicht in der DDR. Hier waren die lautstärksten Regimegegner in die Bundesrepublik abgeschoben worden, wo sie sich bereits existierenden politischen Gruppierungen anschlossen und wenig Interesse an einer Rückkehr in die DDR zeigten. Was an oppositionellen Stimmen 1988/89 in der DDR zu hören war, kam zum großen Teil von einer schmalen Gruppe reformgesinnter Kommunisten, die in der Partei (SED) geblieben waren und den „real existierenden Sozialismus" ausschließlich im Namen eines „wahren" Marxismus oder Sozialismus kritisierten. Noch in der ersten Hälfte des

andere Hauptinformationsquellen sind die Zeitschrift *Deutschland-Archiv* und Bundesministerium für innerdeutsche Beziehungen, *Texte zur Deutschlandpolitik;* Christoph Links, Hannes Bahrmann, *Wir sind das Volk: Die DDR im Aufbruch,* (Berlin: Aufbau, 1990).

Jahres 1989 formulierte Bärbel Bohley beim Vergleich der Situationen der DDR und in der Tschechoslowakei: „Bei uns halte ich den Weg von unten für ausgeschlossen. [...] Bei uns sind zu viele weg, die in der Lage wären, politische Verantwortung zu übernehmen".[18] Das resultierende Vakuum an Führungsqualität und politischer Verantwortlichkeit, herbeigeführt durch Abwanderung, erklärt einen Großteil des schließlichen Zusammenbruchs der DDR als unabhängige politische Einheit und ihre einfache Absorption durch die Bundesrepublik.

Abwanderung und Widerspruch als Verbündete: der Zusammenbruch des kommunistischen Regimes im Jahr 1989

Das Auf und Ab von Abwanderung und Widerspruch war eine unerschütterliche Realität mit vielfältigen Aspekten während der ersten neununddreißig Jahre im kurzen Leben der DDR. Was aber passierte 1989, in ihrem letzten aufregenden Jahr, als das Auf und Ab von Abwanderung und Widerspruch plötzlich zu einem *gemeinschaftlichen* Begräbnisakt führte?

Als Vorbemerkung zu dieser Frage möchte ich zuerst auf ein verbleibendes Rätsel der vorigen Periode zurückkommen. Ich habe argumentiert, daß (im Vergleich zur Situation in den drei benachbarten sowjetisch kontrollierten Ländern) Abwanderung in der DDR während der Nachkriegsjahre immer eine lebendige Option blieb, ganz gleich, ob sie ein realistisches Vorhaben war, eine Frage bloßer Hoffnung und Phantasie der DDR-Bürger oder eine grobschlächtige List seitens der DDR-Behörden. Aus der Perspektive der Bürger stellte der Bau der Berliner Mauer im Jahre 1961 gleichwohl eine bedeutende Verschiebung dar. Sollte man nicht erwarten, daß solch eine Verschiebung, dem Wippen- oder Hydraulikmodell entsprechend, eine Verstärkung des Widerspruchs zur Folge haben würde?

Eine gewisse Verstärkung der Opposition kann in der Tat festgestellt werden. Einige kritische Stimmen erhoben sich, besonders in den späten sechziger und siebziger Jahren; der bekannteste Fall ist, wie bereits erwähnt, der Liedermacher Wolf Biermann und der seiner Verbannung 1976 folgende Protest führender DDR-Intellektueller. Doch im Vergleich zu den andauernden Oppositionsbewegungen in Polen und der Tschechoslowakei nahmen offene Kritik und Ablehnung in den Jahren nach 1961 in der DDR kaum zu. Es sieht eher so aus, als ob die brutale Unterdrückung von Abwanderung, signalisiert durch die Errichtung der Mauer, gleichzeitig als weitere Unterdrückung von Widerspruch verstanden wurde.

Die Angelegenheit auf diese Weise zu formulieren hilft, die Abwesenheit der „Wippe" in diesem Fall verständlich zu machen. Die Entscheidung, eine 165 Kilometer lange Mauer zu errichten, die die Stadt Berlin entzwei riß und in zwei nicht kommunizierende Hälften verwandelte, war eine extreme und außergewöhnliche Affirmation der Macht des Staates. Sie demonstrierte und bestätigte die

18 Bärbel Bohley, in einem Interview mit Katja Havemann, in: Bärbel Bohley et al., *40 Jahre DDR*, (Frankfurt: Büchergilde Gutenberg, 1989), S. 184.

Bereitschaft der DDR, in der Anwendung ihrer Macht gegen die „Staatsfeinde" aggressiv vorzugehen. Mit anderen Worten, der Bau der Mauer beschränkte nicht allein die Abwanderung, sondern ließ eine erhöhte Bereitschaft erkennen, Widerspruch zu unterdrücken. Unter diesen Bedingungen fand die Zunahme von Widerspruch, die man normalerweise erwarten sollte, nicht statt, ja sie konnte nicht stattfinden.

Die gleichzeitige Unterdrückung von Abwanderung *und* Widerspruch im Jahr 1961 sollte achtundzwanzig Jahre später ihr Gegenstück finden, als Abwanderung und Widerspruch gemeinsam explodierten und das ganze Staatsgebäude der DDR zusammenfallen ließen. In einer ersten Annäherung kann man die Ereignisse von 1989 als exakte Umkehrung dessen betrachten, was nach dem August 1961 passierte, beziehungsweise gerade nicht passierte. Die Unfähigkeit der DDR, beginnend mit dem Frühjahr 1989, eine Massenflucht ihrer Bürger auf dem Umweg über Ungarn, Polen oder die Tschechoslowakei zu verhindern, signalisierte einen neuen, ernsten und *generellen* Niedergang der Staatsautorität. Die Bürger nahmen an, daß dies einen ähnlichen Niedergang in der Fähigkeit und Bereitschaft, Widerspruch zu unterdrücken, implizierte – mit dem Ergebnis, daß erstmals seit Juni 1953 Bürger gegen das Regime zu demonstrieren begannen. Gerade weil das ostdeutsche Regime die Unterdrückung von Abwanderung zum Prüfstein seiner Autorität gemacht hatte, bedeutete die plötzliche Unfähigkeit, seine Verfügungen zu vollstrecken, einen riesigen Gesichtsverlust, der weitere Arten von Gesetzesüberschreitung herausforderte.

Meine Darstellung des Zusammenwirkens von Widerspruch und Abwanderung im Jahr 1989 folgt einem Argumentationsstrang, den ich in der Einleitung schon angedeutet habe. Ich erwähnte dort, daß das Erkämpfen bislang nicht verfügbarer Möglichkeiten der Abwanderung Gefühle der Ermächtigung in Menschen hervorrufen könne, die nun auch andere Optionen zu erwägen beginnen, darunter die Möglichkeit, auf einen verabscheuenswürdigen Zustand *nicht* mit Fortziehen zu reagieren, sondern mit einem direkten Versuch, die Situation zu verändern – durch Widerspruch. Diese Art der *Verbindung* von Abwanderung und Widerspruch zeigte sich im Fall Deutschlands außergewöhnlich machtvoll. Sie soll nun näher verfolgt werden.[19]

Anfänglich war Abwanderung zweifellos die wichtigere Komponente. Der Druck, die DDR zu verlassen, war schon 1988 deutlich gestiegen, als eine Rekordzahl von 39.000 Personen es schafft auszureisen (im Vergleich zu durchschnittlich 22.000 in den drei vorausgehenden Jahren, siehe Tabelle 1). Wie die monatlichen

19 Die folgende Darstellung basiert zum Teil auf den in Fn. 17 genannten Quellen, zum Teil auf Veröffentlichungen, die in anderen Fußnoten nachgewiesen sind. Siehe besonders Gerhard Rein (Hrsg.), *Die Opposition in der DDR* (Berlin: Wichern, 1989) und die *Chronik der Ereignisse in der DDR,* (August 1989-Mai 1990), Edition Deutschland-Archiv, 1990. Besonders hilfreich waren Interviews mit Gerhard Rein und Detlef Pollack, die Anfang 1991 in Berlin geführt wurden. Im Mai 1992 sprach ich mehrere Tage in Leipzig und Dresden mit Teilnehmern der Ereignisse des Herbstes 1989, und ich möchte ihnen hier meinen Dank aussprechen.

Statistiken in Tabelle 2 zeigen, nimmt die Abwanderungsaktivität vom Frühjahr 1989 an deutlich zu, besonders nachdem Ungarn am 2. Mai entschieden hat, die Stacheldrahtzäune an seiner Grenze zu Österreich abzubauen. Dies bedeutet, daß Ostdeutsche, die als „Touristen" nach Ungarn kommen, nun mit einem viel geringeren Risiko nach Österreich hinüberschlüpfen und dann Westdeutschland erreichen können. Bald nutzen zahlreiche DDR-Bürger den Vorteil dieser Öffnung, und am 19. August, angelegentlich des Treffens der „Paneuropäischen Union" in Ungarn, sind es über 600 Ostdeutsche, die an einem Tag nach Österreich fliehen. Zur gleichen Zeit füllen sich die westdeutschen Botschaften in Budapest, Prag, Warschau und Ostberlin mit weiteren Hunderten von Fluchtwilligen.

Die internationale Aufmerksamkeit und mit ihr die Medien konzentrieren sich auf das menschliche Drama und die Massenflucht just zu dem Zeitpunkt, als das ostdeutsche Regime sich auf einen Besuch Gorbatschows und die Feiern aus Anlaß seines vierzigsten Gründungsjubiläums vorbereitet. Am 10. September geht die ungarische Regierung über ihre bisherige Haltung hinaus; sie erleichtert Abwanderung, indem sie offiziell sämtliche Ostdeutsche in ihrem Staatsgebiet autorisiert, nach Österreich auszureisen. Bis Ende September werden sich 25.000 „Ausreiser" diese Fluchtroute zunutze machen. In der Zwischenzeit wird die Situation in den Botschaften zunehmend unerträglich, da weiterhin Tausende von Flüchtlingen nachdrängen. Als Ergebnis hochrangiger Gespräche zwischen den Außenministern der beiden deutschen Staaten wird eine spektakuläre Übereinkunft erreicht, die Flüchtlinge in Sonderzügen nach Westdeutschland zu transportieren. Als einzige das Gesicht wahrende „Konzession" setzen die Ostdeutschen durch, daß diese Züge durch ihr Staatsgebiet geführt werden, so daß augenscheinlich der ostdeutsche Staat seine entfremdeten Bürger gehen läßt und ausstößt – ein Beharren, das, wie sich kurz darauf zeigt, bemerkenswerte unbeabsichtigte Konsequenzen haben sollte. Versiegelte Sonderzüge bringen auf diese Weise am 1., 4. und 5. Oktober gut 14.000 Ausreisewillige aus Polen und der Tschechoslowakei nach Westdeutschland und werfen damit ein groteskes Licht auf die Feiern zum vierzigjährigen Jubiläum der DDR am 6. und 7. Oktober. Einen Monat später, nun hauptsächlich durch immer massivere Demonstrationen gekennzeichnet, fällt die Berliner Mauer.

Dies ist, in knappster Zusammenfassung, die Chronik der Abwanderung aus der DDR im Jahre 1989. Versuchen wir nun, eine ähnlich konzise Darstellung des Verlaufs des Widerspruchs zu geben.

Wie im Fall der Abwanderung, so treten die warnenden Vorzeichen künftiger Explosionen auch hier erst im Rückblick hervor. Seit Anfang der 80er Jahre dient die Nikolaikirche, im Zentrum von Leipzig gelegen, montagnachmittags als Treffpunkt für „Friedensgebete".[20] 1988 werden diese Anlässe zum Sammelpunkt für „Ausreiser" oder „Ausreisewillige" – Personen, die fortziehen möchten und auf die offizielle Erlaubnis warten. Am 15. Januar 1989 findet in Leipzig ein nicht

20 Zu den Ereignissen in Leipzig siehe insbesondere Wolf-Jürgen Grabner et al., *Leipzig im Oktober*, (Berlin: Wichern, 1990); Neues Forum Leipzig, *Jetzt oder nie – Demokratie*, (München: Bertelsmann, 1990).

Tabelle 2: Übersiedler aus der DDR in die BRD, 1989 (in absoluten Zahlen)

Januar	4.627
Februar	5.008
März	5.671
April	5.887
Mai	10.642
Juni	2.428
Juli	11.707
August	20.955
September	33.255
Oktober	57.024
November	133.429
Dezember	43.221
Jahr	343.854

Quelle: Hartmut Wendt, „Die deutsch-deutschen Wanderungen", S. 393.

genehmigter Schweigemarsch statt aus Anlaß des siebzigsten Jahrestages der Ermordung von Karl Liebknecht und Rosa Luxemburg (die, vor allem wegen ihres Diktums „Freiheit ist immer die Freiheit der Andersdenkenden", so etwas wie eine Heldin der Gegenkultur geworden war); 150 Teilnehmer werden von der Polizei verhaftet. Am 7. Mai werden Lokalwahlen abgehalten; als ein Wahlsieg mit 98 % der Stimmen für die herrschende Partei bekanntgegeben wird, brechen erstmals vereinzelte Proteste gegen Unregelmäßigkeiten und Fälschungen aus; 120 Verhaftungen werden allein in Ostberlin vorgenommen. Im Mai und Juni werden die regelmäßigen Montagstreffen in der Nikolaikirche in Leipzig zu Protestveranstaltungen, an denen sich immer größere Gruppen von Ausreisewilligen beteiligen. In Gegenwart eines beträchtlichen Polizeiaufgebots skandieren sie ihre Parole: „Wir wollen raus".

Im Juni, nach dem Massaker auf dem Platz des Himmlischen Friedens in Peking, bekundet die Honecker-Regierung ihren festen Willen, keinen Zentimeter nachzugeben, indem sie ihre bedingungslose Solidarität mit dem chinesischen kommunistischen Regime erklärt. Doch zur selben Zeit wird der Massenexodus über Ungarn allgemein bekannt. Dies führt zum weiteren Autoritätsverlust der DDR, deren dagebliebene Bevölkerung nun spöttisch als *D*er *D*umme *R*est bezeichnet wird. Nach einer kurzen Sommerpause werden die Montagstreffen in Leipzig wieder aufgenommen, und am 4. September hört man zum ersten Mal einen vereinzelten Ruf „Ich bleibe hier" – als Antwort auf den Sprechchor „Wir wollen raus".[21] Dies verwandelt sich am 11. September in das kollektive „Wir bleiben hier" *und wird zu einer konkurrierenden Parole.* Teilnehmenden Beobachtern

21 Albrecht Dönert, Paulus Rummel, „Die Leipziger Montagsdemonstrationen", in: *Leipzig im Oktober,* S. 149.

zufolge bedeutete er: „Wir bleiben, damit es hier nicht bleibt, wie es ist" oder „wir bleiben, obwohl's uns nicht gefällt" oder auch „*uns* werdet ihr nicht los".[22]

Trotz der weit verbreiteten Angst vor einem gewalttätigen Ausgang verleiht das Hin und Her der beiden Losungen den Demonstrationen ein spannendes, zum Teil sogar amüsantes Element von Straßentheater. Zum ersten Mal wagt sich die Menge jetzt aus der Kirche heraus und begibt sich auf die Straße. Dort aber treffen starke Polizeikräfte auf die Demonstranten, unter denen viele „Zuführungen" gemacht werden.

Eine Zeitlang bilden die „Ausreiser", die Befürworter der Abwanderung, und die „Bleiber", die Befürworter des Widerspruchs, separate, sogar leicht antagonistische Gruppen.[23] Schließlich vereinigen sie sich unter der Parole „*Wir* sind das Volk", welche, besonders mit der Betonung auf dem „wir", einen grundlegenden Lehrsatz der kommunistischen Staatsstruktur und Ideologie pointiert ableugnet: daß es eine vollkommene Identität der Ansichten und Interessen zwischen der herrschenden kommunistischen Partei und der Bevölkerung gibt. Dieser markante und effektive Slogan scheint zudem Brechts Gedicht über den Aufstand des 17. Juni 1953 aufzunehmen, mit seiner abschließenden bissigen Bemerkung, die Regierung sollte wohl besser das Volk auflösen und ein anderes wählen.[24]

Das zweite Zentrum des Widerspruchs ist die Stadt Dresden.[25] Hier ist die Anzahl der Ausreisewilligen besonders groß. Einer paradoxen Erklärung zufolge ist dies so, *weil* das westdeutsche Fernsehen das niedrig gelegene Dresdener Gebiet, das daher auch als das „Tal der Ahnungslosen" bezeichnet wurde, *nicht* erreichte. Die örtliche Bevölkerung weiß daher nichts von einigen weniger angenehmen Realitäten des Lebens im Westen – Arbeitslosigkeit, harte Arbeit usw. –, da sie die vom DDR-Radio und Fernsehen verbreitete Propaganda routinemäßig *nicht* glaubt! Aber Dresden ist aufgrund seiner geographischen Lage noch aus einem weiteren Grunde für die Anwesenheit vieler Aussiedler verantwortlich. Die Stadt ist der Haupttransitpunkt für die vielen Personen, die von den westlichen und nördlichen Gebieten der DDR in die Tschechoslowakei und von da nach Ungarn und weiter in den Westen fahren wollen. Im September kommen diese Personen in großer Zahl in Dresden an.

22 Für die erste Deutung der Losung siehe Peter Schütt, „Bleiben, damit es nicht so bleibt, wie es ist", *Deutschland-Archiv*, 22 (1989), S. 1209-1213. Auf die beiden anderen wurde im Laufe von Gesprächen hingewiesen, die im Mai 1992 mit Aktivisten in Leipzig geführt wurden.

23 Petra Bornhöft, „Ausreiser und Bleiber marschieren getrennt: Auf der Demonstration in Leipzig trennten sich die Wege: abwandern oder reformieren?" Dieser Artikel erschien in der Berliner Tageszeitung (TAZ) vom 9. September 1989 und wurde später reproduziert in der TAZ-Broschüre *DDR: Journal zur Novemberrevolution* (Berlin: o.J.), S. 8.

24 Am Ende seines Gedichts „Die Lösung" fragt Brecht: „Wäre es da/ Nicht doch einfacher, die Regierung/ Löste das Volk auf und/ Wählte ein anderes?" Bertolt Brecht, *Werke. Berliner und Frankfurter Ausgabe: Band 12*, hrsg. von Werner Hecht et al. (Berlin, Weimar: Aufbau; Frankfurt: Suhrkamp, 1988), S. 310.

25 Für die Ereignisse in Dresden siehe Eckhard Bahr, Sieben Tage im Oktober: Aufbruch in Dresden, Leipzig, Forum 1940.

Dann ergeben sich in schneller Folge zwei wichtige Ereignisse. Am 3. Oktober gibt die offizielle Nachrichtenagentur (ADN) bekannt, daß die tschechische Grenze „vorläufig" geschlossen wird, außer für DDR-Bürger mit gültigem Paß und Visum. (Davor konnten DDR-Bürger ohne solche Dokumente in die Tschechoslowakei reisen.) Eine große Anzahl von Ausreisenden ist auf diese Weise in Dresden blockiert und überaus aufgebracht über die Tatsache, jetzt effektiv „eingesperrt" zu sein. Als am nächsten Tag, am 4. Oktober, dann die Neuigkeit zirkuliert, daß versiegelte Züge mit ostdeutschen Ausreisenden aus den Prager und Warschauer Botschaften der Bundesrepublik im Begriff sind, auf ihrem Weg nach Westdeutschland die Stadt zu passieren, versammeln sich große Gruppen örtlicher Ausreisewilliger in und um den Hauptbahnhof in der Hoffnung, auf irgendeine Weise diese Züge besteigen zu können. Die Polizei wird alarmiert und räumt gewaltsam das Bahnhofsgebiet. Dies führt zu heftigem Widerstand, zu Straßenschlachten, zu beträchtlichen Zerstörungen am Bahnhof und zu weiteren Demonstrationen, in deren Verlauf man wiederum sowohl die Rufe „Wir wollen raus" als auch „Wir bleiben hier" hört.

An dieser Stelle muß ich eine zweite Geschichte über den Ursprung der Parole „Wir bleiben hier" während jener Tage erzählen. Bevor die Polizei einschritt, hatte anscheinend eine Bahnbeamtin versucht, die Menge der „Ausreiser" zum Verlassen des Dresdener Bahnhofs zu bewegen, indem sie sagte: „Bürger, gehen Sie nach Hause. Wir versprechen Ihnen, daß Sie alle ausreisen dürfen". Woraufhin ein Großteil der Menge, solchen Versprechungen mißtrauend und abgeneigt, den Bahnhof zu verlassen, die Antwort rief: „Wir bleiben hier!"[26] Erst später sollte sich, diesem Bericht zufolge, die Bedeutung des Slogans zu dem anspruchsvolleren Konzept verwandeln: „Wir wollen die Situation durch unser Bleiben verändern". Auf diese Weise mag hier Widerspruch aus Abwanderung einfach dank linguistischer Zweideutigkeiten und Versprecher hervorgegangen sein![27]

Wie dem auch sei, den Straßenschlachten am Dresdener Bahnhof folgen nun täglich große Protestkundgebungen, an denen bis zu 10.000 Personen teilnehmen. Sie finden unmittelbar vor und während der vierzigjährigen Jubiläumsfeiern am 7. Oktober statt. Vielleicht um dieses Ereignis nicht zu trüben, bleibt die Polizeigewalt gedämpft. Dann, am 8. Oktober, setzt sich eine große Anzahl von Demonstranten auf dem Pflaster nieder, in der Nähe des Bahnhofs, und einem jungen Pfarrer gelingt es, mit dem Einverständnis eines Polizeibeamten die Menge dazu

26 Kurt Nowak, *Jenseits des mehrheitlichen Schweigens: Texte vom Juni bis Dezember des Jahres 1989*, (Berlin: Union, 1990), S. 20-21.

27 Ein ähnlich buchstäblicher Gebrauch der entgegengesetzten Losung „Wir wollen raus" wurde mir in Leipzig berichtet. Als dort Gruppen von Demonstranten während der September- und Oktobertage von Polizeikräften von allen Seiten eingekesselt waren, erhob sich anscheinend der Ruf „Wir wollen raus" mit der einfachen Zielsetzung, aus dem Polizeikessel zu entweichen. Aber in diesem Fall ging der weitere Sinn von „wir wollen raus" dem engeren bestimmt voraus. Der weitere Sinn war damals der übliche, und das gab wahrscheinlich den eingekesselten Demonstranten den Gedanken, dieselbe Losung nun im engeren Sinn zu gebrauchen.

zu bewegen, einen Ausschuß zu bilden, der in ihrem Namen mit den Autoritäten verhandeln soll. Die potentiellen Mitglieder des Ausschusses stehen auf und werden symbolisch durch den Beifall der sitzenden Menge „ernannt". So entsteht die Dresdner „Gruppe von Zwanzig", die sich am nächsten Tag mit dem Oberbürgermeister von Dresden trifft und verschiedene, die Lage entspannende Zusicherungen bekommt. In der kurzen Zeitspanne von 5 Tagen hat die Dresdener Versammlung auf diese Weise eine lange Reise vollbracht, von dem Willen zur Abwanderung zum organisierten Widerspruch - Vertretung und Delegierung mit eingeschlossen.

In diesem Stadium hinkt der Widerspruch in Berlin den Bewegungen in Dresden und Leipzig hinterher; aber am 7. Oktober, nach den offiziellen Feiern, versammeln sich einige Hundert junge Leute auf dem Alexanderplatz, und auch hier hört man nun erstmals den Slogan „Wir bleiben hier" als Antwort auf das ursprüngliche „Wir wollen raus". Die Gruppe marschiert in Richtung des nahegelegenen „Palastes der Republik", wo Gorbatschow und andere ranghohe Ehrengäste der kommunistischen „Bruder"staaten bewirtet werden und wo alsbald ein anderer oft gehörter bedeutsamer Ruf erschallt, nämlich: „Gorbi hilf uns" oder einfach „Gorbi, Gorbi".

Den Wendepunkt der Ereignisse bringt die nächste Montagsdemonstration am 9. Oktober in Leipzig, seither vielfach als „Schicksalstag" bezeichnet. Während der vorausgehenden Tage hört man bedrohliche Gerüchte - zweifellos offiziell angeregt - über eine nah bevorstehende „chinesische Lösung". Die meistgelesene Tageszeitung, die *Leipziger Volkszeitung*, veröffentlicht die geharnischte Deklaration einer militanten kommunistischen Gruppe gegen die „konterrevolutionären Aktionen", die „endgültig und wirksam" unterbunden werden müssen: „Wenn es sein muß mit der Waffe in der Hand".[28] Gerüchte über Krankenhausetagen, deren Patienten verlegt werden, um für erwartete Neuzugänge bereitzustehen, sowie über in Bereitschaft gehaltene Vorräte gefrorenen Blutes laufen um. Die Besorgnis ist so groß, daß sechs prominente Staatsbürger, darunter drei hohe SED-Funktionäre und der Gewandhauskapellmeister Kurt Masur, dringend zu Mäßigung und friedlichem Dialog aller Parteien aufrufen.[29] Am Nachmittag des 9. Oktobers findet dann, ausgehend nicht allein wie am Montag zuvor von der Nikolaikirche, sondern, nach vorheriger Absprache, auch von drei anderen Kirchen und in der Innenstadt zusammentreffend, die größte aller bisherigen Demonstrationen statt - gut 70.000 Menschen nehmen an einem friedlichen Marsch teil, dessen wichtigste Parolen nun lauten: „Wir sind das Volk" und „Keine Gewalt". Ein weiterer Slogan, der die Hoffnung auf Vermeidung von Gewaltsamkeiten zum Ausdruck bringt, ist „Widerrede ist kein Widerstand". Die Situation an jenem Montagnachmittag ist extrem spannungsgeladen; aber die Polizei greift nicht ein, kein Blut wird vergossen - und die Autorität der DDR ist auf immer gebrochen. Wie ein Augenzeuge

28 Hannes Bahrmann, Christoph Links, *Wir sind das Volk: Die DDR im Aufbruch* (Berlin, Weimar: Aufbau; Wuppertal: Hammer, 1990), S. 16.

29 *Jetzt oder Nie – Demokratie*, S. 82-83.

später formulierte: „... die DDR [war] am späten Abend des 9. Oktober ... eine andere geworden. Das war allen Beteiligten klar".[30]

Danach beschleunigen sich die Ereignisse. Während weiterhin Tausende in den Westen fliehen (das Reiseverbot in die Tschechoslowakei wird Mitte Oktober wieder aufgehoben), verlagert sich das Zentrum der Bühne nach Ostberlin. Am 18. Oktober ist das Zentralkommittee der SED so besorgt über die Zukunft des Regimes und die Unbeweglichkeit der Parteiführung, daß Erich Honecker zum Rücktritt als Parteisekretär und allmächtiger Regierungschef gezwungen wird. Am 4. November findet in Ostberlin das größte dokumentierte Widerspruchsereignis statt, eine riesige Protestkundgebung mit über 500.000 Menschen. Und kurz darauf folgt das bislang spektakulärste Abwanderungsereignis, die Öffnung der Berliner Mauer am 9. November: Millionen von Ostdeutschen spazieren nach Westberlin und genießen die neu eroberte Freizügigkeit.

Wie bei vielen anderen Demonstrationen überall in Ostdeutschland lauten die beiden Hauptforderungen der November-Demonstrationen in Ostberlin freie Wahlen (mehr „voice") und Reisefreiheit (ungehinderter „exit"). Letztere wird direkt durch die Öffnung der Mauer und die anschließende Abschaffung der Grenzkontrollen erreicht. Freie Wahlen zu organisieren, dauert etwas länger. Sie werden am 18. März 1990 abgehalten, mit vernichtenden Ergebnissen für die SED.

In dem knappen Jahr nach der Öffnung der Mauer zerfällt die Staatsstruktur der DDR Zug um Zug. Wie ein Kommentator schreibt, ist das berühmte 'Endstadium des Kommunismus', in dem der Staat „absterben" soll, in jenen Monaten, als die DDR mitsamt ihrer einst übermächtigen Polizei langsam ihren Geist aufgibt, geradezu perfekt erreicht worden.[31] Die DDR hört am 3. Oktober 1990 zu existieren auf, als ihr Staatsgebiet in Form von fünf neuen Ländern in die Bundesrepublik inkorporiert wird.

Interpretation

Die vorgängige Darstellung, die eine enge Verbindung und gegenseitige Stimulation von Abwanderung und Widerspruch zeigt, mag dem Leser nicht als besonders problematisch erscheinen. Wenn man allerdings das Jahr 1989 mit den vorausgehenden neununddreißig Jahren kontrastiert, als Abwanderung, wie dargelegt, im großen und ganzen auf Kosten von Widerspruch stattfand und oftmals „von oben" zu genau diesem Zweck arrangiert wurde, ändert sich das Bild. Das klassische hydraulische Muster tauchte zwar noch einmal in flüchtiger, aber einflußreicher Form auf, als ein „Exitverbot", nämlich die Schließung der tschechischen Grenze am 3. Oktober, massiv zur kraftvollen Entwicklung von Widerspruch

30 Christoph Wielepp, „Montags abends in Leipzig", in: Thomas Blanke, Rainer Erd (Hrsg.), *DDR – Ein Staat vergeht,* (Frankfurt: Fischer, 1990), S. 72.

31 Friedrich Dieckmann, *Glockenläuten und offene Fragen,* (Frankfurt: Suhrkamp, 1991), S. 205.

im Dresdener Hauptbahnhof beitrug. Aber im großen und ganzen war es das *Zusammenfließen* von Abwanderung und Widerspruch, das 1989 die Wechselwirkung dieser beiden Kräfte charakterisierte. Um jedoch die Besonderheit der Ereignisse von 1989 voll erfassen zu können, ist es hilfreich, zuerst einmal an einige charakteristische konzeptuelle Eigenschaften von Abwanderung und Widerspruch zu erinnern.

Abwanderung - sei es die Entscheidung eines Konsumenten, zu einem besseren Lieferanten von Waren und Dienstleistungen überzuwechseln, oder die Entscheidung eines politisch Verfolgten, zu emigrieren und in ein hoffentlich glücklicheres Land fortzugehen - ist eine wesenhaft *private* und typischerweise stumme Handlungsweise. Man kann sie allein vollführen, es ist nicht nötig, sie mit irgend jemandem zu besprechen. Abwanderung ist daher eine minimalistische Art, Opposition auszudrücken - man geht fort, ohne sich mit anderen abzustimmen, ohne Geräusch, „im Schutze der Nacht". Andererseits kann niemand für mich abwandern. Die Tatsache, daß andere abwandern, mag meine Entscheidung, ebenso zu handeln, beeinflussen, aber sie kann diese Entscheidung niemals ersetzen. Somit ist Abwanderung nicht allein eine private Entscheidung, sondern auch ein privates Gut in dem Sinne, daß man es nicht durch die Anstrengungen anderer erlangen kann, als Ergebnis einer Art von „Trittbrettfahrertum".

Die Charakteristika von Widerspruch könnten sich hiervon kaum stärker unterscheiden. Widerspruch ist typischerweise eine *öffentliche* Handlungsweise, die Organisation, Abstimmung mit anderen, Delegierung und all die übrigen Kennzeichen kollektiven Handelns nicht unabdingbar erfordert, aber durch sie gedeiht. Widerspruchshandlungen wie Petitionen und Demonstrationen leiden daher unter der allzu bekannten Anfälligkeit fürs Trittbrettfahrertum - selbst dann, wie ich andernorts ausführlich dargelegt habe, wenn diese Anfälligkeit gelegentlich auch zu einem Vorteil werden kann.

Dieser kurzen Rekapitulation zufolge gehorchen Abwanderung und Widerspruch sehr verschiedenen Impulsen, und es ist wahrscheinlich, daß sie unter sehr verschiedenen Umständen entstehen. Kurzum, sie scheinen in recht unterschiedlichen Welten zu gedeihen. Wie kam es dann dazu, daß sich beide Verhaltensweisen während der Ereignisse von 1989 so innig miteinander verbanden?

Es muß darauf hingewiesen werden, daß anfangs die Reaktion „Abwanderung", die in Ostdeutschland als Ausreise in den Westen stattfand, in der soeben beschriebenen Form verlief. Als Beispiel: Während der Abwanderungswelle von 1984, als eine ungewöhnlich große Anzahl von Auswanderungsanträgen, meist von jungen Leuten, von den DDR-Behörden genehmigt wurde, erklärte Heinrich Rathke, der evangelische Bischof für das Land Mecklenburg, „daß uns [= die DDR] gerade in diesen Wochen heimlich, still und leise eine große Zahl von Menschen verläßt". Zur gleichen Zeit beklagte ein anderer Pfarrer den „Verlust der Sprache" der Jugend.[32] Dieser Sprachverlust, diese Sprachlosigkeit werden auch vielfach

32 Wolfgang Büscher, „Warum bleibe ich eigentlich? Reaktionen der evangelischen Kirchen in der DDR auf die Ausreisewelle", *Deutschland-Archiv*, 17 (1984), S. 684-685.

wahrgenommen bei jenen, die im Frühjahr 1989 über Ungarn und die Tschechoslowakei fortgingen. Robert Darnton beschreibt eindrucksvoll eine stumme Abwanderungsszene, die er in Prag nahe der westdeutschen Botschaft beobachtete: „Ich war besonders betroffen von einem jungen Paar, das mit einem Säugling in einem Taxi ankam. Die Mutter stieg aus. Sie hob den Kinderwagen aus dem Kofferraum des Taxis, klappte ihn auf und legte den Säugling hinein. Dann schob sie den Kinderwagen vor sich her, während ihr Mann zwei große Koffer trug, und schaute verbissen auf die Tür der Botschaft. Als sie davor anhielten, brach sie plötzlich in Tränen aus. Mir erging es beinahe ebenso".[33]

Andere waren ähnlich berührt. Wie Kassandra befürchtend, daß die Ereignisse eine katastrophale Wendung nähmen, schaffte es Christa Wolf, am Vorabend der Demonstration vom 9. Oktober in Leipzig zu einem Radiointerview mit Gerhard Rein, einem bekannten Rundfunk-Reporter, nach Westberlin hinüberzuschlüpfen; es war ein Versuch in letzter Minute, ihren Teil zur Verhinderung eines Blutbades nach chinesischem Muster beizutragen. Zu Beginn dieses Interviews spricht sie ausgiebig von der „Erschütterung", die sie und ihre Freunde während der vorausgegangenen Wochen empfanden angesichts der Bilder von so vielen jungen Menschen, die die DDR verlassen: „In Gesprächen mit Menschen in der DDR habe ich immer wieder die Frage gehört: Kennen wir eigentlich diese Jugend? Warum gehen sie so leicht? Warum sind viele von ihnen so sprachlos, können sich so schwer artikulieren in bezug auf das, was sie in der DDR gestört hat und was sie jetzt woanders suchen? Innerhalb der letzten vier, fünf Wochen waren wir alle von diesen Bildern beherrscht, haben nicht schlafen können, waren verzweifelt".[34] Später, im Verlauf des Interviews, erhebt sie leidenschaftlich Protest gegen die offizielle Reaktion der SED-Führung auf den Massenexodus: „[Die öffentlichen Reaktionen] dürfen nicht Verhöhnungen sein. Es darf nicht so ein Satz sein, der viele Menschen, auch mich, wahnsinnig getroffen hat: 'Wir weinen denjenigen, die weggehen, keine Träne nach'. Das ist schrecklich. Das ist ganz schrecklich, wenn das gesagt wird, während 40.000 junge Leute das Land verlassen".[35]

Christoph Hein äußerte sich bereits Mitte September in ähnlichen Begriffen. Auch er protestierte entrüstet gegen die Formulierung von „keiner einzigen Träne" und bestätigte im Gegenteil, daß, in einem Land zu leben, das ständig von seinen Bürgern aufgegeben werde, ihn „physisch und psychisch krank" mache.[36] Jens Reich, zentraler Mitbegründer des „Neuen Forums" im September 1989, drückte es so aus: „Seit vielen Jahre schon quält uns alle zunehmend diese Auswanderungsbewegung [...]. Wir haben aus den verschiedensten Gründen viele Freunde verloren [...] Das war so bitter, dieses Gefühl, auf einem Bahnhof im Wartesaal zu sitzen und ringsherum bricht alles auf. Das war zum Schluß unerträglich [...]".[37]

33 Robert Darnton, *Berlin Journal 1989-1990,* (New York: Norton, 1991), S. 73.
34 *Christa Wolf im Dialog,* S. 77.
35 Ebd., S. 83.
36 Irene Charlotte Streul, „Die Kulturszene der DDR im Aufbruch", *Deutschland-Archiv,* 22 (1989), S. 1404.
37 Rein, *Die Opposition in der DDR,* S. 27.

Anscheinend war etwas besonders Erschütterndes um diese *stillen, privaten Abwanderungen;* sie trieben einige der gewissenhaftesten, in der DDR zurückbleibenden Staatsbürger dazu, so wie Christa Wolf, Jens Reich und Christoph Hein, ihre Besorgnis und Verzweiflung leidenschaftlich zum Ausdruck zu bringen. Es ist keine allzu wagemutige Annahme, daß wir hier auch auf den Grund für eine wichtige Nicht-Entscheidung in diesen Monaten stoßen, die großteils noch immer der Erklärung harrt. Warum folgte das härteste und rigideste kommunistische Regime des Ostens nicht dem chinesischen Beispiel, das es vor nur wenigen Wochen noch begrüßt hatte? Warum gelang es ihm nicht, sich „mit der Waffe in der Hand" zu verteidigen, wie es oftmals geprahlt hatte? Die simpelste Vermutung unter den vorgeschlagenen Erklärungen ist die Deus-ex-machina-Annahme, Gorbatschow habe von solcher Vorgehensweise während seines Besuches im Oktober abgeraten. Vielleicht war es auch so, daß der Massenexodus des Sommers nicht allein Christa Wolf und ihre Freunde erschütterte? Er mag auch unter den kommunistischen Herrschern selber Wellen des Selbstzweifels, einen entscheidenden Verlust an Entschlossenheit sowie die Unfähigkeit oder Unwilligkeit hervorgerufen haben, noch eine weitere Schrecklichkeit zu begehen.

Günter Schabowski zum Beispiel, jenes Mitglied des SED-Politbüros, das später, vielleicht unbeabsichtigt, das Signal zum Durchbrechen der Berliner Mauer am 9. November geben sollte, spricht in seinen Erinnerungen über den Exodus in Begriffen, die denen von Christa Wolf und Jens Reich recht nahe kommen: er nennt die resultierende Situation „quälend" und „zutiefst beschämend".[38] Zudem formierte sich die Oppositionsbewegung gegen Honecker und die anderen Hardliner (die sich innerhalb des Politbüros im September/Oktober bildete und zur Absetzung Honeckers am 18. Oktober führte) nach Schabowskis Bericht durch ein Positionspapier, das die „keine Träne"-Erklärung kritisierte, welche am 2. Oktober in der Parteizeitung *Neues Deutschland* erschienen war und weithin Honecker zugeschrieben wurde. Ihr Positionspapier betonte hingegen, daß der Exodus Anlaß zu großer Besorgnis für die DDR sei und jede Abreise als ein Verlust empfunden werden müsse.[39]

Der Bericht, den ich soeben gegeben habe, bildet einen ersten Ansatz zum Verständnis, wie im Herbst 1989 öffentlicher Widerspruch durch private Abwanderung angeregt und nicht unterminiert wurde. Bei näherer Betrachtung kann der Ablauf der Ereignisse als eine Variante der Art und Weise verstanden werden, wie Abwanderung gewöhnlich fungiert, wenn das „Management" auf Mängel aufmerksam gemacht wird. Der normale Ablauf ist wie folgt: wenn Kunden einer Firma ihre Aufträge entziehen oder Mitglieder eine politische Partei verlassen, wird den Führungskräften dieser Organisationen bald klar, daß die Verkaufsziffern sinken oder sonst etwas verkehrt ist; sie forschen nach den Ursachen und leiten die Behebung der mutmaßlichen Fehler in die Wege.[40] Im Falle der DDR funktio-

38 Günter Schabowski, *Das Politbüro,* (Reinbek/Hamburg: Rowohlt, 1990), S. 62.
39 Ebd., S. 81.
40 *Abwanderung und Widerspruch,* S. 18-21.

nierte dieser simple Feedbackmechanismus sehr schlecht, da sich die Manager der DDR gegen kritische Impulse abgehärtet hatten - siehe den Satz von „keine Träne". Doch der Massenexodus beeindruckte, deprimierte und alarmierte schließlich viele der loyaleren Bürger, auch und gerade jene, die keinerlei Absicht hatten abzuwandern. Bei einem gewissen Grad der Besorgnis entschieden sie, sich zu Wort zu melden. Die Mobilisierung und der Widerspruch *dieser* Bürger kann daher als ein Ersatz für die mangelhafte Reaktion der DDR-Manager, gleichsam als ein zweiter Weckruf gesehen werden. Der Ablauf der Ereignisse, den Abwanderung normalerweise auslöst, hat somit eigentlich nur einen Umweg erfahren.

Das Zusammenwirken von Abwanderung und Widerspruch während der Ereignisse von 1989 kann auch mit dem Begriff der „Loyalität" erklärt werden, wie er in Kapitel 7 meines Buches diskutiert wird. Ich habe Loyalität dort als eine Kraft beschrieben, die Abwanderung (ebenso wie Widerspruch) verzögert, wenn es einen Verfall in der Leistungsfähigkeit einer Organisation gibt, der man angehört. Ich habe ebenfalls argumentiert, daß wahrscheinlich, wenn dieser Verfall eine bestimmte Schwelle überschreitet, der Widerspruch loyaler Mitglieder besonders energisch ausfällt. Aber ich habe die vereinfachende Annahme gemacht, daß Organisationen (Familien, politische Parteien, Nationen etc.) zu jeder gegebenen Zeit über einen gleich hohen Grad an Loyalität unter ihren verschiedenen Mitgliedern verfügen. Wenn wir jetzt diese Annahme komplizieren und uns eine Organisation vorstellen mit zwei sehr unterschiedlichen Arten von Mitgliedern, jenen mit einer äußerst großen Loyalität und jenen mit wenig oder gar keiner, werden die Reaktionen auf den Verfall zwei deutlich unterschiedliche Formen zeigen: die Mitglieder, die unbelastet sind von Gefühlen der Loyalität, werden der Abwanderung zuneigen, während die Loyalisten den Widerspruch praktizieren. Die ersten sind die Ausreiser, die zweiten die Bleiber. Das gleichzeitige Auftauchen dieser zwei unterschiedlichen Gruppen hätte daher mittels einer leichten Differenzierung meines Loyalitätsmodells vorausgesagt werden können. Doch war der Einfallsreichtum der Geschichte nötig, um diese Verfeinerung der Theorie nahezulegen und ihre Bedeutung aufzudecken.

Die enge Verschmelzung von Abwanderung und Widerspruch, die ein so charakteristisches Merkmal der Protestbewegung in der DDR war, bedarf noch eines weiteren Kommentars. Das wirkliche Mysterium der Ereignisse von 1989 ist die Transformation dessen, was als rein *private* Aktivität begann und beabsichtigt war - das Bemühen einzelner Individuen, von Ost nach West zu ziehen -, in eine breite Bewegung *öffentlichen* Protests. Wie und wann drangen Elemente des Öffentlichen in die Privatsphäre ein, wie und wann überwucherten sie die ursprünglichen Absichten der Akteure? Die Antwort ist in der vorgetragenen historischen Darstellung enthalten. Ursprünglich stellten sich die Ausreiser von 1989 ihre Abreise aus der DDR als eine völlig private Angelegenheit vor: wie 1984 beabsichtigten sie, „heimlich, still und leise" wegzugehen, auf Zehenspitzen sozusagen. Doch wurde die Absicht durch zwei Umstände zunichte gemacht: zu viele Menschen hatten dieselbe Idee, und – als Ergebnis äußerer Ereignisse wie der Entschärfung der Grenzkontrollen zwischen Ungarn und Österreich – ihr Tun war zu erfolgreich, um bloß privat und ein Geheimnis zu bleiben. Bilder des Exodus überfluteten bald die Fernsehschirme und veranlaßten nicht allein Kritiker wie Christa Wolf und Jens Reich dazu, ihre Kritik zu verschärfen, sondern machten passive, durchschnittliche Bürger zu Aktivisten. Wie ein evangelischer Pfarrer aus Leipzig im November 1989 rückblickend auf die entscheidenden Septemberereignisse in jener Stadt sagte: „In Verbindung damit, daß die anderen in den Westen rannten, haben die Leute dann gesagt: [...] Wir machen nicht mehr mit. Leute, die 45, 50, 55 Jahre alt sind, die früher nie was gemacht haben, denen das alles egal war, die zwar geschimpft und sehr gut gesehen haben, wie alles schief läuft, die haben jetzt Angst gehabt, daß sie am nächsten Tag ihre Kinder aus dem Fernsehen in Prag oder Budapest winken sehen. Das hat sie motiviert".[41]

Ein anderer Weg, auf dem private Abwanderung in öffentlichen Widerspruch überging, verlief noch direkter. Als die „Ausreiser", die notwendigerweise an Schlüsselpunkten zusammentrafen, an Grenzübergängen, an Bahnhöfen, Botschaften, realisierten, daß sie nicht länger allein waren, erkannten sie einander als Gleichgesinnte an und *freuten sich über die Gemeinschaft, die sie ahnungslos geschmiedet hatten.* Die bemerkenswerteste Episode dieser Art war die massive Besetzung des Dresdener Bahnhofs durch Ausreisewillige, die hofften, die mit Flüchtlingen gefüllten Zügen besteigen zu können. Nachdem sie einander gesehen hatten, und besonders nachdem sie aufgefordert worden waren, den Bahnhof zu räumen, *wurden* diese ursprünglich privaten Dresdener Ausreiser *öffentlich.* Bereits der Slogan „Wir wollen raus" verwandelte sie sofort aus privaten in öffentlich agierende Bürger mit einer gemeinsamen Forderung. An eben dem Punkt fühlten sich jene in der Menge, die nicht beabsichtigten wegzugehen, veranlaßt, ebenfalls ihre Position zum Ausdruck zu bringen: ihre Gegenparole „Wir bleiben hier" wurde unausweichlich, unwiderstehlich, wie es ein ostdeutscher Schriftsteller formulierte.[42] So wurde private Abwanderung zu öffentlicher Abwanderung, die wiederum öffentlichen Widerspruch erzeugte, zusammen mit Vertretung und Delegierung, und all dies binnen weniger Tage.

Am Anfang mag der Slogan „Wir bleiben hier" ein bloßer Reflex, eine pfiffige linguistische Spielerei, eine automatische Antwort auf die Parole „Wir wollen raus" gewesen sein. Während die Ausreisenden genau wußten, was sie wollten, nämlich „raus", kannten jene, die gefühlsmäßig gegen diese Lösung waren, keine solchen Gewißheiten. Nachdem sie ihren Willen dazubleiben geltend gemacht hatten, mußten sie nun ein paar gute Gründe dafür finden. Ihre Parole füllte sich eher langsam mit reformistischen Bedeutungen und Botschaften. Vielleicht war „Wir bleiben hier" gerade wegen seiner Unbestimmtheit und Zwiespältigkeit ein effektiver Slogan – jeder, der in ihn einstimmte, konnte ihn mit seinem eigenen spezifischen Lieblingsinhalt anfüllen.

Diese sprachliche Interpretation der Parole ist recht überzeugend. Sie ist tat-

41 Rein, *Die Opposition in der DDR*, S. 180.
42 Dieckmann, *Glockenläuten*, S. 64.

sächlich ein Bindeglied zwischen den zwei früheren Interpretationen: 1) daß die Parole von Anfang an eine definitive reformistische Botschaft enthielt und 2) daß sie vollkommen zufällig entstand, anfangs nichts weiter ausdrückend als die Weigerung der Demonstranten, einem Befehl, den Dresdener Bahnhof zu räumen, Folge zu leisten, um später mißverstanden oder uminterpretiert zu werden und eine allgemeinere politische Bedeutung anzunehmen.

„Wir bleiben hier" als einen rein verbalen Antwortreflex zu sehen, gewinnt an weiterer Plausibilität durch den Slogan „*Wir* sind das Volk", der schließlich die zwei einander befehdenden Slogans pro-Abwanderung und pro-Widerspruch ersetzte. „*Wir* sind das Volk" nahm die Unbestimmtheit des „Wir bleiben hier" auf und war ähnlich rätselhaft und vage bedrohlich. So viel Ambiguität konnte jedoch nicht lange aufrecht erhalten werden. Am Ende, wie allgemein bekannt, stattete eine leichte Variation in der Wortwahl das Volksmotto mit einer recht konkreten und handgreiflichen Bedeutung aus. Gerade so wie „Wir wollen raus" zu „Wir bleiben hier" führte, so verwandelte sich „*Wir* sind das Volk" in „Wir sind *ein* Volk" - ein Slogan, der die Vereinigung beider deutschen Staaten forderte und, implizit, die Auslöschung der DDR.

Dieses Ergebnis zeigt noch einen weiteren Aspekt der Ereignisse von 1989, der meiner ursprünglichen These und insbesondere ihrem Happy-End-Szenario gegenüber gestellt werden muß. Mein Buch war zu dem „konstruktiven" Zweck geschrieben worden zu untersuchen, wie Abwanderung und Widerspruch einer fehlerhaft gewordenen Organisation helfen können, ihre Leistungsfähigkeit und Gesundheit wiederzuerlangen. Beide Reaktionsweisen, Abwanderung und Widerspruch, waren primär als Mechanismen gesehen worden, die das „Management nach einem reparablen Fehler auf sein Versagen aufmerksam machen". Doch wurde die Möglichkeit, daß eine Organisation, anstatt sich zu erholen, tatsächlich unter den ihr durch Abwanderung und Widerspruch (ebenso wie durch ihr eigenes Versagen) zugefügten Wunden zugrunde gehen würde, nicht völlig ausgeschlossen. Hinsichtlich beider, Abwanderung und Widerspruch, hatte ich argumentiert, daß diese Reaktionen das gewünschte konstruktive Ergebnis nur hervorbringen können, wenn sie *in Maßen* auftreten und damit das Management nicht nur alarmieren, sondern ihm auch die Zeit geben, die nötig ist, um Verbesserungen durchzuführen.

Für das Überleben und die Erholung von Geschäftsunternehmen wie von politischen Organisationen wäre, so schrieb ich, eine „Mischung von regen und trägen Bürgern" weitaus besser „als ständiger, totaler Aktivismus oder totale Apathie".[43] Diese Überlegung weist auf einen der Gründe hin, warum die Kombination von massiver Abwanderung und stürmischem Widerspruch 1989 zum Tod der DDR führte und nicht zu ihrer Wiedergeburt: diese zweifache „Kritik", so lange unterdrückt, war einfach zu vernichtend, um irgendwelche „Erholungsmechanismen" wirksam werden zu lassen. Versuche solcher Art waren unternommen worden, vor allem mit dem berühmten Aufruf *Für unser Land* vom 26. No-

43 *Abwanderung und Widerspruch*, S. 20, S. 27.

vember, den Christa Wolf entworfen und den eine Gruppe von DDR-Schriftstellern und Angehörigen anderer Berufe, inklusive einiger bekannter Dissidenten, unterzeichnet hatten.[44] Er argumentierte für die Erhaltung einer reformierten, aber sozialistischen und „humanistischen" DDR als autonome Einheit - und erwies sich als völlig ineffektiv. Das Losstürzen auf die Wiedervereinigung war nicht aufzuhalten. Die Auslöschung der DDR kann daher als die Strafe verstanden werden, die für die lange Unterdrückung sowohl von Abwanderung als auch von Widerspruch zu zahlen war.

Schlußwort

Damit bin ich am Ende meines „Essays zur konzeptuellen Geschichte" angelangt. Ich habe die DDR und ihren Untergang durch eine Lupe betrachtet, in der Hoffnung, neue Muster und signifikante Verbindungen unterscheiden und verbesserte Interpretationen gewinnen zu können. Die Details der Geschichte, die ich vorgetragen habe, sind daher ihre Essenz. Doch mögen zwei allgemeine Beobachtungen den Abschluß bilden.

Erstens: Der Umsturz in der DDR stellt eine bemerkenswerte Umkehr eines Trends dar, der als charakteristisch, ja in katastrophaler Weise als charakteristisch für die deutsche Geschichte gilt. Es ist viel geschrieben worden über die Neigung der Deutschen, sich, unter verschiedenen historischen Umständen, aus der öffentlichen Sphäre auf das strikt Private zurückzuziehen, auf die berühmte (oder berüchtigte) *Innerlichkeit*. Dieser Trend soll den Deutschen allzu leicht gefallen sein, besonders, wenn sie öffentlich mit unerfreulichen oder abstoßenden Ereignissen konfrontiert wurden. Die oft auf Luther zurückgeführte Idee, daß die innere, private Sphäre etwas unendlich Wertvolles, Reines und Unverletzliches sei, mag in der Tat die Entwicklung eines Staatsbürgers, der für das politische Leben seiner Gemeinschaft aktive Verantwortung übernimmt, untergraben haben. Zu dieser Perspektive liefert die Geschichte, die hier vorgetragen wurde, einen willkommenen Kontrapunkt: sie zeigt, daß viele Ostdeutsche den Weg von Abwanderung und Apathie zu Widerspruch, von Rückzug und rein privater Reaktion zu öffentlicher Aktion tatsächlich gefunden haben. Wie unbeabsichtigt diese Bewegung anfangs auch war, sie wurde de facto eine machtvolle und erfolgreiche Bürgerbewegung und steht damit im Kontrast zu den vielen „fehlgeschlagenen Revolutionen" und mißglückten Versuchen, der Tyrannei zu widerstehen, die die deutsche Geschichte seit der Reformation kennzeichnen. Aus dieser Perspektive ist es vielleicht zu bedauern, daß die Bewegung, bald nachdem sie vorüber war, sprachlich von der „friedlichen Revolution" zur „Wende" herabgestimmt wurde. Merkwürdigerweise bezeichneten die Deutschen, nachdem sie, mit beträchtlichem Risiko und ohne größeres Blutvergießen, erfolgreich ein repressives und ruinöses Regime gestürzt hatten, das Ereignis mit einem Begriff, der es verbal beinahe absichtlich

44 *Christa Wolf im Dialog*, S. 170-171.

herunterspielte und untertrieb. Darin gleichen sie Leuten, die aufgrund eines früheren Fehltrittes ein schwaches Selbstbild haben und sich, konfrontiert mit Erfolg in einem neuen Unternehmen, bemühen, die ungewohnte Erfahrung als noch einen weiteren Mißerfolg umzuinterpretieren oder bestenfalls als „nichts Erwähnenswertes". Im Vergleich dazu zeigte Richard von Weizsäcker ein besseres Verständnis der Ereignisse von 1989, als er zwei Jahre später formulierte: „Mit ihren gewaltfreien Taten haben die Revolutionäre des Jahres 1989 allen Deutschen ein neues Bewußtsein von Freiheit gegeben. Die Vergangenheit ist damit nicht gelöscht. Unserer Geschichte wurde aber ein entscheidendes Kapitel hinzugefügt".[45]

Mein zweiter Punkt betrifft eine kurze nachträgliche Reflexion zur Methode. Ich habe versucht, der kurzlebigen Geschichte der Deutschen Demokratischen Republik eine besondere Darstellungsform zu geben, indem ich sie im Licht einer Dichotomie nacherzählte. Solch ein Unternehmen setzt sich der Gefahr aus, ein theoretisches Modell zu ernst zu nehmen. Im Jahre 1909 veröffentlichte der französische Anthropologe Robert Hertz einen Artikel über die übertriebene Extrapolation der Dichotomie von rechter und linker Hand durch Sprache und Kultur, die dazu führe, immer grundlegendere Gegensätze zu umfassen, so wie richtig-falsch, gut-böse, göttlich-profan usw.[46] Wir wissen also bereits seit geraumer Zeit von der merkwürdigen Neigung des menschlichen (oder westlichen?) Geistes, Unterschiede zu übertreiben, das, was Hertz eine „nahezu bedeutungslose Asymmetrie" genannt hat, zu unüberbrückbaren binären Oppositionen zu vergrößern – kurzum, aus natürlichen Mücken gesellschaftlich konstruierte Elephanten zu machen. Habe ich mich an diesem Zeitvertreib beteiligt, indem ich schlüssige Beweise für die Existenz eines fundamentalen Antagonismus zwischen privater Abwanderung und öffentlichem Widerspruch aus vielen Bereichen zusammentrug? Hier erinnert die deutsche Geschichte von 1989 an die Maxime aus *Porgy und Bess:* „It ain't necessarily so". Dem in dieser Zeile beschlossenen Prinzip theoretischer Bescheidenheit, das Sozialwissenschaftler nicht mißachten sollten, möchte ich mich anschließen.

45 *Frankfurter Rundschau,* 18. Dezember 1991, S. 7; Rede anläßlich der Verleihung des Heinrich-Heine-Preises 1991 an Weizsäcker.

46 Robert Hertz, „La prééminence de la main droite: étude sur la polarité religieuse", in: Hertz, *Mélanges de sociologie religeuse et folklore,* (Paris: Alcan, 1928), S. 99-129. Die im nächsten Satz zitierte Formulierung findet sich auf S. 127. Der Artikel wurde zuerst veröffentlicht in der *Revue Philosophique,* 68 (1909), S. 553-580.

Loïc J.D. Wacquant

Vom wohltätigen Staat zum strafenden Staat: Über den politischen Umgang mit dem Elend in Amerika*

I. Einige Wesensmerkmale des amerikanischen Staates

In seiner Vorlesung über den Sozialismus sagt Durkheim, der Staat sei „keine zwangsausübende übergroße Macht, sondern eine umfassende und sachkundige Organisation" (1928, S. 72). Die Erfahrung der Geschichte lehrt indes, daß diese beiden Aspekte keineswegs unvereinbar sind und der Staatsapparat sehr gut beides zugleich sein kann. Ein Beispiel dafür sind aktuell die Vereinigten Staaten, wo, ungeachtet des starken Argwohns gegenüber der Institution des Staates, die Staatsgewalt wachsenden Einfluß auf die Organisation und Gestaltung des nationalen Lebens nimmt.

Das Land hat sich im Laufe der letzten dreißig Jahre, seit den Rassenunruhen in den großen Ghettos der Metropolen, auf ein soziales und politisches Experiment eingelassen, das in den westlichen Gesellschaften der Nachkriegszeit weder Vorläufer noch Parallelen hat: Es geht um den schrittweisen Umbau eines Semi-Wohlfahrtsstaats in einen Straf- und Polizeistaat, der die Kriminalisierung von Randgruppen und die „punitive Ausgrenzung" sozial Benachteiligter zu einem zentralen Bestandteil seiner Sozialpolitik macht.

Freilich war dieser Wohlfahrtsstaat – darauf werde ich noch zu sprechen kommen – im Vergleich zu den europäischen Spielarten entschieden unterentwickelt. Aus einer Reihe von bekannten historischen Gründen blieb die Möglichkeit der sozial Schwächeren, sich Gehör zu verschaffen, immer stark begrenzt (Roche 1992). Statt vom „Wohlfahrtsstaat" muß man vom „wohltätigen Staat" sprechen; denn in den USA waren die Programme für die bedürftigen Bevölkerungsschichten von jeher bruchstückhaft und unsystematisch, isoliert vom Rest der staatlichen Aktivitäten. Der staatlichen Fürsorge liegt hier die moralistische und moralisierende Vorstellung zugrunde, die Armut sei auf das individuelle Verschulden der Betroffenen zurückzuführen (Katz 1982). Statt Solidarität bestimmt Mitleid das öffentliche Handeln, und das Ziel ist nicht, die sozialen Bindungen zu stärken (und

* Teil I bis III erschienen unter dem Titel „De l'État charitable à l'État pénal. Notes sur le traitement politique de la misère en Amérique" in der Zeitschrift *Regards sociologiques*, 10, Mai 1996; Teil IV wurde für den *Leviathan* verfaßt. – Aus dem Französischen übersetzt von Andrea Marenzeller.

noch viel weniger, die Ungleichheiten abzubauen), sondern im besten Fall die ärgste Not zu lindern.

Zudem ist der strafende Staat, der sich sukzessive an die Stelle des embryonal gebliebenen Sozialstaats setzt, selbst unzulänglich, inkohärent und in vielen Dingen inkompetent, so daß er weder die unrealistischen noch die realistischen Erwartungen, denen er seine Existenz verdankt, erfüllen kann. Und es ist durchaus zu erwarten, daß sein Ausbau bald ganz gestoppt wird, zumal er jene Bundesstaaten in kürzester Zeit zu ruinieren droht, die die Spitzengruppe in dem zügellosen Rennen in Richtung auf den „totalen Strafstaat" bilden, nämlich Kalifornien, Texas und den Staat New York (Irwin/Austin 1994). Obwohl Politiker aller Couleurs lautstark fordern, die Ära des „Big Government" zu beenden (sie bilden den Chor zu Clintons Reden), gewährt die amerikanische Regierung den Unternehmen und Mitgliedern der Mittel- und Oberschicht weiterhin zahlreiche Vergünstigungen, beispielsweise die massive Förderung beim Erwerb von Vermögen und Grundbesitz.

Es scheint also, daß Amerika im Begriff ist, einen hybriden Staat neuen Typs auszubilden, der weder ein Wohlfahrtsstaat im europäischen Sinne noch ein nichtinterventionistischer „Minimalstaat" ist, wie ihn die Apologeten des freien Marktes erträumten. Die sozialstaatlichen Segnungen, die er bietet, werden mehr und mehr von den privilegierten Schichten in Anspruch genommen, während seine disziplinierende Funktionen sich immer deutlicher gegen die Unterschichten und die diskriminierten Minderheiten richten. Dieses Fabelwesen von einem Staat – ein Zentaur mit einem liberalen Haupt auf einem autoritären Rumpf – wendet die Doktrin des *Laisser-faire* oberhalb der sozialen Ungleichheiten an, erweist sich aber als rücksichtslos paternalistisch und repressiv nach unten, wenn es gilt, die Konsequenzen dieser Politik zu bewältigen.

Um diese staatliche Mutation, ihr Wesen und ihre Praktiken zu begreifen, muß man die unterschiedlichen strukturellen und funktionalen Merkmale des von dem Politologen Alan Wolfe (1975) treffend als „Franchise-Staat" bezeichneten amerikanischen Staates näher betrachten. Ich möchte im folgenden vier dieser Charakterzüge erörtern.

Ein „Land ohne Staat", ein Land gegen den Staat: Das erste Merkmal des amerikanischen Staates besteht in dem Bild, genauer Trugbild, das sich die Nation von ihm macht. So wie Frankreich sich bis vor kurzem vorgemacht hat, es sei kein Einwanderungsland, suggeriert die politische Ideologie der USA, daß die amerikanische Gesellschaft sich „ohne Staat" gebildet habe (Skocpol 1993). Von den Pilgervätern bis in unsere Zeit verstanden sich die Amerikaner immer als autonomes Volk, das von Grund auf gegen jede über der Gesellschaft stehende Autorität rebelliert – ausgenommen die göttliche. Davon zeugen die zahlreichen Artikel in der Verfassung, welche den Hang zur Tyrannis, wie er jeder Staatsgewalt in den Augen der Amerikaner innewohnt, beschneiden und zügeln, und der anti-etatistische Impuls der politischen Kultur des Landes. Die Präsidentschaftswahlen von

1996 illustrieren dies sehr anschaulich: Alle Kandidaten versprachen, „in Washington aufzuräumen", die Bundesregierung wurde von ihren eigenen Vertretern geradezu als fremde Macht, ja als Volksfeind dargestellt.

Aufsplitterung der Bürokratie und daraus resultierende Dysfunktionen: Der amerikanische Staat ist ein dezentralisiertes Netz von mangelhaft koordinierten Verwaltungsbehörden, deren Machtbefugnisse durch die Aufsplitterung der Kompetenzen und durch das überproportionale Gewicht der lokalen Institutionen beschränkt sind. Die Aufteilung der Steuerlast und die Verteilung der Kompetenzen zwischen den verschiedenen Ebenen (Bundesstaat, Einzelstaat, County, Gemeinde) führt zu permanenten Störungen und Konflikten. Zwischen der in Washington „auf dem Papier" abgesegneten Politik und den realen Dienstleistungen der *street-level bureaucracy* vor Ort liegt oft ein Abgrund (Lipsky 1980). Da eine stabile Tradition des öffentlichen Dienstes und der Ausbildung von Beamten auch für öffentliche Spitzenfunktionen fehlt, ist der Verwaltungsapparat der Macht des Geldes und den Interessen des „Wählerstammes" direkt unterworfen. Die damit gegebene Inkohärenz und Inkompetenz der Bürokratie wirken sich obstruktiv auf die Entwicklung und Implementierung politischer Optionen aus (Critchaw/Hawley 1988). Die Besonderheiten der amerikanischen Bürokratie machen darüber hinaus die Scheidelinie zwischen Öffentlichem und Privatem durchlässig: Im Geiste einer jahrhundertealten, in den sechziger Jahren für den „Kampf gegen die Armut" erneut aufpolierten Tradition wurden viele Sozialprogramme (z.B. das Vorschulerziehungsprogramm *„Head Start")* privaten Organisationen als „Subunternehmern" übertragen, die sie nun im Namen der Allgemeinheit durchführen und verwalten.

Ein dualistischer Staat oder die große institutionelle und ideologische Zweigleisigkeit: Seit dem *New Deal* ist die Sozialpolitik des amerikanischen Staates in zwei hermetisch voneinander getrennte Bereiche aufgeteilt, die sich nach der Zusammensetzung und dem politischen Gewicht ihrer „Kundenkreise" und deren ideologischer Wertigkeit unterscheiden (Skocpol 1995, S. 209-227). Der erste Bereich, die Sozialversicherung *(social insurance),* nimmt sich der Lebensrisiken der Erwerbstätigen an – Arbeitslosigkeit, Krankheit, Renten. Jeder, der eine feste Anstellung hat, ist anspruchsberechtigt und kommt in den Genuß von Vorteilen, die gleichsam als gerechte Gegenleistung für die Beitragszahlungen aufgefaßt werden. Der zweite Bereich, mit dem Schimpfnamen *welfare* belegt (Schram 1995), betrifft die Unterstützung abhängiger oder notleidender Personen. Die Kandidaten dafür unterliegen drakonisch strengen Bedingungen (bei der Kontrolle von Einkommen, Familienstand, Wohnverhältnissen etc.) und unterstehen einer andauernden rigiden Bevormundung, die sie vom Rest der Gesellschaft abgrenzt und zu Staatsbürgern zweiter Klasse macht – getragen von dem Glauben, daß die gewährte Unterstützung unverdient sei und mit der Gefahr einhergehe, die „Arbeitsmoral" zu untergraben.

Historisch gesehen waren die Hauptnutznießer der „Versicherung", etwa der Rentenkasse *Social Security*, die Männer (als Familienvorstand), die Weißen (die lange Zeit auf den sicheren Arbeitsplätze saßen) und die Familien der Arbeiteraristokratie sowie des Mittelstands. Obwohl heute auch viele weiße Bürger und Bürgerinnen Sozialhilfe wie AFDC (Beihilfen für alleinstehende Mütter ohne Einkommen) beziehen – mehr als ein Viertel der amerikanischen Haushalte haben im vergangenen Jahrzehnt *welfare* in Anspruch genommen (Haveman 1987) – herrscht der populäre Irrglaube vor, die typische *welfare*-Klientel rekrutiere sich aus den Minderheiten der Großstädte und aus Frauen, die gemeinsam der Nation als Sozialschmarotzer auf der Tasche lägen.

Der residuale Sozialstaat: Der amerikanische Sozialstaat verkörpert den reinen Typus des „residualen Wohlfahrtsstaats" (Titmus 1996), da er nur im Falle von akutem Versagen des Arbeitsmarktes und der Familie einspringt und seine Leistungen einzig jenen Notleidenden zukommen läßt, die eine Unterstützung „verdienen" (Mütter mit Kleinkindern, Behinderte, Invaliden etc.). Zu seiner offiziellen Klientel gehören daher überwiegend „Unselbständige" (dependents) der unteren Schichten, Arbeiter, Arbeitslose, Gelegenheitsarbeiter und farbige Familien – Menschen und Gruppen also, die unter dem bestehenden Wahlsystem wenig Einfluß und daher keine Lobby haben, um ihre bescheidenen Rechte zu vertreten.

Damit stellen die USA das Paradox einer Gesellschaft dar, die Kinder vergöttert, aber über keine Familien- und Bildungspolitik verfügt, so daß jedes vierte Kind (und die Hälfte aller schwarzen Kinder) unter der offiziellen Armutsgrenze lebt; eine Gesellschaft, die für Gesundheit mehr ausgibt als irgendein vergleichbares Land, in der aber 50 Millionen Bürger nicht krankenversichert sind; wo die Arbeit vergötzt wird, aber kein einziges nationales Arbeitsförderungsprogramm existiert, das diese Bezeichnung tatsächlich verdient. Der Grund dafür liegt in den Prinzipien einer „staatlichen Wohltätigkeit", die in erster Linie die Marktmechanismen stärken und zugleich den sozialen Randgruppen die harte Disziplin schlecht bezahlter Lohnarbeit aufzwingen soll (Piven/Cloward 1993).

II. Der Rückzug des wohltätigen Staates

Die genannten Charakteristika erklären, warum der wohltätige Staat in den beiden letzten Jahrzehnten trotz der starken Zunahme sozialer Ungleichheit und wirtschaftlicher Unsicherheit (Danzinger/Gottschalk 1995) unvermindert danach strebt, seinen Wirkungsbereich und sein ohnehin bescheidenes Budget weiter zu reduzieren. Indirekt trägt er dazu bei, daß der Militärhaushalt mittlerweile verzehnfacht und der Reichtum zugunsten der Wohlhabenden weiter umverteilt werden konnte. Aus dem „Krieg gegen die Armut" ist ein Krieg gegen die Armen geworden; die Armen – Sündenbock für alle größeren Mißstände des Landes (Gans 1995) – sind nunmehr gezwungen, ihr Schicksal selbst in die Hand zu nehmen, wenn sie nicht die ganze Batterie von Strafmaßnahmen und Schikanen ertragen wollen, die sie auf den rechten Weg der prekären Arbeit zurückführen, vor allem aber ihre Ansprüche beschneiden und den Staatshaushalt entlasten sollen.

Von der administrativen Spaltung zwischen *welfare* und *social insurance* geschwächt, stigmatisiert von ihrer engen Verbindung mit den Forderungen der Farbigen-Bewegung, desillusioniert durch die notorische Ineffizienz der mit ihrer Durchsetzung betrauten Verbände, sind die Programme zur Armutsbekämpfung die ersten Opfer der reaktionären Bewegung gewesen, durch die Reagan 1980 an die Macht kam (Orfield/Askinaze 1991). Obwohl die Kosten für die AFDC-Programme nicht einmal 1 % des Bundesbudgets ausmachen, haben sämtliche Regierungen seit Carter die weitere Reduzierung dieser Mittel zum zentralen politischen Thema gemacht und sind damit auch erfolgreich gewesen (vgl. Tabelle 1): 1970 betrug die AFDC-Beihilfe für eine vierköpfige Familie ohne andere Einkünfte durchschnittlich 221 Dollar im Monat; 1990 machte sie 432 Dollar aus, was unter Berücksichtigung der Inflation einem Realwert von 128 Dollar entspricht; d.h. der Kaufkraftverlust der unterstützten Familien beträgt 42 %.

Vom gesetzlichen Anspruch auf Unterstützung zu ihrer wirklichen Inanspruchnahme ist es allerdings ein weiter Weg. Die zweite Einsparungstechnik des wohltätigen Staates ist nicht finanzieller, sondern administrativer Art: Mit einem Sammelsurium bürokratischer Hindernisse und komplizierter Bestimmungen sollen die Antragsteller entmutigt und (zumindest zeitweilig) von den Empfängerlisten gestrichen werden. Unter dem Vorwand, den „Mißbrauch" einzudämmen und „Schmarotzern" das Handwerk zu legen, haben die Sozialämter die Zahl der Antragsformulare, der je beizubringenden Dokumente und der Kontrollen vervielfacht und die Kriterien für die Antragsverlängerung verschärft. Zwischen 1972 und 1984 nahm die Summe der rein administrativen Ablehnungsbescheide wegen Verfahrensfehlern um beinahe eine Million zu, 2/3 davon betrafen Familien mit rechtmäßigem Anspruch (Piven/Cloward 1993, S. 375 f.).

Diese Praxis der bürokratischen Schikane hat bereits einen Namen gefunden, das allen Spezialisten bekannte *chumming*, und sie wird erfaßt in Statistiken, die für jede Unterstützungskategorie gesondert den Anteil der ungerechtfertigterweise

Tabelle 1: Entwicklung der AFDC-Beihilfe* 1970-1990 (in US $)

	1970	1975	1980	1985	1990
nominal	221	264	350	399	432
real	221	190	165	144	128
Kaufkraft	100 %	86 %	75 %	65 %	58 %

Quelle: Center on Social Welfare Policy and Law, No Relief for the Poor 1992, New York 1992

*AFDC: Aid to Families with Dependent Children, das Unterstützungsprogramm für alleinstehende Mütter mit minderjährigen Kindern

abgelehnten Anträge belegen. So wurden 1973 noch 81 % der unter der Armutsgrenze lebenden Kinder durch AFDC unterstützt, während 15 Jahre später mehr als 40 % nicht mehr die finanzielle Hilfe erhielten, die ihnen zustand. Schätzungen zufolge kommt heute jeder zweite anspruchsberechtigte Haushalt nicht in den Genuß der „eigentlich" vorgesehenen Leistungen.

Die brutalste Taktik besteht indes darin, schlicht und einfach eine Einrichtung der Sozialhilfe mit der Begründung zu streichen, daß man die Empfänger aus ihrer selbstverschuldeten Lethargie reißen und dem heilsamen Schock der Entbehrung aussetzen müsse. Denn wenn man den amerikanischen Ideologen der sozialpolitischen Reaktion, Charles Murray und Lawrence Mead, Glauben schenken darf, resultiert die pathologische „Abhängigkeit" der Armen aus ihrer moralischen Verkommenheit, die wiederum ohne energische Intervention des Staates nichts Geringeres als den „Fortbestand der westlichen Zivilisation" bedroht (Mead 1992, S. 237). Zu Beginn der 90er Jahre haben denn auch mehrere industriell hoch entwickelte Bundesstaaten – Massachusetts, Pennsylvania, Michigan und Illinois – das Programm der *General Assistance* eingestellt (Michigan von einem Tag auf den anderen, Pennsylvania nach einer kurzen Übergangsperiode) und damit rund eine Million Unterstützungsempfänger über Nacht in schlimme Not gestürzt.

Der Rückzug des amerikanischen wohltätigen Staates erfolgte auf breiter Front; inzwischen hat er auch den privilegierten Bereich der sozialen Vorsorge erreicht. 1975 hatten 81 % aller Erwerbstätigen bei Verlust des Arbeitsplatzes Anspruch auf die – 1935 durch den *Social Security Act* eingerichtete – Arbeitslosenunterstützung; 1990 war diese Zahl aufgrund administrativer Restriktionen in den Bundesstaaten und wegen der starken Zunahme von ungesicherten Arbeitsverhältnissen auf 25 % gesunken. Dasselbe gilt für die Berufsunfähigkeitsversicherung, die 1975 noch 7,1 Promille aller Beschäftigten gegenüber 4,5 Promille im Jahre 1991 erfaßte, sowie für Wohngeldbeihilfen. Nach offiziellen Statistiken war 1991 jede dritte amerikanische Familie *housing poor,* d.h. nicht imstande, für Grundbedürfnisse und Wohnung aufzukommen, gleichzeitig beliefen sich die Schätzungen bezüglich der Zahl der Obdachlosen auf zwischen 600.000 und 4 Millionen. Parallel dazu sanken die für Sozialwohnungen vorgesehenen Bundesmittel von 32 Milliarden Dollar im Jahr 1978 auf unter 10 Milliarden ein Jahrzehnt später. In demselben Zeitraum strich Washington die staatlichen Kredite für Stadtsanierung und Stadtteilentwicklung sowie die meisten Wiedereingliederungsprogramme für Arbeitslose: Als 1984 das CETA-Programm *(Comprehensive Education and Traning Act)* eingestellt wurde, gingen mehr als 400.000 öffentliche Arbeitsplätze für ungelernte Arbeitskräfte verloren.

Am heftigsten wütet der konzertierte Angriff auf Stadtentwicklung und Sozialpolitik jedoch auf der Ebene der Kommunen. Unter Berufung auf die durch die Abwanderung weißer Familien und die Streichung von Bundessubventionen entstandene Finanzkrise haben die amerikanischen Großstädte die für die ärmeren Viertel vorgesehenen öffentlichen Leistungen eingestellt – also Maßnahmen zur Förderung der Infrastruktur und des Verkehrs, Wohnungs- und Sozialbeihilfen, aber auch Investitionen in Sicherheit, Bildung und Gesundheit. Die verbliebenen Mittel wurden und werden zur Förderung kommerzieller Projekte und des privaten Wohnungsbaus eingesetzt, um große Unternehmen und die „Besserverdienenden" anzuziehen (Mohl 1993).

Ein einziges Beispiel möge die verheerenden Auswirkungen dieser Umorientierung illustrieren: Während die Kosten und die Profite der liberalisierten medizinischen Versorgung ins Astronomische steigen, ist die Zahl der sog. „Gemeindekrankenhäuser" – die auch Patienten ohne private Krankenversicherung offenstehen – in Chicago von 90 im Jahre 1972 auf 42 im Jahre 1991 gesunken. Das einzige Krankenhaus der Stadt, das nichtversicherten Schwangeren zur Vorsorgeuntersuchung offensteht, ist das baufällige und überbelegte Hospital von Cook County. 1990 erklärte der Direktor der Chicagoer Krankenanstalten, daß das öffentliche Gesundheitswesen „ein Antisystem am Rande des Zusammenbruchs" sei, völlig untauglich, seine Funktionen zu erfüllen. Daß die politischen und administrativen Entscheidungsträger der Stadt und des Staates Illinois auf diese Situation nicht reagierten, bekundet das erschreckende allgemeine Desinteresse an dem Wohl der unterprivilegierten Schichten.

Welche Folgen hat der Rückzug des wohltätigen Staates? Sie liegen auf der Hand. Ende 1994, nach zwei Jahren soliden Wirtschaftswachstums, gab die amerikanische Volkszählungsbehörde bekannt, daß die offizielle Zahl der Armen mehr als 40 Millionen betrage, d.h. 15 % der amerikanischen Bevölkerung – der höchste Prozentsatz seit 1984. Jede zehnte weiße Familie und jeder dritte afro-amerikanische Haushalt (über)leben unterhalb der staatlich festgelegten Armutsgrenze. Diese Zahl verdeckt jedoch das wahre Ausmaß der Armut, da die Armutsgrenze auf willkürlichen bürokratischen Schätzungen beruht und das Limit, jenseits dessen die Armut beginnt, inzwischen niedriger angesetzt wird: 1965 entsprach es der Hälfte eines durchschnittlichen Familieneinkommens, heute liegt es unter einem Drittel.

Aus vergleichenden Untersuchungen geht hervor, daß trotz einer geringeren Arbeitslosenrate „die Armut in Amerika nicht nur weiter verbreitet und hartnäckiger, sondern auch stärker ausgeprägt ist als in den Ländern Kontinentaleuropas" (McFate 1991, S. 1 f.). Im Jahr 1991 verdienten 14 % der US-Haushalte weniger als 40 % des nationalen Durchschnittseinkommens gegenüber 6 % in Frankreich und 3 % in Deutschland. Besonders betroffen waren hier wiederum Familien mit Kindern (18 % in Amerika gegenüber 5 % in Frankreich und 3 % in Deutschland), ganz zu schweigen von Einelternfamilien (45 % in den USA, 11 % in Frankreich und 13 % in Deutschland). Diese Diskrepanz kann nicht verwundern, wenn der Mindeststundenlohn so niedrig ist, daß ein Vollzeitbeschäftigter, der das ganze Jahr arbeitet, 700 Dollar im Monat verdient – damit liegt er 20 % unter der Armutsgrenze, und die Sozialhilfe ist so bemessen, daß sie diese Marge noch um einiges unterschreitet (Polakow 1994).

III. Die Kriminalisierung des Elends oder der Vormarsch des strafenden Staates

Was wäre zu tun, um die wachsende Masse von mittellosen Familien, von Obdachlosen, von jugendlichen Arbeitslosen ohne Hoffnung zu verringern, was, um die sich in den Vorstädten und Ghettos der Großstädte breitmachende Verzweiflung und Gewalt zu überwinden? Auf die wachsenden Verwerfungen der Gesellschaft, für die sie paradoxerweise weitgehend selbst die Verantwortung tragen, reagieren die zuständigen amerikanischen Behörden, indem sie ihre repressiven Funktionen extrem hervorkehren und ausbauen. Der Disziplinarstaat strickt inzwischen systematisch an einem Gitterwerk, das das alte soziale Netz des sich auflösenden wohltätigen Staates ersetzen soll, zumindest in den unteren Rängen der Gesellschaft.

Damit betreibt der Staat eine Politik, die die Folgen des eigenen Versagens kriminalisiert. Sie zeichnet sich im Wesentlichen durch zwei Methoden aus. Die *erste Methode,* eigentlich nur für die Betroffenen sichtbar, besteht darin, die vorhandenen sozialen Dienste in Instrumente zur Überwachung und Kontrolle der neuen „gefährlichen Klassen" umzuwandeln. Davon zeugt eine Welle von Reformen in zahlreichen Bundesstaaten. Die neuen Regelungen koppeln den Anspruch auf Sozialhilfe an bestimmte Verhaltensnormen (in bezug etwa auf Familie und Erziehung) und an schikanöse und erniedrigende bürokratische Bedingungen. Die wichtigste besteht darin, daß der Wohlfahrtsempfänger jede ihm angebotene Arbeit annehmen muß, ungeachtet der Bezahlung und der konkreten Arbeitsbedingungen; lehnt er ab, so verliert er seinen Anspruch auf Unterstützung *(workfare).* Andere Auflagen machen die Sozialhilfe für Familien vom regelmäßigen Schulbesuch ihrer Kinder abhängig *(learnfare),* bisweilen auch von der Absolvierung eines Pseudopraktikums ohne Berufsziel oder Aussicht auf Einstellung (Horowitz 1995). Wieder andere Restriktionen setzen eine Obergrenze oder einen maximalen Zeitraum fest, nach dessen Ablauf jede Hilfe entfällt. In New Jersey wird minderjährigen alleinstehenden Müttern, die nicht bei ihren Eltern wohnen (selbst wenn diese sie vor die Türe gesetzt haben), die AFDC-Beihilfe gestrichen bzw. bei jedem weiteren Kind gekürzt.

Die Ineffizienz der Pflichtarbeitsprogramme ist ebenso offensichtlich wie ihr Strafcharakter. Während sie periodisch als Wundermittel gegen die „Abhängigkeits-Epidemie" gepriesen werden, die die Armen angeblich befällt, war keines dieser Programme in der Lage, einer signifikanten Anzahl von Betroffenen zu helfen, aus dem Elend wieder herauszukommen (Burtless 1989). Der Mechanismus der *workfare* dient in erster Linie dazu, den Imperativ der Lohnarbeit zu „dramatisieren"; er richtet sich als „Warnung an alle Amerikaner, die für wenig Geld hart arbeiten – wenn sie Arbeit haben – mit dem Hinweis: Es gibt ein noch schlimmeres Los und einen noch niedrigeren sozialen Status als die am schlechtesten bezahlte Arbeit" (Piven/Cloward 1993, S. 396). Darüber hinaus stellt *workfare* eine kosme-

Tabelle 2: Häftlinge in den Bundes- und Staatsgefängnissen der USA 1970 bis 1991 (in Tausend)

	1970	1981	1991	Anstieg 1970-91
Gesamtzahl	199	369	824	314 %
Anstieg pro Jahrzehnt in %	- 12	+ 85	+ 123	
davon Schwarze	81	168	395	388 %
Anstieg pro Jahrzehnt in %	- 7	+ 108	+ 135	

Quelle: Bureau of Justice Statistics; Historical Corrections Statistics in the United States, 1840-1984 (Washington, Government Printing Office 1986); ebd., Correctional Populations in the United States 1992 (Washington, Government Printing Office, 1993).

tische Korrektur der Sozialstatistik dar: Man schminkt die in den heruntergekommenen Stadtteilen ghettoisierten Sozialhilfeempfänger in Lohnempfänger um.

Die *zweite Methode* der Politik der „repressiven Eindämmung" der Armen ist der massive und systematische Rückgriff auf die Institution des Gefängnisses (Tabelle 2). Nach einem Rückgang von 12 % in den 60er Jahren ist die Zahl der Häftlinge in den Vereinigten Staaten buchstäblich explodiert, von knapp 200.000 im Jahre 1970 auf beinahe 825.000 im Jahre 1991 – ein für eine demokratische Gesellschaft einzigartiger Anstieg von über 300 % in zwanzig Jahren. Der Rückzug des Staates aus seinem sozialen Engagement trifft vorwiegend Schwarze: Die Zahl afro-amerikanischer Gefangener hat sich seit 1970 verfünffacht, nachdem sie im vorangegangenen Jahrzehnt um 7 % gesunken war. Zum ersten Mal in der Geschichte der Vereinigten Staaten sitzen in den Gefängnissen mehr Schwarze als Weiße: Erstere machten 1994 zwar nur 12 % der Gesamtbevölkerung, aber 53 % der Gefängnisinsassen aus. 25 Jahre zuvor waren es noch 38 %. Die Gefangenenrate der Afro-Amerikaner hat sich in den letzten 12 Jahren verdreifacht (sie belief sich 1993 auf 1.895 pro 100.000), d.h. sie liegt fast sieben Mal höher als in der weißen Bevölkerung (293 pro 100.000) und zwanzig Mal höher als im europäischen Durchschnitt (Tonry 1995).

Der Hauptgrund für diesen gewaltigen Anstieg liegt in dem von der Regierung geführten „Krieg gegen die Drogen"; er trägt seinen Namen indes zu Unrecht, da er in Wirklichkeit einen Kleinkrieg gegen die Dealer auf der Straße darstellt. Er richtet sich gegen die schwarzen Jugendlichen in den Ghettos, für die der kleine Drogenhandel oft die einzig zugängliche Erwerbsquelle darstellt (Adler 1995). Es ist ein ungerechtfertigter „Krieg" angesichts der Tatsache, daß der Drogenkonsum seit dem Ende der siebziger Jahre zurückgegangen ist und deutlich vorhersehbar war, daß gerade die armen Viertel überproportional stark von den Repressionsmaßnahmen betroffen sein würden: Die Polizeipräsenz ist hier besonders dicht, der illegale Drogenhandel leicht zu treffen, die soziale Ohnmacht der Bewohner lädt die Behörden geradezu zu repressivem Verhalten ein.

Eben diese Politik hat dazu geführt, daß die Gefängniszellen heute überfüllt und die Insassen vorwiegend Schwarze sind. 1979 saß jeder vierte Gefangene in den USA wegen eines Vergehens gegen das Drogengesetz hinter Gittern; 1991 waren es 56 %. 1970 betrug das Verhältnis zwischen Schwarzen und Weißen bei Drogendelikten zwei zu eins, 1991 fünf zu eins (Tonry 1994, S. 110 f.). Was immer die offiziellen Ziele des „Kriegs gegen die Drogen" sind, er ist ein eklatanter Mißerfolg: Der Straßenpreis für Kokain ist weiter gefallen, der Umsatz gestiegen und die Zahl der Inhaftierten in die Höhe geschnellt – oder sollte letzteres die eigentliche Zielsetzung sein?

Doch das ist nicht alles. Die Verdoppelung der Gefangenenzahl innerhalb von zehn und ihre Verdreifachung innerhalb von zwanzig Jahren zeigt noch nicht das ganze Gewicht, das dem strafenden Staat mit den neuen Instrumenten zur Bekämpfung des Elends zugewachsen ist. Denn die Zahl der tatsächlich Inhaftierten stellt wiederum nur ein Viertel jener Population dar, die der Aufsicht der Strafverfolgungsbehörden unterliegt (Tabelle 3). Wenn man die auf Bewährung entlassenen und die wegen überfüllter Gefängnisse „bedingt entlassenen" Personen miteinrechnet, fallen fast 5 Millionen Amerikaner, also 2,5 % der erwachsenen Bevölkerung, unter die strafrechtliche Jurisdiktion. In vielen Städten und Regionen ist die Gefängnisverwaltung zum bedeutendsten, ja einzigen Begegnungsort zwischen dem Staat und den farbigen Jugendlichen geworden: In Kalifornien sind 40 % der Schwarzen zwischen 18 und 35 Jahren in Haft oder auf Bewährung entlassen oder in „bedingter Freiheit", in Washington beträgt diese Rate 42 % und in Baltimore 56 % (Miller 1992).

Wie sich diese Masseneinsperrung von Randgruppen finanzpolitisch darstellt, ist nicht schwer zu erraten. Während die nationalen Mittel für Sozialhilfe abgebaut wurden, stiegen die Ausgaben der Bundesregierung für die Kriminaljustiz zwischen 1972 und 1990 um das Fünffache an, von knapp 2 Milliarden auf mehr als 10 Milliarden Dollar. Im selben Zeitraum erhöhte Washington das Budget für das Gefängniswesen um das Elffache. Auf einzelstaatlicher Ebene ist der strafende Staat noch gefräßiger. Zusammen gaben die fünfzig Staaten 1990 28 Milliarden

Tabelle 3: Der Kriminaljustiz unterstellte Personen (in Tausend) 1980-1992

	1980	1985	1990	1992	Anstieg
Strafaussetzung mit Bewährung	1118	1969	2670	2812	151 %
in Kommunalgefängnissen	182	255	403	442	142 %
in Untersuchungshaft	320	488	743	851	166 %
bedingt entlassen	220	300	531	658	199 %
Gesamt	1480	3011	4348	4763	159 %

Quelle: Bureau of Justice Statistics, Correctional Populations in the United States, 1992 (Washington, Government Printing Office, 1993).

Dollar aus, also 8,4 mal so viel wie 1972; im gleichen Zeitraum aber haben sich ihre „Haft-Ausgaben" um das Zwölffache erhöht.

In Kalifornien wurden zwischen 1984 und 1994 16 neue Gefängnisse errichtet, was einer Direktinvestition von 15 Milliarden Dollar entspricht. 1994 hat Kalifornien zum ersten Mal für Strafanstalten ebenso viel ausgegeben wie für die Universitäten, 10 Jahre davor lag das Verhältnis noch bei 1:2,5 zugunsten der höheren Bildung. Washington wird für die Implementierung des „Gesetzes zur Kontrolle der Gewaltkriminalität" von 1994, das von einem Anwachsen der Häftlings-Population in den Bundesgefängnissen von 925.000 auf etwa 2,26 Millionen in den nächsten zehn Jahren ausgeht, 351 Milliarden Dollar aufwenden müssen, wobei wiederum 100 Milliarden auf die Errichtung neuer Gefängnisse entfallen (Duster 1994).

Das Einsperren hat sich somit zu einem wahren Industriezweig entwickelt – und zwar zu einem rentablen. Denn die Politik der umfassenden Pönalisierung hat zu einem exponentiellen Wachstum des *privaten Gefängniswesens* geführt, auf das die unter permanenter Geldknappheit leidende Administration gerne zurückgreift, um die für den Strafvollzug vorgesehenen Mittel effizient einzusetzen. 1985 waren es 1.345, zehn Jahre später 49.154 Privatgefängnisse, die öffentliche Gelder kassierten gegen das Versprechen sparsamer Rechnungsführung: Ein paar Cents pro Tag und Kopf multipliziert mit Hunderttausenden von Gefangenen scheinen die de facto-Privatisierung eines der Hoheitsrechte des Staates zu rechtfertigen (*New York Times* 1995). Zwischen den einzelnen Staaten floriert geradezu ein Gefangenenimport und -export: Texas „importiert" jedes Jahr mehrere tausend Häftlinge aus den Nachbarstaaten, unter Mißachtung des Besuchsrechts der Angehörigen, und schickt sie gegen Ende der Strafe in ihre Heimatstädte zurück, wo sie in die „bedingte Freiheit" entlassen werden.

Ein weiteres Instrument, mit dem der strafende Staat Randgruppen unter Kuratel stellt, besteht in der Verhängung von Ausgangssperren, die nachts Jugendliche vor allem in den Ghettobezirken von der Straße fernhalten sollen. Unter Berufung auf die zunehmende Gewaltkriminalität, die jugendlichen Banden zugeschrieben wird, haben inzwischen 59 der 77 größten Städte der USA entsprechende Anordnungen erlassen. In Chicago ist Jugendlichen unter 16 der Aufenthalt auf der Straße ohne triftigen Grund zwischen 22.30 Uhr (23.30 Uhr am Wochenende) und 6.00 Uhr morgens untersagt. Rueffle und Reynolds (1995, S. 361) sehen in der Epidemie von Ausgangssperren und Sperrstunden einen „Sprung ins Ungewisse", da nicht erwiesen sei, ob sie die Kriminalität wirklich reduzieren und nicht an andere Orte verschieben. Mit Sicherheit indes erhöhen die Ausgangssperren das Risiko für die Bewohner der betroffenen Viertel, eingesperrt zu werden. Einem Bericht des FBI zufolge sind auf diese Weise im Jahr 1992 etwa 75.000 Jugendliche aufgegriffen worden, das entspricht dem Doppelten der Fälle von Diebstahl (ausgenommen Autodiebstahl).

Da man die Verfügung von Ausgangssperren den geographischen, sozialen und ethnischen Gegebenheiten leicht anpassen kann, nimmt diese Maßnahme im

Arsenal der neuen Techniken des „aggressiven Verwahrens" von Jugendlichen aus den Armenvierteln einen Spitzenplatz ein, gleich neben den *boot-camps* (einer Art Umerziehungslager mit Militärdrill) und der elektronischen Überwachung von Delinquenten.

Der explosionsartige Anstieg der Gefangenenzahl, der massive Einsatz vielfältiger Maßnahmen im Vorfeld des Strafvollzugs und im Anschluß an die Entlassung, die Liquidierung von Beschäftigungs- und Ausbildungsprogrammen in den Haftanstalten, der verstärkte Einsatz von Überwachungsinstrumenten innerhalb und außerhalb des Gefängniskreislaufes – all dies zeigt, daß die neue Ideologie und Politik des strafenden Staats nicht der „Rehabilitierung" der straffällig Gewordenen dient, sondern der „Eindämmung der Kosten und der Kontrolle der gefährlichen Bevölkerungsgruppen" (Feeley/Simon 1992, S. 466). Das Ziel besteht darin, die Randgruppen eben am Rand der Gesellschaft zu fixieren, um über die Nachlässigkeit der sozialen Einrichtungen hinwegzutäuschen, die weder den Wunsch haben, sich um diese Gruppen zu kümmern, noch dazu in der Lage wären. Die Expansion des strafenden Staates in den USA ist also keine Reaktion auf die steigende Kriminalität, sondern antwortet auf die sozialen Verwerfungen, die der Rückzug des wohltätigen Staates nach sich gezogen hat. Der Vormarsch des strafenden Staates schafft sich seine eigene Rechtfertigung in dem Maße, wie seine Politik eben jene Zunahme an Kriminalität hervorbringt, der sie doch einen Riegel vorschieben sollte.

IV. Die neue Sozialreformgesetzgebung oder die Kunst, die Armen zu bestrafen

Die vom amerikanischen Kongreß verabschiedete und von Präsident Clinton im August 1996 unterzeichnete „Reform" der Sozialhilfe stellt eine traurige direkte Fortsetzung der Politik der Kriminalisierung des Elends dar. Sie beschleunigt die Auflösung des sozialen Netzes und seine Ersetzung durch ein Gitterwerk aus disziplinierenden und diskriminierenden Maßnahmen, die darauf abzielen, erstens die Sozialausgaben des Staates zu senken, zweitens die Armen in die untersten Bereiche des Arbeitsmarktes zu drängen und drittens den Rest der Armen, die noch immer Unterstützungsansprüche stellen, streng zu bevormunden. Selbst die auf diesem Gebiet nicht gerade als fortschrittlich geltende *New York Times* (1996) schrieb: „Das ist keine Reform, sondern eine Bestrafung". Eine Bestrafung, die die Kommerzialisierung der öffentlichen Dienstleistungen verstärkt, da ihre Administration weitgehend privaten Unternehmen übertragen wird, denen das Versagen des Staates neue Profitquellen erschließt.

Das erklärte Ziel der Sozialreformgesetzgebung von 1996 ist es, nicht die *Armut*, sondern die sogenannte *Abhängigkeit* der von den Sozialprogrammen unterstützten Familien zu reduzieren. Oder, in der reichlich brutalen Sprache gesprochen, die den Gesetzgebungsvorgang begleitete: Die Programme für die bedürftigen Glieder der amerikanischen Gesellschaft werden abgespeckt (Sidel 1996).

Auf dem Papier geht es darum, „den Menschen den Übergang von der Fürsorge zur Arbeit zu ermöglichen". Doch es gibt keine Instrumente für die Schaffung von Arbeitsplätzen, auch nicht für berufsbildende Maßnahmen, und es ist kein entsprechendes Budget vorgesehen. Die 4 Milliarden Dollar an Beihilfen für Kindergärten und Hortplätze sind bloß ein Tropfen auf den heißen Stein. Die Schaffung von „Arbeitsgelegenheiten", auf die der Gesetzestext großzügig verweist, bleibt dem guten Willen der Unternehmen überlassen. Es ist auch kaum zu erwarten, daß letztere plötzlich ein Heer von ungelernten und stigmatisierten Personen einstellen werden, wo doch der Arbeitsmarkt mit billigen Arbeitskräften bereits mehr als gesättigt ist (Moss/Tilly 1991). Die Kürzungen der Sozialhilfe sind ebenso sorgfältig geplant wie drakonisch: 56 Milliarden Dollar sollen in fünf Jahren eingespart werden, dabei werden Millionen von Berechtigten – überwiegend Kinder und ältere Leute – jede Unterstützung verlieren.

Das über 400 Seiten umfassende Gesetz, das sich nicht gerade durch innere Logik auszeichnet, stützt sich auf *vier Prinzipien*. Zusammen ergeben sie einen der rückschrittlichsten Texte, der seit dem Zweiten Weltkrieg je von einem demokratischen Staat auf dem Gebiet der Sozialpolitik verabschiedet wurde. Das *erste Prinzip* schafft das Recht auf Unterstützung für Kinder bedürftiger Familien ab, das seit 1935 gesetzlich verankert war, und ersetzt es durch die Arbeitspflicht der Eltern nach zwei Jahren Unterstützung. Unter dem Vorwand, sie aus der „Sozialhilfefalle" zu befreien, wird zudem ihr Leistungsanspruch auf maximal 5 Jahre im Leben begrenzt. Wenn dieses Kontingent aufgezehrt ist, hat eine Mutter ohne Einkommen keinerlei Anspruch auf staatliche Unterstützung mehr: Entweder nimmt sie jede ihr angebotene Arbeit an, oder sie lebt von familiärer Unterstützung, Bettelei oder Kriminalität.

Zweitens wird die Verantwortung für Sozialhilfeprogramme von der bundesstaatlichen Ebene auf die fünfzig Einzelstaaten und von diesen wiederum auf Tausende von *Counties* übertragen, die nun die Kriterien für Anspruchsberechtigung selbst bestimmen. Sie verteilen auch die einzelnen Leistungen, führen die Berufsbildungs- und Weiterbildungsprogramme durch (falls dafür Geldmittel vorhanden sind) und verwalten die Akten der Sozialhilfeempfänger. Im Rahmen dieser neuen Dezentralisierung haben die Einzelstaaten und die *Counties* die Möglichkeit, die Vergabekriterien rigoroser zu handhaben als das Bundesgesetz.

Und sie haben gute Gründe dafür. Denn diese Kompetenzübertragung ist nicht mit entsprechenden Mitteln verbunden. Im Gegenteil, ein System von finanziellen Sanktionen wurde eingeführt, um die Einzelstaaten zu animieren, die Zahl der Sozialhilfeempfänger zu reduzieren: 25 % der Sozialhilfeempfänger müssen bereits im nächsten Jahr „zum Arbeiten gebracht werden" (auf Basis einer 20-Stundenwoche) und 50 % bis zum Jahr 2002 (30-Stundenwoche). Erreicht ein Staat oder ein *County* dieses Ziel nicht, so verlieren sie einen Teil der Bundesmittel.

Die Sozialbudgets der Staaten sind stark gekürzt worden, und alles weist auf eine Fortsetzung dieser Entwicklung hin (Greenberg 1994). Die Möglichkeit, einen Teil der Sozialbeihilfen in Subventionen für den Arbeitgeber umzuwandeln, der dafür Sozialhilfeempfänger einstellt, stellt keine Lösung dar. Hier würden nur die ohnedies bescheidenen Mittel von den Wohlfahrtsempfängern zu den Unternehmen transferiert. Man kann also davon ausgehen, daß die Bundesstaaten aus Furcht vor einem „Wohlfahrtstourismus" aus den Nachbarstaaten – und um den Erwartungen ihrer Wahlklientel Genüge zu tun – sich in Sparsamkeit überbieten werden. Sie werden die Programme für die Bedürftigen, die übrigens in den USA kaum zur Wahl gehen, noch weiter beschneiden. Wer daran noch zweifelt, möge über folgenden Präzedenzfall nachdenken: Als Washington in den siebziger Jahren seine Zuständigkeit für die psychiatrischen Anstalten auf die Einzelstaaten übertrug, konnten es die einzelnen Regierungen kaum erwarten, ihre entsprechenden Einrichtungen zu schließen und die Kranken auf die Straße zu setzen, wodurch das Heer der Obdachlosen und gescheiterten Existenzen, die die amerikanische Hauptstadt bevölkern, um eine Variante bereichert wurde.

Drittens – und dies ist die scheinbar unverfänglichste, in Wahrheit aber gefährlichste Regelung – werden die Sozialbudgets nun nicht mehr nach der Zahl und der Bedürftigkeit der Betroffenen bemessen, sondern in Form von Pauschalzuweisungen, den sogenannten *block grants,* vergeben. Das Jahresbudget des Programms „Temporary Assistance to Families with Children" (welches das AFDC-Programm ersetzt) beträgt für alle Bundesstaaten zusammen nunmehr 16,3 Milliarden Dollar bis zum Jahre 2002. Auf einen durch Rezession oder demographische Veränderungen bedingten Anstieg der Arbeitslosenrate und der Armut werden die Staaten also nicht adäquat reagieren können, abgesehen von der Inflation, die im TAFC-Programm keine Berücksichtigung findet.

Und *viertens* werden durch die neue Gesetzgebung einige Gruppen schlicht aus den sozialen Hilfsprogrammen (einschließlich der medizinischen Versorgung der Mittellosen, „Medicaid") gestrichen. Es sind Gruppen, deren Interessen niemand vertritt: legale Immigranten, die weniger als zehn Jahre im Land leben (jedoch Steuern und Sozialversicherung zahlen), Personen, die gegen das Drogengesetz verstoßen haben, dazu körperbehinderte Kinder aus armen Familien (315.000 von ihnen werden in den kommenden sechs Jahren ihre Unterstützung verlieren) und ledige minderjährige Mütter, die sich weigern, bei ihren Eltern zu wohnen. Ferner Mütter, die den Namen des Vaters ihres unehelichen Kindes nicht angeben, usw. ... All dies sind nur Beispiele aus dem großen Arsenal von entzogenen Berechtigungen, die künftig die Verteilungskanäle verengen sollen.

Der „Personal Responsibility Act" wird in vollem Ausmaß erst im Juli 1997 in Kraft treten, doch bereits jetzt lassen sich seine wesentlichen Auswirkungen abschätzen. Der Lebensstandard der ärmsten amerikanischen Familien wird mit der Sozialhilfekürzung und der Verschärfung der Anspruchsbedingungen weiter absinken. Rund 3 Millionen bedürftige Kinder werden im Jahr 2002 dank der Begrenzung des Leistungsanspruches auf maximal fünf Jahre ihre Sozialhilfe verlieren, obwohl die Vereinigten Staaten bereits jetzt die höchste Kinderarmut aller westlichen Länder aufweisen. Da die „Reform" der Sozialhilfe zusätzlich Hunderttausende in das untere Segment des Arbeitsmarkts schwemmt, wird das Lohnniveau weiter gedrückt und das Heer der *„working poor"* sich noch vergrößern (Wacquant 1996). Im Gegenzug wird die Schattenwirtschaft an Bedeutung gewinnen, gleichzeitig die Kriminalität und Unsicherheit wachsen – mit zermürbenden Auswirkungen auf das Alltagsleben in den armen Ghettobezirken, bis eine bürgerkriegsähnliche Atmosphäre entsteht.

Bereits heute kann man prognostizieren, daß der Staat auf die Zunahme der Not und der Gewalt in den amerikanischen Großstädten mit dem *„grand renfermement"* (Foucault) der Armen reagieren wird. Amerika gibt heute zehn mal mehr Geld für die „Industrie der Kriminalitätsbekämpfung" aus als für die Unterstützung seiner benachteiligten Bürger (Miller 1996). Alles deutet darauf hin, daß dieser Trend sich in den nächsten Jahren verstärkt.

Der erstaunlichste, ja fast surreale Aspekt dieser „Reform" besteht darin, daß der amerikanische Staat gar nicht über die zu ihrer Durchführung erforderlichen bürokratischen Kapazitäten verfügt, so daß ein Gutteil der politischen Verwaltung des Elends dem privaten Sektor überantwortet werden muß. Um etwa die Begrenzung des Leistungsanspruches auf fünf Jahre einzuführen, bedarf es genauer biographischer Daten über die Antragsteller. Gegenwärtig verfügt kein Staat und kein Verwaltungsbezirk über solche Daten; die Einträge in den bestehenden Karteien sind lückenhaft, sie werden meist nach einigen Monaten wieder gelöscht. Zudem sind die Karteien weder einheitlich noch miteinander kompatibel; in vielen ländlichen Regionen werden sie noch handschriftlich geführt.

Um diese Unzulänglichkeit der öffentlichen Verwaltung zu kompensieren, bieten dieselben Firmen, die schon das blühende Geschäft des Einsperrens betreiben, eine „maßgeschneiderte" Datenverarbeitung zur Implementierung des neuen Gesetzes an, samt den dazugehörigen administrativen Diensten und personellen Ressourcen. Nach demselben Muster, das sich bereits bei der Häftlingsverwaltung bewährt hat, werden auch die Sozialhilfeempfänger computermäßig erfaßt, was gleichzeitig die Einführung effizienterer Mechanismen für ihre Kontrolle und für Sanktionen gestattet. Mit anderen Worten, diese auf Bevormundung der Armen und der Strafgefangenen spezialisierten Unternehmen bringen nicht nur einen kräftigen Modernisierungsschub in das „kommerzielle Strafvollzugssystem" (Lilly/Knepper 1993), sondern schaffen eine Kombination von Strafvollzug und Sozialhilfe, wie sie in der westlichen Welt noch nie dagewesen ist. Gemäß der amerikanischen politischen Tradition ist für dieses Hybridsystem die wechselseitige Durchdringung von öffentlichem und privatem Sektor charakteristisch sowie die enge Verschmelzung von moralischer Besserung und staatlicher Repression.

In seinem Buch *The Poverty of Welfare Reform* schrieb der Jurist Joel Handler (1995, S. 137), daß „die Politik des Strafvollzugs und die Sozialpolitik heutzutage erstaunlich ähnliche Formen angenommen haben". Die Entwicklung der Gesetzgebung in den USA hat diese Intuition mit Nachdruck bestätigt. So wie die breite Einsperrkampagne, die die amerikanischen Gefängnisse aus den Nähten platzen ließ, unter dem Schlagwort erfolgte „Three crimes and you are out", läßt sich die jüngste Reform der Sozialhilfe in dem Slogan „Zwei Jahre Sozialhilfe und du bist draußen" zusammenfassen.

Es wäre mithin unrichtig, Clintons Zustimmung zu einer Reihe von Maßnahmen, die der reaktionäre Flügel der Republikanischen Partei ausgebrütet hat, als Wahltaktik zu verstehen – obgleich sie das auch war. Ebensowenig handelt es sich um einen durch taktische Fehler hervorgerufenen Ausrutscher, der durch einen unvorhergesehenen Umschwung der politischen Konjunktur noch verschlimmert wurde, wie David Ellwood meinte (1996). Die Streichung des AFDC-Programmes ist systematischer Teil eines tiefgreifenden Umbaus des amerikanischen wohltätigen Staates, der darauf abzielt, die Sphäre des Sozialen zu beschneiden und in paternalistischem und repressivem Geiste umzugestalten.

Literatur

Adler, William M., 1995: Land of Opportunity: One Family's Quest for the American Dream in the Age of Crack, New York: The Atlantic Monthly Press.

Burtless, Gary, 1989: The Effect of Reform on Employment, Earnings, and Income, in: David T. Ellwood und Phoebe H. Cottingham (Hrsg.): Welfare Policy for the 1990s, Cambridge: Harvard University Press.

Critchlaw, Donald T. und Ellis W. Hawley (Hrsg.), 1988: Federal Social Policy: The Historical Dimension, University Park: Pennsylvania State University Press.

Danzinger, Sheldon und Peter Gottschalk, 1995: Unequal America, Cambridge: Harvard University Press.

Durkheim, Émile, 1928: Le socialisme. Préface de Pierre Birnbaum, Paris: Presses Universitaires de France.

Duster, Troy, 1995: The New Crisis of Legitimacy in Controls, Prisons, and Legal Structures, in: The American Sociologist (Frühling), S. 20-29.

Ellwood, David, 1996: Welfare Reform as I Knew It, in: The American Prospect 26 (Mai-Juni), S. 22-29.

Feely, Malcolm und Jonathan Simon, 1992: The New Penology: Notes on the Emerging Strategy of Corrections and Its Implications, in: Criminology 30-4 (November), S. 449-474.

Gans, Herbert, 1995: The War Against the Poor. New York: Basic Books.

Greenberg, Mark, 1994: Contract with Disaster: The Impact on States of the Personal Responsibility Act, Washington, Center for Law and Social Policy.

Handler, Joel F., 1995: The Poverty of Welfare Reform, New Haven: Yale University Press.

Haveman, Robert, 1987: Poverty Policy and Poverty Research: The Great Society and the Social Sciences, Madison: University of Wisconsin Press.

Horowitz, Ruth, 1995: Teen Mothers: Citizens or Dependents?, Chicago: The University of Chicago Press.

Irwin, John und James Austin, 1994: It's About Time: America's Imprisonment Binge, San Fransisco: Wadsworth.

Katz, Michael, 1982: Poverty and American Policy, New York: Academic Press.

Lilly, J. Robert und Paul Knepper, 1993: The Corrections Commercial Complex, in: Crime and Delinquency 39-2 (April), S. 150-166.

Lipsky, Michael J., 1980: Street Level Bureaucracy, New York: Russell Sage Foundation.

Lipsky, Michael J., 1984: Bureaucratic Disentitlement in Social Welfare Programs, in: Social Service Review 58, S. 2-27.

McFate, Katherine, 1991: Poverty. Inequality and the Crisis of Social Policy: Summary of Findings, Washington: Joint Center for Political and Economic Studies.
Mead, Lawrence, 1992: The New Politics of Poverty, New York: Basic Books.
Miller, Jerome G., 1992: Hobbling a Generation: Young African-American Males in the Criminal Justice System of America's Cities, Alexandria, Virginia: National Center on Institutions and Alternatives.
Miller, Jerome G., 1996: Search and Destroy: African-American Males in the Criminal Justice System, Cambridge: Cambridge University Press.
Mohl, Robert, 1993: Shifting Patterns of American Urban Policy Since 1900, in: Arnold R. Hirsch und Raymond A. Mohl (Hrsg.), Urban Policy in Twentieth-Century America, New Brunswick: Rutgers University Press, S. 1-45.
Moss, Phil und Chris Tilly, 1991: Why Black Men Are Doing Worse in the Labor Market: A Review of Supply-Side and Demand-Side Explanations, New York: Social Science Research Council.
New York Times, 1995: For Privately Run Prisons, New Evidence of Success, Samstag 19. August, S. 6.
New York Times, 1996: A Sad Day for Poor Children. Vorwort, 1. August, S. 18.
Ortfield, Gary und Carole Askinaze, 1991: Closing the Door: Conservative Policy and Black Opportunity, Chicago: The University of Chicago Press.
Piven, Frances Fox und Richard A. Cloward, 1993: Regulating the Poor: The Functions of Public Welfare, New York: Pantheon, neue, erweiterte Auflage.
Polakow, Valerie, 1993: Lives on the Edge: Single Mothers and their Children in the Other America, Chicago: The University of Chicago Press.
Roche, Maurice, 1992: Rethinking Citizenship: Welfare, Ideology, and Change in Modern Society, Cambridge: Polity Press.
Ruefle, William und Kenneth Mike Reynolds, 1995: Curfews and Delinquency in Major American Cities, in: Crime and Delinquency 41-3 (Juli), S. 347-363.
Schram, Sanford F., 1995: Words of Welfare: The Poverty of Social Science and the Social Science of Poverty, Minneapolis: University of Minnesota Press.
Sidel, Ruth, 1996: Keeping Women and Children Last, New York: Viking.
Skocpol, Theda, 1993: Formation de l'Etat et politiques sociales en Amérique, in: Actes de la recherche en sciences sociales 96/97 (März), S. 21-38.
Skopcol, Theda, 1995: Social Policy in the United States, Cambridge: Harvard University Press.
Titmus, Richard, 1969: Essays on the Welfare State, Boston: Beacon Press.
Tonry, Michael, 1995: Malign Neglect: Race, Class and Punishment in America, New York: Oxford University Press.
Wacquant, Loïc J.D., 1996: Clinton reformiert Armut zu Elend. Deutsche Ausgabe der Monde diplomatique (Berlin), Sept. 1996, S. 14-15.
Weir, Margaret, 1994: Urban Poverty and Defensive Localism, in: Dissent (Sommer), S. 337-342.
Wolfe, Alan, 1975: The Limits of Legitimacy: Political Contradictions of Contemporary Capitalism, New York: The Free Press.

Leviathan

Zeitschrift für Sozialwissenschaft

Inhaltsverzeichnis der Jahrgänge 1 bis 25

Alphabetisch nach Autoren

Westdeutscher Verlag